Langenberg/Zehelein

Schönheitsreparaturen, Instandsetzung und Rückbau

Schönheitsreparaturen, Instandsetzung und Rückbau
bei Wohn- und Gewerberaum

begründet von

Dr. Hans Langenberg

Vorsitzender Richter
am Landgericht a. D., Hamburg

fortgeführt von

Dr. Kai Zehelein

Richter am Amtsgericht Hanau
Lehrbeauftragter an der Johann-Wolfgang-Goethe-Universität
Frankfurt am Main

6., überarbeitete und erweiterte Auflage 2021

C.H.BECK

Zitiervorschlag:
Langenberg/Zehelein Schönheitsreparaturen Kap. 1 Rn. 1

www.beck.de

ISBN 978 3 406 75505 7

Wilhelmstraße 9, 80801 München
Satz und Druck: Druckerei C. H. Beck, Nördlingen
(Adresse wie Verlag)
Umschlaggestaltung: Martina Busch, Grafikdesign
Homburg Saar

CO_2
neutral
chbeck.de/nachhaltig

Gedruckt auf säurefreiem, alterungsbeständigem Papier
(hergestellt aus chlorfrei gebleichtem Zellstoff)

Vorwort zur 6. Auflage

Knapp 6 Jahre sind bei Erscheinen dieses Buches vergangen, seit der BGH mit den beiden Entscheidungen vom 18.3.2015 zur unrenovierten Wohnung sowie der Unzulässigkeit einer Quotenabgeltungsklausel in der Wohnraummiete für einen Paukenschlag gesorgt hat. Die Auswirkungen sind erheblich. Das gilt nicht nur hinsichtlich der Vorgehensweise von Vermietern bei Vertragsschluss; es ist nach wie vor kaum gerichtlich geklärt, wann die Voraussetzungen der Klauselunwirksamkeit vorliegen und welche Folgen sich aus ihr ergeben. Ebensolches gilt für die Gewährung eines kompensierenden Ausgleichs. Unterschiedliche Vertragsgestaltungen (ua Freizeichnung, gespaltene Renovierungsklausel, Zustandsbestätigung, Einzugsrenovierung) versuchen, der neuen Rechtslage Herr zu werden. Auch die Folgeurteile des BGH, etwa zur Renovierungsvereinbarung mit dem Vormieter oder einer Kostenbeteiligung des Mieters an der Renovierung des Vermieters, sind durch die Rechtsprechungsänderung geprägt und werfen zahlreiche Fragen auf. Unklar ist zudem die Geltung in der Gewerberaummiete. Die Neuauflage widmet sich dieser Entwicklung umfassend und stellt alle relevanten Urteile und Veröffentlichungen dar, so dass der Leser – auch für die Beratungspraxis – ein vollständiges Bild erhält.

Weil die mietgerichtliche Praxis gerade bei den Renovierungspflichten immer stärker durch das AGB-Recht einschließlich der dieses vermeintlich umgehenden Individualvereinbarung geprägt ist, wurde dieser Themenbereich deutlich ausgebaut. Schwerpunkt ist die gerichtliche Behandlung möglicher Formularklauseln sowie behaupteter Individualabreden, weil sich der Ausgang eines Mietprozesses sehr häufig nur hierüber bestimmt. Vertragsgestaltung und anwaltliche Beratung müssen mit der einschlägigen höchstrichterlichen Rechtsprechung vertraut sein. Auch ein Blick in das Unionsrecht ist angebracht, weil die neuere Rechtsprechung des EuGH bei Verbraucherverträgen erheblich in das AGB-Recht und auch das Zivilverfahren eingreift.

Weitere praxisrelevanten Themen wie die Aufrechnung verjährter Schadensersatzansprüche gegen die Kaution, Ausgleichsforderungen bei Mietereinbauten oder die erheblichen Folgen unwirksamer Schönheitsreparaturenklauseln für die Geltendmachung von Schäden bei Rückgabe der Mietsache wurden ebenfalls vertieft und bieten dem Leser zusammen mit der aktuellen Rechtsprechung und Literatur ein umfassendes Gesamtbild.

Die Änderungen der Vorauflage durch Ausweitung von Fragen des Rückbaus auf alle Mieterpflichten nach Mietende gem. § 546 Abs. 1 BGB wurden nicht beibehalten, um die zentralen Themenbereiche von Schönheitsreparaturen und Instandhaltung ausbauen zu können.

Der Begründer des Buches, *Dr. Hans Langenberg,* ist mit der 6. Auflage als Bearbeiter ausgeschieden. Das Werk wird von dem bisherigen Mitbearbeiter der 5. Auflage, *Dr. Kai Zehelein,* in seinem Sinne unter Beibehaltung der bisherigen Bearbeitungsweise und mit dem Ziel der Aufrechterhaltung des hohen Niveaus fortgeführt.

Neben den Erfahrungen des Autors als Richter für Miet- und WEG-Sachen konnten erneut zahlreiche Fragen und Anregungen auf Fortbildungs- und Vortragsveranstaltungen ebenso wie regelmäßige Zuschriften eingearbeitet werden. Der Bearbeiter bedankt sich hierfür ausdrücklich und hofft auch in der Zukunft auf anregende Beiträge.

Hanau, im Februar 2021 *Dr. Kai Zehelein*

(Aus dem Vorwort zur 1. Auflage)

Der überwiegende Teil der Ausführungen bezieht sich auf die Schönheitsreparaturen, ihre Abgrenzung von sonstigen Schäden am Mietobjekt, die Wirksamkeit insbesondere formularvertraglicher Vereinbarungen, Fälligkeit und Erfüllung von Renovierungsansprüchen sowie Ersatzansprüche aus unterlassener Renovierungsansprüchen. Die Schönheitsreparaturen sind indes nur ein Teil der Aufwendungen, die bei der Erhaltung des Mietobjekts anfallen. Es erfordert vielfältige Maßnahmen, von den Kleinreparaturen bis zu grundlegenden Instandsetzungen, um sowohl die Eignung der Mietsache zum vertragsgemäßen Gebrauch zu sichern als auch Schäden zu beseitigen, die bauseitig bedingt oder durch den Mieter verursacht sein können sowie auf Alterung und Verschleiß beruhen. Es kommt hinzu, dass sich für die Parteien vor allem bei Beendigung des Mietverhältnisses wichtige weitere Fragen stellen, zB zu Ansprüchen aus Beschädigung der Ausstattung des Mietobjekts, zum Rückbau mieterseitiger Einrichtungen, zu Reinigungspflichten des Mieters. Ziel der Darstellung ist es, den Parteien einen möglichst vollständigen Überblick über die sachlichen und rechtlichen Probleme zu bieten, die sich aus der Erhaltung des Mietobjekts sowie der Durchsetzung bzw. Abwehr damit zusammenhängender Ansprüche ergeben. Dem Prozess um Schönheits- und sonstige Reparaturen ist daher ein eigener Abschnitt gewidmet.

Hamburg, im Juni 2001 *Dr. Hans Langenberg*

Inhaltsübersicht

Anhang 2: Gesetzes- und Verordnungstexte

Inhaltsverzeichnis

Kap. 3. Rückbau

Kap. 4. Verjährung und Prozess

Anhang 1: Muster

Anhang 2: Gesetzes- und Verordnungstexte

Abkürzungsverzeichnis

aA	anderer Ansicht
aaO	am angegebenen Ort
aF	alte Fassung
ABl.	Amtsblatt
abl.	ablehnend
Abs.	Absatz
AcP	Archiv für die civilistische Praxis
AG	Amtsgericht
AGBG	Gesetz zur Regelung des Rechts der Allgemeinen Geschäftsbedingungen in der Fassung der Bekanntmachung vom 29.6.2000 (BGBl. I S. 346)
allg.	allgemein(e)
Alt.	Alternative
Anl.	Anlage
Anm.	Anmerkung
Art.	Artikel
Aufl.	Auflage
AusfV	Ausführungsverordnung
BayObLG	Bayerisches Oberstes Landesgericht
BB	Betriebs-Berater
Beschl.	Beschluss
bestr.	bestritten
BezG	Bezirksgericht
BGB	Bürgerliches Gesetzbuch
BGBl.	Bundesgesetzblatt Teil I
BGH	Bundesgerichtshof
BGHZ	Amtliche Sammlung von Entscheidungen des Bundesgerichtshofs in Zivilsachen
BR-Drs.	Drucksache des Deutschen Bundesrates
BT-Drs.	Drucksache des Deutschen Bundestages
BVerfG	Bundesverfassungsgericht
II. BV	Verordnung über wohnungswirtschaftliche Berechnungen (Zweite Berechnungsverordnung)
DB	Der Betrieb
dh	das heißt
ders.	derselbe
dgl.	dergleichen
DIN	Deutsche Industrienorm
DtZ	Deutsch-Deutsche Rechts-Zeitschrift
DW	Die Wohnungswirtschaft
DWW	Deutsche Wohnungswirtschaft
EGBGB	Einführungsgesetz zum BGB
EGMR	Europäischer Gerichtshof für Menschenrechte
EuGH	Gerichtshof der Europäischen Gemeinschaften

f., ff.	folgend, folgende
Fn.	Fußnote
FS	Festschrift
FWW	Die freie Wohnungswirtschaft
GdW	Bundesverband deutscher Wohnungsunternehmen eV (zuvor: Gesamtverband der Wohnungswirtschaft eV)
GE	Das Grundeigentum (Berlin)
gem.	gemäß
GS	Gedächtnisschrift
GuT	Gewerbemiete und Teileigentum
hM	herrschende Meinung
HmbGE	Hamburger Grundeigentum
idF	in der Fassung
iE	im Einzelnen
Info M	One-page-Fachinformationen für Mietrecht und Immobilien
iSd	im Sinne des/der
JA	Juristische Arbeitsblätter
JuS	Juristische Schulung
JW	Juristische Wochenschrift
JZ	Juristen-Zeitung
KG	Kammergericht
KreisG	Kreisgericht
LG	Landgericht
Ls.	Leitsatz
mAnm	mit Anmerkung
mablAnm	mit ablehnender Anmerkung
mwN	mit weiteren Nachweisen
mzustAnm	mit zustimmender Anmerkung
MDR	Monatsschrift für Deutsches Recht
MHG	Gesetz zur Regelung der Miethöhe vom 18.12.1974 (BGBl. I S. 3603)
MietRB	Der Mietrechtsberater
MJ	Mieter Journal (Zeitschrift des Mietervereins zu Hamburg)
MK	Mietrecht kompakt
MM	Mietrechtliche Mitteilungen (Beilage des Magazin des Berliner Mietervereins eV)
MRRG	Mietrechtsreformgesetz vom 19.6.2001 (BGBl. I S. 1149)
MÜG	Mietenüberleitungsgesetz vom 10.7.1995 (BGBl. I S. 748)
nF	neue Fassung
neg. RE	negativer Rechtsentscheid
NJW	Neue Juristische Wochenschrift
NJW-RR	NJW-Rechtsprechungsreport

NJWE-MietR .... NJW-Entscheidungsdienst Miet- und Wohnungsrecht
Nr. .... Nummer
NZM .... Neue Zeitschrift für Miet- und Wohnungsrecht

OLG .... Oberlandesgericht

PiG .... Partner im Gespräch (Schriftenreihe des Evangelischen Siedlungswerks in Deutschland eV)

Rn. .... Randnummer
RE .... Rechtsentscheid
RegE .... Regierungsentwurf
Rspr. .... Rechtsprechung

s. .... siehe
S. .... Seite
s. o. .... siehe oben
s. u. .... siehe unten
str. .... streitig
stRspr .... ständige Rechtsprechung

Urt. .... Urteil

vgl. .... vergleiche
VersR .... Versicherungsrecht
VO .... Verordnung
VOB .... Verdingungsordnung für Bauleistungen, Teil B

WImmoT .... Dokumentation der Weimarer Immobilienrechtstage des vhw und DMB
WoFG .... Wohnraumförderungsgesetz vom 13.9.2000 (BGBl. I S. 2376)
WoVermittG .... Gesetz zur Regelung der Wohnungsvermittlung vom 4.11.1971 (BGBl. I S. 1745)
WM .... Zeitschrift für Wirtschaft und Bankrecht, Wertpapiermitteilungen
WuM .... Wohnungswirtschaft und Mietrecht

zB .... zum Beispiel
ZdWBay .... Zeitschrift der Wohnungswirtschaft Bayern
ZGB .... Zivilgesetzbuch der Deutschen Demokratischen Republik
ZK .... Zivilkammer
ZMR .... Zeitschrift für Miet- und Raumrecht
ZS .... Zivilsenat

Literaturverzeichnis

Artz/Börstinghaus/ *Bearbeiter* .... AGB in der Wohnraummiete, 2019

BeckOK/*Bearbeiter* ... Beck'scher Online-Kommentar BGB, Hrsg. Hau/Poseck 57. Edition, Stand: 1.2.2021

BeckOGK/*Bearbeiter* Beck-Online Großkommentar BGB GesamtHrsg. Gsell/Krüger/Lorenz/Reymann, Stand: 1.1.2021

BeckOK MietR/ *Bearbeiter* .... BeckOK Mietrecht, Hrsg. Schach/Schultz/Schüller 22. Edition, Stand: 1.11.2020

Bieber/Ingendoh/ *Bearbeiter* .... AnwaltFormulare Geschäftsraummiete, 2007

Blank/Börstinghaus/ *Bearbeiter* .... Miete, Kommentar, 6. Aufl. 2020

Bongartz .... Schönheitsreparaturen als Mieterpflicht, 1991

Bub/Treier/ *Bearbeiter* .... Handbuch der Geschäfts- und Wohnraummiete, 5. Aufl. 2019

Fischer-Dieskau/ *Bearbeiter* .... Wohnungsbaurecht, Kommentar

Fritz .... Gewerberaummietrecht, 4. Aufl. 2005

Gather .... Schönheitsreparaturen und Instandsetzung bei Wohn- und Gewerberaum, 3. Aufl. 2011

Ghassemi-Tabar/Leo .... AGB im Gewerberaummietrecht 2. Aufl. 2014

Guhling/Günter/ *Bearbeiter* .... Gewerberaummiete, 2. Aufl. 2019

Hannemann/ Wiegner/*Bearbeiter* .... Münchener Anwalts-Handbuch Wohnraummietrecht, 3. Aufl. 2010

Harsch .... Schönheits- und Kleinreparaturen im Mietverhältnis (1998)

Herrlein/ Kandelhard/ *Bearbeiter* .... Mietrecht, Kommentar, 4. Aufl. 2010

Hinz/Junker/ von Rechenberg/ Sternel/*Bearbeiter* ..... Formularbuch des Fachanwalts Miet- und Wohnungseigentumsrecht 2. Aufl. 2012

Kinne/Schach/ Bieber/*Bearbeiter* ...... Miet- und Mietprozessrecht, 7. Aufl. 2013

Kossmann/Meyer-Abich .... Handbuch der Wohnraummiete, 7. Aufl. 2014

Lammel .... Wohnraummietrecht, Kommentar, 3. Aufl. 2007

Langenberg/Zehelein .. Betriebskosten- und Heizkostenrecht der Wohn- und Gewerberaummiete, 9. Aufl. 2019

Lindner-Figura/
Oprée/Stellmann/
Bearbeiter .... Geschäftsraummiete, 4. Aufl. 2017
Lützenkirchen/
Bearbeiter .... Mietrecht 2. Auflage 2015

MünchKommBGB/
Bearbeiter .... Münchener Kommentar zum Bürgerlichen Gesetzbuch, 8. Aufl. 2020

Palandt/*Bearbeiter* .... BGB, Kommentar, 79. Aufl. 2020
Pahlke .... Die Rechtsstellung des Mieters von Wohnraum in der DDR (1983)
Riecke/Mack .... Schönheitsreparaturen, 3. Aufl. 2007
Schach .... Schönheitsreparaturen, 5. Aufl. 2002 (bis zur 4. Aufl. von *Oske*)
Schmidt-Futterer/
Bearbeiter .... Mietrecht, Kommentar, 14. Aufl. 2019
Schultz .... Gewerberaummiete, 3. Aufl. 2007
Seldeneck/Wichert/
Fallak .... Gewerbemiete, 2013
Staudinger/
Bearbeiter .... Bürgerliches Gesetzbuch, Kommentar, Neubearbeitung § 157 (2020), §§ 242, 281, 305 ff. BGB (2019), § 425 (2017), §§ 535 ff. (2018)
Sternel .... Mietrecht, 3. Aufl. 1988
ders. .... Mietrecht aktuell, 4. Aufl. 2009
Ulmer/Brandner/
Hensen/*Bearbeiter* ...... AGB-Gesetz, 12. Aufl. 2016
Wetekamp .... Mietsachen, 4. Aufl. 2007
Wolf/Eckert/Ball .... Handbuch des gewerblichen Miet-, Pacht- und Leasingrechts, 10. Aufl. 2009
Wolf/Lindacher/
Pfeiffer/*Bearbeiter* ..... AGB-Recht, 6. Aufl. 2013

Kap. 1. Schönheitsreparaturen

A. Gegenstand der Schönheitsreparaturen

I. Begriff und Umfang

Sowohl für denjenigen, der einen Mietvertrag entwirft und den Mieter mit den Schönheitsreparaturen belasten will, wie auch für den Vermieter bzw. Mieter eines Mustervertrags, der Regelungen zu den Schönheitsreparaturen enthält, ist es **wichtig** zu wissen, **was darunter genau zu verstehen** ist. In beiden Fällen geht es aus der Sicht des Vermieters darum, ob und wieweit dem Mieter bei der Verwendung dieses Begriffs überhaupt Instandsetzungspflichten auferlegt sind, dh ob seine Vorstellungen von den künftigen Verpflichtungen des Mieters vom Begriff gedeckt sind, aus der Sicht des Mieters, was der Vermieter von ihm zu Recht verlangen kann. Es erspart etliche Auseinandersetzungen während des Mietverhältnisses und insbesondere an dessen Ende, wenn sich die Vertragsparteien **schon bei Vertragsschluss** über den Begriff der Schönheitsreparaturen, seinen Umfang und seine Grenzen Klarheit verschaffen. Auch wenn viele Details im Recht der Schönheitsreparaturen streitig sind, ist festzustellen, dass über den Begriff selbst weitgehend Konsens besteht. 1

1. Wohnraum

a) Grundsätze

Nach einhelliger Meinung war bislang auch bei preisfreiem Wohnraum die unmittelbar nur für preisgebundene Wohnungen geltende **Definition** in § 28 Abs. 4 S. 4 II. BV (gleichlautend § 7 Abs. 2 MMV 1976) maßgeblich. Durch Art. 6 des Föderalismusreform-Begleitgesetzes vom 5.9.2006[1] sowie ergänzend die Art. 7–9 wurde die soziale Wohnraumförderung mit Wirkung ab 1.1.2007 (Art. 22) jedoch auf die Länder übergeleitet. Nach § 50 Abs. 1 Nr. 1 WoFG gilt die II. BV allein für den Wohnraum fort, für den bis zum 31.12.2001 öffentliche Mittel iSd § 6 Abs. 1 II. WoBauG bewilligt worden waren, so dass die Bestimmungen der II. BV auslaufendes Recht darstellen. Bis zu einer Ergänzung der mietrechtlichen Vorschriften des BGB existiert mithin eine bundeseinheitliche Definition der Schönheitsreparaturen nur noch rudimentär. Gleichwohl ist davon auszugehen, dass sich die Definition aus § 28 Abs. 4 II. BV durch die jahrelange allgemeine Handhabung verfestigt hat. Sie kann daher weiterhin zugrunde gelegt werden. 2

[1] BGBl. I S. 2098 (2100).

3 Im Hinblick auf das **Transparenzgebot** aus § 307 Abs. 1 S. 2 BGB stellt sich allerdings die Frage, ob der Begriff der Schönheitsreparaturen hinreichend klar ist, wenn der **Mietvertrag keine Beschreibung** dessen enthält, was damit gemeint ist, oder er zumindest auf § 28 Abs. 4 S. 4 II. BV verweist.[2] Sie dürfte aber auch ohne eine derartige Erläuterung zu bejahen sein. Dafür spricht der Umstand, dass die Überwälzung der Schönheitsreparaturen seit langem üblich ist und dass es sich zur Verkehrssitte entwickelt hat, darunter die Malerarbeiten im Inneren des Mietobjekts zu verstehen. Werden durch eine Klausel nur allgemein die Schönheitsreparaturen auf den Mieter abgewälzt, ist ihr Inhalt daher durch Auslegung näher zu bestimmen und (weiterhin) dahin zu verstehen, dass die Arbeiten nach § 28 II. BV gemeint sind.[3] Danach umfassen Schönheitsreparaturen nur das ***„Tapezieren, Anstreichen oder Kalken der Wände und Decken, das Streichen der Fußböden, Heizkörper einschließlich Heizrohre, der Innentüren sowie der Fenster und Außentüren von innen"***. Zum Anstrich der Wände gehört auch das Streichen von Sockel- und Fußleisten,[4] weil diese Leisten die Wand abschließen.

4 Bei **Teppichböden** ist nach herrschender Ansicht an die Stelle des Streichens des Fußbodens die Reinigung des vom Vermieter gestellten Teppichbodens getreten.[5] Reinigung bedeutet dabei nicht nur die schon aus der Obhutspflicht notwendige Beseitigung von Schmutz und Staub zB durch Einsatz eines Staubsaugers, sondern eine – meist nur in langen Abständen und dann vornehmlich bei Beendigung des Mietverhältnisses erforderliche – **Grundreinigung** mit entsprechenden Reinigungsmitteln und -geräten; anders ist ein Zustand, der dem Neuanstrich eines Holzfußbodens entspricht, nicht zu erreichen.[6] Handelt es sich um **Parkett,** bedeutet Grundreinigung hier nicht etwa dessen Abschleifen und Versiegeln, sondern den Einsatz eines Reinigungsmittels mit anschließendem Auftrag einer Schutzemulsion bzw. bei geöltem Parkett den Auftrag von Öl. Bei **Holzdielen** begegnen zwei Varianten. Sind sie abgeschliffen und versiegelt, gilt dasselbe wie bei Parkett. Haben sie nur einen Farbauftrag, inzwischen häufig nicht mehr in Rot (sog. Ochsenblut), sondern mit farblosem Lack, gehört der Neuanstrich nach § 28 II. BV zu den Schönheitsreparaturen. Hierzu ist der alte Lack als Vorarbeit nur anzuschleifen, bevor die neue Schicht aufgebracht wird.

---

[2] Kritisch *Heinrichs* NZM 2003, 8 (12); *Hinz* ZMR 2003, 77 (80); *Kappus* GS Sonnenschein, 2002, S. 263 (263): *„schillernder"* Begriff.

[3] BGH VIII ZR 210/08, DWW 2009, 258 = GE 2009, 573 = NJW 2009, 1408 = NZM 2009, 353 = WuM 2009, 286 = ZMR 2010, 261; VIII ARZ 1/84, WuM 1985, 46.

[4] Ebenso *Schach* GE 2012, 244; aA AG Berlin-Wedding GE 2011, 697.

[5] ZB BGH XII ZR 15/07, DWW 2009, 23 = GE 2009, 111 = GuT 2008, 484 = NZM 2009, 126 = ZMR 2009, 67; Palandt/*Weidenkaff* § 535 Rn. 41; *Sternel* NZM 1998, 842; *Wetekamp* Kap. 4 Rn. 6; aA Staudinger/*Emmerich* § 535 Rn. 103a.

[6] BGH XII ZR 15/07, DWW 2009, 23 = GE 2009, 111 = GuT 2008, 484 = NZM 2009, 126 = WuM 2009, 225 = ZMR 2009, 267; kritisch *Lehmann-Richter* NZM 2009, 349; aA für Wohnraum *Gellwitzki* NZM 2009, 881 (882 f.): nur bei entsprechender ausdrücklicher Vereinbarung.

Das Streichen von **Versorgungs- und Abflussleitungen** wie Wasser- und Gasrohren, die auf Putz liegen, ist in der Definition des § 28 II. BV nicht erwähnt. Der **BGH**[7] hat ihre Aufnahme in die Abwälzungsklausel jedoch zu Recht **nicht beanstandet.** Nach ihrem Wortlaut deckt sie derartige Arbeiten nicht ab,[8] so dass sie nach § 535 Abs. 1 S. 2 BGB vom Vermieter auf seine Kosten zu veranlassen wären. Dieses Ergebnis ist indes nicht überzeugend. Die Definition bezieht nach ihrem Sinn alle Flächen ein, die im Inneren des Mietobjekts liegen und bei denen von Zeit zu Zeit eine Neudekoration notwendig ist. Sie nennt alle Flächen und Teile, bei denen die Herrichtung beträchtliche Kosten verursacht. Dass freiliegende Wasser- und Gasrohre nicht ausdrücklich angegeben sind, rechtfertigt daher nicht den Schluss, diese vergleichsweise geringen Arbeiten und damit Kosten sollten ausgeschlossen sein. So sind längere Wasserrohre auf Putz allenfalls in älteren Gebäuden gelegentlich anzutreffen, bei den Rohren für die Druckspülung oder von hochhängenden Wasserkästen zum WC handelt es sich nur um kurze Stücke. Auch von den Gasrohren liegen meist nur die kurzen Anschlussstücke zum Gaszähler auf Putz, wenn er in der Wohnung installiert ist. Dieses Verständnis der Definition wird durch die Überlegung bestätigt, dass es in der Praxis zu erheblichen Unzuträglichkeiten kommen würde, wenn der Vermieter gehalten wäre, diese Teile streichen zu lassen (zB Beschaffung von Handwerkern, Farbauswahl, Terminabstimmung). Auf Putz angebrachte Gasrohre zur Versorgung von Gasthermen, Gaseinzel- oder -außenwandöfen sind den in der Definition angeführten Heizrohren vergleichbar und werden daher unmittelbar vor ihr erfasst. 5

Streitig ist, wer für den Anstrich von **Holzverkleidungen an Decken und Wänden** zuständig ist. Hierzu wird – ohne weitere Begründung – der Standpunkt eingenommen, es handele sich generell nicht um Schönheitsreparaturen,[9] so dass die Arbeiten dem Vermieter obliegen. Nach anderer Meinung geht es um Schönheitsreparaturen, wenn und soweit derartige Einrichtungen als Teil der Wand zu beurteilen sind.[10] Dieser Ansicht ist im Grundsatz der Vorzug zu geben. Für die Malerarbeiten begründet es keinen substantiellen Unterschied, ob der Vermieter die Wohnung mit Tapeten an Wänden und/oder Decken geliefert hat, die gestrichen werden müssen, oder einer Holzverkleidung, die zu lasieren oder ebenfalls zu streichen ist. In beiden Fällen geht es um die Herrichtung einer Wandbekleidung, gleichviel ob sie aus Tapete oder Holz besteht. Dem Nachteil, dass das Lackieren von Holzteilen teurer ist, steht der Vorteil gegenüber, dass Lackteile, wenn mit ihnen schonend umge- 6

[7] BGH VIII ZR 48/04, NZM 2005, 299 = WuM 2005, 241 (mAnm *Wiek*).

[8] Vgl. GE 2000, 155; aA *Gather* S. 26.

[9] LG Berlin NZM 2016, 125 grds. für „Einbaumöbel"; *Harsch* Rn. 83; *Riecke/Mack* Rn. 30.

[10] LG Marburg ZMR 1980, 180; *Both* WuM 2007, 3; *Gather* S. 26; Schmidt-Futterer/*Lehmann-Richter* § 538 Rn. 77; *Neuhaus* NZM 2000, 221; *Schach* GE 2012, 244.

gangen wird, deutlich länger einen ansehnlichen Zustand aufweisen als Tapeten; es wird daher auch zu Recht vertreten, dass der früher übliche Renovierungsturnus von drei Jahren für Bad und Küche und von fünf Jahren für Wohnräume hinsichtlich der Lackteile formularmäßig nicht wirksam vereinbart werden konnte, weil er den Mieter unangemessen benachteiligte.[11]

7 Für die Qualifikation als Schönheitsreparaturen bei der **Dekoration von Holzflächen** ist allerdings **vorauszusetzen,** dass zur dekorativen Herrichtung **übliche Malerarbeiten** ausreichen. Wird formularmäßig festgelegt, dass der Mieter **Naturholzteile** nicht nur vorzubehandeln und zu lasieren hat, sondern dass sie abzuschleifen, zu grundieren und dann zu lasieren sind, ist der Umfang üblicher Schönheitsreparaturen iSd § 28 II. BV grundsätzlich überschritten.[12] Abschleifen und Grundieren sind nur in langen Zeitabständen erforderlich, diese Arbeiten stellen eine Grundrenovierung dar (zu dieser Problematik → Rn. 489 ff.). Soll sie der Mieter auch immer dann durchführen, wenn eine erneute Lasur fällig ist, wird er daher übermäßig belastet. Erfordern Material oder Art der Wandverkleidung Maßnahmen, die deutlich über den vorgenannten Aufwand hinausgehen, ist der Bereich der Schönheitsreparaturen ebenfalls überschritten. Die Behandlung von **Wandbehängen,** die statt Tapeten angebracht sind, wird daher nicht umfasst.[13]

8 Dieselbe Problematik stellt sich, wenn die Wohnung mit **Einbauschränken** ausgestattet ist. Ersetzt ihre Front die dahinter liegende Wand, wie zB bei Einbauschränken in Flurnischen, wird ihre dekorative Herrichtung zu den Schönheitsreparaturen gehören;[14] da der BGH die Verwendung des Begriffs der „Einbaumöbel" auch nicht beanstandet.[15] diese Voraussetzung fehlt bei Raumteilern oder Einzelmöbeln, selbst wenn sie passgenau in eine Nische oder vor einer Wand aufgestellt wurden. Auch hier ist von Schönheitsreparaturen aber nur auszugehen, wenn die Ausführung mit üblichen Malerarbeiten möglich ist. Handelt es sich zB um Flächen, die mit Kunststoff beschichtet und durch längere Benutzung unansehnlich geworden sind, fällt es in die dem Vermieter obliegende Instandsetzung, entweder durch eine Neubeschichtung oder einen Austausch wieder einen ordnungsgemäßen Zustand herzustellen.

9 Gelegentlich streiten die Parteien darüber, wer das **Streichen der Zwischenräume von Doppelfenstern** zu veranlassen hat. Dazu wird vertreten, dies sei Sache des Vermieters, weil der Zwischenraum nicht mehr

[11] *Neuhaus* NZM 2000, 221.

[12] AG/LG Marburg ZMR 2000, 539.

[13] *Kinne* NZM 2000, 212.

[14] *Neuhaus* NZM 2000, 221; wohl auch Blank/Börstinghaus/*Blank/Börstinghaus* § 535 Rn. 440; aA LG Berlin NZM 2016, 125 grds. für „Einbaumöbel".

[15] Unbeanstandet von BGH VIII ZR 48/04, NZM 2005, 299 = WuM 2005, 241 (mAnm *Wiek*).

dem Wohnungsinneren zugeordnet werden könne.[16] Dieser Ansicht ist entgegen zu halten, dass erst das äußere Fensterelement die Wohnung nach außen abschließt. So wird der Zwischenraum oft von den Mietern zusätzlich genutzt, zB zum Aufstellen von Pflanzen. Wird hinzu genommen, dass von Malern gelegentlich als Regel geäußert wird, zum Anstrich eines Raumes gehörten alle Flächen, die von innen sichtbar sind, wäre das äußere Fenster zwar ohne weiteres von innen zu streichen und ebenso der Zwischenraum, nicht aber das innere – geschlossene – Fensterelement von außen. Eine derartige Aufteilung erscheint nicht sachgerecht. Auf Grund der vorgenannten Kriterien ist vielmehr zugrunde zu legen, dass auch der äußere Anstrich des Innenfensters einschließlich Innenfalz und Zwischenraum bei den Schönheitsreparaturen auszuführen ist; der Vermieter ist daher nur für den Anstrich der abschließenden Fensteraußenseite zuständig.[17] Was das Streichen der **Tür- und Fensterfalze** betrifft, wird ebenfalls auf die vorgenannte Malerregel zurückgegriffen werden können, so dass sie nicht vom Mieter, sondern vom Vermieter beim Anstrich von außen herzurichten sind.[18]

Weitere Malerarbeiten gehören **grundsätzlich nicht** zu den Schönheitsreparaturen (→ Rn. 11 ff.). Dies betrifft auch **Innenanstriche in Räumen außerhalb des Mietobjekts,** wie von Gemeinschaftsräumen oder Teilen des Treppenhauses. Auch das **Beseitigen von Dübel- bzw. Bohrlöchern** gehört **nicht zu den Schönheitsreparaturen** (zur formularvertraglichen Besitigungspflicht bei Mietende → Kap. 2 Rn. 70).[19] In diesem Zusammenhang kommt es nicht darauf an, ob diese Tätigkeiten der Definition nach § 28 Abs. 4 S. 3 II. BV im Wege der Auslegung zugeordnet werden können. Ebeno wenig stellt sich die Frage einer zulässigen formularvertraglichen Erweiterung. Das Setzen von Dübel- bzw. Bohrlöchern stellt einen vertragsgemäßen Gebrauch dar, der **über die gesamte Mietdauer zulässig** ist. Wäre diese Veränderung Teil der Schönheitsreparaturen, so müsste der hierfür vertraglich zuständige Mieter sie bei objektivem Renovierungsbedarf noch während der Nutzungszeit beheben. Dazu ist er jedoch grundsätzlich nicht verpflichtet. Da die Fälligkeit von Schönheitsreparaturen mit der Beendigung des Mietverhältnisses in keinem Zusammenhang steht (dann läge eine Endrenovierungsverpflichtung vor), kann auch nicht argumentiert werden, dass der Mieter diesen Teil hiervon erst dann erledigen muss. Eine solche Konstruktion ist den Schönheitsreparaturen gänzlich fremd. Im Hinblick auf die Rechtsprechung des BGH[20] zum unzulässigen Farbdiktat im laufenden Mietver- **10**

[16] *Harsch* Rn. 116.

[17] Ebenso *Gather* S. 27; *Schach* GE 2012, 244.

[18] AG Hannover WuM 2007, 406.

[19] Staudinger/*Emmerich* § 538 Rn. 4; aA wohl LG Hamburg WuM 2007, 194 = BeckRS 2007, 6765; AG München ZMR 2014, 734.

[20] BGH VIII ZR 344/08, GE 2009, 1488 = NZM 2009, 903 = WuM 2009, 655 = ZMR 2010, 106; VIII ZR 166/08, GE 2009, 574 = NZM 2009, 313 = WuM 2009, 224; VIII ZR 199/06, NZM 2007, 398 = WuM 2007, 259.

hältnis (→ Rn. 256) könnte man zwar andenken, dass die Entfernung von Bohr- bzw. Dübellöchern der Definition der Schönheitsreparaturen unterfällt, aufgrund der Gestaltungsfreiheit des Mieters jedoch nicht im laufenden Mietverhältnis auferlegt werden kann. Eine Entfernungsverpflichtung bei Mietende stellt aber auch dann eine Vorgabe dar, wie die Mietsache zurückzugeben ist, steht also mit Schönheitsreparaturen in keinem Zusammenhang, sie ist zudem als Formularklausel unwirksam.[21] Dass das für eine Schönheitsreparaturenklausel, die insoweit nur für das Mietende gelten würde – sich somit also von der Rückgaberegelung überhaupt nicht unterscheidet –, nicht umgangen werden kann, ist selbstredend.

b) Formularvertragliche Erweiterung

11 Begriff und Umfang der Schönheitsreparaturen können bei der Vermietung von **Wohnraum formularvertraglich nicht ausgedehnt** werden. Derartigen Regelungen steht schon das gesetzliche Leitbild aus § 535 Abs. 1 S. 2 BGB iVm der Definition in § 28 Abs. 4 II. BV entgegen, so dass sie den Mieter unangemessen iSd § 307 BGB belasten. Zumal bei Außenflächen kommt hinzu, dass sie nicht infolge des Mietgebrauchs von Zeit zu Zeit hergerichtet werden müssen, sondern aufgrund von Witterungseinflüssen oder sonstigen Einwirkungen, die dem Mieter nicht zuzurechnen sind.[22]

12 Klauseln, die ausdrücklich bestimmen,

*„Schönheitsreparaturen trägt der Mieter einschließlich Streichen von **Außenfenstern, Balkontür, Loggia**"*

oder die den Mieter nur allgemein

*„zum Streichen **der Türen und Fenster**"*

verpflichten, sind wegen Verstoßes gegen das Übermaßverbot (→ Rn. 71) insgesamt **unwirksam.**[23] Bei der zweiten, allgemeinen Formulierung folgt die Unwirksamkeit aus der gebotenen kundenfeindlichsten Auslegung von Formularklauseln, weil der Klausel die Beschränkung auf die Innenseiten der Türen und Fenster fehlt, so dass sie nach ihrem Wortlaut auch den Außenanstrich umfasst.[24] Eine **Ausnahme** greift ein, wenn aus der formularvertraglichen Regelung mit der erforderlichen Klarheit hervorgeht, dass nur das Streichen der Türen im Innenbereich gemeint ist, weil sich die anderen Regelungen derselben Passage des Vertrags ausdrücklich nur auf Schönheitsreparaturen innerhalb der gemieteten Räu-

---

[21] BGH VIII ZR 10/92, NJW 1993, 1061 = WuM 1993, 109.

[22] *Blank* PiG 73 (2005), 163 (166).

[23] BGH VIII ZR 210/08, GE 2009, 573 = NJW 2009, 1408 = NZM 2009, 353 = WuM 2009, 286 = ZMR 2010, 261; VIII ZR 48/09, NZM 2010, 157 = WuM 2010, 85; aA *Goch* WuM 2004, 513 (515); *Harsch* Rn. 234 für eine Loggia.

[24] BGH VIII ZR 222/09, GE 2010, 692 = WuM 2010, 231; VIII ZR 48/09, NZM 2010, 157 = WuM 2010, 85; KG GE 2008, 987; LG Hannover WuM 2014, 19.

me beziehen; hier schadet es daher nicht, wenn nur allgemein von Türen und Fenstern die Rede ist.[25]

Wirksam ist hingegen die Formulierung

*„…, der **Fenster und Außentüren von innen**“,*

weil es sich hierbei lediglich um die Wiederholung der Formulierung in § 28 Abs. 4 S. 3 II. BV handelt, so dass es einer zusätzlichen Klarstellung, dass die Fenster nur von innen zu streichen sind, nicht bedarf.[26]

Klauseln, nach denen zu den Schönheitsreparaturen zählen **13**

*„das Tapezieren …, Reinigen und **Abziehen und Wiederherstellung der Versiegelung von Parkett …**“*

sind **unwirksam.**[27] Das Abschleifen und Versiegeln von Holzfußböden fällt ohne weiteres nicht unter die Definition der Schönheitsreparaturen. Die Unwirksamkeit gilt auch, wenn der Holzfußboden mit Auslegeware, zB Laminat, belegt ist, so dass das Abschleifen und Versiegeln schon sachlich nicht in Betracht kommen. Bei der kundenfeindlichsten Auslegung kann sich der Mieter für verpflichtet halten, jedenfalls nach der Entfernung zB verbrauchter Auslegeware diese Arbeiten veranlassen zu müssen, was ihn unangemessen belastet.

Die **Unwirksamkeit** betrifft **auch** die **Klausel,** **14**

*„Parkett und Holzfußboden sind nach 10 Jahren zu versiegeln, **sofern dies die Gesetzeslage bzw. die Rechtsprechung erlauben,** was nach dem heutigen Stand nicht der Fall ist, so dass der Mieter die Versiegelung momentan nicht schuldet.“*

Es handelt sich um eine salvatorische Klausel, die wegen Verstoßes gegen das Transparenzgebot unwirksam ist (→ Rn. 364).[28]

Die **Erneuerung von Teppichböden** gehört **nicht** zu den Schönheitsreparaturen.[29] Dasselbe gilt für die Instandsetzung der **Fensterverkittung.**[30] **15**

Da die formularvertragliche Ausweitung der Renovierungspflicht eine unangemessene Belastung des Mieters zur Folge hat, ist die **Abwälzungsklausel insgesamt unwirksam;** es sind nicht etwa die unzulässigen Arbeiten zu streichen, so dass die Klausel im Übrigen erhalten bliebe.[31] **16**

---

[25] BGH VIII ZR 192/11, GE 2012, 821 = NZM 2012, 527 = WuM 2012, 312 = ZMR 2012, 617.

[26] AA AG Hamburg GE 2020, 1326 = BeckRS 2020, 18974.

[27] ZB BGH VIII ZR 48/09, NZM 2010, 157 = WuM 2010, 85; LG Köln WuM 1989, 506; *Gather* S. 27; *Kinne* NZM 2000, 212.

[28] BGH VIII ZR 137/12, GE 2013, 612 = InfoM 2013, 231 (mAnm *Zühlke*) = NZM 2013, 307 = WuM 2013, 293 = ZMR 2013, 612.

[29] OLG Hamm WuM 1991, 248.

[30] LG Bautzen WuM 2001, 279.

[31] BGH VIII ZR 48/09, NZM 2010, 157 = WuM 2010, 85; VIII ZR 210/08, GE 2009, 573 = NJW 2009, 1408 = NZM 2009, 353 = WuM 2009, 286; aA *Lammel* § 535 Rn. 178.

Eine solche Streichung liefe auf die unzulässige Reduzierung der Klausel auf den gerade noch wirksamen Inhalt hinaus.[32] Diese Ansicht ist überzeugend, weil die dem Mieter auferlegten Pflichten in ihrer Gesamtheit zu bewerten sind. Sind sie in der Summe übermäßig, ist die gesamte Regelung unwirksam.

17 Die Auffassung, eine formularvertragliche Erweiterung des Umfangs der Schönheitsreparaturen sei dann zulässig und benachteilige den Mieter nicht, wenn er die hinzutretenden, den Inhalt des § 28 Abs. 4 S. 3 II. BV überschreitenden Renovierungskosten **ausreichend kalkulieren und selbst ausführen** könne,[33] ist mit § 307 BGB und der Rechtsprechung des BGH nicht zu vereinbaren. Sie übersieht, dass hierbei das Ausgleichsprinzip (→ Rn. 47) nicht mehr gewahrt ist. Die Unwirksamkeit der Abwälzung bei Überschreitung der Vorgaben des § 28 Abs. 4 S. 3 II. BV folgt nicht aus der Unabwägbarkeit der anfallenden Kosten. Es handelt sich nicht um ein Transparenz- oder Kalkulationsproblem, sondern eine übermäßige Pflichtenauferlegung.[34] Der vom BGH zur Wahrung eines angmessenen Ausgleichs für den die Schönheitsreparaturen anstelle des Vermieters tragenden Mieter konstatierte Mietnachlass orientiert sich strikt an der gesetzlichen Definition und ist daher mit dieser identisch. Werden dem Mieter umfassendere Tätigkeiten auferlegt, zahlt er dem Vermieter über die Renovierungsarbeiten mehr zurück, als er an Mietnachlass erhalten hat. Dem könnte entgegnet werden, der über den unausgesprochenen Mietnachlass gewährte klauselwirksamkeitswahrende Ausgleich entspreche unabhängig von der Definition in § 28 Abs. 3 S. 2 II. BV immer dem jeweiligen Umfang der Übertragung von Renovierungspflichten. Eine solche Konstruktion würde jedoch nicht nur die ohnehin fragliche Begründung des Ausgleichsprinzips sondern die AGB-Kontrolle als solches ad absurdum führen. Zudem werden die Grenzen zur Endrenovierung verwässert.[35]

c) Individualvertragliche Erweiterung

18 Auch individualvertraglich scheiden Ergänzungen im Grunde aus, weil es sich in der Sache um die Abwälzung von Erhaltungspflichten auf den Mieter handelt, wodurch diesem entgegen § 536 Abs. 4 BGB das **Recht zur Minderung genommen** wird. § 536 Abs. 4 BGB gilt nicht etwa nur bei der Beschränkung oder dem Ausschluss des Minderungsrechts durch Formularklausel, sondern auch durch individualvertragliche Vereinbarung, solange dem Mieter kein Ausgleich geleistet wird; so schei-

[32] BGH VIII ZR 222/09, GE 2010, 692 = WuM 2010, 231; LG Berlin MM 2004, 339; LG Regensburg ZMR 2003, 933; *Blank* PiG 73 (2005), 163 (166).

[33] Schmidt-Futterer/*Lehmann-Richter* § 538 Rn. 125.

[34] BGH XII ZR 308/02, GE 2005, 667 = NZM 2005, 504 = NJW 2005, 2006 = ZMR 2005, 527.

[35] Beispielhaft die nach Schmidt-Futterer/*Lehmann-Richter* § 538 Rn. 125 etwa – offensichtlich auch nicht abnutzungsbedingte – Pflicht zur Entfernung der Tapeten.

tern Vornahmeklauseln sogar bei den Kleinreparaturen an der darin liegenden Einschränkung des Minderungsrechts (dazu → Kap. 2 Rn. 74). Soweit die Begründung von Vornahmepflichten mit der herrschenden Ansicht zugelassen wird, werden aber allenfalls Malerarbeiten an Außenflächen (Fenster, Fassaden eines Einfamilienhauses), oder einfache Innenarbeiten, etwa die Behandlung von Fußböden (zB Abschleifen von Parkett), in Betracht kommen. Die Pflicht zur Erneuerung des Teppichbodens sprengt diesen Rahmen und ist daher unwirksam. Aufgrund der **sehr hohen Anforderungen** der Rechtsprechung des Bundesgerichtshofs an eine Individualvereinbarung ist es zudem in der Praxis ohnehin kaum möglich, eine solche mit dem Mieter für Regelungen zu treffen, die – wie die Renovierungspflicht – üblicher Weise von dem Vermieter in den Vertrag aufgenommen werden.[36]

2. Gewerberaum

Die vorgenannte **Definition** der Schönheitsreparaturen gilt nach all- 19
gemeiner Ansicht **auch für Gewerberaum.**[37] Der Mieter von Gewerberaum ist mithin ebenfalls primär nur für den Zustand im Inneren der Mieträume zuständig, soweit er auf seinem Gebrauch beruht (zur Möglichkeit der Parteien, den Pflichtenkreis des Mieters auszuweiten, ist auf → Kap. 2 Rn. 34 ff. zu verweisen). Nicht anders als bei Wohnraum wird es auch bei der Vermietung von Gewerberaum als **unzulässig** angesehen, den Umfang dessen, was unter Schönheitsreparaturen zu verstehen ist, **formularvertraglich auszuweiten.**[38] Das ist zutreffend. Zwar kann der Vermieter dem Gewerberaummieter neben den Schönheitsreparaturen auch darüberhinausgehende Instandhaltungsarbeiten formularvertraglich in begrenztem Umfang auferlegen (→ Kap. 2 Rn. 29 ff.) und somit insgesamt die ihm aus § 535 Abs. 1 S. 2 BGB zukommenden Pflichten in höherem Maß abwälzen. Das ändert aber nichts an dem Begriff der Schönheitsreparaturen, der auch in der Gewerberaummiete auf § 28 Abs. 4 S. 3 II. BV zurückgeht. Die Auffassung, dessen formularvertragliche Begriffserweiterung sei hier möglich, weil auch Instandhaltungs- und -setzungspflichten auf den Mieter übertragen werden können,[39] übersieht einerseits, dass die jeweiligen Klauselkontrollen unterschiedlichen Anforderungen unterliegen. Werden auf den Mieter weitergehende Instandhaltungspflichten übertragen, so richtet sich deren Zulässigkeit nach den allgemeinen Anforderungen und dem zulässigen Umfang für diese

[36] Vgl. etwa *Kappus* NJW 2016, 33; umfassend zu Individualvereinbarungen in Mietverträgen BeckOK BGB/*Zehelein* § 535 Rn. 240 ff.

[37] ZB BGH XII ZR 15/07, DWW 2009, 23 = GE 2009, 111 = GuT 2008, 484 = NZM 2009, 126 = WuM 2009, 225 = ZMR 2009, 267; Palandt/*Weidenkaff* § 535 Rn. 41.

[38] Bub/Treier MietR-HdB/*Kraemer/Paschke* III.A Rn. 2605; *Zehelein* NZM 2017, 137 (141); wohl auch Lindner-Figura/Oprée/Stellmann Geschäftsraummiete/*Hübner* Kap. 13 Rn. 158; aA Tank/Baumgarten/Kutz/*Kutz* D Rn. 1012; Kinne/Schach/Bieber/*Schach* § 535 Rn. 87.

[39] Guhling/Günter/*Boerner* § 535 Rn. 134.

(→ Kap. 2 Rn. 29ff.). Die Klauselkontrolle der Abwälzung von Schönheitsreparaturen unterliegt hingegen auch in der Gewerberaummiete den Regeln des Ausgleichsprinzips (→ Rn. 48)[40] und somit gänzlich anderen Rechtsgrundsätzen. Andererseits müssen gerade Formularklauseln klar gefasst sein. Zwar lässt der BGH jedenfalls in der Gewerberaummiete die Heranziehung von Definitionen auch der II. BV zur Wahrung des Bestimmtheitsgebots zu (zB Verwaltungskosten gem. § 26 II. BV[41]). Schönheitsreparaturen sind jedoch über § 28 Abs. 4 S. 3 II. BV ein deutlich abgegrenzter Unterfall der Instandhaltungskosten gem. § 28 II. BV und können daher formularvertraglich nicht vermischt werden.

20 Streitig ist allerdings, ob die **Erneuerung von Bodenbelägen,** insbesondere **Teppichböden,** hier zu den Schönheitsreparaturen zu zählen ist. Dazu wird vertreten, dass der Teppichboden für den Fußboden das sei, was die Tapeten für die Wände sind,[42] es gehe also auch bei der Erneuerung der Auslegeware um Schönheitsreparaturen. Nach anderer Auffassung ist ein Teppichboden nicht anders zu behandeln als ein Bodenbelag aus Kunststoff oder sonstigem Material.[43] Dieser Ansicht ist zuzustimmen. Bodenbeläge werden üblicherweise vom Vermieter aufgebracht, um eine ordentliche Grundbeschaffenheit der Räumlichkeit herzustellen, auf deren Basis es sodann häufig Sache des Mieters ist, die weitere Ausstattung für seinen Betriebszweck vorzunehmen. Je nach der Art des Mietobjekts ist es ohne den Belag nicht sachgerecht nutzbar. Während roher Estrich für ein Lager ausreichen mag, ist ein unansehnlicher Boden etwa für eine Büronutzung, jedenfalls mit Publikumsverkehr, in aller Regel nicht geeignet. Stattet der Vermieter die Gewerbefläche daher mit Teppichboden oder anderen Belägen aus, besteht der Fußboden als solcher bereits aus zwei Komponenten, dem Untergrund und dem Belag, dh die Beläge sind Bestandteil des Fußbodens. Der Teppichboden schließt den Oberbodenaufbau ab.[44] Wird der von der Mindermeinung aufgestellte Vergleich herangezogen, sind eben nicht die Tapeten, sondern ist der Putz für die Wände, was der Belag für den Fußboden ist. Der Putz schafft die Fläche, auf der ein Mieter nach seinen Vorstellungen und Bedürfnissen dekorieren kann, Tapeten sowie andere Wand- oder Deckenverkleidungen sind nur die anschließende Ausstattung. Dass es, zumal bei Neubauten, gelegentlich vertraglich dem Mieter auferlegt wird, den rohen Fußbodenuntergrund mit einem Belag zu versehen, ändert an dieser grundsätzlichen Einordnung nichts. Zu den Pflichten des Mieters, zumal bei Mietende, gehört indes die Durchführung einer ggf. im Laufe des

[40] BGH XII ZR 76/13 Rn. 19, DWW 2014, 179 = GE 2014, 453 = NZM 2014, 270 = WuM 2014, 201 = ZMR 2014, 532; XII ZR 84/06, BGHZ 178, 158 = GE 2008, 1556 = NJW 2008, 3772 (mAnm *Bieber*) = NJW 2008, 3775 = NZM 2008, 890 = ZMR 2009, 110.

[41] BGH XII ZR 205/09, GE 2011, 1301 = NJW 2012, 54 = ZMR 2011, 946.

[42] OLG Düsseldorf NJW-RR 1989, 663.

[43] OLG Stuttgart NJW-RR 1995, 1101; OLG Celle NZM 1998, 158.

[44] *Franke* DWW 2004, 172 (173).

Mietverhältnisses erforderlich gewordenen **Grundreinigung des Bodenbelags.**[45]

Bei einem Streit der Parteien, ob der Mieter verschlissenen oder beschädigten Teppichboden oder einen anderen Bodenbelag zu ersetzen hat, ist daher immer der **genaue Regelungsgehalt einer Vereinbarung** zu prüfen. Hat der Mieter nur die Schönheitsreparaturen zu tragen oder ist er nur verpflichtet, die Mietsache und ihre Ausstattung *„oRnungsgemäß und schonend"*[46] bzw. *„fachgerecht"*[47] zu behandeln oder sie zu *„pflegen"*,[48] obliegt ihm allein die laufende Instandhaltung, insbesondere die laufende fachgerechte Reinigung der Bodenbeläge. Mit der Zeit notwendige Reparaturen gehen weiterhin zu Lasten des Vermieters, also auch die nach längerem Mietgebrauch durch normalen Verschleiß erforderliche Erneuerung des Bodenbelags. Dem Mieter kann indes auch die Instandsetzung auferlegt sein. Dies wird bei der Vermietung von Gewerberaum allgemein in weitem Umfang auch formularvertraglich für zulässig gehalten,[49] sofern es sich um Reparaturen handelt, die aus dem Mietgebrauch oder dem Risiko des Mieters stammen. Auf Grund einer derartigen Vereinbarung ist es Sache des Mieters, auch schadhafte Bodenbeläge auf seine Kosten zu ersetzen. 21

Für **Wandverkleidungen** oder **Einbauschränke** gelten dieselben Gesichtspunkte, die bei Wohnraum herausgestellt wurden.[50] Soweit nicht vertraglich eine Erweiterung festgelegt ist, geht es auch bei Gewerberäumen nur dann um Schönheitsreparaturen, wenn sich die erforderlichen Arbeiten in üblicher Weise erledigen lassen. Abgehängte Decken aus Leichtmetall oder besondere Vertäfelungen und dergleichen sind daher im Rahmen der Instandhaltung vom Vermieter in Ordnung zu halten.[51] 22

3. Ergebnis

Genau besehen sind daher Schönheitsreparaturen der Sache nach keine Reparaturen im eigentlichen Sinne (zB Beseitigung von Rissen an der Wohnzimmerdecke[52]). Vielmehr handelt es sich um „bloße" **Malerarbeiten** im Mietobjekt, den Aufwand, der notwendig ist, um einen üblicherweise als unansehnlich bewerteten Zustand der Dekoration des Mietobjekts zu beseitigen.[53] Dieser Zustand stellt sich mit der Zeit selbst bei 23

[45] BGH XII ZR 15/07, DWW 2009, 23 = GE 2009, 111 = GuT 2008, 484 = NZM 2009, 126 = ZMR 2009, 267; dazu kritisch *Lehmann-Richter* NZM 2009, 349.

[46] OLG Düsseldorf DWW 1992, 365.

[47] OLG Düsseldorf GE 2008, 731 = GuT 2008, 204 = ZMR 2008, 890.

[48] BGH VIII ZR 186/80, WM 1982, 333 (335).

[49] Dazu kritisch *Sternel* II Rn. 680.

[50] Anders BGH VIII ZR 260/79, ZMR 1980, 378 (380), ohne nähere Begründung für die Wandbespannung in einer Kegelbahn.

[51] *Schopp* ZMR 1981, 258.

[52] LG Berlin GE 2017, 134 = WuM 2017, 358 = BeckRS 2017, 102681.

[53] ZB BGH VIII ZR 37/07, GE 2008, 533 = NZM 2008, 318 = WuM 2008, 213 = ZMR 2008, 524 (mAnm *Schläger*); *Schach* S. 3; Staudinger/*Emmerich* § 535 Rn. 102.

schonendem Gebrauch der Mietsache durch eine gewisse Abnutzung ebenso ein wie auch schon durch bloßen Zeitablauf infolge Alterung des Materials (Vergilbung, Vergrauung) und Einflüssen insbesondere von außen, wie Staub, Abgasen, Sonneneinstrahlung uÄ Schönheitsreparaturen sind damit der Instandhaltung iSd § 28 Abs. 1 II. BV gleichzusetzen.

24 Um einen ordnungsgemäßen Zustand zu erreichen, sind häufig vorbereitende Maßnahmen notwendig. Die **üblichen Vorarbeiten** betreffen zB die Beseitigung von Deckenrissen, die durch Alterung entstanden[54] oder kleinerer Holzschäden, die durch Spachteln vor dem Lackieren behoben werden können.[55] Sie **zählen** folglich ohne weiteres **zu den Schönheitsreparaturen.** Nicht hierzu gehören Arbeiten, welche die Beseitigung von Untergrundschäden an Holz, Putz oder Mauerwerk zum Inhalt haben.[56]

25 Werden die vorbeschriebenen Arbeiten zusammengefasst, zeigt sich, dass ***sachlich*** alles, was unter den **Oberbegriff des malermäßigen Zustands** fällt, dem Bereich der **Schönheitsreparaturen** zuzuordnen ist. Daraus folgt, dass immer dann, wenn einem Missstand durch Malerarbeiten einschließlich der üblichen Vorarbeiten abzuhelfen ist, Schönheitsreparaturen betroffen sind.[57]

26 Zur ***rechtlichen*** Seite kann die Notwendigkeit von Schönheitsreparaturen entweder aus der **Nichterfüllung** einer vom Mieter wirksam übernommenen Dekorationspflicht resultieren **oder** aus dekorativen Schäden, deren Verursachung als **Sachbeschädigung** zu qualifizieren ist. So mehren sich in der Praxis die Fälle, in denen Vermieter, deren Übertragung der Schönheitsreparaturen auf den Mieter an unwirksamen Formularklauseln scheitert, geltend machen, der vom Mieter zurückgelassene Zustand des Mietobjekts sei als Sachbeschädigung zu bewerten, um auf diese Weise doch noch zu einem Ersatzanspruch zu kommen. Zur **Abgrenzung der Anspruchsgrundlagen** ist auf die Ausführungen in → Rn. 409 ff. zu verweisen.

II. Qualität

1. Grundsätze

27 Im Regelfall enthalten Mietverträge keine näheren Angaben zu der Art und Weise, wie der Mieter die Schönheitsreparaturen ausführen soll. Der Mieter hat damit eine Gattungsschuld im Sinne von § 243 BGB zu erbringen. Bei der Gattungsschuld bestimmt der Schuldner den Leistungsgegenstand, wobei er nach § 243 Abs. 1 BGB *„eine Sache von mittlerer Art und*

[54] LG Berlin ZMR 2017, 733; WuM 1988, 301.
[55] Vgl. LG Berlin GE 1995, 115.
[56] BGH VIII ARZ 1/88, NJW 1988, 2790 = WuM 1988, 294 (298).
[57] BGH VIII ZR 37/07, GE 2008, 533 = NZM 2008, 318 = WuM 2008, 213 = ZMR 2008, 524 (mAnm *Schläger*); LG Hamburg 28.11.2002 – 307 S 131/02, n. v.; Kinne/Schach/Bieber/*Schach* § 535 Rn. 161; Staudinger/*Emmerich* § 535 Rn. 102.

Güte" zu leisten hat. Hieran anknüpfend wird allgemein verlangt, dass Schönheitsreparaturen stets **fachgerecht in mittlerer Art und Güte** ausgeführt werden müssen, ein DIN-Maßstab ist daher nicht einzuhalten;[58] auch wenn sie „fachmännisch" zu erledigen sind, sind entsprechende Eigenleistungen des Mieters nicht ausgeschlossen.[59]

Die Formulierung ist griffig, aber nicht unproblematisch. Sie besteht **28** aus zwei Teilen, die bei genauerer Betrachtung nicht recht zusammenpassen.[60] **Fachgerecht** bedeutet, dass die Arbeiten den Regeln des Malerhandwerks entsprechen. Das Erfordernis (nur) mittlerer Art und Güte besagt, dass keine gehobene Qualität zu leisten ist. Was unter mittlerer Qualität zu verstehen ist, lässt sich für die Materialien (Tapeten, Lacke) bestimmen, im Zweifel durch den mittleren Preis zwischen Billigfarbe und Spitzenqualität. Wie ein Fachhandwerker einerseits nur mittlere Arbeit erledigen soll, während er andererseits die fachlichen Regeln einzuhalten hat, ist demgegenüber im Prinzip nur schwer nachzuvollziehen. In der Praxis löst sich dieser Widerspruch indes auf, weil auch Fachbetriebe keineswegs stets fachgerecht arbeiten; dem Mieter ist es daher verwehrt, sich bei schlechten Arbeiten mit dem Hinweis zu entlasten, sie seien durch einen Fachbetrieb erfolgt.[61] Zugleich ist dem Mieter Eigenleistung in „fachmännischer" Weise möglich, obgleich nur die wenigsten Mieter die fachlichen Regeln überhaupt kennen, geschweige denn entsprechend arbeiten können. Werden die genannten Gesichtspunkte zusammengefasst, liegt eine fachgerechte Renovierung in mittlerer Art und Güte vor, wenn sie sorgfältig ausgeführt wurde,[62] die Arbeiten also **insgesamt einen ordnungsgemäßen Standard** haben,[63] so dass kleinere Mängel nicht schaden;[64] eine bloße „Hobby-Qualität" mittlerer Art und Güte wird indes nicht ausreichen.[65] Gelegentlich holen Vermieter vorgerichtlich Gutachten von Sachverständigen der zuständigen Handwerkskammer zum Nachweis des nicht ordentlichen Zustands ein; solche Gutachten sind unverwertbar, wenn sie, wie es oft festzustellen ist, einen Maßstab anlegen, der selbst von Fachhandwerkern zum Teil nicht erreicht wird.

Die Dekoration muss nach der **Qualität der Materialien** so beschaffen **29** sein, dass sie bei vertragsgemäßem Gebrauch der Mietsache bis zum nächsten Turnus hält,[66] also Tapeten sich zB nicht vorzeitig ablösen oder Anstriche rissig werden. Die Art der Dekoration muss der **jeweiligen Nutzung** der Räume Rechnung tragen. Der Ansicht, eine Raufasertape-

[58] LG Berlin GE 2000, 1255; aA Kinne/Schach/Bieber/*Schach* § 535 Rn. 111; *Schach* S. 28 ff.
[59] BGH VIII ARZ 1/88, NJW 1988, 2790 = WuM 1988, 294.
[60] Vgl. *Lützenkirchen* WuM 1989, 111.
[61] LG Berlin GE 2000, 811.
[62] LG Osnabrück WuM 1988, 107.
[63] *Harsch* Rn. 264.
[64] LG Wiesbaden WuM 1992, 602.
[65] LG Berlin GE 2000, 677.
[66] *Lützenkirchen* WuM 1989, 111; *Schach* S. 30.

zierung im Badezimmer sei verfehlt,[67] kann in dieser Allgemeinheit nicht zugestimmt werden. Es trifft zwar zu, dass dieses großflächige Material durch seine organischen Bestandteile und seinen pH-Wert das Wachstum von Schimmelpilzen fördert[68] und damit für kleine Badezimmer, zumal wenn sie schlecht zu lüften sind, ungeeignet ist. In größeren Sanitärräumen mit guten Lüftungsmöglichkeiten treten diese Erscheinungen jedoch bei entsprechendem Wohnverhalten nicht auf.

30 Die **Qualität der Ausführung** muss einen im Wesentlichen ordentlichen Zustand erreichen.[69] Ob diese Voraussetzung im Einzelfall erfüllt ist, ist auch danach zu bestimmen, um welche Art von Mietobjekt es geht.[70] Handelt es sich um ein hochpreisiges Objekt, sind die Anforderungen höher. Da nach dem Ansatz des BGH der Übernahme der Schönheitsreparaturen durch den Mieter eine entsprechende Mietreduzierung des Vermieters gegenüber steht, ist der Wert der Renovierung mit dem Wert des Mietabschlags zu vergleichen, der mithin umso höher ausfällt, je aufwendiger das Mietobjekt dekorativ hergerichtet ist. Im Durchschnittsfall wird es nicht schaden, wenn eine Tapete nur ganz vereinzelt nicht auf Stoß geklebt ist oder nur ein einmaliger Anstrich vorgenommen wurde, sofern er deckend ist,[71] und zwar auch dann, wenn der Tapezierfehler einem Fachhandwerker nicht unterlaufen wäre und er es vorgezogen hätte, zwei Anstriche aufzubringen. Andererseits genügen offensichtlich laienhafte Arbeiten mit deutlichen Fehlern nicht. Ist der Mieter nur verpflichtet, die Wände zu tapezieren oder zu streichen, steht ihm, nicht dem Vermieter, das Wahlrecht zu.[72]

31 **Nicht ordnungsgemäß** ist danach

- eine Decke, deren Putzschicht bei der Entfernung einer Styroporverkleidung vom Mieter beschädigt und vor dem Tapezieren nicht geglättet wurde, so dass auffällige Unebenheiten verblieben,[73]
- eine nicht nur in marginalem Umfang überlappend geklebte Raufasertapete,
- der Verbleib offener Nähte zwischen den Tapetenbahnen,
- Überstreichen von Mustertapeten,[74]
- Neutapezierung, ohne zuvor die alte Tapete zu entfernen,[75]
- ein wolkiger oder nicht deckender Anstrich von Wänden und Decken,
- das Überstreichen von Leim- oder wischbeständigen Farben;[76] sie müssen abgewaschen oder abgekratzt werden, weil es nach bloßem Überstreichen zum Abplatzen der neuen Farbschicht kommen kann,

[67] LG Hamburg WuM 1991, 29.
[68] *Schultz* GE 2011, 604.
[69] *Kraemer* NZM 2003, 417 (422): Zustand ohne auffallende Mängel.
[70] AA *Schach* S. 29.
[71] *Lützenkirchen* WuM 1989, 111.
[72] LG Berlin WuM 1996, 138.
[73] AG Köln WuM 1989, 136.
[74] KG GE 1981, 1065.
[75] LG Berlin GE 1994, 584 (585).

- das Aufbringen schwerer Tapeten auf ungeeigneten Putzuntergrund, etwa lockerem Putz in Alt-, aber auch Nachkriegsbauten,
- ein streifiger Lackanstrich mit Pinselhaaren und Schmutzpartikeln,[77]
- der Verbleib zahlreicher Farbläufer oder -nasen an Lackflächen,
- die Lackierung von Holzwerk, ohne zuvor die Oberfläche zu reinigen und aufzurauen sowie Schadstellen zu spachteln,
- die Lackierung von Stahlzargen der Türen mit nicht stoßfester Farbe,
- die Lackierung von Heizkörpern und Heizungsrohren mit nicht temperaturbeständigen Lacken.

2. Bestimmungen zur Qualität im Mietvertrag

a) Individualvereinbarung

Im Rahmen der individuellen Aushandlung können sich die Parteien **32** auf **bestimmte Qualitätskriterien** verständigen. Diese beziehen sich in der Praxis meist auf die Qualität der vom Mieter bei Eigenleistung zu verwendenden Materialien, dürfen aber auch die Art der Ausführung einschließen.

b) Formularvereinbarung

aa) Wohnraum

Klauseln, nach denen die Schönheitsreparaturen **33**

„sach- und fachgerecht" oder *„fachmännisch"*

durchzuführen sind, begründen nur eine Verpflichtung des Mieters zur Ausführung in mittlerer Art und Güte. Diese Bestimmungen halten es dem Mieter offen, Eigenarbeiten entsprechender Qualität durchzuführen. Bei anderem Verständnis käme die Klausel einer unwirksamen Fachhandwerkerklausel gleich.[78]

Eine Klausel, nach der die Schönheitsreparaturen

„in mittlerer Art und Güte, jedoch fachgerecht"

durchzuführen sind, ist daher **unwirksam.** Dass der Begriff *fachmännisch* bzw. *fachgerecht* überhaupt in der Ausführungsbeschreibung zulässig ist, begegnet bereits Bedenken, weil der Mieter meinen kann, dass er ohne entsprechende Ausbilung oder zumindest Schulung dieser Anforderung trotz ordentlicher Tätigkeit nicht genügt, und daher einen Fachmann beauftragt. Die dennoch anerkannte Gleichstellung mit den Qualitätsanforderungen von mittleren Art und Güte dehnt die Grenzen der die Klauselunwirksamkeit abwendenden Auslegung bereits sehr weit aus. Statuiert die Klausel nunmehr, dass die Arbeiten in mittlerere Art und Güte, *jedoch* fachgerecht auszuführen sind, suggeriert sie fälschlich, dass

---

[76] AG Hamburg-Wandsbek ZMR 2012, 23.
[77] AG Köln WuM 1989, 136.
[78] *Harsch* Rn. 264.

beide Begriffe gerade nicht konkruent seien, die Ausführung in mittlerer Art und Güte alleine also nicht ausreiche.

Ebenso **unwirksam** ist eine Klausel, dass die Schönheitsreparaturen

„fachmännisch und in guter Qualität"

auszuführen sind. Denn die Formulierung „gute Qualität" bedeutet eine Steigerung gegenüber einer vom Mieter tatsächlich lediglich geschuldeten durchschnittlichen Qualität mittlerer Art und Güte.[79]

34 Klauseln, dass die Schönheitsreparaturen

*„durch **Fachhandwerker**", „durch einen **Fachbetrieb**" zu erfolgen haben oder „vom Mieter **ausführen zu lassen**" sind,*

belasten den Mieter **unangemessen** und verstoßen gegen § 307 BGB;[80] der Mieter muss sich daher erst recht nicht an Klauseln halten, welche die Ausführung durch einen bestimmten Fachbetrieb vorsehen. Derartige Klauseln sind unwirksam und dürfen nicht etwa dahin ausgelegt werden, dass der Mieter gleichwohl selbst renovieren darf, wenn er nur eine entsprechende Arbeit leistet. Diese Auslegung verstieße gegen das Verbot der geltungserhaltenden Reduktion. Vielmehr sollen ihm derartige Klauseln bindend die Möglichkeit nehmen, die Arbeiten eigenständig ordnungsgemäß auszuführen.

35 Eine unwirksame Fachhandwerkerklausel lässt die **Abwälzung der Schönheitsreparaturen im Ganzen unwirksam** sein.[81] Dieser Auffassung ist zuzustimmen, denn bei der Klauselkontrolle im Hinblick auf das Übermaßverbot sind die einzelnen, dem Mieter auferlegten Pflichten zu addieren, dh die Fachhandwerkerklausel ist im Kontext der Gesamtregelung zu würdigen. Dabei wird deutlich, dass sie zusätzlich zur Abwälzung den Umfang der Renovierungspflicht des Mieters festlegen, also dem Vermieter einen korrespondierenden Erfüllungsanspruch verschaffen soll, unabhängig davon, ob der Mieter selbst oder zB fachkundige Freunde oder Bekannte in der Lage sind, dasselbe Renovierungsergebnis zu erzielen. Dieser generelle Erfüllungsanspruch belastet den Mieter mit bekanntlich enormen Mehrkosten. Aus der Addition der Pflichten folgt mithin eine übermäßige und damit unwirksame Gesamtregelung.

36 Klauseln, welche die Ausführung

*„nach den **anerkannten Regeln der Technik**" oder „nach den **Regeln der VOB**"*[82]

---

[79] AG Neustadt a. d. Weinstraße ZMR 2010, 772 = BeckRS 2010, 24827.

[80] BGH VIII ZR 294/09, NZM 2010, 615 = WuM 2010, 476; OLG Stuttgart NJW-RR 1993, 1422 = WuM 1993, 528; LG Koblenz WuM 1992, 431; LG Köln WuM 1991, 87; *Guhling* NZM 2019, 457 (463).

[81] BGH VIII ZR 294/09, NZM 2010, 615 = WuM 2010, 476; LG Stuttgart WuM 1991, 579; *Blank* PiG 73 (2005), 163 (181); Blank/Börstinghaus/*Blank/Börstinghaus* § 535 Rn. 458; *Heinrichs* NZM 2005, 201 (209) = WuM 2005, 155 (163); *Kraemer* PiG 75 (2006), 37 (50); aA OLG Stuttgart NJW-RR 1993, 1422 = WuM 1993, 528; LG Koblenz WuM 1992, 431; LG Köln WuM 1991, 87; *Sternel* Mietrecht aktuell Rn. IX 55.

[82] AG Remscheid NZM 2000, 89; AG Köln ZMR 2002, 131.

vorschreiben, enthalten ebenfalls eine **unangemessene** Benachteiligung des Mieters. Da der Mieter in der Regel kaum in der Lage ist, die Regeln zu beachten, zwingt ihn die Klausel, letztlich doch auf Fachkräfte zurückzugreifen.[83]

Die Klauseln, **37**

*„Die **für die Renovierung notwendige Farbe** wird vom Vermieter vorgegeben. Sie darf nur in einem **Malerfachgeschäft** gekauft werden."*

oder

*„folgende Arbeiten … Anstreichen der Innentüren … mit ölhaltigen Farben (Alcydharzfarben) **keineswegs mit** wasserlöslichen Farben **(Acrylfarben).**"*

sind **unwirksam.** Soweit die Klausel den **Einkauf** in einem Malerfachgeschäft vorschreibt, belastet sie den Mieter unangemessen, weil auch Markenfarbe günstiger zB in einem Baumarkt zu kaufen ist; die Klausel zur **Farbvorgabe** des Vermieters benachteiligt den Mieter, weil der Vermieter die Ausführung der Schönheitsreparaturen mit einer teuren Farbe, die objektiv nicht notwendig ist, verlangen könnte.[84] Die Klausel zur **Art der Farbe** ist unangemessen, weil sie auch für die Materialien gilt, bei denen die Verwendung von Acrylfarben bei Folgerenovierungen keine Probleme bereitet; die Klausel schränkt die Gestaltungsfreiheit des Mieters ein, ohne dass ein anerkennenswertes Interesse des Vermieters besteht.[85] Hierzu besteht indes eine **Ausnahme, die im Mietvertrag begründet** werden sollte, damit die Klausel nicht etwa an der kundenfeindlichsten Auslegung scheitert. Die Vorgabe der Art der Farbe kann nämlich auch auf **sachlichen Gründen** beruhen. So ist die Verwendung bestimmter Farben je nach Wandaufbau zwingend, um Schäden zu vermeiden. Handelt es sich zB um einen mineralischen Wandaufbau, mit dem Schimmelbefall vorgebeugt werden soll und bei dem die Oberfläche daher diffusionsoffen bleiben muss, dürfen nur Farben auf Silikatbasis eingesetzt werden.

(einstweilen frei) **38**

bb) Gewerberaum

Fachhandwerkerklauseln, wie zB **39**

*„Der Pächter verpflichtet sich, das Objekt … durch einen autorisierten **Meisterbetrieb** vollständig renovieren zu lassen.",*

sind **nach zunehmend vertretener Ansicht unwirksam**[86] mit der Folge, dass die gesamte Abwälzung der Renovierungspflicht ohne Wirkung

[83] *Lützenkirchen* WuM 1989, 112.
[84] AG Köln WuM 2007, 125.
[85] LG Berlin MM 5/2014, 30.
[86] OLG Düsseldorf GuT 2010, 344 = NZM 2011, 244; Bub/Treier MietR-HdB/*Bub* II Rn. 1480; *Fritz* Rn. 181; *Glaser* MK 2011, 27; Lindner-Figura/Oprée/Stellmann Geschäftsraummiete/*Pietz/Oprèe* Kap. 16 Rn. 160.

bleibt. In tatsächlicher Hinsicht spricht für diese Meinung, dass im Regelfall Spezialkenntnisse für eine fachgerechte Renovierung nicht erforderlich sind. Verhält es sich einmal im Einzelfall anders, weil der Vermieter zB nicht weiß, welche Beanspruchung der spezielle Betriebszweck mit sich bringt und ob spezielle Vorkenntnisse für eine sachgemäße Renovierung notwendig sind, kann er sein Ziel durch eine Individualvereinbarung erreichen. Zur rechtlichen Seite ist festzustellen, dass dem Interesse des Vermieters mit einer fachgerechten Renovierung genügt wird. Auch der Mieter von Gewerberaum schuldet nur eine Dekoration mittlerer Art und Güte. Wie nach der Rechtsprechung des VIII. Senats des BGH dem Mieter von Wohnraum (→ Rn. 34) muss es ihm daher freistehen, wie er dieses Ergebnis erreicht, also auch durch eigene Dekoration oder mit Hilfe seiner Mitarbeiter. Nach anderer Ansicht[87] sind derartige Klauseln bei der Vermietung von Gewerberaum grundsätzlich nicht zu beanstanden, weil die Parteien hier in der Vertragsgestaltung weitgehend frei sind.

40 Unwirksamkeit ist jedenfalls gegeben, wenn ein **bestimmter Fachbetrieb** genannt und vorgeschrieben ist. Hierdurch wird dem Mieter die Möglichkeit genommen, verschiedene Angebote einzuholen und die Arbeiten an den günstigsten Anbieter zu vergeben,[88] was ihn unangemessen benachteiligt (§ 307 BGB). Wegen des Verbots der geltungserhaltenden Reduktion ist davon auszugehen, dass hier die gesamte Klausel keinen Bestand hat.[89]

---

[87] BGH VIII ZR 252/81, BGHZ 85, 267 = NJW 1983, 446 (447); *Heinrichs* NZM 2005, 201 (210) = WuM 2005, 155 (163); Kinne/Schach/Bieber/*Schach* § 535 Rn. 111; Lindner-Figura/Oprée/Stellmann Geschäftsraummiete/*Hübner* Kap. 13 Rn. 178.

[88] *Riecke/Mack* Rn. 271; vgl. LG Koblenz WuM 1992, 431.

[89] *Kraemer* PiG 75 (2006), 37 (50).

B. Grundlagen der Übertragung von Schönheitsreparaturen auf den Mieter

I. Rechtliche und wirtschaftliche Grundlagen

1. Primäre Zuständigkeit des Vermieters

Nach § 535 Abs. 1 S. 1 BGB ist der Vermieter verpflichtet, dem Mieter 41 den Gebrauch der Mietsache während der Mietzeit zu gewähren, darüber hinaus hat er nach § 535 Abs. 1 S. 2 BGB die vermietete Sache während der Mietzeit auch in einem zum vertragsgemäßen Gebrauch geeigneten Zustand zu erhalten. Die gesetzliche Regelung bedeutet, dass der Vermieter alle Schäden der Mietsache, die durch normale Abnutzung entstehen, auf seine Kosten zu beseitigen hat. **Schönheitsreparaturen** sind daher **Sache des Vermieters.** Diese Verpflichtung wird in § 538 BGB klarstellend wiederholt. Nach dieser Vorschrift hat der Mieter *„Veränderungen oder Verschlechterungen der Mietsache, die durch den vertragsgemäßen Gebrauch herbeigeführt werden, … nicht zu vertreten"*. Soweit sich der Mieter bei Veränderungen der Mietsache oder ihrer Abnutzung im Rahmen des vertragsgemäßen Gebrauchs hält, ist der Vermieter daher nicht berechtigt, ihn auf Ersatz der Kosten, die aus der Wiederherstellung des ursprünglichen Zustands resultieren, in Anspruch zu nehmen. Nur wenn der Mieter die Grenzen des vertragsgemäßen Gebrauchs schuldhaft überschreitet, haftet er nach § 280 BGB für Schäden, sei es wegen unzulässiger Veränderungen, sei es wegen Nichtbeachtung der Obhutspflicht.

Allerdings ist der Umfang der **Schönheitsreparaturen nicht deckungsgleich mit** dem Anwendungsbereich des **§ 538 BGB.** So wird vertreten, der Mieter überschreite seine vertragsgemäßen Rechte aus § 538 BGB immer dann, wenn er Veränderungen oder Verschlechterungen der Mietsache herbeiführt, die durch Schönheitsreparaturen nicht behoben werden können. Das wird maßgeblich der Entscheidung des BGH[90] zum exzessiven Rauchen entnommen.[91] Der Umfang der in § 28 Abs. 4 S. 3 II. BV normierten Schönheitsreparaturen würde somit die Obergrenze des vertragsgemäßen Gebrauchs nach § 538 BGB bilden. Das ist indes fraglich. Der BGH argumentiert, dass die Beseitigung von Beeinträchtigungen durch exzessives Rauchen den Vermieter nicht „unbillig benachteiligen" würde, da er die Erhaltungslast insoweit auf den Mieter abwälzen könne. Diese Begründung ist – auch wenn das Ergebnis richtig sein mag – so nicht überzeugend und suggeriert unzutreffende Grundlagen

---

[90] BGH VIII ZR 37/07, GE 2008, 533 = NZM 2008, 318 = WuM 2008, 213 = ZMR 2008, 524.

[91] ZB LG Hannover ZMR 2016, 958; AG Saarbrücken 13.8.2015 – 121 C 80/15, n.v.

der Grenzziehung. Die Feststellung des vertragsgemäßen Gebrauchs nach § 538 BGB ist nicht mit einer Klauselkontrolle nach § 307 vergleichbar. Denn die Möglichkeit des Vermieters, seinen Schaden im Wege der Übertragung der Instandhaltung und Instandsetzung auf den Mieter zu vermeiden, ist keine Grundlage der Bestimmung vertragsgemäßen Verhaltens des Mieters. Maßgeblich ist der Vertragszweck. Der Vermieter wird für die vertragsgemäße Abnutzung der Mietsache mit der Miete kompensiert und muss daher auch solche Beeinträchtigungen hinnehmen, deren Wiederherstellung er vertraglich schuldet, was die Substanzbeeinträchtigung der Mietsache gerade beinhaltet. Ein allgemeiner Grundsatz, Verschlechterungen die durch Schönheitsreparaturen nicht behoben werden können, würden keinen vertragsgemäßen Gebrauch darstellen, ist daher nicht anzuerkennen.[92]

Nur bei der Kostenmiete im **preisgebundenen Wohnraum** ist es dem **Vermieter einseitig** gestattet, die Schönheitsreparaturen dem Mieter aufzuerlegen oder alternativ nach § 28 Abs. 4 S. 2 II. BV einen Zuschlag für die Kosten der von ihm zu tragenden Schönheitsreparaturen zu nehmen.[93] Im **preisfreien Wohnraum** bedarf es indes einer **vertraglichen Vereinbarung** zwischen Vermieter und Mieter zur Abwälzung der Renovierungspflicht.

2. Folgen der Übertragung

a) Entlastung des Vermieters

42 Nach der gesetzlichen Regelung sind die **Kosten,** die auf die Schönheitsreparaturen entfallen, **in der vom Mieter entrichteten Miete enthalten.** Sie sind ein Teil der laufenden Aufwendungen, die dem Vermieter aus der Immobilie und deren Verwertung durch Vermietung entstehen. Innerhalb der laufenden Aufwendungen, die sich aus Kapital- und Bewirtschaftungskosten zusammensetzen, gehören die Instandhaltungskosten neben Abschreibung, Verwaltungs- und Betriebskosten zu den Bewirtschaftungskosten (vgl. § 24 II. BV). Das Gesetz geht mithin davon aus, dass der Vermieter über die Kosten für die allgemeine Instandhaltung des Gebäudes hinaus auch die besonderen Kosten aus der vertragsgemäßen Abnutzung eines Mietobjekts durch einen Mieter bei der Kalkulation der Miete berücksichtigt (vgl. § 28 Abs. 4 II. BV für öffentlich geförderten Wohnraum alter Art).

43 Da die Kosten, die dem Vermieter aus der Erhaltung von Gebäude und Mietobjekt entstehen, einen **kalkulatorischen Anteil des Mietentgelts** darstellen,[94] erzielt er eine finanzielle Entlastung, sobald der Mieter für

[92] Ebenso MüKoBGB/*Häublein* § 535 Rn. 214.

[93] BGH VIII ZR 287/17, GE 2018, 1585 = NZM 2018, 947 = NJW-RR 2018, 1418 = WuM 2018, 754.

[94] BGH VIII ZR 31/17, GE 2017, 886 = NZM 2017, 594 = WuM 2017, 456 = ZMR 2018, 16.

die entsprechenden Maßnahmen zuständig ist. Diese Kostenreduzierung kann er durch eine **Freizeichnung** gewinnen, mit der er zwar die Übertragung der Arbeiten auf den Mieter erreicht, es diesem aber freistellt, ob er überhaupt Arbeiten bzw. in welchem Umfang er sie ausführt (dazu → Rn. 128ff.). Für den Bereich der Schönheitsreparaturen waren derartige Abreden früher äußerst selten, weil es dem Vermieter oft nicht gleichgültig ist, welchen Zustand das Mietobjekt während der Laufzeit des Vertrags aufweist, was vor allem für den Vermieter von Gewerberaum mit Außenwirkung (Läden etc) gilt. Zudem läuft er bei einer bloßen Freizeichnung Gefahr, bei Mietende ein Objekt zurückzuerhalten, das er nur nach ggf. beträchtlichen Investitionen wieder neu vermieten kann. Die Freizeichnungsklausel hat jedoch seit der Rechtsprechungsänderung des BGH im Hinblick auf die Unwirksamkeit der Abwälzung von Schönheitsreparaturen bei Übergabe einer unrenovierten oder renovierungsbedürftigen Wohnung ohne angemessenen Ausgleich (→ Rn. 84) erheblich an Bedeutung gewonnen. Es ist dennoch bei wiederkehrend notwendigen Maßnahmen wie den Schönheitsreparaturen allgemein üblich, dass der Vermieter es nicht bei einer Freizeichnung belässt, sondern dem Mieter ausdrücklich die **Verpflichtung** auferlegt, die jeweils anstehenden Arbeiten auch tatsächlich zu erledigen.

b) Belastung des Mieters

Mit der partiellen Übernahme der Instandhaltung als eigenständiger **44**
Verpflichtung hat der Mieter daher **wirtschaftlich** bei Bedarf eine **zusätzliche geldwerte Leistung** zu erbringen.[95] **Rechtlich** ist auch diese Gegenleistung Mietentgelt. Hat er Instandhaltungspflichten und insbesondere die Schönheitsreparaturen übernommen, **schuldet der Mieter** mithin einen **Geldanteil** in Form der meist monatlichen Zahlungen **und,** je nach den im Einzelfall notwendigen Arbeiten, einen **geldwerten Arbeitsanteil.** Die Kosten für die Erledigung der Schönheitsreparaturen werden mithin nicht auf die Miete aufgeschlagen, sondern sie sind nur Teil des vom Mieter zu entrichtenden Gesamtentgelts. Da **beides zusammen die geschuldete Miete** ausmacht, ist die Leistung des geldwerten Arbeitsanteils eine weitere **Hauptpflicht** des Mieters aus § 535 BGB.[96] Diese rechtliche Einordnung hat zur Folge, dass der Anspruch des Vermieters primär auf Erfüllung des beschriebenen geldwerten Mietanteils geht. Sie ist ua die Grundlage dafür, dass der Vermieter wegen unterlassener Schönheitsreparaturen im laufenden Mietverhältnis nicht zu einem Schadensersatzanspruch kommen kann und bei beendetem Vertrag grundsätzlich nur unter den strengen Voraussetzungen der §§ 280, 281 BGB.

[95] BGH VIII ARZ 1/84, WuM 1985, 46.

[96] ZB BGH VIII AZR 1/84, WuM 1985, 46; VIII ZR 260/79, ZMR 1980, 378; VIII ZR 51/75, NJW 1977, 36; OLG Hamburg NJW 1973, 2211; Lindner-Figura/Oprée/Stellmann Geschäftsraummiete/*Hübner* Kap. 13 Rn. 169; *Kraemer* NZM 2003, 417 (419).

45 Der Vermieter hat einen **Anspruch auf** ihre **Erfüllung,** so dass der Mieter, der insbesondere die Schönheitsreparaturen nicht oder nur unzureichend ausführt, nur unvollständig und damit zu wenig leistet. Hieraus erklären sich viele Erscheinungen des wirtschaftlich für beide Parteien sehr bedeutsamen Teilrechtsgebiets, etwa die Unbeachtlichkeit von geplanten Umbauarbeiten nach Auszug des Mieters oder der Dekoration durch den Nachmieter.

c) Notwendigkeit eines Ausgleichs für den Mieter von Wohnraum

46 Wie bereits oben in → Rn. 41 ausgeführt, ist der Vermieter aus § 535 Abs. 1 S. 2 BGB verpflichtet, das Mietobjekt während der Mietzeit in einem zum vertragsgemäßen Gebrauch geeigneten Zustand zu erhalten. Soweit er dieser Verpflichtung in einem nicht nur unerheblichen Umfang nicht nachkommt, tritt nach § 536 Abs. 1 BGB eine **Mietminderung** ein. Diese Minderung greift von Gesetzes wegen, sie kann nach § 536 Abs. 4 BGB bei einem Mietverhältnis über Wohnraum nicht zum Nachteil des Mieters ausgeschlossen werden, weder durch Individualvereinbarung noch formularvertraglich. Überbürdet der Vermieter nun dem Mieter Erhaltungspflichten, muss dieser etwaige während der Vertragsdauer auftretende Fehler der Mietsache beseitigen, ohne wegen der Beeinträchtigung der vertragsgemäßen Gebrauchstauglichkeit die Miete mindern zu können: Eine Vertragspartei kann sich für die gesetzlich vorgesehene Reduzierung der Miete nicht auf einen Mangel berufen, wenn sie es übernahm, ihn selbst zu beseitigen. Die Abwälzung von Erhaltungspflichten stellt sich damit als Eingriff in die Gewährleistungsrechte des Mieters und Umgehung des Verbots von Minderungsausschlüssen dar.[97] Auf die Schönheitsreparaturen bezogen ist eine **Renovierungspflicht des Mieters** daher **im Grundsatz unzulässig,** weil dem Mieter dadurch die Minderung wegen des nicht mehr vertragsgemäßen Zustands abgeschnitten ist.

47 Die **Lösung der Problematik** kann unschwer dadurch erfolgen, dass der Vermieter, wie es § 535 Abs. 1 S. 2 BGB entspricht, für die Renovierung zuständig bleibt, er aber mit dem Mieter vereinbart, dass dieser ihm die Kosten erstattet (dazu ausführlich → Rn. 88 ff.). Diesen Lösungsweg hat der **BGH** nicht beschritten, sondern sogar eine Vertragsklausel, dass der Mieter *„die Kosten der Schönheitsreparaturen"* zu tragen hat (→ Rn. 172), dahin ausgelegt, der Mieter sei zur Durchführung der Renovierung verpflichtet. Er vermeidet die in → Rn. 46 aufgezeigte Kollision mit dem Verbot von Minderungsausschlüssen, indem er zugunsten des Mieters einen **Ausgleich** konstruiert: Er legt zugrunde, dass der Vermieter, der sich von der Last der Schönheitsreparaturen und damit einem Teil seiner Bewirtschaftungskosten befreit, stets eine um diese Entlastung geringere Miete mit dem Mieter vereinbart. Der Mieter hat mithin nur

[97] BGH VIII ZR 129/91, NJW 1992, 1759 = WuM 1992, 355.

einen reduzierten Baranteil der Miete zu entrichten, die Differenz zur Miete bei Renovierungspflicht des Vermieters kann er ansparen. Der Mieter zahlt daher durch die Ausführung der Schönheitsreparaturen den Teil der Miete nach, den der Vermieter verlangen könnte, wenn er der gesetzlichen Regelung entsprechend die Schönheitsreparaturen selbst tragen würde.[98] Nach dieser Konstruktion trägt wirtschaftlich der Vermieter die Kosten der Renovierung, so dass die Minderungsproblematik auf diesem Weg umgangen ist. Zur Begründung verweist der BGH insbesondere auf die Regelung in § 28 Abs. 4 II. BV, nach welcher der Vermieter von preisgebundenem Wohnraum alter Art berechtigt ist, einen bestimmten Zuschlag zur Kostenmiete zu erheben, wenn er die Schönheitsreparaturen auszuführen hat.

Das **Ausgleichsprinzip** liefert nach der ständigen Rechtsprechung des **48** BGH die **Grundlage für die grundsätzliche Unbedenklichkeit** der Abwälzung der Schönheitsreparaturen auf den Mieter. Er hat dazu ausgeführt, dass an der formularvertraglichen Abwälzung *„jedenfalls dann keine Bedenken [bestehen], wenn der Mieter nur zu den auf seine eigene Vertragszeit entfallenden Renovierungsleistungen verpflichtet ist"*.[99] Diese **Beschränkung** ist **zwingend,** weil der Mieter nur während der Vertragszeit einen Ausgleich durch die reduzierte Miete erhält. Sobald ihn Renovierungspflichten treffen, nach denen er Gebrauchsspuren des Vormieters zu beseitigen hat oder in jedem Fall seine eigenen, normalen Gebrauchsspuren bei Mietende, steht den dadurch ausgelösten Kosten keine Kompensation durch den Mietnachlass gegenüber. Der Vermieter verlangt dadurch zugleich vom Mieter eine größere Leistung, als er selbst ohne Abwälzung aus § 535 Abs. 1 S. 2 BGB zu erbringen hätte. Da der Ausgleich die notwendige Voraussetzung für die Wirksamkeit der Abwälzung ist, folgt daraus im **Umkehrschluss** deren **Unwirksamkeit, wenn der Ausgleich fehlt.** Da diese Zusammenhänge in der Praxis immer wieder übersehen werden, sind sie in der folgenden Darstellung des Rechts der Schönheitsreparaturen mehrfach betont.

Dieses **Ausgleichsprinzip,** auch Entgeltthese genannt,[100] ist auf vielfa- **49** che **Kritik** gestoßen.[101] Diese ist insoweit berechtigt, dass die Mietzinsbildung im preisgebundenen Wohnraum alter Art, nämlich durch die Kostenmiete, nicht mit derjenigen im preisfreien Wohnraum vergleichbar ist. So fällt insbesondere der Umstand ins Auge, dass die Kostenmiete

[98] ZB BGH VIII ZR 143/06, NZM 2007, 879 = WuM 2007, 684; VIII ZR 52/06, GE 2006, 1542 = NZM 2006, 924 = WuM 2006, 677 = ZMR 2007, 28; VIII ARZ 1/84, WuM 1985, 46 (48).

[99] BGH VIII ARZ 9/86, DWW 1987, 219 = GE 1987, 817 = NJW 1987, 2757 = WuM 1987, 306 (309) = ZMR 1987, 415.

[100] MüKoBGB/*Häublein* § 535 Rn. 118.

[101] ZB *Sonnenschein* NJW 1980, 1719, wonach der Mietpreis nicht nur die Kosten widerspiegele, sondern in der Marktwirtschaft primär die Knappheit des Angebots zum Ausdruck bringe; kritisch auch MüKoBGB/*Häublein* § 535 Rn. 141 – Begründungsdefizit; *Sternel* II Rn. 386 mwN.

zugleich die Obergrenze für das Entgelt darstellt, das der Vermieter für den vermieteten Wohnraum nehmen darf (§ 8 Abs. 1 S. 1 WoBindG), während es eine entsprechende Begrenzung für die Miete preisfreien Wohnraums, vom Sonderfall des § 5 WiStG abgesehen, nicht gibt. Der Vermieter preisfreien Wohnraums erhält die Miete, welche die Nachfrager je nach Lage, Ausstattung und Beschaffenheit des Mietobjekts sowie zusätzlich je nach der Marktlage zu zahlen bereit sind. Die erzielbare Miete kann daher im Einzelfall deutlich über die anfallenden Kosten hinausgehen, sie kann sie decken oder auch unterschreiten, Letzteres etwa im Regelfall über einen längeren Zeitraum nach einem Neubau. Eine Automatik wie im preisgebundenen Wohnraum besteht hier nicht, denn der Vermieter reduziert generell nicht deshalb die erzielbare Miete, weil der Mieter die Schönheitsreparaturen trägt,[102] ebenso wenig ist er in der Lage, die Kosten für die von ihm auszuführenden Schönheitsreparaturen zu den sonstigen laufenden Kosten aufzusatteln, wenn der Markt die dadurch erhöhte Miete nicht hergibt und er Leerstand vermeiden will. Dass die Schönheitsreparaturen, wenn sie der Vermieter veranlassen muss, sowohl bei der Vermietung preisgebundener wie auch preisfreier Wohnungen einen Teil des laufenden Aufwands ausmachen, ist mithin betriebswirtschaftlich ohne weiteres zutreffend, besagt indes grundsätzlich nichts über die Höhe der vom Markt (noch) tolerierten Mietforderung des Vermieters.

50 Nach der hier vertretenen Ansicht liegt der **Kern der Problematik** des Ausgleichsprinzips allerdings primär an anderer Stelle. Im Einzelfall kann es sich nämlich tatsächlich so verhalten, wie es der BGH zugrunde legt, und zwar immer dann, wenn ein individueller Ausgleich stattfindet. Auch wenn der Mieter seine Hauptpflicht aus § 535 BGB meist durch Zahlung eines Geldbetrags erfüllt, sind die Parteien frei festzulegen, dass er seine Gegenleistung auf andere Weise zu entrichten hat. So können sie bei der Vermietung von Wohnraum zB persönliche Pflegeleistungen, Hausmeisterdienste oder Gartenpflege- und Reinigungsarbeiten als geldwerten Ausgleich des Mieters vorsehen, sei es insgesamt oder als Teil neben einer verbleibenden Geldzahlungspflicht. Solche Regelungen werden jedoch üblicherweise, und dies ist der springende Punkt, individualvertraglich getroffen, dh die Parteien verhandeln über einen angemessenen Ausgleich der jeweiligen Leistung und legen diesen sodann einvernehmlich fest. Bei einer derartigen Konstellation ist dem Ausgangspunkt des BGH uneingeschränkt zuzustimmen. Sie begegnet auch bei der Abwälzung der Schönheitsreparaturen, jedoch im Unterschied zu den vorgenannten Beispielen nur selten, etwa gelegentlich dann, wenn der Mieter eine gravierend sanierungsbedürftige Wohnung übernimmt und der Vermieter dem Renovierungsaufwand durch eine verringerte Miete Rechnung trägt. Im Regelfall erfolgt die Abwälzung der Schönheitsreparaturen jedoch formularvertraglich. Über ihre Akzeptanz ent-

[102] *Sternel* II Rn. 386.

scheidet nicht der individuell verhandelte Ausgleich, sondern die Marktlage. Diese jedoch bestätigt gerade nicht, dass über die Höhe der Miete im Hinblick auf die Abwälzung der Schönheitsreparaturen tatsächliche Verhandlungen – nicht: Wahlmöglichkeiten des Mieters zwischen mehreren Klauseln – stattfinden; ebenso wenig, dass Mieter gerade in der Wohnraummiete überhaupt entsprechenden Einfluss auf die Vertragsgestaltung nehmen könnten.[103]

(einstweilen frei) **51**

3. Kritik an der Zulässigkeit der Übertragung als Vornahmepflicht bei der Vermietung von Wohnraum

Nach herrschender Ansicht darf der Vermieter seine originäre Instand- **52**
setzungsverpflichtung aus § 535 Abs. 1 S. 2 BGB als Handlungspflicht auf den Mieter abwälzen. Soweit es um die **Wohnraummiete** geht, ist dieser Ausgangspunkt rechtlich nicht überzeugend, und zwar im Grunde auch nach der Rechtsprechung des BGH. Die Abwälzung gesetzlich fixierter Erhaltungspflichten des Vermieters als entsprechende Vornahmepflicht des Mieters **entzieht** diesem, wie erwähnt, in unzulässiger Weise **Gewährleistungsrechte,**[104] vor allem das auch individualvertraglich nicht abdingbare Minderungsrecht.

a) Rechtsprechung des BGH zu den Kleinreparaturen

Klauseln, die dem Mieter die Verpflichtung zur **Vornahme** von Klein- **53**
reparaturen auferlegen, sind nach der Rechtsprechung des BGH **unwirksam** (vgl. auch → Kap. 2 Rn. 74).[105] Er begründete dies damit, dass auf diesem Wege die Gewährleistungsrechte des Mieters in erheblicher Weise beeinträchtigt werden, dazu im Einzelnen → Rn. 46.

Dass die Entscheidung des BGH eine Formularklausel im Rahmen ei- **54**
ner Verbandsklage zum Gegenstand hatte, ist für die aufgezeigte Rechtsfolge unerheblich. Das **Verbot,** das **Minderungsrecht** des Mieters **auszuschließen** oder zu **beschränken,** ist **zwingend** und erfasst daher auch individualvertragliche Vereinbarungen, die zu derselben Folge führen. Der Mieter verliert sein Minderungsrecht nur in den gesetzlich geregelten Fällen.

Dem Urteil ist bereits unter dogmatischen Gesichtspunkten zuzustim- **55**
men. Darüber hinaus wies der BGH zutreffend darauf hin, dass die Abwälzung von **Vornahmepflichten** den Mieter mit den gesamten **Nachteilen** belastet, die mit der Vergabe von Reparaturaufträgen verbunden sein können, zB der Durchsetzung von Gewährleistungsansprüchen gegenüber den Handwerkern oder der Haftung für Schäden, die sie verursacht haben, gegenüber dem Vermieter.

---

[103] Vgl. auch *Gsell* NZM 2017, 305.
[104] Ebenso *Kraemer* NZM 2003, 417 (419).
[105] BGH VIII ZR 129/91, NJW 1992, 1759 = WuM 1992, 355.

56 Bemerkenswert ist, dass der BGH in diesem Zusammenhang **nicht** auf seine **Ausgleichsthese** zurückgegriffen hat, über die er letztlich mit derselben Begründung wie bei den Schönheitsreparaturen die Vornahmepflicht bei Kleinreparaturen hätte halten können. Auch sie sind Teil des Bewirtschaftungsaufwands des Vermieters und damit seiner Kalkulation. Dass sie der Höhe nach nicht ins Gewicht fallen, vermag eine systematische Ungleichbehandlung nicht zu rechtfertigen. Möglicherweise hat er sich auch hier am preisgebundenen Wohnraum alter Art orientiert: Gemäß § 28 Abs. 3 II. BV sind die Kosten für Kleinreparaturen in der Instandhaltungspauschale nach § 28 Abs. 2 II. BV enthalten, so dass der Mieter, der diese Reparaturen übernimmt, eine genau bezifferte Mietermäßigung erhält, während die Kosten der Schönheitsreparaturen nach § 28 Abs. 4 II. BV nicht durch die Pauschale erfasst werden, so dass der Vermieter, wenn er sie auszuführen hat, einen Zuschlag ansetzen darf.

b) Argumentation des BGH zu den Schönheitsreparaturen

57 In seiner Entscheidung ging der BGH auf die Problematik ein, dass die Abwälzung von Schönheitsreparaturen gleichfalls die Gewährleistungsrechte des Mieters ausschließt. Den **Widerspruch** zu seinen vorstehend beschriebenen Ausführungen löste er mit dem Hinweis, Schönheitsreparaturen fielen grundsätzlich erst nach Ablauf längerer Fristen an. Selbst wenn sie nicht fristgerecht erledigt würden, führe dies anders als häufig bei Kleinreparaturen im Regelfall noch nicht zu einem die Gebrauchstauglichkeit aufhebenden oder mindernden Zustand. Auch für einen Durchschnittsmieter liege die Vorstellung fern, dass ihm eine Klausel, die ihm die Verpflichtung zur Vornahme der Schönheitsreparaturen auferlege, zugleich das Minderungsrecht nehme. Sofern es unter besonderen Umständen dennoch nach Fälligkeit der geschuldeten einzelnen Maßnahmen zu einem erheblichen Mangel der Mietsache komme, handele es sich um einen untypischen Sonderfall; dass dem Mieter in einem solchen Fall die Gewährleistungsrechte abgeschnitten seien, sei eine völlig fern liegende Auslegungsmöglichkeit. Sofern der Mangel schließlich darauf beruhe, dass der Mieter über einen längeren Zeitraum schuldhaft seiner Verpflichtung zur Vornahme der Schönheitsreparaturen nicht nachgekommen sei, stehe einem Minderungsanspruch der Einwand des Rechtsmissbrauchs entgegen, so dass ihm bereits aus diesem Grund keine Gewährleistungsrechte zuständen.

58 Diese Ausführungen **überzeugen** in mehrfacher Hinsicht **nicht:**
- Die – ohnehin unzutreffende – Annahme, der Durchschnittsmieter wisse, dass er die Miete mindern kann aufgrund von Verschlechterungen der Mietsache, hinsichtlich derer er die Verpflichtung zur Vornahme der Schönheitsreparaturen trägt, kann der AGB-Kontrolle schon nicht zugrundegelegt werden. Für die **Wirksamkeitskontrolle** ist sowohl im Verbands- als auch im Individualprozess gem. § 305c

Abs. 2 BGB der Klauselinhalt maßgeblich, der sich aus der dem Vertragspartner nachteiligsten Lesart ergibt **(Prinzip der kundenfeindlichsten Auslegung).**[106] Das sieht der BGH[107] an sich auch bei der Kontrolle von Schönheitsreparaturklauseln so (→ Rn. 71). Konsequenter Weise hat er dieses Prinzip daher auch für die Begründung herangezogen, der Mieter könne meinen, wenn er Kleinreparaturen selbst vornehmen muss, stünden ihm insoweit keine Gewährleistungsrechte zu. Fehlerhaft ist sodann jedoch, diese Leseart für die Schönheitsreparaturen deshalb zu verneinen, weil sie erst nach dem Ablauf längerer Fristen anfallen. Dabei kommt es an dieser Stelle AGB-rechtlich nicht darauf an, ob diese Argumentation im Ergebnis richtig ist (dazu aber nachstehend). Denn der BGH erklärt nicht, warum sich alleine aufgrund der längeren Fristen die für die Kleinreparaturen bejahte mögliche Leseart eines Verlusts der Gewährleistungsrechte nicht ergeben solle. Für eine solche Schlussfolgerung fehlen auch jegliche Anhaltspunkte. Die lediglich formelhaften Ausführungen, *„daß dem Mieter in einem solchen Fall die Gewährleistungsrechte abgeschnitten sein sollten, wäre eine völlig fernliegende Auslegungsmöglichkeit, von der eine Gefährdung des Rechtsverkehrs nicht ernsthaft zu befürchten ist und die deshalb auch im Verfahren nach § 13 AGB-Gesetz kein Klauselverbot rechtfertigt"*, erhellen das ebensowenig.

– Dass **Schönheitsreparaturen seltener** anfallen **als Kleinreparaturen,** ist zudem eine These, welche der Kontrolle anhand der **Praxis nicht standhält.** Kleinreparaturen betreffen, anknüpfend an die Definition der kleinen Instandhaltungen in § 28 Abs. 3 S. 2 II. BV, die Installationsgegenstände für Elektrizität, Wasser und Gas, die Heiz- und Kocheinrichtungen, die Fenster- und Türverschlüsse sowie die Verschlussvorrichtungen von Fensterläden. Es werden auch weitere Bestandteile in Betracht kommen, sofern Zustand und Lebensdauer vom häufigen Umgang des Mieters mit ihnen abhängen;[108] nur insoweit ist die Verlagerung der Kostenlast auf den Mieter sachgerecht, weil er es durch pflegliche und sorgsame Behandlung in der Hand hat, wie oft und in welchem Umfang Reparaturen notwendig sind. Werden die vorbeschriebenen Gegenstände näher betrachtet, spricht nichts dafür, sie seien in kürzeren Abständen zu reparieren als die Dekoration einer Wohnung. Alle Gegenstände halten vom Material her bedeutend länger als der dekorative Zustand einer Wohnung, bei üblichem Umgang und Gebrauch sogar Jahrzehnte. Sie sind häufiger durch sehr langen

---

[106] BGH VIII ZR 285/12, DWW 2013, 249 = GE 2013, 997 = NZM 2013, 573 = WuM 2013, 478 = ZMR 2013, 791; VIII ZR 47/11, GE 2011, 1481 = WuM 2011, 618 = ZMR 2012, 97; Schmidt-Futterer/*Lehmann-Richter* § 538 Rn. 75; *Guhling* NZM 2019, 457 (460).

[107] BGH VIII ZR 185/14, GE 2015, 649 = NJW 2015, 1594 = WuM 2015, 338 = ZMR 2015, 685; VIII ZR 294/09, NZM 2010, 615 = WuM 2010, 476.

[108] BGH VIII ZR 91/88, NJW 1989, 2247 = WuM 1989, 324; dazu kritisch *Rudolph* ZMR 1993, 494.

Gebrauch verschlissen und nur noch eingeschränkt funktionsfähig, so dass ihre – dem Vermieter obliegende – vollständige Ersetzung eher notwendig ist, als dass sie in Kleinteilen einer Reparatur bedürfen.

59 – Dass **deutlich überschrittene Renovierungsintervalle** *„im Regelfall"* **keinen mindernden Einfluss** auf die Gebrauchstauglichkeit haben, ist **nicht nachzuvollziehen.** Schönheitsreparaturen sind auszuführen, wenn die Dekoration unansehnlich geworden ist. Vergilbte, vergraute und zum Teil unvermeidlich verschmutzte Flächen (zB um Lichtschalter, an Türen), Staubfahnen über den Heizkörpern, bei auch normalem Gebrauch nicht zu verhindernde kleine Lackabplatzungen, Rissbildungen an den Tapeten und dergleichen mehr wirken sich unmittelbar auf einen der Faktoren zur Bewertung einer Minderung, den sog. **Geltungswert** aus. Er beschreibt die Wertschätzung von Merkmalen der Gestaltung wie Aussehen, Form und Farbe.[109] Es versteht sich von selbst, dass Räume, die einen unsauberen und unschönen bis hässlichen Anblick bieten, mit den Wohnerwartungen weiter Teile der Bevölkerung nicht harmonieren; dass ein verwohnter Zustand nur als *„untypischer Sonderfall"* den Mietgebrauch soll nachhaltig beeinträchtigen können, ist nicht verständlich. Vielmehr zeigt die Praxis täglich, wie negativ Mieter auf derartige Defizite des Geltungswertes reagieren. Im Übrigen ist die Argumentation des Bundesgerichtshofs widersprüchlich. Nach seiner eigenen Einschätzung hat ein ansehnlicher Zustand der Wohnung große Bedeutung für die Aussicht des Vermieters, die Wohnung nach Auszug des Mieters problemlos weitervermieten zu können.[110] Während er hier zu Recht das Interesse der Mietinteressenten an einem guten dekorativen Zustand attestiert, soll er für den Mieter im laufenden Mietverhältnis ohne Belang sein. Gravierende Dekorationsmängel, wie sich nach längerer Mietzeit zwangsläufig einstellen, sind mithin weder untypisch noch unerheblich iSd § 536 Abs. 1 S. 3 BGB, sondern berechtigen den Mieter zur Minderung, zumal wenn sie ganze Räume oder sogar die vollständige Wohnung betreffen.

60 Demgegenüber führt der **Ausfall der Gegenstände,** auf die sich **Kleinreparaturen** beziehen, keineswegs *„häufig"* zu einem die Gebrauchstauglichkeit aufhebenden oder mindernden Zustand. Für die Relevanz eines Mangels muss stets die Schwelle der Unerheblichkeit (§ 536 Abs. 1 S. 3 BGB) überschritten werden, die nicht am fehlenden Funktionswert des Gegenstands festzumachen ist, sondern an den Auswirkungen auf die Gebrauchstauglichkeit der gesamten Wohnung. Fallen einzelne Einrichtungen aus, beschränken sich die Folgen eher auf eine **Lästigkeit** für den Mieter. Ausgenommen sind allein die Gegenstände, durch deren Ausfall die Wohnung ganz oder teilweise nicht mehr nutzbar ist, wie etwa die für Beheizung und Kochen erforderliche Gasinstallation oder die zentrale Einheit für die Stromversorgung; bei der-

[109] *Kamphausen* WuM 1982, 3 (5).
[110] BGH VIII ZR 150/65, BGHZ 49, 56 = NJW 1968, 491.

artigen Totalausfällen ist indes im Regelfall keine Kleinreparatur mehr veranlasst, sondern eine vom Vermieter geschuldete größere Maßnahme.

- Die Feststellung, kein Durchschnittsmieter stelle sich vor, ihm werde **61** durch die **Überbürdung der Schönheitsreparaturen das Minderungsrecht genommen,** gilt gleichermaßen (oder eher erst recht) für den Mieter, dem die Vornahme der Kleinreparaturen auferlegt ist. Hier geht es, dem Namen und der für die Wirksamkeit einer entsprechenden Klausel notwendigen Kostenobergrenze entsprechend, häufig nur um Unannehmlichkeiten, bei denen jedenfalls der durchschnittliche Mieter nicht auf den Gedanken einer Mietminderung verfallen würde. Dies belegt zudem der vom Bundesgerichtshof unberücksichtigt gelassene außerordentliche **Kostenunterschied** zwischen Schönheitsreparaturen, deren Ausführung leicht einen vierstelligen Euro-Betrag erreichen kann, zu den auf max. 100,00 EUR je Einzelfall begrenzten Kleinreparaturen,[111] → Kap. 2 Rn. 79).
- Das Argument, der Mieter, der über einen längeren Zeitraum schuld- **62** haft seiner Verpflichtung zur Vornahme der Schönheitsreparaturen nicht nachkomme, habe über den Einwand des Rechtsmissbrauchs keine Gewährleistungsrechte, ist ein **Zirkelschluss.**[112] Es ging in der Entscheidung gerade auch darum zu klären, ob bzw. warum ihm diese Verpflichtung ohne Verstoß gegen das Verbot des Minderungsausschlusses auferlegt werden kann, nicht aber die Pflicht zur Vornahme der Kleinreparaturen.

c) Ergebnis

Die Gründe des BGH zur Unzulässigkeit von Vereinbarungen, mit de- **63** nen dem Mieter die Pflicht zur Durchführung von Kleinreparaturen auferlegt wird, gelten **gleichermaßen für die Abwälzung der Pflicht zur Vornahme der Schönheitsreparaturen.** Im einen wie anderen Fall geht es um die Verlagerung von Erhaltungspflichten des Vermieters, mit der spiegelbildlich das jeweilige Minderungsrecht des Mieters ausgeschlossen wird, weil er selbst für einen ordnungsgemäßen Zustand verantwortlich ist und bei eigener Untätigkeit keine Gewährleistungsrechte hat. Seine Begründung ist ersichtlich von dem Bemühen getragen, die Folgen seiner zutreffenden Argumentation zu den Kleinreparaturen für die gemeinhin auf die Mieter verlagerten Schönheitsreparaturen abzuwehren. So stringent seine Ausführungen zu jenen sind, so wenig überzeugend sind sie zu diesen, eben weil sich die unterschiedliche Behandlung letztlich nicht begründen lässt. Auf dieser Grundlage sind nach hier vertretener Ansicht bei den Schönheitsreparaturen bis auf Weiteres nur Formularklauseln wirksam, welche dem Mieter die Verpflichtung auferlegen, die *Kosten* der Schönheitsreparaturen zu tragen, oder zumindest klarstel-

[111] Vgl. die Kostenbeispiele bei *Eisenschmid* NZM 2000, 1164 (1166).
[112] Ebenso *Kraemer* NZM 2003, 417 (419).

lend und optisch deutlich erkennbar den Fortbestand der Gewährleistungsrechte wiedergeben. Anzumerken bleibt, dass sich bei dieser Lösung letztlich, allerdings generell, nur das Ergebnis einstellt, das der Bundesgerichtshof schon für den Fall fälliger Schönheitsreparaturen im laufenden Mietverhältnis vertritt, die der Mieter trotz Aufforderung nicht behebt. Er versagt dem Vermieter einen Schadensersatzanspruch, weil der Zweck der Schönheitsreparaturen, dem Mieter eine gebrauchsfähige Mietsache zu erhalten, über eine Geldleistung, mit welcher der Vermieter nach Belieben verfahren könnte, nicht gewahrt würde.[113] Hier hat der Vermieter bislang schon die Schönheitsreparaturen zu erledigen und allein einen Kostenerstattungsanspruch gegen den Mieter.

64 Auch wenn die Abwälzung der Schönheitsreparaturen als Vornahmepflicht des Mieters nach herrschender Ansicht und der Rechtsprechung des BGH bis auf Weiteres zulässig ist, kann die Vereinbarung, dass der Mieter dem Vermieter die Kosten der Schönheitsreparaturen zu erstatten hat, für Vermieter und Verwalter, zumal wenn sie den Folgen etwaiger rechtlicher Änderungen vorbeugen wollen, eine interessante **alternative Vertragsgestaltung** darstellen. Hierzu ist auf → Rn. 103ff. zu verweisen.

II. Grundsätze zur Abwälzung der Schönheitsreparaturen

1. Gesetzliches Leitbild

65 Die Verpflichtung des Vermieters, das Mietobjekt während der gesamten Vertragszeit in einem vertragsgemäßen Zustand zu erhalten (→ Rn. 41), also auch ggf. notwendige Schönheitsreparaturen zu erledigen, stellt das **gesetzliche Leitbild** dar.[114] Es ist von **doppelter Bedeutung.**

66 Aus ihm folgt **zum einen,** dass es **immer einer Vereinbarung** der Parteien bedarf, wenn die Verpflichtung zur Erledigung der entsprechenden Arbeiten auf den Mieter übergehen soll. Zwar ist die Überwälzung der Schönheitsreparaturen seit langem üblich, so dass insoweit von einer Verkehrssitte gesprochen werden kann. Diese Verkehrssitte betrifft indes nur die Tatsache der regelmäßigen Abwälzung, dh einer entsprechenden Vereinbarung. Sie ersetzt die Abrede selbst nicht. Es ist daher nicht zulässig, als Verkehrssitte anzunehmen, die Verpflichtung des Mieters zur Erledigung der Arbeiten bestehe auch ohne Vereinbarung.[115] Hat der Vermieter vergessen, dem Mieter die Pflicht zu übertragen, was in der Praxis insbesondere bei mündlichen Mietverträgen und bei Untermietverträgen über Wohnraum vorkommt, kann der Mieter vom Vermieter

[113] BGH VIII ZR 207/89, GE 1990, 1139 = NJW 1990, 2376 = WuM 1994, 494 = ZMR 1990, 450.

[114] BGH XII ZR 158/01, DWW 2005, 372 = GE 2005, 1185 = GuT 2005, 213 = NZM 2005, 863 = ZMR 2005, 844.

[115] BGH VIII ARZ 9/86, DWW 1987, 219 = WuM 1987, 306; *Schach* S. 6; *Sternel* II Rn. 379; Wolf/Eckert/Ball Gewerbl. Miet-/Pacht-/LeasingR-HdB Rn. 372.

die Durchführung von Schönheitsreparaturen verlangen, soweit dies notwendig ist, um einen *„zum vertragsgemäßen Gebrauch geeigneten Zustand"* wieder herzustellen.

Weiterhin ist zu sehen, dass das **gesamte Recht der Schönheitsreparaturen praktisch ausschließlich eine AGB-rechtliche Thematik** darstellt. **67** Zwar kann die Erhaltungslast auch individualvertraglich auf den Mieter abgewälzt werden einschließlich aller weiteren Aspekte, wie etwa Fragen des Umfangs, der Fälligkeit oder der Art und Weise der Ausführung. Dabei handelt es sich aber um eine absolute Seltenheit, die allenfalls in sehr speziellen Gewerberaummietverträgen anzutreffen ist, wobei in diesen Fällen die Instandhaltung als solche umfassend behandelt und übertragen oder zumindest zwischen den Parteien aufgeteilt wird. Ganz überwiegend ist das jedoch nicht der Fall, was darauf beruht, dass in allen Standardverträgen vorformulierte Klauseln verwendet werden und die **Anforderungen an eine Individualvereinbarung** nach der Rechtsprechung des BGH (→ Rn. 74f.) **extrem hoch** sind. Hierbei handelt es sich auch weniger um ein Beweisproblem, sondern ein tatsächlich praktisch kaum zu erreichendes Ergebnis, jedenfalls sobald die Mietsache potentiell mehr als nur einmal vermietet werden soll (zu dem meist greifenden Beweis des ersten Anscheins → Rn. 71f.). **Praktisch alle Fragen des Rechts der Schönheitsreparaturen** sowie die gesamte Rechtsprechung gerade des BGH hierzu spielen sich im Bereich der **Klauselkontrolle** und der Frage ab, ob die Abwälzung im konkreten Fall nach Inhalt und Umfang mit § 307 BGB vereinbar ist. Dabei stellt sich die **Instandhaltungspflicht des Vermieters** nach § 535 Abs. 1 S. 2 BGB als **Leitbild iSd § 307 Abs. 2 Nr. 1 BGB** dar.

2. Formularvertragliche Abwälzung der Schönheitsreparaturen

a) Allgemeine Geschäftsbedingungen iSd § 305 BGB

Gem. § 305 Abs. 1 S. 1 BGB sind Allgemeine Geschäftsbedingungen **68** alle für eine Vielzahl von Verträgen vorformulierten Vertragsbedingungen, die eine Vertragspartei (Verwender) der anderen Vertragspartei bei Abschluss eines Vertrags stellt. **Vorformuliert** sind Vertragsbedingungen, die **vor Vertragsschluss schriftlich aufgezeichnet** oder in sonstiger Weise – auch **gedanklich** – zur **Mehrfachverwendung** fixiert und bestimmt sind.[116] Gedruckte Formulare in größerer Anzahl oder die mit einem Textverarbeitungsgerät hergestellten und zur mehrmaligen Verwendung vorgesehenen Formulare fallen ebenso unter die §§ 305ff. BGB wie die sog. Mietbedingungen, die in der Praxis als „Allgemeine Mietbedingungen" bezeichnet und als Anlage zum Mietvertrag genommen werden.[117] Ebenso genügen **handschriftliche Formulierungen,** die von einer

[116] BGH VII ZR 388/00, NJW 2002, 138 = NZM 2002, 35; V ZR 217/89, NJW 1991, 843.
[117] BGH XI ZR 274/00, BGHZ 148, 74 = NJW 2001, 2635.

Partei bei Vertragsschluss ergänzt werden, sowie die Aufnahme einer Vertragsbestimmung oder eines Textbausteins aus dem Gedächtnis[118] und **mündliche Zusatzabreden.**[119]

b) Prinzipien der AGB-Feststellung im Prozess

aa) Streitrelevanz

69 Soweit sich im Mietprozess die Frage stellt, ob die Abwälzung der Schöneitsreparturen auf den Mieter wirksam ist, hängt das Ergebnis ganz überwiegend ausschließlich davon ab, ob es sich bei der vertraglichen Regelung hierzu um eine vorformulierte Vertragsbedingung handelt, die der Klauslkontrolle nach § 307 BGB unterliegt, oder nicht. Durchaus geringere Bedeutung kommt hingegen der Beurteilung zu, ob die Klausel als eine solche wirksam wäre, mit Ausnahme der Abwälzung bei Übergabe einer unrenovierten Wohnung (→ Rn. 84). Denn hier kommt es auf die tatsächlichen Umstände des konkreten Falles an. Im Übrigen sind die **Anforderungen an die Klauselkontrolle** mit Blick auf das Ausgleichsprinzip (→ Rn. 48) sehr **klar vorgegeben.** Hinzu kommt eine inzwischen **hohe Entscheidungsdichte** der Instanz- und insbesondere BGH-Rechtsprechung zu dieser Frage, so dass sich der **Ausgang des Rechtsstreits** nur danach richtet, **ob eine Allgemeine Geschäftsbedingung vorliegt.**

bb) Allgemeine Beweislast

70 Beweispflichtig für das Vorliegen von AGB ist an sich derjenige, der sich auf den Schutz der §§ 307ff. BGB beruft.[120] Für die Mehrfachverwendung ist bei Verbraucherverträgen § 310 Abs. 3 Nr. 2 BGB zu beachten. Wenn es sich bei der jeweiligen Klausel um eine Vertragsbedingung handelt, die für eine Vielzahl von Verträgen vorformuliert wurde, wofür die allgemeine Beweislastregel gilt, wird das „Stellen" durch den Verwender fingiert.[121] Zu den prozessualen Besonderheiten und der Ermittlungspflicht des Gerichts im (möglichen) Anwendungsbereich der EU-Klausel-Richtlinie 93/13/EWG → Kap. 4 Rn. 65.

cc) Beweislastumkehr nach Anscheinsgrundsätzen

71 Die jeweilige Klausel kann jedoch bereits **nach dem äußeren Anschein** als **vorformulierte Vertragsbedingung** zu behandeln sein. Das hat das Gericht **von Amts wegen** zu prüfen; darauf, ob sich eine Partei hierauf beruft, kommt es nicht an.[122] Das ist etwa dann der Fall, wenn es sich

[118] BGH VIII ZR 204/98, NJW 1999, 2180; OLG Düsseldorf WuM 2003, 621.
[119] BGH VIII ZR 51/91, NJW 1992, 746.
[120] BGH VII ZR 487/99, NJW-RR 2002, 13; VII ZR 204/90, NJW 1992, 2160.
[121] BGH VIII ZR 204/98, NJW 1999, 2180.
[122] BGH VIII ZR 137/12, NJW 2013, 1668; VII ZR 53/03, NJW 2004, 502; *Kappus* NJW 2016, 33 (34); übersehen von OLG Celle ZMR 2019, 263 = BeckRS 2018, 28517

um ein gedrucktes Vertragsformular handelt, bei dem nach der Lebenserfahrung alles für eine mehrfache Verwendung spricht.[123] Ein Kriterium ist, dass die relevante Klausel ihrer **Textformatierung** nach mit dem übrigen Vertragstext übereinstimmt.[124] Das ist heutzutage aber nicht mehr zwingend, da insbesondere Gewerberaummietverträge im Zuge des Ver- und Aushandlens erstellt bzw. angepasst werden. Zwar werden auch Wohnraummietverträge nicht selten vor Vertragsschluss am Computer ausgefüllt, sind aber dennoch ganz überwiegend schon nach ihrem äußeren Gestaltungsbild als vorformuliert zu deklarieren. Allerdings ist zu beachten, dass der äußere Anschein dann keine Relevanz aufweist, wenn die Klauseln inhaltlich neutral sind.[125]

Auch aus dem **Inhalt der Klauseln** selbst kann sich die Vermutung einer Vorformulierung iSd § 305 Abs. 1 S. 1 BGB ergeben.[126] So spricht für die Annahme von AGB, dass die Regelungen **allgemein gehalten und formelhaft** formuliert sind[127] oder **üblicher Weise verwendet** werden,[128] so dass sie prinzipiell auf jedes Mietverhältnis passen, unabhängig von der Person oder den Personen auf der Mieterseite. Ebenso ist es zu berücksichtigen, wenn die Klauseln **ausschließlich den Verwender begünstigen** oder jedenfalls erkennbar in dem Interesse derjenigen Partei liegen, welche das Vertragsformular erstellt oder zumindest vorgelegt hat.[129] Schließlich kann auch aus der **Eigenschaft der Partei,** die den Vertrag vorgelegt hat, auf eine AGB geschlossen werden. Handelt es sich bei dieser um eine juristische oder natürliche Person, die im Geschäftsleben regelmäßig mit gleichartigen Verträgen auftritt, mit Formularverträgen vertraut ist und über selbst erstellte oder von Interessenverbänden vorgefasste Klauseln üblicher Weise zu ihren Gunsten Einfluss auf die Vertragsinhalte nimmt, so spricht auch dieses für die Vermutung, dass die konkrete Regelung vorformuliert ist und von dieser gestellt wurde.[130] Das ist im Mietrecht bei gewerblichen (insbesondere Groß-)Vermietern anzunehmen. Aber auch kleinere private Vermieter können hierunter fallen, wenn sie üblicher Weise durch die Nutzung eigens erstellter oder von Interessenverbänden bezogener Vertragsformulare vermieten. **72**

und ebenso der Revisionsentscheidung BGH XII ZR 120/18, GE 2020, 732 = NZM 2020, 507 = WuM 2020, 341.

[123] BGH VIII ZR 137/12, NJW 2013, 1668 = NZM 2013, 307; VIII ZR 269/98, NJW 2000, 1110; OLG Brandenburg BeckRS 2001, 30154088; Blank/Börstinghaus/*Blank/Börstinghaus* § 535 Rn. 99 ff.; *Kappus* NJW 2016, 33 (34).

[124] BGH VIII ZR 269/98, NJW 2000, 1110.

[125] Ulmer/Brandner/Hensen/*Ulmer/Habersack* § 305 Rn. 61.

[126] BGH VII ZR 53/03, NJW 2004, 502.

[127] BGH VII ZR 204/90, NJW 1992, 2160; KG GE 2017, 716.

[128] OLG Düsseldorf ZMR 2019, 930 = BeckRS 2019, 17115.

[129] BGH VII ZR 248/13, NJW 2014, 1725; VII ZR 53/03, NJW 2004, 502; OLG Dresden NZM 2019, 412 = ZMR 2019, 485.

[130] BGH IV ZR 180/10, NJW 2011, 3367; VII ZR 204/90, NJW 1992, 2160.

73 Bei der **Abwälzung der Schönheitsreparaturen** besteht **praktisch immer der Anschein einer Formularklausel,**[131] ebenso hinsichtlich der Instandhaltung in der Geschäftsraummiete. Dass diese mit einem Mietnachlass einhergeht, ändert an dem Anschein einer Formularklausel nichts, auch dann nicht, wenn entsprechendes in den Vertrag aufgenommen wurde. Die Mietreduktion wird vom BGH seit je her fingiert, um die Klausel nicht an § 307 BGB scheitern zu lassen (→ Rn. 48), und ist somit jeder Abwälzung inhärent.[132] Der Verwender (idR der **Vermieter**) muss daher darlegen und **beweisen,** dass die Regelung **individuell ausgehandelt** worden ist.

dd) Anforderungen an eine Individualvereinbarung

74 Wer das Vorliegen einer Indvidualvereinbarung **darlegen und ggf. beweisen** muss, weil der erste Anschein für eine Formularklausel spricht (→ Rn. 71), kann nicht lediglich behaupten, dass eine solche der Vereinbarung zugrundeliege.[133] Denn es handelt sich insoweit um die rechtliche Bewertung eines tatsächlichen Geschehens. Es bedarf somit konkreten Sachvortrages, aus dem sich ergibt, dass und wie ein **Prozess des Aushandelns tatsächlich stattgefunden** hat.[134] Dabei muss auch die ernsthafte Verhandlungsbereitschaft des Verwenders substantiiert dargelegt werden.[135] Reicht bereits das unter Beweis gestellte Vorbringen des Vewenders nicht aus, davon auszugehen, dass die Klausel tatsächlich ausgehandelt wurde, ist von einer Formularklausel auzugehen.[136] Ein Aushandeln von Vertragsbedingungen und damit ein Ausschluss der §§ 305–310 BGB liegt gem. § 305 Abs. 1 S. 3 BGB nur dann vor, wenn ihre Einbeziehung sich als **Ergebnis einer freien Entscheidung** desjenigen darstellt, der mit dem Verwendungsvorschlag konfrontiert wird.[137] **Aushandeln** ist grundsätzlich **mehr als Verhandeln**[138] und setzt voraus, dass der Verwender die vom gesetzlichen Leitbild abweichenden Vertragsbedingungen gegenüber dem Vertragspartner **ernsthaft zur Disposition stellt** und diesem die tatsächliche Möglichkeit einräumt, die **inhaltliche Ausgestaltung** der Vertragsbedingungen zu **beeinflus-**

131 OLG Dresden NZM 2019, 412; LG Berlin GE 2018, 713.

132 Sehr fraglich daher BGH VIII ZR 287/17, GE 2018, 1585 = NZM 2018, 947 = NJW-RR 2018, 1418 = WuM 2018, 754 und die Vorinstanz LG Berlin GE 2017, 1556 = BeckRS 2017, 136864 – Individualvereinbarung bei erkennbar vorformulierter Übernahme der Einzugsrenovierung gegen Mietnachlass.

133 So aber BGH XII ZR 120/18, GE 2020, 732 = NZM 2020, 507 = WuM 2020, 341; OLG Celle ZMR 2019, 263 = BeckRS 2018, 28517.

134 BGH V ZR 6/97, NJW 1998, 2600; III ZR 84/86, NJW 1987, 2011; OLG Düsseldorf ZMR 2019, 930 = BeckRS 2019, 17115.

135 BGH VIII ZR 137/12, GE 2013, 612 = WuM 2013, 293 = BeckRS 2013, 5597.

136 BGH VIII ZR 137/12, NJW 2013, 1668 = NZM 2013, 307 = ZMR 2013, 612.

137 BGH VIII ZR 26/15, NJW 2016, 1230 = NZM 2016, 214.

138 BGH VII ZR 248/13, NJW 2014, 1725 (1727); VII ZR 210/01, NJW 2003, 1805; OLG Saarbrücken NZM 2016, 50; *J. Schmidt* NZM 2016, 377 (379).

sen.[139] Erforderlich hierfür ist, dass diese Vertragspartei in der **Auswahl** der in Betracht kommenden **Vertragstexte frei** ist und insbesondere Gelegenheit erhält, alternativ **eigene Textvorschläge** mit der **effektiven Möglichkeit ihrer Durchsetzung** in die Verhandlungen einzubringen.[140] Der Verwender muss die **Verhandlungsbereitschaft deutlich und ernsthaft erklären,** der Vortrag, lediglich auf konkretes Hinterfragen der Klausel durch den Vertragspartner verhandlungsbereit gewesen zu sein, ist gerade nicht ausreichend.[141] Die Ansicht, man könne gerade in der Gewerberaummiete den hohen Anforderungen des BGH an eine Individualvereinbarung *„aus dem Weg gehen"*, indem die Anforderungen des § 305 Abs. 1 S. 3 BGB *„weniger streng"* gesehen werden,[142] irritiert. Stellen sich diese Voraussetzungen als das Ergebnis der Normauslegung dar, sind sie anzuwenden. Eine Methodik, andere Maßstäbe, insbesondere aus ergebnisorientierten Gründen, anzusetzen, existiert nicht.

Wurde eine Vertragsregelung tatsächlich individuell ausgehandelt, folgt daraus jedoch **keine Ausstrahlungswirkung** auf andere Klauseln.[143] Bei eng zusammenhängenden Regelungen soll eine solche jedoch möglich sein,[144] jedenfalls dann, wenn eine im Zuge des Aushandelns berücksichtigte Klausel nur aus dem Grunde gerade deshalb unverändert blieb, weil der Vertragspartner an anderer Stelle eine entsprechende Kompensation erhielt.[145] Wird ein Klauselwerk an mehreren zentralen Punkten abgeändert, kann das zwar auch dafür sprechen, dass die Parteien alle sachlich damit zusammenhängenden Regelungen und damit das ganze Klauselwerk ausgehandelt haben (sog. **„Paketlösung"**).[146] Das aber kann, weil die Individualvereinbarung im Grundsatz nur für die konkret ausgehandelte Regelung angenommen wird („soweit"), nur im Einzelfall festgestellt werden,[147] eine Vermtungswirkung besteht nicht. Für das

[139] BGH XI ZR 9/18, NJW 2019, 2080 mAnm *Pfeifer* NJW 2019, 2022; XI ZR 291/16, NJW-RR 2018, 814; IV ZR 91/16, NJW 2017, 2346; VIII ZR 74/12, NZM 2013, 309; VIII ZR 269/98, NJW 2000, 1110; VII ZR 289/90, NJW 1992, 1107; VII ZR 128/91, NJW 1992, 2759; OLG Saarbrücken NZM 2016, 50 mAnm *Kappus* NZM 2016, 53; OLG Düsseldorf WuM 2003, 621; 1994, 459; LG Berlin GE 2008, 869; Bub/Treier MietR-HdB/*Bub* II Rn. 905; *Lehmann-Richter* NZM 2011, 57; krit. *Berger* NJW 2010, 465; *Miethaner* NJW 2010, 3121.

[140] BGH XI ZR 291/16, NJW-RR 2018, 814; VIII ZR 26/15, NJW 2016, 1230 = NZM 2016, 214; Wolf/Lindacher/Pfeiffer/*Pfeiffer* § 305 Rn. 36; Ulmer/Brandner/Hensen/*Ulmer/Habersack* § 305 Rn. 47.

[141] BGH XI ZR 9/18, NJW 2019, 2080 mAnm *Pfeifer* NJW 2019, 2022.

[142] *Guhling* NZM 2019, 457 (460).

[143] BGH XI ZR 9/18, NJW 2019, 2080 mAnm *Pfeifer* NJW 2019, 2022; III ZR 195/84, NJW 1986, 1803; OLG Saarbrücken NZM 2016, 50 mAnm *Kappus* NZM 2016, 53; LG Berlin GE 2018, 713; 2017, 477 = BeckRS 2017, 108105 betr. Schönheitsreparaturen; Bub/Treier MietR-HdB/*Bub* II Rn. 915; Staudinger/*Stoffels* § 305 Rn. 53.

[144] Bub/Treier MietR-HdB/*Bub* 905; *Kappus* NJW 2016, 33 (35).

[145] BGH VII ZR 222/12, NJW 2013, 856 mAnm *Faber/Rieger* NJW 2013, 859 = NZM 2013, 159 (160) – „bring or pay".

[146] BGH VII ZR 56/11, NJW 2013, 2027 (2028).

[147] *Guhling* NZM 2019, 457 (460); Ulmer/Brandner/Hensen/*Ulmer/Habersack* § 305 Rn. 55/64.

Mietrecht kommt das hinsichtlich der Kosten der Instandhaltung- und Instandsetzung bzw. die Abwälzung dieser Pflicht als Vornahmeklausel in Betracht. Aufgrund der Gleichartigkeit der Nutzung in der **Wohnraummiete** ist hier eine Paketlösung zwar kaum denkbar. In der **Gewerberaummiete** kann das jedoch bei besonderen Nutzungsarten in Betracht kommen, die eine abweichende Gestaltung des Gesamtkomplexes von Instandhaltung bzw. -setzung nach sich ziehen. Hier muss der Vermieter dem Gericht sowohl den Hintergrund als auch den Gang der Verhandlungen konkret darlegen (etwa durch Vorlage der jeweiligen Entwurfsstadien des Mietvertrages). Ob eine solche Paketlösung der Entscheidng des BGH vom 18.3.2009[148] (Individualvereinabrung über Endrenovierung nach Verhandlungen über den Teppichboden) tatsächlich zugrundeliegt,[149] ist fraglich. Den Entscheidungsgründen ist eine solche Herleitung nicht zu entnehmen, vielmehr handelt es sich um eine schlichte Wertung der Klausel selbst.

75 **Häufige Beispiele mangelnden Aushandelns:** Unzureichend ist es, wenn der Verwender der Gegenseite die Möglichkeit eröffnet, sich (etwa durch Ankreuzen) für eine von **verschiedenen vorgegebenen Möglichkeiten** zu entscheiden.[150] Auch die Übersendung des Vertragsformulars mit der **Bitte, entsprechende Anmerkungen und Änderungswünsche mitzuteilen,** führt nicht dazu, dass der Inhalt hierdurch tatsächlich ausgehandelt wurde. Es signalisiert allenfalls Verhandlungsbereitschaft, was für eine Individualvereinbarung nicht ausreichend ist. Vielmehr muss auf der Verwenderseite auch die tatsächliche Bereitschaft bestehen, alternative Textvorschläge mit der realistischen Möglichkeit einzubringen, dass diese auch Vertragsinhalt werden, was der Verwender substantiiert darzulegen und ggf. zu beweisen hat.[151] **Änderungen des Vertragstextes** (nicht zwingend handschriftlich) sollen ein Indiz für eine Individualvereinbarung darstellen.[152] Hierbei ist jedoch zu differenzieren. Handschriftliche Ergänzungen führen dann nicht zu einer Individualvereinbarung, wenn hierdurch keine Änderung des Klauselgehalts selbst bzw. dessen Kernbestandteils eintritt.[153] Zudem können handschriftliche Einfügungen selbst vorformulierte Vertragsbedingungen darstellen.[154] Maßgeblich ist zunächst, zu welchem **Zeitpunkt** die Änderung vorgenommen wurde. Lag sie bereits vor, als der Verwender den Vertrag in die Verhandlung eingebracht hat, handelt es sich ebenso um eine AGB. Erfolgte die Änderung einer bestehenden Klausel oder die Einfügung einer neuen Regelung während des Vertragsabschlusses, stellt sich die

[148] BGH XII ZR 200/06, GE 2009, 647 = NZM 2009, 397 = ZMR 2009, 672.
[149] So *Guhling* NZM 2019, 457 (460).
[150] OLG Stuttgart NZM 2017, 598.
[151] BGH VIII ZR 26/15, NJW 2016, 1230 = NZM 2016, 214.
[152] Ulmer/Brandner/Hensen/*Ulmer/Habersack* § 305 Rn. 63; Staudinger/*Mäsch* § 305 Rn. 62; einschr. Wolf/Lindacher/Pfeiffer/*Pfeiffer* § 305 Rn. 60.
[153] LG Düsseldorf NZM 2017, 1425.
[154] Ulmer/Brandner/Hensen/*Christensen* Teil 2 (32) Rn. 4.

Frage, wie sie in den Vertrag Einzug gehalten hat. Insoweit gelten wiederum die Anscheinsgrundsätze (→ Rn. 71 f.). Von dem Vermieter wird häufig vorgetragen, er sei mit dem Mieter **jede einzelne Vertragsklausel durchgegangen** und dieser habe jeweils zugestimmt („abgenickt“). In diesem Fall handelt es sich nicht um eine Individualvereinbarung, da kein Aushandeln, nicht einmal ein Verhandeln stattfand.[155] Weder wird die Klausel zur Disposition gestellt, noch die Bereitschaft zur Verhandlung signalisiert.[156] Der **Hinweis** an den Mieter, die **Klausel sei dem Vermieter besonders wichtig,** führt definitiv zu einer vorformulierte Vertragsbedingung, hier liegt das exakte Gegenteil von Aushandeln vor, weil Formularklauseln das Prinzip *„take it or leave it“* bzw. *„friss oder stirb“* gerade innewohnt.[157] Dasselbe gilt, wenn der Mieter eine **Übelegungsfrist** zugestanden bekommt. Denn eine bloße **Belehrung** des Mieters über die Bedeutung und die Folgen einer Klausel **genügt** für das Aushandeln **nicht.** Weiterhin ist jedenfalls bei umfangreichen bzw. nicht leicht verständlichen Texten eine Erläuterung des Inhalts erforderlich, um überhaupt – im Anschluss – ein echtes Aushandeln zu ermöglichen.[158] Die Pflichten, die sich für den Mieter aus der Abwälzung der Schönheitsreparaturen ergeben, sind für ihn häufig schon nach ihrem genauen Inhalt und erst recht den finanziellen Folgen nicht hinreichend durchschaubar; eine dem Aushandeln vorgeschaltete Belehrung erscheint daher unverzichtbar. Zum Aushandeln kommt es auch nicht schon dadurch, dass der Verhandlungspartner eine besondere juristische Fachkompetenz besitzt.[159]

Es ist auch dann **keine Individualvereinbarung trotz erheblichen Verhandlungserfolges** gegeben, wenn der Verwender einer vorformulierten Vertragsklausel nachträglich zwar quantitative – insbesondere finanzielle – Zugeständnisse macht, an dem gesetzesfremden **Kerngehalt** der Klausel jedoch festhält und diesen als solches **nicht zur Disposition stellt.**[160] Das bloße „Abschwächen“ der AGB führt allein nicht dazu, davon auszugehen, der Regelungsgehalt selbst wäre tatsächlich ausgehandelt worden. Dabei existiert augenscheinlich auch keine Grenze für den positiven Einfluss des Vertragspartners zu seinen Gunsten, da selbst die Abmilderung der aus der Klausel folgenden Belastung um ca. 75% an **76**

[155] BGH VIII ZR, NJW 2005, 1574 = NZM 2005, 419 = WuM 2005, 346 = ZMR 2005, 443; VII ZR 210/01, NJW 2003, 1805; LG Karlsruhe NJW-RR 2013, 1479; *Kappus* NJW 2016, 33 (34).

[156] BGH VII ZR 222/12, NJW 2013, 856 – „bring-or-pay“; VIII ZR 269/98, NJW 2000, 1110.

[157] Artz/Börstinghaus/*Artz* 1. Teil Rn. 7; Graf v. Westphalen/Thüsing/*Kappus* VertragsR Partnervermittlungsvertrag 45. EL März 2020, Rn. 17; anschaulich auch geschlossen aus der Beweisaufnahme durch LAG Hamm BeckRS 2013, 68224.

[158] BGH III ZR 437/04, NJW 2005, 2543.

[159] BGH VIII ZR 137/12, GE 2013, 612 = InfoM 2013, 231 (mAnm *Zühlke*) = NZM 2013, 307 = WuM 2013, 293 = ZMR 2013, 612 (Richterehepaar).

[160] BGH VII ZR 58/14, NZM 2016, 408 mAnm *Kappus* – „bring or pay II“; IV ZR 90/90, NJW 1991, 1678.

der AGB-Qualität keine Änderung herbeiführt.[161] Die Abwälzung der **Schönheitsreparaturen** bei unrenoviertem Wohnraum unter Gewährung eines unzureichenden Ausleichs (→ Rn. 84ff.) wird auch dann nicht zu einer Individualvereinbarung, wenn der Mieter den zunächst noch geringeren Ausgleichsbetrag im Verhandlungswege anheben konnte oder die Klausel sonst lediglich abgestimmt wurde.[162] Ebenso wenig wird das durch eine Reduzierung der Erhaltungslast auf einen Teil der Mietsache herbeigeführt. Eine Endrenovierungsklausel bleibt auch dann eine AGB und damit unwirksam (→ Rn. 279), wenn der Mieter den Umfang der Renovierungspflicht bei Mietende begrenzen konnte. **Faktisch** und von dem Regelungszweck der §§ 305ff. BGB auch gewollt führt Vorstehendes dazu, dass eine **Individualvereinbarung praktisch nie anzunehmen** ist. Das jedenfalls dann nicht, wenn der Vermieter mit einer bestimmten Vertragsvorstellung und dessen schriftlicher Vorabfassung an den Mieter herantritt. Dabei handelt es sich auch nicht um ein Problem der Beweislast. Das Gesetz setzt hier, durch die Rechtsprechung des Bundesgerichtshofs konsequent umgesetzt, schlicht derart hohe Anforderungen an die Annahme, eine vertragliche Regelung sei tatsächlich das Ergebnis eines Aushandlungsprozesses, dass die Lebenswirklichkeit bei Vertragsschlüssen, insbesondere bei Standartmietverträgen, dem kaum gerecht wird.

77 Als Variante zur Festlegung der Renovierungspflicht des Mieters bereits im Mietvertrag verlegen manche Vermieter die Abwälzung in das **Übergabe- oder** das **Rückgabeprotokoll** (→ Rn. 584ff., → Kap. 4 Rn. 94ff.). So hat es der BGH immerhin für möglich gehalten, dass der Vermieter, der zum Termin zur Übergabe der Wohnung mit einem maschinenschriftlich abgefassten Protokoll erschien, in dem sich der Mieter dann zur Renovierung bei Mietende verpflichtete, eine individualvertraglich getroffene Pflicht begründete.[163] Im Hinblick auf die oben beschriebene Voraussetzung des Aushandelns kann die Entscheidung nur für extreme Ausnahmefälle gelten. Sinn des Übergabeprotokolls ist es, für beide Seiten den Zustand der Wohnung festzuhalten, darauf beschränkt sich daher in aller Regel sein Inhalt.[164] Auszuhandeln ist hier praktisch nichts,[165] allenfalls kommen insoweit Abreden über den Verbleib oder die Ergänzung vorhandener Einrichtungen in Betracht. Außerdem ist davon auszugehen, dass die Klausel bereits an der Einbezie-

[161] BGH VII ZR 58/14, NZM 2016, 408 mAnm *Kappus* – „bring or pay II".

[162] LG Berlin GE 2017, 477 = BeckRS 2017, 108105.

[163] BGH VIII ZR 71/08, DWW 2009, 102 = GE 2009, 321 (mAnm *Schach* GE 2009, 295) = InfoM 2009 (mAnm *Both*) = NJW 2009, 1075 (mAnm *Kappus*), NJW 2009, 1076 = NZM 2009, 233 (mAnm *Derleder* in NZM 2009, 227) = WuM 2009, 173 = ZMR 2009, 358.

[164] ZB KG NZM 2008, 576.

[165] *Derleder* NZM 2009, 227; sehr fraglich daher gerade auch hinsichtlich der Anscheinsgrundsätze LG Dresden ZMR 2020, 122 – Regelung im Übergrabeprotokoll, dass der Mieter gegen einen Monat Mietfreiheit die Mietsache an Wänden und Decken weiß gestrichen zurückgeben muss.

hungskontrolle nach § 305c Abs. 1 BGB scheitert: **Kein Mieter muss damit rechnen,** dass ein Übergabeprotokoll nach dem vorbeschriebenen Sinn und Zweck Regelungen zur Abwälzung der Schönheitsreparaturen enthält, die sich in der Sache sogar als Änderung des zuvor abgeschlossenen Mietvertrags entpuppen.[166]

Als Ausweg betrachten manche Vermieter, dem Mieter im Mietvertrag **78** die **Wahl** zwischen **höherer Miete oder Übernahme der Schönheitsreparaturen** einzuräumen. Indes wird mit dem Mieter nicht schon dadurch, dass ihm die Auswahl eröffnet ist, ohne weiteres eine Individualvereinbarung getroffen. Grundsätzlich liegen auch dann AGB vor, wenn eine Vertragspartei nur die Wahl zwischen bestimmten, von der Gegenseite vorgegebenen Alternativen hat.[167] Zu einer Individualabrede werden die Alternativen nur, wenn die Vertragspartei deren Gehalt mit beeinflussen kann und wenn ihre Wahlfreiheit nicht durch die Gestaltung des Formulars oder in anderer Weise so überlagert wird, dass sie im Zweifel die gesetzesfremde Alternative wählt.[168] Von Letzterem wird für den Regelfall schon wegen der Höhe der Mietdifferenz auszugehen sein,[169] selbst wenn sie auf der Basis eines aktuellen, konkreten Kostenvoranschlags einer Fachfirma errechnet wurde. Jeder wirtschaftlich denkende Mieter wird annehmen, dass er die Dekoration kostengünstiger wird erneuern können.

3. Individualvereinbarungen

a) Gewerberaum

Die Parteien können die Lastenverteilung nach §§ 535 Abs. 1 S. 2, 538 **79** BGB durch eine individualvertragliche Regelung abbedingen. Beschränken sie sich darauf, dem Mieter die Schönheitsreparaturen in allgemeiner Form aufzuerlegen, schuldet er nur diejenigen Arbeiten, die vom Begriff (→ Rn. 3) erfasst werden. **Weitergehende Maßnahmen** des Mieters müssen daher **ausdrücklich festgelegt** werden. Soll der Mieter zB für den Anstrich der Fassade, etwa der Ladenmieter für den Bereich um das Ladenlokal herum, zuständig sein, muss dies gesondert vereinbart sein.

b) Wohnraum

Auch bei der Vermietung von Wohnraum können die Parteien die **80** gesetzliche Lastenverteilung durch eine individualvertragliche Regelung abändern, allerdings nur in eingeschränktem Umfang (→ Rn. 18, auch → Kap. 2 Rn. 59 ff.). Übertragen sie die Schönheitsreparaturen nur in allgemeiner Form auf den Mieter, schuldet er allein diejenigen Arbeiten, die unter den Begriff fallen; zu dessen Auslegung ist (weiterhin) die Be-

[166] Vgl. BGH XII ZR 189/08, GuT 2010, 346.
[167] BGH IV ZR 16/95, NJW 1996, 1676; *Kraemer* PiG 75 (2006), 37 (41).
[168] BGH V ZR 220/02, NJW 2003, 1313; III ZR 144/07, NJW 2008, 987.
[169] *Kraemer* PiG 75 (2006), 37 (41).

griffsbestimmung in § 28 Abs. 4 S. 4 II. BV[170] heranzuziehen. **Weitergehende Maßnahmen** des Mieters müssen daher ausdrücklich festgelegt werden. Soll zB der Mieter, dem ein Einfamilienhaus vermietet ist, auch den Außenanstrich der Fenster und Türen erledigen, muss dies gesondert vereinbart sein. Eine Bestimmung, dass der Mieter etwa bei einem vermieteten Einfamilienhaus für den gesamten Außenanstrich des Hauses zu sorgen hat, ist auf jeden Fall wegen des Verstoßes gegen das nicht abdingbare Minderungsrecht des Mieters (§ 536 Abs. 4 BGB) unwirksam.

81 Abreden, die im Ergebnis bestimmen, dass der Mieter **rechtzeitig vor seinem Auszug** Schönheitsreparaturen auszuführen hat, **auch wenn** er während des Mietverhältnisses dekorierte und die Räume überwiegend noch in Ordnung sind, sind nach hier vertretener Ansicht **unwirksam.** Da sie üblicherweise mit der formularvertraglichen Verpflichtung zur Ausführung der laufenden Schönheitsreparaturen verbunden sind, ist zur Vermeidung von Wiederholungen auf die Ausführungen in → Rn. 294ff. zu verweisen. Auf jeden Fall können der Renovierungsforderung des Vermieters die Grundsätze von Treu und Glauben gem. § 242 BGB entgegenstehen, etwa bei nur kurzer Mietdauer oder noch einwandfreiem Zustand des Mietobjekts.[171]

82 Ist vor dem 31.12.2001 (§ 50 Abs. 1 WoFG) errichteter **öffentlich geförderter Wohnraum** vermietet, dürfen dem Mieter weitergehende Pflichten nicht übertragen werden. Jede Ausweitung über die durch § 28 Abs. 4 S. 4 II. BV gezogenen Grenzen hinaus stellt einen Verstoß gegen §§ 8, 9 WoBindG dar, der Bindung des Vermieters an die Kostenmiete. Geht es um Altbauwohnraum in den neuen Ländern, verstieß auch eine in den alten Ländern zulässige Klausel gegen die frühere Preisbindung, wenn sie dem Mieter Pflichten auferlegte, die über den Umfang gem. § 104 Abs. 1 ZGB hinausgingen.[172]

III. Varianten von Vereinbarungen bei Wohnraum

1. Ausführung der Schönheitsreparaturen durch den Mieter

a) Allgemeine Abwälzung der Schönheitsreparaturen

aa) Grundsatz

83 Nach der Rechtsprechung des BGH und der herrschenden Ansicht ist die Übertragung der Schönheitsreparaturen auf den Mieter bei Überlassung einer bei Mietbeginn **renovierten** Wohnung und der Vereinbarung von weichen und längeren (5/8/10 Jahre) Renovierungsfristen ohne wei-

[170] BGH VIII ARZ 1/84, WuM 1985, 46 für eine entsprechende Formularklausel.
[171] *Schopp* ZMR 1981, 262; *Sternel* II Rn. 419; anders KG GE 1981, 1065 für die Mietdauer von 1 Jahr bei einem gewerblich genutzten Objekt.
[172] AG Berlin-Mitte GE 1994, 572; *Müther* DtZ 1995, 118.

teres zulässig (zum Vorbehalt gegenüber der Begründung einer Vornahmepflicht des Mieters → Rn. 52 ff.).

bb) Wohnraum – Renovierungszustand bei Übergabe

Bei Wohnraummietverträgen ist die Abwälzung der Schönheitsreparaturen nur zulässig, wenn sich die **Mietsache bei Übergabe** an den Mieter in **keinem unrenovierten oder renovierungsbedürftigen Zustand** befindet hat, **es sei denn,** der Vermieter gewährt dem Mieter hierfür einen entsprechenden **Ausgleich.**[173] Nicht notwendig ist, dass dieser Zustand vertragswidrig ist. Die Unwirksamkeit tritt auch dann ein, wenn der Mieter die Wohnung unrenoviert bzw. renovierungsbedürftig angemietet hat.[174] Zur **Begründung** stellt der **BGH** auf seine bereits 2007[175] geäußerten **Bedenken** ab, ob der Mieter, der eine unrenovierte Wohnung erhält und daher nur zu der Durchführung solcher Schönheitsreparaturen verpflichtet ist, die er selbst verursacht hat, **später faktisch unterscheiden kann, von wem welche Verschlechterungen** tatsächlich herbeigeführt wurden. Im Zweifel wird er zudem zwingend die durch den **Vormieter verursachten Schönheitsreparaturen ebenfalls durchführen,** die Wohnung also in einem **besseren Zustand zurückgeben,** als er sie erhalten hat.[176] Zudem kann sich diese bereits bei Übergabe in einem derart schlechten Zustand befinden, dass eine weitere Verschlechterung faktisch nicht denkbar ist. Der somit bei Einzug renovierende Mieter würde bei Auszug wieder renovieren müssen, obwohl sich die Wohnung nicht in einem schlechteren Zustand als bei Übergabe an ihn befindet. Überschreiten die bereits vorhandenen Abnutzungen kurz nach Einzug die Erheblichkeitsschwelle, werden die **Renovierungsarbeiten** also fällig (→ Rn. 456), könnte der Vermieter diese theoretisch bereits **am ersten Miettag** einfordern. Ein klarstellender Zusatz in der Abwälzungsklausel, dass nur die während der Mietzeit herbeigeführten Verschlechterungen behoben werden müssen, kann das faktisch nicht verhindern (zur Anwendung dieser Rechtsprechung in der **Gewerberaummiete** → Rn. 138; zu den **Folgen der Klauselunwirksamkeit** für die Renovierungspflicht des Vermieters unter Kostenbeteiligung des Mieters → Rn. 378). **84**

[173] BGH VIII ZR 185/14, GE 2015, 649 = NZM 2015, 374 = NJW 2015, 1594 (mAnm *Lehmann-Richter*) NJW 2015, 1598 = WuM 2015, 338 = ZMR 2015, 685; hierzu *Artz* NZM 2015, 801; *Drettmann* NJW 2015, 3694; *Elzer/Riecke* ZMR 2016, 20; *Graf v. Westphalen* NZM 2016, 10; *Harsch* MDR 2015, 801; *Kappus* NZM 2016, 609; *Lammel* ZMR 2016, 341; *Langenberg* NZM 2015, 681; *Lützenkirchen* NZM 2016, 113; *Müller* NZM 2016, 185; *H.Schmidt* NJW 2016, 1201; *Wiek* WuM 2016, 71; *Zehelein* NZM 2018, 105.

[174] BGH VIII ZR 163/18, GE 2020, 1037 = NZM 2020, 704 (mAnm *Zehelein*) = WuM 2020, 554; VIII ZR 270/18, DWW 2020, 251 = GE 2020, 1041 = NZM 2020, 710 = WuM 2020, 559 (mAnm *Wiek*) = ZMR 2020, 928; LG Berlin GE 2018, 713 = WuM 2018, 557.

[175] BGH VIII ZR 143/06, GE 2007, 1622 = NZM 2007, 879 = WuM 2007, 684 = ZMR 2008, 30.

[176] So auch LG Berlin GE 2018, 713.

cc) Vorliegen einer unrenovierten Wohnung

85 Die zentrale Frage für den Mietprozess liegt somit darin festzustellen, wann eine Wohnung unrenoviert oder renovierungsbedürftig ist. Der 2. Leitsatz des BGH-Urteils sagt hierzu:

Unrenoviert oder renovierungsbedürftig ist eine Wohnung nicht erst dann, wenn sie übermäßig stark abgenutzt oder völlig abgewohnt ist. Maßgeblich ist, ob die dem Mieter überlassene Wohnung Gebrauchsspuren aus einem vorvertraglichen Zeitraum aufweist, wobei solche Gebrauchsspuren außer Acht bleiben, die so unerheblich sind, dass sie bei lebensnaher Betrachtung nicht ins Gewicht fallen. Es kommt letztlich darauf an, ob die überlassenen Mieträume den Gesamteindruck einer renovierten Wohnung vermitteln.

Diese Vorgabe ist deshalb **praktisch unbrauchbar,** weil sie keinen Bezug zu den Entscheidungsgründen und insbesondere dem Inhalt der Klauselkontrolle darstellt. Die Abwälzung der Schönheitsreparaturen verstößt deshalb gegen § 307 Abs. 2 Nr. 1 BGB, weil das Ausgleichsprinzip nicht gewahrt ist, der Mieter also Gefahr läuft, über die Schönheitsreparaturen einen höheren wirtschaftlichen Aufwand einzusetzen, als er über die Herabsetzung der Miete zuvor erhalten hat (→ Rn. 48). Gerade hierauf hat der BGH ja auch in der Urteilsbegründung abgestellt. Maßgeblich kann also nicht sein, wie die Begriffe „unrenoviert" bzw. „renovierungsbedrüftig" allgemein zu definieren wären bzw. wie sich der Zustand optisch darstellt. **Relevant ist allein,** ob dieser eine **Kostenrelevanz** aufweist, wenn der Mieter die Arbeiten im Zuge seiner Schönheitsreparaturen mit erledigt.[177] Eine Differenzierung zwischen den Begriffen *„unrenoviert"* und *„renovierungsbedürftig"* nimmt der BGH nicht vor, obwohl letzterer an sich Voraussetzung für die Fälligkeit der Durchführung von Schönheitsreparaturen ist (→ Rn. 456). Diese Begriffsdefinition ist im vorliegenden Zusammenhang jedoch ohne Bedeutung.[178]

Allgemeine Anhaltspunkte: Die *Vorsitzende des VIII. Senats des BGH Karin Milger* hatte bereits in der Urteilsbegründung geäußert, es solle jedenfalls *keine „kleinliche Spurensuche"* erfolgen, sondern das *„gesunde Augenmaß"* walten.[179] Daher wird wohl eher nicht erforderlich sein, dass die Abnutzungen „nahezu nicht erkennbar" sind.[180] Dass die *Wohnung Gebrauchsspuren grundsätzlich aufweisen darf,* ergibt sich bereits aus dem Leitsatz und ist schon deshalb zwingend, weil sonst nur der Erstbezug geeignet wäre, Schönheitsreparaturen überhaupt abwälzen zu können. Auch muss die Mietsache *nicht zwingend frisch renoviert* sein, es genügt auch, wenn der Vermieter punktuelle Auffrischungsarbeiten

---

[177] Näher *Zehelein* NZM 2018, 105 (109); ähnlich *Beyer* WuM 2017, 120; nicht überzeugend durch Bezugnahme auf § 242 BGB hingegen LG Berlin NZM 2016, 124.

[178] *Beyer* WuM 2017, 122 (123).

[179] Zitiert nach *Börstinghaus* jurisPR-BGHZivilR 10/2015 Anm. 1.

[180] So aber *Drasdo* NJW-Spezial 2015, 417 (418).

durchführt.[181] Dennoch wird die Notwendigkeit in aller Regel bestehen.[182] Unerheblich ist selbstverständlich auch, ob die *Gebrauchsspuren* vom Vormieter oder sonstigen *Dritten,* etwa auch Wohnungsinteressenten im Zuge der Besichtigung herrühren.[183] Die Frage des für die Klauselprüfung ausreichenden Zustandes bestimmt sich allein nach dem Istzustand bei Übergabe. Nicht mehr renoviert ist die Wohnung daher, wenn der Vormieter sie nach der letzten Renovierung noch eine Zeit abgenutzt hat,[184] was ebenso selbstverständlich ist wie die Erkenntnis, dass jede vom Vormieter mitverursachte Renovierungslast zu einer unrenovierten Wohnung führt.[185] Es genügt, wenn nur *Teile der Mietsache unrenoviert* sind,[186] was dann ggf. die Frage der Teilabwälzung von Schönheitsreparaturen nach sich zieht (sog. gespaltene Renovierungsklausel, → Rn. 92).[187] Über den Leitsatz hinaus ist der *bloß optische Eindruck nich*t für die Beurteilung der Klauselwirksamkeit *ausreichend.*[188] **Einzelbeispiele:** Unrenoviert ist eine Wohnung etwa, wenn *Fenster sind nicht frisch gestrichen* sind und *Lackabplatzungen* aufweisen.[189] Allerdings leidet die Entscheidungsbegründung darunter, dass das Fehlen frisch gestrichener Fenster gerade keine Zustandsbeschreibung aufweist, zumal der Vermieter nicht zwingend unmittelbar vor der Übergabe Renovierungsarbeiten durchgeführt haben muss (siehe vorstehend), was auch optisch nicht gefordert ist.[190] *Alterungsbedingte Farbabweichungen der Lacke,* deren Überarbeitung bei der Renovierung häufig zurückgestellt wird, erzeugen bereits optisch keinen Eindruck einer renovierten Wohnung. Umgekehrt führen kaum merkliche Farbunterschiede nicht zwingend zu einer solchen.[191] Ebenso nicht ausreichend sind das *unvollständige Tapezieren* oder *Streichen* der Wände,[192] *Überstreichungen* oder punktuelle *Hohlstellen* an den an frisch geklebten Tapeten[193] sowie auffällige *Nagel- und Dübellöcher, Kratzer* an Türen oder sonstigem Holzwerk.[194] Demgegenüber sind *einzelne Farbabplatzungen* oder *„Laufnasen"* noch akzeptabel, können aber gehäuft zu dem Eindruck einer unrenovierten Wohnung führen. Größere Schad-

---

[181] BGH VIII ZR 185/14, GE 2015, 649 = NZM 2015, 374 = NJW 2015, 1594 (mAnm *Lehmann-Richter*) NJW 2015, 1588 = WuM 2015, 338 = ZMR 2015, 685; *Börstinghaus* WuM 2015, 540 (541); *Kappus* NZM 2016, 609 (613); Lützenkirchen/*Lützenkirchen* § 535 Rn. 556b; *Wiek* WuM 2016, 71 (72).

[182] *Wiek* WuM 2016, 71 (72).

[183] Hierzu *Kappus* NZM-info 10/2015; *Wiek* WuM 2016, 71 (72).

[184] *Wiek* WuM 2016, 71 (72).

[185] *Wiek* WuM 2016, 71 (72).

[186] *Wiek* WuM 2016, 71 (72).

[187] Vgl. hierzu etwa *Harsch* MDR 2015, 801 (803); *Wiek* WuM 2016, 71.

[188] *Langenberg* NZM 2015, 681 (682).

[189] LG Berlin WuM 2015, 541 mAnm *Börstinghaus;* dazu auch *Herrlein* NJW 2015, 2925 (2927); *Kappus* NZM 2016, 609 (613).

[190] *Börstinhaus* jurisPR-MietR 16/2015 Anm. 2.

[191] *Langenberg* NZM 2015, 681 (682).

[192] Lützenkirchen/*Lützenkirchen* § 535 Rn. 556c.

[193] *Kinne* GE 2016, 1068.

[194] Lützenkirchen/*Lützenkirchen* § 535 Rn. 556c.

stellen bedeuten immer Letzteres.[195] Zur **Beweislast** im Prozess → Kap. 4 Rn. 64/67).

86 Eine **Renovierungsvereinbarung mit dem Vormieter dahingehend,** dass der Nachmieter dessen (bei Übergabe noch) fällige Schönheitsreparaturen übernimmt, begründet **nach dem BGH keine Wirksamkeit der Abwälzungsklausel** des neuen Mietvertrages.[196] Grund dafür sei, dass sich die jeweiligen Schuldner und Gläubiger der Pflichten nicht decken. Zudem bestünden unterschiedliche Interessen aller beteiligten Parteien. Die Entscheidung **überzeugt nicht.**[197] Der BGH orientiert die Klauselkontrolle nicht an den Anforderungen des Ausgleichsprinzips (→ Rn. 48) und der hierauf bezogenen eigenen Vorgaben bei der Übergabe einer unrenovierten Wohnung (→ Rn. 85). Die Abwälzung ist dann unwirksam, wenn der Mieter aufgrund der bereits bei Übergabe vorhandenen Abnutzungen Gefahr läuft, am Zuge der eigenen Renovierung nicht zwischen seinen Abnutzungen sowie denjenigen des Vormieters zu differenzieren und daher mehr aufwendet, als ihm im Gegenzug an Miete erlassen wurde. Da die Klausel abstrakt-generell zunächst unbedenklich ist, müssen die konkreten Umstände des Einzelfalles für die Bewertung herangezogen werden. Diese sind wirtschaftlicher und tatsächlicher Natur.[198] Das hiergegen angeführte Argument der **Relativität der Schuldverhältnisse**[199] greift gerade nicht. Dabei wird vernachlässigt, dass die Klauselkontrolle bereits aufgrund des Renovierungszustandes der Mietsache die abtrakt-generelle Prüfungsebene verlassen und durch tatsächliche Umstände des Einzelfalles, die selbst nicht vertragswidrig sind, eine abweichende Wertung erfahren hat. Es geht also inhaltlich schon zuvor nicht mehr um schuldrechtliche Beziehungen, sondern faktische Gegebenheiten, die ihrerseits keiner Leistungspflicht zuzuordnen sind. Das Schuldrecht im eigentlichen Sinne ist schon bei der Unwirksamkeitsfolge nicht die Grundlage der Klauselbewertung, sondern die von vertraglichen Pflichten losgelöste (der Mieter schuldet ja keine vollständige Renovierung) tatsächliche wirtschaftliche Folge. Daher kann umgekehrt auch eine andere Wertung der tatsächlichen Umstände zu einem – erneut – abweichenden Ergebnis führen. Dass und warum außerhalb der abstrakt-generellen Prüfungsebene schuldrechtliche Leistungsbeziehungen maßgeblich sein sollen, ist nicht ersichtlich. Dem steht auch nicht der teilweise geforderte **hinreichende Sachzusammenhang** zwischen Benachteiligung und Kompensation entgegen.[200]

[195] *Langenberg* NZM 2015, 681 (683).

[196] BGH VIII ZR 277/16, GE 2018, 1214 = NZM 2018, 863 (mkritAnm *Zehelein*); NZM 2018, 865 = NJW 2018, 3302 (mkritAnm *Pielsticker*) NJW 2018, 3304 = WuM 2018, 635 = ZMR 2018, 994.

[197] Krit. auch *Kappus* NZM 2020, 1092 (1093 f.).

[198] Umfassend zu den Umständen der Entscheidung des BGH *Kappus* NZM 2020, 1092 (1093).

[199] Ebenso *Wiek* WuM 2020, 535 (537, 538).

[200] ZB Staudinger/*Wendland* § 307 Rn. 125; offengelassen von BGH VIII ZR 258/94, NJW 1996, 389.

Dieser wird als notwendig angesehen, um die „fragliche Klausel" Wertungen aus anderen Vertragsbereichen unterzuordnen. Die Abwälzungsklausel ist jedoch als solches nicht fraglich, sie wird es nur im Einzelfall aufgrund tatsächlicher Umstände und kann daher auch auf dieser Ebene wieder korrigiert werden. Auch die Begründung des BGH,[201] eine solche Vereinbarung des Mieters mit einem Dritten **stelle den Vermieter besser,** ist **AGB-rechtlich ohne Relevanz,** weil die Klauselkontrolle kein Verbot einer ungerechtfergtigen Bevorteilung des Verwenders kennt. Allein die Benachteiligung des Vertragspartners kann ihre Unwirksamkeit begründen. Durch die – von dem BGH zugrundegelegte – individualvertragliche Renovierungsverpflichtung mit dem Vor- hat der Nachmieter die formularvertragliche Seite der Abwälzung seines Vermieters durchbrochen und erklärt, dass er für die Renovierung einen ausreichenden Gegenwert erhalten hat. Damit ist er **rein wirtschaftlich gesehen** – und nur darauf kommt es im Rahmen des Ausgleichsprinzps an – für den Übergabezustand vollständig **kompensiert** und kann im Zuge der Renovierungspflicht gegenüber dem Vermieter keinen entsprechenden Nachteil erleiden. Anders nur, wenn er den Ausgleich mit dem Vermieter selbst aushandelt, weil das wirtschaftliche Übergewicht des Klauselstellers den AGB-Schutz nicht hierüber unterlaufen kann (→ Rn. 88a). Möglicher Weise **leistet** er auch **als Dritter** iSd § 267 Abs. 1 BGB an den Vermieter. Den selbst erwähnten **Vertrag zugunsten Dritter** (§ 328 BGB), der einer individualvertraglichen Einzugsrenovierungspflicht gleichkäme, hat der BGH zudem nicht weiter erörtert, ebensowenig die Schuldübernahme nach **§§ 414, 415 BGB,** obwohl die Vereinbarung in einem Protokoll enthalten war, die der Nachmieter dem Vertreter des Vermieters unterzeichnete, so dass zugleich die erforderliche Zustimmung des Gläubigers vorhanden war. Insgesamt ist nicht ersichtlich und in der Entscheidung auch nicht begründet, weshalb der Mieter im Rahmen der Klauselkontrolle nach den Grundsätzen des Ausgleichsprinizps wirtschaftlich unangemessen benachteiligt ist. Das AGB-Recht hat hier keine Korrekturfunktion.

Vertragliche Vereinbarungen haben auf die Klauselunwirksamkeit bei Übergabe einer unrenovierten Wohnung **keinen Einfluss.** 87

Eine Regelung mit dem Inhalt,

„die Wohnung wird ***renoviert übergeben wird****"*

ist schon deshalb ohne Relevanz, weil die Abwälzungsklausel dann unwirksam ist, wenn die Wohnung bei Übergabe **tatsächlich unrenoviert** ist. Wie sie übergeben werden soll, ist mithin unbeachtlich.[202]

Enthält der Vertrag den Passus,

„Die Wohnung ***wurde renoviert übergeben****",*

[201] Ebenso *Wiek* WuM 2020, 535 (538).

[202] Fraglich daher LG Karlsruhe NJW 2016, 2897 = ZMR 2017, 247, das aus dieser Formulierung Wertungen für den Übergabezustand zieht und zudem die AGB-Eigenschaft nicht prüft.

ist zu unterscheiden, ob es sich um ein Individualvereinbarung oder eine Formularklausel handelt. Übereinstimmende Aussagen über den Zustand der Mietsache sind einer Regelung durch **Allgemeine Geschäftsbedingungen** zugängig, weil auch Tatsachenbestätigungen von den §§ 305 ff. BGB erfasst sind (vgl. zB § 309 Nr. 12 lit. b BGB).[203] Die Klausel ist unwirksam, wenn der tatsächliche Zustand dem einer unrenovierten Wohnung entspricht. Dabei wäre zunächst nicht einmal die Regelung des § 309 Nr. 12 lit. b BGB maßgeblich, weil sie lediglich die Beweislaständerung für Tatsachen zu Lasten der anderen Partei,[204] bzw. jede Änderung anerkannter prozessualer Beweislastregeln erfasst.[205] Das wäre hier aber nicht der Fall, da nach dem 4. Leitsatz der Entscheidung des BGH vom 18.3.2015 der Mieter ohnehin beweisen muss, dass die Wohnung bei Übergabe unrenoviert oder renovierungsbedürftig sei.[206] Gegenüber früherer Rechtsprechung des BGH[207] erfasst § 309 Nr. 12 lit. b BGB nach überwiegender Ansicht auch unwiderlegbare Tatsachenbestätigungen,[208] was zur Unwirksamkeit führt. Jedenfalls ergibt sich diese Rechtsfolge aus § 307 Abs. 1 BGB. Denn der BGH hat dem Mieter im 4. Leitsatz die Beweisführung zwar auferlegt, damit aber auch ausdrücklich ermöglicht. Insofern wäre es mit § 307 Abs. 1 BGB offenkundig unvereinbar, könnte der Vermieter diese Entscheidung formularvertraglich „aushebeln". Dabei genügt es, dass die Klausel die bindende Zustandsbestätigung suggeriert. Als **Individualvereinbarung** ist eine solche Zustandsfeststellung unproblematisch und stellt schlicht ein Übergabeprotokoll dar,[209] das je nach Rechtsauffassung nur Indizwirkung hat,[210] widerleglich oder endgültig (§ 397 Abs. 2 BGB)[211] ist, wobei der BGH[212] dies entgegen verbreiteter Annahme ausdrücklich offen gelassen hat und schlicht auf den Zweck abstellt, den die Parteien bei der Protokollerstellung verfolgt haben. Das dürfte, so keine abweichenden Abreden oder Anhaltspunkte vorliegen, grundsätzlich der Ausschluss abweichenden Vortrages sein, soweit es um solche Zustände geht, die von dem Vermieter üblicher Weise im Rahmen einer Abnahme geprüft werden bzw. geprüft werden können.

[203] Wolf/Lindacher/Pfeiffer/*Pfeiffer* § 305 Rn. 7.

[204] BGH IVa ZR 173/85, GE 1987, 717 = NJW 1987, 1634; KG NJW-RR 2013, 54.

[205] BGH VII ZR 185/86, NJW 1988, 258.

[206] Vgl. Wolf/Lindacher/Pfeiffer/*Dammann* § 309 Nr. 12 Rn. 56; zur Kritik der Beweislastverteilung *Graf v. Westphalen* NZM 2016, 10.

[207] BGH VII ZR 185/86, BGHZ 102, 41 = NJW 1988, 258.

[208] Wolf/Lindacher/Pfeiffer/*Dammann* § 309 Nr. 12 Rn. 55; Ulmer/Brandner/Hensen/*Habersack* § 309 Rn. 18.

[209] Zur Protokollwirkung für den Renovierungszustand der Mietsache bei Übergabe *Kinne* GE 2016, 1068 (1069).

[210] *Emmerich* NZM 2000, 1155 (1163).

[211] OLG Düsseldorf NJW-RR 2004, 734; LG München NZM 2003, 714; LG Hamburg NZM 1999, 838; AG Leonberg WuM 2013, 219 = BeckRS 2013, 06463; *Pfeilschifter* WuM 2003, 543 (550); BeckOGK /*Zehelein* § 546 Rn. 88.

[212] BGH VIII ZR 252/81, BGHZ 85, 267 = NJW 1983, 446 = ZMR 1983, 93.

Die Regelung,

„*Der* ***Mieter renoviert die Wohnung bei Einzug***"

bringt dem Vermieter **keine Vorteile,** sondern **allenfalls Nachteile.** Sie würde zwar, so wirksam, den unrenovierten Wohnungszustand kompensieren, weil der Mieter diesen ebenfalls beheben muss und daher im Zuge der Schönheitsreparaturen keinen wirtschaftlichen Nachteil erleidet. Die Gegenansicht,[213] eine solche Vereinbarung lasse gerade auf den (für die Abwälzung zunächst unzulässigen) unrenovierten Zustand bei Übergabe schließen, übersieht, dass hier jedenfalls insoweit die Entscheidung des BGH vom 18.3.2015 (→ Rn. 84) nicht greift. Denn der Mieter läuft nicht Gefahr, einen Kostennachteil durch Behebung der Abnutzungen des Vormieters zu erleiden, weil er hierzu ohnehin verpflichtet ist. Als **vorformulierte Vertragsbedingung** scheitert die Klausel jedoch insbesondere in der Wohnraummiete bereits an § 307 Abs. 1 BGB, so der Mieter nicht zugleich eine angemessene Kompensation erhält (→ Rn. 159 f.). Dann aber sind die Vorgaben des 1. Leitsatzes der Entscheidung vom 18.3.2015 ohnehin erfüllt, so dass es für die Wirksamkeit der Abwälzung der Schönheitsreparaturen auf die vertragliche Pflicht zur Einzugsrenovierung nicht mehr ankommt. Aufgrund des **Summierungseffekts** (→ Rn. 288 ff.), der auch bei wirksamen Einzugs- oder Endrenovierungsvereinbarungen greift, wäre aber die Schönheitsreparaturenklausel unwirksam.[214] Nicht anders ist das Ergebnis im Falle einer **individualvertraglichen Vereinbarung** (zu den hohen Voraussetzungen einer solchen aber → Rn. 74 f.). Zwar kann eine Anfangsrenovierungspflicht hierüber wirksam begründet werden (→ Rn. 303). Um den Summierungseffekt zu verhindern, so dass der Mieter nicht nur einmal renovieren muss, bedarf es aber wiederum einer angemessenen Ausgleichsleistung für die doppelte Renovierungspflicht. Dann aber liegt wieder der vom BGH im 1. Leitsatz der Entscheidung vom 18.3.2015 verlangte Ausgleich vor, so dass der Vermieter über die Einzugsrenovierungsregelung keinen Vorteil erhält.

dd) Renovierungskostenzuschuss bei unrenovierter Wohnung

Eine **Ausnahme von der möglichen Unwirksamkeit der Abwälzung** 88
greift jedenfalls ein, wenn der **Vermieter** schon im Mietvertrag oder in ergänzenden Abreden den gebotenen **Ausgleich schafft.** Wenn dieser Ausgleich **werthaltig** ist, dh eine angemessene Höhe hat, wird der Mieter von den Nachteilen der vorvertraglichen Abnutzung wirtschaftlich freigestellt, er hat allein die Zusatzkosten aus den Spuren seiner Gebrauchszeit zu tragen. Diese Vorgehensweise hat sich jedoch **in der Praxis nicht bewährt** und ist faktisch zu vernachlässigen. Denn für die Bestimmung der Angemessenheit (→ Rn. 90) gibt es keine verlässlichen

[213] LG Berlin GE 2016, 395 = BeckRS 2016, 5786, dass sich jedoch im Weiteren zumindest hilfsweise mit der Frage des angemessenen Ausgleichs auseinandersetzt.
[214] Näher *Zehelein* NZM 2018, 105 (113 f.).

Vorgaben. Im Zweifel erhält der Vermieter im Prozess nur die Information, dass der Betrag im konkreten Fall zu gering angesetzt war,[215] so dass er nie weiß, ob er hierüber eine wirksame Abwälzung der Schönheitsreparaturen herbeiführen kann. Die Ausgleichszahlung ist, so sie nicht in einer Mietfreiheit oder anderen Ersatzleistung besteht (→ Rn. 89), **mit der Übernahme der Wohnung** durch den Mieter **zur Zahlung fällig,** da in diesem Moment die schönheitsreparaturrelevante Abnutzung des Mieters beginnt.[216] Der Anspruch entsteht bereits durch die vertragliche Vereinbarung vollständig und endgültig. Ein **vorzeitiger Auszug** des Mieters führt nicht, auch nicht anteilig, zu einem Rückzahlungsanspruch des Vermieters. Denn der Ausgleich kompensiert lediglich den Verstoß gegen das Ausgleichsprizip und sichert damit die Wirksamkeit der Abwälzungsklausel bei unrenoviert übergebenem Wohnraum. Darüber hinaus wird keine eigenständige Renovierungspflicht des Mieters begründet.[217] Andernfalls könnte der Vermieter zudem das Vermietungsrisiko auf den Mieter abwälzen. Es liegt auch **kein Fall der Zweckverfehlung** nach § 812 Abs. 1 S. 2 BGB vor, da das Ziel der Ausgleichszahlung, die Wirksamkeit der Schönheitsreparaturklausel, nach wie vor erreicht wurde.[218] Dass der Vermieter aus der Abwälzung mangels renovierungsbedürftigen Zustandes der Wohnung keinen Renovierungsanspruch herleiten kann (→ Rn. 456), ist ebenfalls keine Zweckverfehlung. Der durch die Ausgleichszahlung erwartete und eingetretene Erfolg ist allein der mit der wirksamen Abwälzung der Schönheitsreparaturen herbeigeführte Rechtsgrund. Deshalb beinhaltet die Ausgleichszahlung auch keine Zweckbindung.[219]

ee) Vereinbarung des Zuschusses und Folgen für die AGB-Kontrolle der Abwälzungsklausel

88a **Fraglich** ist, ob die Parteien eine **separate Vereinbarung hinsichtlich des Ausgleichs** treffen und damit die **Abwälzungsklausel wirksam** werden lassen können. Der Bundesgerichtshof geht, auch basierend auf den tatsächlichen Umständen des Urteils vom 18.3.2015[220] (→ Rn. 84), erkennbar von der Konstellation aus, dass die Zuschussgewährung nicht bereits Teil der Abwälzungsklausel sein und nicht einmal AGB-Qualität haben muss, um die Angemessenheit des Ausgleichs einer objektiven Prüfung zu unterziehen. In dem dortigen Fall wurde der dem Mieter zu gewährende Ausgleich für den jedenfalls teilrenovierten Zustand der Mieträume

---

[215] ZB LG Berlin GE 2016, 395 = BeckRS 2016, 5786: Jedenfalls keine 200,00 DM; AG Tempelhof-Kreuzberg ZMR 2019, 972: Erlass einer Monatsmiete (650,00 EUR) zu wenig für das Streichen von einem Zimmer, Küche, Bad und Flurwände.

[216] *Artz* WuM 2017, 120 (121).

[217] *Artz* WuM 2017, 120 (121).

[218] *Artz* WuM 2017, 120 (122); aA *Beyer* WuM 2017, 122 (124).

[219] AA *Beyer* WuM 2017, 122 (124).

[220] BGH VIII ZR 185/14, GE 2015, 649 = NZM 2015, 374 = NJW 2015, 1594 (mAnm *Lehmann-Richter*) = NJW 2015, 1598 = WuM 2015, 338 = ZMR 2015, 685.

im Mietvertrag zwar bereits aufgeführt.[221] Unklar ist jedoch, ob der BGH dem Hintergrund, wie dieser Ausgleich in den Vertrag Einzug gehalten hat, irgendeine Bedeutung beimisst. Das ist jedenfalls nach der Begründung (Rn. 37 des Urteils) nicht anzunehmen. Denn dort ist lediglich wiedergegeben, dass die Parteien diesen „vereinbart" hätten. Das spricht nicht dafür, der VIII. Senat habe einer tatsächlichen oder möglichen AGB-Qualität dieser Vereinbarung für die Angemessenheitsprüfung eine Bedeutung beigemessen. Hierfür sprechen auch die Ausführungen zur Beweislast in → Rn. 36. Demnach obliegt dem Vermieter als Klauselverwender der Nachweis, dass sich die – aufgrund des unrenovierten Zustandes der Mietsache bei Übergabe zunächst einmal für unwirksam zu erachtende – Abwälzung der Schönheitsreparaturen aufgrund des gewährten Ausgleichs doch als wirksam erweisen könne, weil es sich bei diesem um im Einzelfall ***„besondere tatsächliche Umstände handelt".*** Damit trennt der BGH den Ausgleich in der Klauselkontrolle von der Abwälzungsregelung selbst und stellt diese als separaten Aspekt dar. Hierfür spricht auch der Verweis auf die Beschlussempfehlung des Rechtsausschusses zur Mietrechtsreform.[222] Denn dieser geht für die Ausgleichsvereinbarung für eine Einzugsrenovierung ausdrücklich von einer Individualabrede aus (für beide Vereinbarungen). Wenig Erkenntniswert liefert indes der Fundstellenverweis in → Rn. 36 *("BGH, Urteil vom 29. Mai 1991 – IV ZR 187/90, aaO; Staudinger/Coester, aaO").* Denn dort handelt es sich sowohl im Rahmen der aufgeführten Entscheidung des BGH, auf welche auch die Kommentierung verweist, als auch der weiteren im Kommentar in Bezug genommenen BGH-Entscheidung[223] um Formularvereinbarungen, die bereits eine prozentual bzw. quotiert ausgewiesene Zahlungspflicht des Vertragspartners begründen. In diesem Fall obliegt dem Verwender jedenfalls dann, wenn die Klausel an sich für unwirksam anzusehen ist, der Beweis, dass der zu zahlende Betrag aufgrund konkreter Umstände doch angemessen sei. Das ist mit dem vorliegenden Fall des angemessenen Ausgleichs bei unrenoviert übergebener Wohnung nicht vergleichbar. Hier ist die Klausel als solches zunächst unbedenklich. Sie wird erst und bereits ausnahmsweise aufrund konkreter Umstände des Einzelfalles unwirksam. Der dieses wiederum ausgleichende Betrag ist also in der Abwälzungsklausel als solches nicht angelegt. Zwar war er in dem Fall des BGH vom 18.3.2015 dort zusätzlich aufgeführt, eine besondere formularvertragliche Relevanz ist der Angemessenheitsprüfung jedoch nicht zu entnehmen (der Senat spricht nur von der „Vereinbarung" der Parteien), sondern erfolgte rein objektiv. Das führt zu dem Schluss, dass es **auf die Frage, ob überhaupt und wie der Ausgleichsbetrag tatsächlich zwischen den Parteien ausgehandelt worden** ist, letztlich **nicht ankommt,** sondern allein auf die Kostenkompensation.

[221] Zu entnehmen aus den Entscheidungsgründen der Vorinstanz LG Berlin BeckRS 2014, 23220.
[222] BT-Drs. 14/5663, 75/76.
[223] BGH XI ZR 255/94, NJW 1996, 388.

Das ist, jedenfalls im Grundsatz, auch **zutreffend.** Ist der Ausgleich vom Vermieter bereits im Mietvertrag formularvertraglich vorgeben, unterliegt er ohnehin der Inhaltskontrolle nach § 307 BGB und relevant ist allein, ob der Mieter über eine zu geringe Kompensation im Hinblick auf den Zustand der Wohnung unangemessen benachteiligt ist. Es liegt auch hier, ebenso wie bei der Abwälzung der Schönheitsreparaturen selbst, keine der ABG-Kontrolle entzogene Preisabrede iSd § 307 Abs. 3 S. 1 BGB vor. Wird die Vereinbarung unabhänig hiervon getroffen, sind zwei Varianten zu unterscheiden: Es kann sich (a) um eine **weitere Formularklausel oder** (b) um eine **Individualvereinbarung** handeln. Ist der Ausgleichsbetrag standardisiert, was sowohl hinsichtlich der Höhe als auch der Berechnung der Fall sein kann, und wird vom Vermieter eingebracht, handelt es sich um eine Formularklausel. Auch hier gelten die Grundsätze des ersten Anscheins einschließlich der Anforderung an ein individuelles Aushandeln (→ Rn. 71 ff.). Haben die Parteien den Ausgleichsbetrag tatsächlich inviduell ausgehandelt, führt aber auch das nicht per se dazu, dass die Abwälzungsklausel damit wirksam ist. Sie steht selbst nicht zur Disposition, sondern wird lediglich hinsichtlich der wirtschaftlichen Folgen für den Vertragspartner abgeschwächt, so dass es sich weiterhin um eine allgemeine Geschäftsbedingung handelt.[224] Deren Bewertung obliegt ausschließlich dem Gericht, ebenso wie die Feststellung, was als „angemessen" anzusehen ist, weil der maßgeblicher Zweck des AGB-Rechts in dem Schutz der wirtschaftlich schwächeren Partei vor einem Vertagsdiktat der stärkeren Partei liegt.[225] Wäre das anders, würden die Parteien aufgrund der unmittelbaren Abhängigkeit der Abwälzungsklausel von der Gewährung eines angemessenen Ausgleichs faktisch – individuell – über diese mitverhandeln. Dabei könnte der wirtschaftlich stärkere Vermieter – als Anbieter eines knappen Gutes bei hoher Nachfrage – auf diesem (Um-)Weg eine Ausgleichsvereinbarung erwirken, die dem tatsächlichen Renovierungserfordernis nicht genügt, worauf sich der Mieter jedoch einlässt, um den Mietvertrag zu erhalten. Das wäre fraglos kein Fall, in dem sich die Abwälzungsklausel iRd § 307 BGB als wirksam darstellt. Nach Satz 2 des 4. Leitsatzes der BGH-Entscheidung vom 18.3.2015 ist der Vermieter für die Gewährung eines „angemessenen Ausgleichs" beweisbelastet. Das könnte zwar an sich basierend auf der Idee einer Herstellung von Vertragsgerechtigkeit durch Privatautonomie[226] allein durch Verweis darauf erfolgen, dass der Betrag „ausgehandelt" wurde. Diese Prinzipien sind jedoch in der Wohnraummiete nicht anwendbar,[227] jedenfalls spricht keine allgemeine Vermutung hierfür, so dass der Vermieter hierüber die Angemessenheit nicht darle-

[224] BGH VII ZR 58/14, NZM 2016, 408 mAnm *Kappus* – „bring or pay II"; IV ZR 90/90, NJW 1991, 1678.

[225] ZB BGH XI ZR 291/16, NJW-RR 2018, 814 = VuR 2018, 396.

[226] *Schmidt-Rimpler* AcP 147 (1941), 130 (156 f.); *Horn* NJW 2000, 40 (46); MüKo-BGB/*Säcker* Einl. Rn. 28.

[227] *Gsell* NZM 2017, 305 (306 f.); ebenso Artz/Börstinghaus/*Artz* 1. Teil. Rn. 9.

gen kann. Das schlichte Aushandeln eines abstrakten Betrages, der es dem Mieter offensichtlich wert ist, den Vertrag einschließlich der Schönheitsreparaturenlast trotz erhalt einer unrenovierten Wohnung abzuschließen, kann die Angemessenheit des Ausgleichs nicht begründen. Notwendig ist vielmehr, und hierfür ist der Vermieter darlegungs- und beweisbelastet, dass die Parteien **individuell den konkreten Kostenbedarf festgelegt** haben. Hier kann der Mieter auch eigene Vorstellungen dahingehend einbringen, die Arbeiten günstig in Eigenregie auszuführen, so dass Verhandlungsspielraum besteht.

Im Anwendungsbereich der **EU-Klausel-Richtlinie** gilt das umso mehr, weil hier das Gericht überwiegend von Amts zu ermitteln hat (→ Kap. 4 Rn. 65f.).

ff) Art und Berechnung des Zuschusses

Zur **Leistung des Ausgleichs** kann der Vermieter den Mieter je nach der Höhe der Miete und dem erforderlichem Renovierungsaufwand für eine bestimmte Zeit von der **Mietzahlungspflicht frei** stellen. Insbesondere kann er ihn durch einen **Renovierungskostenzuschuss** erbringen. Auf diesem Weg können zumal Vermieter mit einem Bestand kleinerer Wohnungen, die mit dem Problem eines häufigen Mieterwechsels konfrontiert sind, zu einer wirksamen Abwälzung kommen. Haben sie die Wohnung renoviert vermietet und zieht der Mieter nach zwei oder drei Jahren wieder aus, besteht meist noch kein Renovierungsbedarf; gleichwohl ist die Wohnung nicht mit dem Prädikat „renoviert" weiter vermietbar, weil einige Gebrauchsspuren unvermeidlich vorhanden sind. **89**

Für die **Berechnung des Renovierungskostenzuschusses** bietet sich das Verhältnis Mietzeit – angemessener Renovierungsturnus an, wobei übermäßige oder unterdurchschnittliche Abnutzung durch den Vormieter zu berücksichtigen sind; ist eine übermäßige Abnutzung zu konstatieren, muss der Ausgleich daher erhöht werden. Zusätzlich ist danach zu differenzieren, ob die Ausführung der Schönheitsreparaturen in Eigenarbeit oder durch einen Fachbetrieb erfolgen soll. Um zu vermeiden, dass der Vermieter dem Mieter den anteiligen Betrag für die Renovierung durch einen Fachbetrieb zahlt, der Mieter sodann aber nur kostengünstig selbst die Arbeiten und damit mit einem Gewinn ausführt, ist eine Regelung im Mietvertrag notwendig. Diese könnte dahin gehen, dass der Ausgleich zunächst auf die anteiligen Kosten der Eigenarbeit beschränkt ist, aber zugleich festgelegt wird, dass der Vermieter den Anteil auf die Kosten eines Fachbetriebs erhöht, wenn ihm der Mieter dessen Einschaltung bei der von ihm veranlassten Renovierung nachweist. **90**

In die Richtung eines gebotenen Ausgleichs geht die Klausel, **91**

„Soweit die Genossenschaft oder das Mitglied Ausgleichsbeträge für unterlassene Schönheitsreparaturen vom Vornutzer erhalten hat, sind diese zur Durchfüh-

rung von Schönheitsreparaturen in der Wohnung zu verwenden bzw. bei Ausführung durch das Mitglied an dieses auszuzahlen".[228]

Sie ist allerdings **nicht ausreichend,** weil der Text mit *„soweit"* eingeleitet wird. Es kann zB nicht zulasten des Neumieters gehen, wenn kein Ausgleichsbetrag etwa wegen der finanziellen Lage des Vormieters geflossen ist.

gg) Teilwiese unrenovierte Wohnung – sog. „gespaltene Renovierungsklausel"

92 Aufgrund der Rechtsprechungsänderung des BGH zur Abwälzung der Schönheitsreparaturen bei unrenovierter Wohnung (→ Rn. 84) überlegen viele Vermieter, je nach Renovierungszustand dem Mieter nur teilweise die Erhaltungslast zu übertragen. Der BGH-Entscheidung vom 18.3.2015 lag selbst eine Wohnung zugrunde, bei der nur drei von vier Zimmern renovierungsbedürftig waren. Da die Abwälzungsklausel jedoch die gesamte Wohnung erfasste, folgte hieraus deren vollständige Unwirksamkeit. Überwiegend wird davon ausgegangen, dass eine Teilung der Abwälzungsklausel dahingehend möglich ist, entweder die Schönheitsreparaturen nur für **renovierte Bereiche der Mietsache abzuwälzen** oder nur hierfür einen **Ausgleich** zu gewähren (sog. gespaltene Renovierungsklausel). Eine solche Aufspaltung folgt jedoch nicht bereits daraus, dass nur Teilbereiche der Mietsache renovierungsbedürftig sind, sie muss in der Klausel selbst Niederschlag finden.[229] Erforderlich sind tatsächlich abgrenzbare Bereiche der Mietsache (zB Zimmer) oder innerhalb von Räumen.[230] Diese müssen in der Klausel so konkret dargestellt sein, dass keine Wertungsspielräume verbleiben (§ 307 Abs. 1 S. 2 BGB). Eine abstrakte Formulierung, aufgrund derer der Mieter selbst eruieren muss, welche Bereiche von ihm zu renovieren sind bzw. für welche er einen Ausgleich erhält, reicht nicht aus.[231] In diesem Fall liegt eine unzulässige Konditionalklausel vor.[232] Gegen die Wirksamkeit einer gespaltenen Renovierungsklausel bestehen jedenfalls bei **geteilter Erhaltungslast** erhebliche **Bedenken,** da sie zwar keinen rechtlichen, jedoch **faktischen Renovierungsdruck** auf den Mieter ausübt, was für einen Verstoß gegen § 307 BGB ausreicht.[233] Ist der Mieter nur für die Renovierung von Teilbereichen der Mietsache zuständig, wird er die übrigen Bereiche tatsächlich mit erledi-

[228] Mustermietvertrag des GdW § 3 (2, (Ausgabe Januar 2003), und zuvor zB Nr. 3 der „Allgemeine Vertragsbestimmungen (Fassung MVp April 1997).

[229] BGH VIII ZR 185/14, GE 2015, 649 = NZM 2015, 374 = NJW 2015, 1594 (mAnm *Lehmann-Richter*) = NJW 2015, 1598 = WuM 2015, 338 = ZMR 2015, 685 Rn. 38.

[230] *Artz* NZM 2015, 801 (807); *Börstinghaus* jurisPR-BGHZivilR 10/2015 Anm. 1; *Drettmann* NJW 2015, 3694 (3696); *Harsch* MDR 2015, 801 (803); aA *Wiek* WuM 2016, 71 (76).

[231] *Harsch* MDR 2015, 801 (803); *Wiek* WuM 2016, 71 (75); *Zehelein* NZM 2018, 105 (114); aA *Lehmann-Richter* NZM 2014, 818 (819).

[232] Vgl. OLG Karlsruhe VersR 2018, 212 = BeckRS 2017, 137042.

[233] Näher *Zehelein* NZM 2018, 105 (115); hierzu auch LG Berlin GE 2018, 713.

gen. Andernfalls lebt er in einer teilrenovierten Wohnung oder muss den Vermieter für die Durchführung der übrigen Arbeiten in Anspruch nehmen, wovor viele Mieter zur Vermeidung einer Verschlechterung des Mietverhältnisses zurückschrecken werden. Auch kann es zu unterschiedlichen Vorstellungen dahingehend kommen, welche Tapetenart oder Farbwahl von dem Vermieter für die Wände, Fußleisten etc heranzuziehen ist. Dieser kann anführen, die Wohnung nur in den Übergabezustand (zurück-)versetzen zu müssen.[234] Obwohl sich die Erhaltungspflicht mangels anderweitiger Vereinbarung des Vermieters nach dem Zustand bei Vertragsschluss richtet, sollte aber für den Anteil der Schönheitsreparaturen die Gestaltungsfreiheit des Mieters maßgeblich sein.[235] Der Vermieter kann zudem einwenden, durch Herstellung eines geänderten Zustandes höheren Kosten ausgesetzt zu sein. Diese **faktischen Auswirkungen** haben **nach der Rechtspechung des BGH auch AGB-rechtliche Relevanz.** So scheitert die auf weiße Farbe reduzierte Farbklausel bei Rückgabe der Mietsache gerade aus dem Grund an § 307 BGB, weil der Mieter zwar während der Mietzeit rechtlich die Gestaltungsfreiheit hat, tatsächlich aber mit Blick auf das Farbdiktat bei Rückgabe von Beginn an von dieser keinen Gebrauch machen wird.[236] Dieses Prinzip greift hier ebenfalls. Dem Einwand, es handele sich bei Vorstehendem um eine „unbewiesene These",[237] ist einerseits entgegenzuhalten, dass die mietgerichtliche Praxis ausreichende Erkenntnisse über die Befürchtungen der Mieter in Bezug auf konfliktträchtigen Situationen mit dem Vermieter liefert, auch wenn sich diese schlicht aus der Geltendmachung von Ansprüchen ergeben, sei es etwa die Belegeinsicht hinsichtlich der Betriebskostenabrechnung oder eines mangelhaften Zustandes der Mietsache. Auch die Zugangsgewährung des Vermieters in die eigene Wohnung unterliegt nicht unerheblichen Hemmnissen, sei es aus allgemeinen Gründen der Privatsphäre oder der Befürchtung von Beanstandungen. Wenn der Mieter also ohnehin schon Teile der Mietsache renoviert, wird er überwiegend auch die übrigen bearbeiten, um Derartigem aus dem Weg zu gehen. Andererseits bedarf es für die Feststellung der Unwirksamkeit vorformulierter Vertragsbedingungen gerade keiner „Beweise", es genügen ausreichende Erfahrungswerte und Wahrscheinlichkeiten, weshalb der BGH das Verbot des weißen Farbdiktats aufgrund des faktischen Drucks auf die Farbgestaltung im laufenden Mietverhältnis ebenso wenig auf „bewiesene Thesen" gestützt hat. Für den anderen Fall einer gespaltenen Renovierungsregelung, welche für unrenovierte Bereiche lediglich einen Ausgleich gewährt, besteht diese Problematik hingegen nicht. Die Ausführung der Schönheitsreparaturen obliegt hier insgesamt dem Mieter.

---

[234] Auf diese Gefahr hinweisend auch LG Berlin GE 2018, 713.

[235] So überzeugend LG Berlin WuM 2017, 395 = ZMR 2017, 733 = BeckRS 2017, 113739.

[236] BGH VIII ZR 198/10, GE 2011, 263 = NJW 2011, 514 = NZM 2011, 150 = WuM 2011, 96 = ZMR 2011, 369.

[237] Schmidt-Futterer/*Lehmann-Richter* § 538 Rn. 108.

b) Ansparung der Kosten

aa) Grundsätze

93 In manchen Mietverträgen ist bestimmt, dass der **Mieter** die Schönheitsreparaturen zu erledigen und zugleich einen monatlichen Betrag auf die Kosten der Ausführung zu entrichten hat. Entsprechende ältere Klauseln lauten zB:

*„**In der Grundmiete** ist z. Z. ein Betrag von DM 9,65 je qm Wohnfläche im Jahr **für vom Mieter auszuführende Schönheitsreparaturen** enthalten. Werden Schönheitsreparaturen durchgeführt, so ist der Mieter berechtigt, dem Umfang der Arbeiten entsprechende Rückstellungsbeträge anzufordern."*

Der Mieter spart auf diese Weise die Kosten für die Schönheitsreparaturen beim Vermieter an. Für den Vermieter hat dies den Vorteil, dass die Schönheitsreparaturen auch tatsächlich ausgeführt werden und zumal am Mietende nicht an finanziellen Engpässen des Mieters scheitern. In der Sache handelt es sich nicht um eine doppelte Belastung des Mieters mit der Ausführung der Schönheitsreparaturen und daneben der Zahlung eines monatlichen Betrags,[238] sondern um die Abwälzung der Schönheitsreparaturen mit einer Ansparvariante.

94 Die Einbeziehung des Betrags in die Grundmiete bedeutet, dass es sich rechtlich um einen **Teil der Miete** handelt. Die Besonderheit liegt darin, dass der Mieter gleichwohl eine vertraglich **zweckgebundene Leistung** erbringt. Der Vermieter würde bei anderer Verwendung mithin gegen den Mietvertrag verstoßen. Die Zweckbindung wird an einem Sonderfall aus der Praxis besonders deutlich. Obwohl der Mieter inzwischen die Wohnung gekauft hatte, teilte ihm der Vermieter mit, sein „Guthaben" (richtig: die Rücklage) reiche nunmehr für eine Renovierung aus, er könne es für Schönheitsreparaturen in Anspruch nehmen.

95 Da die Rücklage Eigentum des Vermieters ist, können die Mietverträge bestimmen, dass **Aufträge für Schönheitsreparaturen** zulasten der Rücklage **nur von ihm** erteilt werden dürfen. In der Praxis lassen manche Vermieter auf Antrag auch Eigenleistungen des Mieters zu, wenn ihre fachgerechte Ausführung gewährleistet ist. Die Voraussetzung eines Antrags ist sachgerecht, weil zum Schutz der Rücklage eine Vereinbarung über Art, Umfang und Kostenerstattung vor Ausführung der Renovierung notwendig ist.

bb) Probleme

(a) Voraussetzung: Wirksamkeit der Abwälzungsklausel

96 Derartige Regelungen sind häufig mit der Verpflichtung verbunden, dass der Mieter

[238] So AG Hannover NZM 2010, 740.

*„die **Schönheitsreparaturen nach Maßgabe der Allgemeinen Vertragsbestimmungen** und der HausoRnung auszuführen hat".*

Solche generellen Verweisungen bedürfen stets der Prüfung des Inhalts der Allgemeinen Vertragsbestimmungen. Enthalten sie zB starre oder zu kurze Fristen oder Bestimmungen zur Art der Ausführung der Schönheitsreparaturen, sind sie unwirksam.

Die **Folge** ist, dass der Mieter dem Vermieter den Ansparbetrag auf eine Verpflichtung gezahlt hat, die überhaupt nicht besteht. Er kann das vom Vermieter angesparte Guthaben aus **ungerechtfertigter Bereicherung** nach §§ 812 ff. BGB herausverlangen.[239] In einem Fall belief sich der dem Mieter zuerkannte Anspruch auf 10.047,90 EUR, weil das Mietverhältnis über Jahrzehnte angedauert und der Mieter – erstaunlicherweise – nie den Rückstellungsbetrag angefordert hatte.[240] **97**

(b) Überlassung einer unrenovierten Wohnung

Nach der **Systematik** der Regelung bleibt das Geld beim Vermieter stehen, bis Renovierungsbedarf eintritt. **Zieht der Mieter vor Erreichen eines Renovierungsbedarfs** aus, verbleibt sein auf die Schönheitsreparaturen gezahlter Anteil beim Vermieter, bis die weiteren, vom Mietnachfolger in entsprechender Wohnzeit gezahlten Anteile die für eine Renovierung erforderliche Höhe erreicht haben. Der Mieter erhält dadurch den bei Vermietung einer unrenovierten Wohnung notwendigen Ausgleich für die aus der Vormietzeit stammenden Abnutzungen. **98**

Im Einzelfall kann dieser Betrag jedoch **unangemessen niedrig** sein. **99**
Dies ist etwa der Fall, wenn

- das vorhergehende Mietverhältnis sehr lange bestand, so dass die angesparte Summe des im dortigen Mietvertrag ausgewiesenen monatlichen Betrags für die Schönheitsreparaturen aufgrund der zwischenzeitlichen Kostensteigerungen nicht ausreicht,
- der Vormieter das Mietobjekt intensiv nutzte mit einer entsprechend erhöhten Abnutzung der Dekoration, so dass ein vorzeitiger Renovierungsbedarf besteht,
- der Vormieter seine Miete und damit auch den Ansparbetrag schuldig blieb.

Um diesen Gefahren für die Wirksamkeit der Abwälzung zu begegnen, muss der Vermieter bei Abschluss des Mietvertrags mit dem Nachfolger **überprüfen, ob** er den **Ansparbetrag nicht aufzustocken** hat, um ihm einen werthaltigen Ausgleich zur Verfügung zu stellen.

(c) Erhöhung des Ansparbetrags

Da der Zuschlag für die Schönheitsreparaturen ein Teil der Miete ist,[241] geht er **bei Mieterhöhungen preisfreien Wohnraums** nach § 558 BGB **in** **100**

[239] LG Wiesbaden WuM 2013, 623.
[240] AG Bad Kreuznach WuM 2014, 343.
[241] BGH VIII ZR 31/17, GE 2017, 886 = NZM 2017, 594 = WuM 2017, 456 = ZMR 2018, 16.

der zu erhöhenden Ausgangsmiete auf. Das auch dann, wenn dieser einer gesonderten Vereinbarung unterliegt,[242] die nicht zwingend in der Mietvertragsurkunde enthalten sein muss. Der Vermieter ist daher nicht berechtigt, den Zuschlag auf die erhöhte ortsübliche Vergleichsmiete aufzusatteln;[243] der Zuschlag „verschwindet" gleichsam in der neuen erhöhten Miete. Ebenso kann der Ansparbetrag auch nach einem längeren Mietverhältnis und entsprechend gestiegenen Handwerkerkosten nicht separat auf diese Weise einseitig erhöht werden. Schließlich scheidet eine Flexibilisierung des Zuschlags, etwa die Anbindung an die Höhe der Handwerkerkosten, wegen Kollision mit § 558 BGB aus. Demgegenüber kann der Vermieter bei **preisgebundenem Wohnraum,**[244] solange die Preisbindung noch besteht,[245] ggf. auch rückwirkend,[246] den erhöhten Zuschlag geltend machen; hieran ändert sich auch nicht durch eine vom Mieter durchgeführte, vom Vermieter nicht veranlasste Anfangsrenovierung.[247]

101 Die **Klausel,**

„Die Höhe dieses Kostenansatzes bei Vertragsbeginn ist in § … des Vertrages vereinbart. Der Vermieter ist verpflichtet, dem Mieter jede Änderung dieses Kostenansatzes bekanntzugeben."

stammt aus dem preisgebundenen Wohnraum und soll die Weitergabe der Erhöhungen von Instandhaltungspauschalen nach § 28 II. BV erleichtern. Bei **preisfreiem Wohnraum** ist sie **unwirksam.**

102 Es bleibt den Parteien jedoch unbenommen, sich durch eine **gesonderte Vereinbarung** auf einen erhöhten Zuschlag ebenso zu verständigen wie auf eine erhöhte Miete unter Beibehaltung oder Erhöhung des Zuschlags. § 558 Abs. 6 BGB hindert individualvertragliche Abreden nicht.[248]

2. Ausführung der Schönheitsreparaturen durch den Vermieter auf Kosten des Mieters

a) Kosten der Schönheitsreparaturen als Einmalbetrag

103 Eine Vereinbarung, die sowohl dem gesetzlichen Leitbild und dem nicht abdingbaren Minderungsrecht (dazu → Rn. 46) Rechnung trägt, geht dahin, den Mieter zur **Erstattung der vom Vermieter veranlassten Schönheitsreparaturen** zu verpflichten. In einer entsprechenden Rege-

[242] AG Stuttgart WuM 2016, 626.
[243] BGH VIII ZR 87/11, GE 2012, 62 = NZM 2012, 80 = WuM 2012, 27 = ZMR 2012, 180.
[244] BGH VIII ZR 177/09, GE 2010, 687 = NZM 2010, 396 = WuM 2010, 296.
[245] BGH VIII ZR 87/11, GE 2012, 62 = NZM 2012, 80 = WuM 2012, 27 = ZMR 2012, 180.
[246] BGH VIII ZR 181/12, GE 2013, 207 = WuM 2013, 174.
[247] BGH VIII ZR 181/12, NZM 2013, 312.
[248] ZB Schmidt-Futterer/*Börstinghaus* § 558 Rn. 254.

lung sind die Schönheitsreparaturen selbst zu beschreiben und es ist anzuführen, wann sie vom Vermieter auszuführen sind, sowie ggf. ergänzend, wie bei besonderen Dekorationswünschen des Mieters zu verfahren ist. Wie bei der Abwälzung als Vornahmepflicht ist klarzustellen, dass die Schönheitsreparaturen nur insoweit zulasten des Mieters gehen, wie sie aus dem Mietgebrauch stammen. Ferner ist dem Mieter das Recht zur finanziell entlastenden Eigenvornahme vorzubehalten, um einen Verstoß gegen § 307 Abs. 1 BGB auf jeden Fall zu vermeiden.[249]

Eine derartige Regelung ist bei Überlassung einer **renovierten** Woh- **104**
nung ohne weiteres zulässig. Soll die Wohnung **unrenoviert** übergeben werden, ist eine Modifikation erforderlich. Anderenfalls hätte die Vereinbarung zur Folge, dass der Mieter dem Vermieter je nach dem Anfangszustand nach relativ kurzer Zeit die vollständigen Renovierungskosten erstatten müsste, obwohl die Dekorationsschäden mehr oder weniger vom Vormieter stammen; sie wäre daher wegen Verstoßes gegen das Übermaßverbot aus § 307 BGB unwirksam. Es bedarf daher einer zusätzlichen Regelung, die den **Mieter** verpflichtet, dem **Vermieter einen Renovierungskostenzuschuss** zu zahlen, der den Kostenanteil abdeckt, der aus der Beseitigung der Vorschäden resultiert. Der Kostenanteil wird nach einer umgekehrten Quotenabgeltung (zum Begriff → Rn. 312) berechnet werden können, wobei unterdurchschnittliche bzw. übermäßige Abnutzung zu berücksichtigen ist; wegen der Komplexität der Materie empfiehlt sich eine individualvertragliche Vereinbarung. Anders kann der Vermieter hier die vollständige Entlastung von den Kosten der Schönheitsreparaturen nicht erreichen. Zur wirtschaftlichen Seite ist allerdings zu bedenken, dass sich derartige Zusatzbelastungen des Mieters nur in Gebieten mit deutlichem Nachfrageüberhang verwirklichen lassen.

Der **Renovierungszuschuss** kann als **abwohnbarer oder nicht ab-** **105**
wohnbarer Betrag festgesetzt werden. Wird ein abwohnbarer Zuschuss vereinbart und endet der Mietvertrag vor der Abwohnzeit, hat der Mieter nach § 547 BGB einen Anspruch auf Erstattung des nicht abgewohnten Anteils. Handelt es sich um einen nicht abwohnbaren Zuschuss, greift § 2 BaukZuschG ein, wonach ein Zuschuss in Höhe einer ortsüblichen Jahresmiete für eine vergleichbare Wohnung durch eine Mindestdauer von vier Jahren als getilgt anzusehen ist. Nicht verbrauchte Anteile sind nach § 1 BaukZuschG nach Maßgabe des § 347 BGB zurückzuerstatten, es sei denn, der Vermieter hat die Beendigung des Mietvertrags nicht zu vertreten; in diesem Fall ist er zur Herausgabe des Anteils nur nach den Vorschriften über die ungerechtfertigte Bereicherung verpflichtet.

Hat der Vermieter die Erledigung der Schönheitsreparaturen auf Kos- **106**
ten des Mieters übernommen, kann der Mieter **nach Prüfung des Dekorationszustands** überlegen, ob er deutlich notwendige Arbeiten selbst

[249] Vgl. *Kraemer* NZM 2003, 417 (419).

erledigt/erledigen lässt oder den Vermieter in Anspruch nimmt. Ist er bei der Eigenvornahme ordnungsgemäß verfahren, ist die Renovierungspflicht des Vermieters gegenstandslos. Der Vermieter, der gleichwohl Handwerker für unsinnige Arbeiten einschaltet, kann keinen Kostenersatz verlangen. Hat der Mieter die Schönheitsreparaturen nicht in mittlerer Art und Güte erledigt, bleibt es bei der Durchführung des Vermieters. Hier muss der Mieter für die Folgen seiner eigenen handwerklichen Unzulänglichkeit einstehen, da der Vermieter, zumal bei Fälligkeit am Mietende, ein berechtigtes Interesse an einem ordnungsgemäßen Zustand hat. Von der praktischen Seite her gesehen besteht zudem einiger Anlass anzunehmen, dass der Vermieter auf ein entsprechendes Angebot des Mieters eingeht: Er erspart sich die Finanzierung und insbesondere die Durchsetzung seines Erstattungsanspruchs und kann ohne Gefahr für seine Rechte abwarten, ob der Mieter die Schönheitsreparaturen ordnungsgemäß erledigt.

107 Formularvertragliche Kostenklauseln sind nach der Rechtsprechung des Bundesgerichtshofs zulässig, im Bereich der Kleinreparaturen allerdings nur bei Einhaltung einer doppelten Beschränkung, nämlich zur Höhe je Einzelreparatur und für den Fall, dass innerhalb eines bestimmten Zeitraums mehrere Kleinreparaturen anfallen.[250] Diese Begrenzung hat ihren Grund darin, dass der Mieter hier verschuldensunabhängig haftet. Derartige **Einschränkungen** sind bei den Schönheitsreparaturen daher **nicht erforderlich.** Zudem verbietet sich eine generelle Begrenzung aus der außerordentlichen Variationsbreite von Schönheitsreparaturen; den Parteien ist die Möglichkeit zu erhalten, die jeweiligen Besonderheiten des Einzelfalls zu berücksichtigen. Ohnehin liefert schon die Beschaffenheit des Mietobjekts bei Überlassung an den Mieter eine Grenze für die Art und Weise späterer Schönheitsreparaturen durch den Vermieter.

b) Ausweisung eines Zuschlags für Schönheitsreparaturen

108 Manche Mietverträge enthalten eine Klausel, ausweislich derer für die Miete ein Zuschlag für die von dem Vermieter durchzuführenden Schönheitsreparaturen erfolgt, wobei dieser in der Regel auch beziffert wird. Diese Klausel ist letztlich, wie der BGH[251] zutreffend ausführt, **ohne rechtlichen Gehalt.** Es handelt sich ausschließlich um eine *„belanglose"* offengelegte Mietkalkulation, so dass der Mieter nicht anders steht, als hätte der Vermieter die Ausweisung unterlassen und schlicht den Betrag der Miete höher angegeben. Insbesondere ist eine irgendwie geartete Abwälzung der Schönheitsreparaturen hiermit nicht verbunden. Als Teil der Miete und somit **Preisabrede** unterfällt die Klausel nach dem BGH ebenfalls zutreffend wegen § 307 Abs. 3 S. 1 BGB nicht der Klausel-

[250] BGH VIII ZR 91/88, NJW 1989, 2247 = WuM 1989, 324; VIII ZR 38/90, NJW 1991, 1750 = WuM 1991, 381.

[251] BGH VIII ZR 31/17, GE 2017, 886 = NZM 2017, 594 (mAnm *Börstinghaus*) = WuM 2017, 456 = ZMR 2018, 16.

kontrolle. Die **Gegenauffassung,**[252] welche eine privatautonome Entscheidung des Mieters verneint und somit die Notwendigkeit einer Klauselkontrolle annimmt, **überzeugt nicht.** Sie bemüht ein abweichendes Beispiel, in welchem das Objekt mit einer geringeren Miete ohne Zuschlag beworben wird, während der Vertrag den Schönheitsreparaturenzuschlag vorformuliert ausweist. Diese Differenzierung ist für den Regelungszweck des § 307 Abs. 3 S. 1 BGB jedoch nicht relevant, weil die Frage der (privatautonomen) Freiwilligkeit hier keine zeitliche ist, es also keinen Unterschied macht, wann der Mieter die tatsächliche Miethöhe erfährt. Hintergrund der Kontrollfreiheit ist die Prämisse, dass die Parteien über den „Preis" immer frei verhandeln und daher nicht schutzwürdig sind. Dass und warum der Mieter jedoch über die in der Anzeige genannte (geringere) Miete privatautonom verhandeln könne, über den sodann im Mietvertrag letztlich enthaltenen Zuschlag jedoch nicht, ist weder erklärt noch ersichtlich. Praktisch besteht entweder über beides eine Verhandlungsmöglichkeit oder über keines von beidem, was sich wie bei jedem Vertrag nach wirtschaftlicher Verhandlungsstärke verbunden mit der vorhandenen Angebots-Nachfrage-Situation bestimmt. Die Tatsache, dass der Zuschlag erst später bekannt und im Vertrag vorformuliert ausgewiesen wird, hat hiermit per se nichts zu tun, weil die Kontrollfreiheit an dem Charakter der Leistung inhaltlich ansetzt. Ein anderes Ergebnis ergibt sich nur, wenn man die Zuschlags-Klausel generell als überraschend oder im Einzelfall als versteckt bewertet. Das aber ist kein Fall des § 307 Abs. 3 S. 1 BGB, sondern des **§ 305c Abs. 1 BGB,** dessen Überprüfung die Klausel ohnehin ausgesetzt ist.[253] Darauf kommt es jedoch ohnehin nicht an, weil eine Abweichung von dem gesetzlichen Leitbild des § 535 BGB nicht vorliegt. Aus dem Grund greift auch der Einwand, die Einordnung als Preisabrede sei „bedenklich", weil etwa bei kurzer Mietdauer nicht gesichert sei, dass der Vermieter die Schönheitsreparaturen auch ausführe, der Mieter also die Gegenleistung tatsächlich erhalte,[254] nicht. Es ist ohnehin fraglich, ob es sich überhaupt um eine Abrede im schuldrechtlichen Sinn handelt. Denn die Offenlegung eines Teils der Kostenkalkulation ist eine einseitige Darstellung. Solange hieran keine Rechtsfolge geknüpft werden soll, wie etwa eine Kostenanpassung (außerhalb von § 558 BGB), ist nicht ersichtlich, worin Angebot (§ 145 BGB) und Annahme (§ 147 BGB) zu sehen wären.

c) Ansparung der Kosten

aa) Grundsätze

Da die Parteien bei der Bestimmung der Miethöhe, vorbehaltlich der **109**
Grenzen durch das Mietrechtnovellierungsgesetz („Mietpreisbremse")

---

[252] *Fervers* NZM 2020, 1082.

[253] BGH VIII ZR 179/13, NJW 2014, 2940 (mAnm *Greiner/Strippelmann*) = NZM 2014, 802.

[254] Schmidt-Futterer/*Lehmann Richter* § 538 Rn. 72.

und § 5 WiStG frei sind, haben sie die Möglichkeit, statt eines einheitlichen Mietzinses, also einer Bruttomiete bzw. im Geltungsbereich der HeizkostenV einer Bruttokaltmiete, **Einzelbeträge zur Deckung der verschiedenen Kosten** auszuwerfen.[255] Dies geschieht zB nahezu allgemein durch die Ausweisung von Vorauszahlungen auf eine Nebenkostenabrechnung, kann aber ebenso für die Kosten der Schönheitsreparaturen erfolgen. Bei dieser Variante erscheinen bei der Festlegung des Mietzinses im Mietvertrag die Angabe der Nettomiete, der Vorauszahlungen auf die Betriebs- und die Heizkosten und des Betrags auf die Schönheitsreparaturen (zur Auswirkung auf Mieterhöhungen → Rn. 115). Genau betrachtet handelt es sich dabei um die Offenlegung der Kalkulation, die auch der renovierungspflichtige Vermieter anstellen müsste, der nur eine nicht spezifizierte Miete, also eine einheitliche Nettomiete erhält.

110 Der **Unterschied** zur bereits oben behandelten Ansparvariante (→ Rn. 93ff.) liegt darin, dass hier der **Vermieter zur Renovierung** verpflichtet ist. Der für Schönheitsreparaturen angegebene Betrag ist rechtlich ein Anteil der vom Mieter zu entrichtenden Nettomiete, der hier jedoch **ohne Zweckbindung in das Eigentum des Vermieters** fließt. Die fehlende Zweckbindung hat zur Folge, dass der Mieter bei Eintritt von Renovierungsbedarf nicht etwa die Auszahlung des Ansparbetrags, sondern allein die Ausführung notwendiger Schönheitsreparaturen verlangen kann (aber → Rn. 119).[256] Erwirbt der Mieter die Wohnung, hat er daher, anders als in dem in → Rn. 94 beschriebenen Fall, auch keinen Anspruch auf Auskehrung des Ansparbetrags.[257]

bb) Berechnung des Ansparbetrags

111 Das Ziel der Vereinbarung eines Mietanteils für Renovierung ist die **Abdeckung der Kosten,** die dem Vermieter aus einer Renovierung entstehen. Die Ermittlung des monatlichen Ansparbetrags für die Rücklage ist daher von besonderer Bedeutung.

112 Da der Vermieter nicht weiß, ob der Mieter zu fachgerechter Eigenrenovierung in der Lage ist, muss er den Ansparbetrag auf der Grundlage der Durchführung der Schönheitsreparaturen **durch einen Fachbetrieb** kalkulieren. Es erschiene zwar denkbar, den Betrag nach den Kosten einer Eigenleistung des Mieters anzusetzen. Der Mieter wäre dann zu verpflichten, bei ungenügender Eigenarbeit die Mehrkosten zu ersetzen, die durch die notwendige Einschaltung eines Fachhandwerkers entstehen. Ob eine entsprechende Formularklausel wirksam formuliert werden kann, erscheint fraglich; auf jeden Fall wäre ein Streit zwischen den Parteien vorprogrammiert.

---

[255] OLG Frankfurt a.M. GE 2001, 695 = NZM 2001, 418 = WuM 2001, 231 = ZMR 2001, 449.

[256] AG Wiesbaden ZMR 2015, 469 = BeckRS 2014, 12415.

[257] LG Trier NZM 2012, 861.

Der Ansparquote sind **starre Renovierungsfristen** zugrunde zu legen. **113**
Weiche Renovierungsfristen, wie sie für eine wirksame Abwälzung der Schönheitsreparaturen auf den Mieter erforderlich sind, sollen eine gegen § 307 BGB verstoßende unangemessene Belastung des Mieters verhindern. Dieser Gesichtspunkt ist bei der Beibehaltung der Pflicht des Vermieters zur Renovierung irrelevant.[258] Hier geht es allein darum, ob der Vermieter auf der Grundlage der vereinbarten Fristen zu wenig leistet. Während dies bei übermäßig langen Fristen der Fall sein kann (→ Rn. 117), besteht die Gefahr bei den inzwischen weitgehend anerkannten längeren und damit angemessenen Fristen nicht. Selbst die ggf. einige Zeit vor dem Ende der Fristen vermehrt auftretenden Schäden an der Dekoration werden nur eine unerhebliche Minderung der Gebrauchstauglichkeit der Wohnung zur Folge haben, so dass der Mieter nach § 536 Abs. 1 S. 3 BGB kein Minderungsrecht hat und eine Kollision mit diesem Recht ausgeschlossen ist. Zur technischen Seite ist im Übrigen festzustellen, dass ohne feste Fristen ein bezifferter Betrag im Mietvertrag nicht ausgewiesen werden kann.

Die **Dekorationsarbeiten,** die der Vermieter zu veranlassen hat, sollten **114**
im Mietvertrag angeführt sein, dh welche Arbeiten und ggf. Materialien zum Einsatz kommen. Diese Angaben sind auch erforderlich, um die notwendige Transparenz der Verpflichtung des Vermieters zu schaffen und spätere Unklarheiten zu vermeiden.

Die Problematik, dass sich der Vermieter die **Erhöhung des Ansparbe-** **115**
trags nicht durch eine Formularklausel vorbehalten kann, ist bereits unter → Rn. 100 ff. behandelt. Daran ändert sich auch nichts durch die besondere Mietstruktur, nämlich die Ausweisung eines separaten Mietanteils für die Schönheitsreparaturen. Eine Vereinbarung, dass der Mietanteil als gesonderter und daher bei Mieterhöhungen nicht zu berücksichtigender Betrag neben der Nettomiete erhalten bleibt, benachteiligt den Mieter und ist daher nach § 558 Abs. 6 BGB unwirksam; der Vermieter muss mithin den Mietanteil in die zu erhöhende Ausgangsmiete einrechnen.[259]

cc) Verwendung des Ansparbetrags

Wie bereits ausgeführt, handelt es sich bei dem Ansparbetrag nur um **116**
die offen gelegte Kalkulation der Nettomiete. Die Rücklage ist Eigentum des Vermieters. Er kann mit ihr ebenso einen Gewinn erzielen wie er auch das Risiko trägt, dass sie zur Kostendeckung nicht ausreicht. Maßgeblich ist, dass er sich allein zur **Renovierung nach Ablauf eines bestimmten Turnus** verpflichtet hat. Diese schuldet er.

Der Vermieter **schuldet grundsätzlich nicht mehr,** also auch keine Re- **117**
novierung vor Ablauf der Fristen, soweit Verschlechterungen des deko-

[258] Vgl. LG Darmstadt WuM 2011, 286.
[259] BGH VIII ZR 331/06, NZM 2008, 124; *Börstinghaus,* Miethöhe-Handbuch (2009), Kap. 4 Rn. 7.

rativen Zustands allein auf dem Mietgebrauch beruhen. Ein unangemessen langer Renovierungsturnus im Mietvertrag, etwa zur besseren Absicherung der Kostendeckung, ist unwirksam. Zu lange Fristen führen dazu, dass ein Renovierungsbedarf schon vor ihrem Ablauf eintritt. Kann der Mieter trotz der Unansehnlichkeit der Wohnung noch keine Renovierung verlangen, wird ihm sein nach § 536 Abs. 4 BGB nicht ausschließbares Minderungsrecht genommen: Dem Mieter bliebe nur, entweder auf den Ablauf der Renovierungsfristen zu warten oder sich mit dem Vermieter auf eine vorzeitige Renovierung mit entsprechendem eigenem Kostenanteil zu verständigen.

118 Der Vermieter **schuldet auch nicht weniger,** kann also nicht die Renovierung ablehnen, weil der dekorative Zustand etwa wegen längerer Abwesenheiten des Mieters auch nach Ablauf der Renovierungsfristen immer noch einen einigermaßen passablen Eindruck macht. Ebenso darf er nicht von einer fachgerechten Renovierung absehen, weil der Ansparbetrag nach längerer Mietzeit die zwischenzeitlich gestiegenen Handwerkerkosten nicht mehr deckt.

119 Dass der **Mieter grundsätzlich keinen Zugriff auf die Ansparquote** hat, wurde bereits oben betont (→ Rn. 95). Die Vergabe von Renovierungsaufträgen ist allein Sache des Vermieters, was der Mietvertrag vorsorglich klarstellen sollte. **Anders** verhält es sich, wenn die Klausel

„Sofern der Mieter Schönheitsreparaturen selbst ausführt oder durch entsprechende Fachfirmen ausführen lässt, werden ihm auf Antrag die anteiligen Beträge, sie sich nach obiger VeroRnung [§ 28 Abs. 4 II.BV] errechnen, ausgezahlt, sofern die Ausführung sach- und fachgerecht erfolgt ist."

in einem Mietvertrag über eine früher preisgebundene Wohnung vereinbart wurde. Hier ist die Zustimmung des Vermieters zur Vornahme der Schönheitsreparaturen nicht vorausgesetzt, sondern allein deren ordnungsgemäße Ausführung; der Vermieter ist auch nicht berechtigt, einseitig hiervon durch die Mitteilung, er erledige in Zukunft die dekorative Renovierung, abzuweichen. Für den Mieter hat die Regelung den Vorteil, den seinen Renovierungsaufwand bei Eigenarbeit überschießenden Betrag vereinnahmen zu können.[260]

dd) Vermietung einer unrenovierten Wohnung

120 Selbstverständlich kann der Vermieter auch eine unrenovierte Wohnung vermieten. Hat sie der Mieter **vor Vertragsabschluss besichtigt und so akzeptiert,** handelt es sich um das **vertragsgemäße Mietobjekt.**[261] Gewährleistungsrechte des Mieters bestehen nicht.

---

[260] BGH VIII ZR 224/13, GE 2015, 116 = NZM 2015, 79 = WuM 2015, 80.

[261] BGH VIII ZR 163/18, GE 2020, 1037 = NZM 2020, 704 (mAnm *Zehelein*) = WuM 2020, 554; VIII ZR 270/18, DWW 2020, 251 = GE 2020, 1041 = NZM 2020, 710 = WuM 2020, 559 (mAnm *Wiek*) = ZMR 2020, 928; Bub/Treier MietR-HdB/*Kraemer/Ehlert* III. B Rn. 2794, 3062; *Zehelein* WuM 2014, 579 (581).

Ist die Wohnung **bereits vom Vormieter verwohnt,** bleibt dem Mieter nur eine Renovierung in Eigenarbeit oder auf eigene Kosten. Einen Anspruch auf einen Ansparbetrag des Vormieters hat er nicht, ebenso wenig wie der Vormieter den Ansparbetrag herausverlangen kann. Der Mieter beseitigt damit zwar die dekorativen Schäden aus der Zeit des Vormietverhältnisses, kann hieraus aber keine Rechte ableiten, denn die Mängel des Mietobjekts waren ihm bekannt. **121**

Schwieriger ist die Lage, wenn die Wohnung bei Abschluss des Mietvertrags zwar Gebrauchsspuren des Vormieters hat, aber **noch eine gewisse Zeit bis zur Unansehnlichkeit** genutzt werden kann. Nach dem Mietvertrag beginnen die Renovierungspflicht des Vermieters und damit der Renovierungsturnus erst mit dem Mietverhältnis. Danach müsste der Mieter den Ablauf der Renovierungsfrist abwarten, auch wenn die Wohnung zB nach drei Jahren seiner Wohnzeit durch seinen zusätzlichen vertragsgemäßen Gebrauch evident renovierungsbedürftig ist. Hier können wiederum die Gewährleistungsrechte des Mieters relevant werden, weil es sich nun nicht mehr nur um einen anfänglichen, sondern im Umfang der Verschlechterung der Dekoration um einen nachträglichen Mangel handelt. **122**

Der **Ausweg für den Vermieter** besteht darin, sich mit dem Mieter auf eine vorzeitige Renovierung zu verständigen, wobei die Kosten je nach der Verursachung der dekorativen Schäden aufzuteilen sind. Der Mieter hat die Kosten aus der Beseitigung der Anfangsschäden, die er sehenden Auges akzeptierte, zu tragen, der Vermieter die Kosten der Beseitigung der Folgeschäden, was mit Hilfe einer Quotenbildung anhand des vereinbarten Renovierungsturnus möglich erscheint. Der Vermieter kann hier ggf. einen Ansparbetrag aus der Zeit des Vormieters sowie jedenfalls denjenigen aus der Zeit des Nachfolgers einsetzen. **123**

(einstweilen frei) **124**

ee) Untervariante Renovierungsservice

Ein **ähnliches Ansparmodell** begegnet vereinzelt in der Praxis in der Form von Verträgen über sog. Renovierungsservice. Der Mieter schließt dabei zu Beginn des Mietverhältnisses einen Vertrag mit einem sog. Servicepartner über die laufende Renovierung, die spätestens nach einer längeren Mietdauer auszuführen ist, sowie über die Herstellung eines vertragsgemäßen dekorativen Zustands bei Mietende. Servicepartner ist gemeinhin der Hausverwalter, dem das Recht eingeräumt ist, die Renovierung durch Dritte ausführen zu lassen, mithin durch selbstständige Malerfirmen oder eine eigene Firma, etwa eine Dienstleistungs-GmbH. Der Mieter zahlt hierfür monatlich einen festen Betrag, zB gestaffelt nach der Größe der Wohnung. **125**

Dieser Vertragstypus bietet **auf den ersten Blick** eine wirtschaftlich interessante Kombination der Interessen von Vermieter und Mieter, **wenn der Mieter die Renovierung nicht kostengünstiger (und fachgerecht)** **126**

selbst erledigen will oder kann. Der Vermieter ist hinsichtlich der Erfüllung der Renovierungspflicht abgesichert, jedenfalls solange der Mieter seinen monatlichen Beitrag an den Servicepartner zahlt. Der Mieter ist nicht mit ggf. hohen Renovierungskosten bei Mietende belastet. Zudem kann er sich bei der Rückgabe vom Servicepartner vertreten lassen und erhält von ihm das Rückgabeprotokoll mit der Bestätigung, dass die Wohnung in ordnungsgemäßem Zustand zurückgegeben wurde. Der Vertrag macht überdies dem Mieter deutlich, welche oft übersehene wirtschaftliche Belastung aus der Übernahme der Schönheitsreparaturen resultiert. Ob der Hausverwalter, der als Servicepartner auftritt, zusätzlich einen Gewinn erzielt, hängt von der Höhe des monatlichen Entgelts des Mieters ab, wobei ein zu hoher Preis vom Markt nicht akzeptiert werden dürfte; auch wenn es nur Kostendeckung erreicht, stellt sich jedenfalls ein Wettbewerbsvorteil für den Hausverwalter ein.

127 **Bei näherer Betrachtung** zeigen sich jedoch **gravierende Schwierigkeiten.** Der Servicevertrag wird unter Bezug auf den Mietvertrag abgeschlossen, soll also nur die daraus den Mieter treffenden Dekorationspflichten abdecken. Formularvertraglich können die Pflichten im Servicevertrag daher nicht weiter gehen als in der Grundabrede. Kam es zB wegen der Unwirksamkeit der Renovierungsklauseln nicht zu einer wirksamen Abwälzung, läuft der Servicevertrag leer; ist der Hausverwalter der Servicepartner, wird er aus Verschulden bei Vertragsschluss die vom Mieter monatlich geleisteten Beträge vollständig erstatten müssen. Wird die Renovierungspflicht zB infolge nur relativ kurzer Mietzeit nicht relevant, ist für den Mieter ein Ausgleich vorzusehen, etwa die Rückzahlung der erbrachten Beträge abzüglich einer angemessenen Verwaltungspauschale. Wurde die Wohnung unrenoviert überlassen, zeigen sich ggf. die in → Rn. 122f. aufgezeigten Probleme. Der Servicevertrag muss mithin jeweils angemessene Lösungen für die verschiedenen Konstellationen bereithalten.

3. Freigestelle Ausführung der Schönheitsreparaturen (Freizeichnung)

128 Gerade nach der Rechtsprechungsänderung des BGH vom 18.3.2015[262] (→ Rn. 84), dass die Abwälzung der Schönheitsreparaturen bei Übergabe einer unrenovierten Wohung ohne Gewährung eines angemessenen Ausgleichs unwirksam ist, bedienen sich Vermieter einer sog. **Freizeichnungsklausel.** Hiernach wird der Vermieter von demjenigen Teil der Instandhaltung nach § 535 Abs. 1 S. 2 BGB, der sich auf die Schönheitsreparaturen bezieht, befreit. Anders als bei der Abwälzungsklausel ist damit jedoch nicht zugleich eine Übertragung der Renovierungspflicht auf den Mieter verbunden, so dass keine der Parteien diese erbringen muss. Eine Freizeichnungsklausel ist – auch basierend auf der bestehenden

[262] BGH VIII ZR 185/14, GE 2015, 649 = NZM 2015, 374 = NJW 2015, 1594 (mAnm *Lehmann-Richter*) = WuM 2015, 338 = ZMR 2015, 685.

Rechtsprechung des BGH (→ Rn. 47) – **grundsätzlich wirksam,** solange sie ausreichend transparent gefasst ist.[263] Ihre **Rechtsnatur** ist, auch mit Blick auf ihren Regelungsgehalt, umstritten. So soll es sich hinsichtlich des vorhandenen Zustandes um eine Regelung zur *Beschaffenheitsvereinbarung* handeln.[264] Das erscheint fernliegend. Der Zustand bei Vertragsschluss ist, so die Parteien nichts anderes vereinbaren, der vereinbarte Soll-Zustand.[265] Diese Abrede ist schon aufgrund der differenzierten Wiedergabe im Gesetzeswortlaut des § 535 Abs. 1 S. 2 BGB („überlassen" und „erhalten") strikt von der Instandhaltungspflicht zu trennen.[266] Andernfalls müsste jede Klausel zur Abwälzung der Schönheitsreparaturen, da die Freizeichnung des Vermieters in dieser enthalten ist, zugleich einer AGB-Kontrolle hinsichtlich der Zustandsvereinbarung unterzogen werden. Die Freizeichnung ist auch keine Regelung zum *vertragsgemäßen Zustand kommender Abnutzungen,*[267] denn die Wohnung fällt nach wie vor hinter dem Geschuldeten zurück. Tatsächlich handelt es sich schlicht um eine **teilweise Abbedingung des § 535 Abs. 1 S. 2 BGB.**[268] Dass hierein kein Verstoß gegen § 536 Abs. 4 zu sehen ist, folgt schon aus der Abwälzungsmöglichkeit der Schönheitsreparaturen, bei der die Wohnung zwar mangelhaft wird, wenn sie abgewohnt ist,[269] der Mieter verliert aber auch dort nur den korrespondierenden Instandsetzungsanspruch, nicht die Minderung.[270] Insoweit wird angeführt, ein Ausschluss des Mangelbeseitigungsanspruchs sei nach § 307 Abs. 2 Nr. 1 BGB unangemessen, das insbesondere weil § 538 BGB dem Mieter die Abnutzung in zulässigem Umfang ausdrücklich zugesteht und dieses ohne Mangelbeseitigung „leerliefe".[271] Dagegen ist jedoch anzuführen, dass die Abwälzung der Schönheitsreparaturen als Mehr gegenüber der Freizeichnung dieselbe Folge für den Mieter hat, so dass hieraus allein keine Unwirksamkeit der Freizeichnung hergeleitet werden kann, zumal die Kompensation des Mieters auch hier über das Ausgleichsprinzip (→ Rn. 48) erfolgt. Die Klausel muss jedoch **ausreichend bestimmt** dahingehend sein, dass der **Mieter nicht verpflichtet ist, Schönheitsreparaturen durchzuführen.** Die Klauseln:

---

[263] LG Karlsruhe NJW 2016, 2897; AG Karlsruhe BeckRS 2016, 14128; *Artz* NZM 2015, 801 (806); Blank/Börstinghaus/*Blank/Börstinghaus* Rn. 431; *Guhling* NZM 2019, 457 (463); *Herlitz* WuM 2015, 654; *Lehmann-Richter* NJW 2015, 1598.

[264] *Artz* NZM 2015, 801 (806); *Flatow* WuM 2009, 208 (210); *Lehmann-Richter* NJW 2015, 1598; *H. Schmidt* NJW 2016, 1201 (1203).

[265] BGH VIII ZR 163/18, GE 2020, 1037 = NZM 2020, 704 (mAnm *Zehelein*) = WuM 2020, 554; VIII ZR 270/18, DWW 2020, 251 = GE 2020, 1041 = NZM 2020, 710 = WuM 2020, 559 (mAnm *Wiek*) = ZMR 2020, 928; *Zehelein* WuM 2014, 579 (580 ff.).

[266] Vgl. hierzu LG Berlin GE 2018, 713.

[267] So aber *H. Schmidt* NJW 2016, 1201 (1203).

[268] Blank/Börstinghaus/*Blank/Börstinghaus* § 535 Rn. 431.

[269] BGH VIII ZR 129/91, NJW 1992, 1759 = WuM 1992, 355; aA wohl *Artz* NZM 2015, 801 (806).

[270] BGH VIII ZR 129/91, NJW 1992, 1759 = WuM 1992, 355.

[271] *Lützenkirchen* NZM 2016, 113 (115); ähnlich *H.Schmidt* NJW 2016, 1201 (1203).

„Die Durchführung von Schönheitsreparaturen bleibt dem Mieter überlassen."[272]
„Schönheitsreparaturen sind Sache des Mieters"

sind daher unwirksam, da sie bei kundenfeindlichster Auslegung so verstanden werden können, dass der Mieter für die Durchführung der Schönheitsreparaturen zuständig ist. Es bedarf vielmer der Klarstellung, dass **„keine Vertragspartei"** oder **„weder der Vermieter noch der Mieter"** zur Renovierung verpflichtet ist. Ausreichen mag auch der Zusatz

„es bleibt dem Mieter überlassen, ob er während des Mietverhältnisses Schönheitsreparaturen erledigt".[273]

Der Mieter kann also mithin von den Schönheitsreparaturen aus Kostengründen absehen oder eine schlichte Renovierung unter Standard wählen.

129 Die Freizeichnung von Erhaltungspflichten muss wie deren Abwälzung im Hinblick auf § 536 Abs. 4 BGB eine **Einschränkung** auf **dekorative Mängel aus dem Mietgebrauch** enthalten. Der oben angeführte schlichte Klauseltext würde es dem Mieter überlassen, auch dekorative Schäden aus Ursachen außerhalb seiner Sphäre, etwa infolge einer Dachundichtigkeit oder eines Rohrbruchs oder der Einwirkung Dritter, zu beseitigen, was ihn unangemessen iSd § 307 BGB belastet.

130 Eine **Verbindung von Schönheitsreparaturenklausel und Freizeichnung** führt nicht dazu, dass der Vermieter im Falle der Unwirksamkeit der Abwälzungsklausel aufgrund der Freizeichnung von der Erhaltungslast befreit bleibt. Die Klauselkombination ist als solche unschädlich, weil die Freizeichnung bereits in der Abwälzungsklausel enthalten ist, diese also nur wiederholt,[274] so dass kein Übermaß an Pflichtenübertragungen begründet wird. Denkbar ist jedoch, dass eine unzulässige **„Ersatzklausel"** vorliegt, wenn die zusätzliche Verwendung einer Freizeichnungsklausel ausschließlich dem Zweck dient, den Vermieter von der Erhaltungslast freizuhalten, falls die Abwälzung der Schönheitsreparaturen unwirksam ist. Gerade weil aber die Freizeichnung bereits in der Abwälzungsklausel enthalten ist, kann bei dem Mieter Unklarheit dahingehend auftreten, welche Regelung tatsächlich Geltung findet; das jedenfalls dann, wenn die nur ersatzweise Anwendung der zweiten (hier Freizeichnungs-)Klausel für den Fall der Unwirksamkeit der Primärklausel nicht ausdrücklich aufgeführt wird.[275] So die Freizeichnung als Ersatzklausel neben der primären Abwälzungsklausel hinsichtlich der Schön-

[272] *Blank* PiG 73 (2006), 163 (164).
[273] *Herlitz* WuM 2015, 654 (656); krit. *Lützenkirchen* NZM 2016, 113 (115).
[274] *Lehmann-Richter* NJW 2015, 1598.
[275] Vgl. allgemein OLG München NJW-RR 1988, 786; LG Bremen WuM 2006, 324 = BeckRS 2006, 06604; MüKoBGB/*Basedow* § 306 Rn. 30; Ulmer/Brandner/Hensen/*Fuchs* § 307 Rn. 339; Staudinger/*Wendland* § 307 Rn. 190 iVm Rn. 60; kritisch, jedoch offengelassen BGH VIII ZR 228/88, NJW 1990, 716 (718).

heitsreparaturen für unwirksam angesehen wird, hängt das Schicksal letzterer von dem Unwirksamkeitsgrund ab. Liegt dieser in einer Umgehung des § 306, also einem Verstoß gegen § 306a,[276] ist die Unwirksamkeit auf die Ersatzklausel beschränkt. Handelt es sich aufgrund der mehrfachen Regelung eines identischen Themenbereichs jedoch um einen Verstoß gegen das **Transparenzgebot** aus § 307 Abs. 1 S. 2 BGB,[277] wären zwingend beide Klauseln betroffen. Erweist sich die **Abwälzung der Schönheitsreparaturen** tatsächlich als **unwirksam,** kann sich der Vermieter jedoch grundsätzlich **nicht auf die separate Freizeichnung berufen.** Das ergibt sich zwar nicht aus den Grundsätzen der Gesamtinfektion (→ Rn. 363), weil diese nur einheitliche und bei unabhängigen Klauseln zusammengehörende Regelungen hinsichtlich der Vornahme der Schönheitsreparaturen erfasst.[278] Es liegt jedoch ein Verstoß gegen das **Umgehungsverbot nach § 306a BGB** vor.[279] Im Falle der Unwirksamkeit der Schönheitsreparaturklausel findet gem. § 306 Abs. 2 BGB das Gesetzesrecht Anwendung, was zu der Erhaltungspflicht des Vermieters gem. § 535 Abs. 1 S. 2 BGB führt.[280] Die Verwendung einer Freizeichnungsklausel neben der Schönheitsreparaturklausel dient aber – da sie in letzterer enthalten ist – keinem anderen Zweck, als bei deren Wegfall zumindest die Befreiung des Vermieters von der Pflicht zur Durchführung der Schönheitsreparaturen zu erhalten, womit die Rechtsfolge des § 306 Abs. 2 BGB unzulässiger Weise umgangen werden soll. Dabei ist es auch ohne Relevanz, ob die Freizeichnungsklausel im Vertrag direkt bei der Abwälzungsklausel aufgeführt ist oder sich wie nicht unüblich an anderer Stelle befindet, um eine rechtliche Trennung zu suggerieren.

Bei der Vermietung einer **renovierten** Wohnung ergeben sich keine **131** rechtlichen Probleme, weil der Vermieter nur eine renovierungsfähige Wohnung vorzuhalten hat und deren dekorative Ausgestaltung Sache des Mieters ist. War die Wohnung **unrenoviert,** aber noch einige Zeit ansehnlich, kann der Mieter aus dem früher eintretenden Renovierungsbedarf keine Rechte herleiten. Kannte er den Zustand aus einer Besichtigung oder aus den Angaben des Vermieters, handelt es sich um das vertragsgemäße Mietobjekt; als Ausgleich für seine nachfolgenden Gebrauchsspuren erhält der die (fiktive) Mietentlastung. Die oben unter → Rn. 122 bei der Ansparvariante behandelte Problematik stellt sich nicht, weil der Vermieter bei der Freizeichnung nicht zur Ausführung

[276] So OLG München NJW-RR 1988, 786; LG Bremen WuM 2006, 324 = BeckRS 2006, 06604.

[277] So MüKoBGB/*Basedow* § 306 Rn. 30; Ulmer/Brandner/Hensen/*Fuchs* § 307 Rn. 339; Staudinger/*Wendland* § 307 Rn. 190 iVm Rn. 60.

[278] BGH VIII ZR 21/13, GE 2015, 725 = NJW 2015, 1874 = NZM 2015, 485 = WuM 2015, 348 = ZMR 2015, 689.

[279] *Lützenkirchen* NZM 2016, 113 (116); ebenso mit anderer Begründung *Artz* NZM 2015, 801 (805); offen gelassen von LG Karlsruhe NJW 2016, 2897.

[280] BGH VIII ZR 163/18, GE 2020, 1037 = NZM 2020, 704 (mAnm *Zehelein*) = NZM 2020, 708 = WuM 2020, 554; VIII ZR 270/18, DWW 2020, 251 = GE 2020, 1041 = NZM 2020, 710 = WuM 2020, 559 (mAnm *Wiek*) = ZMR 2020, 928.

von Schönheitsreparaturen verpflichtet ist. War das Mietobjekt schon bei Anmietung renovierungsbedürftig, sieht sich der Mieter ggf. zu einer Anfangsrenovierung veranlasst (→ Rn. 121), erhält aber bis zum erneuten Renovierungsbedarf die Mietentlastung.

132 Was den **Zustand bei Rückgabe** des Mietobjekts betrifft, darf es der Mieter mit den Abnutzungsspuren zurückgeben, die aus dem vertragsgemäßen Gebrauch stammen. Aus Vermietersicht wird daher gegen die Verwendung von Freizeichnungsklauseln der Einwand erhoben, der Mieter könne dann das Mietobjekt auch schlicht „herunterwirtschaften". Dieses Argument ist indes nicht stichhaltig ist. Die Verursachung von Substanzschäden macht den Mieter ohnehin schadensersatzpflichtig. Aber auch unterhalb dieser Grenze ist der Vermieter durch die Rechtsprechung des BGH zu Schönheitsreparaturen als Schadensersatz geschützt. Diese Rechtsprechung betrifft die Folgen aus der Unwirksamkeit der Abwälzung der Schönheitsreparaturen auf den Mieter, so dass die gesetzliche Regelung in § 535 Abs. 1 S. 2 BGB eingreift, die Renovierungspflicht des Vermieters. Hierzu hat er entschieden, dass dem Vermieter gleichwohl ein Schadensersatzanspruch aus drei Konstellationen zustehen kann (ausführl. → Rn. 407 ff.). Was für den Fall einer Renovierungspflicht des Vermieters gilt, ist erst recht bei einer wirksamen Freizeichnung anzuwenden. Nicht zulässig ist hingegen eine zusätzliche Klausel, nach welcher der Mieter das Mietobjekt „in hellen, deckenden, neutralen Farben" (→ Rn. 258) zurückgeben muss. Sie setzt eine rechtliche Abwälzung der Schönheitsreparaturen auf den Mieter voraus, an der es bei der bloßen Freizeichnung fehlt.

133 *(einstweilen frei)*

IV. Varianten von Vereinbarungen bei Gewerberaum

134 Anders als bei der Vermietung von Wohnraum werden die Schönheitsreparaturen in Mietverträgen über Gewerberäume in **zwei Varianten** auf den Mieter abgewälzt. Wirksamkeit und Inhalt der jeweiligen Vereinbarung sind daher getrennt zu untersuchen.

- Zum einen handelt es sich um eine singuläre Übertragung, mit der **nur** die Belastung des Mieters mit den **Schönheitsreparaturen,** nicht aber mit weiteren Reparaturpflichten erfolgt,
- zum anderen um deren Abwälzung als **Teil** einer weitergehend auferlegten **Erhaltungslast** (Instandhaltung/Instandsetzung).

135 Ist dem Mieter formularvertraglich die **allgemeine Erhaltungslast überbürdet,** richtet sich der **erste Schritt der Klauselprüfung** darauf, ob dies überhaupt in wirksamer Weise erfolgt ist. Die Abwälzung kann schon als solche unzulässig sein oder aufgrund ihres Umfangs der Kontrolle nicht standhalten (→ Kap. 2 Rn. 40 ff.). Damit fehlt zugleich eine wirksame Abwälzung der Schönheitsreparaturen.

Hat der Mieter die **laufende Instandhaltung** übernommen, hat er die Schönheitsreparaturen durchzuführen. Bei der Instandhaltung geht es primär um die vorbeugende Erhaltung des Mietobjekts zur Vermeidung von Substanzschäden, sie ist nicht mit der Instandsetzung zu verwechseln, dh der Vornahme von Reparaturen. Wie bereits dargelegt wurde (→ Rn. 23), sind Schönheitsreparaturen keine Reparaturen im eigentlichen Sinne. Sie betreffen die malermäßige Herrichtung des Mietobjekts, um es in einem weitgehend ansehnlichen Zustand zu erhalten. Damit fallen sie unter den Begriff der Instandhaltung. **136**

Erst recht hat der Mieter die Schönheitsreparaturen zu erledigen, wenn ihm die **Instandsetzung** auferlegt wurde. Eine Vereinbarung, nach der dem Mieter die Instandsetzung obliegt, ist, wenn nicht ohnehin schon die Instandsetzung als weitergehender und die Instandhaltung einschließender Begriff verstanden wird, jedenfalls gem. §§ 133, 157 BGB redlicherweise dahin auszulegen, dass der Mieter die Durchführung der Schönheitsreparaturen schuldet. Wie bei der Übertragung der allgemeinen Erhaltungslast ist auch bei der Übertragung von speziellen Instandsetzungspflichten vorab genau zu prüfen, ob und ggf. inwieweit sie die AGB-rechtliche Kontrolle bestehen. **137**

Die Rechtsprechung des VIII. Senats des BGH zur Wohnungraummiete hinsichtlich der Abwälzung von Schönheitsreparaturen bei Übergrabe einer **unrenovierten Wohnung** (→ Rn. 84) ist nach überwiegender Ansicht **auf die Gewerberaummiete übertragbar.**[281] Der XII. Senat des BGH sieht den Geschäftsraummieter gegenüber dem Wohnraummieter im Rahmen der Klauselkontrolle nicht als generell weniger schutzwürdig an,[282] was bereits für eine Anwendung der vorstehenden Grundsätze spricht. Maßgeblich ist jedoch, dass die tragenden Entscheidungsgründe des BGH vom 18.3.2015 hier ebenfalls Anwendung finden. Der Umfang der Schönheitsreparaturen bestimmt sich in der Gewerberaummiete ebenso nach § 28 Abs. 4 S. 3 II. BV,[283] was zugleich dazu führt, dass das hier ebenfalls zu wahrende Ausgleichsprinzip verletzt ist, wenn oder soweit der Mieter aufgrund der abgewälzten Schönheitsreparaturen Gefahr läuft, Verschlechterungen zu beseitigen, die er nicht selbst verursacht hat.[284] Daran ändert die Tatsache, dass in der Geschäftsraummiete formularvertraglich auch die weitergehende Instandhaltung auf den Mieter in Grenzen übertragbar ist **138**

[281] OLG Düsseldorf ZMR 2019, 930 = BeckRS 2019, 17115; OLG Dresden NZM 2019, 412; OLG Celle NZM 2016, 644; LG Lüneburg NZM 2016, 126; *Drasdo* NJW-Spezial 2015, 417; *Drettmann* NJW 2015, 3694; *Guhling* NZM 2019, 457 (462); *Lehmann-Richter* NJW 2015, 1598 (1599); *Lützenkirchen* NZM 2016, 113 (116); *Zehelein* NZM 2017, 137; krit. Bub/Treier MietR-HdB/*Bub* MietR-HdB II Rn. 1476; Lindner-Figura/*Reuter* NJW 2016, 1059; *H.Schmid* NJW 2016, 1201 (1204).

[282] BGH XII ZR 84/06, BGHZ 178, 158 = GE 2008, 1556 = NJW 2008, 3772 (mAnm *Bieber*) = NJW 2008, 3774 = NZM 2008, 890 = ZMR 2009, 110.

[283] BGH XII ZR 15/07, DWW 2009, 23 = GE 2009, 111 = GuT 2008, 484 = NZM 2009, 126 = ZMR 2009, 67; *Guhling* NZM 2019, 457 (458).

[284] BGH XII ZR 84/06, GE 2008, 1556 = GuT 2008, 436 = NZM 2008, 890 = ZMR 2009, 110.

(→ Kap. 2 Rn. 29 ff.) nichts, da beide Klauseln zu trennen sind und unterschiedlichen Voraussetzungen unterliegen.[285] Auch der Gewerberaummieter kann somit bei einer unrenoviert übergebenen Mietsache später nicht mehr zwischen eigenen und fremden Verschlechterungen unterscheiden oder wird schlicht keine getrennte Renovierung vornehmen können. Ebenso läuft er Gefahr, sofort renovieren zu müssen und die Mietsache später in einem besseren Zustand zurück zu geben.

V. Rechtslage in den östlichen Bundesländern

139 Bei **Altbauwohnraum in den östlichen Bundesländern** ist in mehrfacher Hinsicht zu differenzieren. Zum einen ist zu unterscheiden, ob der Mietvertrag keine Regelung zu den Schönheitsreparaturen enthielt oder ob der Wortlaut des § 104 Abs. 1 S. 2 und 3 ZGB im Mietvertrag wiederholt bzw. ob dessen Inhalt mit anderer Formulierung wiedergegeben wurde, zum anderen zwischen den laufenden Schönheitsreparaturen und einer etwaigen Dekorationspflicht des Mieters bei Mietende.

1. Vertrag ohne Regelung

140 Nach § 104 Abs. 1 S. 2 ZGB oblagen die *„während des Mietverhältnisses in der Wohnung durch vertragsgemäße Nutzung notwendigen Malerarbeiten … dem Mieter.“* Wie aus § 107 Abs. 2 ZGB folgt, handelte es sich dabei nicht nur um eine bloße Obliegenheit, also eine Maßnahme des Mieters im eigenen Interesse, sondern um eine Verpflichtung im eigentlichen Sinne.

141 **Streitig** ist, welche Rechtsfolgen sich für die Zeit **nach dem 3.10.1990** für die **laufenden Schönheitsreparaturen** ergeben, wenn der Inhalt des § 104 Abs. 1 S. 2 ZGB nicht in den Vertrag aufgenommen wurde. **Nach einer Ansicht** ist ab dem 3.10.1990 allein die Vorschrift des § 536 aF maßgeblich,[286] so dass – wie auch jetzt nach § 535 Abs. 1 S. 2 BGB – die Dekorationsverpflichtung seitdem den Vermieter trifft. Nach der **Gegenmeinung** verblieben die laufenden Schönheitsreparaturen nach den Grundsätzen über den Wegfall der Geschäftsgrundlage[287] oder im Wege der ergänzenden Vertragsauslegung[288] beim Mieter. Diese Auffassung **überzeugt.** Sie berücksichtigt, dass die Erledigung der Schönheitsreparaturen durch den Mieter in der Regel vom Vermieter gewollt und vom Mieter akzeptiert war, so dass das Fehlen einer vertraglichen Regelung allein darauf beruhte, dass sie aufgrund der gesetzlichen Vorschrift als entbehrlich angesehen wurde. Es kann ohne weiteres unterstellt werden, dass die Parteien, hätten sie mit dem Wegfall des ZGB infolge der im Be-

---

[285] Näher *Zehelein* NZM 2017, 137 (141).

[286] KreisG Eberswalde GE 1994, 587; Blank/Börstinghaus/*Blank/Börstinghaus* § 535 Rn. 429; *Müther* DtZ 1995, 116 (118).

[287] *Geldmacher* DWW 1991, 298 (299); MüKoBGB/*Voelskow* Einigungsvertrag Rn. 81.

[288] *Hök* MDR 1994, 1157; *Kinne* WuM 1992, 405.

reich der Utopie liegenden Wiedervereinigung gerechnet, eine entsprechende Abrede in den Vertrag aufgenommen hätten. Es kommt hinzu, dass, auch für den Mieter erkennbar, die durch staatliche Preisvorschriften außerordentlich niedrig gehaltenen Mieten dem Vermieter keinen finanziellen Spielraum für zusätzliche Leistungen wie der regelmäßigen Ausführung der Schönheitsreparaturen boten. Hieran änderte sich durch die Preisvorschriften nach dem 3.10.1990 nichts grundlegend, eine nachhaltige Verbesserung für den Vermieter trat erst infolge der Überleitung in das Vergleichsmietensystem ein. Abgesehen davon, dass der Wegfall der Renovierungspflicht den Mieter trotz der auch nach der Wiedervereinigung sehr niedrigen Mieten von einem Teil seiner Gegenleistung befreien würde,[289] ist zu bedenken, dass seine fortbestehende Verpflichtung nicht über das hinausgeht, was in §§ 104 Abs. 1, 107 Abs. 2 ZGB niedergelegt war. Bei dieser Sachlage entspricht es **dem mutmaßlichen Willen beider Vertragsteile** (§§ 157, 242 BGB), dass der Mieter die laufende Renovierung im Umfang des § 28 Abs. 4 II. BV, welcher der *„malermäßigen Instandsetzung"* gem. § 104 Abs. 1 ZGB gleichzusetzen ist,[290] während des gesamten Mietverhältnisses übernehmen sollte und wollte.

Problematisch ist der **Umfang der Renovierungsverpflichtung.** Nach der zeitgenössischen Kommentierung sollte der Vermieter die Vornahme der malermäßigen Instandhaltung nur insoweit verlangen können, wie sie erforderlich war, *„um die Bausubstanz und die eingebauten Anlagen vor Schäden zu bewahren oder hygienisch einwandfreie Verhältnisse im Haus zu erhalten."*[291] Es fragt es sich, ob diese Auslegung auch über den 3.10.1990 hinaus maßgeblich ist, weil sie es von den vorgenannten Einschränkungen abgesehen in das Ermessen des Mieters stellte, wann und in welchen Abständen er die Malerarbeiten durchführte. Hiergegen ist anzuführen, dass die gesellschaftlichen Grundlagen für ein derartiges Verständnis mit dem 3.10.1990 weggefallen sind. Eine Kommentierung, die allein auf der seinerzeit allein entscheidenden sozialistischen Werteordnung beruhte, vermag nicht mehr die Richtschnur für eine Regelung abzugeben, die den Mieter nach ihrem Wortlaut mit einer Renovierungsverpflichtung belegt. Es ist daher zugrunde zu legen, dass die Pflicht zur Erledigung der laufenden Schönheitsreparaturen nunmehr in dem Umfang besteht, wie sie nach der Auslegung einer entsprechenden Vorschrift im BGB bestehen würde. **142**

Nach § 104 Abs. 1 S. 3 ZGB war die Bestimmung des § 107 Abs. 2 ZGB bei **Beendigung des Mietverhältnisses** für den Bereich der malermäßigen Instandhaltung entsprechend anzuwenden. Nach der gesetzlichen Regelung traf den Mieter damit nur die Verpflichtung, Mängel, *„die infolge der Verletzung der Pflicht zur malermäßigen Instandhaltung ... der Woh-* **143**

[289] MüKoBGB/*Voelskow* Einigungsvertrag Rn. 81.

[290] KG DWW 2000, 333 = GE 2000, 1473 = NZM 2000, 1174 = WuM 2000, 590 = ZMR 2001, 26; LG Berlin GE 1998, 247; *Harsch* Rn. 82; *Müther* DtZ 1995, 117; *Sternel* Mietrecht aktuell IX Rn. 11.

[291] Zitiert nach LG Rostock WuM 2000, 414.

nung entstanden sind", unverzüglich auf seine Kosten zu beseitigen. Die allgemeine Abnutzung durch das Bewohnen stellte damit keinen Mangel dar.[292] Der Mieter schuldete bei Mietende auch bei schlechtem dekorativem Zustand grundsätzlich keine Endrenovierung, sondern nur die Arbeiten, die zur Beseitigung der aus unterlassener Dekoration stammenden Substanzschäden erforderlich waren. Fraglich ist, wie die Lastenverteilung für die Zeit nach dem 3.10.1990 zu beurteilen ist, wenn der Mietvertrag hierzu keine Bestimmung enthielt. Während in ergänzender Vertragsauslegung von einem Fortbestand der Pflicht des Mieters auszugehen ist, die laufenden Schönheitsreparaturen durchzuführen, wird eine Verpflichtung zu Renovierungsarbeiten bei Mietende nicht angenommen werden können. Für diesen Bereich fehlt es an der durch § 104 Abs. 1 S. 2 ZGB geschaffenen Grundlage für eine ergänzende Vertragsauslegung. Hier ist vielmehr unmittelbar Art. 232 § 2 EGBGB anzuwenden, dass seit dem 3.10.1990 für Verträge, die vor diesem Zeitpunkt abgeschlossen wurden, die Vorschriften des BGB gelten.

2. Vertrag mit Regelung

144 Etliche Mustermietverträge übernahmen entweder den Gesetzeswortlaut wörtlich oder dem Sinn nach.[293] Damit wurde die Renovierungspflicht des Mieters unmittelbarer Vertragsinhalt. Da der Wegfall des ZGB am 3.10.1990 ausdrücklich in den Vertrag einbezogene Regelungen nicht berührt (Art. 232 § 2 EGBGB),[294] besteht die Pflicht des Mieters, die **laufenden Schönheitsreparaturen** auszuführen, ohne weiteres fort. Für ihren Umfang gelten die Ausführungen zu → Rn. 3ff.

145 Ein weiteres Problem stellt sich, wenn der Mietvertrag zwar eine Bestimmung zu den Schönheitsreparaturen enthält, die **vertragliche Regelung** indes **unklar** ist („*Die notwendigen Malerarbeiten... obliegen der Genossenschaft/dem Wohnungsnutzer.*").[295] Nach § 23 Nr. 5 des Gesetzes vom 21.6.1990[296] gilt § 9 AGBG (= § 307 BGB) auch für Mietverträge, die vor dem 1.7.1990 abgeschlossen wurden. Das Transparenzgebot des § 305c Abs. 2 BGB ist im Rahmen des § 307 BGB zu beachten, so dass es an einer wirksamen Übertragung der Schönheitsreparaturen auf den Mieter fehlt.[297] Da der Versuch einer vertraglichen Regelung scheiterte, gilt seit dem 3.10.1990 das Leitbild des § 535 Abs. 1 S. 2 BGB, so dass die Durchführung notwendiger Schönheitsreparaturen Sache des Vermieters ist.

---

[292] LG Berlin ZMR 2000, 24; LG Rostock WuM 2000, 414; LG Berlin ZMR 1994, 572; AG Lichtenberg GE 2000, 607; AG Gotha WuM 2000, 415; AG Berlin-Mitte GE 1994, 572.

[293] *Müther* DtZ 1995, 116 (117).

[294] Vgl. KG DWW 2000, 333 = GE 2000, 1473 = NZM 2000, 1174 = WuM 2000, 590 = ZMR 2001, 26; NZM 1998, 299 = WuM 1998, 149 für eine vereinbarte Kündigungsfrist von zwei Wochen.

[295] LG Berlin GE 1999, 189 = ZMR 1999, 398.

[296] Gesetzbl. der DDR I S. 357.

[297] LG Berlin GE 1999, 189 = ZMR 1999, 398.

War die gesetzliche Regelung zB durch die Klausel 146

„Für die malermäßige Instandhaltung während der Dauer des Mietverhältnisses ist der Mieter verantwortlich."

in den Mietvertrag aufgenommen, ist der Mieter auch dann nicht zu deren Erledigung **bei Mietende** verpflichtet, wenn er sie nicht oder nur unzureichend ausführte.[298] Er ist bei Beendigung des Mietverhältnisses zum Schadensersatz nur insoweit verpflichtet, als hierdurch Mängel an der Substanz des Wohnraums verursacht worden sind oder ein erhöhter Aufwand an Arbeit, Anstrich und Kosten wegen übermäßiger Abnutzung bei der Renovierung erforderlich wird, wobei sich der Ersatzanspruch des Vermieters nur auf die insoweit notwendigen Mehrkosten erstreckt.

Eine Variante betrifft den Fall, dass der **Mietvertrag** schon **vor dem Inkrafttreten des ZGB,** also noch zu Zeiten der Geltung des BGB abgeschlossen wurde und er damals zulässige Regelungen zulasten des Mieters enthielt, die der späteren Vorschrift des § 104 Abs. 1 ZGB zuwider liefen. Nach § 68 Abs. 1 Nr. 1 ZGB waren Vereinbarungen, die dem Mieter bei Beendigung des Mietverhältnisses Pflichten auferlegten, nichtig, soweit sie über § 104 Abs. 1 iVm § 107 Abs. 2 ZGB hinausgingen. Die den Mietern durch das ZGB gewährten Mindestrechte durften nicht geschmälert werden,[299] auch wenn der Vertrag im Übrigen nach § 2 Abs. 2 S. 2 EGZGB mit dem vereinbarten Inhalt gültig blieb. Dies bedeutet, dass die vertragliche Pflicht zur malermäßigen Instandhaltung während des Mietverhältnisses weiter bestand, eine Renovierungspflicht zum Vertragsende jedoch ausschied. Die Rechtslage entspricht damit derjenigen, wie sie nach dem Rechtsentscheid des KG in → Rn. 146 wiedergegeben wurde.[300] 147

3. Bauliche Mängel

Bei baulichen Mängeln infolge der unterlassenen Schönheitsreparaturen bestand nach § 107 Abs. 2 ZGB eine unverzügliche Beseitigungspflicht des Mieters, deren Nichtbeachtung nach § 107 Abs. 3 ZGB einen **Schadensersatzanspruch des Vermieters** auslöste, der nicht an die Einhaltung weiterer Voraussetzungen geknüpft war. Diese Rechtslage gilt auch nach Fortfall des § 107 Abs. 3 ZGB fort, und zwar unabhängig davon, ob sie durch eine zusätzliche Vereinbarung im Vertrag wiederholt wurde; die Verursachung von erheblichen Substanzschäden stellt eine schwerwiegende Pflichtverletzung dar, die den Mieter auch unter Geltung des BGB zum Schadensersatz aus Vertragsverletzung verpflichtet. Eines Rückgriffs auf ergänzende Vertragsauslegung bedarf es insoweit nicht.[301] 148

---

[298] KG DWW 2000, 333 = GE 2000, 1473 = NZM 2000, 1174 = WuM 2000, 590 = ZMR 2001, 26.

[299] Kommentar zum ZGB, herausgegeben vom Ministerium der Justiz, § 104 Anm. 2.

[300] LG Neuruppin GE 2000, 1684 = WuM 2001, 21.

[301] So aber KG WuM 1995, 702 (703).

C. Einzelne Formularklauseln

149 Sowohl für den, der Klauseln entwirft oder benutzt, wie denjenigen, der sie auf ihre Wirksamkeit zu überprüfen hat, ist es **äußerst wichtig,** danach **zu unterscheiden,** ob es um **singuläre Klauseln** zu den drei relevanten Zeiträumen geht, nämlich solche, die den Anfang des Mietverhältnisses betreffen, den laufenden Vertrag oder dessen Ende, oder um **Klauselkombinationen,** die in der Praxis in verschiedener Ausgestaltung begegnen. Während singuläre Klauseln zum Teil wirksam sind, scheitern die Kombinationen in aller Regel an der Inhaltskontrolle nach § 307 BGB mit der Folge, dass die Abwälzung nach herrschender Ansicht insgesamt wirkungslos bleibt.

150 Die im Folgenden behandelten Klauseln sind keineswegs vollständig; vielmehr ist festzustellen, dass insbesondere die Verbände bemüht sind, jeder Beanstandung von Klauselbestandteilen durch die obergerichtliche oder regionale Rechtsprechung nachzugehen und durch Umformulierung der jeweiligen Formularvertragsmuster Rechnung zu tragen. Sie bieten jedoch ein anschauliches Material, an dem zunächst dargestellt werden kann, welche Voraussetzungen Formularklauseln erfüllen müssen, um der **AGB-rechtlichen Kontrolle** Stand zu halten, und, wenn dies der Fall ist, eine **praktische Hilfe** für die Umsetzung der oben (→ Rn. 41 ff.) beschriebenen rechtlichen und wirtschaftlichen Grundlagen der Abwälzung von Schönheitsreparaturen. Zu den **Folgen der unwirksamen Abwälzung** der Schönheitsreparaturen im Einzelnen → Rn. 363 ff.

I. Klauseln ohne Abwälzungswirkung

151 Sind Klauseln wie

„Die Schönheitsreparaturen übernimmt …" oder
„Die Schönheitsreparaturen trägt der Vermieter – der Mieter"

nicht ordnungsgemäß ausgefüllt, bleibt es grundsätzlich bei der gesetzlichen Lastenverteilung, da es an einer eindeutigen Abwälzung der Renovierungspflicht fehlt.[302]

152 Es kommt aber auch in Betracht, dass die Parteien **unvollständige oder unklare Regelungen** einvernehmlich durch eine schlüssige Vereinbarung konkretisieren. Handhaben sie den Vertrag ab Mietbeginn über längere Zeit in einer bestimmten Weise, ist zu vermuten, dass durch die Parteien selbst eine Auslegung des Vertrags und **Konkretisierung** ihrer

---

[302] OLG München WuM 1985, 63, LG Koblenz ZMR 2001, 622; LG München II WuM 1985, 62.

jeweiligen Pflichten stattgefunden hat.[303] Da die Schönheitsreparaturen üblicherweise nur in längeren Abständen erfolgen, kann für den Zeitraum, der die Vermutung eingreifen lässt, nicht auf die seit Mietbeginn verstrichene Zeit abgestellt werden. Zum Schutz des Mieters wird auch die einmalige Renovierung durch ihn nicht ausreichen; im Hinblick auf den finanziellen Aufwand, den eine Renovierung verursacht, und ergänzend die meist längere verstrichene Laufzeit des Vertrags wird sie jedoch zu bejahen sein, wenn der Mieter zwei Mal die Arbeiten erledigte, so dass er deren Ausführung, wenn sie zum dritten Mal anstehen, nicht vom Vermieter verlangen kann. Die hier behandelte Problematik ist nicht mit der Frage zu verwechseln, wann eine stillschweigende Übernahme der Schönheitsreparaturen durch den Mieter anzunehmen ist. Sie stellt sich, wenn der Mietvertrag insoweit überhaupt keine Regelung enthält. Bei der Konkretisierung ist demgegenüber eine Vertragsbestimmung vorhanden, die unklar oder unvollständig ist und vor dem Hintergrund der Handhabung der Parteien ausgelegt wird.[304] Es ist davon auszugehen, dass eine vertragliche Bestimmung nach dem Willen der Parteien auch einen bestimmten rechtserheblichen Inhalt hat, so dass die Auslegung vorzuziehen ist, bei welcher der Vereinbarung noch eine tatsächliche Bedeutung zukommt.[305]

Klauseln, dass der Mieter **153**

„die Räumlichkeiten ***ordnungsgemäß und schonend*** *zu behandeln"*

hat, enthalten keine wirksame Abwälzung der Schönheitsreparaturen. Sie wiederholen nur die selbstverständlichen Verpflichtungen des Mieters, vom Mietobjekt nur in vertragsgemäßer Weise Gebrauch zu machen und seiner Obhutspflicht nachzukommen.

Klauseln, dass das Mietobjekt **154**

„in dem sich aus einer ***ordnungsgemäßen Benutzung*** *ergebenden Zustand zurückzugeben" bzw. „in* ***ordnungsgemäßem Zustand****"*

zurückzugeben ist, stellen ebenfalls keine wirksame Überbürdung der Schönheitsreparaturen auf den Mieter dar.[306] Sie korrespondieren allein mit der Pflicht, die Räume nur entsprechend dem Vertragszweck zu nutzen und schonend mit ihnen umzugehen. Letztere Variante wird man sogar als unwirksame Endrenovierungsklausel ansehen müssen, was aufgrund des Summierungseffekts (→ Rn. 288) dazu führt, dass die ggf. an anderer Stelle im Vertrag geregelte formularvertragliche Abwälzung der Schönheitsreparaturen ebenfalls unwirksam ist.

---

303 *Langenberg/Zehelein* Betriebskosten- und Heizkostenrecht B Rn. 60 mwN; vgl. auch BGH VIII ARZ 1/90, WuM 1990, 415 = ZMR 1990, 449.

304 Zur besonderen Bedeutung der Handhabung einer im Grunde unwirksamen Klausel durch die Parteien vgl. BGH VIII ARZ 1/90, WuM 1990, 415 = ZMR 1990, 449.

305 BGH II ZR 19/97, NJW 1998, 2966.

306 OLG Düsseldorf NJW-RR 1992, 1096; *Sternel* II Rn. 416 mwN; Lindner-Figura/Oprée/Stellmann Geschäftsraummiete/*Hübner* Kap. 13 Rn. 177.

II. Klauseln zur Anfangsrenovierung

1. Gewerberaum

155 Ob Klauseln mit einer singulären Verpflichtung zur Anfangsrenovierung, wie zB

„Die erstmaligen Renovierungsarbeiten sind ***innerhalb von*** *… Monaten nach Vertragsbeginn durchzuführen"*

wirksam sind, ist **fraglich.** Eine **individualvertragliche** Übertragung der Anfangsrenovierung wird ohne weiteres als zulässig angesehen.[307] Dass diese bei gleichzeitiger formularvertraglicher Abwälzung der Schönheitsreparaturen gem. § 242 BGB unwirksam sei,[308] überzeugt nicht. Demgegenüber begegnet eine entsprechende **Formularklausel** Bedenken. Diese resultieren daraus, dass sich der Mieter dadurch selbst den Zustand des Mietobjekts schaffen muss, der den vertragsgemäßen Gebrauch erst möglich macht.[309] Dieser Aspekt allein rechtfertigt indes noch nicht die generelle Annahme einer unangemessenen Benachteiligung des Mieters gem. § 307 BGB.

156 Mit der herrschenden Ansicht ist daher von der Wirksamkeit jedenfalls einer **singulären Klausel** zur Anfangsrenovierung durch den Mieter auszugehen.[310] In die Überlegungen sind die **beiderseitigen Interessen** der Vertragspartner einzubeziehen. Dabei ist auf Seiten des Vermieters festzustellen, dass es für ihn wenig plausibel wäre, den Gewerberaum dekorativ herzurichten, wenn der Mieter, wie sehr häufig in der Praxis, beabsichtigt, das Mietobjekt nach seinen Vorstellungen und Bedürfnissen herzurichten, was zumal bei Ladengeschäften oft mit einem erheblichen Umbau einhergeht. Sein finanzieller Aufwand für die Renovierung wäre schlicht sinnlos. Für den Mieter hat die Regelung zwar den Nachteil, dass er mit der Anfangsrenovierung Dekorationsschäden beseitigt, die aus der Mietzeit des oder der Vorgänger stammen, dem jedoch sehr deutliche Vorteile gegenüberstehen. Will er eigene Ein- und Umbauten vornehmen, Einrichtungen verändern uÄ mehr, ist er ohnehin mit der anschließenden Renovierung belastet. Generell ist er im Hinblick auf den vorgefundenen Zustand erheblich freier, sich das Mietobjekt nach Wunsch zu gestalten. Mietverträge über Gewerberaum werden üblicherweise auf längere Zeit fest abgeschlossen, so dass er während der anschließenden Mietdauer seine Investition nutzen kann. Es kommt hinzu, dass sich die

[307] *Guhling* NZM 2019, 457 (463); *Schultz* S. 170.

[308] LG Paderborn BeckRS 2017, 137640.

[309] Vgl. KG GE 1986, 1167.

[310] KG GE 1995, 1011; *Blank* PiG 73 (2005), 163 (183); Bub/Treier MietR-HdB/*Bub* II Rn. 1457; *Fritz* Rn. 182; *Guhling* NZM 2019, 457 (460); *Heinrichs* NZM 2005, 201 (210) = WuM 2005, 155 (163); Wolf/Eckert/Ball Gewerbl. Miet-/Pacht-/LeasingR-HdB Rn. 423; aA Ulmer/Brandner/Hensen/*Christensen* Teil 2 (32) Rn. 37; MüKoBGB/*Häublein* § 535 Rn. 119.

Übernahme eines renovierungsbedürftigen Mietobjekts trotz der dadurch ausgelösten Folgekosten wirtschaftlich lohnt, wenn bei Mietende keine erneuten Arbeiten fällig werden. Maßgeblich ist nach allem, ob es sich um eine singuläre Regelung zu den Schönheitsreparaturen handelt oder ob weitere Verpflichtungen des Mieters hinzu treten. Zur Kumulation mit weiteren Renovierungspflichten des Mieters → Rn. 302 ff.

Die vorstehend beschriebene Problematik darf nicht mit den weiteren Fragen verwechselt werden, die sich ergeben, wenn der Mieter ein renovierungsbedürftiges Mietobjekt übernimmt. Ist ihm dessen Zustand bekannt, zumal aus einer Besichtigung, und mietet er es gleichwohl an, ohne sich mit dem Vermieter über die Herrichtung und Kostentragung durch ihn zu verständigen, ist es so als vertragsgemäß gebilligt und angemietet.[311] Damit ist ein Anspruch des Mieters auf **Erstrenovierung** durch den Vermieter ausgeschlossen. Gleichzeitig fehlt nach § 536b BGB eine Grundlage für **Gewährleistungsrechte** des Mieters (Minderung, Schadensersatz). Es ist daher allein am Mieter, sich den von ihm benötigten dekorativen Zustand der Räumlichkeiten zu verschaffen. Aus diesem Grund sind **Freizeichnungsklauseln,** mit denen der Vermieter von der Anfangsrenovierung entbunden wird, ohne weiteres wirksam. **157**

(einstweilen frei) **158**

2. Wohnraum

Klauseln, die zB bestimmen, **159**

„Die erstmaligen Renovierungsarbeiten sind ***innerhalb von 3 Monaten*** *nach Vertragsbeginn durchzuführen“,*
„Der Mieter übernimmt die Wohnung in tapezierfähigem Zustand. Er hat die Wohnung nach Einzug ***innerhalb von 14 Tagen zu tapezieren****“,*

sind **unwirksam.**[312] Sie verpflichten den Mieter zur Dekoration, obwohl deren Zustand nicht auf eigenem Mietgebrauch beruht. Er soll vielmehr die Benutzungsspuren des Vormieters beseitigen oder überhaupt erst eine Dekoration herstellen (und das noch in genau vorgegebener Weise). Dies ist mit dem vom BGH herausgestellten Entgeltcharakter der Schönheitsreparaturen (→ Rn. 44) nicht zu vereinbaren; danach sind die Renovierungskosten der Teil des Mietzinses, den er anderenfalls über einen höheren Mietzins im Voraus entrichten müsste.[313] Soweit die Dekorationsschäden vom Vormieter verursacht wurden oder schon keine Dekoration vorhanden ist, fehlt es am Ausgleich durch die vom BGH infolge der Abwälzung unterstellte niedrigere Miete. Die Klausel widerspricht

---

[311] BGH VIII ARZ 9/86, DWW 1987, 219 = GE 1987, 817 = NJW 1987, 2757 = WuM 1987, 306 = ZMR 1987, 415; *Zehelein* WuM 2014, 579 (581).

[312] ZB OLG Hamburg WuM 1991, 523; *Guhling* NZM 2019, 457 (463); vom BGH bislang offengelassen, vgl. BGH VIII ZR 287/17, GE 2018, 1585 = NZM 2018, 947 = NJW-RR 2018, 1418 = WuM 2018, 754.

[313] BGH VIII ARZ 1/88, NJW 1988, 2790 = WuM 1988, 294 (296).

damit dem Leitbild des § 535 BGB und benachteiligt den Mieter unangemessen.

160 Die Unwirksamkeit einer Klausel zur Anfangsrenovierung kann **nicht** dadurch **umgangen** werden, dass die Schönheitsreparaturen nicht innerhalb relativ kurzer Zeit nach Beginn des Mietverhältnisses vorzunehmen sind, sondern dass dem Mieter ein **längerer Zeitraum** zugestanden wird, zB die ersten zwei Jahre. Nach der Rechtsprechung des BGH hängt die Wirksamkeit der formularvertraglichen Abwälzung der laufenden Schönheitsreparaturen ua davon ab, dass der Mieter nur verpflichtet wird, seine eigenen Gebrauchsspuren zu beseitigen. Auch bei einer zeitlich verlagerten Anfangsrenovierung müsste der Mieter dekorative Schäden beseitigen, die aus der Zeit des Vormieters stammen.

161 Eine **Ausnahme** ist anzunehmen, wenn der Mietvertrag einen **Ausgleich für den Mieter** vorsieht, aber nur, wenn es sich um einen Ausgleich **in angemessener Höhe** handelt.[314] So besteht nicht selten ein deutliches Interesse beider Parteien daran, dass einerseits der Vermieter nicht die finanzielle Belastung aus der Herrichtung der Wohnung vor Übergabe an den Mieter trägt, andererseits der Mieter die Malerarbeiten übernimmt, wenn er dafür einen Ausgleich erhält, so dass er sie ohne zusätzliche Belastung nach seinen Vorstellungen gestalten kann. Stellt der Zuschuss oder die Mietreduzierung einen angemessenen Ausgleich für die prognostizierten Renovierungskosten dar, trägt im Ergebnis der Vermieter die Kosten aus der Beseitigung der dekorativen Schäden des Vormieters. Um späteren Streit zu vermeiden, ist beiden Seiten allerdings dringend anzuraten, sich zum Mietbeginn über die vermutlichen Kosten zu einigen und einen eindeutigen Betrag festzulegen.

162 Als Ausgleich kommt insbesondere ein **Renovierungskostenzuschuss** in Betracht,[315] oder, was bei sehr verwohnten Wohnungen nicht selten ist, ihre **mietfreie Überlassung** für einen gewissen Zeitraum. Er ist angemessen, wenn sich der Vermieter an den vom Nachmieter durchzuführenden Schönheitsreparaturen mit einem Kostenanteil beteiligt, welcher der vorvertraglichen Abnutzungsdauer im Verhältnis zu den erfahrungsgemäß einen Renovierungsbedarf auslösenden Fristen entspricht.[316] Einen Anhaltspunkt für die angemessene Beteiligung des Vermieters liefert zunächst die Schönheitsreparaturenpauschale nach § 28 Abs. 4 II. BV. Es sind indes stets zusätzlich die Verhältnisse des Einzelfalls einzubeziehen, insbesondere der notwendige Renovierungsaufwand, wie er sich aus dem Zustand der Wohnung und ihrer Größe ergibt. Selbst eine dem Mieter gewährte Mietfreiheit von zB drei Monaten ist trotz ihrer auf den ersten Blick erheblichen Höhe als Ausgleich unzureichend, wenn er die Wohnung im Hinblick auf den Umfang der notwendigen Arbeiten wäh-

[314] *Guhling* NZM 2019, 457 (463).
[315] BGH VIII ARZ 9/86, WuM 1987, 306 (309).
[316] BGH VIII ARZ 1/88, NJW 1988, 2790 = WuM 1988, 294.

rend dieser Zeit nicht nutzen kann, weil sie allein für die Renovierung benötigt wird. Er muss währenddessen seine alte Wohnung mit entsprechender Mietzahlungspflicht beibehalten, so dass ein angemessener Ausgleich nur geschaffen ist, wenn der Zeitraum der mietfreien Nutzung so berechnet ist, dass er hiervon während und auch noch nach der Renovierung profitiert.[317]

Eine Klausel mit der Pflicht des Mieters zur Anfangsrenovierung hat **163**
daher **nur Bestand,** wenn sie **individualvertraglich** durch eine **Ausgleichsregelung** ergänzt wird. Klauseln, die formularmäßig dahin gehen, die Belastung des Mieters sei bei der Mietfestsetzung berücksichtigt, reichen nicht aus. Sie haben keinen sachlichen Gehalt, weil sie nicht erkennen lassen, dass den jeweiligen Besonderheiten des Einzelfalls Rechnung getragen wurde.

Fraglich ist, ob ein ausreichender **Ausgleich** dadurch geschaffen wird, **164**
dass der Mieter **nur die Anfangsrenovierung** schuldet, ihm die Renovierung während des Mietverhältnisses freigestellt ist und er die Wohnung unrenoviert zurückgeben darf. Auf den ersten Blick erscheint eine derartige Regelung zulässig. Auch wenn der Mieter damit die Abnutzungsspuren des Vormieters zu beseitigen hat, was mit dem Entgeltcharakter der Übernahme der Schönheitsreparaturen grundsätzlich nicht zu vereinbaren ist, kann er doch seine Investitionen abwohnen und erhält den Vorteil, dass er seine eigenen Gebrauchsspuren bei Mietende nicht entfernen muss.

Nach dem Grundsatz der kundenfeindlichsten Auslegung ist die **165**
Klausel jedoch geeignet, den Mieter **unangemessen** zu benachteiligen, nämlich in allen Fällen, in denen das Mietverhältnis vor Eintritt einer erneuten Renovierungsbedürftigkeit endet. Die eingangs genannten Vorteile kommen ihm nicht (mehr) in vollem Umfang zugute. Anders als bei Gewerberaum sind (sog. einfache) Zeitmietverträge nicht mehr zulässig (§ 575 BGB), so dass es hier nicht möglich ist, eine von vornherein lange feste Vertragszeit bei der Beurteilung der Angemessenheit zu berücksichtigen. Es mag argumentiert werden, dass, wenn der Mieter selbst kündigt, es seine Entscheidung ist, den Vorteil der Regelung vorzeitig aufzugeben; kündigt der Vermieter wegen vertragswidrigen Verhaltens des Mieters, müsste sich der Mieter die Nachteile selbst zuschreiben. Zwar bleibt dem Mieter in diesen Fällen wie dem weiteren, dass der Vermieter fristgemäß aus berechtigtem Grund, zB wegen Eigenbedarfs, kündigt, ein Anspruch aus ungerechtfertigter Bereicherung des Vermieters, weil dieser vor der Zeit in den Genuss der noch nicht wieder renovierungsbedürftigen Wohnung kommt. Deren Realisierung verschafft dem Mieter in aller Regel jedoch eine nur unzureichende Kompensation. Nach der ständigen Rechtsprechung des

[317] AG Berlin-Mitte MM 2003, 384 (385).

BGH[318] geht der Bereicherungsanspruch des Mieters – anders als bei der Ausführung nicht geschuldeter Renovierung (→ Rn. 391 ff.) – nicht etwa auf Ersatz seiner Investitionen, sondern nur auf den Ausgleich einer dadurch eingetretenen Wertsteigerung der Wohnung, die insbesondere an einer vom Vermieter *deshalb* zu erzielenden höheren Miete deutlich wird (dazu → Rn. 392). Die Praxis zeigt, dass eine derartige Wertsteigerung häufig nicht zu quantifizieren ist, so dass der Mieter leer ausgeht. Es bleibt daher dabei, dass auch eine Klausel mit singulärer Pflicht zur Anfangsrenovierung in einer nicht unerheblichen Anzahl von Fällen zu einer Benachteiligung des Mieters führt, was sie insgesamt unwirksam macht.

166 *(einstweilen frei)*

III. Allgemeine Klauseln zu laufenden Schönheitsreparaturen bei Gewerbe- und Wohnraum

1. Abwälzung der Schönheitsreparaturen

167 In manchen älteren, insbesondere aber in neueren Mietvertragsformularen werden allgemeine Klauseln, wie

*„Schönheitsreparaturen **werden vom Mieter getragen**", „... sind **Sache des Mieters**" oder „... gehen **zu Lasten des Mieters,**"*

verwendet. Die Formulierung beruht in neueren Verträgen auf dem Bemühen, die Abwälzungsabrede so knapp wie möglich zu halten, um im Hinblick auf die jüngste Rechtsprechung des BGH Schwachstellen zu vermeiden, die über die Inhaltskontrolle nach § 307 BGB zur Unwirksamkeit der Regelung führen können. **Nach überwiegender Ansicht** enthalten sie **eine wirksame Abwälzung** der Schönheitsreparaturen, so dass der Mieter zu ihrer **Erledigung** verpflichtet ist.[319] Voraussetzung ist dabei immer, dass die Wohnung unrenoviert übergeben wurde oder der Mieter einen angemessenen Ausgleich erhält (→ Rn. 84 f.).

168 Dieser Auffassung ist **jedoch nur dann** zuzustimmen, wenn sich jedenfalls aus dem sonstigen Inhalt der Klausel die **Beschränkung** der Renovierungspflicht auf dekorative Schäden **aus dem Gebrauch des Mietobjekts** ergibt. Nach dem Grundsatz der kundenfeindlichsten Auslegung führen fehlende Einschränkungen infolge mangelnder Transparenz zu einem **Verstoß gegen das Übermaßgebot,** so dass derartige Klauseln unwirksam sind.[320] Hierzu kann auch auf eine Entscheidung des für Gewerberaummietrecht zuständigen XII. Zivilse-

[318] ZB BGH XII ZR 43/02, GuT 2006, 32 = NZM 2006, 15; XII ZR 136/96, NZM 1999, 19 = ZMR 1999, 43.

[319] BGH VIII ARZ 1/84, WuM 1985, 46; OLG Karlsruhe WuM 1992, 349; OLG Nürnberg ZMR 1991, 217 für Gewerberaum; LG Berlin WuM 2018, 643.

[320] AG Pankow-Weißensee WuM 2007, 192; auch vgl. AG Gießen ZMR 2002, 828.

nats[321] verwiesen werden, nach der es einer Klausel an der erforderlichen Transparenz fehlt, wenn notwendige Grenzen nicht bezeichnet sind, so dass ein Verstoß gegen das Übermaßverbot die Folge ist (s. den zitierten Wortlaut der Entscheidung in → Kap. 2 Rn. 44).

Ohne diese Klarstellung werden die Schönheitsreparaturen dem Mie- **169**
ter ohne jede Einschränkung übertragen. Der **Mieter** muss aus dem Wortlaut der Klausel den Eindruck haben, er sei **unabhängig von der Ursache stets** für eine notwendige Renovierung **zuständig.** Es ist indes allgemein anerkannt, dass dekorative Schäden, deren Ursache nicht dem Mieter zuzurechnen ist, wie zB Baumängel oder das Verhalten dem Mieter fern stehender Dritter, vom Vermieter zu beheben sind (auch → Kap. 2 Rn. 40). Sein Eindruck entspricht nicht selten, wie die gerichtliche Praxis zeigt, dem Verständnis der Vermieter, die gegenüber der Forderung des Mieters, die Renovierung zu veranlassen, auf die Klausel verweisen. So kommt es immer wieder sogar zu gerichtlichen Auseinandersetzungen, wenn der Vermieter zB nach Rohrbrüchen die Wiederherstellung der Dekoration unter Hinweis auf die umfassende Renovierungspflicht des Mieters ablehnt. Die Klauseln lassen sich daher auch nicht etwa mit dem Hinweis auf die Verkehrssitte retten, dass der verständige Mieter sie nur auf von ihm zu vertretende Verschlechterungen der Dekoration beziehen wird. So dürfte es zB der Verkehrssitte entsprechen, dass Mieter sich nur für den Innenanstrich von Fenstern und Türen für zuständig halten. Gleichwohl hat der BGH eine Klausel, mit der dem Mieter der Anstrich „der Türen und Fenster" auferlegt war, zutreffend für unwirksam erklärt, weil sie keine ausdrückliche Beschränkung auf die Innenseiten enthielt (→ Rn. 12).

Nach anderer Meinung reicht die allgemeine **Formulierung für eine** **170**
wirksame Abwälzung ohnehin **nicht** aus. Durch sie habe sich der Vermieter nur von seiner Verpflichtung aus § 535 BGB befreit und es dem Mieter überlassen, entsprechend seinen Vorstellungen Dekorationsarbeiten auszuführen.[322] Jedenfalls sei die **Klausel nicht eindeutig,** da sie sowohl als **Überbürdung** wie auch nur als bloße **Freistellung** gemeint sein könne; die Unklarheit gehe zu Lasten des Vermieters.[323] Es sei daher fraglich, ob er sich mit einer derart unscharfen Klausel wirksam eine weitere Einnahmequelle[324] verschafft habe. Dieser Ansicht ist darin zuzustimmen, dass zwischen den beiden rechtlichen Schritten Freizeichnung und Abwälzung zu differenzieren ist. Schon die Freizeichnung stellt für den Vermieter einen erheblichen wirtschaftlichen Vorteil dar, weil er entgegen § 535 BGB nicht mehr verpflichtet ist, das Mietobjekt durch regelmä-

[321] BGH XII ZR 158/01, DWW 2005, 372 = GE 2005, 1185 = GuT 2005, 213 = NZM 2005, 863 = ZMR 2005, 844, vgl. auch BGH XII ZR 189/08, NJW 2010, 3152 = NZM 2010, 668.

[322] *Schildt* WuM 1994, 239 (240); *Sternel* II Rn. 380.

[323] LG Düsseldorf WuM 1986, 359; LG Hamburg MDR 1973, 933.

[324] Vgl. *Schildt* WuM 1994, 240.

ßige Renovierung vertragsgemäß nutzbar zu erhalten. Will er darüber hinaus durch die Begründung einer Dekorationspflicht den zusätzlichen Vorteil erzielen, bei der Neuvermietung vom Renovierungsaufwand ganz oder weitgehend verschont zu bleiben,[325] ist wegen der damit verbundenen weiteren Belastung des Mieters im Grunde eine Regelung zu verlangen, die ihm den beträchtlichen Kostenfaktor deutlich macht. Es fragt sich zudem im Hinblick auf das **Transparenzgebot** aus § 307 Abs. 1 S. 2 BGB, ob die Klausel die zweite Stufe, die Begründung einer Dekorationspflicht, hinreichend deutlich macht.[326]

171 **Für die überwiegende Auffassung** spricht demgegenüber, dass die Abwälzung der Dekorationsarbeiten mit einer entsprechenden Verpflichtung des Mieters **allgemein üblich** ist. In der Praxis legen sowohl Vermieter als auch Mieter bei einer der eingangs angeführten Formulierungen mit Selbstverständlichkeit zugrunde, dass dadurch der Mieter nicht nur die Schönheitsreparaturen zu tragen, sondern sie auch auszuführen hat. Die rechtliche Differenzierung wird von den Parteien nicht vorgenommen, sondern sie vermengen die beiden Aspekte zu einem Vorgang. Eine Auslegung, die dem tatsächlichen allgemeinen Verständnis Rechnung trägt, ist vorzuziehen.

172 Die Klausel,

„Der Mieter trägt die Kosten der Schönheitsreparaturen“,

soll im Sinne der Pflicht zur Ausführung der Schönheitsreparaturen zu verstehen sein.[327] Der **BGH** hat hierzu die Verkehrssitte in den Vordergrund gestellt und den Wortlaut der Klausel demgegenüber zurücktreten lassen.[328] Gerade im Hinblick auf seine Differenzierung zwischen Vornahme- und Kostenklauseln bei den Kleinreparaturen hätte es nahe gelegen, auf den Wortlaut abzustellen. Nach der hier vertretenen Ansicht (ausführlich → Rn. 52ff.) sind ohnehin nur Kostenklauseln wirksam.

Jedenfalls aber die Klausel,

„Der Mieter ***trägt die Schönheitsreparaturen****“,*

kann allgemein als Abwälzung der Pflicht zur Ausführung auf den Mieter verstanden werden.[329]

173 Die Klausel,

„Werden Schönheitsreparaturen wegen des Zustandes der Wohnung bereits während der Mietdauer notwendig, um ***nachhaltige Schäden an der Substanz***

[325] Vgl. BGH VIII ZR 150/65, BGHZ 49, 56 (58) = NJW 1968, 491.

[326] Verneinend *Hinz* ZMR 2003, 77 (80).

[327] BGH VIII ZR 339/03, GE 2004, 1093 = NZM 2004, 734 = WuM 2004, 529 = ZMR 2005, 105; dazu kritisch *Blank* WImmoT 2005, 95 (98); *Börstinghaus* DWW 2005, 92; *Häublein* ZMR 2005, 94 (95).

[328] Dazu kritisch Lützenkirchen/*Lützenkirchen* § 535 Rn. 558.

[329] LG Berlin GE 2018, 710 = WuM 2018, 643.

der Mieträume zu vermeiden oder zu beseitigen, so sind die jeweiligen Arbeiten jeweils unverzüglich auszuführen.",

ist **wirksam.** Sie übernimmt die Regelung aus § 7 Abs. 1 S. 2 MMV 1976 und ist für den Mieter günstig, weil er hier zur Erneuerung der Dekoration nur verpflichtet ist, wenn anderenfalls *„nachhaltige **Schäden an der Substanz** der Mieträume"* zu befürchten sind. Substanzschäden können durch unterlassene Renovierung von Decken und Wänden nicht eintreten, sondern allenfalls nach langen Zeiträumen an Holzfenstern sowie Rohrleitungen und Heizkörpern durch Kondensfeuchte.

Eine Klausel, nach der sich der Mieter verpflichtet, **174**

*„... auch die **durch Zufall** oder **Modernisierung** erforderlich werdenden Schönheitsreparaturen zu tragen",*

ist gem. § 307 BGB **unwirksam.**[330] Die Abwälzung der durch **zufällige** Ereignisse notwendigen Schönheitsreparaturen verstößt gegen das **Übermaßverbot,** indem sie dem Mieter die Ausführung der Renovierung auch in den Fällen auferlegt, in denen Schäden nicht auf dem Mietgebrauch beruhen. Bei einer außerhalb des Mietgebrauchs liegenden Schadensursache ist es indes die Pflicht des Vermieters aus § 535 BGB, den vertragsgemäßen Zustand der Mietsache wieder herzustellen. Von dieser Verpflichtung kann er sich durch eine Schönheitsreparaturklausel nicht befreien.[331] Da im Rahmen der Inhaltskontrolle die sachlich zusammenhängende Gesamtbelastung des Mieters maßgeblich ist, läuft es auf unzulässige geltungserhaltende Reduktion hinaus, wenn die Klauselteile zur Renovierungspflicht auch bei höherer Gewalt herausgelöst und sodann die für sich genommen wirksamen Regelungen zu den laufenden Schönheitsreparaturen aufrecht erhalten werden.

Was die Folgen einer **Modernisierung** betrifft, ist zu unterscheiden, ob **175**
die Renovierung bereits fällig war oder noch nicht; diese Differenzierung enthält die Klausel nicht, was sie auch insoweit unwirksam macht. War der Zustand des Mietobjekts renovierungsbedürftig, hat der Vermieter die notwendigen Vorarbeiten zu veranlassen, damit der Mieter die Dekoration herrichten kann (→ Rn. 480ff.). Mit der Klausel will er sich von diesem Aufwand befreien, was zu einer übermäßigen Belastung des Mieters führt. Lag noch kein Renovierungsbedarf vor, fließen die Kosten für die Schönheitsreparaturen in die Modernisierungskosten, die aber nur unter den Voraussetzungen des § 559 BGB umlagefähig sind.

(einstweilen frei) **176**

330 LG Berlin NZM 2002, 121; WuM 1993, 261 (262).
331 BGH VIII ZR 88/86, WuM 1987, 315 (Ls.).

2. Fälligkeit der Schönheitsreparaturen ohne Fristenregelung

177 Die Klausel,

„Der Mieter ist während der Mietzeit verpflichtet, die laufenden Schönheitsreparaturen innerhalb der Wohnung auszuführen, ***soweit diese*** *durch den vertragsgemäßen Gebrauch der Mietsache seit Mietbeginn* ***erforderlich werden.***“[332]

ist **wirksam.** Sie gibt zwar keinen zeitlichen Anhalt für den Renovierungsbedarf, was sie indes nicht deshalb intransparent iSd § 307 Abs. 1 S. 2 BGB macht, weil es nach der Rechtsprechung des BGH für die Fälligkeit einer Renovierung ohnehin allein auf deren Erforderlichkeit ankommt. Zudem kann sie im Wege der Auslegung durch übliche Fristen ergänzt werden.[333] Allerdings ist der Begriff der Erforderlichkeit unscharf und deshalb ausfüllungsbedürftig ist, so dass er dem Vermieter einen gewissen Beurteilungsspielraum verschafft; er gestattet es sowohl anzunehmen, dass seine Voraussetzung erst bei Unansehnlichkeit der Räume erfüllt ist (→ Rn. 456), als auch schon dann, wenn deutliche Gebrauchsspuren vorhanden sind, die sich nach längerem, auch vertragsgemäßem Gebrauch unweigerlich einstellen. Nach der Rechtsprechung des BGH ist jedoch nicht die subjektive Einschätzung des Vermieters maßgeblich, sondern ob **Renovierungsbedarf aus der Sicht eines objektiven Betrachters** besteht.[334]

178 Die Klausel, dass der Mieter die Schönheitsreparaturen schon dann vorzunehmen hat,

„wenn das ***Aussehen der Wohnräume mehr als nur unerheblich*** *durch den Gebrauch beeinträchtigt ist“,*

ist **unwirksam.** Sie verpflichtet ihn zur Renovierung bereits bei leichten bis mittelgradigen Abnutzungsspuren, wie sie sich gerade bei einer frisch renovierten Wohnung frühzeitig einstellen können. Das macht ein Wohnen praktisch unmöglich, so dass die Klausel den Mieter **unangemessen** benachteiligt.[335]

179 **Nach anderer Ansicht** soll zwar die Formulierung „mehr als nur unerheblich“ bewusst ein Weniger als „erheblich“ beschreiben, die Auslegung des Begriffs „unerheblich“ ergebe aber, dass eine leichte und mittelgradige Abnutzung noch als unerheblich zu verstehen sei.[336] Diese Argumentation ist ein Zirkelschluss. Da „mehr als nur unerhebliche“ Abnutzungen

---

[332] Hamburger Mietvertrag für Wohnraum des Grundeigentümer-Verband Hamburg von 1832 eV, Ausgabe Okt. 2013.

[333] BGH VIII ARZ 1/84, WuM 1985, 46; Blank/Börstinghaus/*Blank/Börstinghaus* § 535 Rn. 446; *Lehmann-Richter* ZMR 2009, 15 (17).

[334] BGH VIII ZR 192/04, NZM 2005, 450 = WuM 2005, 383 = ZMR 2005, 523.

[335] OLG Hamm WuM 2011, 597.

[336] LG Dresden ZMR 2014, 641 (mAnm *Leist*) gegen OLG Hamm WuM 2011, 597.

gegenüber den „erheblichen“ bewusst zurückbleiben, „erhebliche“ aber erst bei mehr als mittelgradigen Abnutzungen vorliegen, können „nicht unerhebliche“ nicht dieselbe Folge haben. Zudem wird außer Betracht gelassen, dass nach § 305c Abs. 2 BGB Zweifel an der Auslegung zulasten des Verwenders gehen. Nach der gebotenen kundenfeindlichsten Auslegung liegt es nahe, dass sich der Mieter schon unterhalb einer erheblichen Abnutzung zur Renovierung verpflichtet hält, was in unangemessen belastet. Der ergänzende Hinweis, auch der BGH habe die Formulierung „mehr als nur unerheblich“ als wirksam angesehen, ist irreführend. Zwar war in dem Fall die Klausel „mehr als nur unerheblich“ vereinbart, der BGH hat sich indes mit ihr nicht befasst. In der zugelassenen Revision ging es allein um die Fragen, ob die Formulierung „regelmäßig“ zu weichen Fristen und ob ggf. die Unwirksamkeit der Klausel zur Gesamtunwirksamkeit der Abwälzung führe. Nur dies hat der BGH in seinem Zurückweisungsbeschluss nach § 522a ZPO behandelt.[337]

Die Klausel, **180**

*„Der Mieter verpflichtet sich, während der Dauer der Mietzeit **bei Bedarf** Schönheitsreparaturen (Tapezieren und Anstreichen der Wände und Decken ...) auf eigene Kosten ... ausführen zu lassen ...“*

ist **nach hiesiger Auffassung unwirksam.** Auch wenn die Klausel nur einen Bedarf betrifft, der sich während des Mietverhältnisses einstellt, und auch wenn sie keine Verknüpfung mit einem starren Fristenplan enthält (dazu → Rn. 201 ff.) oder mit einem weichen Fristenplan kombiniert ist, verstößt sie gegen § 307 BGB. Sie benachteiligt den Mieter unangemessen, weil sie ihn nach ihrem objektiven Inhalt auch dann zur Renovierung verpflichtet, wenn der **Bedarf nicht aus dem Mietgebrauch** stammt, sondern zB aus bauseitigen Mängeln, dem Mieter nicht zurechenbaren Verhalten Dritter oder sonstigen äußeren Einflüssen (→ Kap. 2 Rn. 40 ff.). Zudem ist die Klausel deshalb unwirksam, weil sie den Mieter nach der kundenfeindlichsten Auslegung dazu zwingt, Fachhandwerker hinzuzuziehen, und ihm damit die Möglichkeit kostensparender Eigenarbeit nimmt.[338]

(einstweilen frei) **181**

IV. Klauseln mit Renovierungsfristen

1. Bedeutung von Renovierungsfristen und Grundlagen der Klauselkontrolle

a) Wechselwirkung zum Erfüllungsanspruch

Fristenpläne haben eine **zentrale rechtliche und wirtschaftliche Bedeutung**[339] für beide Parteien des Mietvertrags. Sie können nicht von der **182**

[337] BGH VIII ZR 192/11, GE 2012, 821 = NZM 2012, 527 = WuM 2012, 312 = ZMR 2012, 617.
[338] BGH VIII ZR 294/09, NZM 2010, 615 = WuM 2010, 476.
[339] *Heinrichs* NZM 2005, 201 (207) = WuM 2005, 155 (159).

Pflicht zur Ausführung der Schönheitsreparaturen getrennt werden, sondern Verpflichtung und Fristenplan bilden eine Einheit, indem der Fristenplan den Umfang der Renovierungspflicht konkretisiert; der Fristenplan regelt die wiederkehrende Renovierungspflicht, nach ihrer Durchführung beginnen die Renovierungsfristen jeweils wieder erneut zu laufen.[340]

183 Diese Folge gilt nicht nur für (unwirksame)[341] starre Fristenregelungen, die den Renovierungsbedarf und damit den Erfüllungsanspruch des Vermieters verbindlich festlegen sollen. Selbst wenn es sich um **weiche Fristen** handelt, beschreiben sie den Rahmen, in dem Schönheitsreparaturen gemeinhin notwendig sind. Sie bestimmen dadurch ebenfalls in weitem Umfang den Erfüllungsanspruch des Vermieters.

b) Auswirkungen auf die Darlegungs- und Beweislast

184 **Auch** die inzwischen nur noch zulässigen **weichen Fristen** bestimmen, entweder durch den Wortlaut der Klausel selbst oder deren Auslegung, wann die Schönheitsreparaturen in aller Regel auszuführen sind. Sie schaffen mithin eine **Erfüllungspflicht zum Fristablauf,** im Unterschied zu den starren Fristen allerdings nur **als Regel.** Es handelt sich um die vertragliche Bestimmung der regelmäßigen Leistungszeit, die Ausnahmen zulässt. Aus dem **Regel-Ausnahme-Verhältnis** folgt, dass **jede Partei,** die sich auf eine von den im Mietvertrag festgelegten Fristen **abweichende Frist** beruft, die maßgeblichen Tatsachen im Prozess substantiiert vorzutragen und ggf. zu **beweisen** hat.[342] Die Richtigkeit seines Einwandes, eine Renovierung sei trotz des Fristablaufs noch nicht erforderlich, hat folglich der Mieter darzulegen und ggf. zu beweisen[343] ebenso wie der Vermieter bei einem Mietende vor dem Ablauf angemessener Renovierungsfristen, wenn er also die vorzeitige Fälligkeit von Schönheitsreparaturen reklamiert, die entsprechenden Tatsachen dezidiert vortragen und ggf. beweisen muss.

185 Den vertraglich festgelegten Fristen kommt mithin im Rechtsstreit auch bei ihrer weichen Fassung oft entscheidende Bedeutung zu. Dieser Relevanz ist im Hinblick auf das **gesetzliche Leitbild** aus § 535 Abs. 1 S. 2 BGB Rechnung zu tragen, wenn es um die **Dauer der Fristen** geht. Die **Rechtfertigung der Beweistumkehr** über die Fristen resultiert aus

---

[340] BGH VIII ZR 124/05, NZM 2006, 691 = WuM 2006, 513.

[341] BGH VIII ZR 361/03, DWW 2004, 221 = GE 2004, 1023 = NJW 2004, 2587 = NZM 2004, 653 = WuM 2004, 463 (mzustAnm *Hilgenstock* S. 464, und *Fischer* WuM 2004, 452).

[342] BGH VIII ZR 143/06, DWW 2008, 14 = GE 2007, 1622 = NZM 2007, 879 = WuM 2007, 684 = ZMR 2008, 30 (mAnm *Mack*); OLG Düsseldorf GE 2009, 1553.

[343] BGH VIII ZR 143/06, NZM 2007, 879 = WuM 2007, 684; *Blank* PiG 73 (2005), 163 (171); *Heinrichs* NZM 2005, 201 (207) = WuM 2005, 155; *Lammel* § 535 Rn. 185; Lützenkirchen/*Lützenkirchen* § 535 Rn. 570; *Wetekamp* Kap. 4 Rn. 75; aA *Leist*, Anm. zu LG Dresden ZMR 2014, 641; 2014, 642 (643); *Wiek* WuM 2006, 318, *ders.* WuM 2006, 380 (381) – Beweislast immer beim Vermieter.

den Untersuchungen, die im Zuge ihrer ersten Bestimmung in der Fußnote zu **§ 7 des vom Bundesjustizministerium im Januar 1976 herausgegebenen Mustermietvertrages (MMV 1976)** durchgeführt wurden, und aus denen sich Erfahrungswerte ergeben, nach welcher Nutzungszeit in der Regel objektiver Renovierunsbedarf eingetreten ist (→ Rn. 220 f.). Auch wenn die damals festgelegten Zeiträume überholt sind und inzwischen länger angesetzt werden müssen (→ Rn. 239), geht daher die Kritik fehl, es handele sich mangels Empirie und sachverständige Grundlage um eine unzulässige Beweislastumehr iSd § 309 Nr. 12 BGB.[344] **§ 309 Nr. 12 BGB ist nicht einschlägig,** weil die vom Anwendungsbereich der Schönheitsreparaturen und der Regelung des § 28 Abs. 4 S. 3 II. BV erfassten Abnutzungen nicht aus dem Verantwortungsbereich des Vermieters herrühren, die zugrundeliegenden Umstände also *„ohnehin im Einflussbereich des Mieters"* liegen.[345] Zwar wird hier die jeweilige Obhutsrechtsprechung zugrundegelegt,[346] die insoweit für die Frage der Mangelursache einer Mietsache einschlägige Rechtsprechung[347] greift aber nicht. Denn die Frage der Ursache der Verschlechterung steht hier überhaupt nicht im Raum, sie liegt zwingend bei dem Mieter, weil er andererseits aufgrund des Ausgleichsprinzips (→ Rn. 48) überhaupt nicht zur Renovierung verpflichtet sein kann. Gerade weil Verschlechterungen der zulässigen Abnutzung nach § 538 BGB unterfallen (zum Verhältnis des § 538 BGB zu § 28 Abs. 4 S. 3 II. BV näher → Rn. 41), liegen sie im alleinigen Obhutsbereich des Mieters.

c) Grundlagen der Klauselkontrolle

Fristen zu Schönheitsreparaturen werden praktisch immer durch for- **186**
mularvertragliche Klauseln vereinbart und unterliegen damit der Klauselkontrolle nach § 307 BGB. Dabei müssen Sie sich jedenfalls rechtlich an zwei Leitbildern messen lassen. Entsprechend der Instandhaltungspflicht des Vermieters aus § 535 Abs. 1 S. 2 BGB, wenn dieser zur Ausführung von Schönheitsreparaturen verpflichtet ist, muss auch der Mieter nur dann renovieren, wenn nach **objektiven Gesichtspunkten Renovierungsbedarf besteht** (→ Rn. 456 ff.). Vorher werden die Arbeiten also nicht fällig, auch wenn sich der Zustand der Mietsache schon in einem gewissen Umfang verschlechtert hat. Damit stellen Renovierungsfristen schon pe se eine Abweichung von dem an sich durch den Vermieter vertraglich Geschuldeten dar. Zugleich muss sich die Klausel, da sie mit der Abwälzungsregelung selbst eine untrennbare Einheit bildet, am **Aus-**

[344] So *H. Schmidt* NZM 2011, 561 (569); hierauf sowie die in BGH NZM 2007, 879 = WuM 2007, 684 = ZMR 2008, 30 (mAnm *Mack*) wiedergegebene Kritik bezugnehmend auch Schmidt-Futterer/*Lehmann-Richter* § 538 Rn. 86, 120.

[345] BGH XII ZR 84/06, BGHZ 178, 158 = GE 2008, 1556 = NJW 2008, 3772 (mAnm *Bieber*) = NJW 2008, 3774 = NZM 2008, 890 = ZMR 2009, 110; wohl aA für die Wohnraummiete MüKoBGB/*Häublein* § 535 Rn. 120; *ders.* ZMR 2000, 139 (140).

[346] Staudinger/*Coester-Waltjen* § 309 Rn. 10.

[347] BGH VIII ZR 271/07, GE 2008, 982 = NJW 2008, 2432 = NZM 2008, 607 = WuM 2008, 476 = ZMR 2008, 869 (mAnm *Schläger*).

gleichsprinzip (→ Rn. 48) messen. Der Mieter darf also nicht verpflichtet werden oder zumindest Gefahr laufen, über die Schönheitsreparaturen wirtschaftlich mehr an den Vermieter zu leisten, als ihm von diesem vorab an Miete (in Geldleistung) weniger verlangt wurde. Daher sind starre Fristen (→ Rn. 201) nicht mit dem Ausgleichsprinzip bei der Klauselkontrolle vereinbar. Die Klausel kann unter derselben Prämisse aber auch im Hinblick auf eine **unangemessene prozessuale Situation** bei der Rechtsdurchsetzung bzw. -abwehr unzulässig benachteiligen (vgl. zB § 709 Nr. 12 BGB). Das kommt bei der Verwendung von **weichen Fristen** im Hinblick auf die hiermit verbundene Beweislastverteilung (→ Rn. 184) in Betracht. Sind die Fristen zu kurz bemessen, muss der Mieter ab deren Ablauf darlegen und beweisen, dass dennoch kein Renovierungsbedarf besteht. Das ist zwar grundsätzlich möglich, muss aber berücksichtigen, dass es – wie umgekehrt bei Instandhaltungsansprüchen des Mieters nach § 535 Abs. 1 S. 2 BGB ebenso – hier der Vermieter ist, der einen Anspruch durchsetzen möchte, so dass die Darlegungs- und Beweislasthürde nur dann dem Mieter aufgebürdet werden kann, wenn es hierfür einen **sachlichen Grund** gibt. Zwingende Voraussetzung ist daher, dass die verwendeten Fristen eine tatsächliche und **fachlich begründete Vermutung** wiedergeben, wann die Wohnung des Mieters wohl nach objektiven Gesichtspunkten Renovierungsbedarf aufweist, und daher angemessen lang sind. Dass der Vermieter überhaupt eine solche Beweislastumkehr formularvertraglich für sich begründen kann, obwohl er über die Abwälzung ledglich die nach dem gesetzlichen Leitbild des § 535 Abs. 1 S. 2 BGB ihm zukommende Erhaltungslast, bei deren Durchsetzung der Mieter keine prozessualen Vorteile hat, überträgt, liegt darin begründet, dass er an sich keinen Zugang zu der Wohnung des Mieters und damit keine Kenntnis von deren Renovierungszustand hat.

2. Behandlung der Fristen bei Mieterwechsel

187 Probleme bei der **Berechnung der Fristen** und damit auch der Verteilung der Beweislast (→ Rn. 184) können sich einstellen, wenn die Parteien zB **bei fortgesetzter Nutzung** des Mietobjekts durch denselben Mieter einen **neuen Mietvertrag** abschließen **oder** wenn ein Mieter, wie üblich mit allen Rechten und Pflichten, den **Mietvertrag seines Vorgängers übernimmt.**

188 Im Fall des **Neuabschlusses eines Mietvertrags** verbleiben oft Unklarheiten, ob die Regelfristen ab Abschluss des alten zu berechnen sind oder mit dem neuen erneut zu laufen beginnen. Dies wird zumal dann relevant, wenn bei Mietende die Fristen nach dem alten Vertrag abgelaufen waren, nicht jedoch diejenigen nach dem neuen. Die Unklarheit soll sich zulasten des Vermieters mit der Folge auswirken, dass er sich nicht mit Erfolg auf den Ablauf der älteren Fristen berufen kann.[348]

[348] LG Stade NZM 2000, 1176.

Bei der **Übernahme eines Mietverhältnisses** tritt der neue Mieter grundsätzlich in die Pflichten ein, die zu Zeiten seines Vorgängers begründet wurden. Im Regelfall muss er daher die Fristen, die mit dem Abschluss des Vertrags mit seinem Vorgänger begannen, gegen sich gelten lassen. **189**

Gelegentlich regeln die drei Parteien des Übernahmevertrags allerdings auch **Renovierungspflichten des Ausscheidenden.** Hier ist zu **differenzieren.** **190**

- **Übernimmt der neue Mieter,** manchmal als Gegenleistung für zurückgelassene Einrichtungen, auch im Verhältnis zum Vermieter die Dekorationspflicht des Vormieters, ist er zu diesen Arbeiten und den ggf. nach seiner Nutzungsdauer hinzukommenden Schönheitsreparaturen verpflichtet; handelt es sich allein um eine Vereinbarung zwischen Vor- und Nachmieter, soll dasselbe gelten, weil es sich um einen Vertrag zugunsten Dritter handele, aus dem der Vermieter unmittelbar berechtigt werde.[349]
- Sollen die Renovierungsarbeiten hingegen **noch vom Vornutzer** erledigt werden, liegt zugunsten des neuen Mieters eine Zäsur vor, so dass für ihn die Fristen erst ab seiner Vertragsübernahme zu berechnen sind; ob der alte Mieter die Arbeiten in diesem Fall überhaupt ausführt oder ob sie fachgerecht sind, ist für die Fristberechnung ohne Bedeutung, da allein das Verhältnis des Vormieters zum Vermieter betroffen ist.

(einstweilen frei) **191**

3. Renovierungsfristen bei Gewerberaum

Die Vereinbarung recht **kurzer Fristen** ist sowohl durch Individualvertrag wie auch formularmäßig zulässig. Handelt es sich um einen Formularmietvertrag, wird allerdings vorauszusetzen sein, dass der Turnus an **sachliche Gesichtspunkte** anknüpft.[350] Anders als bei der im Grundsatz gleichartigen Nutzung von Wohnräumen sind kürzere Fristen sachgerecht, wenn sie der unterschiedlich starken Abnutzung Rechnung tragen sollen und an entsprechender Erfahrung orientiert sind.[351] Je nach Gewerbe ist eine Dekoration auch in recht kurzen Abständen geboten. **192**

Bei formularmäßig vereinbarten **starren Fristen** ist die gesamte Abwälzungsabrede unwirksam.[352] Die ältere Entscheidung des BGH, des da- **193**

---

[349] AG Münster WuM 2003, 562; vgl. auch BGH VIII ZR 277/16, GE 2018, 1214 = NZM 2018, 863 (mkritAnm *Zehelein*) = NZM 2018, 865 = NJW 2018, 3302 = NJW 2018, 3304 (mkritAnm *Pielsticker*) = WuM 2018, 635 = ZMR 2018, 994, allerdings mit ohne ersichtlichem Grund unterlassener Prüfung von Schuldübernahme oder Vertrag zugunsten Dritter.

[350] Lindner-Figura/Oprée/Stellmann Geschäftsraummiete/*Hübner* Kap. 13 Rn. 209.

[351] BGH VIII ZR 252/81, NJW 1983, 446 (447); MüKoBGB/*Häublein* § 535 Rn. 120.

[352] BGH XII ZR 84/06, GE 2008, 1556 = GuT 2008, 436 = NZM 2008, 890 = ZMR 2009, 110; OLG München NZM 2007, 215; OLG Düsseldorf NZM 2006, 462.

mals noch zugleich für Gewerberaum zuständigen VIII. Senats, nach der es zulässig war, bei der Verpachtung einer Gaststätte eine jährliche Renovierungspflicht festzulegen,[353] ist damit überholt. Unter dogmatischen Gesichtspunkten ist kein Grund ersichtlich, warum der Vermieter von Gewerberaum, anders als derjenige von Wohnraum, dem Mieter sollte Pflichten auferlegen können, die ihn nach der gesetzlichen Regelung selbst nicht treffen,[354] nämlich allein wegen eines Zeitablaufs und nicht wegen Bedarfs die Mieträume zu renovieren.

194 Die **Bedenken** gegen den generellen ersatzlosen Wegfall der Renovierungspflicht des Mieters hat der BGH nicht geteilt, obwohl sich die Sachlage bei der Vermietung von Gewerberaum deutlich von der bei Wohnraum unterscheidet.[355] Im Grundsatz ist davon auszugehen, dass der Mieter von Gewerberaum selbst ein erhebliches Interesse daran hat, dass das Mietobjekt einen ansehnlichen Eindruck macht,[356] zumal wenn es von Kunden aufgesucht wird. Das Argument gegen starre Fristen bei Wohnraum, durch sie werde nicht berücksichtigt, ob der Mieter besonders schonend mit dem Mietobjekt umgegangen ist, ist folglich bei Gewerberaum nur eingeschränkt tragfähig. Des Weiteren ist zugrunde zu legen, dass Gewerberäume angemietet werden, um dort Umsätze zu erzielen, wozu sie gemeinhin, anders als zum Teil Wohnungen, auch ständig genutzt werden.[357]

195 Der Gewerberaummietvertrag lässt sich im Hinblick auf § 306 Abs. 2 BGB nicht durch **Auslegung** korrigieren,[358] es wird jedoch vorgeschlagen, ihn nach den Grundsätzen der **Störung der Geschäftsgrundlage** (§ 313 BGB) anzupassen, etwa durch Streichung der starren Fristen,[359] wenn die ersatzlose Streichung der Abwälzung der Schönheitsreparaturen für den Vermieter existentielle Auswirkungen hat. Dies kann zB der Fall sein, wenn er in allen Mietobjekten eines größeren Bürokomplexes die Renovierungskosten zu tragen hat, die er bei der Mietgestaltung nicht einkalkulierte, zumal ihm während der festen Vertragslaufzeit keine Möglichkeit eines Mietzuschlags zu Gebote steht.[360] Gegen eine Anpassung spricht indes, dass sich nicht derjenige auf eine Störung der Geschäftsgrundlage berufen kann, der nach der gesetzlichen Regelung das Risiko der Unwirksamkeit zu tragen hat; da der Vermieter als Verwender von der Bestimmung des § 535 Abs. 1 S. 2 BGB abweichen will, trifft ihn das Risiko, dass bei Unwirksamkeit der Klausel nach § 306 Abs. 2 BGB die gesetzliche Regelung gilt.[361]

---

[353] BGH VIII ZR 252/81, NJW 1983, 446 (447).
[354] *Ahlt* DWW 2005, 96 (99) = GuT 2005, 47 (50).
[355] *Dose* NZM 2009, 381 (385).
[356] *Ahlt* DWW 2005, 96 (99) = GuT 2005, 47 (50).
[357] *Ahlt* DWW 2005, 96 (99) = GuT 2005, 47 (50); *Fritz* Rn. 181.
[358] BGH VIII ZR 181/07, NZM 2008, 641; *Möller* MietRB 2006, 136 (139).
[359] *Ahlt* DWW 2005, 96 (99) = GuT 2005, 47 (51); *Heinrichs* NZM 2003, 6 (13).
[360] *Ahlt* DWW 2005, 96 (99) = GuT 2005, 47 (50 f.).
[361] BGH VIII ZR 181/07, NZM 2008, 641.

Sind **im Mietvertrag keine Fristen** genannt, ist es Sache des Vermieters, im Einzelnen darzutun, nach welchen Zeiträumen üblicherweise in Gewerberäumen der vermieteten Art oder mit der konkreten Nutzung Schönheitsreparaturen ausgeführt werden.[362] So gibt es zB keinen Erfahrungssatz, dass Räume, die als Friseursalon genutzt wurden, schon nach drei Jahren so abgenutzt sind, dass eine Renovierung notwendig ist.[363] Zum Teil werden die Fristen gem. § 7 MMV 1976 herangezogen.[364] Sind Räume zB für Bürozwecke vermietet, stellt es keine unangemessene Belastung des Mieters dar, wenn der Vermieter auf die dort angeführten Fristen als Richtlinie abstellt. Es wird auch vertreten, bei Büroräumen sei eine Erneuerung der Tapete alle vier Jahre oder ein Neuanstrich der Raufasertapete alle drei Jahre und deren Ersetzung nach dem dritten Anstrich angezeigt, für Holzwerk generell nach jeweils fünf Jahren.[365] Nutzt der Mieter die Räume zum Betrieb einer Massagepraxis, könne auf den Renovierungsturnus von (bisher) drei Jahren für Küchen, Bäder und Duschen zurückgegriffen werden.[366] Nach anderer Ansicht soll sich die Renovierungspflicht des Mieters wegen der fehlenden Fristen allein nach dem Grad der während der Mietzeit aufgetretenen Gebrauchsspuren richten, die vom Vermieter im Einzelnen darzulegen sind.[367] Dieser Standpunkt benachteiligt allerdings den Vermieter von Gewerberaum gegenüber dem Vermieter von Wohnraum, weil sich dieser jedenfalls auf den Ablauf angemessener Fristen berufen und damit die Darlegungs- und Beweislast des Mieters auslösen kann. Eine derart gravierende unterschiedliche Behandlung erscheint nicht sachgerecht, so dass dem Vermieter, wie oben dargelegt, die Möglichkeit offen zu lassen ist, sich auf empirisch abgesicherte Renovierungsintervalle als Richtlinie zu beziehen. **196**

(einstweilen frei) **197**

4. Renovierungsfristen bei Wohnraum

a) Grundsätze

Die Parteien können sich grundsätzlich **individualvertraglich** auf bestimmte Fristen für die Durchführung der Schönheitsreparaturen einigen (zu den sehr hohen Anforderungen an eine Individualvereinbarung aber → Rn. 74 f.). Bei derartigen Vereinbarungen ist jedoch zu berücksichtigten, dass Fristenpläne nicht von der Pflicht zur Ausführung der Schönheitsreparaturen getrennt werden können, weil beide eine Einheit bilden (→ Rn. 182 f.). Jede Art von Fristenplan konkretisiert den Umfang, in dem der Vermieter seine Erhaltungspflicht aus § 535 Abs. 1 S. 2 BGB abgewälzt hat. Um einen daraus resultierenden Verstoß gegen das **198**

[362] OLG Köln WuM 1994, 274.
[363] OLG Düsseldorf DWW 2002, 328 = WuM 2002, 545.
[364] KG GuT 2004, 172 = ZMR 2004, 578.
[365] *Otto* GE 1984, 786.
[366] OLG Koblenz NZM 2000, 1182 = WuM 1999, 720.
[367] OLG Düsseldorf ZMR 2005, 705.

Verbot aus § 536 Abs. 4 BGB, das Minderungsrecht des Wohnraummieters zu beeinträchtigen, zu vermeiden, muss sich der gebotene Ausgleich (→ Rn. 47) in jedem Fristenplan widerspiegeln. Auch individualvertraglich dürfen sie mithin den Mieter nicht zu einer Renovierung verpflichten, die der Vermieter ohne Abwälzung der Schönheitsreparaturen noch nicht vorgenommen hätte.

199 Für **starre** Fristenpläne gelten dieselben Grundsätze, wie sie nachfolgend für formularvertragliche Regelungen beschrieben werden, sofern sie nicht derart lange Zeitintervalle vorsehen, dass nach deren Ablauf schlechterdings nicht mit einem noch ansehnlichen Mietobjekt zu rechnen ist. In der Praxis geht es jedoch in aller Regel nicht um lange oder sehr lange Fristen, sondern um eine Verkürzung der üblichen, dh früher unter die Grenze von 3/5/7 Jahren, nunmehr unter diejenige von 5/8/10 Jahren. Im Hinblick auf § 536 Abs. 4 BGB können sie nur Bestand haben, wenn die entsprechende Individualabrede zugleich einen angemessenen Ausgleich für den Mieter vorsieht.

200 Geht es um **formularvertragliche** Fristenpläne, greift schon die Klauselkontrolle nach § 307 Abs. 1 S. 1 BGB ein. Da die Verpflichtung des Mieters zur Vornahme der Schönheitsreparaturen eine einheitliche Rechtspflicht darstellt, kann der Mieter auch durch unangemessene zeitliche Modalitäten übermäßig belastet werden mit der Folge, dass die Abwälzung der Schönheitsreparaturen insgesamt unwirksam ist.[368] Das Ausgleichsprinzip ist in derartigen Fällen verletzt.

b) Starre Fristen

201 Etliche Mietvertragsformulare enthalten eine ausdrückliche Vereinbarung, dass die Schönheitsreparaturen **jedenfalls nach Ablauf bestimmter fester Fristen** durchzuführen sind. Sie verpflichten den Mieter zur Dekoration, auch wenn er besonders pfleglich mit dem Mietobjekt umging oder besonders aufwendig und qualitativ hochwertig dekorierte, so dass auch nach deutlich längeren Fristen immer noch ein ansehnlicher Zustand zu verzeichnen ist. Sie sollen dem Vermieter damit einen **Erfüllungsanspruch ohne Rücksicht auf den tatsächlichen Zustand der Mietsache** verschaffen. Derartige Festlegungen sind **unwirksam** (dazu im Einzelnen auch → Rn. 203 ff.). Vielmehr muss dem Mieter nach der Klausel selbst der Nachweis offen bleiben, die Wohnung sei (noch) nicht renovierungsbedürftig, was durch eine bewegliche Fassung der Fristen zu erreichen ist. Dass im Einzelfall eine Korrektur nach § 242 BGB möglich erscheint, ist nicht relevant.

202 Dass die Vereinbarung starrer Fristen den Mieter unangemessen iSd § 307 BGB benachteiligt, ist evident. Schon **während des Mietverhältnisses** können sie sich zum Nachteil des Mieters auswirken, zumal hinsichtlich der Lackarbeiten an Türen und Fenstern, die in aller Regel nach

[368] BGH VIII ZR 48/09, NZM 2010, 157 = WuM 2010, 85.

drei (Küche, Bad, Toilette) oder fünf Jahren (Wohn- und Schlafräume) noch nicht renovierungsbedürftig sind.[369] Insbesondere aber bei **Ende des Mietverhältnisses** werden starre Fristen relevant, wenn der Mieter zB schon drei Jahre nach der letzten Renovierung von Bad und Küche auszieht. Wurde der „übliche" Renovierungsturnus von drei Jahren bestimmt, müsste er im Grundsatz renovieren, auch wenn er etwa als älterer Mieter die Küche kaum nutzte, weil er sich die Hauptmahlzeiten ins Haus liefern ließ. Selbst der Ablauf von fünf Jahren seit der Dekoration von Wohn- und Schlafräumen besagt nichts über ihren Zustand. So kann der Mieter einer Großwohnung nur einen Teil der Räume in Gebrauch gehabt oder der Mieter aus Berufsgründen oder sonstigen längeren Abwesenheiten („Überwintern" in Südeuropa) sich nur wenig in der Wohnung aufgehalten haben.

Die Klauseln, **203**

„Der Mieter hat auf seine Kosten die Schönheitsreparaturen …in den Mieträumen, wenn erforderlich, ***mindestens*** *aber in der nachfolgenden Zeitfolge fachgerecht auszuführen …"*,[370]
„Der Mieter ***hat*** *während der Mietzeit die Schönheitsreparaturen auf seine Kosten sach- und fachgerecht auszuführen, und zwar: in Küche, Bad, WC alle 3 Jahre, in den übrigen Räumen alle 5 Jahre"*,[371]
„Der Mieter ist verpflichtet, die während der Dauer des Mietverhältnisses notwendig werdenden Schönheitsreparaturen ordnungsgemäß auszuführen. Auf die ***üblichen Fristen*** *wird insoweit Bezug genommen (zB Küchen/Bäder:* ***3*** *Jahre, Wohn- und Schlafräume:* ***4–5 Jahre,*** *Fenster/Türen/Heizkörper:* ***6 Jahre*** *…"*.[372]
„Der Mieter verpflichtet sich, die Schönheitsreparaturen ***innerhalb folgender Fristen*** *auszuführen:*
a) Küche, Wohnküche, Kochküche, Speisekammer, Besenkammer, Bad, Dusche, WC alle drei Jahre
b) Wohnzimmer, Schlafzimmer, Dielen, Korridore und alle sonstigen Räume alle fünf Jahre"[373]

sind **unwirksam.** Sie verpflichten den Mieter, nach Ablauf der festgelegten, verbindlichen Fristen auch dann zu renovieren, wenn die Wohnung nach ihrem tatsächlichen Erscheinungsbild noch nicht renovierungsbedürftig ist. Sie benachteiligen ihn daher nach § 307 Abs. 1 S. 1, Abs. 2 Nr. 1 BGB unangemessen. Dass die zweite Klausel die Fristen aus dem MMV übernimmt, ist irrelevant, weil der Zusatz *„Im Allgemeinen"* fehlt.[374]

---

[369] LG Marburg ZMR 2000, 540.
[370] BGH VIII ZR 361/03, DWW 2004, 221 = GE 2004, 1023 = NZM 2004, 653 = WuM 2004, 463 (mzustAnm *Hilgenstock* S. 464 und *Fischer* S. 452).
[371] BGH VIII ZR 178/05, NZM 2006, 459 = WuM 2006, 248.
[372] BGH VIII ZR 152/05, NZM 2006, 621 = WuM 2006, 306; VIII ZR 106/05, NZM 2006, 620 = WuM 2006, 377.
[373] BGH VIII ZR 124/05, NZM 2006, 691 = WuM 2006, 513.
[374] BGH VIII ZR 178/05, NZM 2006, 459 = WuM 2006, 248; aA *Stürzer* WuM 2004, 512.

204 Die Klausel,

„Der Mieter verpflichtet sich, während der Dauer der Mietzeit bei Bedarf Schönheitsreparaturen (Tapezieren und Anstreichen der Wände und Decken …) auf eigene Kosten … ausführen zu lassen. Ein ***Bedarf*** *gilt* ***mindestens*** *dann als gegeben, wenn die* ***Fristen*** *nach dem Fristenplan in Ziffer 3 verstrichen sind …"*

ist **unwirksam.** Die Bedarfsregelung stellt nicht nur dann eine unangemessene Benachteiligung des Wohnungsmieters dar, wenn ihm eine unrenovierte Wohnung überlassen wurde,[375] weil in diesem Fall ein Renovierungsbedarf schon bei Mietbeginn gegeben ist. Vielmehr ist sie auch bei Befreiung des Mieters von der Anfangsrenovierung und auch bei der Übergabe einer renovierten Wohnung nach § 307 BGB unwirksam, denn der Bedarf ist durch die starren Fristen ohne Rücksicht auf die tatsächlichen Verhältnisse verbindlich festgelegt. Im Übrigen ist die Klausel wegen der vorgeschriebenen Renovierung durch Fachhandwerker unwirksam (→ Rn. 34 f.).

205 *(einstweilen frei)*

c) Weiche Fristen

aa) Grundsätze

206 Bewegliche Fristen geben dem Mieter einen **groben Renovierungsturnus** vor und ermöglichen es ihm, sich zum Ablauf der jeweiligen Zeit darüber schlüssig zu werden, ob und ggf. inwieweit eine Neudekoration angezeigt ist. Zugleich gestatten sie ihm aber auch eine längere Nutzung der Dekoration, weil sie etwa wegen geringer Inanspruchnahme des Mietobjekts und guter Materialien immer noch einigermaßen ansehnlich ist. Derartige Regelungen sind **im Grundsatz ausgewogen,** weil sie der Vielfältigkeit der Faktoren für die Lebensdauer einer ordentlichen Dekoration Rechnung tragen, ohne die Rechte des Vermieters zu verkürzen; ihm kommt es jedenfalls im laufenden Mietverhältnis nur darauf an, dass das Mietobjekt auch dekorativ einigermaßen gepflegt wird.

bb) Kurze Regelfristen

207 Auch **bewegliche,** aber **kurze Fristen** belasten den Mieter indes **unangemessen** iSd § 307 BGB,[376] offene Formulierungen reichen nur aus, wenn sie mit ***angemessenen*** **Renovierungsintervallen** einhergehen. Da auch weiche Fristen jedenfalls den grundsätzlichen Erfüllungsanspruch des Vermieters festlegen (→ Rn. 183), dürfen sie dem Vermieter keine Handhabe bieten, unter Hinweis auf den Ablauf der Frist Dekorationsarbeiten zu verlangen, die trotz einiger Mängel nach üblichen Maßstäben

[375] So noch BGH VIII ARZ 5/92, NJW 1993, 532 = WuM 1993, 175; OLG Stuttgart NJW-RR 1989, 520; NJW 1986, 2115 = WuM 1986, 210; NJW 1984, 2585 = WuM 1984, 266.

[376] BayObLG WuM 1987, 344; *Heinrichs* NZM 2005, 201 (207) = WuM 2005, 155 (161); *Lehmann-Richter* ZMR 2009, 15 (16); Staudinger/*Emmerich* § 535 Rn. 108a.

noch nicht erforderlich sind. Aufgrund des oben beschriebenen Regel-Ausnahme-Verhältnisses (→ Rn. 184) führen kurze Regelfristen jedoch dazu, dass sie den Mieter in zu kurzen Abständen mit dem Nachweis belasten, eine Renovierung sei noch nicht angezeigt[377] (Verstoß gegen § 309 Nr. 12 BGB); es fällt in sein Risiko, nicht beweisen zu können, dass trotz der üblichen und unvermeidlichen Gebrauchsspuren nur eine unterdurchschnittliche Abnutzung vorliegt. Wie im Folgenden (→ Rn. 208 ff.) beschrieben ist dem Mieter der **Nachweis fehlender Renovierungsbedürftigkeit** indes **oft** überhaupt **nicht möglich** ist oder er fällt ihm zumindest **sehr schwer.**

Typischerweise entzündet sich der Streit über die Notwendigkeit einer Renovierung bei Beendigung des Mietverhältnisses und Auszug des Mieters. Hier zeigen sich die **nachteiligen Folgen** für den Mieter besonders anschaulich. Es ist offenkundig, dass ein **leeres Mietobjekt** auch mit den unvermeidlichen Gebrauchsspuren sachlich **keinen einladenden Eindruck** macht, bei Wohnungen zumal an Stellen, an denen Möbel vor der Wand standen, die unterschiedliche Abnutzung der Tapete ebenso ins Auge fällt wie die Staubränder um Bilder, an Heizkörpern etc. Dies gilt umso mehr, wenn das Mietverhältnis mehrere Jahre bestand. Es ist für den Vermieter relativ leicht darzutun, dass hier Schönheitsreparaturen erforderlich sind. Bei unangemessenem Renovierungsturnus streitet für ihn zudem schon dessen Überschreitung; er wird verständlicherweise auch darauf hinweisen, dass er Schwierigkeiten bei der Neuvermietung zu befürchten hat oder dass der Nachmieter, je nach Marktlage, den Abschluss des Mietvertrags von vorherigen dekorativen Arbeiten abhängig macht. **208**

Rechtlich ist dieser optisch **nicht ansehnliche Zustand** des **leeren Mietobjekts** jedoch noch **ohne Aussagekraft, soweit** er nichts anderes zeigt als das Ergebnis vertragsgemäßer Nutzung. Auszugehen ist davon, dass der Vermieter nach § 535 Abs. 1 S. 2 BGB auch die Schönheitsreparaturen zu veranlassen hat. Mit deren Abwälzung überträgt er seine Pflicht in unverändertem Umfang auf den Mieter. Der **Mieter** hat mithin **nicht weniger, aber auch nicht mehr zu leisten als** in dem Fall, dass **der Vermieter** für die Renovierung zuständig ist.[378] **209**

Auf dieser Grundlage ist mithin danach zu fragen, ob der Vermieter bei fortbestehendem Mietverhältnis, dh zB bei **unverändert möblierter Wohnung,** Schönheitsreparaturen hätte ausführen lassen müssen[379] oder, anders gewendet, ob der Mieter mit einem entsprechenden Anspruch durchgedrungen wäre. Hätte der Vermieter zu Recht einwenden können, die Dekoration sei zwar angegriffen, aber zB für weitere ein oder zwei Jahre durchaus noch in akzeptablem Zustand, muss er sich wegen der **210**

---

377 *Heinrichs* NZM 2005, 201 (207) = WuM 2005, 155 (161); *Lehmann-Richter* ZMR 2999, 15 (16).

378 ZB KG ZMR 1963, 138.

379 *Sternel* II Rn. 427.

trotz Abwälzung der Schönheitsreparaturen unveränderten Pflichtenlage denselben Einwand des Mieters gefallen lassen; ob der Vermieter die Wohnung im aktuellen leeren Zustand mit Aussicht auf Erfolg Nachmietinteressenten anbieten kann, ist irrelevant, weil es allein auf das Innenverhältnis zum Mieter ankommt.

211 Ist mithin maßgeblich, ob Schönheitsreparaturen auch erforderlich gewesen wären, wenn sich das Mietverhältnis fortgesetzt hätte,[380] der Mieter also nicht ausgezogen wäre, bedarf es für die Entscheidung dieser Frage der **virtuellen Einrichtung des Mietobjekts** mit der Ausstattung des Mieters. Ihr Erscheinungsbild verändert sich dadurch oft gravierend, weil etwa Staubfahnen hinter Bildern oder Möbeln wieder verschwinden, sonstige Schadstellen durch Möbel oder Pflanzen verdeckt sind und dergleichen mehr.

212 **In der Praxis** findet ein derartiger **Abgleich** indes in aller Regel **nicht** statt. Dies liegt schon daran, dass die vorbeschriebene Identität der Pflichten den meisten Parteien des Mietvertrags nicht bewusst ist. Insbesondere aber ist es sehr schwierig, den real vor Augen stehenden Zustand durch das geistige Auge einer wieder vorhandenen Möblierung zu korrigieren. Im Grunde kann der Abgleich nur gelingen, wenn der Vermieter eine Vorbesichtigung vor der Räumung durch den Mieter durchführt und diese allein unter dem Blickwinkel vornimmt, ob *er* eine Renovierung veranlassen würde.

213 Bei dieser Sachlage sind daher beweglich gefasste **Klauseln** mit regelmäßigen Renovierungsfristen

- von zwei Jahren für die Nassräume und von drei Jahren für die Wohnräume,[381]
- von zwei bis drei Jahren für die Küche und von drei bis vier Jahren für alle übrigen Räume,[382]
- von drei Jahren für Heizkörper und Türen in Küche, Bad und Toilette sowie von fünf Jahren in den Wohnräumen,[383]
- von drei Jahren für alle Wohnräume und von vier Jahren für die Lackteile[384] **ohne weiteres unwirksam.**

214 Bei zu kurzen Fristen ist es wegen des Verbots der geltungserhaltenden Reduktion nicht zulässig, den Mieter jedenfalls im Rahmen des üblichen Turnus zu den Schönheitsreparaturen heranzuziehen. Vielmehr ist die **gesamte Regelung über die Abwälzung der Schönheitsreparaturen unwirksam.**[385] Die Vereinbarung zu kurzer Fristen wirkt sich nicht etwa

---

[380] So auch ausdrücklich der Bundesrat mit seinem Vorschlag zur Einfügung eines § 11 Nr. 11a in das AGBG, BR-Drs. 439/00.

[381] LG Berlin WuM 1996, 758; LG Hamburg WuM 1992, 476.

[382] LG Köln WuM 1991, 341.

[383] LG Köln WuM 1997, 434; LG München I WuM 1997, 549.

[384] LG Hamburg 18.1.2001 – 333 S 96/2000, n. v.

[385] BGH VIII ZR 48/09, NZM 2010, 157 = WuM 2010, 85; *Harsch* Rn. 330; *Heinrichs* NZM 2005, 201 (207) = WuM 2005, 155 (161).

nur dahin aus, dass allein die Fristenregelung entfällt und die Abwälzung der Schönheitsreparaturen auf den Mieter als solche nicht berührt ist,[386] so dass zB zu kurze Fristen für das Lackieren der Heizkörper und Türen unwirksam sind, während die Fristen für das Streichen der Raufasertapete aufrechterhalten bleiben.[387] Gegen diese Argumentation spricht, dass es sich bei den Abreden über die Abwälzung der Schönheitsreparaturen um einen sachlich einheitlichen Bereich handelt. Der Umstand, dass zu einzelnen Aspekten gesonderte Bestimmungen getroffen wurden, darf nicht den Blick auf die sachliche Zusammengehörigkeit verstellen. Ergibt die Summe aus allgemeiner Abwälzung und gesonderten Teilregelungen insgesamt eine übermäßige Belastung des Mieters, geht es daher nicht mehr um Vertragsauslegung, sondern unzulässige geltungserhaltende Reduktion, wenn nur einzelne Bestimmungen als unwirksam herausgelöst werden, der Rest aber für wirksam erklärt wird.[388] Die Wohnung ist daher auch nach einer Mietzeit von über acht Jahren nicht zu renovieren.[389]

cc) Angemessene Regelfristen

(a) Grundsätze

Regelfristen müssen, um **angemessen** zu sein, **zwei Anforderungen** genügen. Die Fristen müssen zum einen **sachlich den heutigen Wohn- und Materialverhältnissen** entsprechen (ausführlich → Rn. 217 ff.). Zum anderen dürfen sie **rechtlich** den Mieter im Hinblick auf seine **Beweislast nicht überfordern** (→ Rn. 184). 215

Beides ist mit längeren als den bisher „üblichen" Fristen zu erzielen. 216
Ein längerer Renovierungsturnus **harmonisiert** die **Wohnverhältnisse** und die **Lebensdauer** des Materials mit der **Beweislage** des Mieters. Auch moderne Materialien verlieren nach längerer Zeit einen optisch ansehnlichen Zustand. Ist dieser Zustand erreicht, belastet es den Mieter nicht mehr unangemessen, wenn er nachweisen muss, dass der dekorative Zustand der Wohnung tatsächlich noch so gut ist, dass Schönheitsreparaturen nicht erforderlich sind; ihn treffen die Nachteile der Beweislast folglich erst zu einem Zeitpunkt, in dem ohnehin ein erheblicher Anschein für die Notwendigkeit von Schönheitsreparaturen besteht. Dass bei schlechten Materialien und starker Beanspruchung der Dekoration auch eine, ggf. deutliche, Unterschreitung der Fristen in Betracht kommt, versteht sich von selbst.

(b) Fristen gem. Fußnote zu § 7 MMV (3/5/7 Jahre)

Die Fristen gem. der Fußnote zu § 7 MMV 1976, nach der im Allgemei- 217
nen Küchen, Bäder und Duschen alle drei Jahre, Wohn- und Schlafräume,

[386] So *Häublein* ZMR 2000, 139 (143).
[387] LG Köln WuM 1997, 434.
[388] BGH VIII ZR 222/09, GE 2010, 692 = WuM 2010, 231.
[389] LG Darmstadt WuM 1987, 315.

Flure, Dielen und Toiletten alle fünf Jahre sowie andere Nebenräume alle sieben Jahre zu renovieren sind, wurden über viele Jahre als üblich bezeichnet; sie waren auch zugrunde zu legen, wenn der Mietvertrag keinen Renovierungsturnus vorgab.[390] Diese Fristen werden **als generelle Richtschnur** zunehmend für **zu kurz** gehalten,[391] was sachlich zutreffend ist, weil sie, wie nachfolgend im Einzelnen dargelegt (→ Rn. 220 ff.), nach den Wohnverhältnissen, dh Belegung und Ausstattung der Wohnungen, und den Dekorationsmaterialien überholt sind. Sie werden der technisch verbesserten Qualität von Renovierungen[392] und der grundlegend veränderten Wohnsituation nicht mehr gerecht und belasten den Mieter unter **Verstoß gegen § 307 BGB** übermäßig. Als inzwischen zu knappe Regelfristen zwingen sie den Mieter zu oft, das Fehlen des Renovierungsbedarfs nachzuweisen. Es ist mithin schon eine **gesteigerte Beweislast** zu konstatieren. Diese Belastung wird noch dadurch verschärft und *„drückend"*,[393] dass es ihm oft kaum möglich sein wird (dazu im Einzelnen → Rn. 208 ff.), den Nachweis zu führen.

218 Der **BGH** hat diesen Fristenplan ***„jedenfalls für in der Vergangenheit abgeschlossene Mietverträge"*** auch bei formularvertraglichen Vereinbarungen als wirksam angesehen, mithin für **Mietverträge vor dem Urteil vom 26.9.2007.**[394] Für „Neuverträge" hat er die Entscheidung offen gelassen, aber *„vorsichtig-kritische Bemerkungen"*[395] zur Angemessenheit angebracht. *Beyer*[396] weist einerseits auf die besondere Bedeutung einer solchen Aussage hin, die jedenfalls für den *VIII. Senat des BGH* an sich nicht zu erwarten war und somit erkennbar nicht gänzlich grundlos erfolgte. Zudem wird der Vergleich mit der Entscheidung zu den starren Fristen vom 23.6.2004[397] (→ Rn. 203) gezogen. Diese erhielt Kritik dahingehend, dass (angeblich)[398] keine Ankündigung erfolgt sei und zudem keine Übergangsfrist gewährt wurde. Das lässt nach hiesiger Ansicht – zumal ob der zeitlichen Nähe – darauf schließen, dass der BGH bei dem Fristenplan nunmehr einen deutlichen Hinweis erteilt hat. Auch *Beyer* sieht hierin *„unausgesprochen, aber unverkennbar ein Element des Vertrauensschutzes"* und geht insoweit von einer ***„Übergangsfrist von bis zu fünf Monaten"*** aus.[399] Auf dieser Basis sind die Fristen gem. Mustermietvertrag zumindest bei **„Neuverträgen"**, dh solchen, die **nach dem**

---

[390] BGH VIII ARZ 1/84, WuM 1985, 46.

[391] ZB AG Kerpen ZMR 1997, 362; *Blank* PiG 73 (2005), 163 (168).

[392] *Heinrichs* NZM 2005, 201 (207) = WuM 2005, 155 (161).

[393] Vgl. *Heinrichs* NZM 2005, 201 (207) = WuM 2005, 155 (161).

[394] BGH NZM 2007, 879 = WuM 2007, 684 = ZMR 2008, 30 (mAnm *Mack*).

[395] *Beyer* NZM 2009, 137 (140).

[396] *Beyer* NJW 2008, 2065 (2067).

[397] BGH VIII ZR 361/03, DWW 2004, 221 = GE 2004, 1023 = NZM 2004, 653 = WuM 2004, 463 (mzustAnm *Hilgenstock* und *Fischer*).

[398] AA *Beyer* NJW 2008, 2065 (2066) unter Verweis auf die in der BGH-Entscheidung unter II. a) aufgeführte Rechtsprechung und Literatur sowie auf LG München I NZM 2004, 457 und LG Hamburg ZMR 2004, 37.

[399] *Beyer* NZM 2009, 137 (140).

1.3.2008[400] abgeschlossen wurden, **unwirksam.** Dieser Zeitpunkt errechnet sich aus dem Datum des Urteils des BGH vom 26.9.2007 zuzüglich einer Übergangsfrist von fünf Monaten.[401]

Die Fristen gem. der **Fußnote zu § 7 MMV 1976** (im Allgemeinen Renovierung von Küchen, Bädern und Duschen alle drei Jahre, Wohn- und Schlafräumen, Flure, Dielen und Toiletten alle fünf Jahre sowie anderer Nebenräume alle sieben Jahre) sind daher **seit langem überholt. Im Folgenden** sind die **sachlichen Gründe aufgezeigt,** welche dieses Verdikt tragen. **219**

(aa) Grundlagen der Fristen aus § 7 MMV

Der MMV basiert auf einem **Forschungsauftrag,** den das damalige Ministerium für Wohnungswesen und Städtebau dem Institut für Wohnungsrecht und Wohnungswirtschaft an der Universität zu Köln am **29.11.1968** erteilt hatte. Der vom Institut im Dezember 1969 vorgelegte Entwurf enthielt in § 11 (6) nur die Abwälzung der Schönheitsreparaturen auf den Mieter nebst der Beschreibung, was zu ihrem Inhalt gehört. Ein Fristenplan war nicht vorgesehen. Der Entwurf wurde in der Folgezeit mit der Wohnungswirtschaft beraten. In einem **ersten Entwurf** des Ministeriums von **August 1970** heißt es in § 11 (6), dass der Vermieter die Durchführung der Schönheitsreparaturen nach einem Fristenplan verlangen kann, wobei die dazugehörige Fußnote lautet: „*In der Wohnungswirtschaft gilt zurzeit folgender Fristenplan: Wohn- und Schlafräume alle 5 Jahre, Flure, Dielen, WC alle 5 Jahre, Bäder und Duschräume alle 3 Jahre, Wohnküchen alle 2 Jahre, Koch-/Essküchen oder Kochnischen alle 3 Jahre, sonstige Nebenräume alle 7 Jahre*“. Aufgrund weiterer Beratung heißt es im **Entwurf vom 22.11.1971** in § 15: „*Im allgemeinen werden Schönheitsreparaturen in den Mieträumen in folgenden Zeitabständen erforderlich sein: Küche, Bad, WC alle 2–3 Jahre, Wohnräume alle 3–4 Jahre, Schlafräume alle 5–6 Jahre*“. Erstmals im Entwurf vom **Dezember** 1972 und dann in allen folgenden erscheinen die Fristen wie in der Endfassung des MMV 1976. Die Materialien des MMV geben mithin keine unmittelbare Begründung für die Fristen in der Fußnote zu § 7. **220**

Die mittelbare Begründung liefert indes der vorgenannte erste Entwurf zum MMV mit seinem Hinweis auf den **in der Wohnungswirtschaft geltenden Fristenplan.** Die genauere Überprüfung zeigt, dass der in der Wohnungswirtschaft seinerzeit geltende Fristenplan unverändert und ohne erkennbare Problematisierung übernommen wurde. So stimmt er zB mit den Musterverträgen überein, die der damalige Gesamtverband gemeinnütziger Wohnungsunternehmen eV herausgab und die dementsprechend in weitem Maße verwandt wurden. Die **Ausgaben April 1962 und Oktober 1963** enthalten genau diese Fristenverteilung. **221**

400 Ebenso *Eisenschmid* WuM 2010, 459 (464); AG Gießen ZMR 2015, 132: ab Januar 2008.

401 Vgl. auch *Lehmann-Richter* GE 2009, 1023 (1025 f.).

(bb) Zeitlicher Kontext der Fristen

222 – ***Übliche Wohnungsausstattung.*** Was die seinerzeitige **Wohnungseinrichtung** angeht, lässt sich diese zB anschaulich an dem genannten Mustermietvertrag von Oktober **1963** ablesen. Das zum Vertrag gehörende Formblatt *„Wohnungsbeschreibung und Übergabeverhandlung"* führt vorgedruckt die verschiedenen möglichen Einrichtungen der Wohnung auf und ist nach den jeweiligen Gegebenheiten auszufüllen. So ist dort für die Beheizung ua vorgesehen *„Kohle-/Gas-/Öl-Öfen, Kachelofenmehrraumbeheizung"*, für das Bad *„Kohlebadeofen mit Batterie, Standbrause und Aschkasten, Gasheizofen"*, für die Küche *„Kohle-/Gas-/Öl-/komb. Herd, Feuerungsringe, Schürhaken"*. Dieser Eindruck wird durch das Ergebnis einer Gebäude- und Wohnungszählung bestätigt.[402] Danach hatten im Jahre 1968 37,8 % der Wohnungen keine Sammelheizung. Demgegenüber verfügten schon im Jahre 1987 etwa 75 % über eine Sammelheizung. Für Altbau aus den Vorkriegszeiten gilt Ähnliches wie für den Wohnungsbau aus jedenfalls den ersten zwanzig Jahren nach 1945. Hierzu fällt nämlich auf, dass § 7 der Preußischen Ausführungsverordnung zum Reichsmietengesetz vom 24.4.1936 in der Beschreibung der Schönheitsinstandsetzungen keine Anstriche an Heizkörpern und -rohren einschloss.

223 – ***Wohnungsbelegung.*** Ein weiterer Aspekt ist die **Wohnungsbelegung.** Der dem MMV zugrunde liegende Fristenplan von 1963 stammt aus einer Zeit, als in den rund zehn davor liegenden Jahren jeweils über eine halbe Million Wohnungen gebaut worden war, um der **Wohnungsnot der Nachkriegszeit** Herr zu werden. Hierbei errichteten auch die gemeinnützigen Wohnungsunternehmen in besonderem Umfang Sozialwohnungen. Nach § 17 Abs. 1 I. WoBauG[403] sollte die Wohnfläche mindestens 32 m^2 und höchstens 65 m^2 betragen. Diese Sollgröße wurde zum Teil durch landesrechtliche Regelungen noch deutlich unterschritten. So waren in Hamburg grundsätzlich nur Kleinwohnungen zu fördern, dh für zwei Personen waren Wohnungen von 20–28 m^2 vorgesehen, für drei Personen bis 40 m^2, für vier Personen bis 50 m^2 und für fünf Personen bis 60 m^2.[404] Die zulässige Wohnfläche vergrößerte sich nach § 21 I. WoBauG in der Fassung vom 25.8.1953[405] auf mindestens 40 m^2 und höchstens 80 m^2, aber selbst das II. WoBauG in der Fassung vom 1.9.1965[406] bestimmte in §§ 39 Abs. 5, 114 noch, dass die Wohnfläche einer Wohnung in der Regel 50 m^2 bei Belegung mit mehreren Personen und 40 m^2 bei Wohnungen, die für Alleinstehende bestimmt sind, nicht unterschreiten sollte.

---

[402] Angaben nach Schmidt-Futterer/*Börstinghaus* § 558 Rn. 72.

[403] I. WoBauG vom 24.4.1950, BGBl. I S. 83.

[404] Freie und Hansestadt Hamburg, Baubehörde, Amt für Wohnungswesen: Katalog zur Ausstellung *„80 Jahre öffentlich geförderter Wohnungsbau in Hamburg"* (1999).

[405] BGBl. I S. 1047.

[406] BGBl. I S. 1617.

– ***Dekorationsmaterial.*** Schließlich wurden die Schönheitsreparaturen in den einfachen Wohnungen der Nachkriegszeit mit inzwischen weitgehend **ungebräuchlichen Renovierungsmitteln** ausgeführt. So differenzierten zB die früher häufig für Mietverträge über Bundesdarlehenswohnungen herangezogenen Richtlinien des Bundesministers für Finanzen für die Durchführung der Bundesbauvorhaben vom 12.9.1953 hinsichtlich der Lebensdauer einer ordnungsgemäßen Dekoration je nach der Art des Anstrichs: Kalkfarbanstriche 3 Jahre, Leim-, Öl- und Ölfarbanstriche einschließlich Lacküberzug auf Fußböden sowie Heizkörper-Spezialanstriche 5 Jahre, Anstriche auf Putz und Holz sowie Tapezierungen 8 Jahre.[407] Diese Fristen korrespondierten mit den Eigenschaften des jeweiligen Materials. **224**

- *Tapeten:* **225**
  Raufasertapeten waren bis 1963, der zeitlichen Grundlage der Fristen des MMV, noch wenig verbreitet. Während in Küche und Bad häufig Kalk- oder Ölfarbe verwendet wurde, wurden die Wohnräume meist mit Mustertapeten versehen. Diese bestanden aus dünnem Papier und waren entsprechend empfindlich für Beschädigungen. Ihre Oberfläche war relativ offen, so dass sich auf ihr Schmutz und Staub leicht absetzten konnte und nicht durch schlichtes Abwischen entfernen ließ. Zum Teil wurde aus finanziellen Gründen auf die Tapezierung verzichtet und ein entsprechender Eindruck mit Hilfe von Gummirollen hergestellt. Sie hatten ein eingeschnittenes Muster, das die Farbe aufnahm und durch das Rollen auf dem Putz bahnenförmig angebracht wurde, ein inzwischen praktisch unbekanntes Dekorationsverfahren. Die Gummirollen konnten zB in Drogerien beim Kauf der Farbe geliehen werden.
- *Farben:* **226**
  Leimfarben sind seit langem ungebräuchlich. Sie bestanden aus Kreide, Wasser und Leim. Je nach ihrem Leimanteil waren sie wischfest. Ein für die Wischfestigkeit höherer Leimanteil hatte den Nachteil, dass die Farbe zur Erneuerung des Farbauftrags mit einem Spachtel abgekratzt werden musste; bei wenig Leimanteil konnte die Farbe hingegen von der Wand abgewaschen werden.[408] Erst später kam Binderfarbe auf, die entweder farblos als Grundierung zum anschließenden Anstrich mit Leimfarbe benutzt wurde und sich allenfalls ein Mal überstreichen ließ, oder der bereits die Farbe zugesetzt war und dann maximal zwei Mal übergestrichen werden konnte. Ölfarben hatten eine Lösungsmittelbasis, die dazu führte, dass sie leichter vergilbten.

(cc) Vergleich mit heutigen Verhältnissen

Der Vergleich der vorbeschriebenen Faktoren jedenfalls mit den heutigen Verhältnissen zeigt **gravierende Veränderungen.** **227**

---

[407] Zit. nach *Trautmann* ZMR 1963, 132.
[408] Vgl. AG Hamburg 30.9.1959 – 41 C 381/58, zit. nach HmbGE 1960, 40.

228 – ***Wohnungsausstattung:*** Es versteht sich von selbst, dass zumal bei der Beheizung mit Kohleeinzelöfen in den Wohnräumen und Kohlebadeofen im Bad erhebliche Immissionen freigesetzt werden, die sich auf Decken und Wänden ablagern und eine Renovierung in kurzem Turnus notwendig machen. Bei einer modernen, mit schmutzarmer Zentralheizung und gekachelten Bädern und Küche ausgestatteten Wohnung treten sie nicht auf.[409]

229 – ***Belegung:*** Die Wohnfläche je Person beträgt inzwischen über 40 m².[410] Auch bei Belegung einer Wohnung mit mehreren Personen liegt sie damit immer noch signifikant über derjenigen, die das II. WoBauG vom 1.9.1965 mit einer Wohnfläche von mehr als 50 m² bei Belegung mit mehreren Personen vorgab. Die intensive Nutzung einer Wohnung durch mehrere Bewohner auf engem Raum hat vielfältige Auswirkungen.[411] Auf jeden Fall führt sie naturgemäß zu einer stärkeren Beanspruchung der Dekoration.[412]

230 – ***Dekorationsmaterial:*** **Tapeten** bestehen inzwischen aus dickerem Material, Mustertapeten sind zusätzlich oft mit Kunststoff beschichtet. Sie sind damit widerstandsfähiger und verschmutzen langsamer. Bei **Farben und Lacken** sind im Laufe der Jahrzehnte erhebliche technische Verbesserungen erreicht worden. So weisen die erst seit etwa Anfang bis Mitte der siebziger Jahre des 20. Jh. verbreiteten Dispersionsfarben, ein Gemisch aus Wasser und Öl, eine deutlich bessere Haltbarkeit und Lichtechtheit auf, zumal in Form der später entwickelten Kunststoffdispersion, dasselbe gilt zB für die Acryllacke.

231 **Es ist zum einen eingewandt worden,** eine verbesserte Haltbarkeit von Farben und Lacken gegenüber 1976 lasse sich nicht feststellen.[413] Dieser Angabe des Sachverständigen in einem mündlich vor Gericht erstatteten Gutachten widerspricht jedoch die Aussage eines anderen Sachverständigen, dass zB Alkydharzlacke wesentlich länger halten als frühere Lacke.[414] Insbesondere aber wird übersehen, dass die zeitlichen Grundlagen der Fristen des MMV aus der Zeit **vor 1963** stammen und eben nicht aus 1976.

232 **Zum anderen** geht der **Einwand** dahin, auch bei modernen Materialien sei ein längerer Renovierungsturnus als der hier behandelte aus § 7 MMV nicht angebracht.[415] Die Angaben zu den einzelnen Materialien tragen dieses Ergebnis indes nicht. So ist zu Dekor- und Mustertapeten ausge-

---

409 *Blank* FS Derleder, 2005, 193.

410 Statistisches Bundesamt, Fachserie 5, Reihe 3: per 31.12.2012 in Westdeutschland 46,7 m², in Ostdeutschland und Berlin 43,2 m².

411 Vgl. *Isenmann* WuM 1996, 602 zum Belegungsfaktor im Zusammenhang mit Feuchtigkeitserscheinungen in Wohnungen.

412 *Kamphausen* ZMR 1988, 361 (362).

413 LG Dresden ZMR 2014, 641.

414 *Schach/Hecht* GE 2006, 1018.

415 *Schach/Hecht* GE 2006, 1018.

führt, dass sich der Renovierungsbedarf um zwei Jahre verschiebt (= sieben Jahre), es sei denn, dass der Mieter zwischendurch unsachgemäß mit einem Tapetentuch den Staub in die Poren der Tapete einwischt. Zu den Farben zum Anstrich von Raufasertapeten wird zwischen guten und billigen aus dem Baumarkt differenziert, bei Letzteren trete eher eine Vergilbung ein. Auch diese sind Dispersionsfarben auf Kunstharzbasis, wie es sie in den fünfziger Jahren und anfangs der sechziger Jahre des letzten Jahrhunderts noch nicht gab, selbst sie sind mithin besser. Zeitliche Angaben zu den besseren Dispersionsfarben fehlen, im Umkehrschluss gestatten die Ausführungen die Annahme, dass ihre ansehnliche Lebensdauer weit über den früher gebräuchlichen Farben liegt, sofern nicht wiederum mit dem Tapetentuch Staub eingewischt wird. Hinsichtlich der Lacke wird zwischen Kunstharzlacken mit Lösungsmittelzusatz (Alkydharzlack) und lösungsmittelfreien (Acryllack) unterschieden, Letztere benötigen eine jährliche Pflege mit einer Pflegeemulsion, sonst gehe der Lack *„eher kaputt"*. Die Alkydharzlacke haben die Eigenschaft, je nach UV-Einstrahlung zu vergilben, obwohl *„sie im Prinzip wesentlich länger halten als frühere Lacke"*.

(dd) Sonstige Anhaltspunkte für die Fristen aus § 7 MMV

– ***Vorläuferregelungen.*** In den Bestimmungen aus der Zeit vor dem zweiten Weltkrieg finden sich keine Regelungen zu Fristenplänen. Die Schönheitsreparaturen, seinerzeit Schönheitsinstandsetzungen genannt, sind allein in § 7 der Preußischen Ausführungsverordnung zum Reichsmietengesetz vom 24.4.1936[416] etwas ausführlicher angesprochen, allerdings nur zum Gegenstand der Schönheitsinstandsetzungen und den Auswirkungen auf die Friedensmiete, je nachdem ob der Vermieter oder der Mieter zu deren Erledigung verpflichtet war. Das KG[417] hat ausgeführt, der Mieter sei verpflichtet, *„einen angemessenen Wirtschaftsplan"* einzuhalten. Ohne ihn näher zu bestimmen, geht es davon aus, dass die Räume jedenfalls nach einer Mietzeit von 7 Jahren im Wesentlichen wieder abgenutzt seien und erneuert werden müssten.[418] **233**

Der Deutsche Einheitsmietvertrag[419] enthielt in § 7 Abs. 2 lediglich die Verpflichtung des Mieters, *„die Wohnung und die gemeinschaftlichen Einrichtungen schonend und pfleglich zu behandeln"*. Die Einzelheiten über die Benutzung wurden den örtlichen Hausordnungen, die dem Vertrag anzuhängen waren, überlassen; in die Berliner Hausgemeinschaftsordnung[420] zB waren insoweit keine Bestimmungen aufgenommen. **234**

[416] GSS 99.
[417] KG JW 1934, 1370 zu § 7 der PrVO über Mietzinsbildung vom 17.4.1924.
[418] Zit. nach *Ebel*, Reichsmietengesetz, 6. Aufl. 1936, S. 88 (insoweit nicht in JW 1934 veröffentlicht).
[419] Veröffentlicht durch Bekanntmachung des Reichsministers der Justiz vom 7.3.1934 in DtschJustiz 1934, 304.
[420] *Brandis*, Mieterschutz im neuen Reich, 2. Aufl. 1935, S. 89 ff.

235 – ***Ältere Rechtsprechung.*** Auch die von der Rechtsprechung zugrunde gelegten Fristen bewegten sich jedenfalls im Mittel um diejenigen nach der Fußnote zu § 7 MMV. Zunächst griff die Rechtsprechung in den 50er und anfangs der 60er Jahre mangels anderer Anhaltspunkte zum Umfang der Schönheitsreparaturen auf die bereits oben erwähnte Preußische Ausführungsverordnung zum Reichsmietengesetz vom 24.4.1936 zurück,[421] obwohl sie durch das 1. Bundesmietengesetz vom 27.7.1955 aufgehoben worden war. § 7 Abs. 1 der AusfV definierte die Schönheitsinstandsetzungen als *„das Tapezieren und Anstreichen oder Kalken der Wände und Decken, das Streichen der Fußböden und der Fenster und das Streichen der Türen"*. Hatte das KG in seinem Urteil von 1955[422] noch auf sein Urteil aus 1934[423] Bezug genommen und damit die Annahme, dass die Schönheitsreparaturen alle 7 Jahre notwendig werden, legte das LG Kassel in seiner Entscheidung von 1961[424] als angemessenen Wirtschaftsplan für Wohn- und Kochküchen im Allgemeinen einen 3-jährigen Abstand zugrunde, bei den übrigen Wohnräumen einen Abstand von 6 Jahren. Knapper fasste das OLG Köln in einer Entscheidung von 1962[425] die Fristen, nämlich alle 2 bis 3 Jahre für die Küche und alle 3 bis 4 Jahre für die übrigen Wohnräume. Das LG Düsseldorf[426] entschied, dass der Vermieter die normale Abnutzung der Tapeten in den Wohnräumen nach einer Zeit von 4 bis 5 Jahren noch hinzunehmen habe, er mithin keinen Anspruch auf Ausführung von Schönheitsreparaturen gegen den Mieter habe.

236 – ***Anknüpfung an die Wertermittlungsrichtlinien 1991.*** Was die Unterscheidung nach dem jeweils verwendeten Material betrifft, lieferte die Anlage 5 der Wertermittlungsrichtlinien 1991 unter Nr. 4.9 *„Tapezier- und Malerarbeiten"* Anhaltspunkte für die Lebensdauer verschiedener Materialien für Schönheitsreparaturen.[427] Danach waren für Papiertapeten geringer Qualität 4 bis 8 Jahre zu veranschlagen, für solche mittlerer Qualität 5 bis 10 Jahre und sehr guter Qualität 10 bis 12 Jahre, für Tapeten aus Kunst- und Webstoffen 15 bis 20 Jahre; für den Innenanstrich von Wohn- und Arbeitsräumen wurden bei Verwendung von Kalkfarbe 3 bis 5 Jahre,[428] Binderfarbe 5 bis 8 Jahre, Mineral- und Kaseinfarbe 8 bis 15 Jahre angesetzt,[429] bei Ölfarbe auf Mauerwerk und Holz 15 bis 20 Jahre, für den Innenanstrich in Küchen und Nassräumen mit Binderfarbe 3 bis 5 Jahre und für Heizkörper-Spezialfarbe 5 bis 10 Jahre.

---

[421] KG ZMR 1963, 138; LG Kassel ZMR 1963, 314.
[422] KG ZMR 1963, 138.
[423] KG JW 1934, 1370.
[424] LG Kassel ZMR 1963, 314.
[425] OLG Köln ZMR 1963, 140.
[426] LG Düsseldorf WuM 1963, 186.
[427] Die Wertermittlungsrichtlinien 2002 enthalten eine derartige Anlage nicht mehr.
[428] *Schulz* GE 2008, 178: 10 Jahre.
[429] *Schulz* GE 2008, 178: Mineral-, Öl- und Lackfarbe 15 Jahre.

Hieran anknüpfend wird vertreten, dass die Fristen des MMV mit der technischen Lebensdauer von Tapeten mittlerer Qualität und den Innenanstrichen in Binderfarbe je nach den betroffenen Räumlichkeiten übereinstimmen; höhere Qualitäten dürften außer Betracht bleiben, weil der Mieter nur eine Renovierung mittlerer Art und Güte schulde.[430] Diese Argumentation überzeugt in mehrfacher Hinsicht nicht. Zum einen bezieht sich die Renovierung mittlerer Art und Güte zum überwiegenden Teil auf die Art und Weise, wie die Schönheitsreparaturen ausgeführt werden. Die Renovierung muss einen im Wesentlichen ordentlichen Zustand erreichen; kleine Fehler schaden nicht, wenn etwa die Tapete nur ganz vereinzelt nicht auf Stoß geklebt ist oder ein nur einmaliger Anstrich vorgenommen wurde, sofern er deckend ist. Zum anderen zeigt der genauere Vergleich mit den Fristen des MMV, dass dieser jeweils, von der Verwendung von Tapeten geringer Qualität abgesehen, nur die Mindestlebensdauer gem. den Wertermittlungsrichtlinien zugrunde legt. Für Tapeten geringer Qualität liegt der nach dem MMV maßgebliche Zeitraum im unteren Drittel der Spanne, für Tapeten mittlerer Qualität handelt es sich um den veranschlagten Mindestzeitraum von 5 Jahren aus der Spanne von 5 bis 10 Jahren; insoweit fällt auf, dass sich die Lebensdauer nach den Richtlinien des Bundesministers für Finanzen für die Durchführung der Bundesbauvorhaben schon für 1953 ohne Differenzierung auf 8 Jahre belief, trotz der oben erörterten seinerzeit überwiegend geringen Qualität von Papiertapeten und der viel höheren Belastung durch Raumausstattung und Belegung. Dasselbe lässt sich für Lackfarben konstatieren, wobei der MMV unterschiedslos und damit auch für Küchen und Bäder einen Renovierungsbedarf schon nach 3 Jahren statuiert. Sachlich ist nichts dafür erkennbar, warum praktisch der Ablauf nur der Mindestlebensdauer nach den Wertermittlungsrichtlinien 1991 dem Mieter einen Renovierungsbedarf anzeigen soll. 237

– ***Sonstige Gründe.*** Schließlich soll es sich bei den Fristen nach dem MMV um Erfahrungsfristen handeln.[431] Aus der veröffentlichten Rechtsprechung ist kein Fall bekannt, dass ein Vermieter entsprechendes empirisches Material beigebracht hätte.[432] Es bleibt daher nur festzustellen, dass es sich – möglicherweise – um Erfahrungsfristen handelt, die jedoch allein im zeitlichen Kontext nachvollziehbar sind. 238

(ee) Ergebnis (5/8/10 Jahre)

Zur Festlegung eines angemessenen Turnus bietet es sich an, auf die **Fristen** zurückzugreifen, **die Vermieter vereinbaren,** wenn sie Schönheitsreparaturen nicht abgewälzt haben. Dies findet seine Rechtfertigung 239

[430] *Lützenkirchen* ZMR 1998, 605 (606 f.).
[431] *Schach* S. 25.
[432] Vgl. *Heinrichs* NZM 2005, 201 (207) = WuM 2005, 155 (161).

daraus, dass die auf den Mieter übertragene Renovierungspflicht dieselbe ist, wie sie der Vermieter ohne Abwälzung zu tragen hat. Regelfristen, die beim Vermieter zur Erfüllung seiner Verpflichtung ausreichen, müssen umgekehrt auch beim Mieter genügen. Ein Vergleich mit den Fristen in den sehr seltenen Mietverträgen, in denen dem Vermieter die regelmäßige dekorative Renovierung der Wohnung obliegt (meist über die Vermietung preisgebundenen Wohnraums) fördert gegenüber den Fristen nach dem MMV bemerkenswerte Abweichungen zu Tage. Hier ist der Vermieter durchweg frühestens zur Renovierung von Bad und Küche nach 5 Jahren, von Wohnräumen nach 8 Jahren und Nebenräumen nach 10 Jahren verpflichtet.[433]

240 Ergänzend kann der Umstand herangezogen werden, dass ältere Regelungen für die Dauer des Renovierungsturnus **nach dem jeweils verwendeten Material** unterschieden. Die Richtlinien des Bundesministers für Finanzen für die Durchführung der Bundesbauvorhaben vom 12.9.1953 knüpften an die durchschnittliche ansehnliche Lebensdauer des damals bei Schönheitsreparaturen verwendeten Materials an: Leim-, Öl- und Ölfarbanstriche sowie Heizkörper-Spezialanstriche 5 Jahre, Anstriche auf Putz und Holz sowie Tapezierungen 8 Jahre.[434] Eine Differenzierung nach dem verwendeten Material enthielten ebenfalls die Wertermittlungsrichtlinien 1991 (dazu → Rn. 198). Es sind daher nur solche Fristen sachgerecht, die sich an dem inzwischen deutlich leistungsfähigeren Material und nicht an dem vor etlichen Jahrzehnten üblichen orientieren.

241 Als **Ergebnis** liegen **angemessene Fristen nur** vor, wenn im Allgemeinen die Schönheitsreparaturen
- wegen der höheren Beanspruchung in Bad und Küche[435] nach **fünf** Jahren,
- in den Wohn- und Schlafräumen sowie im Flur nach **acht** Jahren,
- in sonstigen Nebenräumen nach **zehn** Jahren,

erforderlich sein sollen.[436] Bei diesen längeren Intervallen bedarf es nicht mehr der Unterscheidung zwischen Tapezier- bzw. Anstricharbeiten an Decken und Wänden zu den Lackarbeiten.[437] Auch lackierte Flächen altern in diesen Zeiträumen beträchtlich, so dass sie sich ohne Erneuerung von neu gestrichenen Wandflächen unschön abheben würden. Ein an-

---

[433] Zu weitgehend *Schopp* ZMR 1981, 261, dass ein zur Fälligkeit der Schönheitsreparaturen notwendiger Zustand bei einer Wohndauer unter 10 Jahren praktisch nicht erreicht werde, *Weiß* WuM 2007, 684, dass jedenfalls nach 10 Jahren ein erheblicher Renovierungsbedarf unterstellt werden könne.

[434] Zit. nach *Trautmann* ZMR 1963, 132.

[435] Vgl. BGH VIII ZR 48/04, NZM 2005, 299 = WuM 2005, 241, allerdings unter Anerkennung eines Turnus von vier Jahren.

[436] Ebenso zB *Beyer* NJW 2008, 2065 (2067); Bub/Treier MietR-HdB/*Bub* II Rn. 1450; *Kraemer* PiG 79 (2007), 15 (35) (Klauselvorschlag).

[437] Weitergehend der Mustermietvertrag des GdW Ausgabe April 2008 § 4 (3): Lackarbeiten in Küchen, Bädern, Duschen alle acht Jahre.

sehnlicher Zustand ist daher nur durch komplette Renovierung zu erreichen.

dd) Einzelne Klauseln

Klauseln, die sich mit unterschiedlicher Formulierung, etwa **242**

*„**Üblicherweise/In der Regel/Im Allgemeinen**[438] werden Schönheitsreparaturen in den Mieträumen in folgenden Abständen erforderlich sein …“,*

auf die Angabe beschränken, nach welcher Zeit möglicherweise Renovierungsarbeiten anstehen, sind grundsätzlich **wirksam.**[439] Der Mieter erhält einen **Regelzeitrahmen** für die Überprüfung der Dekoration, zugleich ist es ihm gestattet, sie länger zu nutzen, etwa weil sie wegen geringer Inanspruchnahme der Wohnung oder guter Materialien immer noch ansehnlich ist. Der Vielfältigkeit der Faktoren für die Lebensdauer einer ordentlichen Dekoration wird Rechnung getragen, ohne die Rechte des Vermieters zu verkürzen.

Streitig ist, ob die Klausel, dass die Schönheitsreparaturen **243**

*„**grundsätzlich** in Küchen, Bädern und Toiletten alle drei Jahre …“*

auszuführen sind, wirksam ist. Nach einer Meinung wird hinreichend deutlich, dass die Renovierungspflicht nicht zwangsläufig nach Ablauf der angegebenen Fristen einsetze.[440] Es fragt sich jedoch, ob dieses Sprachverständnis der Juristen vom „verständigen Mieter“ geteilt wird. **Im allgemeinen Sprachgebrauch** wird „grundsätzlich“ eher mit ausnahmslos gleichgesetzt; zB wird ein „Mensch mit Grundsätzen“ üblicherweise nicht anhand seltener Ausnahmen definiert, sondern daraus abgeleitet, dass er eben keine macht. Nach dem Grundsatz der kundenfeindlichsten Auslegung von Formularklauseln ist die Formulierung mehrdeutig[441] und die Abwälzung daher nach § 307 Abs. 1 S. 2 BGB **unwirksam.**

Die Klausel, **244**

*„Die Schönheitsreparaturen werden **regelmäßig** in folgenden Zeiträumen erforderlich …“,*

ist nach Ansicht des BGH **wirksam.**[442] Dagegen ist einzuwenden, dass sie vom durchschnittlichen Mieter dahin zu verstehen ist, er sei zur Renovierung innerhalb der genannten Fristen, also spätestens nach deren Ablauf,

---

438 Zu derartigen Formulierungen s. auch *Kappus* NZM 2006, 6.

439 BGH VIII ZR 230/03, DWW 2004, 222 = GE 2004, 880 = NZM 2004, 497 = WuM 2004, 333 (mAnm *Wiek*) WuM 2004, 334); aA LG Hannover WuM 2007, 191 zur Klausel *„… nach folgenden Regelfristen …“*, weil sie sich nicht zu den Umständen äußere, in denen es nicht zur Anwendung der Regelfristen kommen solle.

440 LG Berlin GE 2006, 449; AG Titisee-Neustadt NZM 2007, 328.

441 Ausführlich AG Berlin-Wedding GE 2008, 1129.

442 BGH VIII ZR 192/11, NZM 2012, 527 = WuM 2012, 312 = ZMR 2012, 617.

verpflichtet.[443] Für diesen Einwand spricht, dass das Wort „regelmäßig" in Verbindung mit genauen Intervallen wie das Wort „turnusmäßig" und damit verbindlich wirkt. Ein anderer Effekt hätte sich eingestellt, wenn die Klausel „... regelmäßig in folgenden Zeiträumen erforderlich *sein*" gelautet hätte, weil diese Ergänzung den Fristen den Charakter einer vorläufigen Einschätzung beigegeben hätte.

245 Die Klausel, dass die Schönheitsreparaturen

*„**in der Regel** in Küchen ... **spätestens** nach drei Jahren, in Wohnräumen ... **spätestens** nach fünf Jahren und in sonstigen Räumlichkeiten **spätestens** nach sieben Jahren"*

auszuführen sind, soll wirksam sein.[444] Nach Ansicht des BGH ist die Klausel im Zusammenhang zu lesen, woraus unschwer folge, dass das Schwergewicht auf der Wendung *„in der Regel"* liege, während das Wort *„spätestens"* nur die genannten Fristen betone. Die Klausel scheitere daher auch nicht an Intransparenz; wenn die Renovierungspflicht jeweils *„in der Regel spätestens"* bestehe, lasse sie wie bei der Formulierung *„Im Allgemeinen"* für die Beurteilung des Einzelfalls genügend Raum.

246 Vom **Grundsatz der kundenfeindlichsten Auslegung** her gesehen überzeugt diese Auffassung nicht. Gerade die in der Entscheidung selbst angesprochene Betonung des Wortes *„spätestens"*, und zwar jeweils unmittelbar vor den anschließend aufgeführten Fristen, lässt die nur einmal vorangestellte Wendung *„in der Regel"* zurücktreten. *„Aus der Sicht eines verständigen Mieters"*[445] ist die Regelung daher als starre Fristenregelung aufgefasst worden.[446] Aber selbst wenn durch den Satzteil *„in der Regel"* eine (noch) weiche Klausel angenommen würde, ist sie jedenfalls nicht transparent, was besonders zu Tage tritt, wenn *„spätestens"* durch das gleich bedeutende „mindestens" ersetzt wird („in der Regel mindestens"). Dass damit die Renovierungspflicht des Mieters nicht *„klar und verständlich"* (§ 307 Abs. 1 S. 2 BGB) beschrieben wäre, liegt auf der Hand.[447]

247 Die Klausel,

*„Hat der Mieter die Schönheitsreparaturen übernommen, so kann der Vermieter ... spätestens bei Ende des Mietverhältnisses alle bis zu diesem Zeitpunkt nach dem **Grad der Abnutzung und Beschädigung gemäß nachstehendem Fristenplan** erforderlichen Schönheitsreparaturen verlangen. **Als angemessene***

[443] KG GE 2008, 602 = WuM 2008, 474 = ZMR 2008, 789; GE 2008, 989 = NZM 2008, 643 = WuM 2008, 398 = ZMR 2008, 893.

[444] BGH VIII ZR 351/04, NZM 2005, 860 = WuM 2005, 716 = ZMR 2005, 934; VIII ZR 77/03, DWW 2004, 257 = GE 2004, 954 = NZM 2004, 615 = WuM 2004, 466 = ZMR 2004, 659.

[445] OLG Düsseldorf NZM 2004, 866 = WuM 2004, 603.

[446] Vgl. *Börstinghaus* NZM 2004, 801 (809).

[447] Dazu ausführlich *Kappus* NZM 2006, 6.

***Zeitabstände** für die Schönheitsreparaturen **gelten:** für Küchen/Kochnischen/ Bäder/Duschen alle drei Jahre …"*

ist **unwirksam.** Mit der Formulierung *„als angemessene Zeitabstände der Schönheitsreparaturen gelten …"* ist nach dem Verständnis eines durchschnittlichen Mieters der Zeitpunkt der erforderlichen Renovierung verbindlich festgelegt, selbst wenn die konkrete Klauselformulierung auf den *„Grad der Abnutzung und Beschädigung"* abstellt.[448]

Die Klausel, **248**

*„Bei **normaler Benutzung** sind die Schönheitsreparaturen … **alle 3 Jahre …** auszuführen.",*

ist **unwirksam.**[449]Bei kundenfeindlichster Auslegung handelt es sich um eine starre Frist, weil der Mieter nicht erkennen kann, dass bei besonders schonendem Umgang mit dem Mietobjekt oder zB längerer Abwesenheit auch eine längere Ausführungsfrist in Betracht kommen soll. Es besteht zudem kein sachlicher Unterschied zur bindenden Renovierungspflicht nach Ablauf der „üblichen" Fristen (→ Rn. 203), die an die Folgen „normaler" Nutzung anknüpften, wie sie bei Schaffung des MMV 1976 gegeben waren. Zudem bleibt unklar, was unter *„normaler"* Benutzung zu verstehen ist.[450]

(einstweilen frei) **249**

Die Klausel, **250**

*„Der Mieter verpflichtet sich, während der Mietzeit die Schönheitsreparaturen innerhalb der Wohnung **je nach Grad der Abnutzung** oder Beschädigung **unverzüglich** durchzuführen. Zu den Schönheitsreparaturen gehören … **Üblicherweise** werden Schönheitsreparaturen in den Mieträumen **in folgenden Zeitabständen** erforderlich sein …"*

ist nach der neuen Rechtsprechung des BGH **wirksam.** Nunmehr setzt die erfolgreiche Abwälzung der Schönheitsreparaturen die Vermietung einer renovierten Wohnung oder bei unrenoviertem Zustand die Leistung eines angemessenen Ausgleichs voraus (→ Rn. 84).[451] Die Klausel sollte zwar auch nach der bisherigen Rechtsprechung des BGH[452] wirksam sein, weil die Renovierungsfristen erst mit dem Anfang des Mietverhältnisses zu laufen begännen, sodass die Klausel nicht an einen objektiv schon bestehenden Renovierungsbedarf anknüpfe. Auch die

[448] LG Gießen NZM 2013, 122.

[449] *Eisenschmid* WuM 2010, 459 (461 f.); aA LG Dessau 15.5.2008 – 6 S 11/08.

[450] Vgl. AG Gießen WuM 2012, 438.

[451] BGH VIII ZR 185/14, GE 2015, 649 = NZM 2015, 374 = NJW 2015, 1594 (mAnm *Lehmann-Richter*) = WuM 2015, 338 = ZMR 2015, 685.

[452] BGH VIII ZR 17/04, GE 2005, 478 = NZM 2005, 376 = WuM 2005, 243 = ZMR 2005, 437; vgl. OLG Hamburg NJW-RR 1992, 10 = WuM 1991, 523; OLG Celle NJWE-MietR 1996, 169 = WuM 1996, 202; aA LG Berlin GE 2000, 1476 = NZM 2001, 285 = ZMR 2001, 31 und GE 2001, 280 bei Überlassung der Wohnung im renovierungsbedürftigen Zustand.

Vorgabe, je nach Grad der Abnutzung seien die Schönheitsreparaturen *„unverzüglich"* zu erledigen, bedeute nicht die Einbeziehung einer vorvertraglichen Abnutzung in die Fristenregelung.

251 Diese **frühere Rechtsprechung überzeugte nicht.** Zum einen berücksichtigte sie nicht, dass sich die Klausel nicht klar auf dekorative Schäden aus den Mietgebrauch (auch → Rn. 169) beschränkte, so dass sie der Transparenzkontrolle nach § 307 Abs. 1 S. 2 BGB nicht stand hielt. Zum anderen ließ sie bei der Vermietung einer unrenovierten Wohnung den vom Mieter vorgefundenen Zustand außer Betracht, auch wenn dieser ihn tatsächlich sogleich oder jedenfalls vorzeitig zur Renovierung zwang. Die Auslegung der Klausel *„aus der Sicht eines verständigen Mieters"* lief letztlich auf eine unzulässige geltungserhaltende Reduktion hinaus. Zudem stand sie im Widerspruch zum Ausgleichsprinzip, weil der Mieter für den durch den vorzeitigen Renovierungsbedarf entstandenen Aufwand keine (fiktive) Entlastung bei der Miete erhielt. Schließlich wurde darauf hingewiesen, dass die faktische Notwendigkeit der alsbaldigen Renovierung, insbesondere durch die Pflicht zu deren unverzüglicher Erledigung, auf eine unzulässige Bedarfsregelung hinauslief.[453]

252 Eine für sich genommen starre Regelung soll durch den Zusatz,

> *(3) „Lässt in besonderen Ausnahmefällen der Zustand der Wohnung eine Verlängerung der nach Abs. 2 vereinbarten Fristen zu oder erfordert der Grad der Abnutzung eine Verkürzung, so ist das Wohnungsunternehmen* ***auf Antrag des Mieters*** *verpflichtet, im anderen Fall aber berechtigt,* ***nach billigem Ermessen*** *die Fristen des Plans bezüglich der Durchführung einzelner Schönheitsreparaturen zu* ***verlängern*** *oder zu verkürzen."*[454]

weich gestaltet sein.[455] Diese Ansicht begegnet aus mehreren Gründen nachhaltigen **Bedenken:**

- Die Einschränkung der starren Fristen gem. Abs. 2 der Regelung (3/5/7 Jahre) soll nicht nur in Ausnahmefällen, sondern nur in besonderen, letztlich also **Extremfällen,** greifen. Die Klausel kann den Mieter daher ohne weiteres zu der Annahme verleiten, trotz noch im Wesentlichen ansprechender Dekoration liege kein Extremfall im Sinne der Klausel vor, so dass er bereits von sich aus von einem Antrag absieht und sich zu Renovierungsarbeiten verpflichtet sieht, für die objektiv kein Bedarf besteht.[456] Insbesondere aber betont die Klausel in außerordentlicher Weise dadurch die Maßgeblichkeit der vorgegebenen Fristen, dass eine Abweichung nur in absoluten Ausnahmefällen in Betracht kommt. Der maßgebliche Regelfall sind mithin die Fristen gem. Abs. 2 und diese sind unangemessen (→ Rn. 217 ff.).

[453] KG DWW 2005, 69 = GE 2005, 301.

[454] Mustermietvertrag des GdW, Allgemeine Vertragsbestimmungen (Fassung MVp April 1997), Nr. 4 (3).

[455] BGH VIII ZR 378/03, GE 2005, 51 = NZM 2005, 58 = WuM 2005, 50 = ZMR 2005, 109; kritisch *Klimke* NZM 2005, 134 m. ausführlicher Begründung.

[456] *Heinrichs* NZM 2005, 201 (203) = WuM 2005, 155 (157).

- Die Verlängerung ist allein in das **Ermessen des Vermieters** gestellt. Die Herausstellung der festen Fristen als selbstverständlicher Normalfall, von dem nur selten abzuweichen ist, relativiert gravierend die mögliche Flexibilisierung durch Ermessen gegen null zulasten des Mieters. Die Klausel bietet dem Vermieter eine Handhabe, unter Hinweis auf das Fehlen eines Extremfalls die noch nicht oder nicht so geschuldete Renovierung zu verlangen.
- Insbesondere bedarf es eines entsprechenden **Antrags des Mieters.**[457] Sobald der Mieter den Antrag versäumt, etwa weil sein Augenmerk auf die neue Wohnung und den Umzug gerichtet ist, greifen die im Fristenplan angegebenen Fristen als starre ein. Der tatsächliche Zustand der Wohnung, auf den es allein ankommt, bleibt unbeachtlich.

Die vorstehend wiedergegebene **Klausel** ist in der Folgezeit **modifiziert** worden, zunächst durch die Formulierung: 253

„Lässt in besonderen Ausnahmefällen während der Mietzeit der Zustand einzelner Räume der Wohnung eine Verlängerung der nach Abs. 2 vereinbarten Fristen zu oder erfordert er eine Verkürzung, so ***kann*** *der Vermieter nach billigem Ermessen die Fristen des Plans bezüglich der Durchführung einzelner Schönheitsreparaturen verlängern oder verkürzen.“,*

sodann durch die Formulierung im Mustermietvertrag des GdW ab 2003:

„Lässt ***in besonderen Fällen*** *der Zustand der Wohnung eine Verlängerung der nach Abs. 3 vereinbarten Fristen zu oder erfordert der Grad der Abnutzung eine Verkürzung, so* ***sind*** *nach billigem Ermessen die Fristen des Plans bezüglich der Durchführung einzelner Schönheitsreparaturen zu verlängern oder zu verkürzen.“*[458]

Die erstgenannte Gestaltung soll ebenfalls eine **weiche** Fristenregelung bewirken.[459] Es handele sich auch dann um weiche Fristen, wenn es im Ermessen des Vermieters liege, sie ggf. zu verlängern. Nach dem formularvertraglich vorgegebenen Maßstab der Billigkeit reduziere sich das Ermessen „auf null“, soweit der Zustand der Wohnung eine Renovierung nicht erfordere. In der Modifikation ist das Antragserfordernis für den Mieter weggefallen, geblieben ist indes die unangemessene Einschränkung, dass das billige Ermessen überhaupt nur *„in besonderen Ausnahmefällen“* in Betracht kommt. Der Mieter muss mithin erst einmal die Hürde der im Grunde nicht vorgesehenen Verlängerung der Renovierungsfristen und damit der oben beschriebenen (→ Rn. 252) Ermessensreduzierung zu seinen Lasten genommen haben, bevor er in den Genuss der Ermessensreduzierung auf null kommt. Der zweite abgeschwächte Text dürfte dem Mieter auf der Basis der Rechtsprechung des BGH den

---

[457] AG Köln 10.10.1997 – 217 C 230/97, n.v.; kritisch auch *Hanke* ZdWBay 1999, 568 (572); *Heinrichs* NZM 2005, 201 (203) = WuM 2005, 155 (157).
[458] Mustermietvertrag des GdW, Ausgabe Januar 2003, § 3 (4).
[459] BGH VIII ZR 48/04, NZM 2005, 299 = WuM 2005, 241 (mAnm *Wiek*).

Nachweis der fehlenden Renovierungsbedürftigkeit hinreichend offen lassen; die unangemessenen Nachteile der zu kurzen Fristen bleiben (§§ 309 Nr. 12, 307 BGB).

254 Soweit es im Einzelfall um den **Mustermietvertrag des GdW** geht, ist die vorstehend erörterte **Problematik** inzwischen **gegenstandslos.** Die Vertragsmuster des GdW enthalten seit Jahrzehnten zusätzlich den Passus, dass der Mieter *„von der bisherigen* ***Ausführungsart***" überhaupt nicht oder jedenfalls nicht ohne Zustimmung des Vermieters abweichen darf. Er ist ein Relikt aus den Verträgen der fünfziger Jahre des letzten Jahrhunderts, das sich seitdem in allen Mustern gehalten hat. Diese Klausel ist unwirksam, wobei die Unwirksamkeit die gesamte Abwälzung der Schönheitsreparaturen erfasst.[460] Die Frage, ob die Fristen durch die wiedergegebenen Formulierungen tatsächlich ausreichend weich formuliert sind, hat ihre Bedeutung allerdings für alle Verträge behalten, welche manche Wohnungsunternehmen in Anlehnung an den Mustermietvertrag des GdW selbst gestaltet haben und in denen der Passus zur Ausführungsart fehlt.

255 *(einstweilen frei)*

V. Klauseln mit Vorgabe des Farbtons

1. Vorgabe für das laufende Mietverhältnis

256 Während der Vertragslaufzeit besteht die **Gestaltungsfreiheit des Mieters** hinsichtlich der Mietsache, soweit sich diese iRd zulässigen Veränderungen nach § 538 BGB hält. Das bezieht sich insbesondere auf die farbliche Gestaltung der Wände. Formularvertragliche Vereinbarungen, die andere Vorgaben vorsehen, weichen daher von dem Leitbild der §§ 535, 538 BGB ab. Dabei gilt, dass der Vermieter grundsätzlich kein berechtigtes Interesse daran geltend machen kann, dem Mieter während der Mietzeit eine bestimmte Dekorationsweise vorzuschreiben oder dessen Gestaltungsspielraum auch nur einzuengen.[461] Klauseln, die den Mieter zB dazu verpflichten, die auf ihn abgewälzten Schönheitsreparaturen, also **auch die laufende Renovierung,** in

„neutralen Farbtönen",[462]
„in ***neutralen, hellen, deckenden Farben und Tapeten*** *auszuführen"*[463]

oder in denen bestimmt ist,

„Die Schönheitsreparaturen umfassen insbesondere … ***das Weißen der Decken und Oberwände*** *…"*,[464]

460 BGH VIII ZR 199/06, WuM 2007, 259.
461 BGH VIII ZR 205/11, GE 2012, 687 = NJW 2012, 1280 = NZM 2012, 338 = WuM 2012, 194.
462 BGH VIII ZR 166/08, GE 2009, 574 = NZM 2009, 313 = WuM 2009, 224.
463 BGH VIII ZR 224/07, GE 2008, 1045 = NZM 2008, 605 = WuM 2008, 472.

*„Zu den Schönheitsreparaturen gehören Anstrich der Wände und Decken, dem das Anbringen einer **weiß gestrichenen** Raufasertapete gleichsteht, …"*[465]

oder

*„Bei der Ausführung von Schönheitsreparaturen sind die Türblätter, Türrahmen, Fensterflügel und Fensterrahmen … **nur weiß** zu lackieren"*[466]

sind **unwirksam,** wobei die Unwirksamkeit die gesamte Abwälzung der Schönheitsreparaturen erfasst.[467] Das gilt **auch dann,** wenn der Mieter die Möglichkeit hat, im Einzelfall eine **Erlaubnis des Vermieters einzuholen,** um eine abweichende farbliche Gestaltung vorzunehmen.[468]

Die **Benachteiligung des Mieters** liegt darin, dass er während des ge- **257**
samten, möglicherweise jahrelangen Mietverhältnisses gezwungen wird, die Wohnung in einer bestimmten Weise zu renovieren. Seine Freiheit, sich in seinem räumlichen Lebensmittelpunkt nach seinem Geschmack einzurichten (→ Rn. 462 ff.), wird damit in unangemessener Weise beschnitten. Dies gilt **ebenso,** wenn der Mieter die Wohnung **bei Mietbeginn mit einem neuen weißen Anstrich** übernahm.[469] Auch die Erfahrungen, die manche Vermieter in der Praxis machen müssen, rechtfertigt eine derartige Einschränkung nicht. Sie sind immer wieder mit der Situation konfrontiert, dass Mieter ihre Wohnung in sehr ausgefallener Farbwahl herrichten, aber bei Mietende finanziell nicht in der Lage sind, in einer Weise zu renovieren, die von der Mehrheit von Mietinteressenten akzeptiert wird; diese Schwierigkeit soll von vornherein, aber eben in genereller Weise, vermieden werden. Nach Auffassung des BGH ist hierfür kein anerkennenswertes Interesse des Vermieters zu erkennen.[470]

2. Vorgabe für das beendete Mietverhältnis

Klauseln, die dem Mieter bei der Rückgabe der Wohnung insgesamt **258**
oder in Teilen nur einen **schmalen Bereich an Farbtönen** vorschreiben, wie

*„Die Schönheitsreparaturen sind in **neutralen, deckenden, hellen Farben und Tapeten** auszuführen."*

---

[464] BGH VIII ZR 47/11, GE 2011, 1481; VIII ZR 344/08, GE 2009, 1488 = NZM 2009, 903 = WuM 2009, 655 = ZMR 2010, 106.
[465] AG Gießen WuM 2009, 454.
[466] BGH VIII ZR 50/09, NZM 2010, 236 = WuM 2010, 142.
[467] BGH VIII ZR 344/08, GE 2009, 1488 = NZM 2009, 903 = WuM 2009, 655 = ZMR 2010, 106; VIII ZR 166/08, GE 2009, 574 = NZM 2009, 313 = WuM 2009, 224; VIII ZR 199/06, NZM 2007, 398 = WuM 2007, 259.
[468] BGH VIII ZR 205/11, GE 2012, 687 = NJW 2012, 1280 = NZM 2012, 338 = WuM 2012, 194.
[469] BGH VIII ZR 205/11, GE 2012, 687 = NJW 2012, 1280 = NZM 2012, 338 = WuM 2012, 194.
[470] ZB BGH VIII ZR 224/07, GE 2008, 1045 = NZM 2008, 605 = WuM 2008, 472.

sind nach Ansicht des BGH **wirksam,** weil sie ihm während des Mietverhältnisses die Wahl der Farbe nach seinen Vorstellungen lassen; dass der Mieter, wählte er keinen weißen oder hellen Farbton, sondern zB einen mittleren, nach der Klausel unabhängig von der letzten Renovierung in jedem Fall – und damit nicht nur, wenn ohnehin eine Renovierung ansteht – neu dekorieren muss, hat der BGH gegenüber dem Interesse des Vermieters zurücktreten lassen, bei Mietende eine Dekoration vorzufinden, die von möglichst vielen Mietinteressenten akzeptiert wird.[471] Farben wie ein zartes **Lindgrün** oder **Hellblau** erfüllen zwar die Vorgabe „hell", sollen aber nicht mehr „neutral" sein, da sie zu etlichen Einrichtungsstilen der Nachmieter nicht passen. Diese Rechtsprechung ist allerdings durch die Entscheidung des **BGH**[472] **zur Rückgabepflicht in neutralen Farben praktisch überholt** (→ Rn. 434 f.), im Zuge derer er sich auch auf die vorstehende Rechtsprechung zur formularvertraglichen Verpflichtung bezieht.

259 Die Entscheidung, die über die Rückgabeklausel ein „Farbdiktat" des Vermieters zum Mietende ermöglicht, ist zum Teil auf **Kritik** gestoßen. Ihr ist darin zuzustimmen, dass Rückgabeklauseln mittelbar auf eine Endrenovierungspflicht herauslaufen können, obwohl sich der Mieter im Rahmen seines rechtlichen Dürfens hielt.[473] Diesen vertraglichen Gestaltungsspielraum kann er durch die Farbvorgabe nur um den Preis einer Endrenovierung ausnutzen.[474] Es fällt zudem auf, dass der Vermieter, der die Wohnung mit vertragsgemäßen Gebrauchsspuren unterhalb der Unansehnlichkeit zurückerhält, je nach Marktlage für eine Renovierung auf seine Kosten sorgen muss, bei einem nicht mehr „neutralen" Farbton aber eine Neudekoration durch den Mieter auch dann verlangen kann, wenn Farbe und Material nicht eigenwillig und ausgefallen sind.[475] Wegen dieser Widersprüche lässt sich das Ergebnis allenfalls durch das vom BGH entwickelte Ausgleichsprinzip rechtfertigen.[476] Der als Ausgleich für die Abwälzung der Schönheitsreparaturen auf den Mieter reduzierte Mietzins kann vom Vermieter nur nach dem üblichen Aufwand kalkuliert werden, der während der Mietdauer durch die Nutzung des Mieters anfällt; Dekorationsarbeiten nach Rückgabe des Mietobjekts, die allein wegen der farblichen Gestaltung durch den Mieter erforderlich werden, sind für ihn im Vorhinein nicht quantifizierbar und überschreiten daher die fiktiv dem Mieter zur Verfügung gestellte Ausgleichssumme (zu Farbtonvorgaben für das laufende Mietverhältnis → Rn. 256).

---

[471] BGH VIII ZR 224/07, GE 2008, 1045 = NZM 2008, 605 = WuM 2008, 472; zustimmend *Beyer* NZM 2009, 137 (139).

[472] BGH VIII ZR 416/12, DWW 2014, 59 = GE 2014, 49 = NZM 2014, 72 = WuM 2014, 23.

[473] *Blank* NJW 2009, 27 (29); *Sternel* Mietrecht aktuell IX Rn. 69.

[474] *Lehmann-Richter* NZM 2008, 676 (678).

[475] *Blank* NJW 2009, 27 (29).

[476] AA *Lehmann-Richter* NZM 2008, 676 (678).

Klauseln, die dem Mieter zur Rückgabe der **Holzteile** der Wohnung vorschreiben, 260

*„Lackierte Holzteile sind in dem **Farbton** zurückzugeben, **wie** er bei **Vertragsbeginn** vorgegeben war; farbig gestrichene Holzteile können auch **in weiß oder in hellen Farbtönen** gestrichen zurückgegeben werden.“*,

sind ebenfalls **wirksam.**[477] Als lackierte Holzteile hat der BGH diejenigen verstanden, die mit Klarlack oder einer transparenten Lasur gestrichen sind. Dass der Mieter hier an den vorgefundenen Farbton gebunden ist, hat er nicht beanstandet, weil sich der ursprüngliche Farbauftrag nur durch Abschleifen entfernen lasse, wozu der Mieter wegen der damit verbundenen Substanzverletzung ohnehin nicht berechtigt sei. Da die Klausel nur die Vorgabe „hell“ enthält, wird sie durch jeden leicht gebrochenen Weißton erfüllt sein, auch wenn er nicht „neutral“ ist.

Klauseln, die dem Mieter nur einen **einzigen Farbton** der Dekoration bei Rückgabe des Mietobjekts vorgeben, wie 261

*„Die Räume sind **weiß gestrichen** zurückzugeben.“*

oder

*„Lackierte Holzteile sind **weiß lackiert** zurückzugeben.“*,

sind demgegenüber **unwirksam.**[478] Sie nehmen dem Mieter jeglichen Spielraum zu einem auch nur leicht von weiß abweichenden Farbton, wenn er nicht bei Anstricharbeiten im laufenden Mietverhältnis die Notwendigkeit einer Endrenovierung in Kauf nehmen will. Auf eine derart weit reichende faktische Beschränkung der Gestaltungsfreiheit des Mieters ist der Vermieter bei der Neuvermietung nicht angewiesen. Wird dem Mieter nicht eine, wenn auch schmale Bandbreite für die farbliche Gestaltung zugestanden, ist die Regelung als unangemessen Belastung nach § 307 BGB zu qualifizieren.[479] In diesen Fällen kann die Farbwahlklausel letztlich auf eine unbedingte und damit unzulässige Pflicht zu einer Endrenovierung hinauslaufen.[480]

(einstweilen frei) 262

VI. Klauseln zur Ausführungsart

Die Klausel, 263

*„Anstriche in sog. **Lasurtechnik,** die nicht ohne erheblichen Aufwand tapezierbar sind, bedürfen der Erlaubnis des Vermieters.“*

---

[477] BGH VIII ZR 283/07, DWW 2009, 24 = GE 2008, 1621 = NZM 2008, 926 = WuM 2008, 722 (mAnm *Fischer* WuM 2009, 169).

[478] BGH VIII ZR 198/10, GE 2011, 263 = NZM 2011, 150 = WuM 2011, 96 = ZMR 2011, 369.

[479] Vgl. auch BGH VIII ZR 224/07, GE 2008, 1045 = NZM 2008, 605 = WuM 2008, 472 und insbesondere VIII ZR 283/07, DWW 2009, 24 = GE 2008, 1621 = NZM 2008, 926 = WuM 2008, 722 (mAnm *Fischer* WuM 2009, 169).

[480] Vgl. *Sternel* NZM 1998, 842 (843).

ist **unwirksam.**[481] Sie schränkt die Gestaltungsmöglichkeiten des Mieters während des laufenden Mietverhältnisses unangemessen ein. Zur Vermeidung von Wiederholungen ist auf → Rn. 256 ff. zu Farbtonvorgaben zu verweisen.

264 Die Klausel,

„Der Mieter darf nur ***mit Zustimmung des Wohnungsunternehmens von der bisherigen Ausführungsart*** *abweichen."*

ist **unwirksam.**[482] Sie wirkt sich nach der hier vertretenen Ansicht wie eine **unwirksame Endrenovierungsklausel** aus.[483] Sobald der Mieter während des Mietverhältnisses von der bei Einzug vorgegebenen Ausführungsart abweicht, hätte er nach der Klausel bei Mietende in jedem Fall zu renovieren. Dieses unzulässige Ergebnis darf auch **nicht auf Umwegen** erreicht werden. Die Klausel ist jedenfalls aber unklar (§ 305 Abs. 2 BGB) und auch unangemessen (§ 307 BGB).

265 Die **Unklarheit** resultiert daraus, dass nicht deutlich wird, was unter *„Ausführungsart"* zu verstehen ist. Sie kann sich entweder auf die Grundausstattung beziehen, auf die Ausgestaltung im Einzelnen oder auf beides. Im ersten Fall dürfte der Mieter, dem eine tapezierte Wohnung überlassen wurde, keine gravierenden Änderungen ohne Zustimmung vornehmen, etwa Wände mit Holzpaneelen oder Decken mit Styroporplatten versehen; es ist schon fraglich, ob die Entfernung der Tapeten und der Anstrich des Putzes in Wischtechnik bereits als gravierend einzustufen ist. Im zweiten Fall wäre der Mieter gehindert, ohne Rücksprache mit dem Unternehmen eine bei Mietbeginn vorgefundene Raufasertapete durch eine Mustertapete zu ersetzen oder weiß gestrichene Flächen nicht einmal durch den Anstrich mit einem leicht nach beige oder grau gebrochenen Farbton. Schließlich wäre denkbar, dass sich der Mieter genau an die bei Einzug vorgefundenen Vorgaben zu halten hätte. Es ist mithin nicht zu erkennen, ob jegliche Veränderung zustimmungspflichtig sein soll oder wo sonst die Grenze zwischen zustimmungspflichtigen und zustimmungsfreien Veränderungen liegt.

266 Nach dem Grundsatz der kundenfeindlichsten Auslegung von allgemeinen Geschäftsbedingungen schränkt die Klausel den Mieter zudem in **unangemessener** Weise bei der dekorativen Ausgestaltung seiner Wohnung ein. Der Mieter bewohnt eine Wohnung nicht, um sie ständig in einwandfreiem, aber ansonsten unverändertem Zustand für den Vermieter vorzuhalten, sondern um sich dort nach seinem Geschmack einzurichten. Er unterliegt keinen Beschränkungen bei der Gestaltung seines räumlich-gegenständlichen Lebensmittelpunktes, solange Rechte des

[481] AG Charlottenburg/LG Berlin GE 2014, 939 (mzustAnm *Schach* GE 2014, 909).
[482] BGH VIII ZR 199/06, NZM 2007, 398 = WuM 2007, 259.
[483] Offen gelassen von BGH VIII ZR 199/06, NZM 2007, 398 = WuM 2007, 259 (260).

Vermieters oder Dritter nicht berührt werden (→ Rn. 463ff.). Durch die Art der Renovierung können sich im laufenden Mietverhältnis keine Beeinträchtigungen der Rechte des Vermieters einstellen, solange es sich nicht um eine sachlich verfehlte Dekoration handelt, etwa die Anbringung dampfdichter Anstriche in kleinen Bädern. Anders verhält es sich erst bei Mietende, wo der Mieter sehr eigenwillige Dekorationen zu beseitigen hat. Der Umstand, dass das Unternehmen bei kleinen Veränderungen seine Zustimmung ohne weiteres zu erteilen hat, ändert an der Unwirksamkeit der Klausel nichts. Schon dass der Mieter überhaupt eine Zustimmung, nach der kundenfeindlichsten Auslegung in jedem Fall, einzuholen hat, ist völlig unangemessen.

Eine Modifikation dahingehend, dass der Mieter **267**

*„von der **bisherigen Ausführungsart [nicht] erheblich** abweichen"*

darf,[484] ist **wegen Intransparenz unwirksam.** Die Einfügung des Wortes *„erheblich"* soll die angeführten Gründe für die Unwirksamkeit der Klausel ausräumen. Dieser Versuch bleibt indes ohne Erfolg.[485] Es ist **weiterhin unklar,** was unter der Ausführungsart zu verstehen ist.[486] Zudem kommt für den Mieter noch eine weitere Unsicherheit hinzu, weil er sich nicht selten fragen muss, wann es sich denn im Einzelfall um eine erhebliche Abweichung handelt.[487] Die Antwort auf diese Frage hängt von einer Bewertung ab, der Mieter müsste also nach der Zielrichtung der Klausel immer zuvor beim Vermieter nachfragen. Dieser erhält dadurch die Möglichkeit, in gravierender Weise in die Rechte des Mieters einzugreifen, zumal er sich, um ein vertragswidriges Verhalten zu vermeiden, nach dessen Beurteilung richten müsste. Die Klausel enthält damit nach wie vor Unklarheiten und eine unangemessene Benachteiligung des Mieters iSd § 307 BGB. Ebensolches gilt für die Klausel

*„Anstriche in sogenannter Lasurtechnik, die **nicht ohne erheblichen Aufwand tapezierbar** sind, bedürfen der Erlaubnis des Vermieters".*

Diese benachteiligt den Mieter nicht nur, weil ein solches Interesse des Vermieters jedenfalls bei Wandanstrichen nicht ersichtlich ist, sondern ebenso mangels Erkennbarkeit, was ein „erheblicher Mehraufwand" sein soll.[488]

Die Klausel, **268**

*„Unter Berücksichtigung des Zustandes bei Vertragsbeginn ist das Bekleben der Wände mit **Tapeten** nur nach **vorheriger schriftlicher Zustimmung** des Vermieters zulässig.",*

[484] Mustermietvertrag des GdW Ausgabe Januar 2003.
[485] BGH VIII ZR 237/11, GE 2013, 54 = WuM 2012, 662 = ZMR 2013, 108; aA *Sternel* NZM 1998, 843.
[486] Vgl. BGH VIII ZR 199/06, WuM 2007, 259.
[487] Ebenso *Roth* ZdWBay 2007, 281 (283).
[488] LG Berlin GE 2014, 939.

ist **unwirksam.**[489] Auch wenn der Vermieter dadurch Schäden am gestrichenen Feinputz vermeiden will, belastet die Klausel den Mieter im laufenden Mietverhältnis unangemessen bei der Herrichtung der Wohnung nach seinem Geschmack.[490] Dasselbe gilt für die Klausel,

„Will der Mieter ***Tapeten*** *anbringen, die* ***von den vorhandenen in Art und Qualität abweichen,*** *bedarf er der* ***Zustimmung*** *des Vermieters.* ***Das gleiche*** *gilt für die Auswahl eines* ***abweichenden Farbtons*** *für das Streichen der Decken und Wände sowie für das Streichen des Holzwerks und der Heizkörper."*

269 Auch bei der Vermietung von **Gewerberaum** ist eine Formularklausel, die es dem Mieter verbietet, ohne Zustimmung des Vermieters von der bisherigen ***„Ausführungsart"*** abzuweichen, **unwirksam;** dies führt dazu, dass die Renovierungslast insgesamt beim Vermieter bleibt.[491]

VII. Klauseln zum Zustand bei Rückgabe

1. Vorbemerkung: Gesetzliche Vorgaben, versteckte Rückgabeklauseln und Verschleierungsgründe

270 Vertragliche Regelungen zum Zustand die Mietsache bei Rückgabe enthalten an sich konkrete Aussagen dazu, wie das Mietobjekt am Ende des Mietverhältnisses herzurichten und an den Vermieter zu übergeben ist. Diese können sich entweder auf das herzustellende Ergebnis (zB „frisch gestrichen") oder die durchzuführenden Arbeiten beziehen (zB Beseitigung von Verschmutzungen oder Vornahme von Renovierungsarbeiten). Hierbei ist zu sehen, dass diese Materie von unterschiedlichen Vorschriften des Mietrechts erfasst ist, die miteinander in Wechselwirkung stehen und die Klauselkontrolle nach § 307 BGB beeinflussen bzw. bestimmen. Von Gesetzes wegen gilt für die Rückgabepflicht des Mieters nach Vertragsende die Regelung des **§ 546 BGB.** Auch wenn die neuere Rechtsprechung des BGH[492] insoweit unklare Tendenzen aufweist, ob neben der Pflicht zur Besitzverschaffung nach § 854 BGB (*„Herausgabe"* der Mietsache) auch eine solche auf Herstellung eines vom Gesetz vorgesehenen Zustandes besteht (Übergabe in **„vertragsgemäßem Zustand")**, entspricht letzteres jedenfalls derzeit noch der herrschenden Auffassung.[493] Demnach hat der Mieter dem Vermieter die Mietsache in dem

---

[489] AG Berlin-Charlottenburg GE 2010, 551.

[490] Vgl. BGH VIII ZR 166/08, WuM 2009, 224.

[491] KG GE 2011, 480 = NJW 2011, 1084 = NZM 2011, 246.

[492] BGH VIII ZR 157/17, GE 2018, 633 = NJW 2018, 1746 = NZM 2018, 320 (mAnm *Fervers*) = NZM 2018, 324 = WuM 2018, 196 = ZMR 2018, 492; XII ZR 79/17, GE 2018, 994 = NZM 2018, 717 = ZMR 2018, 922.

[493] BGH IX ZR 62/19, GE 2020, 1309 = NZM 2021, 38 = ZMR 2021, 33; OLG Hamburg WuM 2001, 542 = BeckRS 2000, 30141849; OLG Köln NZM 1998, 767 = ZMR 1998, 699; MüKoBGB/*Bieber* § 546 Rn. 7 ff.; Bub/Treier MietR-HdB/*Emmerich* V Rn. 35 ff.; Guhling/Günter/*Krüger* § 546 Rn. 13 f.; Schmidt-Futterer/*Streyl* § 546 Rn. 36 ff.

Zustand zurückzugeben, in dem er sie erhalten hat, abzüglich derjenigen Verschlechterungen/Abnutzungen, die durch deren vertragsgemäßen Gebrauch iSd **§ 538 BGB** eingetreten sind.[494] Das gesetzliche Leitbild sieht daher grundsätzlich **keine Kongruenz zwischen Übergabe- und Rückgabezustand** vor. Diese kann also nur durch vertragliche Vereinbarungen geschuldet sein und ist sowohl in der Gewerbe-, als auch der Wohnraummiete nach überwiegender Auffassung **formularvertraglich als Endrenovierungsvereinbarung unzulässig** (→ Rn. 271 ff.).

Eine Reihe von Formularklauseln erweisen sich daher als **Endrenovierungsverpflichtung,** obwohl sie sich weder zu dem bei Rückgabe geschuldeten Zustand, noch zu den von dem Mieter vor dieser durchzuführenden Arbeiten konkret äußern. Sie beziehen sich vielmehr auf die **Situation bei Übergabe** oder auf **Veränderungen durch den Mieter** ohne, dass die Gesaltungsfreiheit und das Abnutzungsrecht aus § 538 BGB Berücksichtigung finden. Das basiert einerseits auf dem Versuch, den eigentlichen Klauselinhalt zu verschleiern, andererseits, auch das zeigt die Praxiserfahrung, schlicht auf Fehlvorstellungen. Gerade private Kleinvermieter neigen dazu, handschriftliche oder inzwischen auch am Computer selbst eingefügte Zusätze aufzunehmen, nach denen zB die Mietsache zurückzugeben ist, wie sie an den Mieter übergeben wurde. Hierbei handelt es sich dennoch, wie nachfolgend gezeigt, um unwirksame Endrenovierungsklauseln, die zudem aufgrund des **Summierungseffekts** auch eine an sich wirksame Abwälzung der Schönheitsreparaturen unwirksam macht (→ Rn. 288 ff.).

2. Gewerberaum

Die Bedeutung von Klauseln, nach denen das Mietobjekt 271

„in vertragsgemäßem Zustand"

zurückzugeben ist, richtet sich nach den vertraglichen Absprachen zur Renovierung. Ist dem Mieter **keinerlei Erhaltungslast** auferlegt, er also auch nicht zur Durchführung von Schönheitsreparaturen verpflichtet, beschränkt sich die Bedeutung der Klausel darauf, dass er das Mietobjekt in einem Zustand herauszugeben hat, wie er sich bei vertragsgemäßer Nutzung und Beachtung der Obhutspflicht einstellt.

Trifft die Klausel **mit** einer (wirksamen) **Abwälzung der laufenden** 272 **Schönheitsreparaturen** zusammen, handelt es sich nur um eine klarstellende Wiederholung, dass der Mieter jedenfalls bei Mietende fällige Arbeiten nachzuholen hat.[495] Sie begründet mithin keine eigenständige, unbedingte Endrenovierungspflicht.[496] Es verbleibt allein bei der Ver-

[494] BGH XII ZR 65/95, NJWE-MietR 1996, 266 = WuM 1997, 217 und WuM 1997, 494; OLG Frankfurt a. M. NZM 2019, 411; LG Bochum NJOZ 2019, 1246.

[495] Vgl. BGH VIII ZR 52/06, GE 2006, 1542 = NZM 2006, 924 = WuM 2006, 677 (mAnm *Wiek*) = ZMR 2007, 28 (mAnm *Kappus*).

[496] OLG Düsseldorf NJW-RR 1992, 1096; *Sternel* II Rn. 416 mwN.

pflichtung, das Mietobjekt so zurückzugeben, wie es sich befände, wenn der Mieter die Schönheitsreparaturen turnusmäßig ordentlich erledigt hätte. Der Vermieter kann aus Gebrauchsspuren, die sich noch in diesem Rahmen halten, daher keine Rechte herleiten. Erst wenn der Umfang der Gebrauchsspuren oder das Alter der Dekoration über dasjenige hinausgeht, was bei regelmäßigen Schönheitsreparaturen und anschließendem vertragsgemäßen Gebrauch zu erwarten ist, schuldet der Mieter eine Endrenovierung.

273 Klauseln, wie

„Bei Beendigung des Mietverhältnisses ist das Mietobjekt ***in renoviertem Zustand zurückzugeben****",*

sind nach dem **BGH**[497] jedenfalls **in Kombinaton mit** einer Abwälzung der **laufenden Schönheitsreparaturen unwirksam** (→ Rn. 304). Diese Entscheidung wird jedoch häufig dahingehend interpretiert, dass eine Endrenovierungsklausel in der Gewerberaummiete grunsätzlich unwirksam sei,[498] was nicht der Fall ist.[499] Nach herrschender Ansicht ist jedoch auch die formularvertragliche Verpflichtung des Mieters, die Mietsache bei Mietende unabhängig von dem tatsächlichen Renovierungsbedarf und der eigenen Abnutzung zu renovieren, als solche **unwirksam.**[500] Dieser Auffassung ist zuzustimmen. Eine **unbedingte Endrenovierungspflicht** bedeutet für den Mieter, dass er unabhängig davon, wann die letzten Schönheitsreparaturen erfolgt sind und ob nach dem tatsächlichen Zustand des Mietobjekts ein Bedarf hierfür besteht, in jedem Fall bei Mietende zu renovieren hat. Es handelt sich damit um eine gravierende Abweichung vom gesetzlichen Leitbild des § 535 Abs. 1 S. 2 BGB, die **mit § 307 BGB nicht zu vereinbaren** ist.[501] Es kommt daher auch nicht darauf an, ob die Räumlichkeiten dem Mieter renoviert oder unrenoviert überlassen wurden.[502] Auch die überwiegende Vereinbarung von Zeitmiet-

---

[497] BGH XII ZR 108/13, DWW 2014, 127 = GE 2014, 666 = NZM 2014, 306 = WuM 2014, 326 = ZMR 2014, 622 (mkritAnm *Kappus* NJW 2014, 1446); XII ZR 308/02, GE 2005, 667 = NZM 2005, 504 = ZMR 2005, 527.

[498] ZB Bub/Treier MietR-HdB/*Bub* II. Rn. 1469; MüKoBGB/*Häublein* § 535 Rn. 156; *Lehmann-Richter* NZM 2014, 818 (820); Lindner-Figura/Oprée/Stellmann Geschäftsraummiete/*Pietz/Oprèe* Kap. 16 Rn. 36.

[499] *Dose* NZM 2009, 381 (384, 385); *Guhling* NZM 2019, 457 (462, 463).

[500] OLG Hamburg BeckRS 2003, 31057603; OLG Hamm NZM 2002, 988 = ZMR 2002, 822; OLG Stuttgart ZMR 1984, 350; LG Hamburg MDR 1993, 533 = WuM 1994, 675; Schmidt-Futterer/*Lehmann-Richter* § 538 Rn. 185; einschränkend OLG Düsseldorf ZMR 2019, 930 = BeckRS 2019, 17115 – jedenfalls bei Übergabe einer unrenovierten Mietsache; aA Guhling/Günter/*Boerner* § 535 Rn. 145 unter unzutreffendem Hinweis auf die anderslautende Entscheidung BGH VIII ZR 316/06, NZM 2007, 921 = WuM 2007, 682 = ZMR 2008, 102 (mAnm *Riecke*); *Guhling* NZM 2019, 457 (462, 463) bei längerer fester Vertragslaufzeit.

[501] BGH XII ZR 308/02, GE 2005, 667 = NZM 2005, 504 = ZMR 2005, 527.

[502] AA OLG Düsseldorf ZMR 2019, 930 = BeckRS 2019, 17115: Unangemessene Benachteiligung des Mieters, weil er die Mietsache dann möglicher Weise besser zurückgeben muss, als er sie erhalten hat.

verträgen in der Gewerberaummiete führt zu keinem anderen Ergebnis.[503] Es ist bereits fraglich, ob insoweit der Renovierungsbedarf bei Vertragsschluss absehbar ist,[504] weil das nicht nur je nach Nutzungsart (Büro, Verkaufsfläche, Lager) von gänzlich unterschiedlichen Faktoren abhängt, die der Vermieter häufig überhaupt nicht abschätzen kann. Das ist insbesondere auch bei der Nutzung durch eine Vielzahl von Angestellten oder Publikumsverkehr kaum möglich, zumal bei Laufzeiten von zehn oder mehr Jahren. Ebenso weiß der Mieter bei Mietbeginn meist nicht, ob er nach Ablauf der festen Laufzeit mögliche Verlängerungsoptionen in Anspruch nimmt.[505] Die eigentliche AGB-rechtliche Problematik liegt jedoch ohnehin weniger hier, als vielmehr in der bereits vom BGH[506] für die Wohnraummiete (→ Rn. 279) angeführten Tatsache, dass der Mieter verpflichtet sein kann, Renovierungen vorzunehmen, unabhängig davon, ob und in welchem Umfang überhaupt Bedarf hierfür besteht. Dabei tritt zudem eine **Störung des Äquivalenzverhältnisses** zwischen der Mietzahlung nach § 535 Abs. 2 BGB und der dieser gegenüberstehenden Leistung des Vermieters ein, weil die Instandhaltung in diese entsprechend §§ 24 Abs. 1 S. 2 Nr. 4 II. BV eingepreist ist.[507] Die Endrenovierung **dient alleine dem Interesse des Vermieters.** Ob der im Vergleich zum Wohnungsmieter häufig wirtschaftlich erheblich stärkere Gewerberaummieter eher die Möglichkeit hat, bei den Vertragsverhandlungen eine ihm günstigere Regelung durchzusetzen, berührt die generelle Unzulässigkeit einer derartig einseitigen Abrede ebenfalls nicht. Individualvertraglich ist die Vereinbarung einer unbedingten Endrenovierungspflicht allerdings möglich.[508]

Klauseln, dass die Rückgabe des Mietobjekts **274**

„im Zustand wie ***übernommen****" oder „wie bei* ***Beginn des Mietverhältnisses****"*

zu erfolgen hat, sind **unwirksam.** Es ließe sich zwar danach differenzieren, ob das Mietobjekt dem Mieter renoviert oder unrenoviert übergeben wurde. Im ersten Fall würde die Klausel eine unbedingte Renovierungspflicht bei Rückgabe begründen, was mit dem gesetzlichen Leitbild aus § 535 Abs. 1 S. 2 BGB nicht zu vereinbaren ist.[509] Sie lässt sich auch nicht durch eine Korrektur bei der Ausübungskontrolle nach § 242 BGB mit der Maßgabe halten, dass, wenn die letzten Dekorationsarbeiten erst ganz kurze Zeit zurückliegen, im Einzelfall dem Renovierungsverlangen

---

503 *Dose* NZM 2009, 381 (385); hierauf lediglich verweisend *Guhling* NZM 2019, 457 (463); Guhling/Günter/*Boerner* § 535 Rn. 146.

504 So *Dose* NZM 2009, 381 (385).

505 Näher *Zehelein* NZM 2017, 137 (140 f.).

506 BGH VIII ZR 316/06, NZM 2007, 921 = WuM 2007, 682 = ZMR 2008, 102 (mAnm *Riecke*).

507 Zur Systematik des § 535 Abs. 2 BGB unter der Leitbildfunktion der §§ 24 ff. II. BV umfassend *Zehelein* WuM 2020, 457.

508 BGH XII ZR 200/06, GE 2009, 647 = NZM 2009, 397 = ZMR 2009, 672.

509 BGH XII ZR 308/02, GE 2005, 667 = NZM 2005, 504 = ZMR 2005, 527.

des Vermieters der Einwand rechtsmissbräuchlichen Verhaltens entgegensteht.[510] Wurden die Räume dem Mieter unrenoviert überlassen, würde er deren Rückgabe grundsätzlich im ebenfalls nur unrenoviertem Zustand schulden, so dass es ihm in der Sache freigestellt wäre, ob und ggf. in welchem Umfang er während des Mietverhältnisses Schönheitsreparaturen ausführt. Der **BGH** hat eine derartige Differenzierung indes ausdrücklich abgelehnt, weil nach allgemeiner Auslegungsregel bei der Prüfung der Angemessenheit von AGB nicht der Einzelfall maßgeblich ist, sondern von einem generalisierenden objektiven Maßstab auszugehen ist.[511]

275 Klauseln, nach denen der Mieter die Räume

„in bezugsgeeignetem" *oder* ***„bezugsfertigem Zustand"***

zurückzugeben hat, sind nach der Rechtsprechung des **BGH**[512] **wirksam.** Der Mieter sei nur verpflichtet, das Mietobjekt in einem Zustand zurückzugeben, der es dem Vermieter ermögliche, die Räume einem neuen Mieter als bezugsgeeignet und vertragsgemäß zu überlassen, wozu sie nicht neu hergerichtet sein müssten. Dieser Anforderung sei nur dann nicht genügt, wenn
- der Mieter während der Mietzeit keine Schönheitsreparaturen durchgeführt hat,
- die letzten Schönheitsreparaturen lange zurückliegen oder
- die Mieträume trotz durchgeführter Schönheitsreparaturen übermäßig abgenutzt sind.

276 Diese Ansicht begegnet **nachhaltigen Bedenken** im Hinblick auf das **Transparenzgebot** aus § 307 Abs. 1 S. 2 BGB,[513] auch wenn die Klauseln singulär und damit ohne gleichzeitige Abwälzung der laufenden Schönheitsreparaturen verwendet werden. Bei den vom BGH angeführten Beispielen für das Fehlen der Bezugsfertigkeit handelt es sich jeweils um evidente Fälle. Auf sie bezieht sich das der Klausel immanente Streitpotential in der Praxis jedoch nur selten, auch wenn der Entscheidung des BGH ein Fall zugrunde lag, in dem der Mieter über mehr als fünf Jahre nicht renoviert hatte. Vielmehr kommt es zu Konflikten, wenn das Mietverhältnis deutlich kürzer bestand oder die letzte Renovierung erst kürzere Zeit zurücklag, weil auch hier die unvermeidlichen Gebrauchsspuren festzustellen sind. Dass sich die Klausel allein auf die evidenten Fälle beschränkt, ist ihr indes nicht zu entnehmen. Es ist dabei zu berücksichtigen, dass die Klauseln die Eignung der Räume zum Bezug durch einen *neuen* Mieter fordern. Dazu müssen sie zwar keinen neu hergerichteten

---

[510] BGH XII ZR 308/02, GE 2005, 667 = NZM 2005, 504 = ZMR 2005, 527.

[511] BGH XII ZR 308/02, GE 2005, 667 = NZM 2005, 504 = ZMR 2005, 527.

[512] BGH XII ZR 108/13, GE 2014, 666 = NZM 2014, 306 = WuM 2014, 326; XII ZR 105/90, NJW 1991, 2416 = WuM 1991, 550; VIII ZR 186/80, WuM 1982, 296, neuerdings ebenso OLG Köln ZMR 2013, 886.

[513] *Kappus* Anm. zu BGH XII ZR 108/13, NJW 2014, 1446, vgl. *Kraemer* PiG 79 (2007), 15 (38).

Zustand aufweisen, aber einen sehr ansprechenden. Hierfür reicht es nicht, dass der Mieter zB von sich aus die laufenden Schönheitsreparaturen ordnungsgemäß erledigte und dass, auch wenn diese schon einige Zeit zurückliegen, bei Fortbestand des Mietverhältnisses keine Renovierung angezeigt gewesen wäre. Er hat faktisch nur dann nicht zum Auszug zu renovieren, wenn das Mietverhältnis nur kurze Zeit bestand, das Mietobjekt kaum genutzt wurde oder die letzten Schönheitsreparaturen erst vor recht kurzer Zeit erledigt wurden.

Zudem sind die Klauseln unwirksam, weil sie bei der gebotenen kun- **277**
denfeindlichsten Auslegung auf eine **versteckte Endrenovierungspflicht** hinauslaufen.[514] Dies wird zB an dem Fall besonders deutlich, dass der Mieter das Mietobjekt unrenoviert übernahm und das Mietverhältnis sodann alsbald ohne Verschulden des Mieters beendet wurde: Ohne Renovierung würde die Rückgabe nicht in einem bezugsfertigen Zustand erfolgen.[515] Dass der Vermieter hier dem Mieter das Mietobjekt ggf. renoviert überließ, ist irrelevant, weil auch im Individualprozess die kundenfeindlichste Auslegung geboten ist.[516]

(einstweilen frei) **278**

3. Wohnraum

a) Unbedingte Endrenovierungspflicht

Klauseln, die mit unterschiedlicher Formulierung im Ergebnis dahin **279**
gehen, dass

- *„der Mieter* ***rechtzeitig vor seinem Auszug*** *die Räume –* ***unbeschadet einer während der Mietzeit durchgeführten Renovierung*** *– auf seine Kosten renovieren zu lassen“* hat[517] oder *„Die Mieträume sind bei Auszug sauber und* ***ohne Rücksicht auf*** *den für die Schönheitsreparaturen in § 8 Ziff. 2 vereinbarten* ***Zeitablauf*** *in fachmännisch renoviertem Zustand zurückzugeben.“*,[518]
- *„Bei Auszug* [hat] *der Mieter die Räume* ***in fachgerecht renoviertem Zustand zurückzugeben****“*[519]

---

[514] Ähnlich *Kappus* Anm. zu BGH XII ZR 108/13, NJW 2014, 1447; *Schach* Anm. zu BGH XII ZR 108/13, GE 2014, 638; aA Lützenkirchen/*Lützenkirchen* § 535 Rn. 604.

[515] Zutreffend *Schach* Anm. zu BGH XII ZR 108/13, GE 2014, 638 (639).

[516] ZB BGH VIII ZR 344/08, NJW 2009, 3716; VIII ZR 285/12, DWW 2013, 249 = GE 2013, 997 = NZM 2013, 573 = WuM 2013, 478 = ZMR 2013, 791.

[517] BGH VIII ARZ 9/86, DWW 1987, 219 = WuM 1987, 306 (310).

[518] BGH VIII ZR 316/06, NZM 2007, 921 = WuM 2007, 682 = ZMR 2008, 102 (mAnm *Riecke*) – offensichtlich unzutreffend gedeutet von Guhling/Günter/*Boerner* § 535 Rn. 145 dahingehend, eine Endrenovierungsklausel wäre bei Übergabe einer renovierten Wohnung zulässig.

[519] BGH VIII ZR 166/08, GE 2009, 574 = NZM 2009, 313 = WuM 2009, 224; VIII ZR 335/02, GE 2003, 1153 = NJW 2003, 3192 = NZM 2003, 755 = WuM 2003, 561.

- *„Die Mieträume sind zum Vertragsablauf geräumt, sauber zu verlassen. Außerdem sind die Tapeten zu entfernen und* ***Decken„wände" zu streichen****".*[520],
- *„Auf die Durchführung von* ***Schönheitsreparaturen während der Mietzeit*** *wird* ***verzichtet. Anstelle dessen*** *wird die* ***Endrenovierung*** *vereinbart. Generell bei Auszug, aber insbesondere bei Auszug unter einer Mietdauer von 5 Jahren, ist in einer Vorab-Begehung mit dem Vermieter detailliert zu besprechen und abzustimmen, welche tatsächlichen Renovierungsarbeiten aufgrund von normalem Verschleiß und Wohngebrauchs-Abnutzung in welcher Form und Ausführung durchzuführen sind."*

sind **unwirksam,** und zwar **auch dann,** wenn dem Mieter eine renovierte Wohnung überlassen und er nicht zur laufenden, sondern allein zur Endrenovierung verpflichtet wurde.[521] Sie statuieren eine **unbedingte Verpflichtung zur Endrenovierung** (Endrenovierungsklausel „im engeren Sinne"[522]) und schließen damit die Berücksichtigung des tatsächlichen dekorativen Zustands bei Mietende aus. Demgegenüber würde ein Vermieter, der die Pflicht zur Renovierung nicht auf den Mieter abwälzte, im Regelfall keine Schönheitsreparaturen veranlassen, wenn zB das Mietverhältnis nur kurz bestand oder die letzte Renovierung erst vor kurzem erfolgt war. Es ist evident, dass eine derartige Klausel den Mieter unangemessen iSd § 307 BGB benachteiligt. Die Regelung dient allein dem Interesse des Vermieters, eine problemlos weiter vermietbare Wohnung zu erhalten.[523] Das gilt **auch,** wenn die Klausel einen **Vorbehalt der Renovierungsbedürftigkeit** aufweist. Die Gegenauffassung[524] vermischt insoweit Endrenovierungsklauseln mit solchen Klauseln hinsichtlich der Abwälzung von Schönheitsreparaturen, die lediglich am Mietende (spätestens) fällig werden.

280 Klauseln, wie

„Hat der Mieter … die Räume … ***mindestens*** *drei Jahre, die Räume …* ***mindestens*** *fünf Jahre, die Räume oder Einrichtungen …* ***mindestens*** *sieben Jahre benutzt, ohne diese Räume in der genannten Zeit renoviert zu haben, so hat er* ***spätestens bei Beendigung des Mietverhältnisses*** *die Renovierung fachmännisch* ***nachzuholen.****",*

sind *als solche* **unwirksam.**[525] Ihre Unwirksamkeit folgt aus der Verwendung starrer Renovierungsfristen, nach denen der tatsächliche Zustand

[520] BGH VIII ZR 163/05, NZM 2006, 623 = WuM 2006, 306.

[521] BGH VIII ZR 316/06, NZM 2007, 921 = WuM 2007, 682 = ZMR 2008, 102 (mAnm *Riecke*).

[522] *Beyer* GE 2007, 122 (123).

[523] BGH VIII ARZ 9/86, DWW 1987, 219 = WuM 1987, 306 (310).

[524] Guhling/Günter/*Boerner* § 535 Rn. 145 unter Verweis auf BGH VIII ZR 230/03, DWW 2004, 222 = GE 2004, 880 = NZM 2004, 497 = WuM 2004, 333 (mAnm *Wiek*).

[525] BGH VIII ZR 247/05, NZM 2007, 355 = WuM 2007, 260; VIII ZR 124/05, NZM 2006, 691 = WuM 2006, 513; VIII ZR 52/06, GE 2006, 1542 = NZM 2006, 924 = WuM 2006, 677 = ZMR 2007, 28.

unerheblich ist, so dass ggf. auch ohne objektive Notwendigkeit renoviert werden müsste. Dieses Ergebnis belastet den Mieter unangemessen iSd § 307 BGB.

Sofern die **laufenden Schönheitsreparaturen** nach einem **weichen** 281
Fristenplan abgewälzt wurden, erfasst die unwirksame Regelung zur Endrenovierung allerdings nicht die gesamte Abwälzung. Der **Mieter bleibt** aus der Übertragung der laufenden Schönheitsreparaturen **verpflichtet,** einen unansehnlichen Zustand der Dekoration zu beseitigen. Der Unterschied zu Klauseln mit unbedingter Endrenovierungspflicht liegt nach der Begründung des BGH darin, dass sie nicht allein auf das Ende des Mietverhältnisses abstellen, sondern die Fristen aus der Abwälzung der laufenden Renovierung einbeziehen (Endrenovierungsklausel „im weiteren Sinne").[526] Die zeitlichen Vorgaben in der Klausel behandelt der BGH nur als „eigenständige Fälligkeitsbestimmung". In der Sache stellen sie letztlich nur klar, dass fällige Schönheitsreparaturen zum Ende des Mietvertrags nachgeholt werden müssen. Sie scheitern daher allein deshalb, dass sie die Fälligkeit am Ablauf bestimmter Fristen festmachen. Die Bestimmung zur Übertragung der laufenden Renovierung auf den Mieter bleibt folglich wirksam (vgl. ausführlich → Rn. 296 ff., 310).

Die Klauseln, 282

„Insbesondere hat der Mieter bei seinem Auszug … die von ihm angebrachten oder vom Vormieter übernommenen … ***Wand- und Deckentapeten zu beseitigen*** *…",*
„Beim Auszug hat der Mieter die nach Fristenplan fälligen Innenanstriche vorzunehmen. Ansonsten hat er die Wohnung in einem ***tapezierfähigen Zustand*** *zu übergeben, wie er sie erhalten hat"*

oder schlicht

„die Wohnung ist nach Mietende so zurückzugeben, wie sie an den Mieter übergeben worden ist",

sind **unwirksam.**[527] Der Mieter wird in den **ersten beiden Variant**en mit einer **unbedingten, zusätzlichen Renovierungspflicht** belastet, die zumal deshalb unangemessen ist, weil er nach der Klausel selbst solche Tapeten entfernen muss, die er erst kurz zuvor ordnungsgemäß anbrachte.[528] Dass er anders als bei einer Endrenovierungsklausel gem. → Rn. 279 die Tapeten „nur" zu entfernen, aber nicht neue aufzubringen hat, stellt die Unangemessenheit nicht in Frage. Das Entfernen von Tapeten ist als Vorarbeit ein Teil der Schönheitsreparaturen;[529] auch dieser

---

[526] *Beyer* GE 2007, 122 (123).
[527] BGH VIII ZR 152/05, NZM 2006, 621 = WuM 2006, 308; VIII ZR 109/05, NZM 2006, 622 (Ls.) = WuM 2006, 310; so bisher schon AG Wuppertal WuM 2000, 183; *Lützenkirchen* NZM 1998, 942; *Pfeilschifter* WuM 2003, 543 (551).
[528] *Geldmacher* MK 2006, 114.
[529] *Lammel* § 535 Rn. 191.

Aufwand darf daher nur aus sachlichen Gründen vom Mieter verlangt werden. Das ist **auch bei Übergabe einer Wohnung im untapezierten Zustand** nicht anders zu werten.[530] Die (auch) von § 538 BGB gedeckte Gestaltungsfreiheit des Mieters erfasst das Anbringen von Tapeten im Sinne einer vertragsgemäßen Veränderung der Mietsache, so dass die Beseitigungskosten mit der Miete abgegolten sind. Ob deren Abnutzung selbst überhaupt eine Renovierungspflicht als Schönheitsreparturen auslösen könnte, weil hierfür der Zustand schlechter sein muss, als bei Mietbeginn, kann dahinstehen. Denn jedenfalls als Endrenovierungspflicht ist die Entfernung von Tapeten – ohne Kompensation – mit dem Leitbild des § 538 BGB nicht zu vereinbaren. In der **dritten Variante** handelt es sich um eine Verpflichtung zur Durchführung von Schönheitsreparaturen zu einem festen Zeitpunkt, sie ist damit unzulässiger Weise bedarfsunabhängig.

283 Die Klausel,

„Der Mieter verpflichtet sich, die Schönheitsreparaturen, d.h. ... innerhalb der Wohnung durchzuführen, und zwar in den üblichen Zeitabständen. Bei ***Auszug*** *sind die Mieträume* ***in gutem dekorativem Zustand*** *zurückzugeben."*

ist **unwirksam.** Die Bestimmung zum Zustand bei Auszug wird (noch) keine generelle und daher unwirksame Endrenovierungspflicht[531] darstellen und schon deshalb unwirksam sein, sie ist jedoch widersprüchlich. Die Regelung verstößt **gegen das Transparenzgebot** aus § 307 Abs. 2 S. 1 BGB. Einerseits wird dem Mieter allein die Verpflichtung auferlegt, *„in den üblichen Zeitabständen"* zu dekorieren. Wird zB die in älteren Mietverträgen als üblich vorgesehene Frist von fünf Jahren als Anhaltspunkt für die Renovierung der Wohnräume zugrunde gelegt und zieht der Mieter nach viereinhalb Jahren aus, hat er danach keine Arbeiten zu erledigen. Andererseits soll er das Mietobjekt *„in gutem dekorativem Zustand"* herausgeben, was sich nach dieser Nutzungsdauer schon aufgrund normaler Gebrauchsspuren kaum erreichen lässt. Sollte der Verwender die Formulierung im Interesse des Mieters so gemeint haben, dass jeder vertragsgemäße Zustand innerhalb eines üblichen Renovierungsturnus noch gut ist, wird dies nicht deutlich.

284 *(einstweilen frei)*

b) Bedingte Endrenovierungspflicht

285 Klauseln, nach denen der Mieter

„die während des Mietverhältnisses ***fällig gewordenen*** *Schönheitsreparaturen spätestens* ***bei Beendigung des Mietvertrags nachzuholen*** *hat",*

[530] So aber MüKoBGB/*Häublein* § 535 Rn. 156.
[531] So AG Hamburg-Altona ZMR 2003, 502.

sind nach der Rechtsprechung des BGH **wirksam,** weil es sich um eine Klarstellung ohne eigenen Regelungsgehalt, eine **bloße Ergänzung** der Pflicht zur Ausführung der laufenden Schönheitsreparaturen handelt[532] (aber → Rn. 286). Die Regelung wiederholt nur die Verpflichtung des Mieters, bei Fälligkeit eine Renovierung durchzuführen, und, wenn dies unterblieb, sie spätestens bei Ende des Mietverhältnisses nachzuholen.

Dies gilt **jedoch nur,** wenn die Wohnung dem Mieter **renoviert** oder mit Renovierungszuschuss überlassen wurde. Anderenfalls bezieht die Klausel auch Renovierungsaufwand ein, der vom Vormieter stammt, was sie unwirksam macht,[533] weil die Abwälzung nicht mehr vom Ausgleichsprinzip gedeckt ist (→ Rn. 48). **286**

Auch Klauseln, die sich an § 7 Abs. 1 S. 1 MMV 1976 orientieren, **287**

„Hat der Mieter die Schönheitsreparaturen übernommen, so hat er ***spätestens bei Ende des Mietverhältnisses*** *alle bis dahin je nach dem Grad der Abnutzung oder Beschädigung erforderlichen Arbeiten auszuführen, soweit nicht der neue Mieter sie auf seine Kosten – ohne Berücksichtigung im Mietpreis – übernimmt oder dem Vermieter diese Kosten erstattet.",*
und durch die Anmerkung ergänzt werden,

„Im allgemeinen werden Schönheitsreparaturen in den Mieträumen in folgenden Zeitabständen erforderlich sein:
in Küchen, Bädern, Duschen alle 3 Jahre,
in Wohn- und Schlafräumen, Fluren, Dielen, Toiletten alle 5 Jahre,
in anderen Nebenräumen alle 7 Jahre.",

sind daher – wegen der zu kurzen Fristen allerdings **nur in Altverträgen** (→ Rn. 218) – **wirksam,** wobei auch hier die vorgenannte Einschränkung zu beachten ist.

VIII. Klauseln mit Summierung von Renovierungspflichten

1. Grundlagen des Summierungseffekts

a) Grundsätze

Der Mieter wird **unangemessen** benachteiligt (§ 307 BGB), wenn ihm durch die **Kombination verschiedener Klauseln** mehrere Renovierungspflichten auferlegt sind, zumal wenn er neben der laufenden Dekoration zusätzlich entweder die Anfangs- oder die Endrenovierung ausführen soll **(Summierungseffekt).** Die Summierung hat einen Verstoß gegen das **288**

[532] BGH VIII ZR 247/05, NZM 2007, 355 = WuM 2007, 260; VIII ZR 52/06, GE 2006, 1542 = NZM 2006, 924 = WuM 2006, 677 = ZMR 2007, 28.

[533] BGH VIII ZR 185/14, GE 2015, 649 = NJW 2015, 1594 = WuM 2015, 338 = ZMR 2015, 685 und BGH VIII ZR 242/13, DWW 2015, 213 = GE 2015, 721 = NJW 2015, 1871 = NZM 2015, 424 = WuM 2015, 343 = ZMR 2015, 690; vgl. LG Hamburg ZMR 2008, 295.

Übermaßverbot aus § 307 Abs. 1 BGB zur Folge, so dass die Gesamtregelung hinfällig ist.

289 Die **Verteilung der Pflichten** des Mieters **auf äußerlich getrennte Paragrafen** des Mietvertrags ist irrelevant.[534] Entscheidend ist vielmehr, dass es sich um eine Gesamtregelung zu einem einheitlichen Gegenstand, den Schönheitsreparaturen, handelt,[535] so dass die Klauseln ihrer gemeinsamen Bestimmung gemäß als zusammengehörig betrachtet werden müssen.[536] Die Unwirksamkeit wird folglich nicht dadurch vermieden, dass die Klauseln in die jeweiligen Bestimmungen des Mietvertrags zum Zustand der Wohnung bei Mietbeginn, während der Mietzeit und zu den Pflichten bei Mietende integriert werden. Vielmehr kann die Verteilung der Pflichten des Mieters auf verschiedene Klauseln schon für sich genommen wegen Verstoßes gegen das Transparenzgebot unwirksam sein, zumal dann, wenn sich der Umfang der Verpflichtung des Mieters aus der Gesamtregelung nicht mit hinreichender Sicherheit entnehmen lässt.[537]

290 Dieser unzulässige Summierungseffekt tritt auch bei **jeweils für sich genommen unbedenklichen Klauseln** ein.[538] Die frühere Ausnahme für Altmietverträge aus der Zeit vor dem 1.4.1977,[539] dem Zeitpunkt des Inkrafttretens des AGBG, ist nicht mehr relevant, weil § 307 BGB für alle Altverträge gleichermaßen gilt; es kommt daher nicht darauf an, ob die Klauseln bei separater Betrachtung ganz oder in einzelnen Teilen zulässig erscheinen.

291 Bei einer unzulässigen Summierung bleibt es ferner dann, wenn eine **wirksame und eine unwirksame Klausel zusammentreffen;** wegen Verstoßes gegen das Transparenzgebot ist es nicht zulässig, nur die für sich betrachtet wirksame Klausel fortgelten zu lassen.[540] Eine für sich genommen zulässige Klausel zur Überwälzung der laufenden Schönheitsreparaturen entfaltet daher insbesondere dann keine Wirkung, wenn zB eine Pflicht zur Anfangsrenovierung (ohne angemessen Ausgleich,

---

[534] BGH VIII ZR 335/02, GE 2003, 1153 = NZM 2003, 755 = WuM 2003, 561.

[535] BGH VIII ARZ 5/92, NJW 1993, 532 = WuM 1993, 175; LG Hamburg WuM 2004, 88.

[536] BGH VIII ZR 222/09, GE 2010, 692 = WuM 2010, 231; VIII ZR 48/09, NZM 2010, 157 = WuM 2010, 85; VIII ZR 360/03, GE 2004, 1450 = NZM 2004, 901 = WuM 2004, 660 = ZMR 2005, 34.

[537] LG Mannheim WuM 2000, 485.

[538] BGH VIII ZR 308/02, DWW 2003, 226 = GE 2003, 944 = NZM 2003, 594 = WuM 2003, 436 = ZMR 2003, 653; VIII ZR 163/05, NZM 2006, 623 = WuM 2006, 306 unter Bestätigung von BGH VIII ARZ 5/92, NJW 1993, 532 = WuM 1993, 175 entgegen OLG Hamburg WuM 1991, 523.

[539] OLG Hamburg WuM 1995, 637.

[540] BGH XII ZR 108/13, GE 2014, 666 = NZM 2014, 306 = WuM 2014, 326; VIII ZR 308/02, DWW 2003, 226 = GE 2003, 944 = NZM 2003, 594 = WuM 2003, 436 = ZMR 2003, 653 unter Bestätigung von BGH VIII ARZ 3/94, NJW 1995, 254 = WuM 1995, 28 = ZMR 1995, 60, erneut BGH VIII ZR 335/02, GE 2003, 1153 = NZM 2003, 755 = WuM 2003, 561.

→ Rn. 159ff.) besteht[541] oder dem Mieter die unbedingte Pflicht zur Endrenovierung auferlegt ist (→ Rn. 279).

Der **Summierungseffekt** wird **auch dann** ausgelöst, wenn eine **Klausel,** sei es zur Anfangs-, sei es zumal zur Endrenovierung, **gegenständliche Einschränkungen** enthält, zB verbindlich nur zum Streichen der Decken und Wände oder nur der Lackteile verpflichtet. Maßgeblich ist die gesamte Leistung, die dem Mieter auferlegt ist, so dass ein Verstoß gegen das Übermaßverbot vorliegt. Es handelt sich daher um unzulässige geltungserhaltende Reduktion, wenn die Summierung nur auf die Tätigkeiten bezogen wird, die über die Abwälzung der laufenden Schönheitsreparaturen hinausgehen, so dass der Mieter zwar die zusätzlichen gegenständlich beschriebenen Aufgaben gemäß der Anfangs- oder Endrenovierungsklausel nicht zu erledigen hat, ansonsten jedoch zur Dekoration verpflichtet bliebe.[542] **292**

(einstweilen frei) **293**

b) Kombination von Formularklauseln und Individualabreden

Eine unwirksame Übertragung kann selbst dann vorliegen, wenn eine Gesamtregelung, die aus einem Individual- und einem Formularteil besteht, den Mieter übermäßig belastet.[543] Dies kommt in Betracht, wenn der Mieter individualvertraglich die Anfangsrenovierung übernimmt und sich zugleich durch eine Formularklausel zur laufenden Dekoration verpflichtet[544] oder formularvertraglich die laufende Renovierung und individualvertraglich eine Endrenovierung auszuführen hat.[545] Hier ist der Formularteil infolge des Summierungseffekts ohne weiteres unwirksam, so dass der der Vermieter die laufenden Arbeiten schuldet. **294**

Das Schicksal der **Anfangs- bzw. Endrenovierung** ist streitig. So wird vertreten, dass auch deren Vereinbarung trotz der individualvertraglichen Regelung unwirksam ist.[546] Der BGH hat zu einem derartigen Fall entschieden, es sei *„denkbar …, dass die beiden Klauseln wegen ihres sachlichen Zusammenhangs ein einheitliches Rechtsgeschäft i.S. des § 139 BGB darstellen, das bei Nichtigkeit eines Teils im Zweifel insgesamt nichtig ist."*[547] Auf dieser Grundlage ist von einem im Zweifel nichtigen Rechtsgeschäft dann auszugehen, wenn sich beide Regelungen schon **von vornherein im** **295**

---

[541] LG Hamburg WuM 2004, 88; AG Dortmund WuM 2004, 87.

[542] LG Hamburg ZMR 2007, 967 (mAnm *Hinz*); aA LG Nürnberg-Fürth ZMR 2005, 622.

[543] BGH VIII ZR 163/05, NZM 2006, 623 = WuM 2006, 306 unter Bestätigung von BGH VIII ARZ 5/92, NJW 1993, 532 = WuM 1993, 175.

[544] BGH VIII ARZ 5/92, NJW 1993, 532 = WuM 1993, 175; LG Berlin GE 2013, 1005 = InfoM 2013, 374 (mAnm *Flatow*); LG Kiel WuM 1998, 215.

[545] BGH VIII ZR 163/05, NZM 2006, 623 = WuM 2006, 306.

[546] LG Freiburg WuM 2005, 383; *Harsch* MDR 2003, 557 (558).

[547] BGH VIII ZR 163/05, NZM 2006, 623 = WuM 2006, 306.

Mietvertrag finden.[548] Der Vermieter macht damit deutlich, dass er mit den Schönheitsreparaturen zu keinem Zeitpunkt etwas zu tun haben will; weder will er etwa bei wirksamer Pflicht des Mieters zur Anfangsrenovierung die laufenden Schönheitsreparaturen ausführen noch die laufenden bei wirksamer Verpflichtung zur Endrenovierung.[549] Es handelt sich daher um eine einheitliche Gesamtregelung.[550] **Anders** soll es beurteilt werden, wenn die Anfangs- oder Endrenovierung **erst nachträglich** vereinbart wurde. So hat der BGH ausgeführt, dass bei einer später bei Einzug des Mieters individuell vereinbarten Übernahme der Endrenovierungspflicht die Individualvereinbarung weder der Inhaltskontrolle nach § 307 Abs. 1 S. 1 BGB unterliegt noch sie gemäß § 139 BGB von der Unwirksamkeit der Formularklausel erfasst wird.[551] Bedenken gegen den individualvertraglichen Charakter einer Vereinbarung im Übergabeprotokoll sind bereits oben behandelt (→ Rn. 77). Insbesondere aber spricht gegen den Ansatz des BGH, dass der Abschluss des Mietvertrags und die Übergabe der Wohnung zusammen erst den Beginn des Mietverhältnisses markieren und daher gemeinsam zu betrachten sind mit der Folge, dass dabei getroffene Vereinbarungen zur einheitlichen Gesamtregelung gehören.[552] Was im Übrigen die zusätzliche, auch individualvertragliche, Abwälzung der **Anfangsrenovierung** betrifft, scheitert jedenfalls sie am **Verbot aus § 536 Abs. 4 BGB,** das Minderungsrecht des Mieters von **Wohnraum** durch jegliche Art von Vereinbarung einzuschränken, sofern er keinen Ausgleich für den Rechtsverlust erhält (dazu ausführlich → Rn. 46). Ist **Gewerberaum** vermietet, führt die Summierung von Pflichten zwar zur Unwirksamkeit der AGB-Klausel, nicht aber der Individualabrede, weil die Individualabrede nicht der Inhaltskontrolle nach § 307 BGB unterliegt.[553]

c) Kombinationen ohne Summierungseffekt

296 Die Klauseln in einem Mietvertrag,

*3. Der Mieter verpflichtet sich, die Schönheitsreparaturen **im Allgemeinen** innerhalb folgender Fristen auszuführen:*
a) Küche … alle drei Jahre ….

---

[548] LG Hamburg ZMR 2008, 454; AG Dortmund GE 2014, 1455; AG Mannheim ZMR 2011, 805; AG Hannover NZM 2010, 278; Blank/Börstinghaus/*Blank/Börstinghaus* § 535 Rn. 493; *Zschieschack* ZMR 2009, 821 (823).

[549] AG Hannover NZM 2010, 278; *Zschieschack* ZMR 2009, 821 (823).

[550] *Heinrichs* WuM 2005, 155 (163).

[551] BGH VIII ZR 71/08, DWW 2009, 102 = GE 2009, 321 (mAnm *Schach* GE 2009, 295) = InfoM 2009, 63 (mAnm *Both*) = NZM 2009, 233 = NJW 2009, 1075 (mAnm *Kappus*) = NJW 2009, 1076 = WuM 2009, 173 = ZMR 2009, 358 (mAnm *Disput*); kritisch *Derleder* NZM 2009, 227.

[552] *Zschieschack* ZMR 2009, 821 (823).

[553] BGH XII ZR 200/06, GE 2009, 647 = GuT 2009, 98 = NZM 2009, 397 = ZMR 2009, 672.

5. Hat der Mieter trotz Fristsetzung und Ablehnungsandrohung die Räume zu Ziff. 3a ***mindestens drei Jahre,*** *die Räume zu Ziff. 3b* ***mindestens 5 Jahre*** *... benutzt, ohne diese Räume in der genannten Zeit renoviert zu haben, so hat er* ***spätestens bei Beendigung des Mietverhältnisses*** *die Renovierung fachmännisch* ***nachzuholen*** *...*

lassen nach einer Entscheidung des **BGH**[554] die Bestimmung zu den **laufenden Schönheitsreparaturen unberührt, obwohl sowohl** die **laufenden** Schönheitsreparaturen und der **bei Mietende geschuldete Zustand** geregelt waren. Zwar waren die laufenden Schönheitsreparaturen mit einem weichen Fristenplan versehen, aber bei Mietende war nach Ablauf der hier starr ausgebildeten Fristen auf jeden Fall zu renovieren (unwirksam, → Rn. 279).

Die **im Grunde überraschende**[555] Auffassung des BGH beruht darauf, **297**
dass er die **Klauseln in ein „Hierarchieverhältnis"**[556] stellt.

- **Ausgangspunkt** ist die wirksame Abwälzung der laufenden Schönheitsreparaturen.
- Die **Klausel für das Mietende** verpflichtet den Mieter nicht kumulativ zu den laufenden Schönheitsreparaturen zu einer unbedingten Endrenovierung, sondern sie soll sicherstellen, dass der Mieter, der seiner laufenden Renovierungspflicht nicht nachgekommen ist, jedenfalls zum Mietende die fälligen Schönheitsreparaturen erledigt.

Nach diesem Verständnis handelt es sich bei dieser Art Endrenovierungsklausel um eine ***„Ergänzung der vertraglichen Verpflichtung*** *des Mieters zur Durchführung von Schönheitsreparaturen"*,[557] dh der Übertragung der laufenden Schönheitsreparaturen. Auf dieser Grundlage einer bloßen ergänzenden Regelung kommt es trotz der Kumulation mit der Endrenovierungsklausel nicht zu einer Summierung.

Schon früher hatte der BGH[558] ausgeführt, dass die Verpflichtung des Mieters die fällig gewordenen Schönheitsreparaturen jedenfalls bei Mietende nachzuholen, durch die Einbeziehung starrer Fristen nicht gegenstandslos ist. Er bezog die **Unwirksamkeit nur** auf die **Fristen,** die er **als eigenständige Fälligkeitsregelung** qualifizierte; der Mieter habe nur seine allgemeine Renovierungspflicht zu tragen, aber keine Verpflichtung, die über die wirksame Abwälzung der laufenden Schönheitsreparaturen hinausgehe. **298**

Bei der Kombination der Verpflichtung zur Erledigung der laufenden **299**
Schönheitsreparaturen **mit** einer früher zulässigen **Quotenabgeltungs-**

[554] BGH VIII ZR 52/06, GE 2006, 1542 = NZM 2006, 924 = WuM 2006, 677.

[555] ZB *Eisenschmid* und *Langenberg* InfoM 6/06, 283; *Lützenkirchen* WuM 2007, 99 (104); *Schach* GE 2006, 1520.

[556] *Beyer* GE 2007, 122 (124); s. auch *Artz* NZM 2007, 265 (270 ff.).

[557] BGH VIII ZR 52/06, GE 2006, 1542 = NZM 2006, 924 = WuM 2006, 677 = ZMR 2007, 28; *Beyer* GE 2007, 122 (126).

[558] BGH VIII ZR 317/97, WuM 1998, 592.

klausel ergibt sich **kein Summierungseffekt**[559] (zu deren Zulässigkeit → Rn. 313ff.). Diese Klausel stellte nur eine Ableitung aus der Pflicht zur Vornahme der laufenden Schönheitsreparaturen für den Fall dar, dass das Mietverhältnis vor der Fälligkeit einer Renovierung endet. Als bloße Ergänzung bewirkte sie keine Summierung und brachte daher bei Unwirksamkeit die Grundverpflichtung nicht zu Fall. Dies galt **auch bei einer starren** und damit den Mieter übermäßig belastenden Quotenabgeltungsklausel.[560]

300 Auch die Kombination von Klauseln zu **Schönheitsreparaturen** und zu **sonstigen Reparaturpflichten** des Mieters in einer Klausel führt selbst dann nicht zur Unwirksamkeit beider Klauselteile, wenn einer von ihnen unzulässig ist. **Vorausgesetzt** ist allerdings, dass es sich um **sachlich** klar **abgegrenzte Regelungsbereiche** handelt, die nur äußerlich in einer gemeinsamen Klausel zusammengefasst sind. Enthält die Klausel eine unwirksame Regelung zu den Kleinreparaturen, zB als Vornahmepflicht, und in zulässiger Form die Abwälzung der laufenden Schönheitsreparaturen auf den Mieter, besteht die wirksame Bestimmung zu den Schönheitsreparaturen fort.[561]

301 Um sachlich **abgegrenzte Regelungen** handelt es sich zB **nicht,** wenn das Abziehen und Neuversiegeln von Parkett als Teil der im Einzelnen bezeichneten Schönheitsreparaturen angeführt sind.[562] Dasselbe gilt bei der zusätzlichen Verpflichtung des Mieters, bei Mietende die Tapeten und Kleber von Wand und Boden zu entfernen;[563] hierbei handelt es sich um eine Maßnahme, die in den Bereich der Schönheitsreparaturen fällt, nämlich die Herstellung der Tapezierfähigkeit. In derartigen Fällen bleibt es bei der Unwirksamkeit der gesamten Abwälzung.

2. Gewerberaum

a) Anfangs-, laufende und Endrenovierung

302 Klauseln, nach denen der Mieter

„die unverzügliche Renovierung zu Beginn des Mietverhältnisses, die laufenden Schönheitsreparaturen und eine Renovierung bei Auszug"

durchzuführen hat, stellen ohne weiteres eine **unangemessene Benachteiligung** des Mieters im Sinne von § 307 BGB dar.[564] Sie sind mit dem gesetzlichen Leitbild grundsätzlich nicht mehr zu vereinbaren. Sie können allenfalls dann Bestand haben, wenn ihre finanziellen Auswirkungen durch eine Gegenleistung des Vermieters kompensiert werden, also zB eine deutlich reduzierte Miete, und der Mietvertrag selbst diese Ver-

559 ZB BGH VIII ZR 73/08, GE 2009, 192 = NZM 2009, 197 = WuM 2009, 36.
560 *Artz* NZM 2007, 265 (271); aA *Klimke/Lehmann-Richter* WuM 2006, 653 (654).
561 BayObLG WuM 1997, 362 = ZMR 1997, 405.
562 BGH VIII ZR 48/09, NZM 2010, 157 = WuM 2010, 85.
563 BGH VIII ZR 152/05, NZM 2006, 621 = WuM 2006, 308.
564 KG GE 1986, 1167.

knüpfung herstellt, was üblicherweise eine Individualvereinbarung erfordert. Auch eine geringere Mietbelastung stellt dann kein Korrektiv dar, wenn es sich nur um einen für eine kurze feste Laufzeit abgeschlossenen Vertrag handelt.[565]

b) Anfangs- und laufende Renovierung

Klauseln, die den Mieter verpflichten, **303**

„die unverzügliche Renovierung zu Beginn des Mietverhältnisses sowie die laufenden Schönheitsreparaturen"

vorzunehmen, werden durch die Summierung der Pflichten eine **unangemessene** Benachteiligung des Mieters enthalten.[566] Hier dürfte, wie nach der Rechtsprechung des BGH zur Kombination von laufenden Schönheitsreparaturen und Endrenovierungspflicht (dazu nachfolgend), eine zu weit gehende Abweichung vom gesetzlichen Leitbild vorliegen, zumal der Mieter damit Schäden, die der Vormieter hinterlassen hat, beseitigen muss. Dass der Mieter den Vorteil hat, das Mietobjekt nach seinen Vorstellungen gestalten und seine Investition nutzen zu können, was seinem eigenen Interesse an einem vertragsgemäß nutzbaren Objekt entspricht, hat demgegenüber zurückzutreten, ebenso wie der Gesichtspunkt, dass teure Arbeiten zu Ende der Mietzeit, denen keine Nutzungsmöglichkeit mehr gegenüber steht, entfallen, so dass der Mieter bei entsprechender Planung den Nutzen aus der zuletzt von ihm durchgeführten Renovierung in vollem Umfang ziehen kann. Die Kombination einer formularmäßigen Abwälzung der laufenden Schönheitsreparaturen mit der individualvertraglichen Übernahme der Anfangsrenovierung durch den Mieter soll ohne weiteres wirksam sein,[567] was auf der vorbeschriebenen Grundlage aber nur für die individualvertragliche Regelung gilt.[568]

c) Laufende und Endrenovierung

Klauseln, dass der Mieter **304**

„die laufenden Schönheitsreparaturen durchzuführen und die Räumlichkeiten bei Ende des Mietverhältnisses in renoviertem Zustand"

zurückzugeben hat, sind **unwirksam,** und zwar auch dann, wenn dem Mieter ein renoviertes Mietobjekt zur Verfügung gestellt wurde.[569] Sie belasten den Mieter übermäßig, weil sie dem Mieter eine Endrenovierung unabhängig vom Zeitpunkt der letzten Schönheitsreparaturen und

[565] So KG GE 1986, 1167 für eine Laufzeit von nur 13 Monaten.
[566] *Schultz* S. 170; Lindner-Figura/Oprée/Stellmann Geschäftsraummiete/*Hübner* Kap. 13 Rn. 175.
[567] OLG Celle ZMR 1999, 469.
[568] Vgl. BGH XII ZR 200/06, GE 2009, 647 = GuT 2009, 98 = NZM 2009, 397.
[569] BGH XII ZR 308/02, GE 2005, 667 = NZM 2005, 504 = ZMR 2005, 527.

dem Zustand der Mietsache auferlegen. Derartige Klauseln lassen sich auch nicht mit der Begründung aufrechterhalten, der Mieter von Gewerberaum sei eher als der Wohnraummieter in der Lage, seine Rechte bei Vertragsabschluss zu wahren, oder mit Hilfe der Ausübungskontrolle, dass eine Endrenovierung auszuscheiden habe, wenn erst kurze Zeit vor Mietende renoviert wurde.[570]

305 Wurde die **Endrenovierungspflicht** allerdings **individualvertraglich** vereinbart, wird ihre Wirksamkeit nicht davon berührt, dass zugleich die laufenden Schönheitsreparaturen abgewälzt wurden, auch wenn die Klausel zur laufenden Renovierung unwirksam ist. Hier tritt kein Summierungseffekt ein.[571]

3. Wohnraum

a) Anfangs-, laufende und Endrenovierung

306 Im Hinblick auf das gesetzliche Leitbild aus § 535 Abs. 1 S. 2 BGB versteht es sich von selbst, dass Formularklauseln, welche den Mieter umfassend und verbindlich zur Durchführung der Schönheitsreparaturen vom Beginn des Mietverhältnisses an bis zu dessen Beendigung verpflichten, **unwirksam** sind. Es handelt sich um einen offensichtlichen Verstoß gegen das Übermaßverbot, der nach § 307 BGB die Unwirksamkeit der gesamten Regelung zur Folge hat.

b) Anfangs- und laufende Renovierung

307 Mit der Abwälzung der Anfangsrenovierung bei einer unrenoviert überlassenen Wohnung wird dem Mieter die Beseitigung der Gebrauchsspuren auferlegt, die nicht auf seinem Mietgebrauch, sondern demjenigen des Vormieters beruhen. Sofern der Mieter keinen Ausgleich erhält (zu allem ausführlich → Rn. 159 ff.), wird er schon hierdurch übermäßig belastet iSd § 307 BGB. Erst recht ist daher die Kumulation mit der Verpflichtung zur Erledigung der laufenden Schönheitsreparaturen **unwirksam.** Auch wenn diese Verpflichtung für sich genommen in zulässiger Weise ausgestaltet worden sein sollte, bleibt aufgrund des Summierungseffekts die gesamte Abwälzung ohne Erfolg.

c) Laufende und Endrenovierung

aa) Mit unbedingter Endrenovierungspflicht

308 Klauseln, welche den Mieter **verbindlich** zur **Rückgabe** der Wohnung **in renoviertem Zustand** verpflichten, sind unwirksam (→ Rn. 279). Die Kumulation mit der Pflicht zur laufenden Renovierung führt daher ohne weiteres zu einem Verstoß gegen das Übermaßverbot aus § 307 BGB, und zwar auch dann, wenn die Regelung zu den laufenden Schönheitsrepara-

[570] BGH XII ZR 308/02, GE 2005, 667 = NZM 2005, 504 = ZMR 2005, 527.
[571] BGH XII ZR 200/06, GE 2009, 647 = GuT 2009, 98 = NZM 2009, 397.

turen aufgrund weicher Fassung für sich betrachtet zulässig ist; sind die laufenden Schönheitsreparaturen nach starren Fristen zu erledigen, ist ohnehin Unwirksamkeit gegeben (→ Rn. 201 ff.). Die **Gesamtregelung** ist damit **unwirksam.**

bb) Mit bedingter Endrenovierungspflicht

Klauseln, nach denen der Mieter **309**

*„die während des Mietverhältnisses **fällig gewordenen** Schönheitsreparaturen spätestens **bei Beendigung des Mietvertrags nachzuholen** hat"*

sind grundsätzlich **wirksam,** weil sie den Mieter allein verpflichten, eine schon früher fällig gewordene Renovierung jedenfalls zum Mietende auszuführen. Es handelt sich um eine Klarstellung ohne eigenen Regelungsgehalt.[572] Dies gilt nach der neuen Rechtsprechung des BGH jedoch nur, wenn die Wohnung dem Mieter renoviert übergeben wurde.

Dasselbe soll nach der Rechtsprechung des BGH für die Klausel gelten, **310**

*„**Üblicherweise** sind die Schönheitsreparaturen in Küchen alle 3 Jahre … auszuführen ….*
*Hat der Mieter … die Räume … **mindestens** drei Jahre, die Räume … **mindestens** fünf Jahre, die Räume oder Einrichtungen … **mindestens** sieben Jahre benutzt, ohne diese Räume in der genannten Zeit renoviert zu haben, so hat er **spätestens bei Beendigung des Mietverhältnisses** die Renovierung fachmännisch nachzuholen.".*

Durch die starren Fristen ist sie zwar hinsichtlich der Endrenovierungspflicht unwirksam. Auch sie stelle aber nur eine **bloße Ergänzung** der Pflicht zur Ausführung der laufenden Schönheitsreparaturen, so dass **kein Summierungseffekt** eintrete (→ Rn. 296 ff.).[573]

(einstweilen frei) **311**

IX. Klauseln mit Abgeltungsquoten

1. Begriff

Endet das Mietverhältnis vor der **Fälligkeit von Schönheitsreparaturen,** hat der Vermieter keinen Anspruch auf Ausführung irgendwelcher Renovierungsarbeiten, soweit der dekorative Zustand nur Abnutzungen aufweist, wie sie sich auch bei vertragsgemäßem Gebrauch zwangsläufig einstellen (§ 538 BGB).[574] Will er die Schönheitsreparaturen wirksam auf **312**

[572] BGH VIII ZR 247/05, NZM 2007, 355 = WuM 2007, 260; VIII ZR 52/06, GE 2006, 1542 = NZM 2006, 924 = WuM 2006, 677 = ZMR 2007, 28.

[573] BGH VIII ZR 124/05, NZM 2006, 691 = WuM 2006, 513; VIII ZR 52/06, GE 2006, 1542 = NZM 2006, 924 = WuM 2006, 677 = ZMR 2007, 28; VIII ZR 247/05, NZM 2007, 355 = WuM 2007, 260.

[574] ZB BGH VIII ARZ 9/86, DWW 1987, 219 = GE 1987, 817 = NJW 1987, 2757 = WuM 1987, 306 (309) = ZMR 1987, 415.

den Nachfolgemieter abwälzen, hat er ihm jedoch nach der neuen Rechtsprechung des BGH ein renoviertes Mietobjekt zur Verfügung zu stellen oder ihm einen angemessenen Renovierungszuschuss zu leisten, mit dem die vorvertraglichen Abnutzungsspuren kompensiert werden (→ Rn. 84 ff., 88 ff.). Um hier eine Beteiligung des Mieters an den Kosten zu erzielen, enthalten manche Formularvertragsmuster wie auch die zum Teil von Großvermietern gestalteten eigenen Verträge eine sog. **Abgeltungs-, Quoten- oder Quotenhaftungsklausel.** Danach soll der Mieter, der während eines laufenden Dekorationsturnus auszieht, eine **Renovierungsquote** tragen. Die Quote wird im Grundsatz nach der Dauer der Wohnzeit seit den letzten Schönheitsreparaturen und dem entsprechenden Anteil an der Höhe einer vollständigen Renovierung berechnet. Zu den Quotenabgeltungsregelungen gehören auch die **Kostenbeitragsklauseln.** Diese verpflichten den Mieter, sich mit einem Kostenanteil an den vom Vermieter durchzuführenden Schönheitsreparaturen zu beteiligen. Sie benachteiligen ihn jedenfalls dann unangemessen, wenn der Mieter den Kostenbeitrag nicht durch Eigenleistung abwenden kann oder der Mietvertrag starre Berechnungsgrundlagen enthält, die bei der Kostenbestimmung den tatsächlichen Zustand der Wohnung nicht berücksichtigt.[575]

2. Zulässigkeit – Wohnraummiete

a) Grundsätze

313 In einem Hinweisbeschluss vom 22.1.2014[576] hatte der **BGH** bereits generelle Bedenken geäußert, ob nicht der **Mieter** durch die Schwierigkeiten, die sich bei der praktischen Umsetzung anhand der allein zulässigen flexiblen Quoten ergeben, **unangemessen benachteiligt** wird. Diese Bedenken hat er nunmehr durchschlagen lassen mit der Folge, dass **formularvertragliche Abgeltungsquoten** eine nach § 307 BGB unangemessene Benachteiligung des Mieters enthalten und daher **unwirksam** sind, gleichviel ob die Wohnung dem Mieter in renoviertem oder unrenoviertem Zustand überlassen wurde.[577]

314 **Der Entscheidung des BGH** uneingeschränkt **zuzustimmen.**[578] Im Urteil vom 26.9.2007[579] hatte er zunächst zur Wirksamkeit von Abgeltungsklauseln nur in Frage gestellt, ob es überhaupt möglich ist, eine Abgeltungsquotenklausel bei Überlassung einer nicht renovierten Wohnung wirksam zu vereinbaren, weil dies eine doppelte Belastung des Mieters infolge der vorgefundenen Gebrauchsspuren zur Folge haben könne. Im

---

[575] LG München I NZM 2016, 382 = ZMR 2016, 548.

[576] BGH VIII ZR 352/12, GE 2014, 245 = WuM 2014, 135.

[577] BGH VIII ZR 242/13, DWW 2015, 213 = GE 2015, 721 = NJW 2015, 1871 = NZM 2015, 424 = WuM 2015, 343 = ZMR 2015, 690.

[578] Ebenso *Langenberg* NZM 2015, 681 (686); *H.Schmidt* NJW 2016, 1201 (1201).

[579] BGH VIII ZR 143/06, DWW 2008, 14 = GE 2007, 1622 = NZM 2007, 879 = WuM 2007, 684 = ZMR 2008, 30.

Hinblick auf die in diesem Urteil nachhaltig geäußerten Bedenken hätte das Landgericht Itzehoe im Grunde Beweis über den Anfangszustand erheben müssen, bevor es die Abgeltungsklausel für wirksam hielt. Ob die Wohnung hier bei Einzug des Mieters frisch und fachgerecht renoviert war, wie es der Vermieter behauptet hatte, war streitig geblieben. Vermieter und Mieter hatten sich zum Zustand der Wohnung bei Einzug auf Zeugen berufen; diese wurden jedoch vom Amtsgericht Pinneberg nicht vernommen, weil es schon die Abwälzung der Schönheitsreparaturen für unwirksam hielt. Sodann hat der BGH in dem erwähnten Hinweisbeschluss vom 22.1.2014 generelle Vorbehalte gegen die Zulässigkeit von Abgeltungsquoten formuliert, weil ihre Berechnung letztlich von hypothetischen Überlegungen abhängt. Wie im Folgenden ausgeführt, trifft die Annahme einer nur spekulativen Berechnung der Quote zu.

b) Spekulative Berechnung der Quote

Die Grundlagen für die Berechnung der Abgeltungsquote finden sich im Urteil vom 26.9.2007.[580] Danach ist eine Abgeltungsklausel nur dann unbedenklich, wenn sie eine Berücksichtigung des tatsächlichen Erhaltungszustands der Wohnung in der Weise ermöglicht, dass für die Berechnung der Quote das Verhältnis zwischen der Mietdauer seit Durchführung der letzten Schönheitsreparaturen und dem Zeitraum nach Ausführung der letzten Schönheitsreparaturen maßgeblich ist, nach dem bei einer hypothetischen Fortsetzung aufgrund des Wohnverhaltens des Mieters voraussichtlich Renovierungsbedarf bestünde. Für die Berechnung der Abgeltungsquote sind daher zunächst der **Anfangs-** und der **Endzustand** der Wohnung festzustellen. Zusätzlich ist nach dem Erscheinungsbild der Wohnung bei Mietende eine **Prognose** anzustellen, für welchen Zeitraum ein (noch) ansehnlicher Zustand erwartet werden darf. Mit diesen **drei Prüfungsschritten** wird der gesamte Abnutzungszeitraum ermittelt, der sodann mit der Mietdauer zu vergleichen ist. 315

Die **Umsetzung** des zweiten und zumal des dritten Prüfungsschritts ist **in der Praxis** ist jedoch, wie nachfolgend beschrieben, nicht verlässlich zu leisten, sondern mit der **evidenten Gefahr einer Benachteiligung des Mieters** verbunden. Auch ein Sachverständiger ist letztlich auf hypothetische und spekulative Annahmen angewiesen,[581] was besonders dann deutlich wird, wenn die Parteien in einem Prozess um die Quote streiten und das Mietobjekt ggf. schon längst wieder anderweitig vermietet ist. 316

aa) Anfangszustand

Aus dem **Anfangszustand** ergeben sich keine Schwierigkeiten, weil Abgeltungsquoten im Hinblick auf das Urteil des BGH vom 26.9.2007[582] 317

[580] BGH VIII ZR 143/06, DWW 2008, 14 = GE 2007, 1622 = NZM 2007, 879 = WuM 2007, 684 = ZMR 2008, 30.

[581] Ausführlich LG Kiel WuM 2006, 312 (314, gegen LG Hamburg WuM 2005, 453.

[582] BGH VIII ZR 143/06, DWW 2008, 14 = GE 2007, 1622 = NZM 2007, 879 = WuM 2007, 684 = ZMR 2008, 30.

nur bei renovierter Wohnung zulässig sind bzw. bei unrenovierter Wohnung, wenn der Vermieter dem Mieter einen Ausgleich in einer Höhe leistet, der die Gleichstellung mit einer renovierten Wohnung zulässt.

bb) Endzustand

318 Was den **Endzustand** betrifft, ist kein fiktiver Renovierungsaufwand zugrunde zu legen, der für die nach Ablauf einer vereinbarten Renovierungsfrist auszuführenden Schönheitsreparaturen erforderlich wäre, gleichviel ob sie notwendig sind oder nicht;[583] diese Ansicht beruht auf der Anerkennung starrer Fristen. **Maßgeblich** ist vielmehr **das tatsächliche Erscheinungsbild der Wohnung,** ihr dekorativer Zustand ist zu bewerten. Wie bereits oben im Zusammenhang mit der Bedeutung von zwar weichen aber kurzen Renovierungsfristen ausgeführt (→ Rn. 208 ff.), erfolgen die Rückgabe der Wohnung und die Überprüfung ihres Zustands üblicherweise nach Auszug des Mieters und damit im geräumten Mietobjekt, in dem sich bei nicht nur ganz kurzer Mietzeit die unvermeidlichen Gebrauchsspuren zeigen. Ein leeres Mietobjekt macht daher häufig keinen einladenden Eindruck mehr, zumal wenn das Mietverhältnis mehrere Jahre bestand. In dieser Situation ist es für den **Vermieter relativ** leicht darzutun, dass Schönheitsreparaturen demnächst erforderlich sein werden, dh eine relativ kurze Zeitspanne bis zur Fälligkeit der Renovierung und damit **eine ihm günstige Quote.** Richtigerweise wäre indes danach zu fragen, wie der Renovierungsturnus bei fortbestehendem Mietverhältnis einzuschätzen ist, dh zB bei unverändert möblierter Wohnung, was in der Praxis jedoch nicht erfolgt (→ Rn. 210 ff.).

cc) Prognose

319 Die **Prognose** erfordert die zusätzliche Einschätzung, welchem Gesamt-Abnutzungszeitraum bei durchschnittlicher Abnutzung der tatsächliche Zustand entspricht,[584] dh wann bei hypothetischer Fortschreibung des Wohnverhaltens des bisherigen Mieters Renovierungsbedarf zu erwarten wäre.[585] Das Verhältnis von Nutzungszeit und Endzustand beruht auf dem bisherigen Lebenszuschnitt des Mieters. Schon wenn er als Einzelbewohner die Wohnung zB wegen seines Arbeitsplatzes ständig bewohnte und später auf eine Arbeitsstelle andernorts wechselt, so dass er die Wohnung nur noch am Wochenende nutzt, ergibt sich eine völlig andere Nutzungsintensität. Erst recht verändert sich die Inanspruchnahme der Wohnung, wenn sich die Zahl der nutzenden Personen durch Auszug eines Ehepartners oder Lebensgefährten verringert oder wenn

[583] So aber OLG Celle NZM 2001, 850 = WuM 2001, 393 = ZMR 2001, 612 für einen Gewerberaummietvertrag.
[584] LG Kiel WuM 2006, 312 (314).
[585] BGH VIII ZR 143/06, NZM 2007, 879 = WuM 2007, 684.

„Intensivnutzer" wie Kinder die Wohnung verlassen. Schließlich können sich auch bei unveränderter Belegung der Wohnung Änderungen bei den Lebensgewohnheiten einstellen, zB durch Aufgabe des Rauchens. Die Beispiele machen deutlich, dass die **Prognose in hohem Maße spekulativ** ist. Auch wenn es umgekehrt möglich ist, dass sich durch entsprechende Veränderungen ein erheblich stärkerer Gebrauch und damit eine viel höhere Abnutzung der Dekoration einstellen, ist dem Vermieter dieser Einwand verwehrt. Es geht allein darum festzustellen, ob die vom Vermieter als Verwender eingebrachte Klausel der Überprüfung nach § 307 BGB standhält.

Diese **Problematik** soll **nach einer Ansicht** dadurch **zu vermeiden** **320**
sein, dass die Quote *„schlicht und problemlos zeitanteilig"* berechnet und bei Bedarf *„nach dem aktuellen Zustand der Wohnung angemessen herabgesetzt oder erhöht"* wird.[586] Eine tatsächlich schlichte und problemlose zeitanteilige Berechnung ist indes nur mit – unwirksamen – starren Renovierungsfristen zu erreichen. Es wird daher auch hier darauf abgestellt, dass die Regelung flexibel ist, um die Quote je nach dem Endzustand herabsetzen oder erhöhen zu können. Der Unterschied zum Ansatz des BGH liegt darin, die **Prognose** des Zeitraums bis zur Unansehnlichkeit der Dekoration **zu pauschalieren,** indem als Maßstab allein der bei Rückgabe der Wohnung vorgefundene Zustand herangezogen wird. Anhand objektiver Anknüpfungspunkte – derselben Gesichtspunkte, die bereits oben behandelt sind, also zB der Belegung der Wohnung oder des Umfangs ihrer Nutzung – soll festgestellt werden, warum die Wohnung durchschnittlich, übermäßig oder in geringerem Umfang abgenutzt wurde. Diese bis zur Rückgabe der Wohnung bestehenden Lebensumstände des Mieters werden sodann für die pauschale Quotenberechnung als feststehend bis zum Eintritt des Renovierungsbedarfs zugrunde gelegt.

Zur tatsächlichen Seite kann das vorgeschlagene Verfahren tatsächlich **321**
im Einzelfall durchaus zur erleichterten Bestimmung der Quote führen. Dies gilt dann, wenn erst eine relativ kurze Mietzeit bis zur Rückgabe der Wohnung verstrichen ist. Der vorgefundene Zustand wird fortgeschrieben, so dass die vom BGH herausgestellten Unwägbarkeiten der künftigen Lebensumstände des Mieters außer Betracht bleiben. Geht es hingegen um ein Mietverhältnis, das zB sechs oder sieben Jahre bestanden hat, und ist abzuklären, wann die Wohnräume zu renovieren sein werden, zeigt sich jedoch kein relevanter Unterschied zu der bislang vom BGH vertretenen hypothetischen Prognose; es kann angenommen werden, dass sich die am Endzustand erkennbare jahrelange Art und Weise des Gebrauchs der Wohnung nicht entscheidend verändern wird.

In rechtlicher Hinsicht vermag dieses Verfahren allerdings **für den** **322**
Hauptanwendungsfall der Abgeltungsklausel, nämlich eines Mietverhältnisses, das zB nur wenige Jahre bestand oder in dem seit der letzten

[586] *Beyer* NZM 2014, V (VI).

Renovierung nur relativ kurze Zeit vergangen ist, **nicht zu überzeugen.** Zu Recht geht der BGH davon aus, dass der Mieter nur diejenigen dekorativen Schäden zu beseitigen hat, die aus seinem Gebrauch der Mietsache stammen. Es ist daher folgerichtig, dass zur Bemessung der Quote allein die Abnutzungen herangezogen werden, mit denen bis zur Fälligkeit der Renovierung zu rechnen ist. Wird hingegen ausschließlich auf der Basis des Endzustands gerechnet, bleiben zu Lasten des Mieters mögliche künftige Veränderungen unberücksichtigt, die eine geringere Abnutzung zur Folge haben. Dieses Ergebnis ist mit dem Leitbild des § 535 Abs. 1 S. 2 BGB nicht zu vereinbaren.

dd) Ergebnis

323 Die Bewertung des dekorativen **Zustands im Zeitpunkt der Rückgabe** des Mietobjekts ist von außerordentlicher Bedeutung. Sie liefert die Grundlage für die weitere Berechnung der Quote, weil auf ihr alle weiteren Überlegungen zu dem für die Einschätzung der Quote maßgeblichen Renovierungsturnus beruhen. Die **Schwierigkeiten,** die sich aus dem Erscheinungsbild einer leeren Wohnung **für die richtige Beurteilung des Ausgangswertes** einstellen, sind oben ausführlich beschrieben. Schon sie sind geeignet, den Mieter unangemessen zu benachteiligen. **Erst recht** kann die **Prognose,** welcher Zeitraum bis zur Fälligkeit der Schönheitsreparaturen zu veranschlagen ist, deutlich zu seinem Nachteil ausschlagen, zumindest immer dann, wenn die Renovierung bei fortlaufendem Mietverhältnis nicht ohnehin demnächst anstünde. Dem **BGH** ist darin **zuzustimmen,** dass die Feststellung einer Zahlungspflicht auf einer derart spekulativen Grundlage den Mieter in unangemessener Weise benachteiligt.

3. Zulässigkeit – Gewerberaummiete

324 Für die Gewerberaummiete hat der **XII. Senat des BGH** bislang nach der Rechtsprechungsänderung in der Wohnraummiete (→ Rn. 313) **nicht entschieden,** ob Quotenabgeltungsklauseln weiterhin wirksam sind. Zwar könnte sich derartiges daraus ergeben, dass der Gewerberaummietsenat bereits früher die formularvertragliche Rechtsprechung des VIII. Senats BGH im Zusammenhang mit der Abwälzung von Schönheitsreparaturen übernommen hat, so etwa zu starren Renovierungsfristen[587] und der Verwendung einer Endrenovierungsklausel in Verbindung mit einer Abwälzung der laufenden Schönheitsreparaturen.[588] Dabei ist auch zu sehen, dass der XII. Senat des BGH in beiden Fällen den Gewerberaummieter im Rahmen der AGB-Kontrolle als ebenso schutzbedürftig einstuft, wie den Wohnraummieter.[589] Das alleine kann jedoch dieselbe Be-

[587] BGH XII ZR 84/06, BGHZ 178, 158 = GE 2008, 1556 = NJW 2008, 3772 (mAnm *Bieber*) = NJW 2008, 3774 = NZM 2008, 890 = ZMR 2009, 110.

[588] BGH XII ZR 308/02, GE 2005, 667 = NZM 2005, 504 = ZMR 2005, 527.

[589] Ahnlich *Graf v. Westphalen* NZM 2016, 369 (373f.) ua mit Verweis auf BGH VIII ZR 114/13, NJW 2014, 2708 (Preisanpassungklausel im Gaslieferungsvertrag); *Drettmann* NJW 2015, 3694 (3696); krit. *Bieber* NJW 2015, 3772 (3775): *„nicht belegt“.*

wertung einer Quotenabgeltungsklausel in der Gewerberaummiete nicht begründen.[590] Demgenüber wird in Gewerberaummietverträgen eine **feste Abgeltungsquote** für zulässig erachtet, weil das von dem VIII. Senat des BGH zur Begründung der Unzulässigkeit einer Quotenabgeltungsklausel maßgeblich angeführte Argument, der Mieter könne aufgrund dieser die auf ihn zukommenden Kosten nicht abschätzen, hier weniger relevant sei. Denn Gewerbereaummietverträge würden überwiegend mit festen Laufzeiten geschlossen.[591] Aufgrund der Absehbarkeit der Mietdauer sei eine Kostenabschätzung in ausreichendem Maß möglich, so dass sich der Mieter hierauf einrichten könne.[592] Diese Annahme **kann AGB-rechtlich zunächst nicht überzeugen.** Dass der Geschäftsraummieter die auf ihn zukommenden Kosten grundsätzlich besser einschätzen könne als der Wohnraummieter, ist nicht generalisierbar. Die Prämisse einer allgemein besseren kaufmännischen Kalkulationsfähigkeit vermag der XII. Senat des BGH jedenfalls im Bereich der Schönheitsreparaturen gerade nicht anzuerkennen. Sie wäre auch lediglich für die feste Vertragslaufzeit und die Abnutzungsprognose heranziehbar. Letztere mag allenfalls dann einschlägig sein, wenn es sich bei dem Mietobjekt etwa um Büroräume handelt, die zudem von einer übersichtlichen Personenzahl genutzt werden. Je größer und wechselnder der Personalbestand jedoch ist, desto weniger ist es dem Mieter möglich, das (Ab-)Nutzungsverhalten vorherzusagen.[593] Demgegenüber ist der Umfang der Nutzer aber auch dem Wohnraummieter bekannt und unterliegt geringeren Änderungen, ebenso kennt dieser sein eigenes Wohnverhalten und kann dieses abschätzen. Handelt es sich bei der Mietsache jedoch um **öffentlich zugängige (Verkaufs-)Räume** und unterliegen diese zudem etwa Vorgaben Dritter **(„Franchising")**, so wird eine reale Nutzungs- und somit Kostenprognose kaum noch möglich sein.[594] Auch die feste Vertragslaufzeit allein vermag die Zulässigkeit einer Quotenabgeltung nicht zu bejahen. Inwieweit solche Prognosen überhaupt bei einer Laufzeit von (häufig) zehn Jahren bei Vertragsschluss möglich sein sollen, ist fraglich. Hinzu kommt, dass die Parteien regelmäßig Verlängerungsoptionen vereinbaren und der Mieter, selbst wenn er diese alleine ausüben kann, über die Entscheidung zu Beginn keine ausreichende Kenntnis hat. Sie wird auch nicht aus Gründen der Kostenabschätzung hinsichtlich der Abgeltung, sondern aus anderen Erwägungen getroffen.

Dennoch sollte hier im Ergebnis eine **feste Abgeltungsquote auch formularvertraglich zu vereinbaren** sein. Gerade in der Geschäftsraummiete kommt dem Grund für die Quotenabgeltung, der andernfalls nicht geleisteten Mietanteile, größere Bedeutung zu, weil die Mieten höher 325

[590] So aber OLG Celle NJW 2016, 3732 = NZM 2016, 644.
[591] *Boerner* NZM 2016, 686 (690).
[592] *Dose* NZM 2009, 381 (385); *Drettmann* NJW 2015, 3694 (3696).
[593] Näher *Zehelein* NZM 2017, 137 (143).
[594] *H. Schmidt* NJW 2016, 1202 (1204).

sind als in der Wohnraummiete. Das rechtfertigt es, das Interesse des Mieters an einer besonders genauen (richtigen) Abgeltungszahlung bei Mietende und somit auch das Verbot starrer Renovierungsfristen zu relativieren. Zudem besteht eine ausreichende Planungssicherheit des Mieters, sich auf die Abgeltung bei Mietende einstellen und diese ansparen zu können. Das kann jedoch nicht per se, sondern nur bei einer **fest vereinbarten (Erst-) Vertragslaufzeit** greifen, die **mindestens fünf Jahre** betragen sollte. In diesem Fall bedarf es keiner (weicher) Renovierungsfristen als Berechnungsgrundlage, da die ausreichende oder jedenfalls zumutbare Kostenabschätzung dann dem Gewerberaummieter letztlich zu unterstellen bzw. ein tatsächliches Abweichen hiervon als unschädlich anzusehen ist.[595]

326–355 *(einstweilen frei)*

X. Schnellübersichten

1. Klauseln zum Gegenstand der Schönheitsreparaturen

356

… einschließlich Streichen von Außenfenstern, Türen, Balkontür, Loggia.	unwirksam (→ Rn. 12)
… zu den Schönheitsreparaturen zählen Reinigen und Abziehen und Wiederherstellung der Versiegelung von Parkett.	unwirksam (→ Rn. 13)
Parkett und Holzfußboden sind nach zehn Jahren zu versiegeln, sofern dies die Gesetzeslage bzw. die Rechtsprechung erlauben …	unwirksam (→ Rn. 14)

2. Klauseln zur Qualität der Schönheitsreparaturen

357

… sind sach- und fachgerecht *oder* fachmännisch auszuführen	wirksam (→ Rn. 33)
… durch Fachhandwerker/durch einen Fachbetrieb/Meisterbetrieb auszuführen *oder* Schönheitsreparaturen sind vom Mieter ausführen zu lassen.	Gewerberaum: (noch) wirksam (str. → Rn. 39), Wohnraum: unwirksam (→ Rn. 34)

[595] *Zehelein* NZM 2017, 137 (142); aA *Boerner* NZM 2016, 686 (690).

… nach den anerkannten Regeln der Technik *oder* nach den Regeln der VOB …	Wohnraum: unwirksam (→ Rn. 36)
Die Farbe darf nur in einem Malerfachgeschäft gekauft werden. *Oder*	Wohnraum: unwirksam (→ Rn. 37)
Anstreichen … keineswegs mit Acrylfarben	Wohnraum: grundsätzlich unwirksam (→ Rn. 37)
… mittlerer Art und Güte, jedoch fachgerecht …	unwirksam (→ Rn. 33)
… fachmännisch und in guter Qualität …	unwirksam (→ Rn. 33)

3. Klauseln ohne Abwälzungswirkung

Die Schönheitsreparaturen übernimmt … *oder* Die Schönheitsreparaturen trägt der Vermieter … Mieter	wenn nicht ordnungsgemäß ausgefüllt (→ Rn. 151 ff.)	358
Die Räumlichkeiten sind ordnungsgemäß und schonend zu behandeln.	(→ Rn. 153)	
Die Mieträume sind in dem sich aus einer ordnungsgemäßen Benutzung ergebenden/ in ordnungsgemäßem Zustand zurückzugeben.	(→ Rn. 154)	

4. Klauseln mit Übertragung der Anfangsrenovierung

Die erstmaligen Renovierungsarbeiten sind innerhalb von … (bis zum …) Wochen/Monaten auszuführen.	Gewerberaum: nach hM wirksam (→ Rn. 155 ff.) Wohnraum: unwirksam (→ Rn. 159), es sei denn, der Mieter erhält individualvertraglich einen Ausgleich (→ Rn. 161)	359

5. Klauseln mit Übertragung der laufenden Renovierung

360

Die Schönheitsreparaturen werden vom Mieter getragen ..., ... sind Sache des Mieters, ... gehen zulasten des Mieters	wirksam (→ Rn. 167f.), sofern Übergabe in renoviertem Zustand/mit Renovierungszuschuss (→ Rn. 83ff.) und mit Beschränkung auf Schäden aus dem Mietgebrauch (→ Rn. 168f.)
Der Mieter trägt die Kosten der Schönheitsreparaturen.	nach hM auch als Vornahmepflicht wirksam (→ Rn. 172, aber → Rn. 52ff. zu Wohnraum)
... unverzüglich auszuführen, wenn Schäden an der Substanz der Mieträume zu vermeiden oder zu beseitigen sind.	wirksam (→ Rn. 173)
... auch die durch Zufall oder Modernisierung erforderlich werdenden Schönheitsreparaturen	unwirksam (→ Rn. 174)
Ohne Renovierungsfristen	
... Schönheitsreparaturen auszuführen, soweit diese erforderlich werden.	wirksam (→ Rn. 177)
... Schönheitsreparaturen auszuführen, wenn das Aussehen mehr als nur unerheblich beeinträchtigt ist.	unwirksam (→ Rn. 178)
... sind bei Bedarf auszuführen.	unwirksam (→ Rn. 180)
Mit Renovierungsfristen	
... mindestens in der nachfolgenden Zeitfolge *oder* ... der Mieter *hat* alle drei Jahre ... *oder* ... auf die üblichen Fristen, zB Küchen/Bäder alle drei Jahre ... *oder* ... innerhalb folgender Fristen ... *oder* ... bei Bedarf, mindestens nach Ablauf der Fristen	Gewerberaum: unwirksam (→ Rn. 193f.) Wohnraum: unwirksam (→ Rn. 203ff.)

… sind üblicherweise/in der Regel/im Allgemeinen … auszuführen	wirksam (→ Rn. 242)
… sind grundsätzlich …	streitig, nach hier vertretener Ansicht unwirksam (→ Rn. 243)
…sind regelmäßig in folgenden Zeiträumen erforderlich …	wirksam (→ Rn. 244)
…sind in der Regel in Küchen spätestens …	wirksam nach BGH (→ Rn. 245 f.)
je nach Grad der Abnutzung gemäß nachstehendem Fristenplan … Als angemessene Zeitabstände gelten: für Küchen alle drei Jahre …	unwirksam (→ Rn. 247)
Bei normaler Benutzung … alle 3 Jahre … auszuführen.	unwirksam (→ Rn. 248)
… je nach Grad der Abnutzung unverzüglich … Üblicherweise in folgenden Zeitabständen …	wirksam (→ Rn. 250)
… in besonderen Fällen eine Verlängerung der Fristen auf Antrag des Mieters …	wirksam nach BGH (→ Rn. 252 f.)
Farbton laufendes Mietverhältnis	
… in neutralen/hellen Farben und Tapeten … *oder* Schönheitsreparaturen umfassen insbesondere … das Weißen der Decken und Oberwände … *oder* … Anbringen einer weiß gestrichenen Raufasertapete … *oder* … Türblätter, Türrahmen … nur weiß …	unwirksam (→ Rn. 256)
Ausführungsart	
… in Lasurtechnik … nur mit Zustimmung des Vermieters	unwirksam (→ Rn. 263)

Der Mieter darf nur mit Zustimmung des Wohnungsunternehmens von der bisherigen Ausführungsart abweichen.	unwirksam (→ Rn. 264 ff.)
… Bekleben der Wände mit Tapeten ist nur nach Zustimmung des Vermieters zulässig.	unwirksam (→ Rn. 268)

6. Klauseln zum Endzustand

361

Gewerberaum	
… in vertragsgemäßem Zustand …	wirksam (→ Rn. 271)
… in renoviertem Zustand …	unwirksam (→ Rn. 273)
… im Zustand wie übernommen *oder* wie bei Beginn des Mietverhältnisses	unwirksam (→ Rn. 274)
… in bezugsfertigem/ bezugsgeeignetem Zustand …	nach BGH wirksam (→ Rn. 275, dagegen → Rn. 276)
Wohnraum	
… fällig gewordene Schönheitsreparaturen sind spätestens bei Beendigung des Mietvertrags nachzuholen.	wirksam (→ Rn. 285 ff.)
Farbton	
Die Mieträume sind mit Schönheitsreparaturen in neutralen, hellen, deckenden Farben und Tapeten zurückzugeben *oder* Lackierte Holzteile sind in dem Farbton zurückzugeben, wie er bei Vertragsbeginn vorgegeben war, farbig gestrichene Holzteile auch in Weiß oder hellen Farbtönen.	wirksam (→ Rn. 258 ff.)
Lackierte Holzteile in dem Farbton wie bei Vertragsbeginn, auch in weiß oder hellen Farbtönen…	wirksam (→ Rn. 260)

Die Mieträume/Lackteile sind weiß gestrichen zurückzugeben.	unwirksam (→ Rn. 261)
Endrenovierung	
… in fachgerecht renoviertem Zustand zurückzugeben …	unwirksam (→ Rn. 279)
Hat der Mieter die Räume mindestens 3 Jahre … benutzt, ist die Renovierung spätestens bei Mietende nachzuholen.	Endrenovierungspflicht unwirksam (→ Rn. 280)
… Wand- und Deckentapeten zu beseitigen … *oder* … in tapezierfähigem Zustand zurückzugeben	unwirksam (→ Rn. 282)
… in gutem dekorativem Zustand zurückzugeben …	unwirksam (→ Rn. 283)

7. Klauseln mit Summierung von Pflichten

362

Unbedingte Renovierungspflicht	
Anfangs-, laufende und Endrenovierung	Gewerbe- und Wohnraum: insgesamt unwirksam (→ Rn. 302, 306)
Anfangs- und laufende Renovierung	Gewerbe- und Wohnraum: insgesamt unwirksam (→ Rn. 303, 307)
Laufende und Endrenovierung	Gewerbe- und Wohnraum: insgesamt unwirksam (→ Rn. 304, 308)
Bedingte Renovierungspflicht	
Fällige Schönheitsreparaturen sind spätestens bei Mietende nachzuholen.	wirksam (→ Rn. 287, 309)
Hat der Mieter die Räume mindestens 3 Jahre … benutzt, ist die Renovierung spätestens bei Mietende nachzuholen.	Die Endrenovierungspflicht ist unwirksam, die Pflicht zur Ausführung der laufenden Schönheitsreparaturen bleibt wirksam (→ Rn. 296, 310).

D. Folgen unwirksamer Klauseln

I. Grundsätze

363 Verstößt eine Klausel gegen §§ 308, 309 BGB oder hält sie der allgemeinen Inhaltskontrolle nach § 307 BGB nicht stand, ist sie **insgesamt unwirksam** (zur Ausnahme bei Regelungen zu verschiedenen Sachgebieten → Rn. 300). Die sog. geltungserhaltende Reduktion, dh die Aufrechterhaltung der Klausel mit einem reduzierten, gerade noch akzeptablen Inhalt, ist unzulässig. Dies gilt für private Mietparteien ebenso wie für Kaufleute. Auch eine **Auslegung** oder **Umdeutung,** die zu einem entsprechenden Ergebnis führt, ist unzulässig.[596]

364 **Salvatorische Klauseln** verhindern die Unwirksamkeit nicht.[597] Sie begegnen in zwei Varianten, als Erhaltungs- und als Ersetzungsklauseln.

365 Als **Erhaltungsklausel,** zB

„Sollten einzelne Bestimmungen des Vertrags ganz oder teilweise unwirksam sein, bleibt der Vertrag im Übrigen gültig“,

geben sie nur wieder, was schon in § 306 Abs. 1 BGB geregelt ist.

366 Als **allgemeine Ersetzungsklausel,** zB

„Sofern einzelne Bestimmungen des Vertrags unwirksam sein sollten, werden sie durch die entsprechende gesetzliche Regelung ersetzt.“,

wiederholen sie ebenfalls nur § 306 Abs. 2 BGB.

367 Aber auch als **spezielle Ersetzungsklausel** (Nachholklausel), zB

„Sofern einzelne Regelungen des Vertrags unwirksam sein sollten, sind sie durch solche zu ersetzen, die dem wirtschaftlich Gewollten in zulässiger Weise am nächsten kommen.“,

entfalten sie **keine Wirkung.**[598] Sie sollen die schadlose Verwendung unwirksamer Klauseln ermöglichen, indem immer das gerade noch Zulässige an ihre Stelle tritt und nicht, wie es § 306 Abs. 2 BGB vorsieht, die gesetzliche Regelung. Sie zielen damit auf eine nach § 306a BGB unzulässige Umgehung.[599] Es tritt daher die in § 306 Abs. 2 BGB vorgesehene Rechtsfolge ein, dass sich der Vertrag nach den **gesetzlichen Vorschriften** richtet.

---

[596] BGH VIII ZR 163/18, GE 2020, 1037 = NZM 2020, 704 (mAnm *Zehelein*) = NZM 2020, 708 = WuM 2020, 554; VIII ZR 270/18, DWW 2020, 251 = GE 2020, 1041 = NZM 2020, 710 = WuM 2020, 559 (mAnm *Wiek*) = ZMR 2020, 928; Ulmer/Brandner/Hensen/*Schmidt* § 306 Rn. 14; *Sonnenschein* NJW 1980, 1713 (1720).

[597] *Roth* ZdWBay 2007, 281 (285): Verwendung solcher Klauseln als *„nutzlose Leidenschaft“*.

[598] Ulmer/Brandner/Hensen/*Schmidt* § 306 Rn. 39.

[599] Vgl. BGH XII ZR 132/03, NZM 2005, 502 (503).

Ebensowenig führt die Kombination von Abwälzung der Schönheitsreparaturen und Freizeichnungsklausel dazu, dass der Vermieter bei Unwirksamkeit der Schönheitsreparaturen sich zumindest auf die Freizeichnung berufen kann (→ Rn. 130).

Hat sich der Vermieter beim Abschluss des Mietvertrags durch einen **Hausverwalter** vertreten lassen, **haftet** dieser dem Vermieter für die Renovierungskosten, wenn er pflichtwidrig und schuldhaft eine unwirksame Dekorationsklausel verwendete.[600] Allerdings wird den rechtskundigen Vermieter, zB einen Rechtsanwalt, ein Mitverschulden treffen, wenn er es unterließ, den Mietvertragsentwurf auf die Wirksamkeit von Klauseln zu überprüfen.[601] **368**

Nimmt der Mieter zur Abwehr eines beharrlichen Renovierungsverlangens des Vermieters, der sich auf eine unwirksame Abwälzungsabrede bezieht, anwaltliche Hilfe in Anspruch, kann er die ihm entstandenen **Rechtsanwaltskosten** als Schadensersatzforderung gegen den Vermieter geltend machen.[602] **369**

II. Beseitigung der Unwirksamkeit

Manche Vermieter versuchen, die **Unwirksamkeitsfolge nachträglich** dadurch zu **beheben,** dass sie den Mietern ein Schreiben zukommen lassen, in dem sie entweder einseitig auf einen Teil der Regelung verzichten, etwa auf die Endrenovierungspflicht, um die Verpflichtung zur Ausführung der laufenden Schönheitsreparaturen zu retten, oder dem sie eine vorformulierte Änderungsvereinbarung beifügen, in welcher die Mieter der Aufhebung der Endrenovierungspflicht und der Beibehaltung der Regelung zu den laufenden Schönheitsreparaturen zustimmen sollen oder auch der weichen Gestaltung der bisher starren Fristen.[603] **370**

Der **einseitige Verzicht** scheitert bereits daran, dass es eines Erlassvertrags (§ 397 BGB) bedarf, der eine bestehende Verpflichtung voraussetzt, an der es hier fehlt; außerdem zielt der „Verzicht" gerade darauf, eine neue, nunmehr wirksame Forderung zu begründen, wozu, weil es inhaltlich um eine Vertragsänderung geht, eine entsprechende Vereinbarung notwendig ist. **371**

Auch eine **Änderungsvereinbarung** kommt nicht ohne weiteres dadurch zustande, dass der Mieter ein vom Vermieter entsprechend vorbereitetes Schriftstück unterzeichnet. Es entfaltet Rechtswirkungen nur, wenn der Vermieter den Mieter klar und unmissverständlich darauf hinwies, dass die bisherige Regelung unwirksam ist und durch die vorgeschlagene Klausel eine originäre neue Belastung geschaffen werden **372**

[600] KG WuM 2008, 81.
[601] LG Berlin WuM 2008, 280 (mAnm *Lohmann*): Mitverschulden von 20%.
[602] LG Berlin WuM 2010, 561.
[603] Vgl. *Klimke* ZMR 2005, 161 (162).

soll. Ohne die Aufdeckung dieses Zusammenhangs wird der Mieter, der sich ggf. erstaunt über die „Wohltat" des Vermieters freut, überrumpelt, so dass die neue Klausel nach § 305c Abs. 1 BGB schon nicht in den Mietvertrag einbezogen ist. In jedem Fall bleibt sie wegen Intransparenz nach § 307 Abs. 1 S. 2 BGB unwirksam, weil sie den Mieter über ihre Folgen in Unkenntnis lässt;[604] auch AGB müssen wirtschaftliche Nachteile und Belastungen soweit erkennen lassen, wie dies nach den Umständen gefordert werden kann.[605] Handelt es sich in seltenen Einzelfällen um eine individualvertragliche Änderungsvereinbarung,[606] steht dem Mieter bei fehlender Aufklärung über Hintergrund und Folgen ein Schadensersatzanspruch aus §§ 241 Abs. 2, 280 Abs. 1 BGB zu, der auf Freihaltung von der Renovierungspflicht geht.

373 Rechnete der Vermieter mit Renovierungskosten gegen den Anspruch des Mieters auf Rückzahlung einer **Kaution** auf und glich der Mieter sodann den durch die Kaution nicht gedeckten Saldo aus, stellt diese Zahlung im Regelfall **kein bestätigendes Schuldanerkenntnis** dar. Der Mieter ist mit seinen Einwänden gegen die Wirksamkeit der Abwälzung nur dann ausgeschlossen, wenn er die Unwirksamkeit im Zeitpunkt der Zahlung kannte oder mit ihr rechnen musste.[607]

III. Renovierungspflicht des Vermieters

374 Die Unwirksamkeit einer Formularklausel hat nach § 306 Abs. 2 BGB zur Folge, dass *„sich der Inhalt des Vertrags nach den gesetzlichen Vorschriften"* richtet. Es kommt mithin § 535 Abs. 1 S. 2 BGB zum Zuge, so dass der **Vermieter** bei Unansehnlichkeit des Mietobjekts grundsätzlich **zur Renovierung verpflichtet** ist. Reagiert er auf eine Renovierungsaufforderung mit Fristsetzung nicht oder verweigert er die Renovierung, meist weil er die Abwälzung doch für wirksam hält, kann der **Mieter** nach §§ 280, 281 BGB die Schönheitsreparaturen durch eine Fachfirma ausführen lassen und die **Kosten als Schadensersatz** reklamieren; um nicht mit den Kosten in Vorlage treten zu müssen, steht im ein Anspruch auf einen angemessenen **Vorschuss** zu. Auf billigere Angebote von sog. Allround-Handwerkern, die ihm der Vermieter präsentiert, muss er sich nicht einlassen.[608]

375 **Im Einzelfall** kann allerdings eine **Renovierungspflicht des Mieters,** zumal bei Mietende, bestehen. Dies kommt in Betracht, wenn er die Ausführung der **Schönheitsreparaturen als Schadensersatz** schuldet. Hierzu ist auf die Ausführungen in → Rn. 405 ff. zu verweisen.

---

[604] BGH IV ZR 220/96, NJW 1998, 454; III ZR 188/87, NJW 1989, 222; *Klimke* ZMR 2005, 161 (163); *Lehmann-Richter* ZMR 2005, 170 (174).
[605] BGH XII ZR 189/08, GuT 2010, 346 mwN.
[606] Dazu *Maas* ZMR 2005, 177.
[607] BGH VIII ZR 52/06, GE 2006, 1542 = NZM 2006, 924 = WuM 2006, 677 (mAnm *Wiek*) = ZMR 2007, 28 (mAnm *Kappus*).
[608] LG Berlin MM 2011, 29.

Nimmt der Mieter den Vermieter **nicht auf** eine **Renovierung in Anspruch,** zB wegen eines ohnehin in einiger Zeit in Aussicht genommenen Umzugs, steht ihm gegen den Vermieter **kein Bereicherungsanspruch** zu.[609] Ohne entsprechende ausdrückliche Vereinbarung zahlt der Mieter mit seiner Miete keinen Ansparbetrag, den er herausverlangen könnte. Er kann den Anspruch daher auch nicht auf ersparte Aufwendungen stützen. **376**

1. Anmietung/Überlassung eines unrenovierten Mietobjekts

Wurde das Mietobjekt in unrenoviertem oder sogar renovierungsbedürftigem Zustand angemietet, so ist mangels abweichender vertraglicher Abreden dieser **Zustand vertragsgemäß.** Der Mieter mietete das Mietobjekt in Kenntnis seines Zustands und billigte es damit.[610] Hiernach bestimmt sich auch die geschuldete **Erhaltungspflicht des Vermieters** nach § 535 Abs. 1 BGB. Das gilt sowohl in dem Fall, dass die Schönheitsreparaturen nach dem Vertrag überhaupt nicht auf den Mieter übertragen werden sollen, als auch bei fehlgeschlagener Abwälzung. In diesem Fall folgt die Renovierungspflicht des Vermieters aus § 306 Abs. 2 BGB.[611] Eine vollständige Renovierung würde dem Mieter zwar einen Zustand verschaffen, der deutlich besser ist als der anfängliche.[612] Das ändert jedoch nichts daran, dass der Vermieter nach dem Mietvertrag zur Durchführung erforderlicher Renovierungen **bis zum Zustand bei Anmietung** verpflichtet ist[613] und ggf. dem Mieter einen Vorschuss auf die Arbeiten nach § 536a Abs. 2 BGB leisten muss.[614] Ein sog. **dynamischer Mangelbegriff,** der auf einem dynamischen Sollzustand beruhen würde,[615] ist **aus rechtlichen und tatsächlichen Gründen abzulehnen.** Dabei wird konstatiert, der geschuldete Zustand könne sich im laufenden Mietverhältnis ändern, etwa durch äußere Umstände (zB Umweltveränderungen, gesetzliche Vorschriften oder Modernisierung). Das hierfür zum Teil angenommene Erfordernis einer Vertragsanpassung, auf welche der Vermieter einen Anspruch habe,[616] wird somit in den Vertragsschluss vorverlagert. Diese Auffassung ist ohne ausdrücklich Vereinbarung nicht zu begründen, sie kann auch nicht aus § 157 BGB – das hierauf abgestellt wird, ist nur zu **377**

---

[609] LG Köln NJWE-MietR 1997, 26; *Kossmann/Meyer-Abich* § 43 Rn. 36.

[610] BGH VIII ZR 163/18, GE 2020, 1037 = NZM 2020, 704 (mAnm *Zehelein*) = NZM 2020, 708 = WuM 2020, 554; XII ZR 139/05, NZM 2007, 484.

[611] BGH VIII ZR 163/18, GE 2020, 1037 = NZM 2020, 704 (mAnm *Zehelein*) = NZM 2020, 708 = WuM 2020, 554; VIII ZR 270/18, DWW 2020, 251 = GE 2020, 1041 = NZM 2020, 710 = WuM 2020, 559 (mAnm *Wiek*) = ZMR 2020, 928.

[612] Vgl. *Börstinghaus* WuM 2005, 675; *Hannemann* FS Blank, 2006, 189 (194).

[613] BGH VIII ZR 270/18, DWW 2020, 251 = GE 2020, 1041 = NZM 2020, 710 = WuM 2020, 559 (mAnm *Wiek*) = ZMR 2020, 928.

[614] BGH VIII ZR 163/18, GE 2020, 1037 = NZM 2020, 704 (mAnm *Zehelein*) = WuM 2020, 554.

[615] *Gsell/Mayrhofer* NZM 2020, 1065 (1067).

[616] ZB BeckOGK BGB/*Bieder* § 536 Rn. 34f.; *Hau* NZM 2014, 809 (815f.); *Sternel* NZM 2015, 873 (875); aA *Lehmann-Richter* NZM 2011, 572 (575) – einseitiges Gestaltungsrecht.

vermuten – hergeleitet werden. Es fehlt nicht nur an einer Auslegungsbedürftigkeit oder gar Vertragslücke, was auch nicht durch allgemeine Sinnhaftigkeitsüberlegungen überlagert werden kann. Es ist **aus rein praktischer Erfahrung auszuschließen,** dass Vertragsparteien eines normalen Wohn-, aber auch Gewerberaummietvertrages derartige Überlegungen tatsächlich anstellen würden und ihnen daher mangels Aufnahme in den Vertrag **entsprechendes unterstellt werden könnte.** Im Übrigen dürfte selbst eine vorhandene Regelung, so sie keine konkreten Umstände und deren Folgen für die Veränderung des Sollzustandes nachvollziehbar aufführt, mit dem schuldrechtlichen **Bestimmbarkeitsgebot nicht übereinzubringen** sein[617] und den Vertragsinhalt injustiziabel machen bzw. freier richterlicher Gestaltung unterwerfen. Das gilt insbesondere für die nicht zu begründende Annahme, den Parteien sei grundsätzlich bekannt, dass die Wohnung fortwährend eine **durch laufende Renovierung bedingte Verbesserung** erfahre. Als nach der Verkehrsanschauung zu erwartender Verlauf würden sie entsprechendes bei Vertragsabschluss voraussehen und billigen.[618] Dass die Parteien derartiges überhaupt in ihre Überlegungen einstellen würden, ist, mit Ausnahme umfassend und meist individual ausgehandelter Gewerberaummietverträge, praxisfern und im Ergebnis auch nicht zutreffend. Das schon vor dem Hintergrund, weil sie in den allermeisten Fällen Schönheitsreparaturen nicht als laufende Renovierung verstehen oder gar wollten, sondern als Arbeiten, die bei Mietende erledigt werden. Es ist daher methodisch nicht zu begründen, derartiges über die §§ 133, 157 BGB herzuleiten. Vielmehr handelt es sich um eine Konstruktion. Damit ginge zudem die – insoweit allerdings dann stringente – Überlegung einher, der Vermieter würde die somit höheren laufenden Kosten bei der Mietkalkulation berücksichtigen.[619] In der Praxis ist es **vielen Mietern aber gerade wichtig, eine günstigere unrenovierte Wohnung anzumieten** und die laufenden Renovierungen in Eigenarbeit und damit deutlich kostengünstiger vorzunehmen.

2. Anteiliger Kostenerstattungsanspruch des Vermieters

a) Urteile des BGH vom 8.7.2020

378 Ist der Vermieter aufgrund einer unrenoviert oder renovierungsbedürftig angemieteten – und somit auch vertragsgemäßen (→ Rn. 377) – Wohnung lediglich verpflichtet, nach § 535 Abs. 1 S. 2 BGB eben diesen Zustand auch im laufenden Mietverhältnis zu erhalten, kann er nach dem **BGH**[620] die Mietsache **vollständig renovieren und von dem Mieter** einen anteili-

[617] Vgl. hierzu zuletzt BGH XII ZR 120/18, NZM 2020, 507 = ZfIR 2020, 495 mAnm *Zehelein.*

[618] *Gsell/Mayrhofer* NZM 2020, 1065 (1067).

[619] *Gsell/Mayrhofer* NZM 2020, 1065 (1069).

[620] BGH VIII ZR 163/18, GE 2020, 1037 = NZM 2020, 704 (mAnm *Zehelein*) = WuM 2020, 554; VIII ZR 270/18, DWW 2020, 251 = GE 2020, 1041 = NZM 2020, 710 = WuM 2020, 559 (mAnm *Wiek*) = ZMR 2020, 928.

gen – idR hälftigen – **Kostenersatz verlangen.** Die zentrale und auf § 242 BGB gestützte Argumentation des BGH gründet auf der Annahme, dass es für den Vermieter ***„nicht praktikabel, zumindest aber wirtschaftlich nicht sinnvoll"*** sei, eine nur anteilige Renovierung bis zur Erreichung des bei Anmietung vorhandenen und somit vertraglich geschuldeten Zustandes vorzunehmen. Es entspreche daher dem **Interesse der Mietvertragsparteien,** dass der Vermieter in diesen Fällen die Wohnung in einen **frisch renovierten Zustand versetzt.** Das bedinge zugleich bei wertender Betrachtungsweise unter Beachtung des mietvertraglichen Äquivalenzverhältnisses, dass es ebenso dem **Willen der Vertragsparteien** des Miet-Dauerschuldverhältnisses entspreche, wenn sich der **Mieter** seinerseits **an den Kosten** in angemessenem Umfang **beteiligt.** Denn er erhalte eine bessere Wohnung, als er sie angemietet hat und der Vermieter ihm schulde.

b) Methodische Kritik

Die Rechtsprechung des BGH ist **rechtsmethodisch und verfassungsrechtlich problematisch.**[621] Der VIII. Senat hat der Sache nach eine **unzulässige Inhaltskontrolle von Verträgen**[622] vorgenommen. Denn ob der von einer Partei für die Erfüllung ihrer vertraglichen Leistungspflicht zu erbringende Aufwand *„wirtschaftlich sinnvoll"* oder die Leistung – nur – so, wie geschuldet, *„praktikabel"* ist, fällt ausschließlich in den Risiko- und Planungsbereich dieser selbst. Außerhalb des AGB-Rechts haben die Gerichte keine Befugnis, von den Parteien getroffene Vereinbarungen eigenen Wertungen zu unterziehen, diese als sinnvoll, auch und insbesondere in wirtschaftlicher Sicht, oder praktikabel anzusehen. Diese Aspekte unterliegen nach der aus Art. 2 Abs. 1 GG hergeleiteten **verfassungsrechtlich garantierten Vertragsaustonomie** ausschließlich der Abwägung und Entscheidung der Vertragsparteien. Hierüber wird nicht nur die Abschlussfreiheit der Parteien garantiert, sondern ebenso der Schutz des abgeschlossenen **Vertrags vor staatlicher Einflussnahme** durch **Umgestaltung der ausgehandelten Vertragspflichten.**[623] Daher tragen die jeweiligen Parteien das Risiko, relevante Fragen übersehen, nicht ausreichend oder unzutreffend gewertet zu haben. Das Vertragsrecht kennt außerhalb der einschlägigen, die Privatautonomie einschränkenden Normen, wie etwa §§ 134, 138 und 313 BGB, keine richterliche Befugnis, in als ungerecht oder unbedacht bewertete Verträge einzugreifen und diese inhaltlich anzupassen. Im Gegenteil: Es existiert **kein Auslegungsgrundsatz,** dass vertragliche **Vereinbarungen sinnvoll sein sollen,** das auch und gerade weil Gerichte ihre Wertungsmaßstäbe nicht anstelle derjenigen der Parteien setzen sollen.[624] Ebenso wenig zielt die Privatautonomie auf die Vermeidung des Abschlusses unvernünftiger Verträge ab, sondern erlaubt 379

[621] Vgl. *Wiek* WuM 2020, 564 ff. („Willkürurteil").
[622] Allg. *Möllers,* Juristische Methodenlehre, 2. Aufl. 2019, § 9 Rn. 35/39.
[623] Maunz/Dürig/*Di Fabio,* 92. EL August 2020, GG Art. 2 Abs. 1 Rn. 102.
[624] *Larenz/Canaris,* Methodenlehre der Rechtswissenschaft, 3. Aufl. 1995, S. 117.

diese ausdrücklich.[625] Hiervon gibt es absolute Ausnahmefälle unter Anwendung der Drittwirkung der Grundrechte und staatlicher Grundrechts-Schutzpflichten, wenn das wirtschaftliche Gleichgewicht erheblichst gestört und der Vertrag für die insoweit keine Verhandlungsposition aufweisende Partei in hohem Maß nachteilig ist.[626] Das gilt für den Vermieter von Wohnraum, der eine nur teilrenovierte Wohnung instandhalten muss, fraglos nicht, insbesondere dann nicht, wenn diese Situation dadurch bedingt ist, dass er unwirksame Formularklauseln verwendet und gem. § 306 Abs. 2 BGB auf das Gesetzesrecht zurückfällt. Im Übrigen sperrt das Prinzip der Privatautonomie jeden gerichtlichen Einfluss auf den Vertragsinhalt.[627] Es ist die **Aufgabe des Vermieters,** sich vor Vertragsschluss **Klarheit über seine Leistungspflichten, den Erfüllungsaufwand und die hierbei anfallenden Kosten zu verschaffen.** Das ist auch und gerade dann nicht anders, wenn er das Risiko eingeht, Leitungspflichten formularvertraglich auf den Mieter zu übertragen. Kann er seiner Instandhaltungspflicht daher praktisch nur durch vollständige und somit kostenintensivere Renovierung nachkommen, ist das ein Aspekt, der typischer Weise in die **Vertragsgestaltung** (hier insbesonder über die Freizeichnung, → Rn. 128) oder die **Preisverhandlung** einfließt. Die Gerichte haben keine Befugnis, dieses ihrerseits zu korrigieren. Das auch nicht deshalb, weil der Mieter ggf. einen Vorteil erhält. Denn eine solche Folge wird in keiner Weise von der Vertragsfreiheit missbilligt. Die Rechtsprechung des BGH, welche dem Mieter über die vereinbarte Miete nach § 535 Abs. 2 BGB hinaus weitere Zahlungspflichten im Falle der Geltendmachung des Instandhaltungsanspruchs nach § 535 Abs. 1 S. 2 BGB auferlegt, dürfte mit der Privatautonomie nicht mehr zu vereinbaren sein; sie findet, wie nachfolgend aufgezeigt, aber auch keine methodische Grundlage im Privatrecht.

c) (Keine) Begründung von Leistungspflichten aus §§ 157, 242 BGB

379a Auch die Heranziehung von § 242 BGB kann das Ergebnis des BGH nicht nicht stützen. Denn die **Grundsätze von Treu und Glauben begründen keine eigenständigen Leistungspflichten** der Parteien, insbesondere keine Hauptleistungspflichten. Dabei ist zwar zunächst zu sehen, dass der BGH die Entscheidungen richtiger Weise nicht auf eine ergänzende Vertragsauslegung nach § 157 BGB stützt, nachdem die von dem Vermieter verwendete Schönheitsreparaturenklausel unwirksam ist und gem. § 306 Abs. 2 BGB das Gesetzesrecht greift. Tatsächlich hat er jedoch lediglich deren einschlägige Auslegungsprinzipien in § 242 BGB verlagert. Denn das hierfür herangezoge Prinzip des *„Willens redlicher, die beiderseitigen Interessen berücksichtigenden und um deren angemessenen Ausgleich bemühten"*

[625] *Möllers,* Juristische Methodenlehre, 2. Aufl. 2019 § 9 Rn. 30.

[626] ZB BVerfG 1 BvR 696/96, NJW 1996, 2021 – Bürgschaften naher Familienangehöriger; näher BeckOGK/*Herresthal* § 311 Rn. 19; MüKoBGB/*Schubert* § 242 Rn. 527; *Zöllner* NZA-Beil. 2006, 99.

[627] Maunz/Dürig/*Di Fabio,* 92. EL August 2020, GG Art. 2 Abs. 1 Rn. 107.

Vertragspartner dient der Lückenfüllung von Verträgen nach §§ 133, 157 BGB durch Bestimmung des hypthetischen Parteiwillens.[628] In Abgrenzung hierzu bestimmt § 242 BGB lediglich, wie in dem Vertrag vereinbarte oder über § 157 BGB aus den Parteiabreden ermittelte Leistungspflichten zu erbringen sind, und kann diese allenfalls um Nebenpflichten ergänzen, Leistungspflichten aber nicht selbst setzen.[629] Die Regelung bestimmt nur – und dabei objektiv –, wie bereits geschuldete Leistungen zu erbringen sind,[630] was sich bereits aus dem Wortlaut der Norm ergibt. Daher kann aus dem Grundsatz von Treu und Glauben weder nach § 157 BGB noch über § 242 BGB eine neue Leistungspflicht begründet werden.[631] Für § 157 BGB ist das bei der Schaffung des BGB klargestellt worden.[632] Das war im Rahmen der sogenannten **„Ergänzungsfunktion"** in § 242 BGB zunächst mit Blick auf Nebenpflichten noch anders. Mit deren Auslagerung in § 241 Abs. 2 BGB ist diese Funktion praktisch nicht mehr vorhanden.[633] Aber selbst vor der Schaffung des § 241 Abs. 2 BGB wäre die vorliegend vom BGH angenommene Zahlungspflicht § 242 BGB nicht zu entnehmen gewesen (und ist es nunmehr ebenso wenig § 241 Abs. 2 BGB), denn die **Kostenbeteiligung des Mieters** wäre auch **keine Nebenpflicht, sondern** ist als **Hauptleistungspflicht** einzuordnen. Sie ist ein Entgeld für Instandhaltungsarbeiten des Vermieters, was sie rechtssystematisch unmittelbar in § 535 Abs. 2 BGB verortet[634] entsprechend der auch hier maßgeblichen Mietkostenprinzipien der §§ 24, 28 II. BV.[635] Das ist für die Pflicht des Mieters zur Erbringung von Schönheitsreparaturen, die ebenfalls Miete iSd § 535 Abs. 2 BGB darstellen (→ Rn. 44), nicht anders zu beurteilen. Es ändert sich auch nicht dadurch, dass der BGH die Zahlungspflicht aus § 242 BGB herleitet, weil das nur eine Aussage über den Grund und den Zeitpunkt der Leistung trifft. Ihre dogmatische Einordnung in das Vertragsverhältnis ändert sich hierdurch nicht. Die Begründung weiterer Hauptleistungspflichten ist aus § 242 BGB aber nicht möglich. Schließlich ist auch **weder ersichtlich, noch** vom BGH **erklärt,** warum es aus objektiver Sicht geboten erscheint, **dem Mieter die Beteiligung aufzuerlegen.** Weder kennen das Vertragsrecht noch Treu und Glauben ein Verbot der – wirtschaftlich ungerechtfertigten – Besserstellung einer Vertragspartei. Es ist nicht erkennbar, weshalb diese sich nur dann redlich verhalten solle, wenn sie

---

[628] Vgl. BGH VIII ZR, 43/83, NJW 1984, 1177 (1178); MüKoBGB/*Busche* § 157 Rn. 51.

[629] BGH XI ZR 395/04, NJW 2006, 54; MüKoBGB/*Busche* § 157 Rn. 37; BeckOGK BGB/*Wendtland* § 157 Rn. 11/31.

[630] Vgl. insoweit die umfassende Abgrenzung bei Staudinger/*Looschelders/Olzen* § 242 Rn. 1359 f.; *Mangold* NJW 1961, 2284 (2285); *Zehelein* NZM 2019, 390 (397) mwN zum Gesetzgebungsverfahren.

[631] BGH VII ZR 196, 80, NJW 1981, 1779; II ZR 278/53, NJW 1954, 1524; BeckOGK/*Kähler* § 242 Rn. 735 f.

[632] Mugdan II, Prot. 522; vgl. auch Staudinger/*Roth* § 157 Rn. 4; *Larenz* NJW 1963, 737 (740); *Mangold* NJW 1961, 2284 (2286).

[633] Vgl. Staudinger/*Looschelders/Olzen* § 242 Rn. 187 f.; MüKoBGB/*Schubert* § 242 Rn. 79.

[634] BGH VIII ARZ 1/84, NJW 1985, 480 (482) = WuM 1985, 46.

[635] Hierzu umfassend *Zehelein* WuM 2020, 457 (460 f.).

auf eine solche verzichtet, weil der Vertragspartner seine Leistungspflichten und die hiermit einhergehenden Kosten nicht vor Vertragsschluss eruiert sowie kalkuliert hat oder unwirksame Klauseln verwendet.

d) Keine Geltung im Anwendungsbereich der EU-Klausel-Richtlinie 93/13/EWG

379c Im Anwendungbereich der EU-Klausel-Richtlinie[636] (zur Einbindung der Gerichte in die Tatsachenfeststellung → Kap. 4 Rn. 65) ist die Rechtsprechung des BGH vom 8.7.2020 zur Kostenbeteiligung des Mieters jedenfalls dann nicht anwendbar, wenn die Zuständigkeit für die Instandhaltung einschließlich der Schönheitsreparaturen aus dem Grund bei dem Vermieter liegt, weil die formularvertragliche Abwälzung aufgrund einer unwirksamen Klausel gescheitert ist.[637] Der Rückfriff auf § 242 BGB für die Bestimmung der jeweiligen Leistungspflichten nach der Feststellung der Klauselunwirksamkeit ist unionsrechtlich untersagt. Nach dem EuGH[638] ist **Art. 6 Abs. 1 RL 93/13/EWG**, welcher die Verwendung missbräuchlicher Klauseln untersagt, so auszulegen, dass er

*„einer **Schließung von Lücken eines Vertrags,** die durch den Wegfall der darin enthaltenen missbräuchlichen Klauseln entstanden sind, allein auf der Grundlage von allgemeinen nationalen Vorschriften, die die in einem Rechtsgeschäft zum Ausdruck gebrachten Wirkungen auch nach den **Grundsätzen der Billigkeit oder der Verkehrssitte** bestimmen und bei denen es sich weder um dispositive Bestimmungen noch um Vorschriften handelt, die im Falle einer entsprechenden Vereinbarung der Vertragsparteien anwendbar sind, **entgegensteht.**"*

Das ergibt sich aus dem Zusammenspiel mit **Art. 7 Abs. 1 RL 93/13/EWG,** wonach die Staaten dafür Sorge zu tragen haben, dass der Verwendung von **missbräuchlichen Klauseln „ein Ende gesetzt" wird.** Dieses Ziel wird durch einen Rückgriff auf Treu und Glauben zugunsten des Verwenders, zudem noch unter Zusprache von Zahlungsansprüchen gegenüber dem Vertragspartner aufgrund der Klauselunwirksamkeit, konterkariert.[639] Darüber hinaus ist dem Gericht eine Ersetzung der durch die Klauselunwirksamkeit entstandene Vertragslücke nur zulässig, wenn andernfalls die Vertragsnichtigkeit eintritt und diese für den Verbraucher mehr Nachteile bringt.[640] Insofern wäre auch **außerhalb der Klausel-Richtlinie** jedenfalls die Prüfung einer entsprechenden Rechtsfolge durch den BGH in den Urteilen vom 8.7.2020 über die **richtlinienorientierte Auslegung geboten gewesen.**[641]

---

[636] Richtlinie 93/13/EWG des Rates vom 5.4.1993 über mißbräuchliche Klauseln in Verbraucherverträgen (ABl. L 95, S. 29) Celex-Nr. 3 1993 L 0013. Zuletzt geändert durch Art. 1 RL (EU) 2019/2161 vom 27.11.2019 (ABl. L 328, S. 7).

[637] *Gsell/Mayrhofer* NZM 2020, 1065 (1075); *Zehelein* NZM 2020, 857 (870).

[638] EuGH EuZW 2020, 246 – Kamil Dziubak, Justyna Dziubak/Raiffeisen Bank International AG Oddział w Polsce.

[639] Vgl. auch Graf v. Westphalen NJW 2021, 277 (279).

[640] EuGH BeckRS 2020, 32090 – Banca B. SA.

[641] *Zehelein* NZM 2020, 857 (871).

e) Praktische Folgen und Probleme

Die Kostenbeteiligung des Mieters ist auch **inhaltlich erheblicher Kritik ausgesetzt.**[642] Diese bezieht sich überwiegend auf die negativen und vom BGH wohl auch nicht bedachten Folgen. Zunächst ist zu konstatieren, dass der BGH den **Vertrag faktisch geändert** hat. Der an sich dem Mieter nach § 535 Abs. 1 S. 2 BGB vertraglich versprochene und mit der vereinbarten Miete abgegoltene Instandhaltungsanspruch unterliegt nun einer weiteren Zahlungspflicht; das unabhängig davon, ob der Mieter von der besseren Renovierung profitieren will oder nicht, wobei er sich mit der Anmietung der unrenovierten Wohnung – meist gerade aus Kostengründen – bereits dagegen entschieden hat. Entgegen den vereinbarten Vertragspflichten kann der **Mieter nur wählen,** ob er faktisch eine frisch **renovierte Wohnung zu einem höheren Preis** angemietet hat – die jeweils anfallenden Renovierungskosten wären nach den Kalkulationsprinzipien der §§ 24, 28 II. BV andernfalls in die Nettomiete eingepreist – oder der Vertrag eine **Freizeichnungsklausel** (→ Rn. 128) enthält. Letzteres ist der Fall, wenn er aufgrund der höheren Kosten auf die Geltendmachung des Renovierungsanspruchs verzichtet. Hinsichtlich der Ausführung der Arbeiten stellt sich die Frage, welche **Qualität** der Vermieter liquidieren kann, ob Grundlage der anzusetzenden Renovierungskosten also ein vom ihm beauftragtes **Fachhandwerksunternehmen** ist. In diesem Fall wird der Mieter häufig schlechter stehen, als wenn die Schönheitsreparaturen auf ihn vertraglich abgewälzt wären. Denn dann hat er lediglich nach mittlerer Art und Güte und so zu leisten, wie es die Eigenleistung eines handwerklich nicht ausgebildeten Mieters erfordert (→ Rn. 27f.). Insbesondere im Fall einer unwirksamen Formularklausel wird der **Vermieter** keine andere Ausführung ersetzt verlangen können, als wenn die formularvertragliche Abwälzung wirksam gewesen wäre. Andernfalls hätte das zur Folge, dass er durch die Unwirksamkeit meist bessergestellt ist. Damit korrespondiert die **Frage, ob der Mieter** bei wirksamer Abwälzung der Schönheitsreparaturen trotz Übergabe einer **unrenovierten Wohnung** selbst ohne Ausgleich – also den Fällen, über die der BGH am 8.7.2020 entschieden hatte – **überhaupt unangemessen benachteiligt ist.** Denn das setzt im ersten Schritt die Feststellung voraus, dass er durch die fragliche Klausel schlechter gestellt wird im Vergleich zur Rechtslage ohne die betreffende Bestimmung.[643] Eben das ist nach der neuen Rechtsprechung des BGH dann eher nicht mehr anzunehmen. Wäre der Mieter verpflichtet, 50% der Kosten – hierbei handelt es sich ja nach dem BGH um die Standardquote – einer Fachhandwerkerrechnung zu übernehmen, steht er fraglos schlechter, als wenn er die Schönheitsreparaturen zwar für die gesamte Wohnung durchführen **379c**

[642] ZB *Artz* NZM 2020, 769; *Gsell/Mayrhofer* NZM 2020, 1065; Herrlein/Kappus NJW 2021, 36.

[643] Ulmer/Brandner/Hensen/*Fuchs* § 307 Rn. 98; Guhling/Günter/*Guhling* § 307 Rn. 59; Staudinger/*Wendland* § 307 Rn. 90.

muss, diese jedoch in Eigenarbeit nach mittlerer Art und Güte erledigen kann. Damit **wäre die Rechtsprechung des BGH vom 18.3.2015 zur unrenovierten Wohnung überholt.** Unklar ist zudem, ob es auch ein **Recht des Vermieters auf Renovierung unter Kostenbeteiligung des Mieters** gibt. Dass der Vermieter Instandhaltungsarbeiten nicht nur aufgrund der vertraglichen Verpflichtung gegenüber dem Mieter, sondern auch aus Eigeninteresse als Eigentümer oder Verpflichtungen gegenüber diesem (etwa bei Untervermietung) ausführen darf und der Mieter diese dulden muss, ist offensichtlich. Ein solches Recht ist etwa gem. **§ 555a Abs. 1 BGB** gegeben, wenn die Wohnung einen abnutzungsbedingten Zustand aufweist, der Renovierungsarbeiten objektiv erforderlich macht. Dabei kommt dem Vermieter ein weiter Beurteilungsspielraum zu. Ausreichend ist das Vorliegen von vernünftigen und nachvollziehbaren Gründen für eine Erhaltungsmaßnahme.[644] Aufgrund der Deckungsgleichheit zwischen § 555a Abs. 1 BGB und § 535 Abs. 1 S. 2 BGB sowie der Tatsache, dass auch die Schönheitsreparaturen nach § 28 Abs. 4 S. 3 II. BV hierin enthalten sind, besteht kein Unterschied, ob der Mieter, wie in der vorstehend aufgeführten Rechtsprechung des BGH (→ Rn. 378), von einer vollständigen Renovierung profitiert, weil er diese selbst verlangt oder weil der Vermieter aus Eigeninitiative tätig wird. Die vom BGH aus § 242 BGB hergeleitete **Kostenbeteiligung des Mieters kann stringenter Weise nicht anders gewertet werden.** Das führt zu der Problematik, dass der Vermieter dem Mieter Kosten aufdrängen kann,[645] die er aus eigenem Antrieb nicht generiert hätte, weil er insbesondere mit Blick auf die von ihm selbst zu tragenden Kosten und deren Höhe, wenn fachhandwerkliche Tätigkeiten ersatzfähig sind, hiervon absehen möchte. Hierüber steht dem Vermieter ein erhebliches Druckmittel zu, welches er im Zweifel auch einsetzen kann, um einen unliebsamen Mieter loszuwerden. Völlig unklar ist ist auch, ob die dem Mieter entstehenden Kosten vom **Kommunalen Center für Arbeit (Jobcenter)** übernommen werden. Denn nach § 22 SGB II werden die Miete und die Nebenkosten ersetzt, soweit sie sich aus dem Mietvertrag ergeben.[646] Hierunter fallen nur die für die Durchführung von Schönheitsreparaturen erforderlichen Kosten, andernfalls, also mangels vertraglicher Abwälzung auf den Mieter, sind Instandhaltungs- und -setzungskosten grundsätzlich nicht ersatzfähig, weil sie vom Vermieter zu tragen sind.[647] Insofern fehlt es jedenfalls aus sozialrechtlicher Sicht und dortiger gefestigter Rechtsprechung an einer Rechtsgrundlage für die Leistung des vom BGH geforderten Beteiligungsbetrages. Und selbst wenn es eine solche gibt, steht zu befürchten, dass die Übernahme an dem Angemessenheitsprinzip des § 22 Abs. 1 S. 1 SGB II scheitert. Denn ob die Beteiligung des Mieters für den Erhalt einer

[644] LG Berlin GE 2015, 1101 = BeckRS 2015, 15655; MüKoBGB/*Artz* § 555a Rn. 13; BeckOGK/*Schepers* § 555a Rn. 62.
[645] *Gsell/Mayrhofer* NZM 2020, 1065 (1075).
[646] BeckOK SozR/*Breitkreuz*, 59. Ed. 1.12.2020, SGB II § 22 Rn. 3/4.
[647] BSG NZM 2009, 249.

vollrenovierten Wohnung, auf die er überhaupt keinen vertraglichen Anspruch hat, dieser Prüfung standhält, die Kostenbeteiligung also in nicht unerheblichem Maß auf den Staat abgewälzt wird, ist fraglich, zumal hier auch Missbrauchspotential besteht, dem die Behörden vorbeugen müssen. Damit kann sozialrechtlich der Fall eintreten, dass die Anmietung der konkreten Wohnung durch die vom BGH statuierte Änderung des Vertragsverhältnisses nicht mehr von dem Bedarf des Mieters gedeckt ist.

3. Renovierungspflicht im laufenden Mietverhältnis

Wurde das **Mietobjekt** dem Mieter **renoviert überlassen,** ist die Sach- **380** lage im Grundsatz unproblematisch. Der Mieter hat bei verbrauchter Dekoration einen Anspruch auf Herstellung des Anfangszustandes, sofern und soweit der Zustand auf vertragsgemäßem Gebrauch beruht. Dasselbe gilt nach zwischenzeitlicher Renovierung durch den Vermieter.

a) Übermäßiger Gebrauch

Bei **sehr intensiver Nutzung** der Mietsache tritt relativ schnell ein un- **381** ansehnlicher dekorativer Zustand ein. Hielt sich der Mieter dabei **innerhalb des vertragsgemäßen Gebrauchs,** ist ihm keine Beschädigung vorzuwerfen. In derartigen Fällen übermäßigen vertragsgemäßen Gebrauchs hilft die Abgrenzung zwischen vertragsgemäßem und vertragswidrigem Gebrauch (dazu → Rn. 409 ff.) nicht weiter. Auf der anderen Seite liegt es auf der Hand, dass er den Vermieter **nicht auf** eine **Renovierung in Anspruch** nehmen kann, wenn die Dekoration durch persönliche Lebensgestaltung, etwa exzessives Rauchen oder die Ausübung von Hobbys, in kurzer Zeit verbraucht ist.[648] Diese Folge erschließt sich aus dem im Mietvertrag angelegten Renovierungsprogramm (vgl. → Rn. 378), das sich entweder aus dort angegebenen Renovierungsfristen ergibt oder aus der Überlegung, dass die unterstellte Mietentlastung an einem zeitlich üblichen Renovierungsbedarf ausgerichtet ist. Für die Inanspruchnahme des Vermieters ist bei vom Mieter verursachtem grobem Missverhältnis kein Raum.

Ergänzend ist darauf hinzuweisen, dass den Mieter bei übermäßiger **382** Nutzung eine **gesteigerte Obhutspflicht** trifft. So wird etwa der Mieter, der exzessiv raucht, Maßnahmen ergreifen müssen, um den Niederschlag aus den Rauchrückständen zu reduzieren, oder der Mieter, der ein Haustier hält, Vorsorge zu treffen haben, dass es, zumal während seiner Abwesenheit, nicht Tapeten oder lackierte Flächen beschädigt. Derartige Folgen kann der Vermieter dem Renovierungsverlangen des Mieters entgegen halten.

Für die **praktische Umsetzung** liefern angemessene Renovierungsfris- **383** ten eine Orientierungshilfe. Ist ein sachgerechter Renovierungsturnus deutlich unterschritten, kann der Mieter auf dieser Basis folglich noch

---

648 AA *Flatow* WuM 2009, 208 (210).

keine Renovierung verlangen, andererseits der Vermieter, der gleichwohl auf eine entsprechende Aufforderung des Mieters eingeht, die Mehrkosten geltend machen, die aus dem vorzeitigen Renovierungsbedarf resultieren; es erscheint vertretbar, diese Mehrkosten nach Maßgabe einer umgekehrten Abgeltungsklausel (zum Begriff → Rn. 312) zu ermitteln.

384 *(einstweilen frei)*

b) Art der Renovierung

385 Der Vermieter hat **fachgerecht** zu renovieren, dh einschließlich der üblichen Vorarbeiten und der Beseitigung von Schäden aus der Mietzeit des Vormieters. Maßgeblich ist, was vom Mieter bei wirksamer Abwälzung der Schönheitsreparaturen erwartet wird, wenn er zum Ende des Mietverhältnisses renoviert (→ Rn. 478).[649]

386 Was die **Qualität von Tapeten und Farben** betrifft, liefert der dekorative Zustand bei Beginn des Mietverhältnisses eine brauchbare Richtschnur. Eine Ausnahme wird zum einen dann eingreifen, wenn der Mieter die Wohnung in dem vom Vormieter hinterlassenen Dekorationszustand übernahm und dieser deutliche Mängel aufwies, also nicht fachgerecht war, zum anderen, wenn eine besondere Ausstattung, zB eine Styroporverkleidung der Decke, verbraucht ist und sich malermäßig nicht herrichten lässt.[650] Hier hat der Vermieter in der Weise zu renovieren wie der Mieter bei wirksamer Abwälzung. Ansonsten schuldet der Vermieter grundsätzlich keine Verbesserung des Zustands im Vergleich zu dem bei Anmietung gegebenen Zustand, also zB nicht die komplette Entfernung der Altfarbe von Heizkörpern oder von Farbläufern auf der Glasscheibe einer Tür[651] oder der Raufasertapete mit anschließendem Grundieren und Spachteln, damit der Mieter direkt auf die Wände Farbe auftragen kann.[652] Eine ergänzende Orientierung liefern die Art und Lage des Mietobjekts sowie der korrespondierende Mietzins. So wäre es gleichermaßen verfehlt, in einem Schlichtbau mit mäßiger Miete höchstwertige Materialien zu verwenden oder in einem gehobenen Mietobjekt besonders einfache, etwa noch verbunden mit dem Angebot an den Mieter, bei Kostenbeteiligung angemessenes Material einzusetzen.

387 Bei der **Auswahl der Farben und Art der Tapeten,** stellt sich die Frage, ob der Vermieter sich nach der – von dem Übergabezustand abweichenden – Dekoration des Mieters richten muss[653] oder nur so renovieren

---

[649] *Börstinghaus* WuM 2005, 675 (676); *Flatow* WuM 2009, 208 (211).
[650] LG Berlin GE 2013, 1519.
[651] LG Berlin MM 2011, 29.
[652] Ebenso *Schach* GE 2013, 1487 gegen LG Berlin GE 2013, 1519.
[653] So LG Berlin WuM 2017, 395 = ZMR 2017, 733 = BeckRS 2017, 113739; LG Bremen WuM 2017, 710.

braucht, wie er die Wohnung übergeben hat.[654] Offensichtlich ist, dass er die Schönheitsreparaturen nicht in eigenwilliger Weise auszuführen darf, etwa durch die Farbgebung oder die Auswahl von Tapetenmustern, zB durch Anstrich in Hellblau.[655] Hierin läge ein Verstoß gegen das Rücksichtnahmegebot aus § 241 Abs. 2 BGB.[656] Im Übrigen ist die Instandhaltung jedenfalls so auszuführen, dass der Mieter durch diese keinen Nachteil erleidet oder sonst davor zurückschreckt, den Anspruch geltend zu machen. Ohne Abwälzungsregelung folgt das aus der Vertragsauslegung nach § 157 BGB, bei unwirksamer Klausel jedenfalls aus § 242 BGB. Es ist auch kein entgegenstehendes schützenswertes Interesse des Vermieters ersichtlich, wenn sich der Zeit- und Kostenaufwand aus diesem Grund nicht gegebüber einer Renovierung nach dem Übergabezustand erhöht. Und selbst bei geringerem Mehraufwand wird der Vermieter hierzu verpflichtet sein, so der Mieter eine diesen ausgleichende Beteiligung anbietet oder Materialien gegen anteilige Kostenerstattung des Vermieters selbst zur Verfügung stellt. Andernfalls wird der Mieter jedes Mal gezwungen, seinerseits erneut zu streichen oder zu tapezieren, und damit die eigenlicht nicht geschuldeten Schönheitsreparaturen letztlich doch ausführen, um die eigene Gestaltunsgfreiheit zu wahren. Alternativ wird er das Instandhaltungsrecht nicht in Anspruch nehmen. Und dass diese faktische Einwirkung auf die Gestaltung im laufenden Mietverhältnis auch ohne rechtliche Verpflichtung durchaus relevant ist, hat der BGH[657] hinsichtlich der Unwirksamkeit einer Weismalklausel bei Rückgabe zu Recht anerkannt (→ Rn. 261).

Es ist den Parteien im Übrigen unbenommen, sich auf die Realisierung **388**
spezieller Wünsche des Mieters zu einigen; einen entsprechenden Anspruch hat der Mieter im Regelfall nicht.[658] Die **Mehrkosten,** die aus der Durchführung der entsprechenden Renovierung resultieren, gehen jedoch zulasten des Mieters. Wünscht er abweichend vom Zustand bei der Anmietung der Wohnung zB eine abwaschbare Tapete im Flur und Farbakzente mit Abtönfarbe im Wohn- und Schlafzimmer, hat er diese Zusatzkosten zu übernehmen.[659] Hier sollte eine individualvertragliche Vereinbarung erfolgen. Will der Vermieter nämlich für das Mietende Schwierigkeiten bei der Neuvermietung zB wegen der besonderen Farbgebung vermeiden, kann er dem Mieter im Rahmen dieser Vereinbarung die Verpflichtung auferlegen, das Mietobjekt sodann mit neutralen, deckenden Farben zurückzugeben.

---

[654] So Schmidt-Futterer/*Lehmann-Richter* § 538 Rn. 165; *Siegmund* MietRB 2012, 116 (118).

[655] AG Berlin-Mitte GE 2013, 1285 = ZMR 2014, 799.

[656] *Sternel* NZM 2007, 545 (547); vgl. auch BGH VIII ZR 416/12, DWW 2014, 59 = GE 2014, 49 = NZM 2014, 72 = WuM 2014, 23.

[657] BGH VIII ZR 198/10, GE 2011, 263 = NZM 2011, 150 = WuM 2011, 96 = ZMR 2011, 369.

[658] *Siegmund* MietRB 2012, 116 (118).

[659] AG Berlin-Charlottenburg GE 2010, 551.

IV. Bereicherungsanspruch des Vermieters/Mieterhöhung

389 Schließlich machen manche Vermieter **einen Bereicherungsanspruch** aus §§ 812, 818 BGB auf Ausgleich der infolge der – unwirksam gebliebenen – Abwälzung der Schönheitsreparaturen niedriger kalkulierten Miete geltend. Ein derartiger Anspruch ist ihnen schon wegen des fiktiven Charakters der Mietreduzierung **nicht** zuzuerkennen.[660] Zudem liegt das finanzielle Risiko einer unwirksamen Klausel allein beim Verwender; würde ihm ein Bereicherungsanspruch zuerkannt, bliebe sein Verstoß gegen die §§ 305 ff. BGB folgenlos. Aus diesem Grund kann der Vermieter auch im Rahmen einer **Mieterhöhung** bei preisfreiem **keinen Mietzuschlag** für die von ihm zu erledigenden Schönheitsreparaturen verlangen.[661] Anders jedoch im preisgebundenen Wohnraum. Hier kann der Vermieter auch bei unwirksamer Abwälzung der Schönheitsreparaturen die Kostenmiete einseitig nach § 28 Abs. 4 S. 2 II. BV erhöhen.[662] Das ist möglich, solange die Preisbindung noch besteht[663] und ggf. auch rückwirkend.[664] Er muss dem Mieter auch nicht zuvor die Vereinbarung einer wirksamen Abwälzungsklausel anbieten oder dessen entsprechendes Angebot annehmen.[665]

V. Erstattungsanspruch des Mieters

1. Fällige Renovierung

390 Auch wenn die formularmäßige Übertragung der Schönheitsreparaturen auf den Mieter ohne Wirkung blieb, kommt es immer wieder dazu, dass er die Dekoration herrichtet. Seinen Arbeiten liegt häufig entweder eine unzulässige starre Fristenklausel oder eine unwirksame Endrenovierungsklausel zugrunde mit einer entsprechenden Aufforderung des Vermieters, der sich der Mieter beugt. Lag die letzte Dekoration sehr lange zurück, hält sich der Mieter wegen des unansehnlichen Zustands der Wohnung oft selbst für verpflichtet, sie in Ordnung zu bringen. In allen derartigen Fällen **nimmt der Mieter dem Vermieter einen Aufwand ab,** der in dessen Zuständigkeit fiel. Streitig ist, ob und ggf. in welchem Umfang der Mieter die Erstattung seiner Kosten verlangen kann.

---

[660] LG Wuppertal WuM 2005, 765; *Hannemann* FS Blank, 2006, 189 (197); aA *Lammel* § 535 Rn. 214.

[661] BGH VIII ZR 83/07, GE 2008, 1046 = WuM 2008, 487 = ZMR 2008, 879 (mAnm *Niebling*); VIII ZR 181/07, NZM 2008, 641.

[662] BGH VIII ZR 177/09, GE 2010, 687 = NZM 2010, 396 = WuM 2010, 296.

[663] BGH VIII ZR 87/11, GE 2012, 62 = NZM 2012, 80 = WuM 2012, 27 = ZMR 2012, 180.

[664] BGH VIII ZR 250/16, GE 2017, 1339 = NZM 2017, 759 = WuM 2017, 663 = ZMR 2018, 27; VIII ZR 181/12, GE 2013, 207 = WuM 2013, 174.

[665] BGH VIII ZR 250/16, GE 2017, 1339 = NZM 2017, 759 = WuM 2017, 663 = ZMR 2018, 27.

a) Bereicherungsanspruch

Ist wie bei der dekorativen Herrichtung eines Mietobjekts die Herausgabe der Bereicherung selbst nicht möglich, ist vom Vermieter **nach § 818 Abs. 2 BGB Wertersatz** zu leisten. Zur Bestimmung der **Höhe** des Wertersatzes stehen **drei Anknüpfungspunkte** zur Verfügung, **391**

- die Kosten, die der Mieter für die Renovierung aufwandte,
- die Kosten, die der Vermieter für die Renovierung hätte aufwenden müssen oder
- der höhere Ertragswert des Mietobjekts, wenn durch die Renovierung bei Neuvermietung eine höhere Miete vom Vermieter erzielt wurde.

Vorherrschend war **bislang** die dritte Berechnungsbasis. Sie beruht **392** zumal auf der Rechtsprechung des XII. Senats des BGH zum Anspruch des Gewerberaummieters auf Zahlung eines **Ausgleichs,** wenn der Vermieter durch vorzeitige Vertragsbeendigung früher als ursprünglich vereinbart in den Genuss **wertsteigender Investitionen des Mieters** in das Mietobjekt kommt.[666] Der Ausgleichsbetrag ist im Wesentlichen nach der Differenz der bisherigen Miete zu derjenigen zu ermitteln, die der Vermieter infolge der Investitionen des Mieters nach dem objektiven Wert der Räume beim Nachmieter hätte erzielen können. Diese Rechtsfolge führte im hier behandelten Zusammenhang zu einem sehr unbefriedigenden Ergebnis für den Mieter. Besteht eine Mangellage an Wohnraum, ist die vom Vermieter bei der Neuvermietung erzielte höhere Miete eher auf die Marktlage zurückzuführen; im Zweifel hätte der Vermieter die erhöhte Miete auch ohne Renovierung durchsetzen können. Liegt ein Überangebot an Wohnraum vor, verbessert die Renovierung zwar die Aussichten für die Neuvermietung, uU aber auch nur zur bisherigen Miete.

Nunmehr hat der **BGH** überzeugend dargelegt,[667] dass es hier nicht **393** um Aufwendungen des Mieters geht, mit denen er das Mietobjekt für seinen Vertragszweck umbaut und verbessert,[668] sondern um einen grundlegend anderen Sachverhalt, nämlich die **vermeintlich geschuldete Leistung des unbaren Teils des Mietentgelts** (→ Rn. 44). Der Mieter erbrachte mithin in derartigen Fällen eine Werkleistung, für die wegen der unwirksamen Abwälzung der Schönheitsreparaturen keine Rechtsgrundlage gegeben war.

Was die **Höhe des Wertersatzes** betrifft, begrenzt der BGH den An- **394** spruch des Mieters auf Herausgabe des Wertes seiner Aufwendungen, mithin den Ersatz seiner aufgewandten freien Zeit, des notwendigen Materials und der Vergütung für die Arbeitsleitung seiner Helfer aus dem

[666] StRspr, zB BGH XII ZR 43/02, GuT 2006, 32 = NZM 2006, 15.

[667] BGH VIII ZR 302/07, DWW 2009, 302 = GE 2009, 901 = NZM 2009, 541 = WuM 2009, 395 (mAnm *Ernst* WuM 2009, 581) = ZMR 2009, 829 (mAnm *Schläger* und *Dötsch*).

[668] Vgl. BGH XII ZR 43/02, GuT 2006, 32 = NZM 2006, 15; XII ZR 136/96, NZM 1999, 19.

Verwandten- und Bekanntenkreis. Diese Begrenzung ist überzeugend. Nach der Auslegungsregel des § 632 Abs. 2 BGB bestimmt sich die Vergütung im Grundsatz nach dem Üblichen und Angemessenen, so dass der Vermieter nach § 818 Abs. 2 BGB deren – objektiven – Wert[669] herauszugeben hat. Auf dieser Basis müsste der handwerklich begabte Mieter, der die Schönheitsreparaturen wie ein Fachbetrieb ausführte, vom Vermieter den Betrag herausverlangen können, der üblicherweise von einem Fachbetrieb bei angemessener Kalkulation in Rechnung gestellt worden wäre. Ein derartiges Ergebnis ist indes mit dem Gerechtigkeitsempfinden nicht vereinbar,[670] weil es dem Mieter einen beträchtlichen Gewinn bescheren würde.

395 Der **Wert der eigenen Arbeitsleistung** und derjenigen der Helfer wird zurzeit mit 10,00 EUR[671] bis 12,00 EUR[672] je Stunde zu veranschlagen sein, es sei denn, es handelt sich wie in dem vom BGH entschiedenen Fall um Eigenleistung eines Fachhandwerkers; der Gesamtwert der Bereicherung ist ggf. vom Gericht nach § 287 ZPO zu schätzen.[673] Ließ der Mieter die Arbeiten durch einen Fachbetrieb ausführen, ergibt sich der Wert aus einer angemessenen Rechnung. Erfolgt die Eigenleistung des Mieters nicht in mittlerer Art und Güte oder zB in ausgefallener Weise, ist nach § 818 Abs. 3 BGB nur eine reduzierte Bereicherung zu konstatieren, ggf. entfällt sie vollständig.

396 Der Wertersatzanspruch des Mieters scheitert **im Regelfall nicht** an der Vorschrift des **§ 814 BGB.** Der Ausschluss des Rückforderungsrechts setzt voraus, dass der Mieter gewusst hat, zur Renovierung nicht verpflichtet zu sein. Erforderlich ist mithin positive Kenntnis von der fehlenden Verpflichtung. Auch wenn dem Mieter aus den Medien bekannt war, dass der BGH etliche zuvor weit vertrete Klauseln zur Abwälzung der Schönheitsreparaturen für unwirksam erklärte, wird ihm gemeinhin nur grob fahrlässige Unkenntnis vorzuwerfen sein, zumal wenn der Vermieter auf der Renovierung bestand.[674]

397 Der Vermieter kann den Mieter **nicht darauf verweisen,** dem Bereicherungsanspruch stehe ein Verlust an Mieteinnahmen gegenüber, weil er die vertragliche Regelung zur Übernahme der Schönheitsreparaturen durch den Mieter für wirksam gehalten und deshalb die Miete ohne Kostenanteil für Schönheitsreparaturen kalkuliert habe, so dass er entsprechend **entreichert** sei (§ 818 Abs. 3 BGB).[675] Auch wenn dieser günstigere Mietpreis nach dem Ausgleichsprinzip des BGH zu unterstellen ist, selbst

[669] ZB Palandt/*Sprau* § 818 Rn. 18.
[670] *Flatow* InfoM 2009, 209.
[671] *Koch* InfoM 2009, 209.
[672] AG Weimar InfoM 2009, 422.
[673] BGH VIII ZR 302/07, DWW 2009, 302 = GE 2009, 901 = NZM 2009, 541 = WuM 2009, 395 (mAnm *Ernst* WuM 2009, 581) = ZMR 2009, 829 (mAnm *Schläger* und *Dötsch*).
[674] Unzutreffend daher AG München ZMR 2013, 725 (mablAnm *Riecke*).
[675] *Lehmann-Richter* WuM 2005, 747 (751); *Sternel* NZM 2007, 545 (549).

wenn der Vermieter eine Vermietung zur ortsüblichen Miete erreichte, läuft der Entreicherungseinwand auf eine unzulässige Kompensation der Folgen aus der Verwendung unwirksamer Klauseln hinaus (auch → Rn. 389).

b) Schadensersatzanspruch

Neben einem Bereicherungsanspruch kommt ein Schadensersatzanspruch des Mieters in Betracht. Er kann sich aus **Verschulden bei Vertragsschluss** (§§ 311 Abs. 2, 249 BGB) ergeben,[676] insbesondere wenn der Vermieter, der eines der gängigen Vertragsformulare verwandte, bei den Sonstigen Vereinbarungen noch weitere Pflichten aufsattelte. Ebenso kann der Anspruch aus **Vertragsverletzung** folgen, etwa wenn der Vermieter trotz berechtigter Einwände des Mieters an seinem rechtswidrigen Verlangen nach einer umfassenden Neudekoration festhielt. Weitergehend ist auch ein Schadensersatzanspruch unmittelbar aus § 280 BGB infolge der Pflichtverletzung durch Verwendung unwirksamer AGB möglich.[677] **398**

Allerdings wird hier das für den Ersatzanspruch notwendige **Verschulden** oft fraglich sein. Dem Vermieter, der die aktuelle Fassung des Vertragsformulars eines seriösen Verlags oder Verbandes benutzt, in dem mithin die jeweilige Rechtsprechung insbesondere des BGH eingearbeitet ist, fehlt im Regelfall das Verschulden;[678] anders verhält es sich, wenn, wie in der Praxis bei Privatvermietern zu beobachten, einmal auf Vorrat gekaufte Formulare aus Kostengründen noch über viele Jahre und damit in veralteter Fassung verbraucht werden. Sind die jeweiligen Voraussetzungen erfüllt, steht dem Mieter ein Anspruch auf Ersatz seiner (angemessenen) Renovierungskosten zu. [679] **399**

c) Aufwendungsersatzanspruch

Ein **Anspruch auf Ersatz der Aufwendungen** aus § 536a Abs. 2 Nr. 2 BGB scheidet im Regelfall aus, weil es kaum vorstellbar ist, dass Schönheitsreparaturen zur Erhaltung oder Wiederherstellung des *„Bestands der Mietsache"* notwendig sind.[680] **Auch** ein Anspruch **aus § 539 Abs. 1 BGB** in Verbindung mit Geschäftsführung ohne Auftrag gem. §§ 677, 683 S. 1, 670 BGB kommt **nicht** in Betracht, weil der Mieter, der sich aufgrund einer – **400**

---

[676] LG Stuttgart WuM 1986, 370.

[677] BGH III ZR 63/83, NJW 1984, 2816; *Blank* PiG 75 (2006), 17 (26); MüKoBGB/*Häublein* § 535 Rn. 126; Palandt/*Grüneberg* Vorb. § 307 Rn. 14; *Pfeilschifter* WuM 2003, 543.

[678] BGH VIII ZR 302/07, DWW 2009, 302 = GE 2009, 901 = NZM 2009, 541 = WuM 2009, 395 (mAnm *Ernst* WuM 2009, 581) = ZMR 2009, 829 (mAnm *Schläger* und *Dötsch*); *Blank* PiG 75 (2006), 17 (27); *Hannemann* FS Blank, 2006, 189 (204); *Lehmann-Richter* WuM 2005, 747 (748).

[679] Ausführlich *Börstinghaus* WuM 2005, 675 (676 ff.).

[680] *Blank* PiG 75 (2006), 17 (22).

wenn auch unwirksamen – Abwälzungsklausel zur Renovierung für verpflichtet hält, nur im eigenen Rechts- und Interessenkreis tätig wird.[681]

2. Noch nicht fällige Renovierung

a) Laufendes Mietverhältnis

401 Nahm der Mieter im laufenden Mietverhältnis **Schönheitsreparaturen ohne Notwendigkeit** vor, kann er **keine Erstattung der Kosten** verlangen. So ist in der Praxis immer wieder zu beobachten, dass manche Mieter sehr hohe Anforderungen an den dekorativen Zustand des Mietobjekts stellen und schon bei geringen Gebrauchsspuren renovieren; andere Mieter wollen sich ein neues Ambiente verschaffen oder auf der Höhe der Mode bleiben. Dem Mieter geht es mithin hier nicht um die Erfüllung einer vermeintlich geschuldeten Leistung, sondern allein um die Gestaltung der Mietsache nach persönlichen Vorstellungen. Er renoviert daher im Regelfall in der Kenntnis, hierzu nach dem Mietvertrag nicht verpflichtet zu sein, was einen Bereicherungsanspruch ausschließt (§ 814 BGB).

b) Beendetes Mietverhältnis

aa) Renovierung statt Abgeltung

402 Renovierte der Mieter vor der Fälligkeit der Schönheitsreparaturen, um die **Zahlung** aufgrund einer inzwischen in der Wohnraummiete generell unwirksamen **Abgeltungsquote**[682] **zu vermeiden,** steht ihm ein Bereicherungsanspruch aus denselben Gründen zu, wie sie zur fälligen Renovierung dargelegt wurden (→ Rn. 393 ff.). Die Abgeltungsquote war ein Ausgleich für die kalkulatorisch reduzierte Miete. Dass dem Mieter (zwingend) ein Wahlrecht eingeräumt war, ob er den Ausgleich durch Renovierung oder Abgeltung schafft, ändert an der Verpflichtung nichts. Der BGH hat betont, dass der Mieter nur zu einer Leistung verpflichtet war, primär der Zahlung der Abgeltungsquote, und dass ihm mit dem Angebot auf Eigenleistung keine zusätzliche selbstständige Verpflichtung auferlegt ist.[683] Es geht folglich um dieselbe Schuld, zu deren Erfüllung dem Mieter zwei Varianten zur Auswahl zur Verfügung standen. Der Mieter, der statt zu zahlen renovierte, erbrachte damit ebenfalls eine vermeintlich geschuldete Leistung.

bb) Abgeltung statt Renovierung

403 Hat der Mieter die **Abgeltungsquote** bei Mietende **gezahlt,** weil er zB zur Renovierung aus zeit- oder handwerklichen Gründen nicht in der

---

[681] BGH VIII ZR 302/07, GE 2009, 901 = NZM 2009, 541 = WuM 2009, 395 (mAnm *Ernst* WuM 2009, 581) = ZMR 2009, 829 (mAnm *Schläger* und *Dötsch*); hierzu ausführlich *Thole* NJW 2010, 1243.

[682] BGH VIII ZR 242/13, DWW 2015, 213 = GE 2015, 721 = NJW 2015, 1871 = NZM 2015, 424 = WuM 2015, 343 = ZMR 2015, 690.

[683] BGH VIII ZR 77/03, NZM 2004, 615 = WuM 2004, 466 = ZMR 2004, 659.

Lage war, steht ihm gleichfalls ein Anspruch aus ungerechtfertigter Bereicherung gem. §§ 812, 818 BGB zu.[684] Mangels wirksamer Vereinbarung erfolgte die Zahlung ohne Rechtsgrund.

3. Verjährung

Zur Verjährung der Erstattungsansprüche des Mieters ist auf → Kap. 4 Rn. 55 f. zu verweisen. **404**

---

684 BGH VIII ZR 12/12, DWW 2012, 262 = GE 2012, 1031 = NZM 2012, 557 = WuM 2012, 445 (mAnm *Krapf* WuM 2012, 548) = ZMR 2012, 766; *Artz* NZM 2007, 265 (267 f.); *Bub/von der Osten* NZM 2007, 76 (78).

E. Schönheitsreparaturen als Schadensersatz

I. Prüfungsfolge

405 Auch wenn die **Abwälzung** der Schönheitsreparaturen auf den Mieter **unwirksam** war, weil eine entsprechende Formularklausel der Inhaltskontrolle nach § 307 BGB nicht standhielt, kann dem Vermieter **im Einzelfall ein Schadensersatzanspruch** erwachsen. In der Praxis bemühen sich die von der Unwirksamkeit der Abwälzung der Schönheitsreparaturen betroffenen Vermieter zunehmend, bei Mietende ihrer grundsätzlichen Renovierungspflicht auf eigene Kosten dadurch zu entgehen, dass sie einen Schadensersatzanspruch gegen den Mieter reklamieren, um zu einer Renovierung auf dessen Kosten zu kommen. **Ob** überhaupt ein Schadensersatzanspruch in Betracht kommt und ob er dem Vermieter sogleich zusteht oder nur unter den Voraussetzungen des § 281 BGB und ggf. in welcher Höhe, ist **in mehreren Schritten** zu **prüfen.**

406 Im **ersten Prüfungsschritt** ist der Frage nachzugehen, ob ein Schaden aus **vertragswidrigem Gebrauch** stammt. Hierzu dient die nachfolgende Abgrenzung (→ Rn. 409 ff.). Für die Folgen vertragswidrigen Gebrauchs hat der Mieter grundsätzlich einzustehen. Bestehen sie in einer Substanzverletzung der Mietsache (dazu → Kap. 2 Rn. 88 ff.), zB durch Verletzung der Obhutspflicht,[685] ist im Regelfall sogleich ein Schadensersatzanspruch des Vermieters aus §§ 280, 249 BGB gegeben (dazu → Kap. 2 Rn. 114). Blieb die Substanz unverletzt, also insbesondere bei Schäden an der Dekoration, muss der Vermieter jedenfalls beim Ende des Mietverhältnisses die Vorgaben des § 281 BGB erfüllen, um zu einem Schadensersatzanspruch zu kommen (→ Rn. 446 f.).

407 Beim **zweiten Prüfungsschritt** kommen im dekorativen Bereich im Wesentlichen drei Konstellationen in Betracht,
- die Verschlechterung des Mietobjekts, insbesondere durch **übermäßigen Gebrauch,**[686]
- die **unsachgemäße Ausführung von Renovierungsarbeiten** während oder bei Abschluss des Mietverhältnisses,[687]
- die **Rückgabe** des Mietobjekts in **ungewöhnlicher Dekoration.**[688]

408 Im **dritten Prüfungsschritt** ist zu klären,
- **ob** die **Einhaltung des Verfahrens nach § 281 Abs. 1 BGB** zur Begründung des Schadensersatzanspruchs notwendig ist und
- **in welcher Höhe** der Mieter ggf. Schadensersatz zu leisten hat.

---

[685] BGH XII ZR 15/93, DWW 1995, 279 = ZMR 1995, 578.

[686] BGH VIII ZR 48/09, NZM 2010, 157 = WuM 2010, 85.

[687] BGH VIII ZR 48/09, NZM 2010, 157 = WuM 2010, 85.

[688] BGH VIII ZR 416/12, DWW 2014, 59 = GE 2014, 49 = NZM 2014, 72 = WuM 2014, 23; VIII ZR 48/09, NZM 2010, 157 = WuM 2010, 85; XII ZR 15/93, DWW 1995, 279 = NJW-RR 1995, 123 = ZMR 1995, 578.

II. Abgrenzung vertragsgemäßer – vertragswidriger Gebrauch

Zur Bestimmung, ob der Gebrauch der Mietsache, der zur Verschlechterung führte, noch oder nicht mehr vertragsgemäß war, ist zu prüfen, ob sich der Mieter im Rahmen spezieller gesetzlicher Vorschriften, der Regelungen des Mietvertrags und der Verkehrssitte hielt. Die **Prüfungsfolge** entspricht damit derjenigen des § 541 BGB,[689] nach welcher der Vermieter gegen vertragswidrigen Gebrauch mit einer Unterlassungsklage vorgehen kann, wobei stets im Einzelfall eine Interessenabwägung stattzufinden hat.[690] **409**

Grundsätzlich wäre es daher **verfehlt,** die Abgrenzung durch eine Mischbetrachtung von **Ursache und Art des Schadens** oder auch nur nach dessen Art vorzunehmen. Dies kommt nur in evidenten Fällen, ansonsten allenfalls als Hilfsüberlegung,[691] in Betracht. Sägte der Mieter zB aus den Zimmertüren eine Ecke heraus, damit die Katze bequem von Raum zu Raum gelangen kann, ist es offensichtlich, dass es sich um eine vertragswidrige Sachbeschädigung handelt. Kürzte er die Türen, damit sie sich nach der Verlegung von Teppichboden noch öffnen lassen, beginnt bereits der Bereich der Wertung, ob dergleichen (noch) dem vertragsgemäßen Gebrauch zuzurechnen ist oder nicht.[692] **410**

Ausdrückliche vertragliche Gebrauchsregelungen sind eher selten. Sie begegnen zum einen dann, wenn durch **bestimmte Vorgaben** Schäden an einer besonderen Beschaffenheit des Mietobjekts oder seiner Einrichtung verhindert werden sollen; so kann zB das Überstreichen von Glasfasertapete mit Dispersionsfarbe, die Verwendung scharfer Putzmittel für empfindliche Oberflächen oder die Verwendung einer Stoffmarkise als Regenschutz verboten sein. Beachtet der Mieter derartige sachlich begründete Bestimmungen nicht, stammen dadurch eingetretene Schäden im Zweifel aus vertragswidrigem Gebrauch. **411**

Zum anderen kommen **Beschränkungen des Mieters** bei der Ausübung des Gebrauchs in Betracht. Ein Streitpunkt ist zB die Frage, ob dem Mieter ein Rauchverbot auferlegt werden darf, um Schäden durch die Rauchablagerungen an Dekoration und Einrichtung zu vermeiden. Nach wohl allgemeiner Ansicht ist dies durch eine Formularklausel nicht möglich,[693] jedoch individualvertraglich.[694] Während der Mieter sich ohne eine derartige Vereinbarung auch durch intensives oder sogar exzessives Rauchen noch vertragsgemäß verhält, gerät der **412**

[689] BayObLG WuM 1984, 12.

[690] Dazu ausführlich *Pauly* WuM 2011, 447.

[691] Lützenkirchen/*Lützenkirchen* § 535 Rn. 553.

[692] *Sternel* NZM 2017, 169 (170).

[693] *Artz* PiG 85 (2009), 229 (237); *Börstinghaus/Pielsticker* WuM 2012, 480 (484); *Harsch* WuM 2009, 76 (77); *Paschke* NZM 2008, 265 (268).

[694] Einschränkend *Harsch* WuM 2009, 76 (78): nur wirksam mit Vorbehalt von Ausnahmefällen.

Mieter aufgrund seiner vertraglichen Selbstbeschränkung schon mit ganz vereinzeltem Rauchen in den vertragswidrigen Bereich. Ein anderer Streitpunkt betrifft die Haltung von Hunden und Katzen in der Mietwohnung, durch die immer wieder Schäden verursacht werden. Generelle Verbote der Hunde- und Katzenhaltung sind unwirksam,[695] ebenso solche, die eine Zustimmung des Vermieters in sein freies Ermessen stellen.[696]

413 **Fehlen ausdrückliche Bestimmungen,** ist stets eine **genaue Würdigung** des **Vertragszwecks** und des daraus dem Mieter zustehenden Gebrauchsrechts notwendig, die sich allerdings in den Grenzfällen schwierig gestaltet.[697] Als **Faustformel** mag dienen: Bringt es der vertraglich vereinbarte Zweck der Nutzung mit sich, dass **bestimmte Schäden** kaum zu verhindern sind und damit **in der Natur der Sache** liegen, sind zu deren Beseitigung **allein Schönheitsreparaturen** notwendig. Als **Beispiele** sind anzuführen:

414 Ist eine Wohnung an eine **Familie mit kleinen Kindern** vermietet, sind gewisse Verschmutzungen und Beschädigungen unausweichlich;[698] so weisen die Tapeten nach einiger Zeit vor allem im Kinderzimmer, aber auch in anderen Räumen Spuren unterschiedlichster Art auf, oft etwa Striche von Bunt- oder Filzstiften.

415 Sind **Gewerberäume** an ein Möbeleinrichtungshaus vermietet, sind Beschädigungen von Wänden oder Lackteilen durch den Transport oder das Umstellen von Möbelstücken kaum zu vermeiden.[699]

416 Dasselbe gilt bei der Vermietung oder Verpachtung eines Tankstellengrundstücks für Bodenverunreinigungen, die der übliche Betrieb einer **Tankstelle** auch bei Einhaltung der geltenden Umweltstandards mit sich bringt.[700]

417 Ist dem Vermieter bei der Vermietung einer **Lagerhalle** bekannt, dass dort **Tee** gelagert werden soll, ist es eine Folge vertragsgemäßer Nutzung, dass nach Vertragsende ein starker Geruch verbleibt.[701]

418 Wird eine **Lagerhalle** zum Betrieb einer **KFZ-Instandsetzung** vermietet, sind Verschmutzungen und mechanische Beschädigungen des vorhandenen PVC-Belags unausweichlich; auch eine Klausel, nach welcher der Mieter *„die vorhandenen Fußbodenbeläge einschließlich Leisten bei Bedarf fachgerecht zu behandeln, insbesondere Parkett- und andere Holzfußböden abzu-*

---

695 BGH VIII ZR 168/12, NZM 2013, 378.

696 BGH VIII ZR 329/1, NZM 2013, 380.

697 ZB *Brüchert* WuM 1989, 227 (229); *Röchling* WuM 1982, 171.

698 Zutreffend AG Ravensburg WuM 2007, 262, hier bei Vermietung an eine Familie mit vier Kindern; *Siegmund* MietRB 2012, 116 (117).

699 BGH XII ZR 15/93, DWW 1995, 279 = ZMR 1995, 578.

700 BGH XII ZR 107/99, GuT 2003, 10 = NZM 2002, 913 = ZMR 2002, 901.

701 OLG Düsseldorf DWW 2005, 22.

schleifen und zu versiegeln" hat, verpflichtet ihn hier nicht, den PVC-Fußbodenbelag bei Abnutzung zu erneuern.[702]

(einstweilen frei) **419**

Schließlich kann auch die **Verkehrssitte** herangezogen werden. Sie ermöglicht die Einbeziehung der sich zum Teil mit der Zeit wandelnden allgemeinen Vorstellungen von dem, was ein Mieter „darf" und wann die Grenze überschritten ist. **420**

Als **Kontrollüberlegung zur Abgrenzung** vertragsgemäßen Gebrauchs von vertragswidrigem bietet es sich an zu prüfen, ob der Vermieter gegen den behaupteten vertragswidrigen Gebrauch mit einer **Unterlassungsklage** vorgehen könnte. Wäre einer Unterlassungsklage kein Erfolg beschieden, weil sie zu sehr in die Lebensgestaltung des Mieters eingreift und die gebotene Interessenabwägung kein höherrangiges Interesse des Vermieters zu Tage fördert, ist der Gebrauch des Mieters vertragsgemäß. So wurde zum Teil vertreten, zB sehr starkes Rauchen sei vertragswidrig und verschaffe daher dem Vermieter ohne weiteres einen Schadensersatzanspruch. Wäre dies richtig, hätte der Vermieter verlangen können, dass der Mieter es unterlässt, den Inhalt von zwei oder drei Schachteln Zigaretten täglich zu rauchen, sondern sich zB auf den Inhalt allenfalls einer Schachtel beschränkt. Ein derartiges Ergebnis ist offensichtlich abwegig. **421**

III. Übermäßiger Gebrauch

Solange das Mietobjekt nur vertragsgemäß abgenutzt ist mit entsprechenden Verschlechterungen und Veränderungen, bleibt es auch dann nach § 538 BGB bei der eigenen Renovierungspflicht des Vermieters, wenn es dadurch unansehnlich wurde. Anders kann es sich bei Schäden verhalten, die aus übermäßigem vertragsgemäßem Gebrauch durch den Mieter resultieren.[703] Hier ist zur **Abgrenzung,** wann Schönheitsreparaturen oder eine Schadensersatzpflicht des Mieters betroffen sind, nach der Rechtsprechung des **BGH** maßgeblich, ob ein **ordnungsgemäßer Zustand durch schlichte Malerarbeiten** zu erreichen ist, etwa im Fall der Folgen starken Rauchens.[704] Zwar bewirkt starkes Rauchen durch die Vergilbung von Tapeten oder Anstrichen einen unansehnlichen Zustand, er kann jedoch durch eine malermäßige Neudekoration ohne weiteres behoben werden. Je nach der Intensität fallen nur die Vorarbeiten etwas aufwendiger aus, weil durch zusätzliche Grundierungen oder einen Sperranstrich verhindert werden muss, dass die Vergilbungen nach der Dekoration wieder durchschlagen. Hier scheidet daher ein Schadensersatzanspruch des Vermieters aus, er hat die Folgen aus der Unwirksamkeit der Abwälzung selbst zu tragen. **422**

[702] OLG Düsseldorf GE 2008, 731 = GuT 2008, 204 = ZMR 2008, 890.
[703] BGH VIII ZR 48/09, NZM 2010, 157 = WuM 2010, 85.
[704] Vgl. BGH VIII ZR 37/07, GE 2008, 533 = NZM 2008, 318 = WuM 2008, 213 = ZMR 2008, 524; AG Kassel 4.11.2005 – 452 C 2137/05, n.v.

423 Kleinere **Schäden an Tapeten oder Lackteilen,** die bei normalem Gebrauch der Mietsache entstehen und zu den regelmäßigen Erscheinungen gehören, sind ohnehin zwangsläufige Folge des vertragsgemäßen Gebrauchs.[705] Hierbei handelt es sich zB um dunkle Verfärbungen auf Türen im Bereich der Klinken oder auf Tapeten bei den Lichtschaltern, Staubfahnen über Heizkörpern oder im Bereich von auf Putz liegenden Rohren, Staubränder um Bilder und Möbelstücke, Stoßstellen an Lackteilen.[706] Aber auch wenn sie im Übermaß oder wenn größere Schadstellen auf Tapeten oder Lackabplatzungen vorhanden sind und eine dekorative Überarbeitung der betroffenen Flächen angezeigt ist, lassen sie sich durch normale Malerarbeiten, Neutapezierung bzw. Spachtelarbeiten vor dem Lackieren, beheben.

424 **Anders** liegt es bei Schäden, durch die der **Untergrund** deutlich in Mitleidenschaft gezogen wurde, so dass zu deren Beseitigung mehr als die üblichen Vorarbeiten erforderlich sind. Durch Stoß können zB Teile des Putzes beschädigt werden oder auch Absplitterungen des Holzes eintreten. Derartige grobe Einwirkungen verursachen sogleich einen Schaden, den der Mieter ohne weitere Voraussetzungen aus §§ 280 Abs. 1 S. 1, 249 BGB zu ersetzen hat (dazu ausführlich → Kap. 2 Rn. 106 ff.).

425 Ferner kommt ein Schadensersatzanspruch durch exzessive Nutzung in Betracht, wenn **anderweitige Schäden,** also außerhalb des dekorativen Bereichs, verursacht wurden. Derartige Schäden können zB eine Teppichauslegeware betreffen, aus welcher der Geruch durch Rauchen trotz mehrfacher Reinigung nicht mehr zu entfernen ist; dasselbe gilt etwa bei einer Verfärbung von Holzpaneelen oder der Silikonfugen im Bad,[707] bei der Verfärbung der Drückerplatte der Toilettenspülung von reinweißem zu fast braunem Farbton[708] oder bei einer vom Vermieter gestellten Teilmöblierung für Gardinen und Polstermöbel.[709]

IV. Schlechte Ausführung von Renovierungsarbeiten

426 Hier ist zwischen **unsachgemäßer und unfachgemäßer** Ausführung der Schönheitsreparaturen **zu differenzieren.**

1. Unsachgemäße Renovierung

427 Eine unsachgemäße Renovierung resultiert meist aus der Verwendung **ungeeigneter Farben oder Materialien.** Dies ist zB der Fall, wenn sich das verwandte Material derart mit dem Untergrund verband, dass es von diesem im Regelfall nicht ohne dessen Beschädigung entfernen lässt, zB

---

705 Siehe auch umfassend bei BeckOK/*Zehelein* § 538 Rn. 5.
706 AG Gießen WuM 2009, 454.
707 LG Koblenz ZMR 2006, 288.
708 AG Cham ZMR 2002, 761.
709 Vgl. AG Magdeburg NZM 2000, 657 = WuM 2000, 303,

beim Anstrich von Stuckleisten mit Ölfarbe oder von Holztüren mit Metallicfarbe, bei Ersetzung der Tapeten durch Rauputz.[710]

Dasselbe gilt, wenn der Mieter aus optischen Gründen Materialien **428** aufbrachte, die **für den Nutzungszweck** der betreffenden Räume völlig **ungeeignet** sind und es dadurch zB zu Spak, Schimmel und Korrosion kam. So sind dampfdichte Anstriche in kleinen Feuchträumen nachteilig, wenn die Feuchte nicht durch Lüftungsmöglichkeiten (Fenster, motorbetriebene Entlüftung) zügig abgeführt werden kann. Hier hat der Putz die Aufgabe, einen Teil der Feuchte aufzunehmen (Absorption) und bei ausreichendem Lüften wieder abzugeben (Desorption), wodurch die Feuchtemenge, die sich auf anderen Raum- oder Ausstattungsteilen niederschlägt, reduziert wird. Lang anhaltende Feuchtigkeit führt bekanntlich zu Spak, Schimmel und Korrosion. Ansonsten sind auch dampfdichte Anstriche unschädlich. Die verbreitete Meinung, eine Farbe müsse atmungsaktiv sein, beruht auf laienhaften Vorstellungen, weil eine „Atmung" von Außenbauteilen mit dem Effekt einer Raumentfeuchtung bauphysikalisch nicht stattfindet; eine Wasserdampfdiffusion ist zumindest bei Außenwänden nicht möglich.

Allerdings löst **nicht jede** Verwendung **ungeeigneten** Farb- oder sons- **429** tigen **Materials einen Schaden** aus. Es ist im Hinblick auf die Entscheidung des BGH (→ Rn. 422) stets zu prüfen, ob sich die Fehlleistung des Mieters durch Schönheitsreparaturen ohne weiteres beheben lässt. Hiervon ist zB bei einem Anstrich des Heizkörpers mit Binderfarbe auszugehen, sofern die Farbe festsitzt; nach dem üblichen Anschleifen kann die spezielle Heizkörperfarbe problemlos aufgebracht werden. Ebenso wird es sich verhalten, wenn der Mieter untapezierte Flächen bemalte, weil je nach der Konsistenz des Materials Farbe in den Putz eindrang. Hier kann durch fachgerechte Grundierung verlässlich und auf Dauer vermieden werden, dass die Farbe bei späterer Tapezierung wieder durchschlägt. Es ist sogar möglich, nach Grundierung und hellem Zwischenanstrich die Flächen uneingeschränkt wiederum in modischer Wischtechnik zu dekorieren. Die Folgen der Dekoration des Mieters lassen sich mithin durch bloße Malerarbeiten beheben.

2. Unfachgemäße Renovierung

Zum Teil wird vertreten, **schlechte Renovierung** führe zu einem Scha- **430** den des Mietobjekts, wenn sie ohne rechtliche Verpflichtung erfolgt sei; dem Vermieter sei daher ein Schadensersatzanspruch zuzuerkennen, der nicht an die Voraussetzungen nach § 281 BGB gebunden ist.[711] Dieser Ansicht ist in dieser allgemeinen Form nicht zuzustimmen. Sachlich macht es nämlich keinen Unterschied, ob der Mieter während des Miet-

[710] AG Kerpen WuM 1990, 198; aA LG Mannheim NZM 2003, 511.

[711] *Neuhaus* NZM 2000, 224 mwN; *Lammel* § 535 Rn. 212: Anspruch aus Eigentumsverletzung gem. § 823 Abs. 1 BGB.

verhältnisses fachlich nicht korrekt renoviert, zB mit nicht deckenden Anstrichen, oder ob er diesen Zustand bei Mietende herbeiführt. In beiden Fällen geht es nur um die malermäßige Beschaffenheit, also um Schönheitsreparaturen. Ein nicht deckender Anstrich führt weder in dem einen noch in dem anderen Fall zu einer Sachbeschädigung. Ein **Anspruch des Vermieters** kann daher **nur** dann in Betracht kommen, wenn ihm durch die Art der Renovierung seitens des Mieters ein **Aufwand** entsteht, den er sonst, also **bei unterlassenen Arbeiten nicht** gehabt hätte. Es ist daher **immer zu prüfen,** ob die Fehler des Mieters überhaupt für die Notwendigkeit einer Neudekoration kausal waren.

431 Eine schlecht durchgeführte Renovierung des Mieters, zumal bei Mietende, verursacht **nicht zwingend einen Mehraufwand** beim Vermieter. Dies ist zum **Beispiel** nicht der Fall, wenn der Anstrich des Mieters nicht deckend oder ungleichmäßig ausfiel,[712] so dass er „wolkig" wirkt,[713] wenn er die Tapeten überlappend klebte,[714] Mustertapeten überstrich oder neue Tapeten anbrachte, ohne zuvor alte abzunehmen, verbrauchte Raufasertapete abriss, die ohnehin erneuert werden musste,[715] die Lackarbeiten Pinselhaare oder Schmutzpartikel, Farbläufer oder einen übermäßigen Farbauftrag[716] aufweisen. Dasselbe wird gelten, wenn der Mieter bei Auszug mit gelber Wandfarbe fachgerecht dekorierte.[717] Der Mieter wäre berechtigt gewesen, die Mietsache im renovierungsbedürftigen Zustand zurückzugeben. Die anschließende Herrichtung zur Neuvermietung fiel ohne weiteres in die Zuständigkeit des Vermieters.

432 Anders liegt es, wenn die Arbeiten des Mieters zu einer **„Verschlimmbesserung"** geführt haben (dazu → Rn. 454). Hierunter sind die Fälle zu fassen, in denen der Mieter durch eine nicht fachgerechte Renovierung einen schlechteren Zustand schuf, als er aufgrund der nur recht kurzen Mietzeit vor diesen Arbeiten vorhanden war.[718] Für die Verschlimmbesserung ist es irrelevant, ob sie auf Grund einer noch nicht fälligen oder mangels wirksamer Abwälzung überhaupt nicht geschuldeten Renovierung erfolgte.

433 Eine **Verunstaltung** ist in diesen Fällen **zB** anzunehmen, wenn das Mietobjekt dem Mieter zB mit dezenten Anstrichen und/oder Tapeten geliefert worden war, die er als langweilig empfand, so dass er alsbald mit kräftigen Farben und Mustern renovierte, wenn noch einwandfreie Lackteile mit Binderfarbe[719] oder Raufasertapeten mit ungeeigneter, stark abkreidender Farbe[720] gestrichen oder diese unnötig so mit Farbe zuge-

[712] LG Berlin MM 2010, 119; AG München WuM 2005, 766.
[713] BGH VIII ZR 166/08, GE 2009, 574 = NZM 2009, 313 = WuM 2009, 224.
[714] LG Berlin MM 2010, 110; GE 1999, 189; AG Pinneberg ZMR 2004, 121.
[715] AG Köln WuM 2008, 215 = ZMR 2008, 384.
[716] BGH VIII ZR 42/09, GE 2011, 26 = BeckRS 2011, 1061.
[717] AG Königstein NZM 2000, 1181.
[718] LG Hamburg ZMR 1986, 56: nach nur zweijähriger Mietzeit.
[719] *Heller* WuM 1986, 368; *Sternel* II Rn. 448.
[720] AG Köln WuM 1987, 150.

schmiert wurden, dass die Struktur verloren ging, die bei fachgerechtem Vorgehen erhalten geblieben wäre.

V. Rückgabe in ungewöhnlicher Dekoration

Gibt der Mieter die Mieträume in ungewöhnlicher Dekoration zurück, ist es für den Vermieter schwierig oder auch praktisch unmöglich, sie in diesem Zustand neu zu vermieten. War das Mietobjekt dem Mieter in neutralen Farben überlassen worden (zur Überlassung schon mit kräftigen Farben oder Mustern → Rn. 455), stellt die eigenwillige Dekoration daher eine **Verschlechterung der Mietsache** dar; dies gilt auch dann, wenn die Dekoration technisch eine sehr gute Beschaffenheit aufweist. Als Folge ist der Mieter verpflichtet, eine von ihm angebrachte ungewöhnliche Dekoration vor Rückgabe der Mieträume wieder zu beseitigen. **434**

Während der BGH diese Verpflichtung des Mieters **zunächst** aus Treu und Glauben gem. § 242 BGB ableitete,[721] hat er sich inzwischen der hier vertretenen Ansicht angeschlossen, dass die Rückgabe eines Mietobjekts in einem dekorativen Zustand, der für die meisten Mietinteressenten nicht akzeptabel ist, schon als **Vertragsverletzung** nach **§§ 241 Abs. 2, 280 Abs. 1 BGB** zu bewerten ist.[722] Diese besteht nicht darin, dass der Mieter die Schönheitsreparaturen während der Mietzeit nach seinen sehr singulären Vorstellungen durchführte, sondern in der Rückgabe in einem Zustand, der es nicht ermöglicht, die Dekoration allein mit den üblichen Vorarbeiten zu erneuern.[723] In diesem Fall versucht der Mieter, die zusätzlichen Kosten, die aus der Selbstverwirklichung durch Farbwahl und sonstige Gestaltung stammen, auf den Vertragspartner abzuwälzen. Da der Vermieter – auf der Grundlage der Argumentation des BGH – den Mietzins nur um die Kosten von üblichen Schönheitsreparaturen reduzierte, belastet der Mieter ihn mit weiterem Aufwand, den er kalkulatorisch nicht berücksichtigen konnte. **435**

Beispiele aus der Praxis betreffen ohne weiteres die Rückgabe **436**

- der Küche mit Fensterschrank und Heizungsrohren teils in Lila, teils in Türkis und Fliesenspiegel über der Spüle in Türkis, das Bad mit Türinnenseite, Heizkörper, Heizungsrohren und Fensterbrett in Lila, das Wohnzimmer mit Heizungsrohren teils in Rot, teils in Schwarz und Türrahmen in Schwarz,[724]
- der Küche sowie des Bades/WC an Wänden und Decken in Grellgrün,[725]

---

[721] BGH VIII ZR 48/09, NZM 2010, 157 = WuM 2010, 85.

[722] BGH VIII ZR 416/12, DWW 2014, 59 = GE 2014, 49 = NZM 2014, 72 = WuM 2014, 23.

[723] Vgl. AG Esslingen ZMR 2005, 199.

[724] LG Berlin GE 1995, 249.

[725] LG Hamburg DWW 1999, 152 = ZMR 1999, 405.

- der Küche in Grün, des ersten Badezimmers in Rot und des zweiten in Blau,[726]
- eines Wohnraums teils in weißem, teils in einem terrakottenfarbigem Farbton,[727]
- der Küche in moosgrün, eines Wohnraums in kräftigem Blau, eines anderen in Rot und eines weiteren in Gelb mit einem großflächigen zweifarbigen braunen Muster, des Flurs in Rot, Gelb, Grün,[728]
- der ursprünglich weiß gestrichenen Türrahmen in brauner[729] oder schwarzer Farbe[730] oder der mit Klarlack überlassenen Holztürrahmen in mittelgrau glänzender oder grau-blau glänzender Lackfarbe.[731]

437 **Ob** schon eine **weniger ausgefallene Gestaltung** für eine Renovierungspflicht ausreicht, ist eine Frage des Einzelfalls. Für die **Überprüfung,** ob es sich tatsächlich schon um eine ungewöhnliche Dekoration handelt, ist zu **differenzieren,** zum einen nach der **vermieterseitig gestellten Ausstattung,** zum anderen **nach Räumen oder Raumgruppen.**[732] Maßgeblich sind jeweils die Intensität der Farbe und die Struktur oder das Muster einer Tapete.

438 Wird ein Farbton der **vermieterseitig gestellten Ausstattung** angepasst, ist er häufig auch dann nicht als ungewöhnlich zu qualifizieren, wenn er in anderen Räumen als ausgefallen erscheint. Solange er dezent ausfällt, schadet es daher nicht, wenn er nicht mehr als neutral einzuordnen ist. Je nach der farblichen Gestaltung der Küchenmöbel, der Fliesen eines Badezimmers oder von Einbauschränken ist eine zart abgestimmte Wand- oder Deckenfarbe daher nicht zu beanstanden.[733]

439 Anders als in den Fällen einer „kunterbunten" Wohnung (→ Rn. 436) geht es in der Praxis meist um die farbliche Gestaltung einzelner **Räume oder Raumgruppen.** Hier ist jeweils zu prüfen, ob sich Farbe oder Tapete nach deren Nutzungszweck noch in gewöhnlichem Rahmen halten.[734]

440 **Wohnräume**

- Der Anstrich der Wände und Decken in Gelb reicht für eine Renovierungspflicht aus,[735] der Anstrich in grau soll jedoch nicht genügen, ebenso nicht die Umlackierung der Rolladenkästen von weißer in graue Farbe.[736]

---

[726] AG Burgwedel WuM 2005, 771.
[727] AG Schöneberg GE 2007, 1493.
[728] KG GE 2005, 917 = NZM 2005, 663.
[729] AA AG Münster WuM 1988, 110: *„heute durchaus üblich"*.
[730] LG Aachen WuM 1988, 300.
[731] LG Aachen WuM 1998, 596.
[732] So überzeugend *Kappus* NZM 2010, 529 (531 f.).
[733] *Kappus* NZM 2010, 529 (531) mit Beispielen.
[734] *Harsch* MietRB 2014, 116 (117).
[735] LG Hamburg DWW 1999, 152 = ZMR 1999, 405.
[736] LG Aachen WuM 1998, 596.

- Ein Anstrich in einem nach rosa gebrochenen Farbton ist vom Vermieter zu akzeptieren.[737]
- Die Dekoration mit einer altrosa farbenen Tapete, die mit intensiven klassischen floralen Mustern und einer unterschiedlich glänzenden Oberfläche versehen ist, ist für den Vermieter nach heutigen Geschmacksvorstellungen nur schwer vermietbar und daher zu erneuern.[738]
- Ein Anstrich lindgrün mit Bordüre soll keine ordnungsgemäße Renovierung mehr darstellen.[739]

Schlafzimmer **441**

- Einen Anstrich der Wände und Decken in Rosa muss der Vermieter nicht hinnehmen,[740]
- ebenso nicht einen roten Volltonanstrich.[741]

Kinderzimmer **442**

- Das Kleben einer Sternchentapete[742] oder einer Bordüre mit Harry-Potter-Motiven soll keine ungewöhnliche Dekoration sein.[743]

Dieser Ansicht ist für das laufende Mietverhältnis zuzustimmen. Geht es jedoch um die Rückgabe des Mietobjekts, ist ihr zu widersprechen. Ein derartiger Zustand legt die Raumnutzung fest und schränkt daher die Zahl der Mietinteressenten ein. Grundsätzlich steht es dem Mieter frei, wie er die einzelnen Räume einer Wohnung nutzt; so kann er zB ein geräumiges Schlafzimmer gegen das über Jahrzehnte übliche winzige Kinderzimmer tauschen, hat aber ggf. für den Schimmelbefall einzustehen. Ein Arbeitszimmer mit Sternchentapete dürfte nur selten nachgefragt werden.[744]

Wände in Flur und Bad **443**

- Den Anstrich der Wände in Gelb hat der Mieter zu beseitigen[745] oder auch nicht, weil es sich nicht um eine „untragbare" Farbe handelt.[746]
- Ein Anstrich hellblau marmoriert ist nicht zu beanstanden.[747]
- Ein helles Braun ist akzeptabel.[748]
- Ein Anstrich im Bad in einem hellblauen Pastellton ist vertragsgemäß,[749]
- nicht aber der Decke mit blauen Wölkchen.[750]

---

[737] LG Hamburg 1.12.2000 – 311 S 68/00, n. v.
[738] LG Berlin NZM 2007, 801.
[739] LG Berlin NZM 2002, 120.
[740] LG Hamburg DWW 1999, 152 = ZMR 1999, 405.
[741] LG Frankfurt a. M. NZM 2007, 922.
[742] LG Frankfurt a. M. NZM 2007, 922.
[743] Vgl. LG Berlin GE 2005, 867.
[744] *Harsch* MietRB 2014, 116 (117).
[745] LG Hamburg DWW 1999, 152 = ZMR 1999, 405.
[746] AG Königstein NZM 2000, 1181.
[747] LG Lübeck NZM 2002, 485.
[748] *Harsch* MietRB 2014, 116 (117).
[749] KG GE 2005, 917 = NZM 2005, 663.
[750] AG Schöneberg GE 2007, 1493.

444 **Gewerberaummiete**

Die zur Wohnraummiete entwickelte Rechtsprechung des VIII. Senats des BGH soll in der Gewerberaummiete ebenso gelten.[751] Das ist jedenfalls ohne nähere Begründung oder Eingrenzung fraglich. Denn die Vorstellungen der Nachmieter von Gewerberäumen sind je nach Nutzungsart der Mietsache sehr unteschiedlich und können nicht derart einheitlich beurteilt werden, wie in der Wohnraummiete. So ist etwa der Mieter einer Bar nicht verpflichtet, einen roten Anstrich nach Mietende zu entfernen, wobei sich diese Frage ausschließlich nach der Wirksamkeit einer Farbwahlklausel richtet, nicht nach vertraglichen Nebenpflichten aus § 241 Abs. 2 BGB.[752]

445 Zu beachten ist, dass sich die **Geschmacksvorstellungen mit der Zeit wandeln.** Gerichtliche Entscheidungen, nach denen die ursprünglich weiß gestrichenen Türrahmen auch in brauner Farbe[753] oder ein Wohnraum in einem Orangeton[754] zurückgegeben werden dürfen, spiegeln den Geschmack insbesondere der 70er und 80er Jahre des letzten Jahrhunderts. Sie sind daher nicht mehr einschlägig, auch wenn inzwischen vereinzelt wieder der „Mut zur Farbe" zu beobachten ist.

VI. Voraussetzungen des Schadensersatzanspruchs

446 Auch wenn im Einzelfall aufgrund der Prüfung der vorbeschriebenen Konstellationen ein vom Mieter verursachter Schaden zu konstatieren ist, bleibt festzuhalten, dass **meist kein unmittelbar vertragswidriges Verhalten** des Mieters zugrunde lag. So hält sich zB der intensiv rauchende Mieter im Grundsatz noch im Rahmen des vertragsgemäßen Gebrauchs, dasselbe gilt für den Mieter, der eine unsachgemäße Renovierung ausführt und erst recht für denjenigen, der von seinem Recht Gebrauch machte, sich das Mietobjekt im laufenden Mietverhältnis nach sehr speziellen Vorstellungen herzurichten.[755] Zudem führt schlechte Dekoration im Regelfall nicht zu einer unmittelbaren Sachbeschädigung iSd § 249 Abs. 2 S. 1 BGB. Diese Feststellung hat zur Folge, dass der Vermieter **nicht sogleich** einen **Schadensersatzanspruch** aus §§ 280, 249 BGB reklamieren kann.

447 Grundlage des Schadensersatzanspruchs ist vielmehr **§ 546 Abs. 1 BGB.** Nach dieser Vorschrift ist der Mieter nicht nur allgemein zur Rückgabe des Mietobjekts verpflichtet, sondern er hat das Mietobjekt in ordnungsgemäßem Zustand zurückzugeben. Ihn trifft daher eine entsprechende Leistungspflicht (ausführlich → Kap. 2 Rn. 109 ff.). Verstößt er

---

[751] Guhling/Günter/*Boerner* § 535 Rn. 174.
[752] KG GE 2015, 1287 = NZM 2015, 494.
[753] AG Münster WuM 1988, 110.
[754] AG Miesbach WuM 1992, 603.
[755] Vgl. *Eisenschmid* WuM 2010, 459 (467).

hiergegen, muss der Vermieter, der Schadensersatz verlangen will, den **Schadensersatzanspruch** erst durch das **Verfahren nach § 281 Abs. 1 BGB begründen,** sofern nicht eine der in § 281 BGB genannten Ausnahmen eingreift (zum Verfahren → Rn. 535 ff.).

VII. Höhe des Schadensersatzanspruchs

1. Grundsätze

Besteht die Schadensersatzpflicht des Mieters dem Grunde nach, ist **448** jeweils die Schadenshöhe zu prüfen. Ausgangspunkt ist, dass der Mieter nicht für die Abnutzungserscheinungen bei vertragsgemäßem Mietgebrauch während der Mietzeit aufkommen muss, der Vermieter aber ein renoviertes Mietobjekt erhält. Seine Kosten sind daher um einen **Abzug „neu für alt"** zu reduzieren, dessen Höhe sich an der bisherigen Nutzungszeit orientiert (→ Rn. 454).[756] Er kann den Mieter daher nicht etwa mit den vollen Renovierungskosten belasten.

2. Varianten

Wie zur **ersten Fallgruppe** (→ Rn. 422 ff.) ausgeführt, hat der Mieter **449** nicht für Schäden an der Dekoration einzustehen, die sich durch normale Malerarbeiten beheben lassen. Es geht allein um **weitere Schäden,** die durch die Überschreitung des vertragsgemäßen Gebrauchs entstanden. Diese betreffen vornehmlich vermieterseits gestellte Einrichtungen. Muss zB der Teppichboden ausgetauscht werden, weil er durch die hohe Rauchbelastung des intensiv rauchenden Mieters nicht mehr verwendbar ist, schuldet der Mieter die Kosten der Neuverlegung eines gleichartigen Teppichbodens, wobei allerdings im Einzelfall ein **Abzug „neu für alt"** geboten sein kann (dazu → Rn. 626, insbesondere → Kap. 2 Rn. 121 ff.).

Geht es bei der **zweiten Fallgruppe** (→ Rn. 426 ff.) um Schäden aus un- **450** sachgemäßer Renovierung, gilt im Grundsatz nichts anderes. Der Mieter hat die Mehrkosten aus der Wiederherstellung eines ordnungsgemäßen Zustands zu tragen, im Beispiel der mit Metallicfarbe gestrichenen Tür ggf. die Kosten einer neuen, allenfalls grundierten Tür, wiederum ggf. reduziert um den Abzug „neu für alt".

Bei der **dritten Fallgruppe** (→ Rn. 434 ff.), der Rückgabe des Mietob- **451** jekts in eigenwilliger dekorativer Gestaltung, ist danach zu **differenzieren,** ob das Mietobjekt im Zeitpunkt der Rückgabe bereits unansehnlich war oder noch nicht.

– Ist das Mietobjekt **im Zeitpunkt der Rückgabe unansehnlich,** steht **452** ohnehin eine Renovierung an, die vom Vermieter zu veranlassen ist.

[756] BGH VIII ZR 416/12, DWW 2014, 59 = GE 2014, 49 = NZM 2014, 72 = WuM 2014, 23; VIII ZR 48/09, NZM 2010, 157 = WuM 2010, 85.

Wegen der Unwirksamkeit der Abwälzung ist es irrelevant, ob es dem Mieter renoviert oder unrenoviert überlassen worden war. Geschmackliche Beanstandungen des Vermieters haben daher grundsätzlich außer Betracht zu bleiben; dasselbe gilt im Grundsatz für ungewöhnliche Farbgestaltungen.[757] Renovierte der Mieter zwischenzeitlich schlecht, etwa mit überlappend geklebten Raufasertapeten oder offenen Bahnen zwischen den Tapeten, durch Überstreichen oder Überkleben von Mustertapeten, mit wolkigen oder streifigen Anstrichen uÄm, oder unzureichend, indem er zB nur um einen Schrank herum tapezierte,[758] wirkt sich dies in aller Regel nicht zu seinen Lasten aus, weil es Sache des Vermieters war, die Schönheitsreparaturen regelmäßig auf seine Kosten zu erledigen, und weil die Renovierung bei Mietende ohnehin in seine Zuständigkeit fällt. Der Mieter hat sich an dem Renovierungsaufwand daher nur zu beteiligen, **wenn und soweit** ihm zuzurechnende **Mehrkosten** verursacht wurden.

453 Im Übrigen kommt es auch auf die **Umstände im Einzelfall** an. So renoviert der Vermieter nicht die einzelne beschädigte Wand eines Raums, um einen dekorativen Schaden durch den Mieter zu beseitigen, die restlichen Wände aus originärer Dekorationspflicht. Vielmehr geht es insgesamt um die Herstellung eines ordnungsgemäßen Zustands allein durch Malerarbeiten, so dass sich vereinzelte besondere Schadensursachen seitens des Mieters im Grundsatz nicht auswirken, zumal ohnehin alle üblichen Vorarbeiten anliegen (→ Rn. 24). Ausgenommen ist ein Aufwand, der zusätzliche bezifferbare Kosten auslöst.

454 – Endet das Mietverhältnis **vor Eintritt der Unansehnlichkeit,** können Ansprüche des Vermieters wegen des dekorativen Zustands nur bestehen, wenn der Mieter die ursprüngliche Dekoration nachteilig veränderte, also im Fall der sog. **Verschlimmbesserung** (→ Rn. 432f.). Es entstehen dadurch Kosten, die bei der Beibehaltung der ursprünglichen Dekoration nicht angefallen wären, zB die vollständige Entfernung der Tapete oder die Aufbringung eines Haftgrundes und doppelten Farbauftrags, Abbeizen oder Abschleifen von Holzteilen. Der Mieter muss den Schaden ggf. durch eine vollständige Erneuerung der Dekoration beseitigen. Soweit der Vermieter frisch renovierte Räume erhält, ist bei der Schadenshöhe zugunsten des Mieters die **Vorteilsausgleichung** zu berücksichtigen; für Abnutzungserscheinungen aus vertragsgemäßem Mietgebrauch hat der Mieter nicht einzustehen.[759] Um die Berechnung des Anteils „neu für alt" zu vereinfachen, bietet es sich an, angemessene Renovierungsfristen von 5/8/10 Jahren heranzuziehen und die Kosten nach dem Verhältnis dieser Fristen zur

[757] AG Hamburg-Altona 12.7.2011 – 316 C 209/11, n.v., nach einer Mietdauer von 11 Jahren.
[758] AG Köln WuM 2000, 211.
[759] BGH VIII ZR 416/12, GE 2014, 49 = NZM 2014, 72 = WuM 2014, 23; VIII ZR 48/09, NZM 2010, 157 = WuM 2010, 85.

Wohnzeit des Mieters zu verteilen, dh ihn über eine „umgekehrte“ Abgeltungsquote (zum Begriff → Rn. 312) zu ermitteln.[760]

Fraglich ist, ob der Vermieter mangels wirksamer Abwälzung der Schönheitsreparaturen zu einem Schadensersatzanspruch kommen kann, wenn das Mietobjekt **schon bei Einzug** eine Dekoration mit **kräftigen Farben** oder intensiven Mustertapeten aufwies. So wird vertreten, dass der Mieter, der alsbald mit anderen kräftigen Farben (Wohnzimmer in brauner/beiger/aprikot Farbe, Flure in blau/weißer, Ess- und Kinderzimmer in kräftiger roter bzw. lila Farbe) renovierte, auch nach einer Wohnzeit von nur zehn Monaten für die Kosten einer Neudekoration einzustehen hat.[761] Diese Entscheidung überzeugt nicht, zum einen weil schon der Vermieter das Mietobjekt in ungewöhnlicher, vom Durchschnittsgeschmack abweichender Dekoration lieferte („Selbstbindung“[762]). Zum anderen entstanden dem Vermieter keine Kosten, denn er hätte es bei Erreichen der Unansehnlichkeit zum Mietende auf seine Kosten herrichten lassen müssen, im Zweifel für eine bessere Vermietbarkeit in dezenten Farben. Nicht anders stellt sich seine Situation bei vorzeitigem Ende des Mietvertrags dar. Es vermag auch keinen Unterschied zu begründen, ob die Dekoration des Mieters eine noch eigenwilligere Farbgebung im Vergleich zu derjenigen des Vermieters zeigte; eine Nuancierung der Eigenwilligkeit ist zu sehr von den persönlichen Vorgaben abhängig und damit nicht mehr praktikabel. 455

[760] LG Gießen BeckRS 2013, 18160, Vorinstanz zu BGH VIII ZR 416/12, GE 2014, 49 = NZM 2014, 72 = WuM 2014, 23): fiktiver Anteil der normalen Abnutzung von 27% bei einer Mietdauer von etwa 2½ Jahren (vom BGH nicht beanstandet); *Over* in Hannemann/Wiegner § 19 Rn. 256.

[761] AG Coburg InfoM 2010, 215 (mAnm *Leyde*).

[762] *Kappus* NZM 2010, 529 (531).

F. Renovierungsanspruch des Vermieters

I. Grundsätze

456 Schönheitsreparaturen sind **fällig**, wenn die **Räume unansehnlich** geworden sind, dh wenn Tapeten und Anstriche verschossen, verschmutzt, beschädigt oder rissig, Lackfarben vergilbt oder nicht unerheblich abgestoßen sind. Einige leicht gelbliche Flecken oder die starke Abnutzung an einer Stelle reichen auf keinen Fall.[763] Es ist eine **objektive Bewertung**[764] maßgeblich, nicht die persönliche Vorstellung des Vermieters; einen Anhaltspunkt für Renovierungsbedarf bieten angemessen lange Fristen. Das Mietobjekt muss infolge der unterlassenen Schönheitsreparaturen nicht völlig verwohnt sein,[765] noch muss eine Gefährdung der Substanz des Mietobjekts vorliegen,[766] was den Anspruch in der Praxis ohnehin weitgehend leerlaufen ließe, weil es hierzu allenfalls an Fenstern und Heizkörpern/-rohren kommen kann. Der Zeitraum, in dem dieser Zustand eintritt, variiert erheblich.[767] Er hängt wesentlich von der Art und dem Umfang der Nutzung ab, ob das Mietobjekt von vielen Personen genutzt wird und wie diese mit den Räumen umgehen, bei Geschäftsräumen zusätzlich von dem in ihnen betriebenen Gewerbe. Weitere Faktoren sind Ausstattung des Mietobjekts sowie die Beschaffenheit und Qualität des verwendeten Materials. Es kommt mithin entscheidend auf die **Verhältnisse des Einzelfalls** an, ob die Durchführung der Schönheitsreparaturen ansteht.

457 Ist **Gewerberaum mit Außenwirkung** (auch → Rn. 468) vermietet, kommt ein Renovierungsanspruch des Vermieters schon vor Eintritt der Unansehnlichkeit in Betracht. So darf der Mieter nicht in einer Weise renovieren, dass das gesamte Erscheinungsbild leidet oder der Mietwert der Immobilie gefährdet wird.[768] Hat der Mieter hiergegen verstoßen, kann der Vermieter die Herstellung einer sachgerechten Dekoration verlangen.

II. Fälligkeit im laufenden Mietverhältnis

458 Für den Renovierungsanspruch des Vermieters ist jedenfalls bei vermietetem **Wohnraum zwischen fortbestehenden Mietverhältnissen und**

---

[763] LG Berlin GE 2001, 137.

[764] BGH VIII ZR 192/04, GE 2005, 662 = NZM 2005, 450 = WuM 2005, 383 = ZMR 2005, 523.

[765] So *Schopp* ZMR 1981, 261.

[766] LG Berlin NJW-RR 1997, 968 = WuM 1997, 210 (ZK 61); LG München I WuM 1997, 616; aA LG Berlin GE 1998, 181 (ZK 65); AG Charlottenburg GE 1999, 385.

[767] Vgl. *Kamphausen* ZMR 1988, 362.

[768] *Neuhaus* NZM 2000, 222.

beendeten zu differenzieren; bei **Gewerberaum** kann sich die Sachlage anders darstellen. Dass der Erfüllungsanspruch bei den beiden Fallgruppen fortlaufendes/beendetes Mietverhältnis verschieden ausgestaltet ist, ist kein dogmatischer Widerspruch. Der Unterschied beruht darauf, dass es sich bei der Wohnung, welche der Mieter weiter nutzt, aufgrund ihrer elementaren Bedeutung für ihn nicht um ein „normales" Wirtschaftsgut handelt (→ Rn. 462), was sich unmittelbar auf den Inhalt seiner Pflichten und korrespondierend auf die Rechte des Vermieters auswirkt, und ferner, dass die Schönheitsreparaturen bei weiter laufendem Mietvertrag praktisch nur ihm zugutekommen. Beides sind Kriterien, die bei beendetem Mietvertrag nicht mehr relevant sind; der Mieter gibt seinen Lebensbereich auf, das Interesse des Vermieters am Zustand der Wohnung rückt im Hinblick auf die Weitervermietung in den Vordergrund. Die Interessen beider Seiten weisen mithin je nach dem Stand des Mietverhältnisses gravierende Unterschiede auf, die auf den Renovierungsanspruch des Vermieters unmittelbar einwirken.

1. Wohnraum

a) Grundsätze

459 Sind die Schönheitsreparaturen wirksam auf den Mieter abgewälzt, kann der Vermieter ihre **Ausführung auch im laufenden Mietverhältnis verlangen,** da sie wirtschaftlich und rechtlich einen Teil der Gegenleistung des Mieters für die Gebrauchsüberlassung des Mietobjekts darstellen.[769] Soweit vertreten wird, die formularvertragliche Verpflichtung des Mieters zur Erledigung der Schönheitsreparaturen bei Fortbestand des Mietvertrags belaste den Mieter unangemessen iSd § 307 BGB, weil den für ihn entstehenden, meist erheblichen Kosten kein Vorteil gegenüberstehe,[770] berücksichtigt diesen wirtschaftlichen Zusammenhang nicht hinreichend.[771]

460 Es kommt nach dem **Ausgleichsprinzip des BGH** hinzu, dass der Vermieter die Belastung des Mieters durch eine unterstellte geringere Miete während der vorangegangenen Dauer des Mietverhältnisses bereits kompensierte. Es hat daher außer Betracht zu bleiben, dass die Renovierung der Wohnung im Wesentlichen dem Mieter zugutekommt, der, wenn er auf sie Wert legte, von sich aus neu dekoriert hätte, und der sich aus finanziellen oder persönlichen Gründen (Geschmack, Krankheit, Alter) mit dem gegebenen Zustand zufrieden gibt; auch dass dem Interesse des Vermieters im Grunde mit der Kostenentlastung und der Pflicht zur Erneuerung einer verbrauchten Dekoration bei Mietvertragsende ausreichend Rechnung getragen ist, ist nicht zu berücksichtigen. Zum

---

[769] BGH VIII ZR 207/89, GE 1990, 1139 = NJW 1990, 2376 = WuM 1990, 494 = ZMR 1990, 450.

[770] AG Gießen ZMR 2002, 828.

[771] *Herrlein* NZM 2003; 941; *Kraemer* NZM 2003, 417 (420).

Schutz des Mieters vor überzogenen Vorstellungen des Vermieters ist allerdings eine genaue Kontrolle seines Renovierungsverlangens angezeigt.[772]

461 **In der Praxis** verfolgen Vermieter meist nur dann ihren Renovierungsanspruch im laufenden Mietverhältnis, deren Vertragsbeziehungen zum Mieter zerrüttet sind.[773] Allerdings sieht sich jeder Vermieter mit dem Problem konfrontiert, dass der finanzielle Aufwand für die Herrichtung der Wohnung jedenfalls bis zu dem Zeitpunkt, zu dem sie völlig verwohnt ist, ständig steigen kann (nicht muss). Zwar ist es für den dekorativen Aufwand irrelevant, ob zB vergraute Raufasertapeten nach zehn oder zwanzig Jahren gestrichen werden, dasselbe gilt für vergilbte Lackteile; sobald Tapeten allerdings aufgrund langer Nutzungszeit etliche Schadstellen aufweisen, hat es oft nicht mehr mit einem Anstrich sein Bewenden, sondern es ist eine Neutapezierung erforderlich. Bei wirtschaftlicher Betrachtungsweise gewinnt daher auch das zunehmende Insolvenzrisiko an Bedeutung.[774] Zumal wenn der Mieter staatliche Hilfe zum Lebensunterhalt erhält, werden ihm Wohnungszuschüsse meist nur gewährt, wenn es darum geht, ihm den Wohnraum zu erhalten;[775] ist er ausgezogen, können sich für den Vermieter beträchtliche Probleme ergeben, seine Ersatzansprüche zu realisieren.

b) Gestaltungsfreiheit des Mieters

462 Der Anspruch des Vermieters auf Durchführung der laufenden Schönheitsreparaturen ist **mit der Ausführung anstehender Arbeiten erfüllt.** Es ist grundsätzlich allein **Sache des Mieters** zu entscheiden, **in welcher Weise** er die Schönheitsreparaturen erledigt. Dies gilt insbesondere für den Wohnungsmieter. Wohnen zur Miete ist nicht nur ein rechtsgeschäftlicher Vorgang, sondern hat eine evidente soziale Komponente. In dem durch die Wohnung räumlich und gegenständlich vorgegebenen Rahmen verbringt der Mensch häufig die meiste Zeit seines Lebens, in ihr ist es ihm möglich, sich selbstbestimmt zu verwirklichen.[776] Es kommt hinzu, dass das Nutzungsrecht des Wohnungsmieters dem Eigentum iSd Art. 14 GG gleich steht.[777] Dieser besondere verfassungsrechtliche Schutz des häuslichen Bereichs ist auch im Zusammenhang mit den Schönheitsreparaturen zu berücksichtigen, so dass der Vermieter mit vorrangig geschmacklichen Beanstandungen keinen Erfolg haben kann.[778] Vielmehr hat der Mieter das Recht, die Wohnung seinen Neigungen entsprechend herzurichten, solange berechtigte Interessen des Vermieters nicht betroffen sind.

[772] Vgl. LG Berlin GE 2001, 137; *Herrlein* NZM 2003, 941 (942); *Paschke* GE 2002, 170.
[773] *Schach* S. 47.
[774] *Herrlein* NZM 2003, 941.
[775] *Hanke* ZdWBay 1999, 568 (574).
[776] Vgl. EGMR NZM 2006, 29 zum Anspruch auf Wohnen ohne Immissionen.
[777] BVerfG NJW 1993, 2035 = WuM 1993, 377.
[778] KG GE 1995, 1011.

In der **Wahl von Farbe und Material** ist der Mieter daher weitgehend frei.[779] Der Vermieter darf dem Mieter jedenfalls **nicht durch** eine **Formularklausel** aufgeben, dass die Dekoration nur in **bestimmten Farben** und/oder Materialien zu erfolgen habe (ausführlich → Rn. 256 f.).[780] Der Mieter ist daher berechtigt, die Wände und Decken untapeziert zu lassen und die Wände, je nach Mode, in beliebiger Art zu streichen, sie mit Muster- oder Fototapeten zu versehen, mittels einer Lasurtechnik zu gestalten,[781] Mustertapeten überzustreichen[782] oder die Wohnung statt in Weiß in einem elfenbeinfarbigen Ton,[783] teilweise sogar schwarz zu streichen;[784] ob der Vermieter wegen der ausgefallenen farblichen Gestaltung psychische Schäden des Mieters befürchtet, ist irrelevant.[785] **463**

Auf die **Wünsche des Vermieters** oder eines potentiellen Nachmieters braucht er, jedenfalls wenn das Ende des Mietvertrags nicht absehbar ist, keine Rücksicht zu nehmen (aber zur Rechtslage bei Mietende → Rn. 478).[786] Der Erfüllungsanspruch des Vermieters ist daher auch nicht ausgelöst, wenn der Mieter Tapeten mit „Gemälden" versehen hat, zB das Kinderzimmer Filzstift-Zeichnungen aufweist. Es vermag keinen sachlichen Unterschied zu begründen, ob Flächen mit sehr eigenwilligen oder vermeintlich kindgerechten, geschmacklosen Tapeten beklebt sind oder von den Eltern bzw. Kindern mit Strichmännchen, Blumen oder Landschaften „verziert" wurden. Es ist ferner unschädlich, wenn Mieter „Gemälde" oder sonstige Verzierungen auf untapezierten Flächen aufbringen. Hier ist die Grenze bloßer Schönheitsreparaturen nicht deshalb überschritten, weil je nach der Konsistenz des Materials Farbe in den Putz eindringt (→ Rn. 429). **464**

Den Mieter trifft nach allem **auch keine Nebenpflicht,** das Mietobjekt **nur hell oder pflegeleicht** zu dekorieren. Es wird allerdings vertreten, der Anstrich auch nur einzelner Teile des Mietobjekts mit Farben, die weder als neutral noch als hell beschrieben werden können, stelle für sich genommen bereits eine selbstständige Vertragsverletzung iSd § 280 Abs. 1 BGB dar.[787] Diese Meinung postuliert eine Pflicht des Mieters, der aus den oben bereits dargelegten Gründen nicht zuzustimmen ist. Sie **465**

---

[779] LG Hamburg DWW 1999, 152 = ZMR 1999, 405; LG Berlin GE 1998, 181; *Blank* PiG 52 (1997), 38; *Emmerich* NZM 2000, 1161; Hannemann/Wiegner/*Over* § 19 Rn. 93; aA LG Aachen WuM 1998, 596.

[780] BGH VIII ZR 50/09, GE 2010, 405 = NZM 2010, 236 = WuM 2010, 142; VIII ZR 344/08, GE 2009, 1488 = NZM 2009, 903 = WuM 2009, 655 = ZMR 2010, 106; VIII ZR 166/08, WuM 2009, 224; VIII ZR 224/07, GE 2008, 1045 = NZM 2008, 605 = WuM 2008, 472.

[781] LG Mannheim GE 2003, 1157 = NZM 2003, 511; aA *Schach* GE 2003, 1124.

[782] LG Berlin GE 1991, 573 (mablAnm *Blümmel*).

[783] AG Weißenburg i. Bay. WuM 2003, 355.

[784] KG 13.10.1975 – 20 U 943/75, n. v., zit. bei *Graul* GE 1977, 754.

[785] LG Berlin 15.11.1976 – 615 102/76, n. v., zit. bei *Graul* GE 1977, 756.

[786] *Harsch* Rn. 106 f.; Wolf/Eckert/Ball Gewerbl. Miet-/Pacht-/LeasingR-HdB Rn. 426.

[787] ZB LG Berlin GE 1995, 249; *Blümmel* GE 1991, 573.

verkennt zudem, dass der Mieter die Mietsache nicht auch zu dem Zweck angemietet hat, dem Vermieter ständig ein zur Weitervermietung geeignetes Objekt zu erhalten. Hier gilt nichts anderes als in den Fällen, in denen sich bauseitig bedingte Feuchtigkeitsschäden durch übermäßiges Heizen und Lüften vermeiden ließen;[788] der Mieter schuldet keinen Zustand, der es dem Vermieter ermöglichen würde, die Wohnung mangelfrei einem Dritten zu überlassen. Bei einem durch die Kündigungsschutzvorschriften gesicherten Mietverhältnis vom Mieter zu verlangen, er müsse die Wohnung jederzeit in einem einer hypothetisch unmittelbar bevorstehenden Vertragsbeendigung entsprechenden Zustand erhalten, verkürzt seine Rechte aus dem Mietvertrag in gravierender Weise. Auch die Interessen des Vermieters gebieten es nicht, eine entsprechende Nebenpflicht aufzustellen. Der von ihm mit der Abwälzung der Schönheitsreparaturen verfolgte Zweck geht neben der Entlastung von den regelmäßigen Kosten vornehmlich dahin, die Wohnung bei einer Neuvermietung zu dem Mietzins anbieten zu können, wie er bei vertragsgemäßer Ausführung der Schönheitsreparaturen zu erzielen ist.[789] Während des Mietverhältnisses ist dieses Ziel nicht relevant.

466 Von eigenwilliger oder unfachgemäßer Dekoration sind die Fälle einer **unsachgemäßen dekorativen Gestaltung** zu trennen. Sie können zu einem Schadensersatzanspruch des Vermieters führen (dazu ausführlich → Rn. 427 ff.).

467 *(einstweilen frei)*

2. Gewerberaum

468 Für den Anspruch des Vermieters von Gewerberaum auf Erledigung der laufenden Schönheitsreparaturen kommen zwei Aspekte in Betracht, zum einen dessen **Lage.** Was den Mieter von Büroräumen betrifft, dürfte dasselbe wie für den Wohnungsmieter gelten,[790] zumindest wenn die Räume nicht im Erdgeschoss liegen, sodass ihr Zustand das Erscheinungsbild des Hauses daher in der Regel nicht berührt. Anders verhält es sich, wenn der Zustand des Mietobjekts Außenwirkung entfaltet. Hierbei geht es vorrangig nicht nur darum, dass der Vermieter den Zustand bei Mietende absichern will, sondern er ist oft auch daran interessiert, dass die Räumlichkeiten ständig von außen einen ansehnlichen Eindruck machen. Dies ist insbesondere dann ohne weiteres nachvollziehbar, wenn das Mietobjekt zB in einer Ladenzeile oder einem Einkaufszentrum liegt. Ein schlechter dekorativer Zustand eines Objekts strahlt unmittelbar auf die Akzeptanz benachbarter aus. Hier darf der Mieter nicht in einer Weise dekorieren, dass das gesamte Erscheinungsbild leidet oder der Mietwert der Immobilie gefährdet wird.[791] Das Interesse des Vermieters kann

---

[788] Dazu ausführlich *Langenberg* FWW 1992, 94 (97).
[789] BGH VIII ZR 150/65, BGHZ 49, 56 = NJW 1968, 491.
[790] Wolf/Eckert/Ball Gewerbl. Miet-/Pacht-/LeasingR-HdB Rn. 420.
[791] *Neuhaus* NZM 2000, 222.

ferner aus der Vereinbarung einer Umsatzmiete begründet sein. Zum anderen ist die **Art des Gewerbes** von Bedeutung, wenn sein Betrieb die Dekoration besonders beansprucht und deren Fehler Substanzschäden zur Folge haben können, etwa durch die Feuchtigkeitsbelastung in einer Wäscherei.

3. Durchsetzung des Anspruchs

Befindet sich der Mieter nach einer Dekorationsaufforderung des Ver- **469**
mieters mit der Erfüllung seiner Verpflichtung in Verzug, ist der Vermieter berechtigt, die Zahlung eines Vorschusses in Höhe der erforderlichen Renovierungskosten zu verlangen, um seinen Anspruch im Wege der **Ersatzvornahme,** ggf. in der Zwangsvollstreckung (§ 887 ZPO), durchzusetzen.[792] Der Vorschuss soll die Kosten der alsbald auszuführenden Schönheitsreparaturen abdecken. Der Vermieter kann mithin keinen Vorschuss für eine Renovierung verlangen, die später, ggf. erst bei Mietende, erledigt werden soll; in der Sache würde es sich dabei um eine Kaution handeln, auf die er nachträglich keinen Anspruch hat[793] und die bei Wohnraum ohnehin nach § 551 Abs. 4 BGB unzulässig wäre, wenn der Mieter bereits eine Mietsicherheit in Höhe von drei Monatsnettomieten leistete. Nach Erledigung der Arbeiten hat der Vermieter über den Vorschuss abzurechnen. Einen Anspruch auf Zahlung von Schadensersatz hat er insoweit nicht, auch nicht unter den Voraussetzungen der §§ 280, 281 Abs. 1 BGB.[794] Nicht betroffen sind die Fälle, in denen der Vermieter über den bloßen Erfüllungsanspruch hinaus Schadensersatz verlangen kann, etwa wegen Schäden an der Substanz der Mietsache oder infolge des schlechten dekorativen Zustands verringerter Umsätze des Gewerberaummieters, wenn eine Umsatzmiete vereinbart ist.[795] Diese Rechtsprechung des BGH ist **unter zwei Aspekten angegriffen** worden. Zum einen geht es dabei um die Ablehnung eines Schadensersatzanspruchs des Vermieters, zum anderen um die Frage, ob dem Vermieter überhaupt infolge der unterlassenen Renovierung ein Schaden entstanden ist.

Eine Kritik richtet sich dagegen, dem **Vermieter einen Schadenser-** **470**
satzanspruch zu versagen.[796] Hiergegen wurde zu Recht darauf hingewiesen, dass es im vorliegenden Zusammenhang nicht um den Ausgleich für einen Substanzschaden nach §§ 280, 249 Abs. 2 BGB geht, sondern um

---

792 BGH VIII ZR 207/89, GE 1990, 1139 = NJW 1990, 2376 = WuM 1990, 494 = ZMR 1990, 450.

793 LG Hannover NZM 2002, 120; AG Tiergarten GE 2007, 155.

794 BGH VIII ZR 207/89, GE 1990, 1139 = NJW 1990, 2376 = WuM 1990, 494 = ZMR 1990, 450; aA *Herrlein* NZM 2003, 941 (942).

795 BGH VIII ZR 207/89, GE 1990, 1139 = NJW 1990, 2376 = WuM 1990, 494 = ZMR 1990, 450.

796 Ausführlich *Enderlein* AcP 192 (1992), 288 (301ff., 305ff.); s. auch *Herrlein* NZM 2003, 941 (942); modifizierend *Sonnenschein* JZ 1991, 567 (569); *Weitemeyer* NZM 2005, 646: Schadensersatz ja, aber über § 242 BGB iVm § 536a Abs. 2 Nr. 1 BGB analog mit der Verpflichtung, ihn für die Ausführung der Schönheitsreparaturen zu verwenden.

einen Nichterfüllungsschaden.[797] Nach dem Ausgleichsprinzip des BGH reduziert der Vermieter die Miete um einen entsprechenden kalkulatorischen Ansatz, wenn ihm der Mieter die Schönheitsreparaturen abnimmt. Der Mieter schuldet damit neben einem Baranteil der Miete einen weiteren Anteil in Form der geldwerten Renovierungsleistung. Im Verlauf eines Renovierungsturnus summieren sich die geldwerten Teile auf den Betrag, der für die Erledigung der Renovierung notwendig ist, ohne dadurch den Charakter von Anteilen der monatlichen Miete zu verlieren. Mit seinem Renovierungsverlangen macht der Vermieter mithin die Verwertung der angesparten Anteile geltend; bleibt es erfolglos, sind sie nachzuzahlen. Auf dieser Basis kommt hinzu, dass der Vermieter, dem der auf den Renovierungsanteil entfallende Ansatz der Miete bei Renovierungsbedürftigkeit in einem Betrag vom Mieter zufließt, wirtschaftlich so gestellt ist, als habe er von vornherein die Miete erhalten, aus der er nach § 535 Abs. 1 S. 2 BGB ohne Abwälzung die Renovierung hätte bestreiten müssen. Ist ihm aber die volle Miete zugegangen, trifft ihn auch wieder die Renovierungspflicht.[798]

471 Ein weiterer Angriffspunkt betrifft die Frage, ob dem Vermieter infolge der unterlassenen Schönheitsreparaturen **überhaupt ein Schaden** entstanden ist.[799] Dies wird in Anwendung der Differenztheorie für die Fälle verneint, in denen es allein um die Schönheitsreparaturen geht und nicht etwa um weitere Schäden, etwa Umsatzeinbußen wegen des schlechten Zustands des Mietobjekts bei vereinbarter Umsatzmiete. Ein quantifizierbarer Vermögensschaden sei hier nicht feststellbar, so dass ein aus Schadensersatzgesichtspunkten vom Mieter geschuldeter Vorschuss zu verneinen sei. Dieser Argumentation steht entgegen, dass renovierte Räume einen höheren Verkehrswert haben als unrenovierte.[800] Zwar mögen sich die Renovierungskosten und der Unterschied im Verkehrswert nicht decken, eine Vermögenseinbuße aufgrund der unterbliebenen Renovierung ist gleichwohl zu konstatieren. Zumindest in Gebieten mit einem gewissen Überangebot an Mietobjekten würde sich die Differenz anhand des Mietpreises in renoviertem bzw. unrenoviertem Zustand durch Hochrechnung ermitteln lassen. Jedenfalls steht dem Vermieter auch nach dieser Ansicht ein Erfüllungsanspruch zu, der nach § 887 ZPO zu vollstrecken ist. Auf die durch die Vornahme der Handlung entstehenden Kosten kann er nach § 887 Abs. 2 ZPO wiederum einen Vorschuss verlangen.

472 Will der Vermieter seinen **Erfüllungsanspruch gerichtlich durchsetzen,** steht er vor einem **langwierigen** und **steinigen Weg.** Nach der

[797] *Kraemer* NZM 2003, 417 (420).

[798] *Kraemer* NZM 2003, 417 (420); *Sonnenschein* JZ 1991, 567 (570).

[799] LG Berlin GE 2002, 190 = NZM 2002, 1026; *Paschke* GE 2002, 170; *Schach* S. 48 f.; *Schach* GE 2002, 160.

[800] Lützenkirchen/*Lützenkirchen* § 535 Rn. 565; *Sonnenschein* JZ 1991, 567 (569); *Sternel* II Rn. 428.

Rechtsprechung des BGH[801] benötigt er zwar kein Leistungsurteil, mit dem der Mieter zur Ausführung der anstehenden Renovierung verpflichtet wird, sondern er kann sogleich den dafür notwendigen Vorschuss verlangen. Dessen angemessene Höhe hat er zu belegen, indem er mehrere Kostenvoranschläge einholt, wobei er den billigsten nur dann nicht zugrunde zu legen braucht, wenn nach der Leistungsbeschreibung keine ordentliche Arbeit zu erwarten ist. Auf der anderen Seite darf er sich nicht auf einen teuren Voranschlag nur deshalb beziehen, weil er auf von ihm für besonders sinnvoll gehaltenen Materialien oder Ausführungsarten beruht; einen Anhaltspunkt für die notwendigen Arbeiten liefert der Zustand des Mietobjekts bei Überlassung an den Mieter, auf dessen Geschmacksvorstellungen er zudem Rücksicht zu nehmen hat. Entrichtet der Mieter den Vorschuss nicht, muss er ihn gerichtlich geltend machen. Für dieses Verfahren ist ausführlicher Streit über die Erforderlichkeit der Renovierung im Einzelnen und die Höhe angemessener Kosten vorprogrammiert. Hat der Vermieter ein obsiegendes Urteil erstritten und leistet der Mieter darauf nicht freiwillig, ist der Zahlungsanspruch im Wege der Zwangsvollstreckung durchzusetzen. Ob und ggf. wann diese zum Erfolg führt, hängt von der finanziellen Situation des Mieters ab. Steht ihm schließlich der Vorschuss zur Verfügung, wird er häufig die Ersatzvornahme durch Beauftragung des Handwerkers (mit oft zähen Terminabsprachen) in die Wege leiten können, weil der Mieter nun daran interessiert ist, dass das Geld auch tatsächlich für die Renovierung verwendet wird. Verweigert der Mieter gleichwohl die Mitwirkung, wird er den Mieter auf Duldung der Arbeiten verklagen müssen. Zwar ergibt sich bei einer Verurteilung des Mieters zur Erfüllung seiner Renovierungspflicht und darauf nach § 887 Abs. 2 ZPO beruhendem Vorschuss zugleich seine Verpflichtung, die Arbeiten zu dulden, es ist indes fraglich, ob dies auch dann gleichermaßen gilt, wenn eine entsprechende Verurteilung des Mieters fehlt, weil sogleich der Vorschuss eingeklagt wurde.[802] Hat der Vermieter letztlich auch ein Duldungsurteil erreicht und zeigt sich der Mieter nach wie vor ablehnend, kann er nach § 890 ZPO die Festsetzung eines Ordnungsgeldes zur Erzwingung der Duldung beantragen oder nach § 892 ZPO mit Hilfe des Gerichtsvollziehers vorgehen. Die Festsetzung eines Ordnungsgeldes setzt Verschulden des Mieters am Scheitern der bisherigen Durchsetzung des Anspruchs voraus, an dem es zB infolge von Krankheit fehlen kann. Der Mieter seinerseits hat stets die Möglichkeit, bei Härtegründen mit Hilfe des § 765a ZPO zumindest die einstweilige Einstellung von Zwangsvollstreckungsmaßnahmen zu erreichen.

801 BGH VIII ZR 207/89, GE 1990, 1139 = NJW 1990, 2376 = WuM 1990, 494 = ZMR 1990, 450.

802 Vgl. LG Berlin GE 2002, 190 = NZM 2002, 1026.

III. Fälligkeit bei beendetem Mietverhältnis

1. Wohnraum

a) Vertragsgemäßer Dekorationszustand

473 Kam der Mieter während des Mietverhältnisses seiner Dekorationspflicht nach und ist seit der letzten Dekoration noch keine erneute Unansehnlichkeit eingetreten, was sich meist an einem noch laufenden angemessenen Renovierungsturnus festmachen lässt, hat er bei Mietende **grundsätzlich keine Dekorationsarbeiten** zu erledigen. Klauseln, die den Mieter gleichwohl zur Durchführung von Schönheitsreparaturen bei Auszug verpflichten, sind unwirksam (→ Rn. 279.). Eine Renovierungspflicht des Mieters ist **auch** dann **nicht** gegeben, wenn die Mietsache die nach mehrjähriger Nutzung **üblichen** deutlichen **Gebrauchsspuren** aufweist, so dass der Vermieter sie einem Nachmieter nicht mehr als in gutem dekorativem Zustand anbieten kann; hieran fehlt es zB bereits, wenn sich an den Wänden die Stellen, an denen Bilder gehangen oder vor denen Möbel gestanden haben, deutlich abzeichnen, oder über den Heizkörpern Staubfahnen sichtbar sind.

b) Ungewöhnliche Dekoration

474 Eine **Ausnahme** greift ein, wenn der Mieter in sehr persönlicher, ausgefallener Weise dekorierte (zu Beispielen → Rn. 436). Diese Gestaltung muss er bei Mietende beseitigen.

475 Der Vermieter kann den Mieter zur Erfüllung seiner Pflicht aus § 546 Abs. 1 BGB auffordern, das Mietobjekt in einen vertragsgemäßen Zustand zu versetzen (→ Rn. 447). Hier muss der Mieter **ggf. vollständig renovieren,** um einen Zustand zu erreichen, der durchschnittlichem Geschmack (→ Rn. 478) entspricht. Dazu gehören die zum Teil sehr teuren Vorarbeiten; sie können im Einzelfall darin bestehen, dass zu seinen Lasten Tapeten vollständig entfernt oder Holzteile abgebeizt bzw. abgeschliffen werden.

476 Bleibt die Aufforderung erfolglos, hat der Vermieter die Möglichkeit, nach Maßgabe des § 281 BGB einen **Schadensersatzanspruch** begründen, für dessen Höhe der Abzug neu-für-alt zu berücksichtigen ist, um den Vorteil des Vermieters, eine frisch renovierte Wohnung zurückzuerhalten, auszugleichen (→ Rn. 454).

c) Renovierungsbedürftiger Dekorationszustand

477 Ist die Dekoration des Mietobjekts renovierungsbedürftig, hat der Mieter die **Schönheitsreparaturen auszuführen** bzw. ggf. nachzuholen. Beschränkt sich die Unansehnlichkeit nur auf einen Teil der Mieträume, besteht der Erfüllungsanspruch des Vermieters nur hinsichtlich dieser

Räume. Je nach der Vertragsgestaltung und Beschaffenheit schuldet der Mieter daher uU eine Neurenovierung des Mietobjekts.

Sind die Schönheitsreparaturen fällig, hat der Mieter auf die Interessen **478** des Vermieters Rücksicht zu nehmen. Er muss die **farbliche Gestaltung** so auswählen, dass sie für einen möglichst großen Mietinteressentenkreis akzeptabel ist, dh helle und dezente Anstriche und Tapeten verwenden,[803] und insgesamt einen Zustand herstellen, der es dem Vermieter ermöglicht, das Mietobjekt in ordentlichem, vertragsgemäßem Zustand einem Mietnachfolger zu überlassen.[804] Der Mieter ist daher nicht berechtigt, in ausgefallener Art zu dekorieren, sondern hat auf den allgemeinen Geschmack Rücksicht zu nehmen. Verstößt er hiergegen, liegt eine Schlechterfüllung seiner Dekorationspflicht vor mit der Folge, dass der Vermieter unter den Voraussetzungen des § 281 BGB einen Schadensersatzanspruch begründen kann.

2. Gewerberaum

Ob der Vermieter bei Mietende vom Mieter die Ausführung von Reno- **479** vierungsarbeiten verlangen kann und ggf. in welchem Umfang, **hängt von den Absprachen der Parteien** im Mietvertrag ab. Aufgrund der weitgehenden Vertragsfreiheit ist es ihnen möglich, einen etwaigen Erfüllungsanspruch des Vermieters jedenfalls individualvertraglich sehr verschieden auszugestalten, insbesondere nach der Beschaffenheit des Mietobjekts.

IV. Fälligkeit bei bauseitigen Schäden

Schönheitsreparaturen sind **nicht fällig,** solange sie wegen bauseitiger **480** Schäden sinnvoll nicht ausgeführt werden können. Es ist Sache des Vermieters, zunächst die baulichen Voraussetzungen für eine sachgerechte Renovierung zu schaffen, er ist insoweit vorleistungspflichtig.[805] Sind Feuchtigkeitsschäden vorhanden, wurden Putz oder Mauerwerk abgeschlagen, um zB Rohre zu verlegen oder zu reparieren, ist das Holz der Fenster wegen abgängigen Außenanstrichs nass, muss er diese Mängel auf eigene Kosten beheben, bevor er den Mieter auf die Verpflichtung zur Renovierung verweisen darf.[806] Je nach den Verhältnissen im Einzelfall kann dem Mieter auch die Teildekoration der nicht von den Bau-

---

[803] ZB BGH VIII ZR 416/12, DWW 2014, 59 = GE 2014, 49 = NZM 2014, 72 = WuM 2014, 23 – allerdings auch ohne Renovierungsbedürftigkeit, wenn er die Wohnung ebenso übergeben bekommen und ausgefallene Farben während der Mietzeit verwendet hat.

[804] BGH VIII ZR 150/65, BGHZ 49, 56 = NJW 1968, 491; Blank/Börstinghaus/*Blank/Börstinghaus* § 535 Rn. 470.

[805] ZB KG NZM 2009, 661; *Gellwitzki* NZM 2009, 881 (882); Kinne/Schach/Bieber/*Schach* § 535 Rn. 114; Staudinger/*Emmerich* § 535 Rn. 116; *Wetekamp* Kap. 4 Rn. 117.

[806] AA LG Hannover WuM 2002, 214.

schäden betroffenen Räume oder Raumteile vor Erledigung der Schadensbeseitigung unzumutbar sein; es liegt dann insgesamt keine Fälligkeit vor.[807] Diese Voraussetzungen sind nicht erfüllt, wenn es sich zB nur um einige Risse im Putz im Übergangsbereich von Decken- zu Wandflächen handelt.[808]

481 Streitig ist, ob der Mieter über die Schaffung eines zur Renovierung geeigneten Zustands hinaus vom Vermieter auch die **Wiederherstellung einer ordnungsgemäßen Dekoration** verlangen kann. Im Grundsatz muss der Vermieter nach §§ 535 Abs. 1 S. 2, 538 BGB Schäden an der Dekoration, die nicht auf dem Mietgebrauch beruhen, auch dann beseitigen, wenn der Mieter die Verpflichtung zur Durchführung der Schönheitsreparaturen übernommen hat.[809] Auf dieser Basis hätte der Vermieter immer die Renovierung zu veranlassen, gleichviel ob der bauseitige Schaden eintrat, als eine neue Renovierung zB bereits überfällig war oder ob er einen noch ansehnlichen Zustand im laufenden Renovierungsturnus betraf. Der vom BGH betonte Gegenseitigkeitsaspekt – Mietreduzierung gegen Übernahme der Schönheitsreparaturen[810] – würde hierbei indes nicht berücksichtigt. Es ist daher nach der Beschaffenheit der Dekoration im Zeitpunkt des Schadenfalles **zu differenzieren.**

482 Lag bei Eintritt des bauseitigen Schadens an der Dekoration **ohnehin Renovierungsbedürftigkeit** vor, ist es Sache des Mieters, sie wieder herzurichten, allerdings erst, nachdem der Vermieter zur Renovierung geeignete Flächen hergestellt hat.[811] Der Umstand, dass sie aus nicht im Mietgebrauch liegenden Umständen noch stärker beschädigt oder sogar zerstört wurde, liefert keinen Grund, den Mieter von der von ihm geschuldeten Gegenleistung zu entlasten. Seine Verpflichtung war vor dem Schadenfall entstanden, sie entfiel nicht durch die dazu getretene weitere Schadensursache. Vielmehr bestand sie in dem Umfang fort, wie sie zuvor gegeben war. Hieraus folgt zugleich das Ausmaß der vom Vermieter zu leistenden Vorarbeiten. Sie bestimmen sich danach, was der Mieter ohne den zusätzlichen Schaden hätte veranlassen müssen. Waren Flächen zB mit Raufasertapete versehen, die ohne weiteres hätten gestrichen werden können und durch den Schaden zerstört wurden, schuldet der Vermieter zuvor eine Neutapezierung.

483 *(einstweilen frei)*

484 Problematisch erscheint nur der Fall, dass der **Vermieter,** weil zB seine Handwerker ohnehin im Objekt tätig sind, die **Renovierung vollständig**

[807] LG Berlin WuM 1987, 147; *Schach* S. 42 f.; *Sternel* II Rn. 426.

[808] AG Hamburg ZMR 2002, 433.

[809] BGH VIII ZR 88/86, NJW-RR 1987, 906 = WuM 1987, 315 (Ls.) = ZMR 1987, 257; LG Berlin WuM 1993, 261 (262).

[810] Vgl. BGH VIII ARZ 1/84, WuM 1985, 46.

[811] LG Berlin NJW-RR 1997, 265; LG Aachen WuM 1991, 341; AG Pinneberg ZMR 2004, 199; *Bongartz* Rn. 98; *Gellwitzki* NZM 2009, 881 (889); Bub/Treier MietR-HdB/*Kraemer/Paschke* III. A Rn. 3079; *Riecke/Hinz* HmbGE 2002, 414 (419).

erledigen lässt. Es fragt sich, ob dem Vermieter hier ein Ausgleichsanspruch zusteht.

Dagegen wird zum Teil eingewandt, der Grundsatz der Vorteilsausgleichung gelte **nur für Schadensersatzansprüche,** er sei daher auf den Instandsetzungsanspruch des Mieters nicht anwendbar.[812] Auf dieser Grundlage würde jedoch dem Vermieter, der trotz inzwischen eingetretener Renovierungspflicht des Mieters auf eigene Kosten renovieren müsste, ein bereits bestehender Anspruch aberkannt. Im Wege der ergänzenden Vertragsauslegung nach §§ 133, 157 BGB ist dem Vermieter daher im Grundsatz ein Anspruch auf angemessenen Ersatz des Aufwands zuzuerkennen, den der Mieter erspart hat. **485**

Welcher Ersatz angemessen ist, richtet sich nach den Umständen des Einzelfalls. Generell wird zu verlangen sein, dass der Vermieter jedenfalls dann, wenn er beabsichtigt, den Mieter auf Ersatz in Anspruch zu nehmen, sich zuvor mit ihm abspricht. Da er im Pflichtenkreis des Mieters tätig wird, kann dieser erwarten, dass zB nicht ohne Rücksprache teure Handwerker eingeschaltet werden. Der Mieter muss die Möglichkeit erhalten, die Arbeiten mit billigeren Fachkräften oder in kostengünstiger **Eigenleistung** vorzunehmen. Verletzt der Vermieter diese Obliegenheit, ist sein Anspruch entsprechend zu reduzieren. **486**

Betraf der Schaden einen **ordnungsgemäßen dekorativen Zustand** im laufenden Renovierungsturnus, hat ihn der Vermieter vollständig zu beseitigen. Dies folgt, wie erwähnt, aus seinen Pflichten gem. §§ 535 Abs. 1 S. 2, 538 BGB wie auch daraus, dass ihm im Zeitpunkt des Schadenfalles noch kein Erfüllungsanspruch gegen den Mieter erwachsen war. Da der Mieter auf diese Weise allerdings ein ganz oder in Teilen renoviertes Mietobjekt erhält, so dass er erst entsprechend später wieder renovieren muss, hat der Vermieter auch hier in ergänzender Vertragsauslegung einen Anspruch auf Wertersatz in Höhe der ersparten Schönheitsreparaturen.[813] Anders würde die Entgeltthese des BGH vernachlässigt, der Mieter hätte für die zusätzliche Zeit, um die sich der Turnus durch die Renovierung seitens des Vermieters verlängert, keine Gegenleistung zu erbringen; ein derartiges Ergebnis widerspräche dem Sinn der Abrede, zumal der Vermieter seine Leistungspflicht durch die unterstellte laufende Mietreduzierung erfüllt. Die Höhe des Ausgleichsanspruchs bestimmt sich sowohl nach einer überschlägigen Bewertung des Zeitraums, um den sich die erneute Renovierung durch den Mieter verschoben hat, als auch seinen üblichen Renovierungskosten, die zB bei Eigenleistung relativ gering sind. **487**

---

[812] LG Berlin WuM 1987, 147.

[813] Ebenso Bub/Treier MietR-HdB/*Kraemer* 3. Aufl. III. A Rn. 1072; aA Blank/Börstinghaus/*Blank/Börstinghaus* § 535 Rn. 463; *Eisenschmid* NZM 2002, 890; *Sternel* WuM 2002, 585 (587).

488 Die **Klausel,**

*„Nimmt der Vermieter **Reparaturarbeiten** vor, hat er die Schönheitsreparaturen unter **Mitbeteiligung des Mieters** entsprechend durchzuführen. Der Mieter ist somit verpflichtet, sich an den Kosten dieser Schönheitsreparaturen im zeitlichen Verhältnis zwischen der von ihm vorgenommenen letzten Durchführung der Schönheitsreparaturen bis zur Beendigung des Renovierungsturnus zu beteiligen",*

scheint den in → Rn. 482ff. beschriebenen Vorgaben zu entsprechen. Bei näherer Prüfung zeigt sich jedoch, dass sie aus mehreren Gründen **unwirksam** ist. Für den Fall ohnehin vorliegenden Renovierungsbedarfs nimmt sie den Kostenanteil nicht aus, der zulasten des Vermieters auf die Herstellung eines renovierungsgeeigneten Zustands entfällt. Ferner verschließt sie dem Mieter die Ausführung der anschließenden dekorativen Maßnahmen in kostengünstiger Eigenarbeit. Wurde ein ordnungsgemäßer Dekorationszustand durch die Reparaturarbeiten beschädigt, hat der Mieter einen anhand starrer Renovierungsfristen berechneten Betrag zu zahlen, und dies bei mieterfeindlichster Auslegung auf der Grundlage der Erledigung durch eine Fachfirma. Die in Satz 1 vorgesehene *„Mitbeteiligung des Mieters"* läuft danach auf eine Leerformel hinaus. In der Summe belastet der Vermieter den Mieter unangemessen iSd § 307 BGB, so dass die gesamte Abwälzungsabrede unwirksam ist mit der Folge, dass zur originären Pflicht des Vermieters gehört, nach Abschluss der Reparaturarbeiten eine ordentliche Dekoration zu liefern.

V. Sonderproblem Grundrenovierung

1. Verpflichtung zur Grundrenovierung

489 Ein besonderes und in seinen finanziellen Auswirkungen erhebliches Problem bereitet die Frage, wer für die meist **nur in langen Intervallen notwendige Grundrenovierung** zuständig ist, insbesondere ob sie der Mieter als Teil der ihm übertragenen laufenden Schönheitsreparaturen schuldet. Wurde das Mietobjekt zB mit Raufasertapete versehen, ist eine Dekoration nur einige Male durch Überstreichen möglich. Durch den wiederholten Farbauftrag verschwindet allmählich, je nach Qualität der Tapete in unterschiedlicher Schnelligkeit, die Struktur, bis schließlich die Neutapezierung unausweichlich ist. Bei Türen zeigen sich, insbesondere um Verzierungen oder Kassetten herum, infolge der mit der Zeit immer dicker werdenden Farbschicht leicht Risse im Lack, weil die Tür beim Öffnen und Schließen „arbeitet", der inzwischen völlig starre Anstrich den Bewegungen des Holzes aber nicht mehr folgen kann, so dass er reißt. Hier reicht eine Lackierung für einen ordentlichen Zustand nicht mehr; vielmehr sind die alten Farbschichten vollständig zu entfernen, die Farbe ist von Grund auf neu aufzubauen.

Die vorgenannten grundlegenden Arbeiten sind nur in langen Zeitintervallen[814] erforderlich und sie verursachen **hohe Kosten.** Der Vermieter ist daran interessiert, sie, weil sachlich geboten, in vollem Umfang ersetzt zu erhalten. Der Mieter fühlt sich oft mit diesem Sonderaufwand unberechtigt belastet, zumal wenn der schließlich eingetretene Zustand aus der Mietzeit verschiedener Mieter stammt; die Vormieter konnten kostengünstig überstreichen, er ist als zufällig letzter Mieter im Zeitpunkt der anstehenden Grundrenovierung mit den weitaus höheren Kosten konfrontiert. Es fragt sich, ob er für solche kostenintensiven Vorarbeiten zuständig ist. **490**

Die **Lösung** ergibt sich daraus, dass der Mieter für Veränderungen oder Verschlechterungen des Mietobjekts nur einzutreten hat, wenn sie ihre Ursache im Mietgebrauch haben oder seiner Risikosphäre zuzurechnen sind; selbst wenn im Mietvertrag Instandhaltung, Instandsetzung oder Schönheitsreparaturen auf den Mieter übertragen sind, muss der Vermieter den vertragsgemäßen Zustand wieder herstellen, wenn die Ursache für einen Schaden außerhalb des Mietgebrauchs des jeweiligen Mieters liegt.[815] Die vertragliche Übertragung dieser Pflichten auf den Mieter verschafft dem Vermieter in derartigen Fällen keinen Erfüllungsanspruch. Bei einem Dekorationsschaden zB durch eine Dachleckage ist es daher grundsätzlich Aufgabe des Vermieters, wieder einen ordnungsgemäßen Zustand zu schaffen (dazu → Rn. 480 ff.). Nicht anders liegt es, wenn das Mietobjekt schon bei Übernahme durch den Mieter mit einem in weitem Sinne bauseitigen Mangel behaftet ist. Die Abwälzung auch der Grundrenovierung würde auf die – unzulässige – Verpflichtung des Mieters hinauslaufen, dekorative Mängel aus vorvertraglichen Abnutzungszeiträumen zu beseitigen;[816] es ist daher eine verkürzte Sichtweise, allein darauf abzustellen, dass im konkreten Fall nun eben eine Grundrenovierung notwendig ist und sie der Mieter daher vorzunehmen habe.[817] Auch auf der Basis des Prinzips des Ausgleichs der Abwälzung der Schönheitsreparaturen gegen Mietzinsreduzierung darf der Mieter nicht mit einer Grundrenovierung belastet werden, weil deren Mehrkosten nie in die fiktive Mietentlastung einfließen. Auf dieser Grundlage ergibt sich eine einfache **Differenzierung.** **491**

Beruht die schließlich notwendige Grundrenovierung aufgrund langer Mietzeit auf dem **eigenen Mietgebrauch** des Mieters, hat er sie zu veranlassen bzw. bei Nichterfüllung die Kosten zu tragen.[818] Dabei hat außer Betracht zu bleiben, dass er damit den Nachmietern ggf. über lange Zeit eine einfache und kostengünstige Renovierung ermöglicht. Dies ist nur **492**

[814] Entgegen LG Flensburg NZM 2003, 433 erscheint die bloße Verdoppelung der früheren Fristen für laufende Schönheitsreparaturen zu kurz.
[815] ZB BGH VIII ZR 88/86, ZMR 1987, 257; OLG Koblenz WuM 1990, 16.
[816] ZB BGH VIII ARZ 9/86, DWW 1987, 219 = WuM 1987, 306 (309).
[817] So *Kinne* ZMR 2003, 8 (11).
[818] Ebenso *Gellwitzki* NZM 2009, 881 (884); *Goch* WuM 2003, 368 (371); *Harsch* WuM 2006, 651.

ein für sie günstiger Reflex aus dem Vertragsverhältnis zwischen Vermieter und Mieter, der mit der Renovierung die Summe verbraucht, die er während vieler Jahre über die Mietreduzierung – infolge der Übernahme der Schönheitsreparaturen – ansparte und der dadurch seine Gegenleistung erbringt.

493 Resultiert sie aus dem **Mietgebrauch** des oder der **Vormieter,** entfällt auf den letzten Mieter nur der seiner Nutzungszeit entsprechende Anteil.[819] Wie bei den dekorativen Schäden, die nicht aus dem Mietgebrauch oder der Risikosphäre des Mieters stammen, hat vorab der Vermieter die Grundarbeiten zu veranlassen, während die anschließenden Arbeiten für die Erneuerung des obersten Farbauftrags in vollem Umfang beim Mieter verbleiben. [820] Diesen Aufwand hätte er auch tragen müssen, wenn eine Grundrenovierung nicht angezeigt gewesen wäre; ein Grund, ihn von diesen Kosten teilweise zu entlasten, ist nicht ersichtlich. Für die praktische Umsetzung folgt daraus, dass der Mieter, der zB mit zugestrichener Raufasertapete oder von Vormietern stammenden mehrlagigen Tapeten auf den Wänden konfrontiert ist, dem Vermieter diesen Mangel gem. § 536c Abs. 1 BGB anzeigen und ihn bei Untätigkeit vor eigener vollständiger Renovierung gem. § 536a Abs. 2 Nr. 1 BGB in Verzug setzen muss, wenn er Ersatz seiner Aufwendungen für die Mangelbeseitigung erhalten will.[821]

494 *(einstweilen frei)*

2. Kostenansparung durch Abwohnpauschalen

495 Gelegentlich begegnen Mietverträge, die das Problem durch eine spezielle Regelung zu lösen versuchen. Neben der Miete für die Raumüberlassung hat der Mieter monatlich eine sog. **Tapetenabwohnpauschale** zu entrichten, deren Höhe an den prognostizierten Kosten einer Grundrenovierung, geteilt durch einen bestimmten Renovierungsturnus, bemessen wird. Sie soll angespart und im Bedarfsfall entweder vom Vermieter dem Zweck entsprechend eingesetzt oder bei langer Mietdauer dem Mieter oder nach einem Mieterwechsel dem Nachmieter zur Verfügung gestellt werden, den sodann nur, wie die Vormieter, die Kosten des Anstrichs treffen.

496 Obgleich hinter der Klausel der Gedanke eines gerechten Ausgleichs zwischen den Mietern steht, um nicht den letzten Mieter gegenüber den Vormietern zu benachteiligen, werden derartige Klauseln zu Recht allgemein für **unwirksam** gehalten. Nach einer Ansicht ist die Klausel unwirksam, weil sie dem Mieter eine versteckte Zusatzmiete für die Ge-

[819] Im Ergebnis ebenso *Gellwitzki* NZM 2009, 881 (884); *Kraemer* WuM 1991, 240; *Sonnenschein* JZ 1988, 101; aA LG Berlin GE 1994, 583; *Schach* S. 45 f.; *Sternel* Mietrecht aktuell IX Rn. 51.

[820] Ebenso *Harsch* WuM 2006, 651 (652).

[821] BGH VIII ZR 222/06, DWW 2008, 174 = GE 2008, 325 = NZM 2008, 279 = WuM 2008, 147 = ZMR 2008, 281 (mAnm *Dötsch*).

brauchsüberlassung der Tapete auferlegt.[822] Dieser Gesichtspunkt erscheint nicht überzeugend, weil es nicht um ein Entgelt für die Tapete geht, sondern um einen Ausgleich zwischen den Mietern hinsichtlich der Zusatzkosten aus einer Grundrenovierung. Nach anderer Meinung scheitert die Klausel daran, dass sie es dem Vermieter ermöglicht, die Renovierungsleistung doppelt zu erhalten, zum einen als Pauschale, zum anderen vom Nachmieter im Rahmen der von ihm zu erledigenden Schönheitsreparaturen.[823] Dieser Einwand ist berechtigt, weil die Klauseln in aller Regel keine Gewähr bieten, dass der Zuschuss tatsächlich angespart und dem letzten Mieter zur Verfügung gestellt wird. Es kommt hinzu, dass die Klausel nur den Anschein ausgleichender Gerechtigkeit für sich hat. Ihr fehlt, wie ausgeführt, regelmäßig die gebotene Differenzierung danach, wem der Zustand zuzurechnen ist, der die anstehende Grundrenovierung erforderlich macht. Sie gestattet dem Vermieter nämlich auch dann den Zugriff auf die angesparte Pauschale, wenn die Gründe für eine notwendige Renovierung aus seiner Sphäre stammen. Sie ist damit geeignet, den Mieter unangemessen zu benachteiligen und verstößt gegen § 307 BGB.

Dem Vermieter ist es allerdings durchaus möglich, sich durch entsprechende Vertragsgestaltung vom wirtschaftlichen Risiko, wegen einer Grundrenovierung in Anspruch genommen zu werden, zu befreien und den von einer Tapetenabwohnpauschale bezweckten Erfolg zu erreichen. Sobald er einen **bestimmten Betrag** im Mietvertrag bei der Zusammenstellung des vom Mieter zu zahlenden monatlichen Entgelts aufführt (→ Rn. 109), wird er vom Mieter ebenso geschuldet wie zB ein fester Betrag für Verwaltergebühren bei der Vermietung einer Eigentumswohnung.[824] Er ist der Nettomiete zu addieren; letztlich handelt es sich dabei nur um eine Offenlegung der internen Mietkalkulation. **497**

3. Grundrenovierung ohne rechtliche Verpflichtung

Dem Mieter, der ohne rechtliche Verpflichtung anstehende Dekorationsarbeiten erledigt, steht grundsätzlich ein Erstattungsanspruch gegen den Vermieter zu, ausführlich → Rn. 391. Schlossen die Arbeiten eine notwendige Grundrenovierung ein, bezieht sich der Anspruch auch auf die dadurch entstandenen zusätzlichen Kosten, zB aus dem Abbeizen oder Abschleifen alter Lackschichten. **498**

---

[822] AG Köln WuM 1991, 579.

[823] AG Neuss WuM 1990, 144, vgl. AG Bielefeld WuM 1990, 497.

[824] LG Mannheim NZM 2000, 490; *Langenberg/Zehelein* Betriebskosten- und Heizkostenrecht A Rn. 30 mwN.

G. Zahlungsansprüche des Vermieters

I. Ansprüche aus Abgeltungsklauseln

499 Nach der Entscheidung des BGH vom 18.3.2015[825] sind Abgeltungsklauseln in der Wohnraummiete generell unzulässig. Die bisherige Rechtsprechung, dass eine wirksame Abgeltungsklausel dem Vermieter einen primären Erfüllungsanspruch auf Zahlung, jedoch keinen Schadensersatzanspruch, verschafft,[826] ist damit überholt. Zugleich ist damit die Problematik gegenstandslos, wie die Abgeltungsquote zu berechnen ist (zum spekulativen Charakter der Berechnung → Rn. 315 ff.).

500–503 *(einstweilen frei)*

II. Ansprüche aus unterlassenen Schönheitsreparaturen

1. Grundsätze

504 Spätestens mit dem Ende des Mietverhältnisses sind die Schönheitsreparaturen nachzuholen, die der Mieter übernommen, aber nicht erledigt hat. Bleibt er untätig, kommen **zwei Ansprüche** des Vermieters **in Betracht,** entweder ein Anspruch auf Ersatz der Kosten, die er für die tatsächliche Renovierung aufwandte, oder ein Schadensersatzanspruch. Ob ihm (nur) ein Anspruch auf Ersatz seiner Aufwendungen zusteht oder auch ein Schadensersatzanspruch, richtet sich nach den vertraglichen Absprachen. Für beide Anspruchsarten müssen die besonderen gesetzlichen Anspruchsvoraussetzungen gleichermaßen erfüllt sein.

505 Dem Vermieter steht aus dem Mietvertrag **primär** allein der **Erfüllungsanspruch** zu. Will er sich **daneben oder stattdessen** einen **Ersatzanspruch** verschaffen, muss er ihn **immer erst** durch die Einhaltung des **Verfahrens nach § 281 Abs. 1 BGB** begründen. Solange dieser Vorgang nicht erfolgt ist, kann er keine Ersatzansprüche mit Erfolg geltend machen. Lässt er das Mietobjekt zB vor dem Abschluss des im Folgenden behandelten Verfahrens renovieren, steht ihm kein Erstattungsanspruch zu. Ebenso wenig ist der Mieter verpflichtet, Schadensersatz zB auf der Grundlage von Kostenvoranschlägen zu leisten.

506 Nach einer **vereinzelten Meinung** soll dem Vermieter auch unabhängig von § 281 BGB ein Anspruch auf Ersatz der notwendigen Renovierungskosten zustehen, und zwar nicht als Schadensersatzanspruch, sondern als Anspruch aus **Geschäftsführung ohne Auf-**

---

[825] BGH VIII ZR 242/13, DWW 2015, 213 = GE 2015, 721 = NJW 2015, 1871 = NZM 2015, 424 = WuM 2015, 343 = ZMR 2015, 690.

[826] BGH VIII ARZ 1/88, NJW 1988, 2790 = WuM 1988, 294.

trag.[827] Der Vermieter, der die Renovierung selbst durchführe, könne aus berechtigter Geschäftsführung den Aufwendungsersatzanspruch aus § 683 BGB haben. Es wird eingeräumt, dass dieser Ansatz nur selten zum Tragen kommt.[828] Bei genauerer Betrachtung ist er generell abzulehnen, weil der Anspruch aus Geschäftsführung ohne Auftrag ein Handeln des Vermieters im mutmaßlichen Einverständnis des Mieters voraussetzt. Hierfür ist indes aus dem bloßen Vorgang, dass der Mieter ein Mietobjekt zurückgibt, in dem Dekorationsarbeiten notwendig erscheinen, nichts erkennbar. Im Regelfall wird eine vom Vermieter kurzer Hand durchgeführte Renovierung vielmehr dem mutmaßlichen Willen des Mieters widersprechen, weil sie ihm die Möglichkeit nimmt, die Beanstandungen des Vermieters in sachlicher und rechtlicher Hinsicht zu überprüfen und insbesondere ggf. einen eigenen, kostengünstigeren Fachbetrieb auszusuchen, sofern er nicht sogar Eigenleistung vorgezogen hätte.

Jedenfalls soll dem Vermieter ein **Anspruch aus auftragsloser Geschäftsführung** iVm Bereicherungsrecht (§§ 677, 684, 812 BGB) zustehen.[829] Diese Meinung ist systemwidrig[830] und mit Nachdruck abzulehnen. Zunächst fällt auf, dass sich die zur Begründung herangezogene Rechtsprechung des BGH nur auf Sonderfälle bezog.[831] Eine verallgemeinernde Anwendung verbietet sich schon aus diesem Grund. Sie hätte ferner zum Ergebnis, dass die Vorschrift des § 281 Abs. 1 BGB weitgehend leer liefe, und dies, obwohl sie unter dem Schutz des § 309 Nr. 4 BGB steht.[832] Nach § 309 Nr. 4 BGB kann § 281 Abs. 1 BGB durch Formularklauseln nicht abbedungen werden, nach überwiegender Ansicht nicht einmal im Verkehr zwischen Kaufleuten. Die Mindermeinung führt daher zu der nur schwer nachvollziehbaren Folge, dass der Vermieter zwar § 281 Abs. 1 BGB nicht durch Formularmietvertrag ausschließen, dasselbe Resultat aber durch Selbstvornahme der Renovierung und anschließende Geltendmachung eines Bereicherungsanspruchs erreichen kann. Sie widerspricht zudem der Wertung des Gesetzes, das den Gläubiger zum Schutz des Schuldners auf die vorrangige Wiederholung des Erfüllungsanspruchs verweist und ihm einen Schadensersatzanspruch erst zuerkennt, wenn dies ohne Erfolg bleibt.[833] 507

[827] OLG Koblenz MDR 1999, 1496 (mablAnm *Ricker* MDR 2000, 447) = NZM 2000, 234 = WuM 2000, 22; *Bergerhoff* ZMR 2001, 944; *Lützenkirchen* MDR 2001, 9.

[828] *Lützenkirchen* MDR 2001, 12.

[829] OLG Koblenz MDR 1999, 1496 = NZM 2000, 234 = WuM 2000, 22; *Lützenkirchen* MDR 2001, 12 (13).

[830] LG Berlin GE 1999, 1647; AG Köln WuM 2001, 485: § 281 Abs. 1 BGB geht als speziellere Vorschrift vor; Blank/Börstinghaus/*Blank/Börstinghaus* § 535 Rn. 488; *Lammel* § 535 Rn. 203; *Ricker* MDR 2000, 447 mwN; *Wetekamp* Kap. 4 Rn. 102.

[831] Dazu ausführlich *Wiek* WuM 2000, 11.

[832] *Kraemer* NZM 2003, 417 (422).

[833] *Langenberg* NZM 2002, 972 (973); *Ricker* MDR 2000, 447; Bub/Treier MietR-HdB/*Paschke* V. A Rn. 247; *Wiek* WuM 2000, 12; Wolf/Eckert/Ball Gewerbl. Miet-/Pacht-/LeasingR-HdB Rn. 1197.

508 Die **gravierende Verkürzung des Schuldnerschutzes** zeigt sich am Vergleich mit dem Verfahren nach § 281 Abs. 1 BGB. Erhält der Mieter eine Leistungsaufforderung, ist es ihm möglich, den Rügen des Vermieters rechtlich nachzugehen. Er kann ferner, ggf. anhand einer erneuten Besichtigung des Mietobjekts, insbesondere sachlich überprüfen, ob die Beanstandungen berechtigt sind und zB durch Fotos und/oder Zeugen Beweise sichern, die ihn entlasten. Akzeptiert er die vom Vermieter angeführten Mängel, steht ihm die kostengünstige Behebung durch Eigenleistung offen. Alle diese Möglichkeiten sind ihm durch die überraschende Selbsthilfe des Vermieters versperrt, der ihn mit einer schlichten Rechnung konfrontiert.

509 Ein **Bereicherungsanspruch** ist auch **nicht** unter dem Gesichtspunkt anzunehmen, dass der Mieter die entsprechenden **Aufwendungen** des Vermieters **erspart** hat. Hier wurde zur Begründung des Bereicherungsanspruchs angeführt, der Vermieter müsse dem Mieter gleichgestellt werden: Beseitige der Mieter Mängel, ohne die Voraussetzungen für einen Aufwendungsersatzanspruch nach § 536 Abs. 2 Nr. 1 BGB zu beachten, komme immer noch über §§ 539 Abs. 1, 684, 812 BGB ein Bereicherungsanspruch in Betracht.[834] Diese Argumentation ist inzwischen überholt; im Regelfall kann der Mieter nur noch Aufwendungsersatz nach § 536 Abs. 2 Nr. 1 BGB verlangen, wenn er den Vermieter zuvor in Verzug setzte.[835]

2. Anspruch aus Ersatzvornahme

510 Manche Verträge enthalten mit derselben oder ähnlicher Formulierung die Klausel,

*„Kommt der Mieter seiner Verpflichtung, die Schönheitsreparaturen auszuführen, bis zur Beendigung des Mietverhältnisses nicht nach, kann der Vermieter von ihm nach vergeblicher Leistungsaufforderung und Fristsetzung, ohne dass es einer Ablehnungsandrohung bedarf, **Ersatz der Kosten aus der Durchführung** der notwendigen Schönheitsreparaturen verlangen."*

Hierbei handelt es sich um eine **Ersatzvornahmeklausel.** Sie hat zur Folge, dass der Vermieter immer zuerst die erforderlichen Arbeiten erledigen lassen muss und dass sein Anspruch auf die ihm **tatsächlich entstandenen Kosten** beschränkt ist.[836] Er ist also nicht berechtigt, Schadensersatz in Höhe der prognostizierten Kosten zu fordern und die entsprechende Leistung des Mieters für andere Zwecke als die Renovierung des Mietobjekts zu verwenden. Will er mit ihnen nicht in Vorlage treten, kann er einen angemessenen Vorschuss vom Mieter verlangen.[837]

---

[834] *Lützenkirchen* MDR 2001, 10.

[835] BGH VIII ZR 222/06, DWW 2008, 174 = GE 2008, 325 = NZM 2008, 279 = WuM 2008, 147 = ZMR 2008, 281 (mAnm *Dötsch*).

[836] ZB OLG Düsseldorf GE 2002, 1428 = ZMR 2003, 105; LG Frankfurt a. M. WuM 2012, 197.

[837] BGH VIII ZR 315/82, WM 1984, 973.

Da dem Vermieter, wie oben ausgeführt, zunächst nur der Erfüllungsanspruch zusteht, muss er den Anspruch auf Erstattung der angefallenen Kosten erst einmal zur Entstehung bringen. Auch eine Ersatzvornahmeklausel befreit den Vermieter mithin nicht davon, **dieselben Voraussetzung wie für den Schadensersatzanspruch** einzuhalten (→ Rn. 514 ff.). Dies folgt zum einen aus dogmatischen Überlegungen, weil der Vermieter, der statt (oder vorerst neben) Erfüllung Ersatz beanspruchen will, erst dessen Grundlage schaffen muss. Es ergibt sich zum anderen daraus, dass es ihm sonst möglich wäre, die Vorschrift des § 309 Nr. 4 BGB zu umgehen. Nach dieser Bestimmung ist es zumindest durch Formularvertrag nicht möglich, ohne die Einhaltung des Verfahrens nach § 281 Abs. 1 BGB statt Erfüllung Geld in Form von Schadensersatz zu reklamieren. Nach ihrem Rechtsgedanken soll sie generell verhindern, dass der Verwender bei bloßer Nichterfüllung Rechte geltend macht, die hier nur unter den Voraussetzungen des § 281 Abs. 1 BGB bestehen. Für den Geldanspruch auf Erstattung verauslagter Kosten kann daher nichts anderes gelten. Aus der Sicht des Mieters bleibt es sich zudem gleich, ob er einem Geldanspruch aus Ersatzvornahme oder auf Schadensersatz ausgesetzt ist. **511**

Andere Verträge räumen dem Vermieter ein **Wahlrecht** ein, ob er zur Ersatzvornahme schreitet oder Schadensersatz geltend macht.[838] Eine entsprechende formularvertragliche Regelung ist, wie aufgezeigt, nur wirksam, wenn auch die Ersatzvornahme eine vergebliche Leistungsaufforderung mit Fristsetzung voraussetzt.[839] **512**

Zur **Höhe** ist der Anspruch auf die notwendigen Kosten beschränkt (auch → Rn. 611 ff.). Ließ der Vermieter aufwendiger dekorieren, um etwa die Attraktivität des Mietobjekts für die Neuvermietung zu steigern oder eine höhere Miete zu erreichen, muss er daher die Mehrkosten selbst tragen. **513**

3. Anspruch auf Schadensersatz

Die Nichterfüllung der Renovierungspflicht ist zunächst nur eine Pflichtverletzung gem. § 280 Abs. 1 BGB. Schadensersatz wegen dieser Pflichtverletzung kann der Vermieter **nur unter den Voraussetzungen des § 281 Abs. 1 BGB** reklamieren. Sofern nicht die Ausnahmen nach § 281 Abs. 2 BGB eingreifen, insbesondere die ernsthafte und endgültige Erfüllungsverweigerung, führt erst die Einhaltung des in § 281 Abs. 1 BGB vorgesehenen Verfahrens zur Begründung des Schadensersatzanspruchs. So kann zB der Vermieter aus abgetretenem Recht des Mieters keinen Schadensersatzanspruch ableiten, wenn es der Mieter versäumte, gegen den Untermieter die Voraussetzungen für den Anspruch nach § 281 BGB zu erfüllen.[840] **514**

---

[838] OLG Hamm WuM 1983, 76.

[839] *Sternel* II Rn. 463; anders die dem OLG Hamm (WuM 1983, 76), vorgelegte Klausel.

[840] OLG Hamm GE 2012, 129.

515 **Verzug** des Mieters mit der Erfüllung seiner Pflicht ist **keine Voraussetzung** für das Verfahren nach § 281 Abs. 1 BGB. Maßgeblich ist vielmehr, ob der Erfüllungsanspruch des Vermieters **fällig** ist. Der Verzug hat seine Bedeutung allein für die Frage, ob und inwieweit der Vermieter einen Verspätungsschaden (Mietausfall, dazu → Rn. 645 ff.) geltend machen kann.

516 Sofern in älteren Verträgen der Wortlaut des § 326 Abs. 1 BGB aF, also auch das Erfordernis einer **Ablehnungsandrohung,** wiederholt ist, handelt es sich um eine vertraglich vereinbarte, nunmehr zusätzliche Voraussetzung für den Schadensersatzanspruch. Hier bedarf es daher der Erklärung des Vermieters, dass er die Erfüllung der Leistungspflicht, mithin die Vornahme der geltend gemachten Schönheitsreparaturen, bei fruchtlosem Fristablauf ablehne.[841]

517 Nach Durchführung des Verfahrens gem. § 281 Abs. 1 BGB wandelt sich nicht schon der **Erfüllungsanspruch** in einen **Schadensersatzanspruch** um, sondern beide bestehen **zunächst nebeneinander.** Dieser Zustand endet erst, wenn der Vermieter Schadensersatz verlangt; mit diesem Verlangen ist der Erfüllungsanspruch gem. § 281 Abs. 4 BGB ausgeschlossen. Der Vermieter muss daher mit einer zusätzlichen Erklärung den Schadensersatzanspruch geltend machen. Will er auf jeden Fall sogleich nach Fristablauf zum Schadensersatz übergehen können, wird eine Erklärung im Zusammenhang mit Fristsetzung und Leistungsaufforderung genügen, die erkennen lässt, dass für den Fall erfolglosen Fristablaufs Schadensersatz reklamiert wird.[842] Der einstweilige Fortbestand des Erfüllungsanspruchs bietet dem Vermieter jedoch den Vorteil, dass er nach einer ersten unwirksamen Leistungsaufforderung, ggf. mit Rechtsrat, eine wirksame nachschieben und sich so den Schadensersatzanspruch sichern kann; in der Praxis misslang früher nicht selten die Leistungsaufforderung mit der Folge, dass es überhaupt nicht zur Umwandlung des Erfüllungs- in einen Schadensersatzanspruch kam. Lässt der Vermieter das Mietobjekt während dieser Zeit unvermietet, wird er zwar insoweit keinen Mietausfallschaden ersetzt verlangen können, weil er die vertane Zeit zu vertreten hat, immerhin aber hat er Aussicht auf Ersatz der meist beträchtlichen Kosten für die Herrichtung des Mietobjekts. Schließlich wird es für den Vermieter nicht selten wirtschaftlich erheblich günstiger sein, den Mieter trotz des erfolglosen Fristablaufs doch noch zur Renovierung, ggf. in Eigenarbeit, zu bringen, als gegen ihn einen mangels Masse nicht durchsetzbaren Geldanspruch zu erhalten.

518 Die **Voraussetzungen des Schadensersatzanspruchs nach § 281 Abs. 1 BGB,** die im Folgenden im Einzelnen behandelt werden, sind mithin

[841] Vgl. BGH VIII ZR 71/86, WuM 1987, 259 = ZMR 1987, 292.

[842] AA Herrlein/Kandelhard/*Knops* § 535 Rn. 64; vgl. für die zulässige Verbindung von Fälligstellung und verzugsbegründender Mahnung BGH XI ZR 27/10, NJW 2010, 2940.

- die Fälligkeit der Renovierungspflicht,
- eine Leistungsaufforderung und
- eine dem Mieter erfolglos gesetzte angemessene Frist zur Erfüllung der in der Leistungsaufforderung beschriebenen Pflichten.

Soweit bei **Altmietverträgen in den östlichen Bundesländern** aus der Zeit vor dem 3.10.1990, die nach diesem Stichtag beendet wurden oder werden, Schadensersatzansprüche des Vermieters in Frage stehen, richten sich diese nicht mehr nach §§ 104, 107 Abs. 2, 3 ZGB, sondern nach § 281 Abs. 1 BGB (Art. 232 § 2 Abs. 1 EGBGB). § 307 BGB (= § 9 AGBG) ist hingegen schon auf Verträge anzuwenden, die vor dem 1.7.1990 abgeschlossen wurden.[843] **519**

Die **Abbedingung des § 281 Abs. 1 BGB,** zB durch die Klausel, **520**

„Sind bei Kündigung des Mietvertrages bis dahin notwendig gewordene Schönheits-Reparaturen rückständig, so ist der Mieter noch vor dem Beendigungstermin zur Zahlung der Renovierungskosten an den Vermieter verpflichtet“,

oder

„Bei Auszug sind die Mieträume in einem Zustand zurückzugeben, der einer vertragsgemäßen Dekoration entspricht; anderenfalls hat der Vermieter einen Ersatzanspruch in Geld.“

ist **unwirksam.** Dies gilt auch für Klauseln eines vor dem In-Kraft-Treten des AGBG abgeschlossenen, aber erst später abgewickelten Mietvertrags,[844] wie im kaufmännischen Geschäftsverkehr.[845] Die Klausel verstößt gegen § 309 Nr. 4 BGB, der den formularmäßigen Ausschluss des § 281 Abs. 1 BGB nicht zulässt.

III. Voraussetzungen des Schadensersatzanspruchs

1. Fälligkeit

a) Grundsätze

Zur Fälligkeit der Schönheitsreparaturen ist zunächst auf die Darstellung in → Rn. 456ff. zu verweisen. Hat der Mieter trotz zwischenzeitlich eingetretener Renovierungsbedürftigkeit keine Schönheitsreparaturen ausgeführt, werden sie **spätestens mit dem Tag der Beendigung des Mietvertrags** fällig, gleichviel auf welchen Gründen das Mietende beruht, ob also dem Ablauf eines qualifizierten Zeitmietvertrags gem. § 575 BGB, einer Kündigung oder einem Mietaufhebungsvertrag. **521**

---

[843] § 23 Gesetz über die Inkraftsetzung von Rechtsvorschriften der Bundesrepublik Deutschland in der DDR vom 21.6.1990 (GBl. DDR I S. 357); dazu *Schultz* DtZ 1991, 285 (286).

[844] OLG Karlsruhe NJW 1982, 2829 = WuM 1982, 291.

[845] BGH VIII ZR 47/85, NJW 1986, 842; Lindner-Figura/Oprée/Stellmann Geschäftsraummiete/*Pietz/Oprée* Kap. 16 Rn. 179.

522 Durch den Wegfall des nach § 326 Abs. 1 BGB aF geforderten Verzugs als Verfahrensvoraussetzung ist der Streit, **ob** der Vermieter den Mieter **schon vor der Beendigung des Mietverhältnisses** zur Erfüllung seiner Dekorationspflicht auffordern kann, gegenstandslos geworden (auch → Rn. 552). Jedenfalls nunmehr kommt es allein auf die **Vertragsgestaltung und die damit begründete Fälligkeit** an. Geht die Verpflichtung des Mieters zB dahin, dass er, wie bei Gewerberaum häufig, bei Mietende ein bezugsfertiges[846] oder renoviertes Objekt zurückgeben muss, steht ihm die gesamte Vertragszeit für die Renovierungsarbeiten zur Verfügung; auch wenn es schon lange zuvor unansehnlich geworden sein sollte, schuldet der Mieter den vertraglich festgelegten Zustand erst bei Mietende. Anders verhält es sich, wenn der Mieter die laufenden Schönheitsreparaturen auszuführen hat. Diese Verpflichtung wird fällig, sobald das Mietobjekt abgenutzt ist, was folglich auch schon erhebliche Zeit vor dem Ende des Mietvertrags der Fall sein kann.[847]

523 Fraglich ist der Zeitpunkt der Fälligkeit, wenn der Mieter zwar die laufenden Schönheitsreparaturen auszuführen hat, sie aber erst ***„spätestens mit dem Ende des Mietverhältnisses"*** erledigt sein müssen. Hierzu wird vertreten, dass die Klausel nur den Verzugsbeginn, nicht aber die ggf. frühere Fälligkeit betrifft.[848] Damit wäre nur der Endpunkt bezeichnet, zu dem zuvor fällig gewordene Schönheitsreparaturen spätestens nachzuholen sind. Der BGH hat der Regelung indes den Charakter einer eigenständigen Fälligkeitsbestimmung zuerkannt.[849] Auf dieser Grundlage steht dem Mieter ebenfalls die gesamte Vertragslaufzeit für die Arbeiten zur Verfügung.[850] Es mag daher zwar wirtschaftlich im Einzelfall sinnvoll sein, dem Mieter zB auf Grund des Ergebnisses einer Vorbesichtigung schon vorher eine Leistungsaufforderung mit einer Frist zukommen zu lassen, die zum Ende des Vertrags ausläuft. Auf diese Weise könnten ggf. sogleich nach Mietende die notwendigen Arbeiten veranlasst werden und es würden zum Vorteil für beide Seiten Mietausfälle vermieden. Zur rechtlichen Seite ist indes festzustellen, dass Fälligkeit und damit eine der Voraussetzungen des § 281 Abs. 1 BGB erst bei Mietende eintritt.

b) Leistungshindernisse während der vom Vermieter gesetzten Frist

524 Fälligkeit muss **bis zum Ablauf der** nach § 281 Abs. 1 BGB zu setzenden **Frist** gegeben sein. Treten während des Fristlaufs **Leistungshindernisse** ein, wird der Mieter frei.

---

[846] BGH XII ZR 105/90, NJW 1991, 2416 = WuM 1991, 550 zum Verzug.

[847] *Kraemer* NZM 2003, 417 (421 f.); vgl. LG Berlin GE 2002, 1198.

[848] *Kraemer* NZM 2003, 417 (422).

[849] BGH VIII ZR 52/06, GE 2006, 1542 = NZM 2006, 924 = WuM 2006, 677 = ZMR 2007, 28 unter Bezug auf BGH VIII ZR 124/05, NZM 2006, 691 = WuM 2006, 513.

[850] Ebenso Blank/Börstinghaus/*Blank/Börstinghaus* § 535 Rn. 465.

Zur **Begründung** wird vertreten, dass zwar nach dem Wortlaut des § 280 Abs. 1 BGB eine Pflichtverletzung erforderlich ist, an die sich das Verfahren nach § 281 Abs. 1 BGB anschließt, sie aber gleichwohl erst mit dem Ablauf der Frist gem. § 281 Abs. 1 BGB vollendet ist; kommt es während der Frist zu einem Leistungshindernis, das der Schuldner nicht zu vertreten hat, wird er nach § 280 Abs. 1 S. 2 BGB von seiner Ersatzpflicht befreit.[851] Es erscheint jedoch auch möglich, es beim Wortlaut des § 280 Abs. 1 S. 1 BGB zu belassen. Auf dieser Grundlage wäre zu konstatieren, dass nach § 275 Abs. 1 BGB der Anspruch auf die Leistung ausgeschlossen ist, soweit sie für den Schuldner unmöglich ist. In diesem Fall greift § 283 BGB ein, nach dem der Gläubiger Schadensersatz statt der Leistung nur unter den Voraussetzungen des § 280 Abs. 1 BGB verlangen kann und damit ebenfalls nur, wenn der Schuldner die Pflichtverletzung zu vertreten hat. Nach beiden Begründungsansätzen ist mithin maßgeblich, ob der Schuldner das Leistungshindernis iSd § 276 BGB zu vertreten hat. 525

Es kann sich zunächst um ein **rechtliches Leistungshindernis** handeln. 526 Hauptfall ist die **Verjährung** des Anspruchs auf die Primärleistung. Tritt sie während des Fristlaufs ein, kann der Schadensersatzanspruch nicht mehr zur Entstehung gebracht werden.[852] Fristsetzung und Leistungsaufforderung gehen daher ins Leere.

In der Praxis geht es vorwiegend um **tatsächliche Leistungshindernisse.** 527 Sie können darauf beruhen, dass der Zustand des Mietobjekts eine sinnvolle Renovierung nicht zulässt, der Vermieter eine notwendige Mitwirkungshandlung nicht vornimmt oder es zur Wiederherstellung eines ordnungsgemäßen Zustands vor Fristablauf kommt.

Sind **bauseitige Schäden** vorhanden, ohne deren Beseitigung eine 528 ordnungsgemäße Dekoration teilweise oder überhaupt nicht möglich ist, ist die Leistung des Mieters nach herrschender Ansicht solange nicht fällig, wie der Vermieter seine Vorleistung nicht erbringt (→ Rn. 480 ff.). Hat der Vermieter die notwendigen Vorarbeiten vor oder jedenfalls in der Anfangszeit der Frist nach § 281 Abs. 1 BGB (die sich ggf. dadurch um eine angemessene Zeit verlängert) nicht veranlasst, hat der Mieter seine Pflichtverletzung nicht zu vertreten.

Das Verschulden des Mieters an der unterbliebenen, sachlich angezeig- 529 ten Renovierung fehlt ferner, wenn der **Vermieter eine notwendige Mitwirkungshandlung unterlässt.** Dazu gehört zB, dass ihm der Vermieter, wenn er die Schlüssel zum Mietobjekt im Rahmen des Auszugs zurückgab, diese wieder zur Verfügung stellt (ausführlich → Rn. 580).

Schließlich hat es der Mieter nicht zu vertreten, wenn die dekorativen 530 Mängel **während der Frist vom Vermieter oder Nachmieter behoben** werden. Soweit es um Arbeiten des Nachmieters geht, kann es dahinste-

[851] Palandt/*Grüneberg* § 281 Rn. 16.
[852] BGH VIII ZR 184/87, NJW 1988, 1778 = WuM 1988, 272.

hen, ob das Mietobjekt dem Nachmieter bereits vorzeitig vom Vermieter zur Renovierung zur Verfügung gestellt wurde oder ob er den Besitz entgegen einer Absprache mit dem Vermieter schon zur Renovierung ausnutzte; für den Mieter ist der Effekt derselbe. Anders verhält es sich, wenn der Nachmieter in Absprache mit dem Vormieter, häufig sogar auf Grund einer Vereinbarung zum Ausgleich überlassener Einrichtungen, die Schönheitsreparaturen ausführt. Hier werden sie für den Mieter erbracht, so dass es nur noch darauf ankommt, ob sie ordnungsgemäß durchgeführt wurden. Allein ein aus der Sphäre des Vermieters stammendes Leistungshindernis lässt den Mieter frei werden.

c) Teilweise Erledigung der Schönheitsreparaturen

531 Führte der Mieter die fälligen Schönheitsreparaturen bis zum Fristablauf nur teilweise durch, hat ihm der Vermieter **nicht etwa eine Nachfrist** zur Erledigung der fälligen Restarbeiten zu setzen. Vielmehr handelt es sich um einen einheitlichen Vorgang, der insgesamt mit der anfangs bestimmten Frist nach § 281 Abs. 1 BGB in Gang gesetzt wurde. Unter der Voraussetzung, dass die ausgeführten Arbeiten qualitativ in Ordnung sind, geht es mithin nur um eine **quantitative Minderleistung;** sind nämlich auch die teilweise erledigten Arbeiten nicht ordnungsgemäß, ist ohnehin die gesamte Leistungspflicht nicht erfüllt.

532 Nach § 281 Abs. 1 S. 2 BGB kann der Gläubiger Schadensersatz statt der ganzen Leistung nur verlangen, wenn er an der **Teilleistung kein Interesse** hat. Dieser Fall dürfte im Bereich der Schönheitsreparaturen keine praktische Bedeutung haben.[853]

533 Von praktischer Relevanz ist vielmehr die Frage, wie mit **trotz Fristablaufs verbliebener Mängel zu verfahren ist.** Wie bereits eingangs (→ Rn. 517) erwähnt, bestehen Schadensersatzanspruch und Erfüllungsanspruch nebeneinander, bis der Gläubiger tatsächlich Schadensersatz verlangt (§ 281 Abs. 4 BGB). Vor diesem Zeitpunkt hat der **Vermieter** daher **einen nach wie vor fälligen Erfüllungsanspruch.** An diesem kann er einstweilen festhalten. So kann es für ihn günstiger sein, dass der Mieter die Restmängel noch in Eigenarbeit behebt, als Schadensersatz zu reklamieren, der im Hinblick auf die finanzielle Lage des Mieters nicht durchsetzbar ist. Auch der Mieter ist dem fortbestehenden Erfüllungsanspruch ausgesetzt, so dass er zB aus denselben Gründen daran interessiert sein kann, die Schönheitsreparaturen zu Ende zu führen.

534 Einigen sich beide Parteien, dass der Mieter die Abschlussarbeiten noch ausführt, ergeben sich keine Probleme. Diese stellen sich erst ein, wenn der Mieter noch erfüllen will, der Vermieter jedoch den oder die beim Mieter verbliebenen Schlüssel herausverlangt oder auf andere Weise deutlich macht, dass er die weitere Tätigkeit des Mieters im Objekt

---

[853] Ebenso *Gruber* WuM 2002, 253 Fn. 15; *Kraemer* NZM 2003, 417 (422); Lindner-Figura/Oprée/Stellmann Geschäftsraummiete/*Pietz/Oprée* Kap. 16 Rn. 162.

ablehnt. Die **Ablehnung der Restarbeiten** wird als Erklärung, nunmehr **Schadensersatz** geltend zu machen, verstanden werden können. Ob der Mieter gleichwohl noch verlangen kann, dass er die abschließenden Arbeiten durchführt, ist eine Frage des Einzelfalls. Stehen auf Seiten des Vermieters keine objektiven Gründe entgegen, wird es als treuwidriges Verhalten zu bewerten sein, wenn er dem Mieter nicht Gelegenheit gibt, die ausstehenden Arbeiten kurzfristig zu erledigen.[854] Anders wird es sich verhalten, wenn er dem Mieter das Mietobjekt nach Fristablauf wegen der Absprachen mit dem Mietnachfolger nicht mehr belassen kann, ohne sich Ansprüchen des Nachmieters auszusetzen. Beginnt das Mietverhältnis mit dem Nachmieter sogleich nach Fristablauf oder hat der Vermieter dem Nachmieter gestattet, es schon vor dem vorgesehenen Mietbeginn durch eigene Handwerker renovieren zu lassen, sind dem Mieter Restarbeiten in aller Regel tatsächlich nicht mehr möglich. Die Folgen und damit die Entstehung eines teilweisen Schadensersatzanspruchs hat sich der Mieter in diesen Fällen auf Grund der Fristüberschreitung selbst zuzurechnen.

2. Fristsetzung

Für die Fristsetzung ist die Bestimmung eines **konkreten Zeitraums nicht** erforderlich. Es bedarf daher keiner Angabe eines Endtermins oder einer Zeitspanne. Vielmehr wird auch mit einer Aufforderung, die Arbeiten seien *„in angemessener Zeit"*, *„umgehend"* oder *„so schnell wie möglich"* zu erledigen, eine hinreichend bestimmbare Frist gesetzt; die zeitliche Grenze ist sodann aufgrund der jeweiligen Umstände des Einzelfalls zu bestimmen.[855] **Für die Praxis** ist indes die Bezeichnung einer **konkreten Frist** in Form eines Endtermins oder einer Zeitspanne **dringend anzuraten.** Die Ermittlung einer angemessenen Frist anhand der Umstände des Einzelfalls birgt ein erhebliches Streitpotential; der Vermieter wird eine sehr zügige Ausführung der Dekorationsarbeiten erwarten, der Mieter sich nicht zu ihm überhastet erscheinenden Arbeiten verpflichtet sehen. Dieser Konflikt wird durch konkrete und dadurch klare Vorgaben vermieden. **535**

Die Fristsetzung ist nur wirksam, wenn die Schönheitsreparaturen fällig sind. Wird sie **zu früh** erklärt, etwa bei einer Pflicht des Mieters, spätestens mit dem Ende des Mietverhältnisses fällige Schönheitsreparaturen zu erledigen, und damit vor dem Ende des Vertrags, entfaltet sie keine Wirkungen.[856] Weder lebt sie später wieder auf, noch kann sie geheilt werden. Erforderlich ist vielmehr eine erneute Erklärung. **536**

Die Nachfristsetzung verschafft dem Mieter zwar nicht die letzte Möglichkeit zur Erfüllung seiner Dekorationsverpflichtung, weil der Erfül- **537**

[854] Vgl. Palandt/*Grüneberg* § 281 Rn. 12; zust. *Ludes/Lube* MDR 2009, 1317.
[855] BGH VIII ZR 254/08, WuM 2009, 580.
[856] ZB BGH VIII ZR 148/10, NJW 2012, 3714.

lungsanspruch des Vermieters bis zur Erklärung nach § 281 Abs. 4 BGB bestehen bleibt. Ihr Ablauf macht es dem Vermieter jedoch möglich, Schadensersatz zu verlangen. Wegen dieser gravierenden Folge für den Mieter muss eine **angemessene Frist** gesetzt werden. Die Dauer richtet sich nach dem Umfang der vom Vermieter reklamierten Arbeiten.[857] Ist der Umfang dieser Arbeiten für den Mieter weder aus dem Rückgabeprotokoll noch der Leistungsaufforderung erkennbar, soll die vom Vermieter gesetzte Nachfrist generell unzureichend sein.[858] Handelt es sich um wenige Ausbesserungsarbeiten, wird eine Frist von einigen Tagen ausreichen, die vollständige Renovierung einer Wohnung wird jedenfalls zwei Wochen,[859] bei Großwohnungen auch erheblich länger erfordern.

538 Bei der Fristbemessung ist zu berücksichtigen, dass der Mieter eine **gewisse Vorlaufzeit** benötigt, da er in der Regel einen Handwerker nicht von heute auf morgen heranziehen kann.[860] Es wird allerdings vertreten, die Frist brauche nur so lange zu sein, dass der Mieter bereits begonnene Schönheitsreparaturen zu Ende führen könne, sie müsse ihn nicht in die Lage versetzen, eine noch nicht aufgenommene Renovierung vollständig durchzuführen.[861] Die zur Begründung herangezogene Rechtsprechung des BGH betraf AGB im Möbelhandel[862] und AGB eines Fensterherstellers.[863] Sie kann auf den vorliegenden Zusammenhang nicht übertragen werden. In jenen Fällen beanstandete der BGH die Länge der formularvertraglich vorgesehenen Nachfrist, weil sie auf eine unangemessene Erweiterung der vereinbarten Lieferfrist, im Ergebnis eine Art Ersatzlieferfrist hinauslief. Die Mindermeinung übersieht zum einen, dass die betreffenden Klauseln als AGB vom Lieferanten als Leistungsschuldner stammten, während hier die Nachfrist vom Vermieter als Gläubiger und zudem in aller Regel individuell gesetzt wird. Zum anderen besteht ein wesentlicher Unterschied darin, dass es sich bei den vom Mieter geschuldeten Schönheitsreparaturen im Allgemeinen nicht um eine bei Vertragsschluss genau konkretisierte Leistung wie die Lieferung eines Fensters oder Möbelstücks handelt, sondern um das Ergebnis einer Bewertung des Zustandes der Mietsache bei Mietende.

539 Problematisch ist, wie sich der Vermieter bei **erheblichem Renovierungsaufwand** verhalten soll. Geht es zB um die Herrichtung eines größeren Mietobjekts, bei Wohnraum etwa um eine mehrstöckige Stadtvilla, bei Gewerberaum um ein weitläufiges Bürohaus, kann die angemessene Renovierungsfrist ohne weiteres bis zu mehreren Monaten betragen. Ist

[857] Vgl. OLG München ZMR 1996, 202: Zwei Wochen sind für die Renovierung eines Hotels zu kurz.
[858] KG GE 2003, 952 = ZMR 2003, 676.
[859] KG WuM 2007, 71; *Gather* S. 72f.; Bub/Treier MietR-HdB/*Paschke* V. A Rn. 207; Staudinger/*Emmerich* § 535 Rn. 121.
[860] *Sternel* II Rn. 442.
[861] Palandt/*Grüneberg* § 281 Rn. 10; dagegen *Kraemer* NZM 2003, 417 (422).
[862] BGH VIII ZR 226/83, NJW 1985, 320 (323).
[863] BGH VII ZR 227/83, NJW 1985, 855 (857).

die finanzielle Lage des Mieters unsicher, steht der Vermieter vor dem Dilemma, einerseits eine lange Frist setzen, andererseits ständig steigende Mietausfälle, die bei solchen Objekten schnell eine beträchtliche Höhe erreichen, gewärtigen zu müssen, deren anschließende Realisierung fraglich ist. Ein Ausweg wäre es, schon während der Frist den Mietausfall geltend zu machen und ggf. einzuklagen. Um diese kostenträchtige Lösung für beide Seiten zu vermeiden, erscheint es erwägenswert, dem Vermieter in derartigen Fällen zuzugestehen, dass er dem Mieter eine Frist setzt, bis zu deren Ablauf die Renovierung abgeschlossen sein muss, zugleich aber auch eine **Vorfrist,** nach der mit den Arbeiten begonnen sein muss.[864] Diese wäre an dem prognostizierten Mindestzeitraum zwischen Aufnahme der Arbeiten und ihrem Abschluss festzumachen. Lässt der Mieter zum Ablauf der Vorfrist keine Anstalten erkennen, die Renovierung in Angriff zu nehmen, kann sein Verhalten als endgültige Erfüllungsverweigerung (vgl. dazu → Rn. 594 ff.) qualifiziert werden, so dass der Vermieter die Erledigung der Arbeiten selbst veranlassen kann.

Eine **zu kurze Frist** verlängert sich auf einen angemessenen Zeitraum, **540** sie ist nicht wirkungslos.[865] Eine Ausnahme gilt dann, wenn der Vermieter erklärt, nach Ablauf der zu kurzen Frist keinesfalls mehr Gelegenheit zu Renovierungsarbeiten zu geben,[866] oder wenn er, um die Dekoration durch den Mieter zu verhindern, arglistig eine zu kurze Frist setzt.[867] In diesen Fällen scheitert die Begründung des Schadensersatzanspruchs. Der Vermieter kann die Frist einseitig verlängern, zumal wenn ihn der Mieter auf Schwierigkeiten bei ihrer Einhaltung hingewiesen hat; ebenso ist es den Parteien unbenommen, die ursprüngliche Frist einverständlich durch eine längere zu ersetzen, die sodann maßgeblich ist. Hat der Vermieter eine **lange Frist** eingeräumt, ist er an sie gebunden. Er kann sie nicht abkürzen, etwa weil ein inzwischen gefundener Nachmieter das Mietobjekt schnellstmöglich übernehmen will.

Die grundsätzlich automatische **Ersetzung einer zu kurzen Frist durch** **541** **eine angemessene** dient beiden Parteien, sie kann sich allerdings im Einzelfall auch sehr nachteilig für den Vermieter auswirken. Dies kommt insbesondere in zwei Varianten in Betracht. Lässt der Vermieter die Schönheitsreparaturen sogleich nach Ablauf der zu knappen Frist in Angriff nehmen, kommt es nicht mehr zur Begründung des Schadensersatzanspruchs, weil dieser den Ablauf der angemessenen Frist voraussetzt. Er macht dem Mieter zudem die Erfüllung seiner Renovierungspflicht unmöglich, so dass dieser frei wird (vgl. → Rn. 530). Der Vermieter kann mithin keine Kostenerstattung verlangen.[868] Die Ersetzung durch eine

[864] Zustimmend Lindner-Figura/Oprée/Stellmann/Geschäftsraummiete *Pietz/Oprée* Kap. 16 Rn. 168.
[865] StRspr, zB BGH V ZR 134/84, NJW 1985, 2640; OLG Hamburg WuM 1998, 17.
[866] LG Itzehoe WuM 1997, 175.
[867] Vgl. Palandt/*Grüneberg* § 281 Rn. 10 mwN.
[868] LG Berlin GE 1999, 1497.

angemessene Frist verhindert ferner die Begründung des Schadensersatzanspruchs, wenn die zu knappe Frist erst kurz vor Eintritt der Verjährung gesetzt wurde; infolge der Fristverlängerung kommt es nicht mehr zu dessen Entstehung, wenn die angemessene Nachfrist erst nach dem Eintritt der Verjährung endet.[869]

542 Der Vermieter muss **während der gesamten Frist zur Annahme der Renovierungsleistung bereit** bleiben (dazu auch → Rn. 580). Er hat dem Mieter ggf. den Schlüssel zum Mietobjekt zur Verfügung zu stellen und alles zu unterlassen, was ihm die Erfüllung seiner Pflicht unmöglich macht. Hierzu zählt vor allem, dass er selbst nicht vor Fristablauf mit den Dekorationsarbeiten beginnt oder das Mietobjekt einem Nachmieter zur Aufnahme der Renovierung zur Verfügung stellt. Soweit deshalb Schönheitsreparaturen vor Fristablauf ausgeführt wurden, hat er keinen Anspruch auf Ersatz der Kosten, da sie zu einem Zeitpunkt erfolgten, in dem ihm noch kein Schadensersatzanspruch zustand.[870]

543 Führte der Mieter die **Dekorationsarbeiten bis zum Ablauf der Frist nur teilweise** durch, kommt es auf die Umstände des Einzelfalls an, ob hinsichtlich der verbliebenen Mängel noch ein Schadensersatzanspruch entsteht. Wegen der Einzelheiten ist auf → Rn. 533 f. zu verweisen.

3. Leistungsaufforderung

544 § 281 Abs. 1 BGB verlangt eine angemessene Frist *„zur Leistung"*. Nach wie vor setzt die Begründung des Schadensersatzanspruchs daher eine ausreichende und vor allem hinreichend konkrete Leistungsaufforderung voraus. In der Praxis scheitert der Ersatzanspruch des Vermieters nicht selten daran, dass er sich auf zu dürre Angaben beschränkte. Da dem Vermieter der Erfüllungsanspruch bis zur Erklärung nach § 281 Abs. 4 BGB erhalten bleibt, kann er ggf. das Verfahren gem. § 281 Abs. 1 BGB mit einer ordnungsgemäßen Leistungsaufforderung noch nachholen.

a) Form und Adressat

545 Eine bestimmte Form ist für die Leistungsaufforderung nicht vorgeschrieben. Sie kann daher auch mündlich erfolgen, wovon jedoch aus Beweisgründen dringend abzuraten ist. Dies gilt nicht nur für den Vermieter, der bei streitigem Zugang oder Inhalt der Aufforderung in Beweisnot geraten kann, sondern auch für den Mieter, der einen Schadensersatzanspruch mit der Begründung abwehren will, er habe insoweit keine Aufforderung erhalten. Ist für die Leistungsaufforderung im Mietvertrag dagegen **Schriftform vorgesehen,** ist deren Einhaltung für die Wirksamkeit konstitutiv. Die Schriftform hat Warn-, Klarstellungs- und

[869] BGH VIII ZR 184/87, NJW 1988, 1778 = WuM 1988, 272; OLG Hamburg WuM 1998, 17.
[870] ZB LG Berlin GE 1999, 1497; LG Wiesbaden WuM 1987, 214.

Beweisfunktion.[871] Die Berufung auf die fehlende Schriftform ist nur missbräuchlich, wenn der Mieter den Vermieter von der Formwahrung abgehalten hat oder eine endgültige Erfüllungsverweigerung gegeben ist.

Die Leistungsaufforderung ist an denjenigen zu richten, der sich aus dem Mietvertrag und ggf. aus Nachträgen als Vertragspartner ergibt. Wird das Mietobjekt insgesamt von einem **Untermieter** genutzt, reicht es nicht, die Aufforderung dem Untermieter zu übermitteln. Vertragliche Beziehungen bestehen nur zwischen Vermieter und Hauptmieter; der Untermieter ist durch deren Absprachen nicht gebunden, sondern allenfalls dann, wenn er gegenüber dem Vermieter die Erfüllung der Pflichten aus dem Hauptmietvertrag übernahm. **546**

Bei einer **Mietermehrheit** haben alle Mieter die Renovierungspflicht als Gesamtschuldner zu erfüllen. Daraus folgt, dass die Aufforderung an alle Mieter gerichtet sein muss, wenn der Vermieter die Begründung eines Schadensersatzanspruchs gegen alle Mitmieter erreichen will, um sie gemeinsam in Anspruch nehmen zu können. Erfolgt die Leistungsaufforderung nur an einen Mieter, ist sie indes nicht wirkungslos, entfaltet Rechtsfolgen jedoch nur gegenüber diesem.[872] Anders als bei Gestaltungserklärungen wie der Kündigung, die nur einheitlich gegen alle Mitmieter wirken können, ist der Vermieter bei Forderungen, die sich auf die Mieter als Gesamtschuldner beziehen, nicht gehindert, nur einen von ihnen in Anspruch zu nehmen. Dementsprechend bleibt die an einen Mieter gerichtete Leistungsaufforderung diesem gegenüber wirksam, auch wenn der Vermieter sich mit seiner Erklärung an alle Mitmieter wenden wollte. **547**

Die **gegenseitige Bevollmächtigung** der Mieter zur Entgegennahme von Erklärungen durch die in einem formularmäßigen Wohnraummietvertrag enthaltene Klausel: **548**

„Erklärungen, deren Wirkung die Mieter berührt, müssen von oder gegenüber allen Mietern abgegeben werden. Die Mieter bevollmächtigen sich jedoch gegenseitig zur ***Entgegennahme*** *... solcher Erklärungen. Diese Vollmacht gilt auch für die Entgegennahme von Kündigungen, jedoch nicht für ... Mietaufhebungsverträge."*

ist wirksam.[873] Zu beachten ist aber, dass sich die Leistungsaufforderung trotz der Vollmachtsklausel immer an alle Mieter wenden muss. Sie sind daher **sämtlich als Adressaten** der Erklärung anzuführen,[874] wozu es genügt, alle Mitmieter in einem einheitlichen Schreiben anzusprechen.

---

[871] Vgl. BGH XII ZR 234/95, WuM 1997, 667 = ZMR 1998, 12.

[872] LG Hamburg 29.10.1991 – 316 S 125/91, nv.; vgl. BGH VIII ZR 263/09, GE 2010, 760 (mAnm *Schach* GE 2010, 723) = NZM 2010, 577 = WuM 2010, 356 zur Betriebskostenabrechnung.

[873] BGH VIII ARZ 1/97, WuM 1997, 599.

[874] Vgl. BGH VIII ZR 25/14, NZM 2015, 207; LG Berlin GE 2000, 281; Schmidt-Futterer/*Börstinghaus* vor § 558 Rn. 58; *Schach* GE 2000, 1678.

Eine Empfangsvollmacht im Vertrag befreit nur vom Zugangserfordernis bei jedem einzelnen Mieter.

b) Zeitpunkt

549 **Ab wann** der Vermieter eine Leistungsaufforderung mit Erfolg anbringen kann, richtet sich nach den vertraglichen Absprachen der Parteien. Hier gelten die Gesichtspunkte, die bereits zur Fälligkeit ausgeführt wurden (→ Rn. 521 ff.). Meist stehen Mietende, Räumung und Rückgabe des Mietobjekts durch den Mieter sowie Besichtigung und eingehende Prüfung auf Schäden durch den Vermieter in engem zeitlichem Zusammenhang, so dass sich keine Probleme einstellen.

550 Führt der Vermieter eine sog. **Vorbesichtigung** durch, die Wohnungsunternehmen häufig vornehmen, um sich frühzeitig über den Zustand des Mietobjekts zu informieren, und stellt sich dabei die Renovierungsbedürftigkeit heraus, steht einer Leistungsaufforderung nichts entgegen, wenn die Schönheitsreparaturen fällig sind. Der Vertrag darf also deren Ausführung nicht erst zum Ende des Mietverhältnisses vorsehen, ebenso wenig deren Nachholung, etwa durch die Klausel *„spätestens zum Ende des Mietverhältnisses"*; in beiden Fällen steht dem Mieter die volle Vertragszeit für die Renovierung zur Verfügung, so dass vorher keine Fälligkeit gegeben ist (→ Rn. 523) und eine Leistungsaufforderung wirkungslos bleibt.

551 Ebenso scheitert eine wirksame Leistungsaufforderung bei **vorzeitigem Auszug** des Mieters nicht daran, dass der Mietvertrag noch nicht beendet ist. Für den Regelfall ist ohnehin zugrunde zu legen, dass sich der Zustand des Mietobjekts innerhalb der meist wenigen Monate, die zwischen Auszug und Mietvertragsende liegen, nicht wesentlich ändert, insbesondere nicht verbessert. Vorausgesetzt ist aber auch hier, dass der Mieter die notwendigen Arbeiten nicht erst zum Vertragsende vorzunehmen hat. Die vor Fälligkeit abgegebene Aufforderung kann allerdings je nach den Verhältnissen des Einzelfalls und dem anschließenden Verhalten des Mieters wichtig werden. Hat er umfangreiche, unstreitig geschuldete Arbeiten bei Mietende trotz eindringlicher und wiederholter Aufforderung noch nicht einmal begonnen oder den alsbaldigen Beginn in die Wege geleitet, kann eine ernsthafte und endgültige Erfüllungsverweigerung vorliegen.[875]

552 Zum Teil wird vertreten, das Verfahren nach § 281 Abs. 1 BGB und damit ein Schadensersatzanspruch komme **vor dem Ende des Mietverhältnisses generell nicht** in Betracht.[876] Zur Begründung wurde auf die Entscheidung des BGH[877] verwiesen, dass § 281 Abs. 1 BGB nicht anwendbar ist, soweit es um den Anspruch des Vermieters auf Durchfüh-

[875] BGH XII ZR 105/90, NJW 1991, 2416 = WuM 1991, 550.
[876] LG Berlin NZM 2000, 235 = WuM 2000, 301 sowie NZM 2000, 1178.
[877] BGH VIII ZR 207/89, WuM 1990, 494; so zB KG GE 2002, 1330.

rung der laufenden Schönheitsreparaturen bei fortbestehendem Mietverhältnis geht. Dieser Hinweis ist jedoch weder interessengerecht, noch überzeugend, weil sich der Sachverhalt, welcher der Entscheidung des BGH zugrunde lag, grundlegend von dem hier behandelten unterscheidet. Vorliegend geht es nicht (mehr) darum, dass die Renovierung während des Mietverhältnisses bis auf weiteres dem Mieter zugutekommen soll, was bei einem Anspruch des Vermieters auf Schadensersatz, mit dem er nach Belieben verfahren kann, nicht gewährleistet wäre. Außerdem erfolgt die Renovierungsaufforderung bei einem gekündigten Mietvertrag nicht, um dem Mieter, der entweder schon geräumt hat oder dessen Räumung bevorsteht, ein vertragsgemäß hergerichtetes Mietobjekt zu verschaffen, sondern vorrangig im Interesse des Vermieters an einer ordnungsgemäßen und zügig weiter vermietbaren Mietsache. Wegen der völlig verschiedenen Sachlage ist die Entscheidung des BGH auf diesen Fall daher nicht übertragbar. Es entspricht zudem den Interessen beider Parteien an einer schnellen Abwicklung des Vertrags, das formelle Verfahren nach § 281 Abs. 1 BGB schon vor dem Vertragsende zuzulassen.[878] Es hilft nicht nur dem Vermieter, sondern auch dem Mieter, der durch rechtzeitige Dekoration Mietausfall vermeidet, für den er als Verspätungsschaden einstehen müsste, oder der auf diese Weise eine frühere Entlassung aus dem Mietvertrag durch Neuvermietung erreicht.

c) Inhalt

Die Leistungsaufforderung hat **zwei Aufgaben** zu erfüllen. Zum einen soll dem Mieter deutlich werden, **welche Mängel** der Vermieter beanstandet, zum anderen soll er erkennen können, **welche Arbeiten** er im Einzelnen zu erledigen hat, damit der Vermieter das Mietobjekt als mangelfrei akzeptiert. **553**

Die Leistungsaufforderung muss auf die Ausführung der verlangten Arbeiten gerichtet sein. Fordert der Vermieter den Mieter nur auf, innerhalb einer Frist seine **Erfüllungsbereitschaft zu erklären,** fehlt es an einem ordnungsgemäßen Leistungsverlangen.[879] **554**

aa) Zustandsbeschreibung

Die Leistungsaufforderung muss eine Zustandsbeschreibung enthalten.[880] Hiergegen wird eingewandt, es handele sich um eine sinnlose An- **555**

---

[878] Ebenso LG Berlin WuM 1996, 91.

[879] ZB OLG Düsseldorf DWW 1992, 339; OLG München ZMR 1997, 178.

[880] *Gather* S. 75; Lindner-Figura/Oprée/Stellmann Geschäftsraummiete/*Pietz/Oprée* Kap. 16 Rn. 165; *Riecke/Mack* Rn. 326 ff.; Kinne/Schach/Bieber/*Schach* § 535 Rn. 142; Bub/Treier MietR-HdB/*Paschke* V.A Rn. 205; Staudinger/*Emmerich* § 535 Rn. 121; *Sternel* Mietrecht aktuell IX Rn. 145; *Wetekamp* Kap. 4 Rn. 104; Wolf/Eckert/Ball Gewerbl. Miet-/Pacht-/LeasingR-HdB Rn. 663: im Grundsatz; KG GE 2003, 952 = ZMR 2003, 676 und ZMR 2007, 450: jedenfalls wenn der Mieter vor Auszug noch Schönheitsreparaturen vorgenommen hat; aA *Bongartz* Rn. 303; Lützenkirchen/*Lützenkirchen* § 535 Rn. 653.

forderung und übertriebenen Formalismus, weil der Mieter den Zustand kenne.[881] Diese Argumentation trifft zwar zu, wenn die dekorativen Mängel offensichtlich sind, etwa bei ein- oder teilweise abgerissenen Tapeten, großen Farbabplatzungen an Lackteilen uÄm. Derartige Fälle machen jedoch nur einen geringen Anteil der Auseinandersetzungen zwischen Vermieter und Mieter aus. In der Regel geht es vielmehr darum, dass die Parteien den Zustand des Mietobjekts sehr unterschiedlich bewerten, zumal bei Beendigung des Mietvertrags. Ihre Wahrnehmung ist aufgrund der nahezu gegenläufigen Interessen subjektiv gesteuert: Der Mieter, dem mehr an der Herrichtung seines neuen Mietobjekts gelegen ist und der daher seinen Einsatz für die bisherige Wohnung möglichst begrenzen will, hält die Dekoration noch für akzeptabel, der Vermieter hat die Neuvermietung im Blick und möchte hierbei Schwierigkeiten vermeiden. Der Mieter vermag folglich oft nicht zu erkennen, wo Mängel zurückblieben, während sie für den Vermieter überdeutlich sind.

556 Die **Erforderlichkeit der Zustandsbeschreibung** folgt zudem daraus, dass die **Renovierungsfristen,** um wirksam zu sein, nur einen, wenn auch regelmäßigen **Anhaltspunkt** für die Notwendigkeit einer Dekoration abgeben dürfen. Der Vermieter ist mithin nicht berechtigt, allein wegen des Ablaufs von Fristen eine Renovierung zu verlangen. Maßgeblich ist, dass der Vermieter grundsätzlich keine Schönheitsreparaturen fordern kann, die bei Fortsetzung des Mietverhältnisses noch nicht notwendig gewesen wären. Dass die normalen Gebrauchsspuren, die sich bei der Nutzung zwangsläufig einstellen, im *leeren* Mietobjekt deutlicher zu sehen sind als im noch bewohnten, liegt auf der Hand. Gleichwohl haben zB helle Stellen hinter den Bildern, leichte Staubfahnen über den Heizkörpern und Verschmutzungen an Lichtschaltern außer Betracht zu bleiben, weil sie bei fortbestehendem Mietvertrag keine Veranlassung zu einer Neudekoration gegeben hätten. Außerdem sind die im Einzelfall zum Teil erheblichen Unterschiede in der Nutzung des Mietobjekts zu beachten, ob zB die insbesondere in manchen Baualtersgruppen häufig anzutreffenden winzigen Bäder und Küchen betroffen sind, die eine mehrköpfige Familie nutzte, oder insgesamt große Räume, die ein Einzelmieter bewohnte; dieser kann etwa wegen häufiger Ortsabwesenheit mit einigem Grund davon ausgehen, dass der Vermieter nur in sehr langen Abständen eine Renovierung von ihm fordern darf. Aus allem ist erkennbar, dass der Mieter auf die Information der Leistungsaufforderung angewiesen ist.

557 Erst die verständliche Beschreibung der Mängel gibt dem Mieter mithin die **Möglichkeit,** sich darüber klar zu werden, warum der Vermieter bestimmte Arbeiten verlangt, und **zu prüfen, ob das Begehren tatsächlich oder rechtlich berechtigt ist.**[882] Der Zustandsbeschreibung kommt

[881] *Schach* S. 53.

[882] OLG Hamburg WuM 1992, 70; LG Köln NZM 1999, 456; LG Karlsruhe WuM 1991, 88; LG Hamburg WuM 1990, 66.

darüber hinaus streitvermeidende Bedeutung zu. Sie zwingt den Vermieter, sich darüber schlüssig zu werden, ob zB auch geringfügigere Mängel zu beseitigen sind oder ob sie ihm noch akzeptabel erscheinen, ein Bewertungsvorgang, der im Rahmen der bloßen Aufforderung zur Dekoration in diesem Maße nicht erforderlich ist. Sie zwingt den Mieter, sich genauer mit den Forderungen des Vermieters auseinanderzusetzen, statt sie pauschal als übertrieben abzutun. Sie dient im Übrigen dem Vermieter bei einer nachfolgenden gerichtlichen Auseinandersetzung.

Allgemein gehaltene Angaben, wie *„sehr schlechter dekorativer Zustand"*, enthalten nur eine Bewertung, die ohne Bezeichnung der zugrunde liegenden Tatsachen für den Mieter nicht nachvollziehbar ist.[883] Die bloße Angabe, dass die Tapeten des Mietobjekts stark abgenutzt seien, ebenso der Farbanstrich der Türen und Türrahmen, ist daher unzureichend. Dasselbe gilt für die Angabe *„Decke nicht fachgerecht tapeziert"*. Dies stellt keine Beschreibung eines Mangels dar, sondern das Ergebnis einer Bewertung. Es ist nicht nachvollziehbar, was beanstandet wird.[884] Die Formulierung kann sich sowohl darauf beziehen, dass einige offene Tapetennähte vorhanden sind, die durch Verkleben fachgerecht verschlossen werden können, als auch darauf, dass schwerwiegende Mängel vorliegen, wie deutliche Fugen zwischen den Stößen oder faltige bzw. wellige Tapeten, die eine Neutapezierung erforderlich machen. Die Formulierung unterscheidet sich nicht substantiell von der Mitteilung, die Räume befänden sich *„in einem sehr schlechten dekorativen Zustand"*. **558**

Bei der Beantwortung der Frage, **wie konkret die Zustandsbeschreibung** zu sein hat, ist zwei Gesichtspunkten Rechnung zu tragen. Einerseits muss es dem Vermieter möglich sein, Mängel mit angemessenem Aufwand abzumahnen, ohne dass andererseits die Rechtsstellung des Mieters verkürzt wird. Würden zur Beschädigung und/oder Verschmutzung ganz genaue Angaben verlangt, müssten die in einem Raum vorhandenen Fehler nach der jeweiligen Raumseite lokalisiert und Art sowie Umfang der Verschmutzung und/oder Beschädigung genau bezeichnet werden, etwa dahin, die Wand neben der Tür des Kinderzimmers weise in der Mitte den schmutzigen Abdruck eines Schuhs auf, die Wand neben dem Fenster Striche von Bunt- und Filzstiften, die Tapete an der Wand zum Wohnzimmer sei an vier Stellen in einer Größe von jeweils mehreren cm^2 abgerissen, ferner seien dort Klebereste verblieben. Zwar kann es für den Vermieter, wie die gerichtliche Praxis zeigt, sinnvoll sein, in dieser Weise zu verfahren, zumal wenn ein Streit mit dem Mieter abzusehen ist. Es würden indes die Anforderungen überspannt, wenn der Vermieter nur auf diese Weise eine wirksame Leistungsaufforderung anbringen könnte. Über zu hohe Formalien darf die rechtliche Position des Vermieters nicht ausgehöhlt werden. **559**

[883] LG Itzehoe WuM 1997, 175; LG Berlin GE 1994, 1119.
[884] KG ZMR 2007, 450; LG Hamburg 13.4.2000 – 334 S 3/00, n. v., und 1.9.2000 – 311 S 93/00, n. v.

560 Die Lösung des Problems liegt darin, dass Angaben ausreichen, die für sich genommen eine **hinreichende Konkretisierung** enthalten, nicht jedoch solche, die ausfüllungsbedürftig sind.

561 Die Beschreibung, in einem konkret bezeichneten Raum seien die Tapeten ***„verschmutzt"*** oder ***„beschmiert"***, stellt eine hinreichend klare Angabe dar. Es ist deutlich, dass sie hier Flecken aufweisen, die sich deutlich von der übrigen Dekoration abheben. Ob sich die Angabe des Vermieters dabei zB auf die üblichen Ränder um Bilder oder Staubfahnen über den Heizkörpern bezieht und damit auf normale Gebrauchsspuren, ist hier irrelevant; vorliegend geht es allein um die Beschreibung eines Zustands, nicht ggf. daran anknüpfende Rechtsfolgen.

562 Dasselbe gilt für die Beschreibung, die Tapeten oder Anstriche seien ***„vergilbt"*** oder ***„vergraut"***. Hierunter ist nach allgemeinem Verständnis ein Zustand der Dekoration zu fassen, wie er nach überlanger Nutzungszeit schon allein infolge der Alterung des Anstrichmaterials und Einflüssen von innen, zB durch Feuchte, Kochdünste, ggf. Nikotin, und von außen, wie Staub, Abgase und insbesondere Sonneneinstrahlung, eintritt. Die hierdurch verursachte Verfärbung des Materials ist in aller Regel auch ohne weiteres von einem in beige gehaltenen Farbton der Dekoration zu unterscheiden; dass es in der Praxis auch schon zu Prozessen gekommen ist, weil der Vermieter die Dekoration als vergilbt ansah, während der Mieter nachweisen konnte, dass sie erst vor kurzem von einem Fachbetrieb mit leichter Farbabtönung erneuert wurde, stellt diese grundsätzliche Feststellung nicht in Frage. Die Bezeichnung vergilbt ist damit bereits für sich genommen eine hinreichende Umschreibung einer alten, erneuerungsbedürftigen Dekoration.

563 Demgegenüber ist die Angabe ***„beschädigt"*** nicht eindeutig. Sie kann sich gleichermaßen auf ein ordungsgemäß geschlossenes Dübel- oder Nagelloch beziehen wie auch auf ein- oder abgerissene Stellen der Tapete. Hier ist eine genauere Beschreibung des Mangels erforderlich; anderenfalls wäre im Streitfall bei Gericht einem entsprechenden Beweisantrag nicht nachzugehen, weil er auf Ausforschung hinausliefe.[885]

564 Bei **Mehrfachangaben** ist zu differenzieren. Gelegentlich findet sich die Angabe, die Tapeten seien in einem Raum oder mehreren Räumlichkeiten *„verschmutzt/vergilbt/beschädigt/nicht fachgerecht tapeziert"*. Die Abtrennung der einzelnen Bezeichnungen durch einen Querstrich wird üblicherweise als alternative Beschreibung verstanden, dh im Sinne von „oder". Es ist offensichtlich, dass der Mieter hier im Unklaren gelassen wird, welche Beanstandung der Vermieter konkret anbringen will. Anders verhält es sich, wenn die Beschreibungen mit einem Komma abgetrennt sind. In diesem Fall handelt es um eine Aufzählung der Mängel, die mithin kumulativ gemeint sind. Auch wenn der Mangel nicht fachge-

[885] Lindner-Figura/Oprée/Stellmann Geschäftsraummiete/*Pietz/Oprée* Kap. 16 Rn. 173.

rechter Tapezierung für sich genommen nicht aussagekräftig ist, verbleibt damit immer noch die Beanstandung, die Tapeten seien verschmutzt, vergilbt und beschädigt.

Eine **gründliche Bestandsaufnahme** ist im Übrigen **noch in anderer** 565
Hinsicht von Bedeutung. Bei bislang gutem Einvernehmen zwischen Vermieter und Mieter ermöglicht sie oft eine Einigung der Parteien über die noch anstehenden Schönheitsreparaturen, so dass spätere, zumal gerichtlich ausgetragene Streitigkeiten vermieden werden. Ist eine streitige Auseinandersetzung mit dem Mieter, zB aufgrund des bisherigen Verlaufs des Mietverhältnisses, abzusehen, erleichtert eine sorgfältig angefertigte Zustandsbeschreibung die spätere Prozessführung. Kommt es nämlich zu einem Rechtsstreit, weil der Mieter die Beanstandungen des Vermieters nicht akzeptiert, ist es nunmehr Sache des Vermieters, zB zu behaupteten Verschmutzungen und/oder Beschädigungen genauer vorzutragen. Ob einzelne Teile des Mietobjekts so verschmutzt oder beschädigt waren, dass die vom Vermieter reklamierten Kosten der Herrichtung eines ordnungsgemäßen Zustands notwendig sind/waren, lässt sich erst auf Grund einer eingehenden Beschreibung ermitteln. Im Prozess ist die bloße Behauptung *„beschädigt"* und/oder *„verschmutzt"* einer Beweiserhebung nicht zugänglich, vielmehr läuft sie auf Ausforschung hinaus.[886]

bb) Auszuführende Arbeiten

Es muss für den Mieter deutlich werden, was er im Einzelnen zu erle- 566
digen hat. Der Mieter kann von sich aus nicht ohne weiteres wissen, welchen Zustand der Vermieter noch für hinnehmbar hält oder in welchen Räumen oder Raumteilen keine Arbeiten angezeigt sind, weil der Vermieter dort zB ohnehin Reparatur- oder Sanierungsarbeiten durchführen will. Es entspricht zudem einer nebenvertraglichen Pflicht, den Vertragspartner nicht durch unklare Angaben zu Mehrarbeit und damit höheren Kosten zu veranlassen.

Die Leistungsaufforderung muss daher **spezifiziert** abgefasst sein 567
(auch → Rn. 555).[887] Es genügt nicht, die Erledigung der *„notwendigen"* Arbeiten zu verlangen.[888] Ebenso wenig reicht es, eine *„vertragsgemäße"* Renovierung zu fordern,[889] zumal der Ablauf des zu kurzen, bislang „üblichen" Dekorationsturnus nicht ohne weiteres die Renovierungsbedürftigkeit zur Folge hat. Ferner soll die Aufforderung, die Wohnung bei Auszug *„vollständig und fachgerecht renovieren zu lassen"*, nicht ausreichend sein,[890] es sei denn, dass die Dekoration aufgrund übermäßig lange

886 LG Berlin GE 1994, 1119.

887 KG GE 2003, 952 = ZMR 2003, 676: welche Arbeiten in welchen Räumen an welchen Stellen ausgeführt werden sollen; LG Itzehoe WuM 1997, 175; *Emmerich* NZM 2000, 1159; *Gather* S. 74; MüKoBGB/*Häublein* § 535 Rn. 128; *Riecke/ Mack* Rn. 326 ff.; *Schach* S. 53; *Sternel* II Rn. 442.

888 LG Berlin ZMR 1988, 177.

889 Vgl. LG Karlsruhe WuM 1991, 88; *Gather* S. 74.

890 AG Köln ZMR 1996, I.

unterlassener Schönheitsreparaturen oder übermäßigen Verschleißes in desolatem Zustand ist. Diese Ansicht erscheint fraglich, weil die Frage, ob der Mieter zu den verlangten Arbeiten verpflichtet ist, nicht diejenige berührt, ob spezifiziert abgemahnt wurde; die Aufforderung zu einer kompletten Renovierung ist für sich genommen nicht missverständlich.

568 Sind **nur einzelne Räume** des Mietobjekts **renovierungsbedürftig,** muss deutlich werden, dass sich die Leistungsaufforderung auch allein auf diese bezieht. Es genügt daher zB nicht, dass der Vermieter dem Mieter ein Sachverständigengutachten zukommen lässt, das keine Zuordnung zu den betroffenen Räumen, sondern nur pauschale Angaben enthält.[891]

569 Bei Mietverträgen über **Gewerberaum** kann eine Aufforderung zur vertragsgemäßen Renovierung genügen, wenn der Mieter für das Mietende die Ausführung genau im Vertrag beschriebener Arbeiten übernahm.[892]

570 Die Leistungsaufforderung braucht **keine Angaben** darüber zu enthalten, **auf welche genaue Weise und mit welchen Materialien** der Mieter die Dekoration herrichten soll. Der Mieter ist vielmehr an Vorgaben des Vermieters grundsätzlich nicht gebunden. Eine Ausnahme gilt, wenn die Räume in besonderer Weise ausgestattet sind und zB die Verwendung ungeeigneter Materialien Schäden verursacht. Befindet sich dort etwa eine Glasfasertapete, die nicht ohne weiteres von Raufasertapete zu unterscheiden ist, ist der Vermieter nicht nur berechtigt, sondern verpflichtet, darauf hinzuweisen, dass sie nicht mit Dispersionsfarbe zu streichen ist; unterließ er diesen Hinweis, kann er keinen Schadensersatz geltend machen, wenn der Mieter die Malerarbeiten mit Dispersionsfarbe ausführte.[893]

571 Im Übrigen hat der Vermieter nur einen Anspruch auf ordnungsgemäße Erfüllung seines Anspruchs. Wie sie zu erreichen ist, liegt in der **Entscheidungskompetenz des Mieters,** dh ob er zB schadhafte Stellen an den Tapeten nur ausbessert oder neu tapeziert.[894] Die Sachlage entspricht derjenigen, wenn der Mieter den Vermieter während des Mietverhältnisses auf Beseitigung von Schäden in Anspruch nimmt; das Verlangen nach bestimmten Abhilfemaßnahmen stellt einen unzulässigen Eingriff in das Wahlrecht des Vermieters dar.[895]

cc) Leistungsaufforderung mit Rückgabeprotokoll

572 Als Aufstellung der gerügten Mängel kann der Vermieter dem Mieter nicht nur ein entsprechendes ausführliches Schreiben übermitteln, son-

[891] Vgl. OLG Düsseldorf ZMR 2005, 705: *„545 m² Wandflächen streichen"*.
[892] Vgl. Bub/Treier*Paschke* V.A Rn. 205.
[893] AG Freiburg ZMR 2001, 897.
[894] LG Berlin GE 1991, 403.
[895] Vgl. BGH V ZR 95/75, NJW 1978, 1584.

dern auch auf ein Rückgabeprotokoll zurückgreifen, das er einem Anschreiben mit der Aufforderung zur Mängelbeseitigung nebst Fristsetzung beigefügt.[896] Dieses einfachere Verfahren führt jedoch nur dann zur Begründung des Schadensersatzanspruchs, wenn das Rückgabeprotokoll so spezifiziert ist, dass sich aus ihm die Notwendigkeit der einzelnen Arbeiten, ggf. der gesamten Neudekoration, ergibt[897] (zur **Bedeutung des Rückgabeprotokolls** im Übrigen → Rn. 663 ff.).

In der Praxis begegnen recht häufig Rückgabeprotokolle, welche die **erforderliche Spezifikation** nicht aufweisen, sondern es insbesondere an der Zustandsbeschreibung fehlen lassen. Fehler treten sowohl bei handschriftlichen Notizen auf, die der Eigentümer, der Hausverwalter oder der Hauswart anfertigt, wie auch bei der Benutzung von Checklisten. Um nichts zu vergessen und auch im Interesse beider Seiten späteren Streit zu vermeiden, hat es sich als besonders praktisch erwiesen, die abschließende Begehung des Mietobjekts mit einer **vorbereiteten Liste** durchzuführen, in der zu jedem Raum Angaben zum Zustand der Wände, Decken, Fußboden, Fenster, Heizkörper und sonstigen Einrichtungen sowie zu den ggf. erforderlichen Arbeiten eingetragen werden können (→ Anhang 1 Rn. 49). **573**

Dieser Vorgabe versuchen Hausverwaltungen und zumal Wohnungsunternehmen oft dadurch zu genügen, dass sie ein **Blatt** verwenden, das **mit** einem **Rasterfeld** versehen ist, bei dem zB an der linken Seite die Räume, zT aufgeteilt nach ihren Bestandteilen, aufgeführt sind, in einer oberen Leiste Angaben zum Zustand, etwa *„i. O."*, *„muss erledigt werden"* oder *„Erledigung Mietersache bzw. Erledigung Vermietersache"*. In die jeweiligen Rubriken ist dann mit einem „x" oder einem Haken die konkrete Feststellung einzutragen. Es ist offensichtlich, dass auf diese Weise keine Grundlage für eine ordnungsgemäße Leistungsaufforderung geschaffen wird.[898] Ein derartiges Protokoll lässt weder erkennen, warum der Zustand beanstandet wurde, noch welche Abhilfe erwartet wird. Dieselbe Problematik stellt sich ein, wenn demjenigen, der die Abnahme durchführt, eine Liste an die Hand gegeben wird, die nach einem knappen Multiple-Choice-Verfahren auszufüllen ist. Je nach der Ausgestaltung der zur Verfügung gestellten Auswahlpunkte ist es kaum möglich, den konkret festgestellten Zustand richtig zu erfassen und die erforderliche Renovierungsleistung zu beschreiben. Dasselbe gilt für die Fälle, in denen der Vertreter des Vermieters auf der Grundlage eines Arbeitshandbuches nur noch Kennziffern vermerkt, die später in einen Computer eingegeben und mit den entsprechenden Textbausteinen ausgedruckt werden. Generell lässt sich gegen die Verwendung von Protokollformularen nicht einwenden, dass ihnen der individuelle Charakter der Feststellungen, wie er bei Notizen gegeben ist, fehlt. Angaben, die bei „individueller" Abnahme **574**

[896] KG GE 1995, 1011; LG Berlin NZM 2000, 862; ZMR 1998, 703.
[897] ZB KG GE 1995, 1011.
[898] AG Solingen WuM 1986, 311; *Sternel* II Rn. 442.

im vorbeschriebenen Sinne ausreichen, genügen auch bei einer Abnahme anhand der erwähnten Hilfsmittel.

575 **Unterschreibt der Mieter das Protokoll,** stellt dies grundsätzlich ein Anerkenntnis dar, dass die Feststellungen der Parteien übereinstimmen, die festgehaltenen Mängel also zutreffen. Hier bedarf es keiner Zustandsbeschreibung mehr und einer weiteren Leistungsaufforderung zu den vom Mieter erwarteten Abhilfemaßnahmen nur, wenn sich diese noch nicht aus dem Protokoll erschließen. Vorausgesetzt ist allerdings, dass der Mieter Gelegenheit hatte, den Inhalt des Protokolls zuvor zur Kenntnis zu nehmen, sei es, dass er sogleich die Eintragung der jeweiligen Feststellungen kontrollieren oder sich das fertige noch einmal durchsehen konnte. Einigen sich die Parteien bei der gemeinsamen Begehung jeweils mündlich über die einzelnen Beanstandungen und wird im Protokoll Abweichendes vermerkt, bindet die Unterschrift den Mieter nicht, der sie im Vertrauen auf das gemeinsame Besprechungsergebnis leistet; dasselbe gilt in den Fällen, die in der Praxis immer wieder vorkommen, in denen der Mieter ein Protokoll mit ihm unbekannten Inhalt unterzeichnet, weil zB die Rückzahlung der Kaution davon abhängig gemacht wird.

576 Mit der Unterschrift ist **noch kein Anerkenntnis** des Mieters verbunden, dass die **Schäden auch zu seinen Lasten** gehen. Hiervon ist nur auszugehen, wenn sich aus einem zusätzlichen Text eindeutig ergibt, dass der Mieter für sie einstehen will[899] (dazu im Einzelnen → Rn. 584, zur Verweigerung der Unterschrift als Erfüllungsverweigerung → Rn. 596).

dd) Übermäßige Leistungsaufforderung

577 Geht die Leistungsaufforderung deutlich über das hinaus, was der Mieter schuldet, hängt ihre Wirksamkeit davon ab, ob der Mieter noch erkennen kann, dass er jedenfalls die nach seiner Meinung anliegenden Arbeiten ausführen soll und dass der Vermieter bereit ist, sie anzunehmen.[900] Für den Regelfall sind diese Voraussetzungen erfüllt; verlangt der Vermieter indes kategorisch zB eine vollständige Dekoration, obwohl sie nur bei einzelnen Teilen angezeigt ist, und kündigt er die Ablehnung von Teilleistungen an, bleibt die Leistungsaufforderung wirkungslos. Dasselbe gilt zumindest bei Wohnraummietverhältnissen, wenn der Vermieter die Durchführung ausschließlich durch einen Fachhandwerker fordert und Eigenarbeit des Mieters ablehnt.

ee) Mehrfache Leistungsaufforderung

578 Ließ der Vermieter dem Mieter nach einer **Vorbesichtigung** eine Aufforderung zukommen, welche Arbeiten noch bis zum Vertragsende zu

[899] *Sternel* II Rn. 434.
[900] BGH X ZR 276/02, MDR 2006, 435; V ZR 190/98, NJW 1999, 3115 (3116); KG GE 2003, 952 = ZMR 2003, 676; *Emmerich* NZM 2000, 159.

erledigen sind, und führte der Mieter daraufhin Dekorationsmaßnahmen durch, die indes unvollständig oder nicht zur Zufriedenheit des Vermieters ausfielen, ist aufgrund der Feststellungen bei der Endabnahme eine neue spezifizierte Leistungsaufforderung notwendig. Es genügt nicht, den Mieter pauschal aufzufordern, die noch aus der ursprünglichen Aufforderung restierenden Arbeiten zu erledigen.

Führte der Mieter **auf die Leistungsaufforderung** des Vermieters die **Schönheitsreparaturen schlecht** durch, so dass sie nicht mittlerer Art und Güte entsprechen (zB nicht deckende oder wolkige Anstriche auf Wänden und Decken, zahlreiche Farbläufer auf Lackteilen), ist der Vermieter nicht zu einer neuen Leistungsaufforderung verpflichtet. Er kann unmittelbar einen Schadensersatzanspruch geltend machen. Sind die Arbeiten nur **unvollständig,** folgt der Schadensersatzanspruch insoweit weiterhin aus § 281 Abs. 1 BGB, sofern die Voraussetzungen der Vorschrift beachtet wurden (zu Teilleistungen auch → Rn. 533 f.). **579**

ff) Zutritt zum Mietobjekt

Ist das Mietobjekt herausgegeben, hat der Mieter insbesondere die Schlüssel ausgehändigt, ist die Leistungsaufforderung nur wirksam, wenn deutlich wird, dass der Vermieter bereit ist, dem Mieter den Zutritt zum Mietobjekt zur Erledigung der Arbeiten zu ermöglichen, zB wieder einen Schlüssel zur Verfügung zu stellen.[901] Hierbei handelt es sich um eine **notwendige Mitwirkungshandlung** des Vermieters.[902] **580**

Unzutreffend ist daher die **Ansicht,** der Mieter sei nach Mietende nicht mehr zum Betreten der Mieträume berechtigt, es sei allein Sache des Vermieters zu entscheiden, wer welche Arbeiten dort noch ausführt.[903] Eine entsprechende erste Äußerung des BGH[904] bezog sich auf den Sonderfall, dass der Vermieter nach Mietende einen Umbau des Mietobjekts beabsichtigte; nach einem Umbau sei es Sache des Vermieters zu bestimmen, welche Schönheitsreparaturen infolge des Umbaus angezeigt sind und wer sie durchführen soll. Dies hat mit der hier behandelten Problematik nichts zu tun. In einer späteren Entscheidung zu einer Quotenklausel hat der BGH ausgeführt, nach der Klausel seien dem Mieter Eigenleistungen nur bis zum Mietende möglich;[905] es entspreche auch der Gesetzeslage, dass der Mieter nach seinem Auszug nicht mehr berechtigt sei, die Mieträume zu betreten. Diese Bemerkung darf nicht losgelöst vom Gegenstand der Entscheidung gesehen werden. Bei den sog. Abgeltungs- oder Quotenklauseln konnte der Mieter seine Inanspruchnahme nur durch vorzeitige Eigenleistung vermeiden. Machte er **581**

---

901 LG Berlin GE 1998, 245; *Emmerich* NZM 2000, 1159; *Riecke/Mack* Rn. 330; *Sternel* II Rn. 441.
902 Vgl. BGH VIII ZR 228/69, DB 1971, 2155.
903 So aber OLG München DWW 1986, 16.
904 BGH VIII ARZ 1/84, NJW 1985, 480 (482) = WuM 1985, 46.
905 BGH VIII ARZ 1/88, NJW 1988, 2790 = WuM 1988, 294.

von dieser Möglichkeit bis zum Mietende keinen Gebrauch, entstand der Anspruch des Vermieters, den der Mieter nun nicht mehr durch Eigenleistung und damit nachträglich wieder beseitigen konnte. Der Mieter hatte daher hier unter keinem Gesichtspunkt ein Recht, das Mietobjekt zu betreten. Darüber hinaus besagt sie nur, dass der Mieter aus eigenem Recht nicht mehr befugt ist, das Mietobjekt zu betreten, nachdem das Besitzrecht an den Vermieter zurückgefallen ist. Aus der Entscheidung zugleich abzuleiten, der Mieter habe generell auch keinen Anspruch mehr, dass ihm der Vermieter den Zutritt ermöglicht, ist nicht nachzuvollziehen, zumal er ohne Zutritt der Leistungsaufforderung nicht entsprechen kann. Ohne die Verpflichtung des Vermieters zur Mitwirkung wäre die Leistungsaufforderung an den Mieter sinnlos. Aus allem folgt, dass der Vermieter dem Mieter den Zutritt zum Mietobjekt zur Ausführung der verlangten Arbeiten nicht verweigern darf.

d) Entbehrlichkeit von Fristsetzung und Leistungsaufforderung

aa) Formularklauseln

582 Klauseln, wie

„Bei ***Gefahr im Verzug*** *kann der Vermieter die Schönheitsreparaturen auf Kosten des Mieters ohne vorherige Ankündigung, Benachrichtigung oder Mahnung durchführen; das gleiche gilt, wenn der* ***Aufenthalt des Mieters unbekannt*** *ist"*

sind **unwirksam.** Sie sollen den Vermieter von der Einhaltung des Verfahrens nach § 281 Abs. 1 BGB befreien und verstoßen damit gegen § 309 Nr. 4 BGB. Zudem belasten sie den Mieter unangemessen iSd § 307 BGB. Die Voraussetzung *„Gefahr im Verzug"* ist nur scheinbar plausibel, weil eine Gefahr aus der Unterlassung von Schönheitsreparaturen nicht bestehen kann.[906] Dies gilt ohnehin für den Anstrich oder die Tapezierung von Decken und Wänden, Fußleisten und Heizkörpern; aber auch die fehlende Lackierung der Holzteile von Fenstern vermag keine Gefahr für deren Erhalt zu begründen, weil es insoweit vorrangig auf den Außenanstrich ankommt, der in die Zuständigkeit des Vermieters fällt. Die Alternative, dass der Aufenthalt des Mieters unbekannt ist, ist zwar für sich genommen nachvollziehbar, kann sich indes in dieser generellen Form zum Nachteil des Mieters auswirken. Sie begünstigt nämlich den Vermieter einseitig auch in den Fällen, in denen der Aufenthalt des Mieters unschwer festzustellen ist (auch → Rn. 603).

bb) Besondere Vereinbarungen

583 Die Einhaltung des Verfahrens nach **§ 281 Abs. 1 BGB ist entbehrlich,** wenn die Parteien zB im Rahmen der Rückgabe des Mietobjekts eine **Einigung** über die Durchführung der Schönheitsreparaturen erzielen. Be-

[906] *Schopp* ZMR 1981, 264.

steht Einverständnis zwischen ihnen, welche Arbeiten der Mieter innerhalb einer bestimmten Frist ausführen soll und kommt er den übernommenen Pflichten nicht nach, entsteht der Schadensersatzanspruch des Vermieters mit Fristablauf ohne weitere Voraussetzungen. Das förmliche Verfahren nach § 281 Abs. 1 BGB ist ferner dann nicht notwendig, wenn der Mieter damit einverstanden ist, dass der Vermieter die Renovierung erledigt und ihm anschließend die Kosten belastet,[907] etwa durch Abzug von der Kaution. In diesen Fällen liegt eine Abbedingung der Voraussetzungen des § 281 Abs. 1 BGB vor, die individualvertraglich ohne weiteres zulässig ist.[908] Sie ist auch konkludent möglich, die Parteien sollten die Abrede aus Beweisgründen jedoch immer ausführlich schriftlich niederlegen.

cc) Zusätzliche Erklärungen im Rückgabeprotokoll

(a) Individualvertragliche Vereinbarungen

Hat der Mieter in einem zusätzlichen Text erklärt, für die dekorativen oder sonstigen **Schäden einzustehen (deklaratorisches Schuldanerkenntnis),** ist er mit späteren Einwendungen gegen den Grund seiner Inanspruchnahme ausgeschlossen,[909] nicht jedoch mit Einwänden zur Höhe der Renovierungskosten. Ein derartiges Anerkenntnis bleibt **allerdings ohne Wirkung,** wenn schon die Abwälzung der Schönheitsreparaturen unwirksam war. Ein deklaratorischer Anerkenntnisvertrag setzt einen Streit oder die Ungewissheit der Parteien über das Bestehen einer Schuld voraus, den/die sie durch das Anerkenntnis beilegen wollen. Üblicherweise gibt der Mieter das Anerkenntnis jedoch in der Vorstellung ab, zu den Renovierungsarbeiten aus dem Mietvertrag ohnehin verpflichtet zu sein; er will daher nicht etwa mit ihm als Individualvereinbarung ein selbstständiges, also konstitutives Schuldanerkenntnis abgeben, das über die im Mietvertrag geregelten Pflichten hinausgeht.[910] Aus demselben Grund scheidet ebenso eine Bestätigung nach § 141 BGB aus.[911] Auch eine ggf. wiederholte Bitte um eine längere Renovierungsfrist ändert hieran nichts.[912] **584**

(b) Formularvertragliche Vereinbarungen

Formularvertragliche Regelungen, zB in einem Wohnungsrückgabeprotokoll, mit denen der Mieter den Vermieter ermächtigt, die Renovierung auf seine Kosten vorzunehmen, bedürfen der genauen **Inhaltskontrolle** nach § 307 BGB.[913] Sieht der Mietvertrag zB Schönheitsre- **585**

[907] OLG Düsseldorf ZMR 1990, 340.
[908] Vgl. BGH V ZR 241/80, NJW 1982, 1036.
[909] ZB LG Berlin GE 1998, 618; ZMR 1992, 25.
[910] ZB LG Berlin GE 2013, 1004; 2010, 847; LG Lüneburg NZM 2007, 771.
[911] BGH VIII ZR 163/05, GE 2006, 706 = NZM 2006, 623 = WuM 2006, 306.
[912] AA KG WuM 2006, 436 für einen Sonderfall.
[913] Vgl. AG Hildesheim NZM 2009, 738; AG Hannover WuM 2008, 721.

paraturen nach einem (weichen) Fristenplan vor und zieht der Mieter vor dem Ablauf der Fristen aus, so kann die formularmäßige Übernahme der gesamten Aufwendungen zur Herrichtung des Mietobjekts für die Neuvermietung eine unangemessene Benachteiligung des Mieters darstellen.

586 Aus diesem Grund ist die **Klausel**

„Ich erkenne die in meiner Gegenwart getroffenen Feststellungen an und beauftrage die Genossenschaft, die Schönheitsreparaturen, Instandsetzungsarbeiten und Ersatzleistungen in meinem Auftrag und für meine Rechnung auszuführen. Die Kosten laut Angebot werde ich der Genossenschaft erstatten."

unwirksam.[914] Sie berücksichtigt zum einen nicht, dass Schönheitsreparaturen nur bei Unansehnlichkeit geschuldet werden, sondern soll den Mieter auch bei geringeren Abnutzungsspuren zur Erneuerung der Dekoration verpflichten. Zum anderen schneidet sie dem Mieter den Nachweis geringerer Kosten ab und stellt dem Vermieter eine Art Blankoermächtigung aus.[915] Es kommt hinzu, dass die Klausel insoweit widersprüchlich ist, weil sie sowohl Ersatzvornahme vorsieht, bei welcher der Vermieter Rechnung zu legen hat, als auch vollen Schadensersatz nach einem Kostenvoranschlag.

(c) Widerrufsrecht des Mieters

587 Manche Vermieter oder ihre Vertreter nehmen die bei der Wohnungsbesichtigung getroffenen **Feststellungen nicht sogleich auf Papier** auf, sondern zB mit einem Diktiergerät oder anhand eines Katalogs mit Nummern, die später in einen Computer eingegeben und mit den entsprechenden Textbausteinen ausgedruckt werden. Erhält der Mieter den Ausdruck und die in Aussicht genommenen, also noch nicht verbindlich getroffenen Absprachen nunmehr ausformuliert **per Post** mit der Aufforderung, bei Zustimmung ein unterschriebenes Exemplar zurückzusenden, und kommt er der Aufforderung nach, gelten die oben angegeben Grundsätze.

588 Meist wird das Rückgabeprotokoll **an Ort und Stelle auf Papier** angefertigt. Hier ist zu beachten, dass die Übernahme von Renovierungspflichten anlässlich der Rückgabe des Mietobjekts für den Mieter ein ***„außerhalb von Geschäftsräumen geschlossener Vertrag"*** (AGV) nach § 312b BGB sein kann.[916] **Vorausgesetzt** ist zunächst ein **Verbrauchervertrag** iSv § 310 Abs. 3 BGB, also ein Vertrag zwischen einem Unternehmer und einem Verbraucher. Der Mieter, der als natürliche Person, mithin nicht als juristische Person wie eine GmbH, eine Wohnung für private Zwecke gemietet hat, ist Verbraucher iSd § 13 BGB. Die Anlage von Geld

[914] LG Köln ZMR 2002, 275.

[915] LG Köln ZMR 2002, 275.

[916] Zur Anwendbarkeit auf Mietverträge BGH VIII ZR 94/17, GE 2018, 1521 = NZM 2018, 1011 = NJW 2019, 303 (mAnm *Fervers*) = NJW 2019, 308 = WuM 2018, 765 = ZMR 2019, 114.

in Immobilien und deren Verwaltung erfüllt zwar grundsätzlich nicht den Unternehmerbegriff des § 14 BGB, anders aber, wenn der organisatorische und zeitliche Aufwand das Bild eines planmäßigen Geschäftsbetriebs vermittelt.[917] Der Vermieter, dem mehrere Wohnungen gehören, ist daher Unternehmer nach § 14 BGB. Der private Vermieter, der nur zwei Wohnungen längerfristig vermietet, handelt grundsätzlich nicht geschäftsmäßig,[918] auch wenn er diese durch eine gewerbsmäßige Hausverwaltung verwalten lässt.[919] Jedenfalls bei der Vermietung von drei[920] Wohnungen handelt es sich auf dieser Grundlage um geschäftsmäßiges Handeln iSd § 14 BGB.

Nach § 312 Abs. 4 BGB werden **Verbraucherverträge über die Vermietung von Wohnraum** von den Vorschriften der §§ 312 ff. BGB erfasst; insoweit geht das BGB über die Vorgaben der VRRL[921] hinaus, die in Art. 3 Abs. 3 f. Fall 3, Wohnraummietverträge ausgenommen hatte. Auf diese Verträge sind die Bestimmungen des § 312 Abs. 3 BGB Nr. 1–7 anzuwenden; eine Ausnahme gilt hinsichtlich der Nummern 1, 6 und 7 nur für die Begründung eines Mietverhältnisses, wenn der Mieter die Wohnung zuvor besichtigt hatte. **In allen anderen Fällen** greift daher § 312 Abs. 3 Nr. 1 BGB ein, so dass die Definitionen der außerhalb von Geschäftsräumen geschlossenen Verbraucherverträge anzuwenden sind, mithin die Regelungen des § 312b BGB.[922] Nach der **Definition** in § 312b Abs. 1 Nr. 1 BGB sind AGV *„Verträge, die bei gleichzeitiger körperlicher Anwesenheit des Verbrauchers und des Unternehmers an einem Ort geschlossen werden, der kein Geschäftsraum des Unternehmers ist."* Soweit gem. § 312b Abs. 1 Nr. 2 zu den AGV auch solche Verträge zählen, *„für die der Verbraucher unter den in Nummer 1 genannten Umständen ein Angebot abgegeben hat"*, handelt es sich nicht um eine kumulative Bedingung zu Nr. 1, sondern um eine Erweiterung des Anwendungsbereichs der Nr. 1.[923] Für einen AGV genügt mithin der Vertragsschluss in Anwesenheit von Verbraucher und Unternehmer außerhalb seines Geschäftsraums. **589**

Finden sich **Vermieter und Mieter** zur Wohnungsrückgabe in der geräumten Wohnung, also außerhalb der Geschäftsräume des Vermieters, ein und schließen sie sodann nach Überprüfung ihres Zustands Vereinbarungen zB über noch vom Mieter vorzunehmende Arbeiten, handelt es sich unter den in → Rn. 587 genannten Voraussetzungen um einen Verbrauchervertrag mit den entsprechenden Rechtsfolgen. Nach § 312b Abs. 1 S. 2 BGB stehen Personen dem Unternehmer gleich, die in seinem Namen oder Auftrag handeln. Lässt sich der Vermieter durch seine **590**

[917] Palandt/*Ellenberger* § 14 Rn. 2 mwN.
[918] BayObLG WuM 1993, 384.
[919] AA LG Wiesbaden WuM 1996, 698.
[920] ZB LG Köln WuM 2000, 194; *Beyer* NZM 2011, 697 (698).
[921] Verbraucherrechte-Richtlinie RL 2011/83/EU ABl. 2011 L 304, S. 64.
[922] AG Hanau ZMR 2015, 938 = BeckRS 2015, 15960.
[923] Gesetzesbegründung BR-Drs. 817/12, 79.

Hausverwaltung vertreten, wird auch hier ein AGV abgeschlossen, weil die Gewerberäume eines Hausverwalters den Räumen des Unternehmers/Vermieters gleichstehen (§ 312b Abs. 2 S. 2 BGB). Die frühere Ausnahme vom Widerrufsrecht bei Haustürgeschäften in § 312 Abs. 3 Nr. 1 BGB aF, Verhandlungen auf Bestellung des Verbrauchers vor dem Vertragsabschluss, ist entfallen.

591 Nach § 312d Abs. 1 BGB treffen den Unternehmer **Informationspflichten,** die in Art. 246a EGBGB aufgeführt sind. Im hier behandelten Zusammenhang sind die Informationen gem. Art. 246a § 1 Abs. 2 Nr. 1 EGBGB relevant, weil dem Mieter das Widerrufsrecht aus § 312g BGB (dazu → Rn. 593) zusteht. Danach hat der Unternehmer den Verbraucher *„über die Bedingungen, die Fristen und das Verfahren für die Ausübung des Widerrufsrechts nach § 355 Absatz 1 des Bürgerlichen Gesetzbuchs sowie das Muster-Widerrufsformular in der Anlage 2"* zu informieren.

592 Schließlich hat der Unternehmer dem Verbraucher nach § 312f BGB ***„alsbald auf Papier*** *eine* ***Abschrift des Vertragsdokuments oder*** *eine* ***Bestätigung*** *des Vertrags, in der der Vertragsinhalt wiedergeben ist"* zur Verfügung zu stellen. Diese muss gemäß Art. 246a § 1 Abs. 3 EGBGB zudem alle nach Art. 246a § 1 EGBGB zu erteilenden Informationen enthalten.

593 Nach § 312 Abs. 4 S. 1 BGB in Verbindung mit § 312 Abs. 3 Nr. 7 BGB gilt § 312g BGB, der dem Verbraucher bei AGV ein **Widerrufsrecht** zuerkennt, das dieser nach Maßgabe des § 355 Abs. 1 BGB ausüben kann. Die Widerrufsfrist beträgt 14 Tage und beginnt mit dem Abschluss des Vertrags (§ 355 Abs. 2 BGB), sofern der Unternehmer den Verbraucher ordnungsgemäß auf sein Widerrufsrecht hingewiesen hat (§ 356 Abs. 3 S. 1 BGB); sie endet, anders als nach § 355 Abs. 4 S. 3 BGB aF, in jedem Fall 12 Monate und 14 Tage nach Vertragsschluss (§ 356 Abs. 3 S. 2 BGB), außer bei Finanzdienstleistungen. Hat der Verbraucher seine Willenserklärung fristgerecht widerrufen, sind beide Seiten *„an ihre auf den Abschluss des Vertrags gerichteten Willenserklärungen nicht mehr gebunden"* (§ 355 Abs. 1 S. 1 BGB).

dd) Erfüllungsverweigerung des Mieters

(a) Grundsätze

594 Nach § 281 Abs. 2 Alt. 1 BGB sind die **Fristsetzung und** damit auch die **Leistungsaufforderung entbehrlich,** wenn der Schuldner die Leistung ernsthaft und endgültig verweigerte. Das Gesetz hat damit die schon zuvor bestehende allgemeine Auffassung[924] übernommen, dass die entsprechenden Erklärungen des Gläubigers auf eine bloße Förmelei hinauslaufen würden, die ihm nach § 242 BGB nicht zuzumuten ist, und dass die endgültige Weigerung, die vertraglichen Verpflichtungen zu erfüllen,

[924] ZB BGH XII ZR 268/90, NJW-RR 1992, 1226.

eine Vertragsverletzung darstellt, die den Mieter sogleich schadenersatzpflichtig macht.[925]

An die **tatsächlichen Voraussetzungen** für das Vorliegen einer ernsthaften und endgültigen Erfüllungsverweigerung sind nach einhelliger Ansicht **strenge Anforderungen** zu stellen; sie ist nur gegeben, wenn der Mieter eindeutig zum Ausdruck brachte, er werde seinen Vertragspflichten nicht nachkommen, und es damit ausgeschlossen erscheint, dass er sich von einer Nachfristsetzung mit Ablehnungsandrohung umstimmen ließe.[926] Die Erfüllung muss deutlich in so bestimmter Weise verweigert worden sein, dass die Erklärung als das letzte Wort des Mieters aufzufassen, ein Sinneswandel also nicht zu erwarten ist.[927] Es genügt daher nicht, dass der Mieter den Vermieter nur im Unklaren darüber lässt, ob er die Renovierung noch vornehmen wird oder nicht, sich also hinhaltend äußert.[928] Ob das Verhalten und/oder die Erklärungen des Mieters als Erfüllungsverweigerung zu verstehen sind, ergibt sich erst aus einer Würdigung aller Umstände des Einzelfalls.[929] **595**

(b) Erklärungen des Mieters

Eine endgültige **Erfüllungsverweigerung** ist **grundsätzlich noch nicht** gegeben, wenn **596**

- der Mieter, der **bereits Malerarbeiten vorgenommen** hat, sich bei der Wohnungsrückgabe zu weiteren Arbeiten nicht verpflichtet sieht und den Vermieter darauf hinweist, er habe **nach seiner Ansicht schon ordnungsgemäß** erfüllt,[930] oder
- er **rechtliche Zweifel** an den weitergehenden Forderungen des Vermieters äußert,[931]
- er bei der Wohnungsrückgabe die **Unterschrift unter das Rückgabeprotokoll verweigert** und erklärt, welche Arbeiten er noch für notwendig hält und welche nicht,[932]
- er die zu kurze Fristsetzung rügt und beanstandet, dass aus dem Rückgabeprotokoll nicht ersichtlich sei, welche Arbeiten von ihm gefordert werden, aber die **Klärung durch einen Sachverständigen** anheim stellt, inwieweit Abnutzungen über den normalen Verschleiß hinaus vorliegen,[933]

---

[925] BGH VIII ZR 22/88, NJW 1989, 451 = WuM 1989, 141 = ZMR 1989, 57; OLG Frankfurt a. M. NJWE-MietR 1997, 273 = ZMR 1997, 522.
[926] BGH VIII ZR 184/87, NJW 1988, 1778 = WuM 1988, 272.
[927] BGH VIII ZR 249/84, MDR 1986, 225 = NJW 1986, 661; OLG Hamburg WuM 1992, 70.
[928] Wolf/Eckert/Ball Gewerbl. Miet-/Pacht-/LeasingR-HdB Rn. 665.
[929] OLG Celle WuM 1982, 317.
[930] LG München I WuM 1993, 346, LG Berlin ZMR 1988, 177; vgl. BGH VIII ZR 249/84, MDR 1986, 225 = NJW 1986, 661.
[931] LG Berlin NZM 2000, 1178; LG München I WuM 1993, 346.
[932] LG Wuppertal WuM 1996, 614.
[933] LG Hamburg 6.8.1991 – 316 S 314/90, n. v.

– er sich gegen die Durchführung eines **selbständigen Beweisverfahrens** insbesondere aus Rechtsgründen wendet.[934]

In derartigen Fällen kann nicht ausgeschlossen werden, dass der Mieter auf eine letzte spezifizierte Abmahnung gem. § 281 Abs. 1 BGB seinen Standpunkt ändert.

597 **Demgegenüber** ist eine **endgültige Erfüllungsverweigerung** anzunehmen, wenn der Mieter den Anspruch des Vermieters insgesamt nach Grund und Höhe bestreitet, obgleich der Zustand des Mietobjekts ersichtlich Mängel aufweist. Dies ist zB der Fall, wenn

– der Mieter aus einem ihm vom Vermieter präsentierten **Gutachten** ersehen kann, dass die Beanstandungen **jedenfalls zum Teil berechtigt** sind,[935]
– er die Verpflichtung zur Durchführung von Renovierungsarbeiten leugnet, obwohl er **dreizehn Jahre lang keine Schönheitsreparaturen** ausführte,[936]
– er einige Beanstandungen des Vermieters ausdrücklich ohne Präjudiz behebt, zu weiteren im Einzelnen darlegt, dass sie unbegründet seien, und **abschließend erklärt,** die **Angelegenheit** sei für ihn **erledigt,**[937]
– die Parteien nach der Rückgabe noch ausführlich, wenn auch streitig, über die Notwendigkeit von Schönheitsreparaturen korrespondierten, der Vermieter dem Mieter die Folgen unterlassener Arbeiten deutlich machte, der Mieter aber **auf seiner Ablehnung beharrte,**[938]
– sich der Mieter zwar bereit erklärt hatte, die geforderten Arbeiten noch zu erledigen, jedoch bis **zum Auszug keine Anstalten** machte, der Ankündigung nachzukommen,[939]
– er die Renovierung erst für einen **Zeitpunkt** ankündigt, der **nach dem Ablauf** einer an sich zu setzenden **Nachfrist** liegt.[940]

598 *(einstweilen frei)*

(c) Auszug des Mieters

599 Umstritten ist die Rechtslage, wenn der Mieter auszieht, ohne notwendige Schönheitsreparaturen erledigt zu haben. Nach überwiegender Ansicht rechtfertigt der **bloße Auszug** des Mieters **nicht automatisch** die Annahme einer Erfüllungsverweigerung,[941] sondern erst bei Vorliegen

[934] LG Hamburg WuM 1990, 66.
[935] BGH XII ZR 268/90, NJW-RR 1992, 1226.
[936] OLG Köln WuM 1988, 22 (Ls.).
[937] OLG Düsseldorf ZMR 2001, 267.
[938] AG Dortmund NJWE-MietR 1996, 76.
[939] BGH VIII ZR 142/80, WuM 1981, 260.
[940] OLG Frankfurt a.M. NJWE-MietR 1997, 273.
[941] OLG Hamburg WuM 1992, 70; LG Berlin GE 2002, 1199, vgl. BGH VIII ZR 22/88, WuM 1989, 141; Blank/Börstinghaus/*Blank/Börstinghaus* § 535 Rn. 477; MüKoBGB/*Häublein* § 535 Rn. 128; *Lammel* § 535 Rn. 204; Hannemann/Wiegner/*Over* § 19 Rn. 198; *Riecke/Mack* Rn. 343; *Sternel* II Rn. 445; aA Lindner-Figura/Oprée/Stellmann Geschäftsraummiete/*Pietz/Oprée* Kap. 16 Rn. 189.

besonderer Umstände.[942] Nach einschränkender Ansicht soll sie zwar in derartigen Fällen nahe liegen, maßgeblich sind jedoch die Verhältnisse des Einzelfalls,[943] etwa wenn der Mieter aufgrund eines Schreibens des Vermieters davon ausgehen durfte, dass dieser gesondert an ihn herantreten werde, wenn Schönheitsreparaturen auszuführen sein sollten.[944]

Von den Fällen eines offensichtlichen Renovierungsbedarfs (→ Rn. 602) abgesehen ist die **Voraussetzung für eine Erfüllungsverweigerung durch Auszug ohne Ausführung von Schönheitsreparaturen,** dass der Vermieter dem Mieter zuvor konkret mitteilte, welche Schönheitsreparaturen durchzuführen sind.[945] Grundlage für diese Bedingung ist, dass sich die Renovierungspflicht des Mieters nicht mehr nach starren Fristen richtet, sondern nach dem konkreten Zustand des Mietobjekts. Der Dekorationsbedarf ist daher zu bewerten, so dass der Mieter durchaus der Ansicht sein kann, eine Renovierung sei noch nicht notwendig, auch wenn der Vermieter sie für dringend hält. Unter diesem Aspekt kann dem bloßen Auszug im Regelfall erst recht nicht eine Erfüllungsverweigerung beigelegt werden.[946] **600**

Besondere Umstände für eine **Erfüllungsverweigerung** durch Auszug liegen jedenfalls dann vor, wenn **601**
- der **Vermieter** den Mieter **dezidiert** noch vor Mietende **hingewiesen** hatte, **welche Arbeiten** für einen vertragsgemäßen Zustand durchzuführen sind, und der Mieter auszog, ohne mit den Schönheitsreparaturen begonnen oder jedenfalls entsprechende Vorbereitungen getroffen zu haben,[947]
- der Mieter mit den **Schönheitsreparaturen angefangen** hatte, sie indes abbrach und die Wohnung mit rohen Wänden zurückgab,[948] **nicht jedoch,** wenn der Mieter an der schon begonnenen Renovierung durch Zwangsräumung gehindert wurde und dem Vermieter seine neue Anschrift nicht mitteilte,[949]
- der Mieter ohne Renovierungsarbeiten auszog, obwohl das Mietobjekt **offensichtlich dekorationsbedürftig** war,[950] insbesondere bei vorzeitiger Rückgabe.[951]

---

942 Staudinger/*Emmerich* § 535 Rn. 123.

943 BGH VIII ZR 184/87, NJW 1988, 1778 = WuM 1988, 272; XII ZR 65/95, WuM 1997, 217; *Gather* S. 77; Bub/Treier MietR-HdB/*Paschke* V.A Rn. 211.

944 KG WuM 2008, 592.

945 KG NZM 2007, 356 = WuM 2007, 71 = ZMR 2007, 112.

946 *Knops* in Herrlein/Kandelhard § 535 Rn. 64.

947 BGH XII ZR 105/90, WuM 1991, 550; LG Berlin GE 1998, 1213.

948 LG Berlin ZMR 1996.

949 Bub/Treier MietR-HdB/*Paschke* V.A Rn. 212; aA AG Münster WuM 2001, 467.

950 LG Berlin GE 1995, 1419; LG Hamburg 16.2.1997 – 316 S 69/97, n.v.; *Gather* S. 47; *Sternel* II Rn. 445.

951 BGH XII ZR 281/95, ZMR 1998, 208.

602 Was den **offensichtlichen Renovierungsbedarf** betrifft, fallen die **Bewertungen** des Zustands häufig **außerordentlich unterschiedlich** aus, wie auch die Beweisaufnahmen bei Gericht zeigen. Im Interesse der Rechtsklarheit kann eine offensichtliche Dekorationsbedürftigkeit daher **nur dann** angenommen werden, wenn der Zustand so schlecht ist, dass ihn der Mieter redlicherweise keinesfalls mehr als akzeptabel ansehen kann, etwa weil das Mietobjekt völlig verwohnt[952] oder abgewirtschaftet ist, einen *„katastrophalen Zustand"*[953] aufweist oder zB Wandflächen an den Stellen, wo Schränke gestanden hatten, nicht tapeziert sind. Diese restriktive Auffassung dient den Interessen beider Parteien: der Mieter verliert sein Recht zur Nachbesserung nur in eindeutig definierbaren Fällen; der Vermieter muss nicht befürchten, dass er seinen Schadensersatzanspruch wegen einer Fehlbeurteilung aus formellen Gründen verliert.

603 Im **bloßen Auszug** des Mieters liegt auch dann nicht ohne weiteres eine Erfüllungsverweigerung, wenn er seine **neue Anschrift nicht** mitteilt.[954] Es ist zwar fraglich, ob es dem Vermieter zugemutet werden kann, sich nach der neuen Anschrift des Mieters zu erkundigen.[955] Durch eine Postnachfrage lässt sich allerdings unschwer feststellen, ob ein Postnachsendeantrag vorliegt, oder über eine Anfrage an das Einwohnermeldeamt, ob dort die neue Anschrift bekannt ist. Hält sich der Mieter mit unbekannter Anschrift im Ausland auf, soll der Vermieter gehalten sein zu versuchen, ihn über dessen Prozessbevollmächtigten aus früheren Streitigkeiten zu erreichen.[956] Diese Argumentation ist an sich auch nachvollziehbar. Denn es fällt in der Praxis durchaus auf, dass sich Vermieter nicht selten einerseits auf eine Erfüllungsverweigerung wegen unterlassener Mitteilung der neuen Anschrift berufen – meist weil es übersehen wurde, das Verfahren nach § 281 Abs. 1 BGB einzuhalten –, andererseits aber diese schnell in Erfahrung bringen, wenn es darum geht, den vermeintlichen Schadensersatzanspruch anzubringen. Diese Aspekte sind indes nicht maßgeblich, weil es nicht um die Frage geht, ob der Vermieter die Nichterreichbarkeit zu vertreten hat. **Entscheidend ist,** was für eine **Erklärung** der Mieter durch den Auszug ohne Mitteilung, wie er zu erreichen ist, abgibt. Denn die **Erfüllungverweigerung ist ein Realakt.**[957] Kann der Vermieter die Handlung des Mieters so verstehen, dass dieser

[952] LG Düsseldorf NJWE-MietR 1996, 29.

[953] OLG München DWW 1986, 16.

[954] LG Itzehoe WuM 1989, 70; LG Wiesbaden WuM 1986, 113; *Wetekamp* Kap. 4 Rn. 109, ausführlich *Langenberg* WuM 2010, 115.

[955] LG Wiesbaden WuM 1986, 113; *Sternel* II Rn. 445; aA Lindner-Figura/Oprée/Stellmann Geschäftsraummiete/*Pietz/Oprée* Kap. 16 Rn. 190; Bub/Treier MietR-HdB/*Paschke* V.A Rn. 211.

[956] AG Hamburg-Blankenese/LG Hamburg WuM 1997, 616; aA *Sternel* Mietrecht aktuell IX Rn. 156.

[957] BGH VII ZR 352/89, NJW-RR 1990, 1300; aA mit überzeugender Begründung Staudinger/*Schwarze* § 281 Rn. B 93: Geschäftsähnliche Handlung, allerdings im Ergebnis hier ohne abweichende Bewertung.

die Vornahme von Renovierungsarbeiten verweigert, liegen die Voraussetzungen des § 281 Abs. 2 BGB vor. Das wird in diesem Fall zu bejahen sein.

Dasselbe gilt, wenn, wie seit einiger Zeit zu beobachten, der Mieter zwar einen Postnachsendeantrag stellte, der zuständigen **Postfiliale** jedoch **untersagte,** die **neue Anschrift** auf Nachfrage **mitzuteilen.** Hier kann der Vermieter zwar durch einfachen Brief zu versuchen, den Mieter über die Postnachsendung zu erreichen. Das Vorgehen des Mieters ist hier jedoch eindeutig dahingehend zu verstehen, dass er den weiteren Kontakt zum Zwecke der Durchführung erforderlicher Arbeiten nicht nur nicht sucht, sondern sogar unterbindet. Gleiches gilt, wenn der Mieter in einer sog. Nacht-und-Nebel-Aktion auszieht,[958] meist unter Hinterlassung von Mietrückständen, nicht jedoch, wenn er an der schon begonnenen Renovierung durch Zwangsräumung gehindert wird und dem Vermieter seine neue Anschrift nicht mitteilt.[959] **604**

(einstweilen frei) **605**

ee) Interessenabwägung bei besonderen Umständen

Der Vermieter kann nach § 281 Abs. 2 Alt. 2 BGB **ausnahmsweise** auch ohne Fristsetzung Schadensersatz wegen unterlassener Schönheitsreparaturen verlangen, wenn *„besondere Umstände vorliegen, die unter Abwägung der beiderseitigen Interessen die sofortige Geltendmachung des Schadensersatzanspruchs rechtfertigen"*. An die Stelle der Fristsetzung tritt die Erklärung, mit welcher der Vermieter dem Mieter mitteilt, dass er die Ausführung der Schönheitsreparaturen durch ihn ablehnt. **606**

Es handelt sich um eine **Sonderbestimmung,** die zuvor in § 326 Abs. 2 BGB aF enthalten war. Sie war schon bisher nach allgemeiner Ansicht nur bei besonders gelagertem Interesse des Vermieters anzuwenden, da sonst die Regel des § 326 Abs. 1 BGB aF (= § 281 Abs. 1 BGB) ausgehebelt worden wäre.[960] Diese strenge Voraussetzung ist nunmehr ausdrücklich im Gesetz aufgestellt. Erforderlich sind danach nicht allein besondere Umstände, sondern es muss nicht nur wie bislang das Interesse des Vermieters weggefallen, sondern das Ergebnis einer Interessenabwägung, mithin unter Einschluss der Interessen des Mieters, sein, dass der Vermieter sogleich Schadensersatz verlangen darf. Das Interesse des Vermieters muss dabei aus den unterlassenen Schönheitsreparaturen resultieren, andere Gründe sind – weiterhin und nach der gesetzlichen Klarstellung des Sondercharakters der Vorschrift erst recht – irrelevant.[961] **607**

---

[958] *Sternel* II Rn. 445.

[959] Bub/Treier MietR-HdB/*Kraemer/Paschke* V. A Rn. 212; aA AG Münster WuM 2001, 467.

[960] ZB *Emmerich* NZM 2000, 1160; Palandt/*Heinrichs* (60. Aufl.) BGB § 326 aF Rn. 21.

[961] *Emmerich* JuS 1986, 16 (18).

608 Die Anwendung dieser Vorschrift soll zum **Beispiel** in Betracht kommen, wenn der Vermieter den Mieter mehrfach auf die Notwendigkeit hinwies, noch bis zum Mietende vertraglich übernommene Renovierungsarbeiten auszuführen, der Mieter dies zugesagte, gleichwohl aber keine Anstalten zur Durchführung traf und der Vermieter wegen einer Anschlussvermietung auf möglichst schnelle Dekorationsarbeiten angewiesen war.[962] Nicht ausreichend ist es, wenn zwischen dem Zeitpunkt der Rückgabe der Wohnung und dem mit dem Nachmieter vereinbarten Einzugstermin noch drei Wochen für die Renovierung einer Wohnung zur Verfügung stehen.[963]

IV. Umfang des Schadensersatzanspruchs

1. Grundsätze

609 Mit Ablauf der Nachfrist, der Erfüllungsverweigerung durch den Mieter oder mit der Ablehnungserklärung in besonderen Fällen nach eingehender Interessenabwägung (als sehr seltener Ausnahme) entsteht neben dem vorerst fortbestehenden Erfüllungsanspruch der Schadensersatzanspruch statt der Leistung. Sobald der Vermieter Schadensersatz verlangt, geht der Erfüllungsanspruch nach § 281 Abs. 4 BGB unter. Bei dem Schadensersatzanspruch handelt es sich um einen Geldanspruch auf Ersatz der für die Durchführung der Schönheitsreparaturen erforderlichen Kosten. Der Vermieter hat die Wahl, ob er die Arbeiten erledigen lässt und den Mieter mit den **konkret** entstandenen Kosten belastet, **oder** ob er Ersatz der aufgrund einer **abstrakten** Berechnung ermittelten Kosten verlangt. Die Berechnung kann auf der Grundlage des Kostenvoranschlags einer Fachfirma, eines Privatgutachtens oder eines Gutachtens im selbstständigen Beweisverfahren gem. § 485 ZPO erfolgen. Im Prozess ist einerseits die **Schätzung** durch das Gericht nach § 287 ZPO zulässig.[964] Der Geschädigte genügt regelmäßig seiner Darlegungs- und Beweislast auch durch **Vorlage der Rechnung** eines von ihm mit der Schadensbeseitigung beauftragten Unternehmens, wenn dieses die Schadensbehebung tatsächlich durchgeführt hat. Insoweit reicht ein einfaches Bestreiten der Erforderlichkeit des Rechnungsbetrages durch den Schädiger nicht aus, um die geltend gemachte Schadenshöhe in Frage zu stellen. Denn der in Übereinstimmung mit der Rechnung und der ihr zugrunde liegenden Preisvereinbarung vom Geschädigten tatsächlich erbrachte Aufwand bildet (ex post gesehen) bei der Schadensschätzung ein wesentliches Indiz für die Bestimmung des zur Herstellung „erforderlichen" Betrages im Sinne von § 249 Abs. 2 S. 1 BGB. Der Tatrichter ist hier hinsichtlich der Frage, ob und in welchem Umfang eine Beweisauf-

[962] Vgl. BGH VIII ZR 142/80, WuM 1981, 260; OLG Saarbrücken NJW-RR 1997, 248 für Muldenkipper.

[963] KG NZM 2007, 356 = WuM 2007, 71 = ZMR 2007, 112.

[964] Vgl. AG Frankfurt-Höchst WuM 1996, 405.

nahme durchzuführen ist, freier gestellt.[965] § 287 Abs. 1 S. 2 ZPO eröffnet dem Gericht insoweit auch die Möglichkeit, nach seinem Ermessen von der Einholung eines Sachverständigengutachtens abzusehen.[966]

Der Vermieter ist **in der Verwendung** der Schadensersatzleistung **frei,** **610**
sie ist nicht zweckgebunden für die Renovierung des Mietobjekts. Er kann daher die Arbeiten kostengünstig in Eigenleistung ausführen, sie schlichter und damit billiger als von einer Fachfirma erledigen lassen oder auch von der Wiederherstellung einer ordnungsgemäßen Dekoration absehen, ohne dass dies Einfluss auf seinen Anspruch auf Ersatz der objektiv angemessenen Kosten hätte.[967]

2. Kosten der Schönheitsreparaturen

a) Grundsätze

Es dürfen **nur die objektiv notwendigen Arbeiten** in Ansatz gebracht **611**
werden.[968] Zwar muss sich der Vermieter nicht mit Flickwerk zufrieden geben;[969] so soll der Mieter, der zwei Wände wegen der dort verwendeten bunten Farben neu weiß gestrichen hatte, verpflichtet sein, auch die beiden anderen Wände zu streichen, weil deren Weißton nicht zum Neuanstrich passte.[970] Er ist andererseits jedoch nicht berechtigt, zB statt genügender Ausbesserungsarbeiten eine Neudekoration der betreffenden Flächen zu veranlassen, etwa Wände, bei denen offene Tapetennähte fachgerecht geschlossen werden können, neu tapezieren zu lassen.

Dieser Gesichtspunkt ist von beiden Parteien bei der Schadensberech- **612**
nung nach einem Kostenvoranschlag oder Gutachten **immer zu beachten,** auch vom Vermieter, um bei einem ggf. notwendig werdenden Rechtsstreit das Kostenrisiko herabzusetzen. Fachfirmen sind üblicherweise weniger an Ausbesserungsmaßnahmen interessiert als an kompletten Renovierungsmaßnahmen, Gutachter legen gelegentlich bei der Beschreibung der erforderlichen Arbeiten und der daraus resultierenden Kosten nicht eine Ausführung mittlerer Art und Güte zugrunde, sondern eine Dekoration besonders anspruchsvoller Art. Hier können Abzüge geboten sein. Der Einwand des Mieters, er habe die Arbeiten billiger erledigen können, ist irrelevant.[971]

Der Vermieter muss die Kosten für die Herstellung eines ordnungsge- **613**
mäßen Zustands hinreichend **spezifizieren.** Kostenvoranschlag oder

[965] BGH VI ZR 316/11, NJW 2013, 1539 = VersR 2013, 330.
[966] BGH VI ZR 104/19, NJW 2020, 1148; VI ZR 185/16, MDR 2018, 1374 = BeckRS 2018, 22820; VI ZR 475/14, VersR 2015, 1522.
[967] OLG Köln ZMR 1987, 375.
[968] Staudinger/*Emmerich* § 535 Rn. 124.
[969] *Sternel* II Rn. 450.
[970] AG Berlin-Pankow/Weißensee GE 2014, 1498.
[971] Wolf/Eckert/Ball Gewerbl. Miet-/Pacht-/LeasingR-HdB Rn. 1194.

Rechnung müssen daher zumindest ein **Aufmaß** bzw. die **Massen** enthalten.[972]

614 **Mehrwertsteuer** darf der Vermieter **nur** ansetzen, *„wenn und soweit sie tatsächlich angefallen ist"* (§ 249 Abs. 2 S. 2 BGB).[973] Die Übergangsregelung,[974] die danach differenzierte, ob *„das schädigende Ereignis"* vor oder nach dem 31.7.2002 eintrat, ist inzwischen praktisch gegenstandslos.

615 Es wird **allerdings vertreten,** dass der Schadensersatzanspruch des Vermieters aus unterlassenen Schönheitsreparaturen nicht mit einem Schadensersatzanspruch aus außervertraglicher Haftung zu vergleichen sei, weil die Gebrauchsspuren, welche die Renovierung erforderlich machen, auf vertragsgemäßem Verhalten beruhten.[975] Die Anknüpfung an den Ursprung der Schadensersatzpflicht des Mieters führt jedoch nicht weiter, weil es entscheidend darauf ankommt, ob ein steuerbarer Vorgang gem. § 1 Abs. 1 Nr. 1 UStG zu konstatieren ist. Wem nach Gesetz oder Vertrag eine Zahlung aufgrund eines Schadens zufließt, also als Ersatzleistung und nicht im Rahmen eines Leistungsaustauschs als Gegenwert für eine Lieferung oder sonstige Leistung, erhält kein Entgelt im Sinne des Umsatzsteuerrechts.[976] Belässt es der Vermieter beim Zustand, indem er das Mietobjekt unrenoviert weiter vermietet, fällt mithin keine Mehrwertsteuer an, bei Selbstvornahme nur hinsichtlich des gekauften Renovierungsmaterials.

b) Gutachterkosten

616 Gutachterkosten sind als Teil des Schadens, den der Mieter nach §§ 280, 249 BGB ersetzen muss, **ansatzfähig,** wenn sie aus der Sicht des Geschädigten zur Wahrnehmung seiner Rechte erforderlich und zweckmäßig waren; der Vermieter muss sich aus Kostengründen im Grundsatz nicht auf ggf. weniger geeignete Beweismittel, etwa Zeugen mit nicht zu prognostizierendem Erinnerungsvermögen oder die Vorlage von Fotos, verweisen lassen.[977] Zur Behandlung im Prozess → Kap. 4 Rn. 131 f.

617 Die Entscheidung des BGH, mit der er von der zuvor herrschenden Ansicht abwich, ist indes **kein Freibrief** für jedwede Einschaltung eines Sachverständigen; nach Ansicht des BGH muss der Vermieter nur **in der Regel** nicht von der Einholung eines Sachverständigengutachtens absehen, wobei er mögliche Ausnahmen nicht bezeichnet hat. Wie bei jedem Schadensersatzanspruch hat der Vermieter die **Schadensminde-**

972 KG GE 2001, 1402; vgl. LG Berlin GE 2001, 1198.

973 ZB OLG Frankfurt a. M. ZMR 2013, 29; *Börstinghaus* DWW 2005, 92 (94); Staudinger/*Emmerich* § 535 Rn. 124.

974 Art. 12 § 8 des Zweiten Gesetzes zur Änderung schadensersatzrechtlicher Vorschriften vom 19.7.2002 BGBl. I S. 2680.

975 *Pfeilschifter* WuM 2003, 543 (553); *Wüstefeld* WuM 2003, 15.

976 BGH VIII ZR 68/06, ZMR 2007, 441 (443, mwN).

977 BGH VIII ZR 77/03, DWW 2004, 257 = GE 2004, 954 = NZM 2004, 615 = WuM 2004, 466 = ZMR 2004, 659.

rungspflicht aus § 254 Abs. 2 BGB zu beachten. Die Kosten aus der Einschaltung eines Sachverständigen oder die Durchführung eines selbstständigen Beweisverfahrens gem. § 485 ZPO sind daher nur ansatzfähig, wenn und soweit dieser kostenintensive Weg auch aus der Sicht eines vernünftigen Vermieters erforderlich und zweckmäßig war.[978] Es ist daher nach wie vor geboten, die Umstände des Einzelfalls zu berücksichtigen.[979]

Handelt es sich **nur** um die **Feststellung** von **einzelnen und offensichtlichen Schäden,** ist die Beiziehung eines Sachverständigen überflüssig.[980] Hier mag es zweckmäßig sein, die Beanstandungen durch einen Sachverständigen bestätigt zu sehen, erforderlich ist es indes nicht, weil in derartigen Fällen Zeugen oder Fotos ersichtlich ausreichen; um dem Erinnerungsvermögen der Zeugen eine Hilfe zu geben, kann ggf. die gemeinsame Beschreibung der Schäden erfolgen. Hier sind auch die Gutachterkosten, die oft eine beträchtliche Höhe erreichen, in die Betrachtung einzubeziehen.[981] Es wäre nicht einzusehen, dem Vermieter einen Anspruch auf Ersatz solcher Kosten zuzuerkennen, die er, müsste er sie selbst tragen, schwerlich verursachen würde. Dies gilt erst recht, wenn er ein Besichtigungsprotokoll erstellte,[982] zumal wenn es der Mieter unterschrieb. **618**

Ist die **Schadensfeststellung schwierig,** ist die Einholung eines Gutachtens sachgerecht. Dies kommt zB in Betracht, wenn der Mieter noch Schönheitsreparaturen ausführte, nachdem der Vermieter bereits einen Kostenvoranschlag eingeholt hatte.[983] Sie ist insbesondere oft unvermeidlich, wenn es um die Prüfung und ggf. Abgrenzung von Schadensursachen geht, dh ob sie dem Vermieter oder Mieter anzulasten sind.[984] Hier ist eine umfangreiche Ermittlung, zumal unter Beteiligung **verschiedener Gewerke,** erforderlich, die sodann eine differenzierte Berechnung, etwa aufgrund unterschiedlicher Schadensursachen, zur Folge hat. Um dem Vorwurf des Mieters, es handele sich lediglich um ein einseitiges Parteigutachten zugunsten des Vermieters, von vornherein zu begegnen, empfiehlt es sich, das Gutachten nur über die zuständige Handels- oder Handwerkskammer einzuholen. **619**

Geht es **nicht** um die **Schadensfeststellung, sondern** die **Kosten der Renovierung,** ist der Vermieter häufig nicht hinreichend sachkundig. Steht indes ohnehin die Einholung eines Kostenvoranschlags an, werden die dort ausgewiesenen Massen und Einzelpreise häufig eine ausreichende Grundlage für die Kostenhöhe abgeben, so dass diese Methode **620**

[978] ZB LG Mönchengladbach WuM 2000, 328; AG Waiblingen ZMR 2013, 208.
[979] Ausführlich *Kamphausen* ZMR 1988, 361.
[980] OLG Hamburg WuM 1990, 75.
[981] Vgl. LG Berlin GE 2000, 811: Gutachterkosten, die 10 % über dem festgestellten Schaden lagen.
[982] Vgl. LG Berlin GE 2001, 697.
[983] LG Berlin GE 2001, 1198.
[984] Vgl. LG Berlin GE 2001, 347.

einfacher und billiger und daher im Rahmen der Schadensminderung angezeigt ist. Hat die Malerfirma dem Vermieter nur einen unspezifizierten, pauschalen Kostenvoranschlag unterbreitet, rechtfertigt dies nicht die Einschaltung eines Sachverständigen, um mit dessen Gutachten die Forderung auch in einem Prozess durchsetzen zu können;[985] hier ist die Nachbesserung des Handwerkers vorrangig (vgl. → Rn. 568).

621 Dem **Vermieter** ist auch **aus einem weiteren Grund** davon **abzuraten,** ohne deutliche Notwendigkeit, sondern primär aus Zweckmäßigkeitsgesichtspunkten einen Sachverständigen einzuschalten. Es ist in der Praxis immer wieder festzustellen, dass die Sachverständigen bei Privatgutachten den dekorativen Zustand eines Mietobjekts vom Vermieterblickwinkel und seiner Erwartungshaltung aus beurteilen. Dies hat nicht selten zur Folge, dass sie nicht eine Ausführung mittlerer Art und Güte, sondern eine deutlich bessere als Vergleichsmaßstab heranziehen. Auch wenn die Gutachten sachlich fundiert sind, liefern sie dadurch ein schiefes Bild. Der Vermieter, der auf dieser Grundlage seinen vermeintlichen Schadensersatzanspruch gerichtlich verfolgt, läuft Gefahr, jedenfalls einen erheblichen Teil der Prozesskosten einschließlich der Gutachterkosten tragen zu müssen.

c) Schlechte Renovierung ohne rechtliche Verpflichtung

622 Ein besonderes Problem stellt sich, wenn der Mieter **zum Mietende** Schönheitsreparaturen ausführte, ohne dazu rechtlich verpflichtet gewesen zu sein. Die Arbeiten werden oft infolge der Umzugshektik und der Inanspruchnahme des Mieters bei der Herrichtung des neuen Mietobjekts **nicht fachgerecht,** zumal möglichst sparsam, ausgeführt. Dieser Fall ist in der Praxis nicht selten anzutreffen, und zwar in zwei Konstellationen. Es kann zum einen darum gehen, dass der „übliche" Renovierungsturnus noch nicht ganz abgelaufen war, der Mieter aber nach der Räumung des Mietobjekts den Eindruck hatte, es sei durch allgemeine Gebrauchsspuren sowie Staubränder und Staubfahnen in einem so schlechten Zustand, dass er es renovieren müsse. Zum anderen handelt es sich um die Fälle, in denen sich der Mieter aufgrund einer unwirksamen Endrenovierungsklausel zu den Schönheitsreparaturen für verpflichtet hielt. Beide Varianten sind in → Rn. 364 ff. ausführlich behandelt, so dass hierauf zur Vermeidung von Wiederholungen verwiesen wird; zur **Verschlimmbesserung** → Rn. 432 f.

d) Vorteilsausgleichung

623 Im Allgemeinen führt der Zahlungsanspruch des Vermieters zum Ersatz der Kosten, die infolge der vom Mieter unterlassenen Schönheitsreparaturen entstanden sind. Da der Ersatzanspruch des Vermieters nur auf die objektiv notwendigen Kosten geht (→ Rn. 611), ist eine weiterge-

[985] AA LG Berlin GE 2001, 697.

hende Forderung um überflüssige zu kürzen, etwa bei einer nicht erforderlichen besonders aufwendigen Renovierung. Der verbleibende Anspruch steht dem Vermieter im Grundsatz ungeschmälert zu. Gleichwohl gibt es **Sonderfälle,** bei denen in die **Kosten der Schadensbeseitigung auch zusätzliche Vorteile des Vermieters** einfließen, weil beide in einem inneren Zusammenhang stehen. Hier muss sich der Vermieter eine Anrechnung (Vorteilsausgleichung) gefallen lassen.

aa) Grundrenovierung

Beruht die nur in langen Intervallen notwendige Grundrenovierung **624**
(dazu → Rn. 489ff.) aufgrund entsprechend langer Mietzeit auf dem Mietgebrauch des Mieters, hat er sie zu veranlassen bzw. bei Nichterfüllung die Kosten zu tragen. Resultiert sie indes aus dem Mietgebrauch des oder der Vormieter, entfällt auf den letzten Mieter nur der seiner Nutzungszeit entsprechende Anteil.[986] Den **überschießenden Anteil** hat der Vermieter im Wege der Vorteilsausgleichung zu erstatten, allerdings ohne die Kosten für die Erneuerung des obersten Farbauftrags, die in vollem Umfang beim Mieter verbleiben. Diesen Aufwand hätte er auch tragen müssen, wenn eine Grundrenovierung nicht angezeigt gewesen wäre. Die sachliche Aufklärung, welche Zeitanteile jeweils anzusetzen sind, ist mit Hilfe eines Sachverständigen möglich.

bb) Schäden durch unsachgemäße Renovierung

Schließlich ist die Vorteilsausgleichung geboten, wenn Schönheitsrepa- **625**
raturen nicht fachgerecht ausgeführt und dadurch Folgekosten produziert wurden. Es geht dabei um zwei Varianten, nämlich zum einen um die Fälle, in denen die unsachgemäßen Schönheitsreparaturen die bearbeiteten Teile selbst schädigten, zum anderen um diejenigen, bei denen die Arbeiten andere Teile in Mitleidenschaft zogen.

Die **erste Variante** betrifft insbesondere die Teppichböden. Die **Reini- 626**
gung von Teppichböden zählt nach herrschender Meinung (→ Rn. 3) inzwischen zu den Schönheitsreparaturen. Wird sie unsachgemäß durchgeführt, etwa weil Flecken so nachhaltig bearbeitet werden, dass sie sich als helle Stellen abzeichnen oder dass eine Oberfläche verbleibt, deren Struktur sich deutlich von der übrigen Fläche abhebt, oder weil so nass gereinigt wird, dass die Auslegeware wellig wird, entsteht ein Zustand, der einem wolkigen oder streifigen Anstrich vergleichbar ist. Als Folge derartiger Behandlung ist es häufig nicht zu vermeiden, den Teppichboden nunmehr gegen einen neuen auszutauschen. Hierdurch entsteht eine Wertsteigerung zugunsten des Vermieters, die durch einen Abzug neu für alt (Vorteilsausgleichung) auszugleichen ist[987] (dazu im Einzelnen → Kap. 2 Rn. 121ff.).

[986] Im Ergebnis ebenso *Kraemer* WuM 1991, 240; *Sonnenschein* JZ 1988, 101.
[987] OLG Bamberg NZM 2002, 917.

627 Dieselbe Problematik kann sich bei **unsachgemäß behandelten Naturholzteilen** einstellen. Sind Türen oder Fensterrahmen aus Naturholz nicht fachgerecht behandelt worden, sind primär Schönheitsreparaturen angezeigt. Reichen diese nicht aus, um einen ordnungsgemäßen Zustand zu erreichen, ist die Aufarbeitung durch einen Tischler notwendig, ggf. sogar der Austausch der Tür oder des Fensters. Dies kommt insbesondere in Betracht, wenn Mieter zB die früher modischen sehr dunklen Türblätter mit meist heller Lackfarbe versahen; das Lackieren von Naturholzteilen ist in der Regel als Vertragsverletzung zu bewerten.[988] Je nach der Qualität und dem Alter der Bauteile ist ein Abzug neu für alt vorzunehmen.

628 Die **zweite Variante** betrifft Schönheitsreparaturen, bei deren Erledigung **andere Teile des Mietobjekts** verschmutzt oder beschädigt wurden. Wurden etwa die Heizkörper im Badezimmer so unvorsichtig gestrichen, dass die angrenzenden Kacheln mit Lackfarbe beschmiert sind, oder zeigt die Fensterbank aus Stein oder Marmor Pinselstriche oder Lacktropfen aus dem Streichen der Fensterrahmen, steht dem Vermieter ein Schadensersatzanspruch aus Vertragsverletzung zu. Je nach den Verhältnissen im Einzelfall ist eine Überarbeitung der betroffenen Teile oder Flächen notwendig, ggf. sogar deren Ersetzung. Auch hier ist uU ein Abzug von den Kosten, die der Vermieter für die Wiederherstellung aufwandte, unter dem Gesichtspunkt der Vorteilsausgleichung geboten (→ Kap. 2 Rn. 121 ff.).

3. Sonderfälle

a) Dekoration durch den Nachmieter

629 Der Schadensersatzanspruch des Vermieters ist ein Geldanspruch, der darauf beruht, dass der Mieter einen Teil der während der Mietzeit geschuldeten Gegenleistung nicht erbrachte. Holt der **Nachmieter** die unterlassenen Schönheitsreparaturen nach, nimmt er eine **eigenständige eigene Leistung** im Rahmen seines Mietverhältnisses vor, die den Vormieter nicht entlastet.[989] Die Arbeiten des Nachmieters könnten den einmal entstandenen Anspruch des Vermieters nach den Grundsätzen der Vorteilsausgleichung nur beseitigen oder reduzieren, wenn sie mit dem Ersatzanspruch in einem adäquat ursächlichen Zusammenhang ständen. Hieran fehlt es, weil der Nachmieter die Schönheitsreparaturen im eigenen Interesse übernommen und sie der Vermieter auf den Nachmieter nicht mit dem Ziel abgewälzt hat, den Vormieter zu entlasten.[990] Die Anrechnung der Leistung des Nachmieters auf den Ersatzanspruch des

[988] AA LG Marburg ZMR 1980, 180: nur bei besonders wertvollem oder schönem Holz.

[989] BGH VIII ZR 150/65, BGHZ 49, 56 (62) = NJW 1968, 491; LG Berlin GE 1998, 618; Blank/Börstinghaus/*Blank/Börstinghaus* § 535 Rn. 482; aA LG Itzehoe WuM 1992, 242; Staudinger/*Emmerich* § 535 Rn. 126; ausführlich *Sternel* II Rn. 453 ff.

[990] BGH VIII ZR 150/65, BGHZ 49, 56 (62) = NJW 1968, 491.

Vermieters kommt ferner nicht unter dem Gesichtspunkt der Schadensminderung in Betracht, da die Abwälzung der Schönheitsreparaturen auf den Nachmieter nicht aus der Schadensminderungspflicht des Vermieters gem. § 254 Abs. 2 BGB folgt.[991] Schließlich entfällt der Anspruch des Vermieters nicht deshalb, weil er gem. § 421 BGB nur berechtigt wäre, die Renovierung einmal, entweder vom Vor- oder vom Nachmieter, zu verlangen. Zwischen diesen bestehen keine gemeinsamen vertraglichen Verpflichtungen gegenüber dem Vermieter, wie es für eine Gesamtschuldnerstellung nach § 427 BGB erforderlich ist.[992]

Anders verhält es sich, wenn **Vor- und Nachmieter vereinbaren,** dass **630**
der Nachmieter die Renovierung für den Vormieter ausführt. In diesem Fall erbringt der Vormieter die von ihm geschuldete Leistung durch einen Dritten (§ 267 BGB). Ist sie ordnungsgemäß, hat der Vormieter erfüllt, weist sie Mängel auf, bleibt er insoweit gegenüber dem Vermieter verpflichtet.[993] Derartige Abreden erfolgen häufig im Zusammenhang mit der Übernahme von Einrichtungen des Vormieters durch den Nachmieter. Stehen dem Dekorationsaufwand des Nachmieters keine oder nur geringe Gegenleistungen des Vormieters gegenüber, wird die Erfüllungswirkung gegenüber dem Vermieter davon nicht berührt; Auseinandersetzungen zwischen Vor- und Nachmieter im Hinblick auf § 4a WoVermittG betreffen nur deren Innenverhältnis. Im Verhältnis zwischen Vermieter und Nachmieter bleibt es eine Leistung des Vormieters. Der Nachmieter kann dem Vermieter daher später nicht die von ihm vorgenommene Anfangsrenovierung entgegen halten. Übernahm der Nachmieter die Renovierung gegen Kostenerstattung durch den Vormieter, kann er nur diejenigen Kosten reklamieren, die zur Herstellung des vom Vormieter vertraglich geschuldeten Zustands notwendig waren; war die Höhe auf der Basis von Eigenleistungen des Vormieters oder des Nachmieters kalkuliert, steht dem Nachmieter kein Anspruch in Höhe des Kostenvoranschlags einer Fachfirma zu.[994] Zur Auswirkung einer Renovierungsvereinbarung zwischen Vor- und Nachmieter auf die Unwirksamkeit der Abwälzung der Schönheitsreparaturen bei Übergabe einer unrenovierten Wohnung → Rn. 86.

b) Umbau des Mietobjekts

aa) Ausgleichsanspruch des Vermieters

Der Erfüllungsanspruch des Vermieters wird nicht davon berührt, **631**
dass er die Räume nach Vertragsende umbauen will. Es entlastet den Mieter nicht, dass die Durchführung der Dekoration sinnlos wird, weil sie durch die Umgestaltung des Mietobjekts zerstört würde und der

[991] BGH VIII ZR 150/65, BGHZ 49, 56 (63) = NJW 1968, 491.
[992] OLG Hamburg ZMR 1984, 342; *Gather* S. 89; Bub/Treier MietR-HdB/*Paschke* V.A Rn. 229; aA Staudinger/*Emmerich* § 535 Rn. 126.
[993] Vgl. LG Berlin ZMR 1997, 243.
[994] LG Aachen WuM 1984, 108.

Vermieter anschließend ohnehin renovieren muss. Vielmehr kann der Vermieter in derartigen Fällen jedenfalls im Wege der ergänzenden Vertragsauslegung[995] **statt Erfüllung einen Ausgleich in Geld** verlangen.[996] Grundlage dieser Auffassung ist wiederum, dass die Ausführung der Schönheitsreparaturen einen Teil des Mietentgelts darstellt, das dem Vermieter durch die Umbaupläne nicht aberkannt werden darf, zumal er seine Gegenleistung in Form der unterstellten Mietreduzierung erbrachte. Erfüllte der Mieter seine Renovierungspflicht nicht und entstand dem Vermieter nach Beachtung des Verfahrens gem. § 281 Abs. 1 BGB oder wegen Erfüllungsverweigerung[997] bereits ein Schadensersatzanspruch, ist der Rückgriff auf den Ausgleichsanspruch nicht erforderlich, wenn sich der Vermieter erst später zum Umbau entschließt; er kann sich durch Erklärung nach § 281 Abs. 4 BGB auf den Schadensersatzanspruch beschränken, der ihm in voller Höhe erhalten bleibt.

632 Es wird vertreten, dass ein Ausgleichsanspruch des Vermieters nicht in Betracht komme, wenn kein Umbau geplant ist, sondern der **Abriss des Mietobjekts** erfolgen soll.[998] Zur Begründung wird angeführt, dass ein Schaden nur besteht, wenn zwischen der ursprünglichen Sachlage und der durch ein Schadensereignis geschaffenen eine Differenz eingetreten ist, die hier nicht festzustellen sei; da das Mietobjekt nicht mehr existiere, sei es unerheblich, ob es renoviert worden sei oder nicht. Diese Argumentation überzeugt nicht. Sie übersieht, dass es substantiell keinen Unterschied macht, ob eine Renovierung wegen eines Umbaus oder wegen des Abrisses des Gebäudes obsolet ist.[999] Der Ausgleichsanspruch des Vermieters, der tatsächlich Teil der Mietzahlungspflicht nach § 535 Abs. 2 BGB ist, ist bei Mietende entstanden, er geht daher durch anschließende Maßnahmen nicht unter, gleichviel ob der Vermieter das Mietobjekt umbaut oder abreißt. Es handelt sich um einen Ausgleich für ersparte Miete, nicht, wie in den Rückbaufällen (→ Kap. 3 Rn. 87), nur um einen vom Mieter nicht geschuldeten Zuschuss zu den Investitionskosten des Vermieters.

633 Der Vermieter ist nicht berechtigt, die Durchführung von Schönheitsreparaturen insgesamt abzulehnen und Ausgleich in Geld zu verlangen, wenn nur die **teilweise Umgestaltung** des Mietobjekts vorgesehen war und die Renovierung der unverändert bleibenden Teile sinnvoll gewesen wäre, weil sie durch die Arbeiten nicht in Mitleidenschaft gezogen wor-

[995] Kritisch *Rückert* AcP 184 (1984), 115 ff., der einen bereicherungsrechtlichen Ausgleich (S. 146 ff.) in Erwägung zieht.

[996] BGH VIII ZR 378/03, GE 2005, 51 = NZM 2005, 58 = WuM 2005, 50 = ZMR 2005, 109; VIII ARZ 1/84, NJW 1985, 480 = WuM 1985, 46; OLG Oldenburg WuM 1992, 229; aA Blank/Börstinghaus/*Blank/Börstinghaus* § 535 Rn. 483; *Emmerich* JuS 1986, 16; *Sternel* II Rn. 467 ff.

[997] LG Dortmund WuM 1985, 226.

[998] LG Berlin ZMR 1998, 428; AG Augsburg WuM 2001, 335; *Sternel* Mietrecht aktuell IX Rn. 192.

[999] *H. Eckert* (Anm. zu LG Berlin ZMR 1998, 428) ZMR 1998, 428.

den wären, etwa wenn nur Arbeiten in Bad und Speisekammer, nicht aber in den anderen Wohnräumen durchgeführt wurden.[1000] Der Ausgleichsanspruch besteht hier nur hinsichtlich der umgebauten Räumlichkeiten.

bb) Fehlende Ausgleichspflicht des Mieters

Der Ausgleichsanspruch folgt aus ergänzender Vertragsauslegung; er **634**
kommt mithin nicht in Betracht, wenn es schon an dessen Grundlage, der **wirksamen Abwälzung** der Schönheitsreparaturen auf den Mieter, **fehlt.** Er scheidet **ferner** aus, wenn der **Mieter** bis zur Beendigung des Mietverhältnisses seine **Renovierungsverpflichtung erfüllte.**[1001] In diesem Fall hat er seine Gegenleistung erbracht, es bleibt für ihn nichts auszugleichen. Dass die von ihm hergerichtete Dekoration durch den Umbau wieder beschädigt oder sogar zerstört wird, ist allein dem Entschluss des Vermieters zuzurechnen und daher von ihm zu tragen. **Anders** verhält es sich, wenn der Vermieter dem Mieter den für die Zeit nach Mietende **geplanten Umbau** anzeigte und ihn dann auch tatsächlich umsetzte; die bloße Absicht verschafft dem Vermieter keinen Ausgleichsanspruch.[1002] Hier kann sich der Mieter vom Ausgleichsanspruch des Vermieters nicht dadurch befreien, dass er gleichwohl eine Renovierung durchführt.[1003] Der Vermieter muss sich mit einer ersichtlich sinnlosen Leistung nicht zufrieden geben.

Der Mieter hat keine Ausgleichspflicht, wenn der Vermieter durch **635**
mangelnde Instandhaltung und Instandsetzung einen **schlechten baulichen Zustand des Mietobjekts** herbeiführte. Zur Begründung wird vor allem darauf abgestellt, dass der Vermieter hier seiner Erhaltungspflicht aus § 535 Abs. 1 S. 2 BGB nicht genügte und damit schon seinerseits seine Verpflichtungen nicht erfüllte; Voraussetzung des Ausgleichsanspruchs sei indes, dass der Vermieter seine Leistung in vollem Umfang erbrachte.[1004] Ob dieser Gesichtspunkt trägt, erscheint im Hinblick darauf fraglich, dass die Gegenleistung des Vermieters nicht in der – selbstverständlichen – Erhaltung des Mietobjekts zum vertragsgemäßen Gebrauch besteht, sondern in der aufgrund der Abwälzung der Schönheitsreparaturen niedriger kalkulierten Miete. Gleichwohl ist der vom Vermieter veranlasste oder bei Einwirkung durch Dritte nicht behobene schlechte bauliche Zustand dann von Bedeutung, wenn er die Durchführung der vom Mieter geschuldeten **Schönheitsreparaturen als unsinnig** erscheinen lässt. Konnte der Mieter wegen der baulichen Mängel nicht renovieren, waren die Arbeiten wegen der Vorleistungspflicht des Vermieters zunächst nicht fällig und mit dem Mietende wurde ihm die Erfüllung

[1000] LG Hannover WuM 1994, 428.
[1001] OLG Schleswig WuM 1983, 75; *Herpers* WuM 1984, 177.
[1002] BGH XII ZR 76/13, DWW 2014, 179 = GE 2014, 453 = NZM 2014, 270 = WuM 2014, 201 = ZMR 2014, 532.
[1003] OLG Oldenburg NZM 2000, 828 = WuM 2000, 301 = ZMR 2000, 528.
[1004] LG Frankfurt a. M. WuM 1998, 31.

unmöglich; leitete der Vermieter sodann das Verfahren nach § 281 Abs. 1 BGB ein, ohne zuvor die baulichen Mängel zu beheben, bleibt es dabei. Die Unmöglichkeit beruhte auf Gründen, die der Vermieter zu vertreten hatte, so dass der Mieter von seiner Verpflichtung frei wurde. Folglich kann ihn auch keine Ausgleichspflicht mehr treffen.

636 Schlossen die Parteien **wegen der Umbauabsicht** des Vermieters einen **Zeitmietvertrag** über Wohnraum gem. § 575 BGB, entsteht der Ausgleichsanspruch des Vermieters nicht.[1005] Der Gesichtspunkt der Mietreduzierung durch den Vermieter gegen Übernahme der Schönheitsreparaturen seitens des Mieters wird hier nicht relevant. Da eine Renovierung bei Beendigung des Vertrags ohnehin nicht in Betracht kommt, braucht der Vermieter keinen Ausgleich. Vielmehr darf der Mieter davon ausgehen, dass die Miete keinen rechnerischen Anteil für eine sinnlose Renovierungspflicht enthält. Es fehlt damit an der Grundlage für die Auslegung des Vertrags im Sinne einer Ausgleichspflicht des Mieters.

637 Auch ein **noch in der ehemaligen DDR geschlossener Wohnraummietvertrag** bietet keinen Anhaltspunkt, ihn zugunsten eines Ausgleichsanspruchs des Vermieters auszulegen.[1006] Nach der damaligen Rechtslage war der Mieter nur zu den laufenden Schönheitsreparaturen verpflichtet, zu einer teilweisen Renovierung bei Beendigung des Mietverhältnisses nur, soweit die unterlassene Dekoration zu weiteren Schäden an der Substanz geführt hatte, gleichviel, ob die Verpflichtung aus Gesetz (§§ 104, 107 Abs. 2 ZGB) oder mit entsprechender Formulierung aus dem Mietvertrag folgte (→ Rn. 146). Es fehlte damit von vornherein an einem hypothetischen Vertragswillen, der die zur Begründung eines Ausgleichsanspruchs des Vermieters notwendige ergänzende Vertragsauslegung rechtfertigen könnte.

638 Der Ausgleichsanspruch des Vermieters besteht nur dann, wenn sich sein Erfüllungsanspruch auf einen Teil des vom Mieter geschuldeten Mietentgelts, die Schönheitsreparaturen, bezieht. Diese Voraussetzung fehlt, wenn der Mieter bei Mietende nicht zur Durchführung von Schönheitsreparaturen, sondern zur **Wiederherstellung des ursprünglichen Zustands der Räume** verpflichtet ist (→ Kap. 3 Rn. 87).[1007] Eine solche Vereinbarung (sog. „Rückbauverpflichtung") wird insbesondere dort getroffen, wo dem Mieter gestattet ist, die Räume nach seinen Bedürfnissen umzugestalten. Der Mieter schuldet den Rückbau in einem solchen Fall nicht als Gegenleistung für die Gebrauchsüberlassung, so dass die Ausgleichsforderung des Vermieters allein auf einen Beitrag zu den Kosten des Umbaus für einen anderen Zweck gerichtet wäre. Dasselbe gilt, wenn der Mieter nur einen selbständigen Teil der Mietsache, zB eine Abluftanlage, beschädigte, wodurch die Räume selbst nicht betroffen wur-

[1005] LG Hamburg WuM 1998, 663.
[1006] LG Berlin WuM 1996, 139.
[1007] BGH XII ZR 220/99, NZM 2002, 655; VIII ZR 231/84, NJW 1986, 309.

den und der ohne nennenswerten Eingriff in die Substanz der Mieträume zu reparieren ist; in diesen Fällen ist Gegenstand des Schadensersatzanspruchs nicht die Sachgesamtheit, sondern die einzelne beschädigte Sache.[1008]

cc) Höhe des Ausgleichsanspruchs

Der Höhe nach ist der Ausgleichsanspruch auf denjenigen Betrag be- **639** schränkt, den der Mieter hätte aufwenden müssen, um seiner Renovierungspflicht nachzukommen; der Anspruch geht daher grundsätzlich nur auf **Zahlung der ersparten Kosten.** Ist davon auszugehen, dass der Mieter die Arbeiten in Eigenleistung bzw. durch befreundete oder verwandte Dritte erledigt hätte, schuldet er Ausgleich allein in Höhe der Materialkosten und des geschätzten Werts der Eigenleistung.[1009] Legt der Mieter dar, dass die Arbeiten von Freunden und Verwandten kostenlos vorgenommen worden wären, hat es beim Ausgleich in Höhe der Materialkosten sein Bewenden.[1010] Ist der genaue Umfang der Eigenleistung des Mieters im Prozess nicht mehr feststellbar, kommt eine Schätzung nach § 287 ZPO in Betracht.[1011] Wurde in zulässiger Weise die Ausführung durch eine Fachfirma vereinbart, kann ein Kostenvoranschlag zugrunde gelegt werden.

Eine **Ausnahme** greift jedoch dann ein, wenn der Mieter die Erfüllung **640** seiner Renovierungspflicht ablehnte.[1012] In diesem Fall hat der Vermieter einen Anspruch auf den Betrag, der zur Erledigung der Schönheitsreparaturen notwendig ist; führt der Umbau zu einer Verkleinerung des Mietobjekts, beschränkt sich ein Anspruch auf den entsprechend geringeren Renovierungsaufwand,[1013] bei einer Vergrößerung der Wohnfläche bleibt es beim ursprünglichen Aufwand.

c) Verkauf des Mietobjekts

aa) Anspruchsinhaber

Nach § 566 BGB hat die Veräußerung des Mietobjekts zur Folge, dass **641** der Erwerber an Stelle des bisherigen Vermieters *„in die sich während der Dauer seines Eigentums aus dem Mietverhältnis ergebenden Rechte und Verpflichtungen"* eintritt. Er kann daher **Rechte** nur geltend machen, **wenn und soweit** sie nach dem Eigentumserwerb entstanden sind. Ist das Mietverhältnis im Zeitpunkt der Eintragung des Erwerbers im Grund-

[1008] BGH VIII ZR 220/84, NJW 1985, 2413 = WuM 1986, 56.

[1009] BGH VIII ZR 378/03, GE 2005, 51 = NZM 2005, 58 = WuM 2005, 50 = ZMR 2005, 109; VIII ARZ 1/84, NJW 1985, 480 = WuM 1985, 46.

[1010] LG Frankfurt a. M. WuM 1989, 562.

[1011] LG Münster WuM 2000, 628.

[1012] BGH VIII ZR 378/03, GE 2005, 51 = NZM 2005, 58 = WuM 2005, 50 = ZMR 2005, 109; *Wiek* WuM 2005, 10 (12).

[1013] BGH VIII ZR 378/03, GE 2005, 51 = NZM 2005, 58 = WuM 2005, 50 = ZMR 2005, 109.

buch zwar gekündigt, die Kündigungsfrist jedoch noch nicht abgelaufen, wird der Erwerber nach § 566 BGB Vermieter, Ansprüche aus unterlassenen Schönheitsreparaturen stehen ohne weiteres ihm zu; der nach § 566 BGB maßgebliche Stichtag ist die Eintragung des Erwerbers im Grundbuch, er wird durch eine Auflassungsvormerkung nicht auf den Zeitpunkt ihrer Eintragung vorverlegt.[1014]

642 Ist der **Mietvertrag** zur Zeit der Eintragung **beendet,** ist danach zu differenzieren, inwieweit Ansprüche zur Entstehung gelangt sind. War der Schadensersatzanspruch des Veräußerers als Vermieters in diesem Zeitpunkt entweder nach Maßgabe des § 281 Abs. 1 BGB oder durch Erfüllungsverweigerung bereits entstanden, ist allein der Vermieter anspruchsberechtigt.[1015] Bestand im Zeitpunkt der Eintragung nur der Erfüllungsanspruch, kann der Vermieter den Schadensersatzanspruch nicht mehr begründen, schon weil die Aufforderung, Renovierungsleistungen in fremdem Eigentum auszuführen, ins Leere ginge; ihm bleibt nur der Anspruch auf Ersatz eines etwaigen Wertverlustes. Der Erwerber wiederum tritt jedenfalls dann nicht in die Rechte und Pflichten des Vermieters nach § 566 BGB ein, wenn der Mieter zum Vertragsende und damit vor Eintragung ausgezogen war.[1016] Nutzt der Mieter das Mietobjekt zu diesem Zeitpunkt immer noch, tritt der Erwerber in das Rückabwicklungsverhältnis ein, das ihm jedoch nur die Ansprüche auf Räumung nach § 546 Abs. 1 BGB und Ersatz des Vorenthaltungsschadens nach § 546a BGB verschafft;[1017] ein weitergehender Eintritt, etwa in die Pflicht zur Herausgabe einer Mietsicherheit, findet nicht statt.[1018] Dem Erwerber steht mithin kein Erfüllungsanspruch zu, den er durchsetzen oder zur Begründung eines Schadensersatzanspruchs verwenden könnte.

bb) Höhe des Anspruchs

643 Hat der Vermieter den Schadensersatzanspruch **noch zur Zeit seines Eigentums** zur Entstehung bringen können, wirkt sich der anschließende Verkauf des Mietobjekts nicht auf dessen Höhe aus, weil es sich nicht um einen Anspruch gem. § 249 Abs. 2 BGB handelt, sondern um Schadensersatz wegen Nichterfüllung.[1019] Der Vermieter ist daher wirtschaftlich so zu stellen, wie er stehen würde, wenn der Mieter ordnungsgemäß erfüllt hätte. Der Schaden kann daher nach den erforderlichen Reparaturkosten berechnet werden. Hat der Erwerber den Schadensersatzanspruch be-

[1014] BGH VIII ZR 22/88, WuM 1989, 141 (142) = ZMR 1989, 57.

[1015] BGH VIII ZR 22/88, WuM 1989, 141 = ZMR 1989, 57.

[1016] BGH VIII ZR 219/06, NZM 2007, 441 mwN; weitergehend *Lammel* § 566 Rn. 31; Wolf/Eckert/Ball Gewerbl. Miet-/Pacht-/LeasingR-HdB Rn. 1362: mit Auszug auch bei noch bestehendem Mietverhältnis.

[1017] BGH VIII ZR 139/77, BGHZ 72, 147 = NJW 1978, 2148; Palandt/*Weidenkaff* § 566 Rn. 14.

[1018] BGH VIII ZR 219/06, NZM 2007, 441.

[1019] BGH VIII ZR 360/03, DWW 2004, 328 = GE 2004, 1450 = NZM 2004, 901 = WuM 2004, 660 = ZMR 2005, 34.

gründet, gelten keine Besonderheiten zum bereits behandelten Anspruch aus unterlassenen Schönheitsreparaturen.

Ist dem Vermieter nur der nicht mehr realisierbare Erfüllungsanspruch verblieben, hat er gem. § 251 Abs. 1 BGB die Möglichkeit, den **Wertverlust** zu reklamieren.[1020] Der Anspruch geht auf Vermögensausgleich, dh hier auf Ersatz der Differenz des Wertes des Mietobjekts in ordnungsgemäßem Zustand zu dem vom Mieter zurückgelassenen.[1021] Die Wertdifferenz zeigt sich vornehmlich an dem Unterschied zwischen dem realisierten Kaufpreis und dem sonst erzielbaren. Zwar soll der fiktive Wiederherstellungsaufwand bei der Bemessung des Minderwertes berücksichtigt werden können,[1022] was jedoch keineswegs pauschal zulässig ist. Der Aufwand wirkt sich nicht linear auf die Höhe des Kaufpreises aus;[1023] für die Preisbildung können auch andere Marktfaktoren bestimmend sein.[1024] Der Vermieter muss bei diesem Ansatz spezifiziert angeben, welche Maßnahmen zu welchem Mehrerlös hätten führen können. Im Rechtsstreit ist erst dann die Einholung eines Sachverständigengutachtens möglich, dessen Ergebnis als Grundlage einer Schätzung nach § 287 ZPO dienen kann. **644**

4. Ersatz von Mietausfall

a) Anspruchsgrundlage

Verzögerungsbedingte Mietausfallschäden hat der Mieter gem. §§ 280 Abs. 2, 286 BGB zu ersetzen, wenn und soweit er sich mit der Erfüllung seiner Renovierungspflicht **im Verzug** befand. Bei ordentlicher Beendigung des Vertrags ist die Erledigung der erforderlichen Arbeiten jedenfalls am Tag der Beendigung des Mietverhältnisses fällig; mit diesem Tag gerät der Mieter im Umfang seiner Verpflichtungen in Verzug (§ 286 Abs. 2 Nr. 1 BGB).[1025] Dasselbe gilt, wenn die Parteien einen Mietaufhebungsvertrag schlossen und dabei einen Termin festlegten, zu dem die Aufhebung wirksam werden sollte. Bei Auflösung des Vertrags durch fristlose Kündigung bedarf es zur Begründung des Schuldnerverzugs hingegen einer gesonderten Mahnung gem. § 286 Abs. 1 S. 1 BGB, es sei denn, das Kündigungsschreiben enthält, wie oft, ein bestimmtes Datum, zu dem das Mietobjekt geräumt herausgegeben werden soll. **645**

Zu beachten ist, dass der Anspruch auf Ersatz des **Mietausfalls und** derjenige auf Ersatz der **Renovierungskosten** zwar denselben Ursprung **646**

[1020] BGH VIII ZR 360/03, DWW 2004, 328 = GE 2004, 1450 = NZM 2004, 901 = uM 2004, 660 = ZMR 2005, 34.

[1021] OLG München ZMR 1996, 202; OLG Düsseldorf MDR 1989, 262; LG Kiel WuM 1998, 215.

[1022] BGH V ZR 87/91, NJW 1993, 1793 (1794); OLG Düsseldorf MDR 1989, 262 (263).

[1023] LG Hamburg 6.2.1997 – 334 O 91/96, n. v.

[1024] Vgl. BGH VI ZR 262/82, BGHZ 92, 85 (92).

[1025] BGH VIII ZR 22/88, WuM 1989, 141 = ZMR 1989, 57.

haben, sie aber **nicht dasselbe Schicksal** nehmen müssen. Hier ist zu differenzieren. Ist die Abwälzung der Schönheitsreparaturen auf den Mieter unwirksam geblieben, schuldete er keine Renovierung und verletzte folglich keine Vertragspflicht. Für einen Anspruch auf Ersatz von Mietausfall ist hier daher kein Raum.[1026] Bei wirksamer Übertragung der Schönheitsreparaturen ist eine Pflichtverletzung zu konstatieren, die nicht dadurch gegenstandslos wird, dass dem Vermieter bei der anschließenden Begründung des Schadensersatzanspruchs statt der Leistung Fehler unterliefen, etwa aus formellen Gründen wie der fehlenden oder nicht hinreichenden Einhaltung des Verfahrens nach § 281 Abs. 1 BGB. War das Mietobjekt bei Mietende so renovierungsbedürftig, dass eine Neuvermietung nicht in Betracht kam bzw. es einem bereit stehenden Nachmieter nicht überlassen werden konnte (→ Kap. 4 Rn. 116), bleibt dem Vermieter der Anspruch auf Ersatz des Mietausfallschadens bis zur zügigen Herrichtung des Mietobjekts durch ihn mithin erhalten.

647 Die Rückgabe des Mietobjekts in nicht vertragsgemäßem Zustand, also die fehlende Erledigung der Schönheitsreparaturen, begründet hingegen **keinen** Anspruch auf Ersatz eines **Vorenthaltungsschadens** (Nutzungsentschädigung gem. § 546a BGB).[1027] Auch der Mieter, der aufgrund der Leistungsaufforderung des Vermieters nach Mietende die verlangten Arbeiten erledigt[1028] oder mit Zustimmung des Vermieters ein selbstständiges Beweisverfahren gem. § 485 ZPO einleitet,[1029] enthält ihm das Mietobjekt nicht vor.[1030]

648 *(einstweilen frei)*

b) Nachweis der Neuvermietung und der Miethöhe

649 Der Vermieter muss darlegen und ggf. beweisen, dass und mit welcher Miethöhe er **in der Lage gewesen wäre, die Mietsache weiter zu vermieten,** hätte der Mieter die Schönheitsreparaturen rechtzeitig ordnungsgemäß erfüllt. Das bedarf der **Benennung des konkreten,** zur Anmietung in dem für die Renovierung erforderlichen Zeitraum bereiten **Nachmieter.** Denn während im Falle einer vom Mieter verschuldeten, insbesondere fristlosen Kündigung der Ausfall der an sich erzielten Miete grundsätzlich vom Ersatzanspruch erfasst ist und sich die Bemühungen des Vermieters zur Weitervermietung lediglich aus § 254 BGB ergeben (→ Rn. 651), fällt die allgemeine Möglichkeit der Weitervermietung, aus

[1026] BGH VIII ZR 308/02, DWW 2003, 226 = GE 2003, 944 = NZM 2003, 594 = WuM 2003, 436 = ZMR 2003, 653.
[1027] BGH VIII ZR 326/09, GE 2010, 1265 = NZM 2010, 815 = WUM 2010, 632 = ZMR 2011, 22.
[1028] OLG Hamburg WuM 1990, 75.
[1029] AG Neuss WuM 1994, 382.
[1030] Ausführlich *Wiek* WuM 1988, 384.

der sich erst der Schaden ergeben kann, in den wirtschaftlichen Risikobereich des Vermieters.[1031]

650 Der Anspruch auf Ersatz des Verspätungsschadens besteht für den **Zeitraum,** der für die Begründung des Erfüllungsanspruchs, also die Nachfrist, notwendig ist, für die angemessene – nicht die verzögerte[1032] – Zeit der Suche eines Malers und dessen Arbeitsbeginn, für die Durchführung der Schönheitsreparaturen selbst und die Suche nach einem Folgemieter. Ob auch die Zeit für die Durchführung eines selbstständigen Beweisverfahrens gem. § 485 ZPO anzusetzen ist, richtet sich nach dem Einzelfall. Reicht es in einfachen Fällen zB aus, den Zustand in Zeugengegenwart fotografisch festzuhalten, ist dieser Zeitraum bei der Berechnung des Mietausfallschadens nicht zu berücksichtigen (vgl. auch → Rn. 617).[1033]

c) Schadensminderungspflicht des Vermieters

651 Der Vermieter ist gehalten, sich **ohne Zeitverlust** darüber schlüssig zu werden, ob er die Räume in einen bezugsgeeigneten Zustand versetzen oder sie unrenoviert weiter vermieten will, und die jeweiligen Maßnahmen zu ergreifen.[1034] Anderenfalls verletzt er seine Schadensminderungspflicht aus § 254 Abs. 2 BGB. Vermeidbare Zeitverluste gehen nicht zu Lasten des Mieters.

652 Der Vermieter hat spätestens nach Mietende und Auszug des Mieters **unverzüglich** für die **Überprüfung des Mietobjekts** auf Schäden zu sorgen. Er darf es nicht, wie es immer wieder zu beobachten ist, wegen zeitlicher Überlastung, eigenen Urlaubs oder Urlaubs Dritter, etwa des Hausmeisters oder Sachbearbeiters der Verwaltung, zu wochenlangen Verzögerungen kommen lassen. Kostenvoranschläge oder Gutachten sind zügig einzuholen; es dürfen nur solche Handwerker oder Sachverständige ausgewählt werden, die den Schaden umgehend untersuchen können. Zur Schadensminderungspflicht im Zusammenhang mit der Einschaltung von Sachverständigen → Rn. 618.

653 Die **Nachfrist,** dh die Frist, die dem Mieter für die Erfüllung seiner Renovierungspflicht gesetzt wird, muss angemessen lang sein (→ Rn. 537). Zwar bindet sich der Vermieter auch durch eine sehr lange Frist, ihre Motivation kann sich indes auf die Höhe des ihm zustehenden Anspruchs auf Ersatz von Mietausfall auswirken. Beruht die lange Frist auf einem erkennbaren oder sogar geäußerten Wunsch des Mieters, muss

[1031] BGH VIII ZR 326/09, GE 2010, 1265 = NZM 2010, 815 = WuM 2010, 632 = ZMR 2011, 22; IX ZR 216/05, NJW 2007, 1596 = NZM 2007, 329 = ZMR 2007, 354; OLG Brandenburg ZMR 2014, 252 = BeckRS 2013, 13588; KG BeckRS 2002, 30248926; LG Berlin WuM 2016, 279 (280) = BeckRS 2016, 7972; LG Duisburg BeckRS 2013, 19349; LG Berlin BeckRS 2010, 17908; *Horst* DWW 2008, 332 (340).

[1032] LG Berlin GE 1999, 1131.

[1033] LG Mönchengladbach WuM 2000, 328.

[1034] BGH VIII ZR 186/80, WuM 1982, 296 (297).

sich dieser den höheren Mietausfall zurechnen lassen. Anders verhält es sich, wenn der Vermieter die lange Frist nur deshalb gewählt hat, weil er sich über sein eigenes Vorgehen noch nicht schlüssig geworden war. Es kann ihm dabei darum gehen, Zeit für noch nicht abgeschlossene Planungen, etwa einen Umbau, zu gewinnen oder das Mietobjekt möglicherweise zu verkaufen. In derartigen Fällen hat der Vermieter den Ausfall für den selbst verursachten, überflüssigen Anteil der Frist selbst zu tragen.

654 Für die Schönheitsreparaturen sind **Handwerker** auszuwählen, welche die Arbeiten **möglichst kurzfristig** aufnehmen können.[1035] Ist zB der „Hausmaler" des Vermieters durch andere Aufträge für längere Zeit gebunden, fällt die zeitliche Verzögerung nicht in den Verantwortungsbereich des Mieters, wenn der Vermieter gleichwohl an ihm festhält. Insbesondere private Kleinvermieter ziehen es gelegentlich vor, die anstehende Renovierung kostengünstig durch Eigenarbeit zu erledigen. Hier ist immer wieder zu beobachten, dass sie die Arbeiten vornehmlich an Abenden und Wochenenden ausführen, was eine deutliche Verlängerung des Renovierungszeitraums zur Folge hat. Für den daraus zusätzlich resultierenden Mietausfall hat der Mieter nicht einzustehen.

655 Schließlich ist **frühzeitig** mit der **Nachmietersuche** zu beginnen. Sollen die Räume ggf. unrenoviert vermietet werden,[1036] kann die Suche schon während der Nachfrist aufgenommen werden, sonst während der Dekorationsarbeiten; sind nur noch kleinere Arbeiten oder Restarbeiten offen und ist ein geeigneter Nachmieter bereit, diese auch während seiner Mietzeit ausführen zu lassen, ist die Anschlussvermietung schon vor deren Erledigung geboten.[1037]

656 Der Vermieter ist **nicht** verpflichtet, **um jeden Preis** neu zu vermieten; er muss daher das Mietobjekt nicht von vornherein zu dem verminderten Mietzins anbieten, zu dem es schließlich vermietet wird.[1038] Andererseits wird er sich den Zeitraum des Leerstandes entgegenhalten lassen müssen, der nach der Marktlage auf zunächst überzogenen Vorstellungen beruhte. Ob es als Verstoß gegen die Schadensminderungspflicht zu werten ist, wenn es der Vermieter ablehnt, einen renovierungsbereiten Nachmieter zu akzeptieren, den ihm der Mieter, der nicht zur Ersatz- oder Nachfolgemieterstellung berechtigt ist, präsentiert, wird davon abhängen, inwieweit sachliche Gründe gegen die auf diese Weise mögliche, zügige Anschlussvermietung vorliegen.[1039] Sie können aus der Person des vorgeschlagenen Nachmieters resultieren, ihren Hintergrund aber, wie die Praxis zeigt, auch in Absprachen mit dem Vormieter zu Zustand

[1035] ZB LG Berlin GE 1999, 1131.
[1036] Vgl. OLG Düsseldorf ZMR 2007, 780 (10. ZS).
[1037] *Sternel* II Rn. 451.
[1038] BGH XII ZR 162/01, NZM 2005, 340.
[1039] LG Aurich WuM 1991, 342.

oder Ausstattung des Mietobjekts haben, die den Interessen des Vermieters zuwiderlaufen.

Der dem Vermieter zuzuerkennende **Zeitraum** richtet sich nach den Umständen des Einzelfalls. Es ist daher nicht zulässig, generell zB eine Zeitspanne von zwei Monaten zugrunde zu legen. Selbst aus einem Zeitraum von 8 ½ Monaten zwischen Räumung und Neuvermietung soll eine Vermutung für den Verstoß gegen die Schadensminderungspflicht nicht herzuleiten sein.[1040] **657**

Zur **Darlegungs- und Beweislast** des Vermieters, der im Rechtsstreit einen Anspruch auf Ersatz des Mietausfallschadens geltend macht, wird zur Vermeidung von Wiederholungen auf → Kap. 4 Rn. 116 ff. verwiesen. **658**

V. Verlust der Ansprüche

1. Verlust des Erfüllungsanspruchs

Der Vermieter kann den Erfüllungsanspruch **auf verschiedene Weise verlieren.** Ist der Anspruch entfallen, fehlt zugleich die Grundlage für die Begründung eines Geldanspruchs. Auch wenn der Vermieter im Wege der Ersatzvornahme Kosten zur Wiederherstellung einer ordnungsgemäßen Dekoration aufwandte, ist der Mieter nicht zum Ausgleich verpflichtet. Ebenso wenig schuldet er Schadensersatz. **659**

a) Konkludenter Verzicht auf Renovierung

Der Vermieter kann seine Rechte durch **rügelose Rücknahme** des Mietobjekts verlieren. Sie kann sich auf das Mietobjekt insgesamt oder einzelne, unbeanstandet gebliebene Teile beziehen. Besichtigt der Vermieter das Mietobjekt bei Beendigung des Mietverhältnisses eingehend und erklärt er abschließend, es sei in ordnungsgemäßem Zustand, gibt er eine Tatsachenerklärung ab, die zugleich rechtsgeschäftlichen Charakter hat, nämlich den Verzicht auf Renovierungsarbeiten durch den Mieter. Auch wenn er bei der Abnahme Mängel übersah, dem Mieter aber den ordnungsgemäßen Zustand attestierte, ist er an diese Erklärung gebunden[1041] (zum Rückgabeprotokoll ausführlich → Rn. 663 ff.). Dasselbe gilt, wenn der Vermieter nur die Beseitigung einiger Mängel fordert, für die ungerügten Teile der Mietsache.[1042] Der Vermieter ist in diesen Fällen gehindert, im Nachhinein noch Beanstandungen anzubringen, was in der Praxis vor allem dann vorkommt, wenn die Abnahme durch Dritte, etwa den Hausmeister[1043] oder Hausverwalter, vorgenommen wurde und der Vermieter später mit deren Feststellungen nicht einverstanden ist; er **660**

[1040] BGH XII ZR 162/01, NZM 2005, 340.
[1041] KG GE 2003, 524; *Sternel* II Rn. 434.
[1042] LG Berlin GE 1999, 1053.
[1043] AG Köln WuM 1987, 270.

kann sich daher auch nicht darauf berufen, sein Beauftragter habe entgegen seiner Annahme nicht die erforderliche Qualifikation besessen.

661 **Wann eine rügelose Rücknahme** vorliegt, ist eine Frage des Einzelfalls, jedoch prinzipiell restriktiv zu handhaben. Grundsätzlich wird eine Erklärung oder ein Verhalten des Vermieters erforderlich sein, das hinreichend eindeutig ist und beim Mieter den begründeten Eindruck erweckt, der Vermieter sei mit dem Zustand der Mietsache einverstanden. Diese Voraussetzung für eine rügelose Rücknahme erklärt sich aus der erheblichen wirtschaftlichen Bedeutung des Vorgangs für beide Seiten. Wie zumal die Beweisaufnahmen bei gerichtlichen Auseinandersetzungen zeigen, neigen Mieter aus ihrer interessengesteuerten Wahrnehmung häufig dazu, sehr schnell einen Verzicht des Vermieters auf Schönheitsreparaturen anzunehmen; der Streit um eine rügelose Rücknahme des Mietobjekts ist ein Standardthema der Beweisaufnahme im Zusammenhang mit Schönheitsreparaturen. Nahm der Vermieter das Mietobjekt **kommentarlos** nach einer Besichtigung zurück, liegt folglich darin **noch keine vorbehaltlose Abnahme,** auch dann nicht, wenn er sich nicht noch eine spätere eingehendere Besichtigung vorbehielt.[1044]

662 Abgesehen von der rügelosen Rücknahme kann der Vermieter seine Rechte auch **durch andere Umstände verlieren,** wenn aus ihnen ein Erlassvertrag gem. § 397 BGB abzuleiten ist.[1045] Hauptanwendungsfälle sind die vorbehaltlose Ankündigung des Vermieters, die **Kaution** zurückzuzahlen,[1046] oder deren tatsächliche vorbehaltlose Auskehrung trotz erkannter oder leicht erkennbarer Mängel,[1047] sowie **Mietaufhebungsverträge,** bei denen der Vermieter eine Abfindung für die vorzeitige Rückgabe an den Mieter zahlt.[1048] Sie berechtigen den Mieter zu der Annahme, dass eine abschließende Erklärung des Vermieters vorliegt.

b) Bedeutung des Rückgabeprotokolls

663 Eine generelle Aussage zur Bedeutung des Rückgabeprotokolls lässt sich nicht treffen.[1049] Die **rechtlichen Folgen** hängen vielmehr von den **Umständen des Einzelfalls** ab. Es kann sich um bloße Notizen des Vermieters handeln, um einseitige Feststellungen, denen der Mieter zB mit einem seinerseits gefertigten Protokoll begegnet, um eine gemeinsame Bestandsaufnahme, die nur vom Vermieter oder von beiden Parteien unterzeichnet wurde, schließlich kann es weitergehende Pflichten enthalten, etwa diejenige des Vermieters, die Kaution unverzüglich zurückzuzahlen, oder des Mieters, noch Renovierungsleistungen zu erbringen oder

[1044] LG Berlin NZM 2000, 1178; Blank/Börstinghaus/*Blank/Börstinghaus* § 538 Rn. 12; aA KG GE 2003, 524.
[1045] OLG München NJW-RR 1990, 20.
[1046] *Lützenkirchen* WuM 1988, 381; *Sternel* II Rn. 434.
[1047] OLG München NJW-RR 1990, 20.
[1048] LG Stuttgart WuM 1995, 392; *Horst* S. 30; *Sternel* II Rn. 435.
[1049] *Emmerich* NZM 2000, 162; *Lehmann-Richter* ZMR 2006, 833 (834).

dem Vermieter die Kosten zu ersetzen, die er für die Erledigung der Schönheitsreparaturen aufwendet.

aa) Einseitige Bestandsaufnahme

Macht sich der Vermieter bei einer gemeinsamen Schlussbegehung **nur Notizen, ohne** dass es zu **Erklärungen** der Parteien **zum Zustand** des Mietobjekts im Allgemeinen oder in einzelnen Teilen kommt, und nimmt er diese dann nur zu seinen Unterlagen, handelt es sich ausschließlich um ein **internes Papier;** dasselbe gilt, wenn er unkommentiert zu Beweiszwecken nur Fotoaufnahmen fertigt.[1050] Gelegentlich wird so verfahren, wenn eine nicht geschulte Person die Abnahme vornimmt, um sich anschließend sachkundig beraten zu lassen, ob Ansprüche angebracht werden können. Ebenso verhält es sich, wenn der Mieter die Schlüssel zB im Vermieter- oder Verwalterbüro bzw. beim Hausmeister abgibt, die Mietsache erst dann ohne Beisein des Mieters überprüft und ein Protokoll erstellt wird. **664**

bb) Aushändigung eines Protokolls

Führen die Parteien eine gemeinsame Schlussbegehung durch und bleiben die Beanstandungen des Vermieters streitig, so dass der Mieter das Protokoll **nicht unterzeichnet,** oder schweigt der Mieter zu den Feststellungen des Vermieters und verweigert anschließend die Unterschrift, richten sich die **Folgen** danach, **ob** der Vermieter dem Mieter eine **Abschrift** des Protokolls **aushändigt.** Nimmt er es wegen des Verhaltens des Mieters nur zu seinen Unterlagen, handelt es sich auch hier allein um eine interne Aufzeichnung. **665**

Sobald das **Protokoll** in den beiden vorgenannten Varianten **dem Mieter übermittelt** wird, entfaltet es indes **Außenwirkung.** Der Umfang dieser Außenwirkung ist **streitig. Nach einer Ansicht** hat das Protokoll nur die Bedeutung eines Beweisanzeichens,[1051] es dient damit der Beweiserleichterung.[1052] Der Vermieter soll mit ihm leichter nachweisen können, dass die aufgeführten Mängel bestanden. Es hindert ihn folglich nicht, noch weitere Beanstandungen hinzu zu setzen, etwa solche, die er zunächst übersehen oder in ihrem Ausmaß falsch eingeschätzt hat. **666**

Nach **herrschender Ansicht** hat es mit dieser Wirkung des Protokolls nicht sein Bewenden. Der **Sinn** des Protokolls liegt in der Bestandsaufnahme, der **Zweck** darin, späteren Streit über das Vorhandensein und die Art von Schäden am Mietobjekt zu vermeiden.[1053] Es wird nach der abschließenden Begehung und Besichtigung des Mietobjekts erstellt und fasst zusammen, ob und ggf. welche Mängel zurückblieben. Es gibt den die Gebrauchszeit des Mieters abschließenden Status wieder, **667**

[1050] OLG Hamm ZMR 2012, 864.
[1051] *Emmerich* NZM 2000, 162.
[1052] *Hanke* PiG 58 (1999), 38.
[1053] BGH VIII ZR 252/81, NJW 1983, 446 (448).

sofern es, was dringend anzuraten ist, unverzüglich nach Auszug angefertigt wird; liegt ein längerer Zeitraum dazwischen, folgen regelmäßig Auseinandersetzungen, weil der Mieter bestreitet, dass die Mängel noch aus seiner Nutzungszeit stammen.

668 Attestiert der Vermieter dem Mieter einen **einwandfreien** Zustand des Mietobjekts, liegt darin ein **negativer Schuldanerkenntnisvertrag** iSd § 397 Abs. 2 BGB.[1054] Mit der Aushändigung des Protokolls bietet der Vermieter den Abschluss dieses Vertrags an, das Angebot nimmt der Mieter entweder ausdrücklich oder jedenfalls ohne weiteres konkludent an, weil es für ihn günstig ist.[1055] Geht das Protokoll dem Mieter erst nachträglich durch die Post oder Boten zu, ist über § 151 BGB von einer schlüssigen Annahme des Mieters auszugehen.

669 Sind im Protokoll **Mängel** aufgeführt, verhält es sich nicht anders hinsichtlich nicht im Protokoll aufgeführter Mängel. Aus der Sicht des Mieters als Empfänger der Erklärung handelt es sich bei den angegeben Mängeln um alle diejenigen, die der Rücknahme des Mietobjekts als ordnungsgemäß noch entgegenstehen. Er kann unterstellen, dass der Vermieter in eigenem Interesse sorgfältig alles festhält, aus dem für ihn Ansprüche gegen den Mieter folgen könnten. Der Mieter darf daher davon ausgehen, dass ihm **nur die im Protokoll vermerkten Mängel** angelastet werden,[1056] in diesem Sinne nimmt er das Angebot des Vermieters an.

670 Der negative Schuldanerkenntnisvertrag führt grundsätzlich zum **Ausschluss** von Ansprüchen aus **erst später erkannten Mängeln.**[1057] Eine Ausnahme betrifft **verdeckte Mängel,**[1058] zB durch an den Wänden angebrachte Gegenstände.[1059] Auf ungenügende Sichtverhältnisse (zB Rücknahme mit Taschenlampe) kann sich der Vermieter im Nachhinein allerdings nicht berufen,[1060] ebenso wenig darauf, dass ihm ein nicht deckender Anstrich verborgen blieb, weil die Farbe noch nicht abgetrocknet war.[1061]

671 Die weitreichende Forderung, der Vermieter müsse, um die Wirkungen des negativen Anerkenntnisvertrags zu vermeiden, ggf. einen **Fach-**

[1054] ZB LG Hamburg DWW 1999, 152 = NZM 1999, 838 = ZMR 1999, 405; AG Leonberg WuM 2013, 219; *Blank* PiG 52 (1997), 43; *Harsch* Rn. 606; *Lehmann-Richter* ZMR 2006, 833 (834 f.); Lützenkirchen/*Lützenkirchen* § 546 Rn. 93; Hannemann/Wiegner/*Over* § 19 Rn. 229; *Pfeilschifter* WuM 2003, 543 (550); Schmidt-Futterer/*Streyl* § 546 Rn. 57.

[1055] ZB *Lehmann-Richter* ZMR 2006, 833 (834 f.).

[1056] BGH VIII ZR 252/81, NJW 1983, 446 (448); AG Lörrach WuM 1997, 218; Blank/Börstinghaus/*Blank/Börstinghaus* § 538 Rn. 9; *Sternel* IV Rn. 612.

[1057] KG GE 2003, 524; LG München I NZM 2003, 714 (Ls.); Blank/Börstinghaus/*Blank/Börstinghaus* § 538 Rn. 11; so auch im Leasingrecht: OLG Celle DB 1997, 2215.

[1058] KG GE 2003, 524; Kinne/Schach/Bieber/*Schach* § 535 Rn. 138; *Lehmann-Richter* ZMR 2006, 833 (834); *Wetekamp* GE 2003, 244.

[1059] AG Köpenick GE 2012, 1639.

[1060] *Wetekamp* GE 2003, 244.

[1061] AG Hamburg-Blankenese 23.7.1991 – 509 C 592/90, n. v.

mann beiziehen,[1062] wird allerdings **nur bei Gewerberaum** relevant sein.[1063] Hier sind eher Schäden zu erwarten, die einem Vermieter nicht auffallen oder die er in ihrer Tragweise falsch einschätzt. Er ist mit ggf. speziellen Risiken des Betriebs, der in den Räumen durchgeführt wurde, meist nicht vertraut. In derartigen Fällen muss es sich dem Vermieter aufdrängen, dass eine Abnahme ohne fachkundigen Beistand mit Risiken verbunden ist. Demgegenüber darf er bei **Wohnraum** unterstellen, dass er selbst in der Lage ist, bei gründlicher Besichtigung jedenfalls alle erheblichen Mängel zu bemerken. Insbesondere in den Fällen, bei denen ihm **Mängel** nur deshalb **verborgen** blieben, weil sie der Mieter kunstvoll kaschierte, wird er nicht darauf verwiesen werden können, er hätte einen Fachmann hinzuziehen müssen. Hierdurch würde nur das arglistige Vorgehen des Mieters honoriert. So ist es zB schon vorgekommen, dass der Mieter der Obergeschosswohnung einen Deckendurchbruch schuf, um sich im Dachboden ein zusätzliches Zimmer einzurichten, und dass er das Loch in der Decke bei Mietende nur durch eine Deckenverkleidung aus Holz fachgerecht verdeckte.

Der Mieter kann die Aushändigung einer Kopie des Protokolls verlangen. **672** Es handelt es sich dabei der Sache nach um eine **Quittung** iSd § 368 BGB.[1064] Sie ist ein zuverlässiges Beweismittel, dass der Mieter seine Verpflichtungen erfüllte.

cc) Vom Mieter unterschriebenes Protokoll

Unterschreibt der Mieter das Protokoll, tritt über die Festlegung des **673** Vermieters hinaus **nunmehr auch eine Bindung des Mieters** ein. **Rechtliche Folgen** können aber allein **aus** der **Unterzeichnung durch den Mieter nicht** abgeleitet werden.[1065] Vielmehr handelt es sich allein um seine Bestätigung, dass die niedergelegten **Schäden tatsächlich** vorlagen; er macht mit seiner Unterschrift nur deutlich, dass die Feststellungen der Parteien übereinstimmen. Sofern er Gelegenheit hatte, das Protokoll vor der Unterzeichnung noch einmal genau durchzusehen, ist er daher grundsätzlich mit der nachträglichen Behauptung ausgeschlossen, festgestellte Mängel seien doch nicht vorhanden gewesen. Unberührt bleibt sein Recht geltend zu machen, die festgehaltenen Schäden hätten schon bei Mietbeginn vorgelegen oder seien ihm aus anderen Gründen nicht zuzurechnen.[1066]

Anders verhält es sich, wenn sich aus **zusätzlichem Text** des Proto- **674** kolls eindeutig ergibt, dass der Mieter für die Mängel einstehen will.[1067]

1062 BGH VIII ZR 252/81, NJW 1983, 446 (448).

1063 Vgl. *Blank* PiG 52 (1997), 43.

1064 *Sternel* II Rn. 434.

1065 LG Rostock WuM 2000, 414; *Emmerich* NZM 2000, 162; *Hörndler* MietRB 2008, 374; *Lehmann-Richter* ZMR 2006, 833 (837).

1066 ZB *Schneider* NZM 2014, 743 (746).

1067 *Sternel* II Rn. 434.

Hierin kann ein **deklaratorisches Anerkenntnis** liegen, dass sie zu seinen Lasten gehen (hierzu ausführlich → Rn. 584ff.).[1068] Es wird in der Praxis meist dadurch erklärt, dass sich der Mieter verpflichtet, die anstehenden Schönheitsreparaturen bis zu einem bestimmten Zeitpunkt zu erledigen, oder dass er den Vermieter ermächtigt, sie gegen Kostenerstattung durchzuführen. Hat er eine derartige Erklärung abgegeben, ist er mit späteren Einwendungen gegen den Grund, die er bei Abgabe des Anerkenntnisses kannte oder hätte kennen können,[1069] ausgeschlossen,[1070] nicht jedoch mit Einwänden zur Höhe der angefallenen Kosten. Diese stehen im Zeitpunkt des Anerkenntnisses noch nicht fest, so dass es sich darauf nicht beziehen kann.[1071] Allerdings sind Pflichtenbegründungen im Rückgabeprotokoll vom Gericht dahingehend zu überprüfen, ob es sich um **Allgemeine Geschäftsbedingungen** handelt (zum Beweis des ersten Anscheins → Rn. 71). Enthält das Protokoll bereits vom Vermieter vorgefertigte Erklärungen, dass die noch einzutragenden Mängel vom Mieter verursacht wurden oder von ihm zu beheben sind, so ist von formularvertraglichen und damit unwirksamen Klauseln auszugehen.[1072]

c) Vereitelung der Erfüllung

675 Schon die Leistungsaufforderung muss erkennen lassen, dass der Vermieter bereit ist, dem Mieter das Mietobjekt für einen angemessenen Zeitraum zur Ausführung der Schönheitsreparaturen zur Verfügung zu stellen (→ Rn. 580). Wird aus ihr deutlich, dass er hierzu nicht gewillt ist, fehlt es an einer **notwendigen Mitwirkungshandlung.** In der Praxis sind Fälle selten, in denen der Vermieter das Verfahren nach § 281 Abs. 1 BGB ersichtlich nur pro forma einleitet, um zu einem Schadensersatzanspruch zu kommen. Weitaus häufiger sind hingegen diejenigen, in denen er anbietet, die Schlüssel zum Mietobjekt einem Handwerker des Mieters auszuhändigen, sie aber dem Mieter selbst verweigert; meist gibt er zur Begründung an, aufgrund des unerfreulichen Verlaufs des Mietverhältnisses habe er kein Vertrauen mehr zum Mieter, dass dieser die erforderlichen Arbeiten sachgerecht erledigen wird. Da der Vermieter die Durchführung der Renovierung durch Handwerker nur in den seltenen Fällen einer entsprechenden individualvertraglichen Regelung verlangen kann, der Mieter mithin in aller Regel zur Eigenleistung berechtigt ist, verwei-

---

[1068] ZB LG Berlin ZMR 2000, 535; Blank/Börstinghaus/*Blank/Börstinghaus* § 538 Rn. 10; Kinne/Schach/Bieber/*Schach* § 535 Rn. 139.

[1069] ZB *Schneider* NZM 2014, 743 (746, mwN.

[1070] LG Berlin ZMR 1999, 638; GE 1998, 618.

[1071] Vgl. BGH XII ZR 208/96, NZM 1999, 371 zum Umfang einer Generalquittung.

[1072] *Hinz* NZM 2016, 622 (628); *Kappus* NZM 2016, 609 (618); vgl. auch BGH VIII ZR 71/08, DWW 2009, 102 = GE 2009, 321 (mAnm *Schach* GE 2009, 295) = InfoM 2009 (mAnm *Both*) = NJW 2009, 1075 (mAnm *Kappus*) = NJW 2009, 1076 = NZM 2009, 233 (mAnm *Derleder* NZM 2009, 227) = WuM 2009, 173 = ZMR 2009, 358, mit allerdings – wenn auch zweifelhafter – Wertung der Endrenovierungsabrede im Rückgabeprotokoll als Individualvereinbarung.

gert der Vermieter auch auf diese Weise die notwendige Mitwirkung. Dem Mieter ist damit die Erfüllung unmöglich, er wird nach § 275 BGB von seiner Leistungspflicht frei, jedenfalls solange der Vermieter seinen Standpunkt nicht revidiert.

Der Erfüllungsanspruch erlischt ferner, wenn dem Vermieter die **Annahme der Erfüllung** während einer angemessenen Abhilfefrist **nicht mehr möglich** ist (→ Rn. 527 ff.). Hierbei geht es um die Fälle, in denen der Vermieter im Interesse eines schnellen Einzugs des Nachmieters entweder selbst die Dekoration veranlasste oder diesem die Renovierung gestattete. 676

d) Verjährung

Der Eintritt der Verjährung führt als solcher nicht zum Verlust des Erfüllungsanspruchs, sondern erst die entsprechende Einrede des Mieters mit dem daraus folgenden Leistungsverweigerungsrecht. Die Verjährung wird daher in einem gesonderten Abschnitt (Kap. 4) behandelt. 677

2. Verlust der Ersatzansprüche

a) Renovierungskosten

Die wesentlichen Gründe, aus denen es im Einzelfall an der Begründung der Schadensersatzansprüche wegen unterlassener Schönheitsreparaturen fehlt, sind bereits oben im jeweiligen Zusammenhang erörtert. Ein weiterer wichtiger Grund kann sich aus der **Verjährung des Erfüllungsanspruchs** ergeben. 678

Es wurde bereits ausgeführt, dass es zur Begründung des Schadensersatzanspruches im Regelfall nur unter den Voraussetzungen des § 281 BGB kommt. Ist der Erfüllungsanspruch bereits **vor dem Zeitpunkt verjährt,** in dem die Nachfristsetzung mit Leistungsaufforderung erfolgt oder entbehrlich wird, kann der Vermieter den Schadensersatzanspruch nicht mehr zur Entstehung bringen.[1073] Verlängert sich zB eine knapp vor der Verjährung des Erfüllungsanspruchs dem Mieter mit der Leistungsaufforderung zugeleitete zu kurze Frist für die Renovierung auf eine angemessene Frist, die nach Eintritt der Verjährung endet, kann der Schadensersatz daher nicht mehr begründet werden.[1074] Erhebt der Vermieter noch vor Ablauf der sechsmonatigen (§ 548 BGB) Verjährungsfrist für den Erfüllungsanspruch vor der Begründung des Schadensersatzanspruchs Klage auf Zahlung von Schadensersatz, wird die Verjährung des Wiederherstellungsanspruchs nicht gehemmt,[1075] so dass ihm auch diese Maßnahme nicht hilft (→ Kap. 4 Rn. 85 ff.). 679

1073 BGH VIII ZR 184/87, NJW 1988, 1778 = WuM 1988, 272.
1074 OLG Hamburg WuM 1998, 17; *Ricker* NZM 2000, 217.
1075 BGH VIII ZR 184/87, NJW 1988, 1778 = WuM 1988, 272; OLG Hamburg WuM 1998, 17.

b) Mietausfall

680 Die Durchsetzung eines im Grunde gegebenen Anspruchs auf Ersatz von Mietausfall scheitert im Regelfall nur an der Verjährung. Zur Vermeidung von Wiederholungen ist daher auf → Kap. 4 Rn. 49 und ergänzend zum Prozessualen auf → Kap. 4 Rn. 128 ff. zu verweisen.

Kap. 2. Instandhaltung und Instandsetzung

A. Grundsätze

Wie bereits im Einzelnen dargelegt (→ Kap. 1 Rn. 41), hat der **Vermieter** nach §§ 535 Abs. 1 S. 2, 538 BGB die vermietete Sache während der Mietzeit in einem zum vertragsgemäßen Gebrauch geeigneten Zustand zu erhalten. Er ist daher verpflichtet, für die Instandhaltung des Mietobjekts ebenso zu sorgen wie für die Reparatur schadhafter Teile, gleichviel ob es sich um Kleinarbeiten oder größere Maßnahmen handelt. Die dafür aufzuwendenden Kosten sind, wie diejenigen der Schönheitsreparaturen, kalkulatorischer Anteil der vom Mieter entrichteten Miete. **1**

Die Regelung in §§ 535 Abs. 1 S. 2, 538 BGB kann von den Parteien durch eine Vereinbarung zugunsten des Vermieters geändert werden. Die Änderung ist im Grundsatz in mehreren Varianten möglich. Es sind **zwei Hauptvarianten** zu unterscheiden. **2**

Mit der **ersten Hauptvariante** zielt der Vermieter auf eine mittelbare Entlastung von seinen Pflichten. Er erreicht sie, indem er **3**

- seine Haftung für Schäden am Mietobjekt ausschließt oder begrenzt,
- die Gebrauchsrechte des Mieters einschränkt, wodurch er seine Zuständigkeit bei Schäden minimiert,
- die Haftung des Mieters ausweitet.

Die **zweite Hauptvariante** betrifft die unmittelbare Entlastung von eigenen Pflichten durch deren ausdrückliche Übertragung auf den Mieter. Hierum handelt es sich zB bei der nach herrschender Ansicht zulässigen Abwälzung der Schönheitsreparaturen als Ausführungspflicht des Mieters. **4**

B. Varianten

I. Haftungsausschluss und -begrenzung

1. Begriffe

5 Bei **Haftungsausschlüssen** sollen die Folgen bestimmter Sachverhalte von vornherein nicht unter die Zuständigkeit des Vermieters fallen. So wird nicht selten die Haftung des Vermieters für Beeinträchtigungen von außen, etwa durch Straßenbauarbeiten, ausgenommen. Im vorliegenden Zusammenhang dienen dazu insbesondere Abreden, durch die der Vermieter insgesamt oder in Teilen von der Pflicht zur Erhaltung des vertragsgemäßen Zustands der Mietsache entlastet wird. Derartige **Freizeichnungen** erlegen dem Mieter zwar nicht rechtlich die Verpflichtung auf, Schadenseintritt vorzubeugen und aufgetretene Schäden zu beseitigen, führen aber faktisch dazu, dass der Mieter, dem an ordnungsgemäßer Gebrauchstauglichkeit des Mietobjekts gelegen ist, mit dem entsprechenden Instandhaltungsaufwand belastet ist und im Schadenfall mit den Kosten, die zur Wiederherstellung der Mietsache aufgewendet werden müssen. Auch wenn der Vermieter, anders als bei der Übertragung von Erhaltungspflichten auf den Mieter, keinen Anspruch auf Erledigung bestimmter Arbeiten hat, erreicht er letztlich oft dasselbe Ergebnis. Ebenso verhält es sich, wenn der Vermieter dem Mieter das Mietobjekt mit bestimmten Einrichtungen oder Anlagen überlässt, zugleich aber im Mietvertrag festlegt, dass sie nicht als mitvermietet gelten sollen.

6 Bei der **Haftungsbegrenzung** akzeptiert der Vermieter dem Grunde nach seine Zuständigkeit, reduziert sie jedoch so, dass sie nur unter bestimmten Voraussetzungen eingreift. Hauptfälle sind hier der Ausschluss der Haftung für einfache Fahrlässigkeit, Mangelfolgeschäden sowie gegenständliche oder summenmäßige Beschränkungen, unterhalb deren Grenzen ihn der Mieter nicht soll in Anspruch nehmen können.

2. Zulässigkeit

a) Gewerberaum

7 Haftungsausschluss und -begrenzung sind **individualvertraglich** in den Grenzen von Treu und Glauben zulässig.[1] Dies gilt auch für einen Haftungsausschluss, der den Vermieter weitgehend von Instandsetzungsarbeiten freistellt, jedenfalls dann, wenn Verantwortlichkeit und Risiko des Mieters bei der Mietkalkulation berücksichtigt wurden.[2]

---

[1] BGH VIII ZR 337/82, NJW 1984, 2404; Lindner-Figura/Oprèe/Stellmann Geschäftsraummiete/*Hübner* Kap. 13 Rn. 40.

[2] Vgl. BGH XII ZR 220/99, NZM 2002, 655.

Bei **Formularklauseln** scheitern Haftungsausschluss und -begrenzung spiegelbildlich in demselben Umfang, wie eine entsprechende Übertragung von Erhaltungspflichten unzulässig wäre. Sofern sie über Beweislastregeln erreicht werden sollen, verstoßen sie gegen § 309 Nr. 12 BGB. Insbesondere Ausschlüsse, die zu einer Aushöhlung der sog. Kardinalpflichten des Vermieters führen und ohne deren Erfüllung die ordnungsgemäße Durchführung des Vertrags nicht möglich ist, sind nach § 307 BGB unwirksam.[3] Die Begrenzung der Haftung auf einfache Fahrlässigkeit ist zulässig, sofern sie sich nicht auf die Verletzung von Leben, Körper und Gesundheit bezieht (§ 309 Nr. 7 BGB). **8**

b) Wohnraum

Bei Mietverhältnissen über Wohnraum ist **sowohl individual- wie auch formularvertraglichen** Vereinbarungen eine Grenze durch die sog. relativ zwingenden Vorschriften gezogen, dh die Bestimmungen, von denen zu Lasten des Mieters nicht abgewichen werden darf. Vornehmlich ist dabei die Vorschrift des § 536 Abs. 4 BGB zu beachten, dass Abreden, die das Minderungsrecht des Mieters beeinträchtigen, unwirksam sind. Haftungsausschlüsse und -begrenzungen, die das Minderungsrecht tangieren, haben daher keinen Bestand. Auch hier bietet sich jeweils die Kontrollüberlegung an, ob die entsprechende Abwälzung von Erhaltungspflichten, denen die Ausschlüsse und -begrenzungen letztlich dienen, zulässig wäre. Bei preisgebundenem Wohnraum sind ohnehin die durch die Sondervorschriften aufgestellten Sperren maßgeblich. **9**

Die im Grundsatz (§ 309 Nr. 7 BGB) zulässige Ausnahme der Haftung für Schäden, die auf einfacher Fahrlässigkeit beruhen, gilt nicht für **Mangelfolgeschäden an eingebrachten Sachen** des Mieters, gegen die er sich üblicherweise nicht versichern kann.[4] Die Haftungsbegrenzung verstößt gegen die wesentliche Hauptpflicht des Vermieters, dem Mieter ein ordnungsgemäßes und entsprechend erhaltenes Mietobjekt zur Verfügung zu stellen, indem sie den korrespondierenden Anspruch des Mieters mittelbar reduziert. **10**

II. Gebrauchsbeschränkungen

Bei der **Gebrauchsbeschränkung** erfolgt die Entlastung des Vermieters dadurch, dass das Nutzungsrecht des Mieters eingeschränkt wird. Dem Mieter wird ein Teil von den Gebrauchsmöglichkeiten genommen, die üblicherweise durch den Vertragszweck gedeckt sind. In dem entsprechenden Umfang vermindert sich die Pflicht des Vermieters, das Mietobjekt in einem vertragsgemäßen Zustand zu erhalten. Derartige Abreden **11**

[3] BGH VIII ARZ 1/01, NZM 2002, 116 = WuM 2002, 141 = ZMR 2002, 184.
[4] BGH VIII ARZ 1/01, NZM 2002, 116 = WuM 2002, 141 = ZMR 2002, 184.

mögen individualvertraglich bei Gewerberaum zulässig sein, bei der Vermietung von Wohnraum werden sie auch in dieser Form gegen das nicht zulasten des Mieters abdingbare Minderungsrecht verstoßen. Formularvertraglich dürften sie bei Gewerberaum nur dann Bestand haben, wenn sie der ordnungsgemäßen Nutzung des Mietobjekts zum vorgesehen Zweck nicht entgegenstehen.

III. Haftungserweiterungen

1. Sachliche Erweiterung

12 Eine sachliche Erweiterung der Haftung des Mieters tritt durch die **Verlagerung der Zuständigkeit** für Instandhaltung und Instandsetzung auf ihn ein. Der Vermieter entlastet sich zugleich, indem er den Mieter bei Beeinträchtigungen des Mietgebrauchs darauf verweisen kann, ggf. selbst für Abhilfe zu sorgen. Hierzu ist auf die Darstellung zur **unmittelbaren Entlastung des Vermieters** durch Überwälzung von Instandhaltungs- und Instandsetzungspflichten zu verweisen (→ Rn. 27ff. zu Gewerberaum und → Rn. 59ff. zu Wohnraum), auf denen das Schwergewicht der Erörterungen liegt.

2. Persönliche Erweiterung

a) Haftung für nicht verschuldete Schäden

13 Diese Erweiterung begegnet zunächst in der Variante, dass der Mieter **nicht nur** für **schuldhaft verursachte Schäden** einstehen soll. Grundsätzlich haftet der Mieter für Schäden, die zB aus der Überschreitung des Gebrauchsrechts resultieren und einen Schadensersatzanspruch des Vermieters aus Vertragsverletzung auslösen können, nur dann, wenn er schuldhaft gehandelt hat. Soll er darüber hinaus auch für verschuldensunabhängige, zB zufällige Schäden herangezogen werden können, benachteiligt ihn dies in aller Regel unangemessen, so dass entsprechende Klauseln nach § 307 BGB unwirksam sind.[5]

14 Eine **Ausnahme** kommt nur dann in Betracht, wenn es sich um Risiken in der Sphäre des Mieters handelt, die für ihn, nicht jedoch den Vermieter beherrschbar sind, sofern weitere Umstände hinzutreten, welche die Angemessenheit der Risikoabwälzung begründen, oder die typischerweise vom Mieter versichert werden; dabei reicht nicht die Versicherbarkeit, sondern der Abschluss einer entsprechenden Versicherung muss allgemeine Übung und praktisch lückenlos verbreitet sein.[6] Diese Ausnahmeproblematik ist für die Gewerberaummiete relevant.

[5] BGH XII ZR 100/91, NJW 1992, 1761.
[6] BGH XII ZR 100/91, NJW 1992, 1761 (1762).

aa) Ungezieferklauseln

Klauseln, die den Mieter verpflichten, das Mietobjekt auf seine Kosten frei von Ungeziefer zu halten, sind gem. § 307 BGB unwirksam.[7] Sie begründen eine verschuldensunabhängige Haftung des Mieters in den Fällen, in denen die Ursache für den Befall von anderen Mietern oder vom Vermieter durch Vernachlässigung von Grundstück und Gebäude gesetzt wurde. Aus demselben Grund ist eine Klausel nicht wirksam, wonach der Mieter für Schäden haftet, die durch die Nichtbeseitigung von Ungeziefer entstehen, wie auch für Schäden durch eine vom Vermieter veranlasste Ungezieferbeseitigung.[8] Das vom Vermieter gewünschte Ergebnis ist ferner nicht durch eine Beweislastregelung zu erreichen, nach welcher der Mieter für Schäden aus Ungezieferbefall haftet, wenn er nicht beweist, dass der Befall nicht aus seiner Sphäre stammt; eine solche Klausel verstößt gegen § 309 Nr. 12 BGB.[9] **15**

bb) Klauseln zu Wasserleitungen und Haushaltsgeräten

Entsprechendes gilt für Klauseln, nach denen der Mieter generell verpflichtet ist, die in den Mieträumen vorhandenen Wasserzu- und -abflussleitungen vor dem Einfrieren zu schützen.[10] Die Klausel ermöglicht es, den Mieter haftbar zu machen, auch wenn er nicht in der Lage ist, ein Einfrieren zu verhindern, weil er entweder die Lage der Leitungen nicht kennt oder keinen Zugang zu ihnen hat;[11] er könnte zB auf Schadensersatz herangezogen werden, wenn die ihm nicht zugängliche Heizanlage überraschend ausfällt.[12] Ebenso ist eine verschuldensunabhängige Haftung des Mieters für alle von ihm verwendeten Haushaltsgeräte unwirksam.[13] **16**

cc) Gesamthaftungsklauseln

Klauseln, mit denen sich der Vermieter seiner Erhaltungslast aus § 535 Abs. 1 S. 2 BGB in den Fällen, in denen der Verursacher eines Schadens nicht zu ermitteln ist, dadurch entledigen will, dass eine Gesamthaftung der in Betracht kommenden Mieter begründet wird, scheitern je nach ihrer Ausgestaltung an § 307 BGB oder am Verbot der Beweislastverschiebung gem. § 309 Nr. 12 BGB.[14] Eine entsprechende Regelung enthalten häufig Klauseln zur Rohr- und Leitungsverstopfung. Ferner sind zB Klauseln betroffen, die eine Gesamthaftung der Mieter bei Farb- **17**

[7] ZB AG Frankfurt a. M. WuM 1989, 171.
[8] OLG Frankfurt a. M. WuM 1992, 57 (61).
[9] OLG Frankfurt a. M. WuM 1992, 57 (61).
[10] OLG Frankfurt a. M. WuM 1992, 57 (60 f.).
[11] OLG Frankfurt a. M. WuM 1992, 57 (60 f.).
[12] Vgl. OLG Hamm WuM 1996, 470.
[13] LG Saarbrücken NJW-RR 1987, 1496; vgl. OLG Köln WuM 1988, 278 für ein implodiertes Fernsehgerät, dazu kritisch *Lange* ZMR 2006, 177 (178 ff.).
[14] OLG Hamm NJW 1985, 2005 = WuM 1982, 201.

schmierereien am oder im Gebäude oder bei Schäden an Gartenflächen vorsehen, wenn der Täter unbekannt ist.

b) Zurechnung des Verschuldens Dritter

18 In der zweiten Untervariante wird die Haftung des Mieters auf das **Verhalten Dritter** ausgeweitet, so dass er für die von ihnen verursachten Schäden einstehen soll. Für Schäden, die **Erfüllungsgehilfen** des Mieters verursacht haben, hat der Mieter nach § 278 BGB einzustehen. Erfüllungsgehilfen sind alle Personen, die mit Wissen des Mieters die Mietsache selbst oder Räume und Einrichtungen, deren Nutzung vom Mietvertrag eingeschlossen ist, benutzen oder auf seine Veranlassung mit der Mietsache in Berührung kommen,[15] wie Familienangehörige, Hausangestellte, Untermieter, herbeigerufene Handwerker, Gäste, Betriebsmitarbeiter, Kunden und Lieferanten. Die personelle Erweiterung auf die Haftung für **Personen, die nicht zu den Erfüllungsgehilfen** des Mieters iSd § 278 BGB zählen, wie ungebetene Besucher oder *„sonstige, zu ihm in Beziehung stehende Personen"*,[16] scheitert an § 307 BGB;[17] dasselbe gilt, wenn der Mieter für Schäden einstehen soll, die von Erfüllungsgehilfen nur „bei Gelegenheit" ihrer Tätigkeit verursacht werden.[18]

IV. Mittelbare Begrenzung der Mieterhaftung durch Versicherungsleistungen

19 Verursachte der Mieter **leicht fährlässig Schäden,** etwa einen Brand-[19] oder Leitungswasserschaden,[20] gegen die der Vermieter eine **Sachversicherung** abgeschlossen hatte, hat der Mieter ihm insoweit keinen Schadensersatz zu leisten, wie der Vermieter vom Versicherer Ausgleich durch die Versicherungsleistung erhielt. Diese Begrenzung der Mieterhaftung leitete der BGH zunächst aus ergänzender Auslegung des Mietvertrags für die Fälle her, in denen der Mieter verpflichtet war, die anteiligen Kosten einer vom Vermieter abgeschlossenen, im Rahmen der Betriebskosten umgelegten Sachversicherung zu tragen („haftungsrechtliche Lösung").[21] Nach inzwischen gefestigter Rechtsprechung des BGH folgt die Entlastung des Mieters aus ergänzender Vertragsauslegung des

[15] OLG Hamburg NJW-RR 1991, 385 = WuM 1991, 1167; OLG München NJW-RR 1989, 1499; Blank/Börstinghaus/*Blank/Börstinghaus* § 538 Rn. 19.

[16] *Hau* NZM 2006, 561 (566).

[17] BGH VIII ZR 38/90, NJW 1991, 1750 = WuM 1991, 381; OLG Hamburg WuM 1991, 385; OLG München WuM 1989, 128 (130).

[18] BGH VIII ZR 38/90, NJW 1991, 1750 = WuM 1991, 381.

[19] BGH VI ZR 196/10, NZM 2011, 894; VIII ZR 41/95, WuM 1996, 212; OLG Düsseldorf WuM 2011, 694; GE 2004, 1231 = WuM 2004, 461 = ZMR 2004, 672.

[20] AG Hamburg VersR 1982, 748.

[21] BGH VIII ZR 41/95, NJW 1996, 715 = WuM 1996, 212 = ZMR 1996, 184; OLG Hamm ZMR 2001, 183.

Versicherungsvertrags; die Auslegung führt zu einem konkludenten Regressverzicht des Versicherers für die Fälle, in denen der Mieter einen Schaden nur durch leichte Fahrlässigkeit verursachte **(„versicherungsrechtliche Lösung").**[22] Nach diesem Ansatz hängt der Schutz des Mieters nicht mehr davon ab, ob der Vermieter seine Kalkulation offen legte und den Mieter mit der anteiligen Prämie belastet; vielmehr reicht es aus, wenn der Vermieter überhaupt eine Sachversicherung der betroffenen Art abgeschlossen hatte, deren Prämien er aus dem Mietaufkommen bestreitet;[23] weitergehend wird vertreten, dass die Haftungsbeschränkung des Mieters auch dann eingreift, wenn er nach dem Mietvertrag die anteiligen Versicherungskosten zu tragen hat, der Vermieter es jedoch unterließ, eine entsprechende Versicherung abzuschließen und dies dem Mieter nicht bekannt war.[24] Dieselben Grundsätze gelten ebenso, wenn der Vermieter höhere Versicherungsprämien für den **Ausschluss grober Fahrlässigkeit** zahlt und auf den Mieter umlegt. Hierin liegt auch kein Verstoß gegen das betriebskostenrechtliche Wirtschaftlichkeitsgebot.[25] Andernfalls ist der Mieter, der den Schaden grob fahrlässig verursacht, **nicht** von einem **quotalen Regressverzicht** nach § 81 Abs. 2 VVG erfasst.[26] Die versicherungsrechtliche Lösung gilt **auch für die Anmietung von Ferienhäusern.**[27]

Die **Beweislast** für **mehr als leichte Fahrlässigkeit** (oder ggf. grobe Fahrlässigkeit → Rn. 19) des Mieters liegt beim Versicherer,[28] so dass § 538 BGB nicht gilt. Diese oben beschriebene Rechtsprechung ist auf die Fälle ausgedehnt worden, in denen der Vermieter eine **Gebäudehaftpflichtversicherung** abgeschlossen und die Versicherungsleistung für einen Glatteisunfall vor dem Haus erhalten hatte, der auf einer Verletzung der vom Mieter übernommenen Streu- und Räumpflicht beruhte; hier ist zu berücksichtigen, dass der Versicherungsschutz **erst bei Vorsatz** entfällt, § 103 VVG.[29] **20**

Für das **Verhalten Dritter** muss der Mieter nicht nach § 278 BGB einstehen, sondern nach den versicherungsvertraglichen Zurechnungsgrundsätzen nur, wenn sie seine Repräsentanten sind; der Mieter ist so **21**

[22] BGH VIII ZR 191/13, GE 2015, 181 = NJW 2015, 699 = NZM 2015, 245 = WuM 2015, 88 = ZMR 2015, 112 (mAnm *Schmid*); IV ZR 298/99, NZM 2001, 108 = WuM 2001, 122 = ZMR 2001, 175; VIII ZR 28/04, GE 2005, 123 = NZM 2005, 100 = WuM 2005, 57 = ZMR 2005, 116; dazu auch *Prölss* ZMR 2001, 157; *Armbrüster* VersR 2020, 1016; *ders.* ZMR 2001, 185; *Wietz/Streyl* WuM 2015, 131; *Zehelein* NZM 2016, 849.

[23] BGH IV ZR 298/99, NZM 2001, 108 = WuM 2001, 122 = ZMR 2001, 175.

[24] LG Berlin NZM 2012, 82 = ZMR 2012, 544 (mAnm *Armbrüster*).

[25] *Zehelein* NZM 2016, 849.

[26] BGH IV ZR 52/14, GE 2017, 290 = NZM 2017, 29 = r + s 2017, 73 = ZMR 2017, 555.

[27] OLG Rostock NJW 2018, 2058 = r+s 2018, 204 = ZMR 2018, 754.

[28] BGH IV ZR 298/99, NZM 2001, 108 = WuM 2001, 122 = ZMR 2001, 175; VIII ZR 292/98, NZM 2001, 638.

[29] OLG Oldenburg NZM 2008, 622.

zu behandeln, als ob er selbst versichert wäre.[30] Der Dritte muss mithin aufgrund eines Vertretungs- oder ähnlichen Verhältnisses in den Geschäftsbereich, zu dem das versicherte Risiko gehörte, an die Stelle des Versicherungsnehmers getreten sein.[31]

22 Die **Entlastung** tritt **auch** ein, wenn der **Mieter** eine **Haftpflichtversicherung** unterhält, die Ansprüche wegen Schäden an gemieteten Sachen deckt; dem Sachversicherer ist der Regress auch hier verwehrt, er kann nur nach den Grundsätzen der Doppelversicherung gegen den Haftpflichtversicherer einen Anspruch auf anteiligen Ausgleich geltend machen.[32] Der Vermieter darf grundsätzlich auch nicht von der Inanspruchnahme der Sachversicherung absehen, um einen Prämienanstieg zu vermeiden.[33] Andererseits kann der **Mieter** die Entlastung **nicht gegenüber dem Hausratversicherer des Vermieters** reklamieren, der die Schäden an dessen Hausrat durch Rauch, Ruß und Löschwasser infolge eines vom Mieter leicht fahrlässig verursachten Brandes ersetzte.[34] Ebenso ist der **Vermieter dem Regress des Feuerversicherers** ausgesetzt, der dem Mieter Ersatz aus einem Geschäftsversicherungsvertrag (Geschäftseinrichtung, Betriebsunterbrechung) wegen eines dem Vermieter zugerechneten fahrlässig verursachten Brandes leistete.[35] Der konkludente **Regressverzicht** gilt **in persönlicher Hinsicht** indes nur **eingeschränkt.** Er kommt nur dem Mieter, Mitbewohnern und solchen Personen zugute, deren Inanspruchnahme durch den Versicherer mittelbar wiederum den Mieter treffen würde, wie etwa bei Verwandten oder Verschwägerten.[36] Er ist mithin **nicht** bei **bloßen Besuchern** anzuwenden,[37] ebenso wenig bei bloßen Mietinteressenten;[38] sie haben für einen bei der Wohnungsbesichtigung verursachten Schaden einzustehen.

[30] BGH IV ZR 378/02, GuT 2006, 319 = NZM 2006, 949.
[31] *Schwintowski* WuM 2007, 305 (308).
[32] BGH IV ZR 273/05, NZM 2006, 945 = WuM 2006, 627; IV ZR 116/05, NZM 2006, 946.
[33] BGH VIII ZR 191/13, DWW 2015, 13 = GE 2015, 181 = WuM 2015, 88.
[34] BGH IV ZR 26/04, NZM 2006, 951.
[35] BGH XII ZR 6/12, GE 2013, 209 = NZM 2013, 191.
[36] OLG Rostock NJW 2018, 2058 = r+s 2018, 204 = ZMR 2018, 754; *Armbrüster* ZMR 2001, 185.
[37] OLG Hamm ZMR 2001, 183 (mzustAnm *Armbrüster* ZMR 2001, 185).
[38] BGH XII ZR 198/08, GE 2009, 838 = NZM 2009, 543 = ZMR 2009, 518.

C. Übertragung auf den Mieter

Die **zweite Hauptvariante** betrifft Abreden der Parteien zur Übertragung der unmittelbaren Erhaltungslast auf den Mieter. Im Unterschied zur Freizeichnung tritt bei der Überwälzung der Erhaltungslast eine **echte Verlagerung von Pflichten** ein. Zwar entlastet sich der Vermieter auch hier von einem Teil seiner gesetzlichen Pflichten, auf Seiten des Mieters werden jedoch die entsprechenden Verpflichtungen begründet. Der Vermieter erhält einen auch rechtlich durchsetzbaren Anspruch, dass der Mieter die von ihm übernommen Pflichten erfüllt. **24**

I. Abgrenzung Instandhaltung – Instandsetzung

Zur näheren Bestimmung der Pflichten, die dem Mieter auferlegt wurden, ist die **Abgrenzung der Instandhaltung von Instandsetzung** notwendig. Der **BGH**[39] hat sie in Anlehnung an § 28 Abs. 1 II. BV vorgenommen. **Instandhaltung** ist danach der Aufwand, mit dem durch Abnutzung, Alterung und Witterungseinwirkung entstandene bauliche oder sonstige Mängel ordnungsgemäß beseitigt werden. Er fällt, je nach Art der Anlage oder Einrichtung, sei es durch häufigen Zugriff, durch die Art des verwendeten Materials oder durch exponierte Lage in gewissen Abständen, wenn auch mit größerem zeitlichen Spielraum an. Instandhaltung umfasst auch solche Maßnahmen, die vorbeugend ergriffen werden, um den je nach den vorgenannten Umständen zu erwartenden Eintritt von Schäden zu verhindern. Derartige vorbeugende Maßnahmen sind sinnvoll, um die Erhaltung des bestimmungsgemäßen Gebrauchs zu sichern und spätere sowie teurere Sanierungsarbeiten zu vermeiden.[40] **Instandsetzung** soll in der Regel die Kosten aus Reparatur und Wiederbeschaffung betreffen. **25**

Der Vergleich der Begriffsbestimmungen zeigt, dass die **Abgrenzung fließend** ist. Wenn zur Instandhaltung die aufgrund bestimmter Umstände notwendige Mängelbeseitigung zählt, geht es auch hier in der Sache um Reparaturen.[41] Zur Unterscheidung ist daher auf den Grund des Mangels abzustellen. Instandsetzungen sind eher unregelmäßig notwendig, während Schäden durch Abnutzung, Alterung und Witterungs- **26**

[39] BGH VIII ZR 250/16, GE 2017, 1339 = NZM 2017, 759 (mAnm *Kappus*) = NZM 2017, 762 = WuM 2017, 663 = ZMR 2018, 27; XII ZR 158/01, DWW 2005, 372 = GE 2005, 1185 = GuT 2005, 213 = NZM 2005, 863 = ZMR 2005, 844; vgl. auch BGH VIII ZR 167/03, NZM 2004, 417; *Dose* NZM 2009, 381 (382); demgegenüber erfolgt keine Trennung in BGH VIII ZR 62/19, GE 2020, 255 = NZM 2020, 457 = WuM 2020, 83 = ZMR 2020, 294.

[40] *Wall* WuM 1998, 526.

[41] *Hoff* ZMR 2006, 415.

einwirkung nur in längeren Zeiträumen auftreten und dann zu Instandhaltungsaufwand führen. Ähnlich wie im Landpachtrecht nach § 586 Abs. 1 BGB wird nur aufgrund der Umstände des Einzelfalls zu entscheiden sein, ob der Aufwand aus notwendiger *„regelmäßiger Wartung, Pflege oder Ausbesserung zum Schutz vor natürlicher Alterung und Abnutzung“* stammt oder ob es sich um grundlegenden Erhaltungsaufwand zur Aufrechterhaltung der vertragsgemäßen Nutzbarkeit des Mietobjekts handelt.[42]

II. Gewerberaum

1. Individualvereinbarung

27 Sowohl die Übertragung der Instandhaltung wie auch der Instandsetzung ist bei der Vermietung von Gewerberaum individualvertraglich **in weitem Umfang wirksam,** soweit die Vereinbarung nicht gegen Verbotsgesetze iSd § 134 BGB, gegen das Verbot der Sittenwidrigkeit (§ 138 BGB) und den Grundsatz von Treu und Glauben (§ 242 BGB) verstößt.[43] Durch Individualabrede kann daher dem Mieter sogar die Instandhaltung von Dach und Fach auferlegt werden.[44] Aus einer solchen Vereinbarung folgt jedoch **keine Verpflichtung** des Mieters, **anfängliche Mängel** sowie Schäden zu beseitigen, die **nicht aus seinem Mietgebrauch** herrühren.[45] Im Hinblick auf die sehr hohen Anforderungen, welche die Rechtsprechung des Bundesgerichtshofs an das Vorliegen einer Individualvereinbarung, also das tatsächliche Aushandeln der Regelung stellt, sowie den in der Regel greifenden Beweis des erstens Anscheins dafür, dass es sich – auch bei Instandhaltungsabwälzung auf den Mieter – um eine Formularklausel handelt (→ Kap. 1 Rn. 71 ff.), liegt eine solche jedoch meist nicht vor. Das auch dann nicht, wenn die Parteien vereinbaren, dass der Mieter im Gegenzug einen Mietnachlass erhält, weil auch dieser ausgehandelt sein muss und nicht vom Vermieter einseitig bestimmt sein darf. Selbst Verhandlungen über die Höhe eines Mietnachlasses und ein hierbei erzielter Erfolg des Mieters ändern nichts an der AGB-Qualität, wenn die Klausel vom Vermieter gestellt wurde und die Abwälzung der Instandhaltung als solche nicht zur Disposition stand.[46]

28 Anders als bei Wohnraum (→ Rn. 59 f.) scheitert die Abwälzung nicht daran, dass sie das Minderungsrecht des Mieters beschränkt. § 536 Abs. 4 BGB schließt insoweit nachteilige Vereinbarungen nur für den Mieter von Wohnraum aus. Bei der Vermietung von Gewerberaum ist das **Min-**

[42] BGH LwZR 10/91, NJW-RR 1993, 521 = WuM 1993, 123.
[43] BGH XII ZR 200/06, GE 2009, 647 = GuT 2009, 98; VIII ZR 337/82, NJW 1984, 2404; *Dose* NZM 2009, 381 (382).
[44] OLG Rostock NZM 2010, 42; OLG Saarbrücken NZM 2003, 438; *Guhling* NZM 2019, 457 (459).
[45] OLG Hamm ZMR 2020, 107.
[46] BGH VII ZR 58/14, NZM 2016, 408 – „bring or pay II“ mAnm *Kappus.*

derungsrecht nach herrschender Ansicht **abdingbar.** Der vertragliche Ausschluss des Minderungsrechts hat im Übrigen nicht zur Folge, dass der Mieter mit einer Minderung schlechthin ausgeschlossen ist, sondern nur, dass er es nicht durch Abzug von der Miete verwirklichen darf.[47] Dem Mieter bleibt vielmehr ein **Bereicherungsanspruch** aus §§ 812, 818 BGB, weil der Vermieter weniger als vertraglich festgelegt geleistet hat. Der Ausschluss auch dieses Anspruchs ist nicht möglich, weil sonst eine empfindliche Störung des Äquivalenzverhältnisses von Leistung und Gegenleistung eintreten würde.[48]

2. Formularvereinbarung

Bei Mietverträgen über Gewerberaum wird die Abwälzung von In- **29**
standhaltung und Instandsetzung auch durch Formularklauseln allgemein **in weitem Umfang** für **zulässig** gehalten,[49] was seine Berechtigung darin findet, dass hier je nach dem Vertragszweck sehr unterschiedliche Risiken und Abnutzungen eintreten können. **Vor der Inhaltskontrolle** nach § 307 BGB ist der jeweilige Regelungsgehalt der Klausel zu überprüfen. Ist der Mieter nur verpflichtet, die Mietsache und ihre Einrichtungen ***„ordnungsgemäß und schonend"***[50] zu behandeln oder sie zu ***„pflegen"***, handelt es sich nicht um eine Überbürdung der Erhaltungslast, sondern nur um eine Konkretisierung der den Mieter ohnehin treffenden allgemeinen Sorgfaltspflicht.[51]

a) Abwälzung der Instandhaltung

aa) Grundsätze

Der Mieter, der zur Instandhaltung verpflichtet ist, hat zunächst die **30**
laufende Wartung und Pflege des Mietobjekts zu veranlassen. Schäden, die aus mangelhafter Wartung resultieren, hat er damit ohne weiteres selbst zu tragen.[52]

Nach der oben (→ Rn. 25) wiedergegebenen Definition gehört auch der **31**
Aufwand zur Beseitigung von Schäden zur Instandhaltung, **wenn** sie durch Abnutzung, Alterung und Witterungseinwirkung entstanden sind. Die Übertragung der entsprechenden Verpflichtung ist **auch formularvertraglich** zulässig, **soweit** sie sich auf Schäden beschränkt, die dem Mietgebrauch oder der **Risikosphäre des Mieters** zuzuordnen

---

47 BGH VIII ZR 337/82, NJW 1984, 2404; OLG München ZMR 1987, 16.

48 KG GE 2002, 257; Wolf/Eckert/Ball Gewerbl. Miet-/Pacht-/LeasingR-HdB Rn. 404.

49 BGH XII ZR 56/11, NZM 2014, 830; XII ZR 158/01, DWW 2005, 372 = GE 2005, 1185 = GuT 2005, 213 = NZM 2005, 863 = ZMR 2005, 844; VIII ZR 88/86, NJW-RR 1987, 906 = WuM 1987, 315 (Ls.) = ZMR 1987, 257; OLG Köln BeckRS 2016, 9421; dazu kritisch *Sternel* II Rn. 376.

50 OLG Düsseldorf DWW 1992, 365.

51 BGH VIII ZR 186/80, WM 1982, 333 (335).

52 OLG Düsseldorf ZMR 1996, 435.

sind,[53] wie etwa die Verpflichtung, abgenutzte Teppichböden zu erneuern (zum notwendigen Inhalt einer derartigen Formularklausel im Hinblick auf das **Transparenzgebot** aus § 307 Abs. 1 S. 2 BGB → Rn. 40 ff.).

32 Da die Schäden auf dem Mietgebrauch des konkreten Mieters beruhen oder aus seiner Risikosphäre stammen müssen, kann sich dessen Instandhaltungspflicht nicht auf **Schäden der Mietsache** beziehen, die bereits **vor Vertragsschluss vorhanden** waren.[54] Zwar werden Instandhaltungsklauseln überwiegend dahingehend ausgelegt, dass der einwandfreie Zustand des Mietobjekts bei Vertragsbeginn vorausgesetzt wird und nur durch den Mietgebrauch veranlasste Instandhaltungs- und Instandsetzungsmaßnahmen erfasst sind.[55] Das auch bei Individualvereinbarungen.[56] Diese Einschränkung allein kann jedoch die Wirksamkeit der Abwälzung nicht begründen, wenn sich die **Mietsache bei Übergabe an den Mieter** nicht auch **tatsächlich** in einem Zustand befindet, der **Instandhaltungs- oder Instandsetzungsarbeiten nicht erfordert.** Die Situation stellt sich hier nicht anders dar, als bei der Abwälzung von Schönheitsreparaturen bei Übergabe einer unrenovierten Mietsache (→ Kap. 1 Rn. 84 und – für die Gewerberaummiete – → Rn. 138). Der XII. Senat des BGH beruft sich zwar für die Zulässigkeit der Instandhaltungsabwälzung auf den Mieter nicht explizit auf das Ausgleichsprinzip (→ Kap. 1 Rn. 48). Wie bei den Schönheitsreparaturen ist die Klausel aber nur dann AGB-konform, wenn der Mieter ausschließlich solche Verschlechterungen beheben muss, die von ihm verursacht wurden bzw. in seine Risikosphäre fallen. Das ist, insoweit greift die Argumentation des VIII. Senats des BGH zu den Schönheitsreparaturen gleichfalls, faktisch nur dann gewährleistet, wenn die Mietsache mangelfrei übergehen wird. Reparaturen als Folge der Instandhaltungspflicht kommen daher im Regelfall nur bei sehr langen Mietverhältnissen in Betracht. Von empfindlichen (Abnutzung sowie Alterung) und anfälligen (Witterung) Teilen abgesehen bleibt es **in der Praxis** daher trotz der weitergehenden Definition des BGH im Grundsatz dabei, dass Instandhaltung nur Wartungsarbeiten und vorbeugende Erhaltungsmaßnahmen betrifft.

33 Zu **beachten** ist zudem, dass die **Übertragung** der **Instandhaltung nicht weiter** gehen kann **als** diejenige der **Instandsetzung.** Für diese ist anerkannt, dass sich der Vermieter seiner **Kardinalpflicht,** ein im Grunde nutzbares Mietobjekt zur Verfügung des Mieters zu erhalten, durch **Formularklausel** nicht entledigen kann (dazu → Rn. 46), sondern nur

[53] BGH XII ZR 158/01, DWW 2005, 372 = GE 2005, 1185 = GuT 2005, 213 = NZM 2005, 863 = ZMR 2005, 844.

[54] OLG Köln BeckRS 2016, 9421.

[55] OLG Köln BeckRS 2016, 9421; OLG Naumburg NZM 2000, 1183 = WuM 2000, 241 = ZMR 2000, 383; OLG Köln NJW-RR 1994, 524 = WuM 1994, 274 = ZMR 1994, 158; Lindner-Figura/Oprée/Stellmann Geschäftsraummiete/*Hübner* Kap. 13 Rn. 165.

[56] OLG Hamm ZMR 2020, 107.

durch individualvertragliche Vereinbarung mit Ausgleich bei der Miethöhe.[57]

Hat der Mieter nur die Instandhaltung übernommen, gehen **Instandsetzungen** im oben (→ Rn. 25, 26) beschriebenen Sinne, also unregelmäßige Reparaturen **weiterhin zu Lasten des Vermieters.**[58] 34

bb) Einzelne Klauseln

Mit der **Klausel,** dass er die Mietsache 35

*„mit der erforderlichen Sorgfalt zu behandeln und in **gutem und gebrauchsfähigen Zustand zu erhalten**"*

hat, trifft den Mieter daher nur die laufende Instandhaltung, nicht aber auch die Erneuerung eines marode gewordenen Daches, auch wenn der Mieter das gesamte Gebäude (hier:) pachtete.[59]

Ebenso verhält es sich bei der **Klausel,** 36

*„Der Mieter ist Betreiber der zentralen Heizungs- und Warmwasseranlage. Er hat daher für die laufende Unterhaltung und für einen **stets einwandfreien technischen Zustand zu sorgen.**"*

Werden die Heizkessel der Anlage erneuerungsbedürftig, gehen diese Kosten nicht zulasten des Mieters.[60] Die Beheizbarkeit des Mietobjekts zu erhalten, ist eine Kardinalpflicht des Vermieters. Er kann daher nicht darauf verweisen, dass die Anlage durch langjährigen Betrieb, mithin durch Alterung und Abnutzung, verschlissen war.

Klauseln, die mit folgender oder ähnlicher Formulierung bestimmen, 37

*„Der Mieter ist zur **Instandhaltung nach DIN 31051** (Instandhaltung, Begriffe und Maßnahmen, Stand Januar 1995) verpflichtet."*

sind **unwirksam.** Sie verstoßen gegen das Transparenzgebot aus § 307 Abs. 1 S. 2 BGB. Der Mieter kann nicht erkennen, welche Pflichten auf ihn übertragen werden, zumal die DIN 31 051 weitgehend unbekannt[61] ist. Es kommt hinzu, dass sie entgegen dem allgemeinen Sprachgebrauch die Instandsetzung als Unterfall der Instandhaltung behandelt.[62] Es wird daher empfohlen, die DIN 31 051 dem **Mietvertrag,** zB als **Anlage,** beizufügen.[63] Ob dies dem Mieter die notwendige Klarheit verschafft, erscheint indes fraglich. Unter DIN 31 051, 4.1.1 wird Instandhaltung defi-

[57] BGH XII ZR 220/99, NZM 2002, 655; vgl. *Joachim* NZM 2003, 387 (392): Individualvereinbarung als *„Königsweg"*.
[58] ZB Bub/Treier MietR-HdB/*Kraemer/Paschke* III.A Rn. 2592.
[59] OLG Düsseldorf NZM 2000, 464.
[60] KG GE 1999, 647 = NZM 2000, 1228.
[61] *Fritz* Rn. 229.
[62] *Hoff* ZMR 2006, 415 (416); Bieber/Ingendoh/*Ingendoh* § 5 Rn. 6; *Joachim* FS Blank, 2006, 221 (224); *Schultz* S. 173.
[63] *J. Schmidt* NZM 2003, 505 (507).

niert als die „*Kombination aller technischen und administrativen Maßnahmen sowie Maßnahmen des Managements während des Lebenszyklus einer Betrachtungseinheit zur Erhaltung des funktionsfähigen Zustandes oder der Rückführung in diesen, so dass sie die geforderte Funktion erfüllen kann.*"[64] „*Klar und verständlich*", wie es § 307 Abs. 1 S. 2 BGB verlangt, wird die Klausel auch durch diesen Text nicht; der juristisch nicht vorgebildete Laie wird Umfang und Tragweite nicht erkennen und überblicken können.[65] Dies liegt daran, dass die DIN 31051 für technische Anlagen entwickelt wurde und daher für Räume nicht recht passt.[66]

b) Abwälzung der Instandsetzung

aa) Grundsätze

38 Soll der Mieter auch für die Instandsetzung zuständig sein, übernimmt er einen weiteren Teil der Erhaltungslast des Vermieters. Es geht dabei nicht mehr nur um Instandhaltung, sondern auch um **unregelmäßige Reparaturarbeiten.**

39 Nach der Definition der Instandsetzung durch den BGH (→ Rn. 25) gehören auch die Kosten der **Wiederbeschaffung,** mithin des Ersatzes verbrauchter Teile, hierzu.[67] Dies wird jedoch **formularvertraglich nur** gelten können, wenn die Gegenstände dem Mieter **bei Vertragsbeginn neu** geliefert wurden, weil er anderenfalls den Verschleiß durch den oder die Vormieter mittragen müsste, was mit § 535 Abs. 1 S. 2 BGB kollidiert und eine unangemessene Benachteiligung darstellt.[68]

40 Da die Abwälzung der Instandsetzung eine deutliche Änderung der Zuständigkeiten gegenüber dem gesetzlichen Leitbild aus § 535 Abs. 1 S. 2 BGB darstellt, müssen **Instandsetzungsklauseln** der **Übermaßkontrolle** nach § 307 BGB standhalten. Sie dürfen

- sich **nur** auf die Verpflichtung zur **Reparatur solcher Schäden** beziehen, die **auf dem Mietgebrauch** beruhen[69] oder **aus dem Risikobereich des Mieters** stammen.[70] Diese Vorgabe **impliziert,** dass die Klauseln
- **nicht zu einer Haftung des Mieters für anfängliche Mängel**[71] und

---

[64] Zitiert nach *Hoff* ZMR 2006, 415 (416 Fn. 12).

[65] Vgl. BGH VII ZR 151/88, NJW 1989, 2748 (2749).

[66] Lindner-Figura/Oprée/Stellmann Geschäftsraummiete/*Hübner/Griesbach/Fuerst* Kap. 14 Rn. 2015.

[67] Anders die bisher herrschende Ansicht: zB OLG Hamm NJW-RR 1993, 1229; *Bub* NZM 1998, 793.

[68] *Fritz* Rn. 183; *Schultz* S. 174.

[69] BGH XII ZR 56/11, NZM 2014, 830; XII ZR 158/01, DWW 2005, 372 = GE 2005, 1185 = GuT 2005, 213 = NZM 2005, 863 = ZMR 2005, 844; VIII ZR 88/86, NJW-RR 1987, 906 = WuM 1987, 315 (Ls.) = ZMR 1987, 257; *Dose* NZM 2009, 381 (384).

[70] BGH XII ZR 56/11, NZM 2014, 830; XII ZR 158/01, DWW 2005, 372 = GE 2005, 1185 = GuT 2005, 213 = NZM 2005, 863 = ZMR 2005, 844; OLG Düsseldorf DWW 1992, 241; *Dose* NZM 2009, 381 (382); *Horst* DWW 2008, 42 (49).

[71] ZB OLG Brandenburg ZMR 2009, 682; OLG Düsseldorf WuM 1995, 435; *Fritz* Rn. 229; *Hoff* ZMR 2006, 415 (416); *Schultz* S. 173.

– **nicht zu einer Haftung für solche Schäden, die Dritte verursacht haben,**[72] führen dürfen. Die Einschränkungen bedeuten, dass die Abwälzung vornehmlich die Erhaltungslast hinsichtlich des **Inneren des Mietobjekts** betrifft.

Zusätzlich bedarf es stets der **Transparenzkontrolle** nach § 307 Abs. 1 S. 2 BGB. Diese geht dahin, ob die vorstehend beschriebenen Voraussetzungen für die Angemessenheit einer Instandsetzungsklausel auch *„klar und verständlich"* angegeben sind. Hierzu ist es erforderlich, dass die **gebotenen Einschränkungen aus der Klausel selbst** zu entnehmen sind. *„Die von § 535 BGB abweichende Vereinbarung der Übernahme weiterer Kosten neben der Miete für die Gewährung des Gebrauchs bedarf stets einer **ausdrücklichen und inhaltlich bestimmten** Vereinbarung. Nur dann ist es dem Mieter möglich, sich zunächst ein grobes Bild davon zu machen, welche zusätzlichen Kosten auf ihn zukommen können."*[73] **41**

Enthält die Klausel **keine Begrenzung** der Zuständigkeit des Mieters auf Mängel aus dem Mietgebrauch oder seinem Risikobereich, ist sie **unwirksam.** Wie auch die gerichtliche Praxis zeigt, kommt es anderenfalls nicht selten zur unberechtigten Inanspruchnahme des Mieters, wenn etwa der Ladenmieter nach der Klausel stets zerbrochene Schaufensterscheiben zu ersetzen hat, diese aber durch Dritte eingeworfen wurden, oder wenn ein Brand auftritt, der durch Brandstiftung Dritter ausgelöst wurde.[74] **42**

Bei der Bewertung der Klauseln ist die Änderung in § 309 Nr. 5 BGB im Vergleich zu § 11 Nr. 5 AGBG als **gesetzliches Beispiel für die Ausfüllung des allgemeinen Transparenzgebots** in § 307 Abs. 1 S. 2 BGB einzubeziehen (auch → Kap. 1 Rn. 350). § 309 Nr. 5 BGB betrifft zwar Schadenspauschalen, um die es hier nicht geht, die Vorschrift macht aber deutlich, was der Gesetzgeber unter Klauseln versteht, die ***„klar und eindeutig"***[75] sind. Nach § 11 Nr. 5 AGBG aF waren nur Klauseln unwirksam, die dem anderen Vertragsteil den Nachweis abschnitten, ein Schaden oder eine Wertminderung sei überhaupt nicht entstanden oder wesentlich geringer als die Pauschale. Deshalb wurde allein Klauseln, welche diese Folge deutlich enthielten, die Wirksamkeit versagt,[76] während Klauseln, die durch ihre Formulierung beim rechtsunkundigen, durchschnittlichen Vertragspartner den Eindruck desselben Ausschlusses erwecken mussten, unbeanstandet blieben. In Umkehrung dieser Rechtslage muss die Pauschalierungsklausel nunmehr den Nachweis eines geringeren Schadens ausdrücklich zulassen, wobei sie sich des Gesetzeswortlauts, aber auch ähnlicher Formulierungen bedienen kann.[77] **43**

---

[72] OLG Koblenz WuM 1990, 16.
[73] BGH XII ZR 39/04, NZM 2006, 776.
[74] BGH VIII ZR 88/86, NJW-RR 1987, 906 = WuM 1987, 315 (Ls.) = ZMR 1987, 257.
[75] *Schmidt-Räntsch/Maifeld/Meier-Göring/Röcken,* Das neue Schuldrecht, Texte und Materialien, S. 249.
[76] Palandt/*Heinrichs,* (60. Aufl.), AGBG § 11 Rn. 26 mwN.
[77] BGH VIII ZR 123/09, NJW 2010, 2122.

44 Auch der **XII. Senat des BGH** hat im Zusammenhang mit einer Entscheidung, ob die formularmäßige Auferlegung von Instandhaltung und Instandsetzung der von mehreren Gewerbemietern gemeinschaftlich genutzten Flächen zulässig ist (→ Rn. 49),[78] deutlich auf die **Transparenzproblematik** hingewiesen und ausgeführt: *„Damit werden dem Mieter auch Kosten übertragen, die nicht durch seinen Mietgebrauch veranlasst sind und die nicht in seinen Risikobereich fallen. Ihm werden dadurch, dass er die gemeinschaftlich benutzten Flächen und Anlagen in dem bei Mietbeginn bestehenden, i.d.R. gebrauchten Zustand vorfindet, die Kosten für die Behebung anfänglicher Mängel bzw. bereits vorhandener Abnutzungen durch Reparatur oder Erneuerung überbürdet, deren Höhe für ihn nicht überschaubar ist. Darüber hinaus werden ihm Kosten für Schäden auferlegt, die von Dritten verursacht worden sind, für deren Handeln er keine Verantwortung trägt, so dass auch insoweit ihm nicht zurechenbare und der Höhe nach nicht vorhersehbare Kosten auf ihn übertragen werden.“*

bb) Einzelne Klauseln

45 Die **Klausel,**

*„Die **Instandhaltung des gesamten Mietobjekts** einschl. der Schönheitsreparaturen obliegt dem Mieter“,*

ist **übermäßig** und daher **unwirksam.** Trotz des Wortes Instandhaltung soll dem Mieter der gesamte Aufwand für die Erhaltung des Mietobjekts und damit letztlich die gesamte Sachgefahr[79] auferlegt werden. Es handelt sich damit um eine **vollständige Überbürdung** der Erhaltungspflicht. Das Kostenrisiko ist für den Mieter **nicht kalkulierbar,** zumal er sich einer verschuldensunabhängigen Haftung ausgesetzt sieht. Die Klausel benachteiligt den Mieter daher unangemessen iSd § 307 BGB.[80]

46 **Dasselbe** gilt für die **Klausel,** nach welcher der Mieter

*„für die Unterhaltung von **Dach und Fach** des Mietobjekts“*

zuständig sein soll.[81] Dies folgt bereits daraus, dass unklar bleibt, welche Teile des Gebäudes von dieser Formulierung betroffen sein sollen; hierzu

[78] BGH XII ZR 56/11, NZM 2014, 830; XII ZR 158/01, DWW 2005, 372 = GE 2005, 1185 = GuT 2005, 213 = NZM 2005, 863 = ZMR 2005, 844.

[79] Palandt/*Weidenkaff* § 535 Rn. 42.

[80] OLG Köln DWW 1994, 119 = WuM 1994, 274.

[81] OLG Rostock NJW-RR 2010, 442; OLG Naumburg NZM 2000, 1183; OLG Dresden NJW-RR 1997, 395; LG Essen NZM 2016, 265; *Eisenschmid* NZM 2002, 889 (893); *Schlemminger/Tachezy* NZM 2001, 416 mwN; *Sternel* II Rn. 37; Lindner-Figura Geschäftsraummiete/*Oprée/Stellmann/Hübner* Kap. 13 Rn. 164; einschränkend *Bub* NZM 1998, 789 (793); Bub/Treier MietR-HdB/*Bub* II. Rn. 1348, der insoweit nur eine wegen Überraschung nach § 305c BGB unwirksame Klausel annimmt, so dass der Vermieter diesen Effekt durch Erläuterungen beheben könne.

existieren sehr unterschiedliche Begriffsbestimmungen.[82] Der Ausschluss kann zudem nicht auf Mängel erstreckt werden, deren Vermeidung zu den **Kardinalpflichten** des Vermieters gehört.[83] Die Kardinalpflichten beziehen sich jedenfalls auf die Dichtigkeit des Daches und die Beheizbarkeit des Mietobjekts,[84] das Fundament nebst Außenmauern und tragender Wände, die Keller- und Geschossdecken[85] sowie das Leitungssystem von Elektrizität und Wasser im Mauerwerk.[86] Ausgenommen sind die Fälle, in denen der Mieter selbst die Dach- und Fachklausel in den Mietvertrag eingebracht hat, etwa wegen der Vorzüge des eigenen Kostenmanagements.[87]

Eine **Ausnahme** greift ein, wenn der Vermieter dem Mieter einen Ausgleich zur Verfügung stellt, insbesondere eine geringere Miete; die **Mietreduzierung** muss allerdings einen angemessenen Umfang haben, um eine tatsächliche Absicherung des Mieters darzustellen. Mit einem formularmäßigen Hinweis, die Mehrbelastung des Mieters sei bei der Festsetzung der Miete angemessen berücksichtigt, kann es nicht sein Bewenden haben. Die Ausnahme wird im Regelfall daher nur greifen, wenn ein ausgehandelter Ausgleich und damit eine Individualvereinbarung zugrunde liegt.[88] **47**

Instandsetzungsklauseln, die nach ihrem Inhalt **über diese notwendigen Begrenzungen hinaus** den Mieter belasten sollen, können im Übrigen, dh ohne einen Ausgleich für den Mieter, wirksam nur in der Form formularmäßig vereinbart werden, dass eine **Kostenobergrenze** eingezogen wird. Dies betrifft Kleinreparaturklauseln (→ Rn. 55) und Klauseln, mit denen die Mieter an dem Unterhaltungsaufwand von **Gemeinschaftsflächen** beteiligt werden sollen. **48**

Klauseln, nach denen der Mieter **49**

„Sämtliche Nebenkosten des Einkaufszentrums, insbesondere die Kosten des Betriebes, der Instandhaltung und der ***Gemeinschaftsanlagen einschließlich der Verkehrsflächen****"*

anteilig nach dem Flächenschlüssel tragen soll, sind daher **unwirksam,** sofern sie nicht eine Beschränkung der Höhe nach enthalten.[89] Dem Ver-

[82] Ausführlich OLG Hamm ZMR 1988, 260 = BeckRS 2010, 4173; Guhling/Günter/*Baldus* § 584b Rn. 105 f.; Guhling/Günter/*Joachim* Anh. 1 § 535 Rn. 257; *Schlemminger/Tachezy* NZM 2001, 416 mwN.

[83] ZB OLG Naumburg NZM 2000, 1183 = WuM 2000, 241 = ZMR 2000, 383; *Joachim* NZM 2003, 387 (389); *Schmitz/Reischauer* NZM 2002, 1019.

[84] OLG Naumburg NZM 2000, 1183 = WuM 2000, 241 = ZMR 2000, 383.

[85] *Fritz* Rn. 229b; *Joachim* FS Blank, 2006, 221 (225); *Sternel* II, S. 376.

[86] *Eisenschmid* NZM 2002, 889 (893); *Joachim* FS Blank, 2006, S. 221 (225).

[87] OLG Oldenburg NZM 2003, 439.

[88] BGH XII ZR 220/99, NZM 2002, 655.

[89] BGH XII ZR 158/01, DWW 2005, 372 = GE 2005, 1185 = GuT 2005, 213 = NZM 2005, 863 = ZMR 2005, 844; enger OLG Hamburg 20.1.1988 – 4 U 230/86, n. v.: zulässig nur, wenn sich die Belastung deutlich in einem geringeren Mietzins niederschlägt.

mieter ist es auch verwehrt, dasselbe Ergebnis über die formularmäßige Umlage einer Instandhaltungsrücklage zu erreichen, in welche der Aufwand für Gemeinschaftsanlagen eingerechnet ist.[90] Die **Grenze für eine noch zulässige Beteiligung des Mieters** an derartigen Kosten hat der BGH offen gelassen. Sie wird, wie bei den Kleinreparaturen (→ Rn. 56) bei 10% der Jahresnettomiete gezogen.[91] Um der Transparenzproblematik zu begegnen, sollten auch derartige eingeschränkte Klauseln verständlich angeben, welche Erhaltungsmaßnahmen betroffen sind.[92]

50 Eine Klausel, dass der Mieter

*„bei Beendigung des Mietverhältnisses eine **Komplettrenovierung** der Gewerberäume vorzunehmen"*

hat, soll ihn auch verpflichten, den Boden der gemieteten Werkstatt instand zu setzen.[93] Diese Meinung überzeugt nicht. Eine komplette vorzunehmende Renovierung besagt nach allgemeinem Sprachgebrauch, dass der Mieter in allen Mieträumen unabhängig von ihrem jeweiligen Zustand Schönheitsreparaturen zu erledigen hat, nicht aber, dass er auch eine evtl. Instandsetzung der Gebäudesubstanz vornehmen muss. Hinsichtlich dieser Erweiterung seiner Pflichten ist die Klausel unklar und auch deshalb unwirksam, weil sie die notwendigen Einschränkungen (→ Rn. 40) nicht enthält.[94]

51 Die **Klauseln,**

*„Der Mieter verpflichtet sich, **alle** während der Dauer der Mietzeit **anfallenden Reparaturen** in den angemieteten Räumen auf seine Kosten durchzuführen.",*
*„**Sämtliche notwendigen Reparaturen,** Instandsetzungen, Instandhaltungen und Erneuerungen in den gemieteten Räumen gehen zu Lasten des Mieters.",*
*„Der Mieter führt auf seine Kosten die Instandhaltung und Instandsetzung **aller** ausschließlich von ihm gemieteten Räume und **sämtlicher** innerhalb dieser Räume gelegenen Anlagen, Einrichtungen und Installationen durch."*

genügen daher den Anforderungen gem. → Rn. 40 nicht. Ihnen **fehlt** die erforderliche **Transparenz,**[95] so dass sie **insgesamt**[96] **unwirksam** sind. Das gilt **ebenso** für die Verpflichtung des Mieters, erforderliche

*„**Renovierungen**" bzw. „**Renovierungsarbeiten**"*

[90] KG NZM 2003, 395.
[91] *Fritz* Rn. 229; *Hoff* ZMR 2006, 415 (417); Bieber/Ingendoh/*Ingendoh* § 5 Rn. 22, vorsichtiger *Schultz* S. 175: 8%, der nach *Ghassemi-Tabar/Leo* (II. Teil Rn. 174) angemessene Ansatz von 6–8% der Jahreskaltmiete dürfte deutlich über 10% der Jahresnettomiete hinausgehen.
[92] *Hoff* ZMR 2006, 415 (417).
[93] OLG Frankfurt a. M. InfoM 2012, 326.
[94] Ebenso *v.Seldeneck* InfoM 2012, 326.
[95] *Blank* WImmoT 2005, 95 (107); *Sternel* NZM 1998, 844.
[96] Vgl. BGH VIII ZR 256/83, NJW 1985, 632.

durchzuführen. So der Begriff der Renovierung in einem Gewerberaummietverhältnis in Abgrenzung zu Schönheitsreparaturen als Instandhaltung ausgelegt wird,[97] mag dieses Verständnis zwar möglich sein. Für eine Abwälzung auf den Mieter mangelt es jedoch ebenso an der erforderlichen Bestimmtheit.

Nach der **bisherigen, älteren Rechtsprechung des BGH** waren die **52**
vorgenannten **Klauseln wirksam,**[98] obgleich sie die auch von ihm als notwendig zugrunde gelegte Beschränkung auf Schäden aus Mietgebrauch oder Risikosphäre nicht erkennen ließen. Das gebotene Ergebnis gewann er durch entsprechende Vertragsauslegung, was auf nachhaltige Kritik in der Literatur stieß.[99] Deren unterschiedliche Auffassung gegenüber der Rechtsprechung des BGH beruht darauf, dass hier **zwei verschiedene Argumentationslinien** festzustellen sind. Nach dem einen Ansatz läuft die Einbeziehung der notwendigen, aus der Klausel selbst jedoch nicht ersichtlichen Einschränkungen auf eine unzulässige sog. geltungserhaltende Reduktion hinaus;[100] hierbei wird die Zulässigkeit einer Klausel dadurch erreicht, dass die Voraussetzungen für ihre Wirksamkeit in sie hinein interpretiert werden. Nach dem Ansatz des BGH erfolgt allein eine Auslegung der Klausel. Die zugunsten des Mieters gebotenen Beschränkungen werden dabei als selbstverständlich vorausgesetzt.[101] Es handelt sich gewissermaßen um das Fundament, auf dem die Klausel aufbaut, so dass deren Inhalt und Auswirkungen als separater Aufbau bewertet werden können. Jedenfalls im Hinblick auf § 307 Abs. 1 S. 2 BGB kann dieser **älteren Rechtsprechung nicht mehr gefolgt werden** (ausführlich → Rn. 41 ff.).

c) Umfang und Rechtsfolgen unwirksamer Klauseln

Die **Unwirksamkeit** der in ihrem tatsächlichen Regelungsgehalt unkla- **53**
ren Klauseln erfasst **auch solche in bestehenden Mietverträgen.** Seit 1.1.2003 gelten die Vorschriften der Schuldrechtsreform unmittelbar ebenfalls für Verträge über Dauerschuldverhältnisse, die davor abgeschlossen wurden (Art. 229 § 5 EGBGB). Die um ein Jahr verschobene Geltung der neuen Vorschriften für Dauerschuldverhältnisse sollte den Vertragsparteien die Möglichkeit verschaffen, ihre Verträge an die veränderte Rechtslage anzupassen.[102] Soweit dies nicht geschehen ist, sind alte Klauseln am neuen Recht zu messen.

Auch wenn der Inhalt einer einheitlichen Formularklausel nur teilwei- **54**
se gegen § 307 BGB verstößt, ist sie **grundsätzlich insgesamt unwirksam,**

---

[97] OLG Koblenz MDR 2014, 1136 und ZMR 2015, 298 zur einvernehmlichen Mietreduktion im Hinblick auf den Zustand des Mietobjekts.

[98] BGH VIII ZR 355/85, WuM 1987, 154; (VIII ZR 88/86, NJW-RR 1987, 906 = WuM 1987, 315 (Ls.) = ZMR 1987, 257.

[99] *Sternel* II Rn. 376; *Wodicka* NZM 1999, 1081.

[100] Vgl. *Wodicka* NZM 1999, 1082.

[101] OLG Naumburg NZM 2000, 1183 = WuM 2000, 241 = ZMR 2000, 383.

[102] BT-Drs. 14/6040, 273; OLG Köln DWW 1994, 119 = WuM 1994, 274.

sie darf nicht über die geltungserhaltende Reduktion jedenfalls zum Teil aufrechterhalten werden.[103] Wegen des einheitlichen Regelungsbereichs der Klausel scheidet ebenfalls der sog. **blue-pencil-Test** aus.[104] Folge der Unwirksamkeit ist nach § 306 Abs. 2 BGB, dass es bei der **gesetzlichen Lastenverteilung** gem. § 535 Abs. 1 S. 2 BGB verbleibt und der **Vermieter für die Instandhaltung sowie Instandsetzung zuständig** ist. Salvatorische, Ersetzungs- und Erhaltungsklauseln stehen dem nicht entgegen (→ Kap. 1 Rn. 363).[105]

3. Kleinreparaturen

55 Bei Klauseln, die dem Mieter die Behebung von Kleinschäden auferlegen, ist zu **differenzieren.** Beschränken sie sich darauf, dass der Mieter **nur Mängel** zu beseitigen hat, die **innerhalb des Mietobjekts durch** dessen **Gebrauch** auftreten,[106] bestehen auch gegenüber einer unbegrenzten Zuständigkeit des Mieters **keine Bedenken.** Sie halten sich damit in dem Rahmen, in dem auch die Abwälzung der allgemeinen Instandsetzungslast erfolgen kann.

56 Sollen sie **Schäden** einschließen, die **nicht auf den Mietgebrauch** zurückzuführen sind, wird dem Mieter auch die Haftung für nicht verschuldete Mängel auferlegt; außerdem ist er mit einem unbekannten Kostenrisiko belastet. Diese Folgen sind mit dem gesetzlichen Leitbild nicht mehr zu vereinbaren, so dass derartige Klauseln wegen unangemessener Benachteiligung des Mieters nach § 307 BGB **unwirksam** sind.[107] Sie haben daher **nur Bestand,** wenn sie eine **Höchstbelastung** des Mieters ausweisen,[108] wobei ein Höchstbetrag von 5 % der Jahresmiete, maximal bis zu zwei Monatsmieten,[109] für zumutbar gehalten wird;[110] wegen des sachlichen Zusammenhangs sollte die Jahresnettomiete die Bezugsgröße liefern. Auch wenn die Kleinreparaturklauseln dazu dienen, im Rahmen des Dauerschuldverhältnisses einem Streit der Parteien über

---

103 ZB Guhling/Günter/*Guhling* § 306 Rn. 14; *Guhling* NZM 2019, 457 (461); *Dose* NZM 2009, 381 (385).

104 Unklar insoweit *Guhling* NZM 2019, 457 (461), der im Zusammenhang mit der Erörterung formularvertraglicher Abwälzung von Instandhaltung und Instandsetzung auf den Gewerberaummieter den blue-pencil-Test zwar ausdrücklich erwähnt, im Weiteren jedoch nicht für diese Thematik erörtert.

105 BGH VIII ZR 163/18, GE 2020, 1037 = NZM 2020, 704 (mAnm *Zehelein*) = NZM 2020, 708 = WuM 2020, 554; VIII ZR 270/18, DWW 2020, 251 = GE 2020, 1041 = NZM 2020, 710 = WuM 2020, 559 (mAnm *Wiek*) = ZMR 2020, 928 zu den Folgen einer unwirksamen Schönheitsreparaturenklausel; allgemein: XII ZR 132/03, NJW 2005, 2225 = NZM 2005, 502 = ZMR 2005, 691; Guhling/Günter/*Guhling* § 306 Rn. 8.

106 AG Berlin-Mitte GE 2020, 611 = ZMR 2020, 517.

107 BGH XII ZR 158/01, DWW 2005, 372 = GE 2005, 1185 = GuT 2005, 213 = NZM 2005, 863 = ZMR 2005, 844; KG NZM 2003, 395.

108 BGH XII ZR 158/01, DWW 2005, 372 = GE 2005, 1185 = GuT 2005, 213 = NZM 2005, 863 = ZMR 2005, 844; KG NZM 2003, 395; *Dose* NZM 2009, 381 (385).

109 Bub/Treier MietR-HdB/*Bub* II Rn. 1372.

110 *Bub* NZM 1998, 789 (793); *Fritz* Rn. 183; *Wodicka* NZM 1999, 1081.

Bagatellschäden vorzubeugen,[111] wird die Haftung des Mieters jedenfalls dann ausscheiden, wenn die Schäden evident durch Dritte verursacht wurden, etwa durch Vandalismus bei einem Einbruch.

Die wirksame Abwälzung der Kleinreparaturen verpflichtet den Mieter **nicht,** sich an den Kosten **größerer Reparaturen** bis zur Höhe der jährlichen Höchstbelastung zu **beteiligen.**[112] Derartige Reparaturen können vielfältige Ursachen außerhalb der Obhutspflicht des Mieters haben, zB vertragswidrige Nutzung durch den Vormieter oder mangelhafte Pflege des Mietobjekts durch den Vermieter. Sie gehen daher vollständig zu dessen Lasten. **57**

In der Sache geht es bei Kleinreparaturen um die Behebung von Mängeln an **Bestandteilen des Mietobjekts,** die dem **häufigen Zugriff** des Mieters ausgesetzt sind. Er hat es damit weitgehend in der Hand, sie durch schonenden Umgang für lange Zeit funktionsfähig zu erhalten. Fehlt eine Begriffsbestimmung im Mietvertrag, darf auch der Mieter von Gewerberaum davon ausgehen, dass die Klausel sich nur auf die iSd § 28 Abs. 3 S. 2 II. BV üblichen Teile (→ Rn. 78) bezieht. Die Parteien können den sachlichen Gehalt individualvertraglich ausweiten, formularvertraglich jedoch nur soweit, wie noch ein Bezug zu Art und Weise des Zugriffs des Mieters besteht; hieran fehlt es etwa bei Gas-, Wasser- und E-Leitungen, die im Mauerwerk oder in der Wand verlegt sind.[113] Da die Höchstbelastung des Mieters (bislang) allgemein an der Jahresnettomiete und nicht, wie bei Wohnraum (→ Rn. 79), zusätzlich an den Kosten der Einzelreparatur festgemacht wird, könnte der Vermieter sonst mit Hilfe eines entsprechenden Maßnahmenkatalogs die nicht unerhebliche Entlastung von seinen Instandsetzungspflichten erreichen, was den Mieter gröblich benachteiligt. **58**

III. Wohnraum

1. Instandhaltung und Instandsetzung

a) Individualvereinbarung

Der Mieter preisfreien Wohnraums darf mit weiteren **Instandhaltung- und Instandsetzungsarbeiten** über die eigentlichen Schönheitsreparaturen hinaus **nur** belastet werden, **wenn** es sich um Arbeiten handelt, die üblicherweise erst nach längeren Fristen anfallen und die in der Regel nicht zu einer Einschränkung oder Aufhebung der Gebrauchstauglichkeit führen.[114] Allein unter dieser Voraussetzung ist die Abwälzung wirksam, weil es sich in der Sache um die Abwälzung von Erhaltungspflichten auf **59**

---

[111] BGH VIII ZR 91/88, WuM 1989, 324 (326).

[112] BGH VIII ZR 91/88, WuM 1989, 324 (327); OLG Düsseldorf DWW 2002, 328 = WuM 2002, 545.

[113] Vgl. BGH VIII ZR 91/88, WuM 1989, 324 (327).

[114] BGH VIII ZR 129/91, WuM 1992, 355.

den Mieter handelt, wodurch diesem entgegen § 536 Abs. 4 BGB das Recht zur Minderung genommen wird.

60 Ob das Minderungsrecht tangiert ist, ist jeweils im Einzelfall sorgfältig zu prüfen; so scheitern bereits Vornahmeklauseln bei den Kleinreparaturen an der Einschränkung des Minderungsrechts (dazu → Rn. 74). Die Abwälzung von Instandhaltung und Instandsetzung wird daher **als *Vornahme*pflicht** auch individualvertraglich **nur sehr selten wirksam** sein.

61 In Betracht kommen daher allenfalls **Malerarbeiten** an Außenflächen (Fenster, Fassaden eines Einfamilienhauses) **oder begrenzte Innenarbeiten,** etwa die Behandlung von Fußböden (Abschleifen von Parkett). Die Pflicht zur Erneuerung unansehnlicher und verschlissener Teppichböden sprengt diesen Rahmen. Erst recht nicht zulässig ist es danach, dem Mieter die Reparatur oder Erneuerung wesentlicher bauseitiger Einrichtungen aufzuerlegen, zB Arbeiten an Heizungs- oder Sanitäranlagen. Eine entsprechende Vereinbarung ist bei preisgebundenem Wohnraum alter Art ohnehin nicht wirksam, da dadurch die nach § 8 Abs. 1 WoBindG allein zulässige Kostenmiete überschritten würde.

62 Auch die individualvertragliche Abwälzung von Instandhaltungs- und Instandsetzungsarbeiten begründet **keine Verpflichtung** des Mieters, **anfängliche** Mängel **sowie Schäden** zu beseitigen, die **nicht aus seinem Mietgebrauch** stammen. Soweit sich zB Schäden der Bausubstanz, wie ein undichtes Dach, auf die Wohnung auswirken, bleibt es Sache des Vermieters, zusätzlich die Beeinträchtigungen im Innern der Wohnung auf seine Kosten zu beseitigen. Dasselbe gilt für Schäden, die **Dritte** verursachten.

b) Formularvereinbarung

63 Formularvertragliche Erweiterungen der Mieterpflichten sind in aller Regel bereits deshalb unwirksam, weil sie das **Minderungsrecht** des Mieters aus § 536 Abs. 4 BGB **beeinträchtigen. Zusätzlich** scheitern sie daran, dass ein **Verstoß gegen § 307 BGB** vorliegt. Eine unangemessene Benachteiligung des Mieters kommt nicht nur in Betracht, wenn dem Mieter ein Übermaß an Schönheitsreparaturen auferlegt wird,[115] sondern auch dann, wenn er für die **Erhaltung von Teilen der Wohnung, insbesondere ihrer Ausstattung,** zuständig sein soll.

aa) Ausbesserung von Decken und Wänden

64 Eine Klausel, nach der zu den Schönheitsreparaturen neben den Malerarbeiten auch

„die Ausbesserung von Schäden am ***Verputz der Wände und Decken****"*

[115] ZB BGH VIII ZR 48/09, NZM 2010, 157 = WuM 2010, 85; VIII ARZ 9/86, WuM 1987, 306 (308).

zählen soll, stellt eine zu weit gehende Abwälzung von Instandsetzungspflichten auf den Mieter dar.[116] Ausgenommen sind allein kleinere Schäden, die beim Renovieren üblicherweise mit beseitigt werden (vgl. → Kap. 1 Rn. 24).

bb) Arbeiten an Bodenbelägen

Klauseln, die dem Mieter 65

*„das Abziehen der **Parkettböden**“*

auferlegen, sind **unwirksam.** Das Abschleifen und Versiegeln von Parkett gehört nicht zu den Schönheitsreparaturen.[117] Es kommt daher nicht darauf an, ob die Arbeiten nach der Klausel im Abstand der üblichen Fristen für Schönheitsreparaturen durchzuführen sind, was ohnehin einen Verstoß gegen das Übermaßverbot darstellt, oder ob längere Fristen vereinbart wurden.[118] Aber auch die separate formularvertragliche Verpflichtung des Mieters, diese Arbeiten zu erledigen, belastet ihn entgegen dem gesetzlichen Leitbild aus § 535 Abs. 1 S. 2 BGB unangemessen; zudem kollidiert sie mit dem Verbot, das Minderungsrecht des Mieters einzuschränken. Bei wirksamer Abwälzung der Schönheitsreparaturen ist der Mieter nur zur gelegentlichen Grundreinigung verpflichtet (→ Kap. 1 Rn. 4).

Eine Klausel, dass der Mieter 66

*„den bauseitig verlegten **Teppichboden** zu pflegen und **bei Verschleiß zu erneuern** hat“,*

ist **unwirksam.**[119] Dasselbe gilt für andere Arten von Fußbodenbelägen, wie etwa **PVC**-Ware. Die Klausel soll den Mieter auch dann zur Erneuerung verpflichten, wenn der Bodenbelag infolge vertragsgemäßen Gebrauchs verschlissenen ist, was ihn unangemessen belastet. Dass er ihn bei Schäden durch vertragswidrige Nutzung zu erneuern hat, ist ebenso selbstverständlich wie die Pflicht zur Pflege als Bestandteil seiner Obhutspflicht. Auch eine gelegentliche Grundreinigung von Teppichboden gehört zu den Schönheitsreparaturen; diese Maßnahme ist inzwischen an die Stelle des in § 28 Abs. 4 S. 4 II. BV vorgesehenen Streichens der Fußböden getreten (→ Kap. 1 Rn. 4).[120]

Gelegentlich versuchen Vermieter, die **Unwirksamkeit** der vorgenannten Formularklausel dadurch **zu umgehen,** dass sie eine Bestimmung 67

[116] LG Köln WuM 1989, 506.

[117] BGH VIII ZR 48/09, NZM 2010, 157 = WuM 2010, 85; LG Köln WuM 1994, 199; LG Hamburg WuM 1990, 115 (116); AG Bergisch Gladbach WuM 1997, 211; AG Köln WuM 1995, 312; *Gather* S. 27.

[118] ZB OLG Düsseldorf GE 2003, 1608 = WuM 2003, 621 = ZMR 2003, 921; aA wohl LG Berlin GE 1992, 677.

[119] OLG Hamm WuM 1991, 248.

[120] BGH XII ZR 15/07, DWW 2009, 23 = GE 2009, 111 = GuT 2008, 484 = NZM 2009, 126 = WuM 2009, 225 = ZMR 2009, 267.

aufnehmen, mit welcher der **Bodenbelag** als **separat vermietet** gilt. Der Versuch, hierüber ein eigenständiges Mietverhältnis zu konstruieren, dient dazu, ihn aus dem Mietvertrag über die Wohnung herauszulösen, um dem Mieter insoweit zusätzliche Pflichten auferlegen zu können. Derartige Abreden sind als Umgehung des gesetzlichen Leitbildes und auch des zwingenden Minderungsrechts des Mieters unwirksam.

68 Zuweilen ist bei der Beschreibung des Mietgegenstandes im Mietvertrag angegeben, ein vorhandener **Bodenbelag** sei **nicht mit vermietet,** um dadurch die vollständige Zuständigkeit des Mieters zu begründen. Hier hängt es von der Ausgestaltung der Regelung ab, ob es sich um eine Umgehung der beim Vermieter verbleibenden Erhaltungslast handelt. Dies ist nur dann nicht der Fall, wenn der Mieter tatsächlich mit dem Bodenbelag nach Belieben verfahren kann und insbesondere bei Beendigung des Mietverhältnisses keinen Ersatz schuldet.

69 Klauseln, die mit folgender oder ähnlicher Formulierung bestimmen,

„Eventuell in der Wohnung vorhandene ***Gegenstände*** *werden dem Mieter* ***ohne Gewähr*** *auf Vollständigkeit und Funktion zur Verfügung gestellt. … Falls der Mieter andere Gegenstände einbaut, kann die vorhandene alte Einrichtung vom Mieter entsorgt werden, wenn die* ***neuen Möbel und Geräte*** *in etwa dem Qualitätsstandard der vorhandenen entsprechen und* ***in der Wohnung verbleiben.****“,*

sind daher **unwirksam.**[121] Sie sind zudem nicht nur überraschend, sondern belasten den Mieter auch dadurch übermäßig, dass es seine Sache ist, sich ggf. funktionsfähige Einrichtungen zu beschaffen, wobei der Ersatz entschädigungslos in das Eigentum des Vermieters übergehen soll.

cc) Beseitigung von Dübellöchern

70 Die Klausel,

„Bei Beendigung des Mietverhältnisses ist der Mieter verpflichtet, Dübeleinsätze zu entfernen, Löcher ordnungsgemäß und unkenntlich zu verschließen, etwa durchbohrte Kacheln durch gleichartige zu ersetzen“,

ist **unwirksam.**[122] Der Mieter ist nach allgemeiner Ansicht gem. § 538 BGB berechtigt, im Badezimmer Dübellöcher in den Wänden anzubringen, um die übliche Einrichtung wie Handtuchhalter, Spiegel und Konsole zu installieren. Die Rückgabepflicht aus **§ 546 Abs. 1 BGB** bezieht sich zwar auf die Wohnung in dem Zustand, wie sie an den Mieter übergeben worden ist, erfasst aber **keine Veränderungen und Verschlechterungen nach § 538 BGB,**[123] so dass Dübellöcher, solange sich deren Anbringung

[121] AG Landsberg am Lech WuM 2007, 12 für bei Anmietung vorhandene Ölöfen.
[122] BGH VIII ZR 10/92, NJW 1993, 1061 = WuM 1993, 109.
[123] BGH VIII ZR 152/05, NZM 2006, 621 = WuM 2006, 308 = ZMR 2006, 601.

im Rahmen des Zulässigen hält, auch nicht beseitigt werden müssen.[124] Die Klausel benachteiligt den Mieter unangemessen, weil sie ihm die Beseitigung der Dübel und Bohrlöcher auch in den Fällen auferlegt, in denen er in Bad und Küche darauf angewiesen ist, Einrichtungen anzubringen, um die Räume überhaupt vertragsgemäß nutzen zu können. Der Vermieter kann die dekorativen Nachteile, die sich insbesondere nach mehrfachem Mieterwechsel einstellen, unschwer dadurch vermeiden, dass er die Räume mit den üblichen Installationsgegenständen ausstattet. Solange sie sich in ordentlichem Zustand befinden, ist es als zum Schadensersatz verpflichtende Vertragsverletzung zu werten, wenn der Mieter sie wegen seiner Geschmacksvorstellungen durch andere ersetzt und hierzu etliche neue Bohrlöcher anbringt. Die Klausel wäre **auch dann nicht wirksam,** wenn man die Entfernung von Dübellöchern als **Teil der Schönheitsreparaturen** nach § 28 Abs. 4 S. 3 II. BV ansehen würde, was streitig ist (→ Kap. 1 Rn. 10). Denn sie bestimmt einen konkreten Zeitpunkt, an dem die Renovierungsarbeiten durchzuführen sind, was als starre Frist nicht zulässig ist (→ Kap. 1 Rn. 201). Man kann auch nicht argumentieren, der Zustand begründe per se einen objektiven Renovierungsbedarf, weil der Mieter auch vertragsgemäß erstellte Dübellöcher dann sofort beseitigen müsste. Es kommt daher auf den allgemeinen Zustand an, der grundsätzlich nicht formularvertraglich bestimmbar ist.

Welche Anzahl von Dübellöchern der Mieter anbringen darf, ohne **71**
sich einen vertragswidrigen Gebrauch vorwerfen lassen zu müssen, ist streitig. Es wird allgemein darauf abgestellt, dass der Mieter Löcher nur in einem üblichen Umfang anbringen darf.[125] Dass häufig eine Konkretisierung fehlt, was unter einem üblichen Umfang zu verstehen ist, ist nachvollziehbar, weil die Beurteilung vom Einzelfall abhängt. Ist zB von vornherein an eine mehrköpfige Familie vermietet oder wächst die Zahl der Mitglieder des Haushalts mit der Zeit, ist im Bad eine größere Anzahl von Dübellöchern notwendig, um die erforderlichen Einrichtungsgegenstände installieren zu können. Auch eine größere Anzahl von Löchern ist hier vertragsgemäß. Stellte der Vermieter allein die Sanitäreinrichtungen und musste der Mieter daher Halter für Spiegel, Spiegelkonsole und Spiegellampen, Handtücher, Zahnputzgläser, Seifenschale, Klopapierrolle, Klobürste sowie Duschstange und Haltegriff an der Badewanne anbringen, sollen 32 Dübellöcher nicht zu viel sein.[126] Andererseits wurden schon mehr als 5 Löcher im WC-Raum und 6 Löcher im Bad als übermäßig angesehen,[127] was deutlich zu knapp kalkuliert ist oder 14

[124] Übersehen von LG Wuppertal GE 2020, 1052 = BeckRS 2020, 16963 (wenn auch dort ohne Auswirkungen, da zugleich Beschädigungen vorlagen), worauf richtiger Weise hinweist *Eisenschmid* AnwZert MietR 20/2020; ebenso AG Mettmann BeckRS 2019, 46058.

[125] *Horst* NZM 2020, 257 (260) mwN.

[126] LG Hamburg NJOZ 2001, 2112 = WuM 2001, 359.

[127] LG Darmstadt NJW-RR 1988, 80.

Bohrlöcher als noch üblich.[128] Zum Teil erfolgt die Abgrenzung in negativer Weise, indem festgestellt wird, dass 21[129], 59[130] bzw. 126[131] Löcher über die üblichen hinaus nicht mehr vertragsgemäß sind. In jedem Fall ist der Mieter verpflichtet, Bohrlöcher so weit wie möglich in die Fugen zu setzen; so müssen zB Toilettenpapierhalter und Seifenschale nicht unbedingt in einer genau bestimmten Höhe angebracht werden, um ordnungsgemäß genutzt werden zu können, so dass es je nach Fliesengröße zumutbar ist, sie in Höhe der Fugen zu montieren.[132] Zum Teil kann auf Bohrlöcher ganz verzichtet werden, wenn die Einrichtungen auch unschwer auf andere Weise zu installieren sind, etwa durch Klebehaken, oder, um viele einzelne Löcher zu vermeiden, indem durch eine Konsole Platz zum Abstellen der Badutensilien geschaffen wird. Zum Schadensersatzanspruch des Vermieters bei übermäßiger Anzahl von Dübellöchern → Rn. 104.

2. Pauschale Kostenbeteiligungen

72 Klauseln, die eine pauschale Beteiligung des Mieters an zukünftigen, erst nach Ende des Mietverhältnisses anfallenden Kosten vorsehen, sind **unwirksam.** Dies gilt ohne weiteres für eine **Treppenhausabnutzungspauschale.** Sie scheitert ohnehin an § 307 BGB, weil die dekorative Instandhaltung des Treppenhauses nicht zu den mieterseitigen Schönheitsreparaturen gehört.[133] Ebenso verhält es sich bei einer **Teppichbodenabnutzungspauschale.**[134] Sie bezieht sich zwar auf eine Ausstattung der Wohnung, zielt indes auf eine Kostenentlastung des Vermieters in einem Bereich, für dessen Erhalt allein er zuständig ist.

3. Kleinreparaturen

73 Bei Kleinreparaturklauseln ist zu differenzieren.[135] Sie können den Mieter verpflichten, entweder die Arbeiten selbst zu erledigen **(Vornahmeklauseln)** oder die Kosten aus entsprechenden Arbeiten des Vermieters zu tragen **(Kostenklauseln).**

a) Vornahmeklauseln

74 **Vornahmeklauseln** in Wohnraummietverträgen sind **unwirksam.** Sie stellen eine unangemessene Benachteiligung des Mieters gem. § 307 BGB

---

[128] AG Kassel WuM 1996, 757.
[129] LG Göttingen ZMR 1990, 145.
[130] AG Berlin-Schöneberg BeckRS 2015, 20878.
[131] LG Wuppertal GE 2020, 1052 = BeckRS 2020, 16963.
[132] LG Berlin GE 2002, 261 (mAnm *Schach* GE 2002, 233): Fliesengröße 20 x 30 cm; AG Berlin-Köpenick BeckRS 2012, 25064.
[133] Bub/Treier MietR-HdB/*Bub* II A Rn. 1477; *Schultz* ZMR 1987, 41 (48).
[134] AG Hamburg WuM 1986, 310.
[135] Zur Abwälzbarkeit von Kleinreparaturen generell kritisch *Lammel* § 535 Rn. 166.

dar, da sie ihn mit den gesamten Nachteilen belasten, die mit der Vergabe von Reparaturaufträgen verbunden sein können, zB der Durchsetzung von Gewährleistungsansprüchen gegenüber den Handwerkern oder der Haftung für Schäden, die sie verursacht haben, gegenüber dem Vermieter. Ferner kann der Mieter, der den Umfang der Arbeiten nicht richtig einschätzte und nachträglich feststellte, dass sie die Grenze der Kleinreparaturen überschreiten, gezwungen sein, den Erstattungsanspruch ggf. gerichtlich geltend zu machen. Insbesondere aber wird durch die Vornahmeklausel das Minderungsrecht des Mieters beeinträchtigt, das nach § 536 Abs. 4 BGB nicht abdingbar ist.[136] Die häufig anzutreffenden Klauseln, dass der Mieter zerbrochene **Innen- und Außenscheiben** zu erneuern,[137] die **Rollläden** instand zu halten und instand zu setzen,[138] **Öfen** bis zur Schornsteineinführung töpfermäßig zu reinigen[139] oder die üblichen Kleinreparaturen zu erledigen hat, sind immer unzulässig.

Wartungsklauseln betreffen **keine Kleinreparaturen.**[140] Sie dienen **75**
nicht der Beseitigung von Kleinschäden, sondern der Aufrechterhaltung der Betriebsfähigkeit. Es ist primär Sache des Vermieters, die entsprechende Vorsorge durch Wartung zu treffen. Auf die Wartungsklauseln wird hier nur der Vollständigkeit halber eingegangen, weil derartige Klauseln den **Mieter** häufig verpflichten, bestimmte bauseitige Einrichtungen, zB Thermen, **warten zu lassen,** also als Vornahmepflicht ausgestaltet sind. Hierzu wird vertreten, dass Wartungsklauseln nicht an § 536 Abs. 4 BGB zu messen und daher, sofern sie nicht auch Instandhaltung einschließen, wirksam seien.[141] Die Abwälzung der Wartung führt indes dazu, dass der Mieter die Maßnahmen ergreifen soll, die den Eintritt eines minderungsrelevanten Ausfalls der Einrichtung verhindern. Das Verbot des Ausschlusses des Minderungsrechts des Wohnungsmieters ist daher durchaus tangiert. Insbesondere aber sprechen gegen die Wirksamkeit von Wartungsklauseln die oben angeführten Nachteile, die sich für den Mieter einstellen können, wenn er gezwungen ist, die Handwerkeraufträge zu vergeben. Auch die rechtlichen Folgen von Wartungsklauseln sind daher geeignet, den Mieter unangemessen zu benachteiligen.

Soweit die Klausel dem Mieter Wartungsarbeiten auferlegt, deren Kos- **76**
ten zu den **Betriebskosten** zählen wie etwa bei der Klausel, dass die Thermenwartung Sache des Mieters ist, tritt durch ihre Unwirksamkeit im Ergebnis allerdings keine Entlastung des Mieters auf Dauer ein. Er kann zwar, wenn er die Arbeiten wegen der Klausel zunächst auf eigene Kosten ausführen ließ, deren Erstattung aus ungerechtfertigter Bereiche-

136 BGH VIII ZR 129/91, WuM 1992, 355.
137 LG Hamburg WuM 1991, 681; 1990, 115.
138 LG Wiesbaden NJW 1985, 1562.
139 LG Berlin ZMR 1986, 443.
140 *Beyer* NZM 2011, 697 (700).
141 *Sternel* NZM 1998, 833 (844).

rung gem. §§ 812, 818 BGB geltend machen.[142] Er wird aber sodann die Kosten der auf Veranlassung des Vermieters durchgeführten Wartung im Rahmen der Betriebskostenabrechnung auszugleichen haben, wenn der Kostenkatalog nach § 2 BetrKV vereinbart ist.[143]

b) Kostenklauseln

77 Auf Grund einer **Kostenklausel** ist der Mieter verpflichtet, die dem Vermieter aus der Durchführung von Kleinreparaturen entstandenen Kosten zu tragen. Ihre Wirksamkeit hängt bei Wohnraummietverträgen von **zwei Voraussetzungen** ab, dem Umfang der zugrunde liegenden Arbeiten und deren Höhe.

78 Die **erste Voraussetzung** besteht darin, dass sich die Klausel **dem Umfang nach** nur auf solche Teile der Mietsache erstrecken darf, die zum **unmittelbaren Mietobjekt** gehören. Die Einbeziehung von Gemeinschaftseinrichtungen oder sonstigen Ausstattungen des Hauses ist unzulässig, etwa der Hauseingangstür, von Keller- oder Bodenräumen. Anknüpfend an die Definition der kleinen Instandhaltungen in § 28 Abs. 3 S. 2 II. BV (*„den Installationsgegenständen für Elektrizität, Wasser und Gas, den Heiz- und Kocheinrichtungen, den Fenster- und Türverschlüssen sowie den Verschlussvorrichtungen von Fensterläden"*) dürfen auch **allein Bestandteile** betroffen sein, deren **Zustand und Lebensdauer** vom – häufigen – **Umgang des Mieters** mit ihnen abhängen;[144] fehlt im Mietvertrag eine Beschreibung der Kleinreparaturen, kann diese Definition herangezogen werden.[145] Ist **nicht preisgebundener Wohnraum** vermietet, ist es möglich, sie um neuere, zwischenzeitlich zum Teil weit verbreitete Einrichtungen zu ergänzen, sofern deren Funktionsdauer ebenfalls von der Behandlung durch den Mieter bestimmt wird, wie zB Gegensprechanlagen.[146] Die Zulässigkeit einer leichten Erweiterung der Definition folgt daraus, dass die II. BV bereits vom 14.12.1970[147] stammt und nur den häufig schlichteren Ausstattungsstand preisgebundenen Wohnraums berücksichtigt. Insgesamt ist die Verlagerung der Kostenlast auf den Mieter nur sachgerecht, wenn er es durch pflegliche und sorgsame Behandlung in der Hand hat, wie oft und in welchem Umfang Reparaturen anfallen. Diese Voraussetzung ist **nicht** erfüllt, bei

---

142 BGH VIII ZR 302/07, GE 2009, 901 = NZM 2009, 541 = WuM 2009, 395 (mAnm *Ernst* WuM 2009, 581) zu den Folgen einer unwirksamen Endrenovierungsklausel.

143 Dazu *Langenberg/Zehelein* Betriebskosten- und Heizkostenrecht K Rn. 45.

144 BGH VIII ZR 91/88, NJW 1989, 2247 = WuM 1989, 324, dazu kritisch *Rudolph* ZMR 1993, 494.

145 *Ebenso* Beyer NZM 2011, 697 (699); vgl. BGH VIII ARZ 1/84, WuM 1985, 46 (47) für Schönheitsreparaturen.

146 *Rudolph* ZMR 1993, 494; aA AG Hamburg-Barmbek GE 2011, 957 = MM 10/2011, 30: abschließender Katalog, daher nicht bei Schäden an der Duschstange und der Tür der Duschabtrennung.

147 BGBl. I S. 1682.

- der Verkalkung eines Wasserhahns nach langer Mietdauer,[148]
- im Mauerwerk oder im Wandputz verlegten Gas-, Wasser- und elektrischen Leitungen,[149]
- einer Heiztherme,[150]
- Rollladenkästen,[151]
- der Dichtung von Abflussrohren,[152]
- der Ablaufpumpe,[153]
- der Dichtung von Abflussrohren,[154]
- Eckventilen,[155]
- der Erneuerung von Silikonfugen.[156]

Die **zweite Voraussetzung** besteht darin, dass Kleinreparaturklauseln **der Höhe nach** nur dann mit § 307 BGB vereinbar sind, wenn sie eine **doppelte Begrenzung** enthalten, zum einen zur Höhe je Einzelreparatur, zum anderen für den Fall, dass innerhalb eines bestimmten Zeitraums mehrere Kleinreparaturen anfallen.[157] Die fehlende Höchstgrenze kann der Klausel nicht durch Auslegung entnommen werden,[158] vielmehr ist sie ohne diese Grenze insgesamt unwirksam.[159] **79**

- Die Höhe je **Einzelreparatur** ist für die notwendige Transparenz der Klausel in einem festen Betrag auszuweisen.[160] Entschieden wurde früher, dass die Belastung mit rund 75,00 EUR je Einzelfall angemessen ist.[161] Im Hinblick auf den inzwischen eingetretenen Kostenanstieg wird auch ein Betrag von bis zu 100,00 EUR,[162] etwas darüber[163] oder auch

148 AG Gießen WuM 2010, 415.

149 BGH VIII ZR 91/88, NJW 1989, 2247 = WuM 1989, 324.

150 AG Hannover WuM 2007, 505.

151 AG Leipzig ZMR 2004, 120.

152 AG Berlin-Mitte GE 2020, 611 = ZMR 2020, 517; AG Berlin-Charlottenburg GE 2011, 1311 = InfoM 2012, 55 (mAnm *Metter-Roeb*) = MM 4/2012, 29; Bespr. *Wall* in WuM 2012, 132.

153 AG Berlin-Mitte GE 2020, 611 = ZMR 2020, 517.

154 AG Berlin-Charlottenburg GE 2011, 1311 = InfoM 2012, 55 (mAnm *Metter-Roeb*) = MM 4/2012, 29; Bespr. *Wall* in WuM 2012, 132.

155 AG Neubrandenburg BeckRS 2019, 15543.

156 AG Berlin-Mitte GE 2017, 1227; AG Berlin-Wedding MM 4/2012, 30.

157 BGH VIII ZR 38/90, NJW 1991, 1750 = WuM 1991, 381; VIII ZR 91/88, NJW 1989, 2247 = WuM 1989, 324.

158 BGH VIII ZR 91/88, NJW 1989, 2247 = WuM 1989, 324.

159 BGH VIII ZR 129/91, NJW 1992, 1759 = WuM 1992, 355.

160 *Beyer* NZM 2011, 697 (700).

161 BGH VIII ZR 129/91, NJW 1992, 1759 = WuM 1992, 355; OLG Hamburg WuM 1991, 385 (387).

162 AG Bingen am Rhein WuM 2013, 349 (120,00 EUR sind zu viel); AG Brandenburg a.d. Havel GE 2008, 483; *Beyer* NZM 2011, 697 (700); Blank/Börstinghaus/*Blank/Börstinghaus* § 535 Rn. 410; Bub/Treier MietR-HdB/*Bub* II Rn. 1364 (75,00–100,00 EUR); *Drettmann* WuM 2012, 535 (541); Bub/Treier MietR-HdB/*Kraemer/Paschke* III.A Rn. 2626; *Lammel* § 535 Rn. 168.

163 AG Würzburg WuM 2010, 561 und Lützenkirchen/*Lützenkirchen* § 535 Rn. 528: 110,00 EUR; AG Braunschweig GE 2005, 677 = ZMR 2005, 717: 100,00 EUR *zuzügl.* MwSt.

150,00 EUR[164] nicht mehr als unangemessen angesehen, in keinem Fall aber ein Betrag je Reparatur von 200,00 EUR und einer Höchstgrenze von jährlich 1.000,00 EUR bei einer Einzimmerwohnung zu einer monatlichen Nettomiete von 260,00 EUR.[165] Bei der Überprüfung der Höhe bietet es sich als Kontrollüberlegung an, die üblichen Handwerkerpreise zugrunde zu legen. Ein Arbeitsaufwand von etwa einer Stunde entspricht einer Kleinreparatur, dem Stundenlohn sind Wegegeld uÄ sowie die Mehrwertsteuer hinzuzusetzen. Um Streitigkeiten bei einem langen Mietverhältnis vorzubeugen, sollte es auch zulässig sein, die Höhe statt an einem festen Betrag von vornherein an den Kosten für eine Handwerkerstunde nebst Nebenkosten und Mehrwertsteuer festzumachen.[166]

– Für die in der Regel **jährliche Gesamtbelastung** hat sich eine klare Linie bisher nicht herausgebildet. Abweichend von der früher an dieser Stelle vertretenen Ansicht, nach der eine Grenze von 9 % nicht überschritten werden darf,[167] soll die Grenze im Interesse einer klaren und leicht handhabbaren Regelung bei einer **Monatsnettomiete** zu ziehen sein.[168] Da der Mieter dem Vermieter mit den Kleinreparaturen einen Teil des von ihm nach § 535 Abs. 1 S. 2 BGB geschuldeten Instandhaltungsaufwands abnimmt, ist die Nettomiete maßgeblich;[169] die Nebenkosten bleiben mithin außer Ansatz, zumal deren Einbeziehung den Mieter wegen ihrer beträchtlichen Höhe auch unangemessen belasten würde. Die in Rechtsprechung und Literatur vertretenen abweichenden Ansichten haben demgegenüber ua den Nachteil, dass sie zum Teil die jeweilige Berechnungsbasis nicht deutlich bezeichnen. So soll ein Anteil von 6 %[170] oder 8 %[171] der Jahresbruttokaltmiete angemessen sein, obwohl sich nicht erschließt, warum zwar die Heizkosten, nicht aber die Betriebskosten herausgenommen sind, dieser Anteil soll aber auch überhöht sein,[172] angemessen sei auch ein Anteil von 8 %–10 % der nicht konkretisierten „Jahresmiete",[173] also wohl der Bruttomiete, oder ein Anteil von 8 % als etwa einer nicht konkretisierten „Monatsnettomiete",[174] ein Anteil von 7 %[175] oder 10 % der Jahresnet-

---

[164] AG Berlin-Mitte GE 2020, 611 = ZMR 2020, 517.

[165] AG Bremen NZM 2008, 247.

[166] Vgl. *Gather* S. 98.

[167] Ermittelt aus einem Vergleich der Pauschalen nach § 28 Abs. 2 II. BV und § 28 Abs. 3 S. 1 II. BV.

[168] Ebenso AG Würzburg WuM 2010, 561 (aber nicht mehr als 500,00 EUR); AG Braunschweig GE 2005, 677 = ZMR 2005, 717: 8 % der Jahresnettomiete; *Beyer* NZM 2011, 697 (701), anders: Herrlein/Kandelhard/*Knops* § 535 Rn. 69: 6 %.

[169] Im Ergebnis ebenso *Beyer* NZM 2011, 697 (701).

[170] BGH VIII ZR 129/91, NJW 1992, 1759 = WuM 1992, 355.

[171] Bub/Treier MietR-HdB/*Kraemer/Paschke* III.A Rn. 2626.

[172] AG Stuttgart-Bad Cannstatt WuM 2014, 22.

[173] OLG Stuttgart WuM 1988, 149.

[174] Blank/Börstinghaus/*Blank/Börstinghaus* § 535 Rn. 410; Bub/Treier MietR-HdB/*Bub* II Rn. 1365.

[175] AG Hannover WuM 2008, 721.

tomiete aber auch zu hoch.[176] Aufgrund der unterschiedlichen Berechnungsbasis, Jahresnetto-, -bruttokalt- oder -bruttomiete, zeigen sich deutliche Differenzen, 10% der Jahresnettomiete wurde als zu hoch bewertet, ergibt aber je nach dem Einzelfall keinen Betrag, der 8% der Jahresbruttomiete übersteigt.

- Die vorstehende **Begrenzung auf** eine **Monatsnettomiete** erscheint indes **nicht ausreichend.**[177] Sie bedeutet, dass der Mieter im ungünstigsten Fall eine dreizehnte Nettomiete zu tragen hat, was im Hinblick auf das Leitbild aus § 535 Abs. 1 S. 2 BGB übermäßig ist. Es ist vorgeschlagen worden, eine „Deckelung" auf 500,00 EUR vorzunehmen, zumal zum Schutz finanziell schwacher Mieter.[178] Dieses Ziel ist indes mit einem derartigen Höchstbetrag nicht zu erreichen. Er führt vielmehr zu der Ungereimtheit, dass finanziell schwache Mieter, die möglichst günstigen Wohnraum anmieten, im Zweifel tatsächlich eine Monatsnettomiete übernehmen müssen, während auf finanziell leistungsfähigere Mieter nur ein Teilbetrag der Monatsnettomiete entfällt, so dass sich die „Deckelung" nur zu ihren Gunsten auswirkt. Um zu einem angemessenen Ausgleich zu kommen, ist der **jährliche Höchstbetrag** daher auf **200,00 EUR** festzusetzen.[179]

Treten an einem Bestandteil der Mietsache wiederholt Mängel auf, die **80**
nicht auf nachlässigem Umgang des Mieters, sondern auf **altersbedingtem Verschleiß** beruhen, ist der Vermieter nicht berechtigt, von der fälligen Erneuerung abzusehen und den Mieter auf Ersatz wiederholter Reparaturkosten in Anspruch zu nehmen.[180] Hierbei handelt es sich um einen Missbrauch der Klausel, der keine Kostenerstattungspflicht des Mieters auslöst.

Kleinreparaturklauseln, die eine **anteilige Kostenbeteiligungspflicht** **81**
des Mieters an allen Reparaturen vorsehen, sind nach § 307 BGB unwirksam.[181] Dies gilt auch dann, wenn sie im Übrigen die oben genannten Voraussetzungen erfüllen. Sie zielen in unangemessener Weise darauf, den Mieter mit einem bestimmten Betrag an allen Reparaturen in der Wohnung zu beteiligen. Lässt die Klausel im Unklaren, ob der in der Höhe zulässige, einzelne Kostenbetrag sich nur auf Kleinreparaturen bezieht oder eine Kostenbeteiligung auch an größeren Reparaturen darstellen soll, ist sie wegen Intransparenz unwirksam.[182]

---

176 OLG Hamburg WuM 1991, 385 (387).

177 Vgl. *Kossmann/Meyer-Abich* § 29 Rn. 17.

178 *Beyer* NZM 2011, 697 (702); enger AG Braunschweig GE 2005, 677 = ZMR 2005, 717: 300,00 EUR.

179 So § 17 Abs. 4 des Hamburger Mietvertrag für Wohnraum, herausgegeben vom Grundeigentümer-Verband Hamburg von 1832 eV, zuvor seit 1991 DM 300,00.

180 Bub/Treier MietR-HdB/*Kraemer/Paschke* III.A Rn. 2627; *Sternel* II Rn. 373.

181 BGH VIII ZR 91/88, NJW 1989, 2247 = WuM 1989, 324 (327); OLG Düsseldorf DWW 2002, 328 = WuM 2002, 545.

182 LG Potsdam ZMR 2009, 618; AG Köln WuM 2007, 40.

82 Auch Kleinreparaturklauseln in Mietverträgen über **preisgebundenen Wohnraum** alter Art müssen die doppelte Begrenzung der Kostenhöhe enthalten; ob ein Abschlag nach § 28 Abs. 3 S. 1 II. BV vorgenommen wurde, ist irrelevant. Fehlen die Grenzen, ist die Klausel unwirksam. Der Vermieter ist in diesen Fällen berechtigt, die volle Instandhaltungspauschale nach § 28 Abs. 2 II. BV zu verlangen.[183] Wurde eine Gleitklausel nach § 4 Abs. 8 NMV vereinbart, ist die rückwirkende Geltendmachung zulässig.[184] Zu beachten ist, dass diese Regelungen nur eingreifen, wenn die bundesrechtlichen Bestimmungen in den Ländern noch gelten. ZB finden in Baden-Württemberg durch das LWoFG BW[185] seit 1.1.2009 das WoBindG, die NMV 1970, die II. BV und die damit verbundenen Ausführungsgesetze keine Anwendung mehr.[186]

4. Andere Schäden

83 Zu **Ungezieferklauseln,** Klauseln zu **Wasserleitungen** und **Haushaltsgeräten** sowie **Gesamthaftungsklauseln,** wie oft bei Leitungsverstopfungen, ist zur Vermeidung von Wiederholungen auf → Rn. 15 ff. zu verweisen.

---

[183] AG Leverkusen WuM 1992, 596.

[184] LG Hamburg WuM 1992, 593; LG Freiburg WuM 1992, 594.

[185] Gesetz zur Förderung von Wohnraum und Stabilisierung von Quartiersstrukturen in der Fassung vom 11.12.2007 (Landeswohnraumförderungsgesetz – LWoFG BW), verkündet als Art. 1 des Gesetz zur Umsetzung der Föderalismusreform im Wohnungswesen vom 11.12.2007, Gesetzblatt für Baden-Württemberg Nr. 20 vom 14.12.2007.

[186] Zu allem ausführlich *Feßler* WuM 2009, 90; s. auch *Börstinghaus* MK 2009, 209 mit einer Übersicht zur Rechtslage in sechs Bundesländern.

D. Ansprüche aus unterlassener Instandhaltung und Instandsetzung

I. Entstehung der Ansprüche

Ist der Mieter einer von ihm wirksam **übernommenen Pflicht** zur Instandhaltung und Instandsetzung nicht nachgekommen, hat der Vermieter zunächst nur den Anspruch auf **Erfüllung** der Verpflichtung. Das Verhalten des Mieters stellt zugleich eine Vertragsverletzung (§ 280 Abs. 1 BGB) dar, die der Vermieter nach § 280 Abs. 3 BGB iVm § 281 BGB zur Grundlage eines **Schadensersatzanspruchs** machen kann. Hierfür gelten die Ausführungen zu den Ansprüchen des Vermieters aus unterlassenen Schönheitsreparaturen sinngemäß. **84**

II. Höhe

Auch hierzu kann zur Vermeidung von Wiederholungen auf die Darstellung der Ansprüche des Vermieters aus unterlassenen Schönheitsreparaturen verwiesen werden (→ Kap. 1 Rn. 514 ff.). **85**

Eine **Besonderheit** gilt für die sog. **Umbaufälle.** Während der Vermieter vom Mieter einen Ausgleich verlangen kann, wenn die Ausführung fälliger Schönheitsreparaturen nach Mietende wegen eines Umbaus des Mietobjekts sinnlos würde oder bereits wurde (→ Kap. 1 Rn. 631), steht ihm dieser Anspruch grundsätzlich nicht zu, wenn Instandhaltungs- und Instandsetzungsarbeiten durch anschließende Umbauarbeiten zunichte gemacht würden.[187] Er kann daher keinen nach dem fiktiven Instandhaltungsaufwand bemessenen Geldanspruch reklamieren. Der Grund liegt darin, dass das Ausgleichsprinzip des BGH hier nicht eingreift; es hat keine Kompensation der Übernahme der Schönheitsreparaturen durch eine geringere Miete stattgefunden. Der Vermieter ist vielmehr gehalten, vor dem Umbau von seinen vertraglichen Rechten Gebrauch zu machen. **86**

Als **Ausnahme** kommt ein Ausgleichsanspruch des Vermieters in Betracht, wenn der Mieter Instandsetzungs- und Reparaturpflichten übernahm, dafür einen **Mietnachlass** erhielt und sie gleichwohl nicht erfüllte.[188] Deren Erledigung schuldete er ebenfalls als Arbeitsanteil der einheitlichen Miete. Werden sie durch Umbaumaßnahmen des Vermieters sinnlos, soll keine Entlastung des Mieters eintreten, zumal der Vermieter seinen Teil durch die reduzierte Miete erbrachte. Dass es, anders als bei den Schönheitsreparaturen, schwierig ist, den gebotenen Aus- **87**

---

[187] BGH VIII ZR 220/84, WuM 1986, 56.

[188] BGH XII ZR 220/99, GE 2002, 1054 = NZM 2002, 655 = WuM 2002, 484 = ZMR 2002, 735.

gleich zu bewerten, stellt den Anspruch des Vermieters nicht in Frage.[189] In der Praxis wird dieser Ausgleichsanspruch allerdings selten sein, weil er voraussetzt, dass die Vereinbarung der Parteien **individualvertraglich** geschlossen wurde (zu den – sehr hohen – Anforderungen an eine Individualvereinbarung → Kap. 1 Rn. 74). Formularvertraglich scheitert sie daran, dass sie dem gesetzlichen Leitbild zuwiderläuft; außerdem lassen derartige Klauseln in aller Regel eine Konkretisierung der Pflichten des Mieters und die Beschränkung auf einen zumutbaren Umfang vermissen.

[189] Ausdrücklich BGH XII ZR 220/99, GE 2002, 1054 = NZM 2002, 655 = WuM 2002, 484 = ZMR 2002, 735.

E. Ansprüche aus Beschädigung des Mietobjekts

I. Grundsätze

Überschritt der Mieter die Grenzen des vertragsgemäßen Gebrauchs[190] oder beachtete er seine Obhutspflicht nicht, so dass die Mietsache beschädigt oder verschlechtert wurde,[191] ist eine Vertragsverletzung gem. § 280 Abs. 1 S. 1 BGB zu konstatieren, sofern der Mieter schuldhaft handelte (§ 280 Abs. 1 S. 2 BGB). Nach der Rechtsprechung des BGH gilt die Regelung des **§ 281 BGB** nur für vertragliche Leistungspflichten aus § 241 Abs. 1 BGB. Für **Neben-, einschließlich Obhutspflichten** iSd § 241 Abs. 2 BGB findet sie hingegen **keine Anwendung.**[192] Daher ist der Vermieter nicht verpflichtet, dem Mieter zunächst die Möglichkeit zu geben, die Mietsache selbst wieder in ordnungsgemäßen Zustand zu versetzen, insbesondere zu reparieren. Ihm erwächst vielmehr ein unmittelbarer Schadensersatzanspruch aus § 249 BGB, der ggf. im Wege der Vorteilsausgleichung zu reduzieren ist (dazu → Rn. 121 ff.). **88**

Ob im Einzelfall tatsächlich eine **Vertragsverletzung** im vorbeschriebenen Sinne vorliegt, ist **eingehend zu prüfen,** wenn es sich nicht um evidente Fälle handelt, wie etwa die Überschreitung des vertragsgemäßen Gebrauchs in dem Fall aus der Praxis, dass der Mieter auf dem Fußboden des Kellers ein Lagerfeuer entfacht, um dort einmal am offenen Feuer zu grillen, oder die Verletzung der Obhutspflicht, weil der Mieter zur Kosteneinsparung kaum heizt und erst recht nicht lüftet, um die geringe Wärme nicht durch das Fenster entweichen zu lassen. Die Prüfung ist geboten, weil es auch durch vertragsgemäßen Gebrauch zu Veränderungen oder Verschlechterungen des Mietobjekts kommen kann; für diese hat der Mieter nach § 538 BGB nicht einzustehen. Bei **unklarer Schadensursache** ist ggf. ein Sachverständigengutachten einzuholen. So können zB Risse in Bodenfliesen sowohl auf einem Verhalten der Mieter beruhen als auch darauf, dass der Untergrund der Fliesen „arbeitet" und die starren Fliesen den Bewegungen nicht folgen.[193] **89**

---

190 Erst dann: ZB BGH XII ZR 107/99, GuT 2003, 10 = NZM 2002, 913 = ZMR 2002, 901.

191 BGH XII ZR 15/93, DWW 1995, 279 = NJW-RR 1995, 123 = ZMR 1995, 577.

192 BGH VIII ZR 157/17, GE 2018, 633 = NJW 2018, 1746 = NZM 2018, 320 (mAnm *Fervers*) = WuM 2018, 196 = ZMR 2018, 492; XII ZR 79/17, GE 2018, 994 = NZM 2018, 717 = ZMR 2018, 922.

193 AG Gießen 4.6.2014 – 48 C 260/12, n. v.

II. Varianten

1. Fußböden/Bodenbeläge

90 Die unausweichlichen **Verschlechterungen bei normaler Nutzung** gehen nicht zu Lasten des Mieters.[194] Dies betrifft zB die **Laufstraßen,** die sich je nach der Qualität von Teppichböden und der Versiegelung von Holzböden in unterschiedlicher Schnelligkeit einstellen.[195] Anders verhält es sich bei übermäßiger Beanspruchung des Mietobjekts, etwa wenn mehrere Katzen tagsüber unbeaufsichtigt in der Wohnung bleiben und erhebliche Substanzschäden durch Verunreinigung entstehen.[196] Hinsichtlich der **Tierhaltung** kommt es darauf an, ob diese genehmigt ist oder zumindest hätte genehmigt werden müssen. Ist dieses der Fall, muss der Vermieter Beeinträchtigungen auch der Substanz der Mietsache hinnehmen, wie etwa Kratzer an den Türen oder im Parkett.[197] In geringem Maß sind auch Verunreinigungen durch Kot und Urin, insbesondere bei nicht stubenreinen Tieren, hinzunehmen.[198] Dass sich dieses nur auf mit der Haltung zwangsläufig verbundene Beeinträchtigungen bezieht, ist selbstredend. Eine Haftung für „vermeidbare" Schäden[199] ist jedoch derart abstrakt formuliert kaum justiziabel. Jedenfalls eine Verwendung von „Hundesocken" ist nicht geboten.[200] Grundsätzlich muss der Mieter darauf achten, das Tier im Rahmen des Möglichen zu erziehen und zu kontrollieren, dieses also sach- und artgerecht halten.

91 **Druckstellen** von Möbelstücken und durch sie hervorgerufene Unebenheiten sind oft, zB in Teppichauslegeware oder Holzfußböden[201], unvermeidlich und auch dann kein Fehler des Mietgebrauchs, wenn sie unschön sichtbar sind und wegen der Dauer der Belastung und des Gewichts der Möbel so bleiben, weil sich der Bodenbelag dort nicht mehr aufrichtet. Eine Ausnahme greift allerdings ein, wenn schwere Möbel, zB Klaviere oder sog. Bistrotische mit Marmorplatte und kleiner Fußauflage in Form von Eisenstangen, so aufgestellt werden, dass sich fast Löcher im Bodenbelag zeigen, die zumal an exponierter Stelle im Raum eine erhebliche optische Beeinträchtigung verursachen; hier gehört es zur Obhutspflicht des Mieters, Unterlegscheiben zu benutzen.[202]

[194] Vgl. BGH XII ZR 107/99, GuT 2003, 10 = NZM 2002, 913 = ZMR 2002, 901; XII ZR 15/93, DWW 1995, 279 = ZMR 1995, 577 (578).

[195] OLG Düsseldorf GE 2008, 731; 2012, 267 = BeckRS 2011, 22116.

[196] OLG Saarbrücken ZMR 2014, 357: kein Schutz der Privathaftpflichtversicherung.

[197] AG Koblenz NJW 2014, 1118; AG Berlin-Köpenick BeckRS 2014, 06316; *Schönemeier* WuM 2011, 148 (149).

[198] Vgl. aber AG Karlsruhe WuM 2000, 331; AG Bremen NJOZ 2015, 836: Schadenersatz wegen übermäßiger Beeinträchtigung der Mietsache durch Uringeruch.

[199] Blank/Börstinghaus/*Blank/Börstinghaus* § 538 Rn. 1.

[200] So aber LG Koblenz NJW 2014, 2660.

[201] KG NZM 2014, 30.

[202] *Kraemer* FS Blank, 2006, 281.

Die Nutzung eines **Bürostuhls mit Rollen** soll auch dann vertragsgemäß sein, wenn dadurch Vertiefungen im Parkett mit deutlichen farblichen Veränderungen eintreten.[203] Diesem generellen Ansatz ist jedoch nicht zuzustimmen, weil je nach Bodenbelag unterschiedliche Rollen einzusetzen sind. So kann die Nutzung eines Bürostuhls mit harten Rollen, die wegen des geringeren Rollwiderstands für Teppichboden vorgesehen sind, auf Parkett Schäden verursachen. Schäden am Bodenbelag sind daher nur dann vom vertragsgemäßen Gebrauch gedeckt, wenn geeignete Rollen zum Einsatz kamen. **92**

Geringe Schäden des Fußbodenbelags, wie sie auch bei vertragsgemäßem Gebrauch unvermeidlich sind, bleiben außer Betracht, wie kaum sichtbare Kratzer im Parkett,[204] Kratzer im generell stark beanspruchten Eingangsbereich[205] oder völlig unauffällige Flecken auf dem Teppichboden. **93**

Bei gewerblichen Mietverhältnissen hält sich das Begehen eines Parkettfußbodens mit sog. **Pfennigabsätzen** noch im Rahmen des vertragsgemäßen Gebrauchs, weil der Mieter von Gewerberaum, zB eines Ladenlokals, keinen Einfluss darauf hat, mit welchen Schuhen Kunden das Geschäft aufsuchen; die dadurch verursachten Vertiefungen lösen daher keinen Schadensersatzanspruch des Vermieters aus.[206] Dass dies generell auch für Wohnraummietverhältnisse gelten soll,[207] überzeugt nicht, weil nach der Art des Bodenbelags zu differenzieren ist. Jedenfalls bei weichen Bodenbelägen sind der Mieter und die Familienangehörigen aus seiner Obhutspflicht für das Mietobjekt verpflichtet, selbst in der Wohnung keine Schuhe mit Pfennigabsätzen zu benutzen und auch zu verhindern, dass Besucherinnen die empfindlichen Flächen mit derartigen Schuhen betreten;[208] entsprechende Vorsorge ist unschwer durch verschiedene Maßnahmen zu erzielen. **94**

Auch wenn der optische Eindruck des Fußbodens nicht zu beanstanden ist, kann ein Schadensersatzanspruch des Vermieters in Betracht kommen, wenn er einen **unangenehmen Geruch** ausströmt. Die Reinigung der Oberfläche vermag nicht immer zu verhindern, dass in Teppichboden oder die Spalten eines Holzfußbodens eingedrungene Flüssigkeit auf längere Dauer üble Gerüche abgibt, zB Katzenurin.[209] Ebenso ist unter Umständen auch durch eine Reinigung der Teppichauslegeware nicht zu verhindern, dass Tabakgeruch infolge intensiven Rauchens verbleibt.[210] **95**

---

203 AG Leipzig NZM 2004, 830; *Harsch* MietRB 2010, 52 (53).
204 LG Berlin GE 1996, 925.
205 OLG Düsseldorf GE 2003, 1608 = WuM 2003, 621 = ZMR 2003, 921.
206 OLG Karlsruhe WuM 1997, 211.
207 LG Berlin GE 1996, 925; AG Freiburg WuM 1991, 262; Staudinger/*Emmerich* § 538 Rn. 3.
208 Schmidt-Futterer/*Eisenschmid* § 535 Rn. 492; Bub/Treier MietR-HdB/*Kraemer/Paschke* III.A Rn. 2346.
209 Vgl. LG Mainz WuM 2003, 624.
210 AG Magdeburg NZM 2000, 657 = WuM 2000, 303 = ZMR 2000, 541; AG Rosenheim WuM 1995, 583 (584).

96 **Flecken,** etwa durch **Rotwein** auf dem Teppichboden,[211] lassen sich durch bloße Reinigung häufig nicht mehr entfernen, **Brandflecken** nur durch einen Fachhandwerker (→ Rn. 119). Bei der Verwendung eines falschen Teppichreinigungsmittels tritt im Zweifel ein irreparabler Schaden ein, erst recht wenn ein Teppichboden zur Beseitigung von Flecken so intensiv gereinigt wird, dass sich die Zwirnung und Fadenfixierung auflösen.[212] Hier ist eine Erneuerung notwendig, bei der, wie bei allen Erneuerungen, die Vorteilsausgleichung (→ Rn. 121) zu beachten ist. Anders verhält es sich bei **unterschiedlich ausgebleichten Stellen** auf dem Bodenbelag, die durch Möbel oder Teppichbrücken entstehen;[213] sie beruhen auf vertragsgemäßem Gebrauch.

97 Für **Schäden** am bauseitigen Fußbodenbelag **durch Verklebung von Teppichauslegeware** hat der Mieter grundsätzlich einzustehen (aber → Rn. 125). Hatte der Vormieter die Auslegeware verklebt, haftet der Mieter nur, wenn er sie durch Vereinbarung mit ihm übernahm;[214] hatte der Vormieter den Teppichboden ohne Absprache mit dem Ver- oder Nachmieter zurückgelassen, weil er zB die Ausbaukosten scheute, und vermietete der Vermieter das Mietobjekt in diesem Zustand weiter, gehen die Verklebung und dadurch beim Ausbau entstehende Schäden am Untergrund nicht zu Lasten des Nachmieters.

2. Wände, Türen und Fenster

98 Ist eine Wohnung an eine **Familie mit kleinen Kindern** vermietet, sind gewisse Verschmutzungen und Beschädigungen unausweichlich.[215] So weisen die Tapeten nach einiger Zeit vor allem im Kinderzimmer, aber auch in anderen Räumen Spuren unterschiedlichster Art auf, etwa Striche von Bunt- oder Filzstiften. Bei der Veränderung von **Türen** dürfte dennoch häufig bereits ein Schadensersatzanspruch des Vermieters gegeben sein. Wird etwa die Küchen- oder Badezimmertür angebohrt, um dort Kleiderhaken anzubringen, ist der vertragsgemäße Gebrauch überschritten;[216] handelt es sich um Naturholztüren, ist ggf. sogar eine Erneuerung erforderlich. Erst recht ist der vertragsgemäße Gebrauch nicht mehr eingehalten, wenn, was in der Praxis schon begegnet ist, Gucklöcher in die Badezimmertür geschnitten oder Teile aus den Türen gesägt wurden, um eine sog. Katzenklappe zu installieren, die der Katze den problemlosen Zutritt von Zimmer zu Zimmer verschafft.[217]

99 Wurden die **Türblätter** gekürzt, um Abstand zu einem neu verlegten Teppichboden zu erhalten, wird es sich noch um eine Veränderung han-

[211] LG Dortmund NJWE-MietR 1997, 100.
[212] OLG Bamberg NZM 2002, 917.
[213] Bub/Treier MietR-HdB/*Kraemer/Paschke* III.A Rn. 2345.
[214] LG Hamburg 15.1.1991 – 316 S 228/90, n. v.
[215] AG Ravensburg WuM 2007, 262, hier bei Vermietung an eine Familie mit vier Kindern; *Siegmund* MietRB 2012, 116 (117); *Sternel* NZM 2017, 169 (170).
[216] AG Kassel WuM 1996, 757.
[217] Vgl. AG Erfurt WuM 2000, 630.

deln, die vom vertragsgemäßen Gebrauch gedeckt ist.[218] Der Vermieter hat allerdings bei Mietende einen Anspruch auf Herstellung des ursprünglichen Zustands (dazu → Rn. 118). Dasselbe gilt für Türblätter, die der Mieter aushängte und im Keller unsachgemäß lagerte, wodurch sie sich verzogen. Der Ausbau von **Türzargen** ist bereits als eine zustimmungspflichtige Umbaumaßnahme zu werten, die vom vertragsgemäßen Gebrauch nicht gedeckt ist.[219]

Ob es bereits eine Sachbeschädigung darstellt, wenn **Fensterrahmen** mit Schraublöchern versehen werden, dürfte neben deren Größe auch vom Rahmenmaterial abhängen. Während kleine Schraublöcher in Holzrahmen, etwa zur Anbringung eines Außenthermometers, marginal sind, können sie in Kunststoffrahmen hässliche Stellen hinterlassen. Bei Bohrlöchern dürfte eine vertragsgemäße Verschlechterung nur dann zu bejahen sein, wenn sie gesetzt werden, um die Durchführung von Kabeln, meist von Parabolantennen für die Satellitenempfangsanlage, zu ermöglichen, weil das Haus keine oder nur eine völlig unzureichende Medienversorgung aufweist. Bohrungen in die Glasleisten der Fenster stellen eine rechtswidrige Substanzverletzung dar.[220] **100**

Metall- und Rostflecken auf der **Fensterbank** hat der Mieter zu vertreten.[221] Dasselbe gilt für Wasser- und Kaffeeflecke; eine Ausnahme soll bestehen, wenn es sich um ein Material handelt, das für eine Fensterbank völlig ungeeignet ist,[222] wie manche Marmorsorten, auf denen Wassertropfen sogleich bleibende Ränder verursachen. **101**

3. Einrichtungen in Bad und Küche

Die Grenze zur normalen Abnutzung ist überschritten, wenn **Waschbecken oder Badewannen auffällige Schlagstellen** aufweisen. Auch wenn es weit verbreitet sein dürfte, dass Mieter morgens müde und kraftlos sind, so dass ihnen zB Flaschen mit Körperpflegemitteln aus der Hand fallen, wodurch Platzstellen an Keramik oder Email entstehen, wird insoweit von einem noch üblichen Gebrauch der Mietsache nicht mehr auszugehen sein. Anders verhält es sich, wenn die Ursache des Schadens dem Mieter nicht zuzurechnen ist. Dies soll zB der Fall sein, wenn eine Schraube aus der Duschabtrennung herausfiel und die Badewanne beschädigte,[223] was jedoch nur dann gelten wird, wenn die Lockerung der Schraube nicht zuvor auffallen musste. **102**

Kleinere Abplatzungen und Absplitterungen, etwa am äußeren Rand und der Emaile, sind noch durch den allgemeinen Mietgebrauch gedeckt, weil sie auch bei sorgfältiger Benutzung immer einmal entstehen **103**

---

[218] *Sternel* NZM 2017, 169 (170).
[219] AA LG Berlin WuM 1996, 138.
[220] AG Witten ZMR 2018, 679 = BeckRS 2018, 7725.
[221] AG Münster WuM 2000, 693; *Harsch* MietRB 2010, 52 (53).
[222] OLG Köln WuM 1995, 582; *Harsch* MietRB 2010, 52 (53).
[223] AG Saarbrücken WuM 2013, 505.

können.[224] Die in der gerichtlichen Praxis nicht selten monierten, kaum stecknadelgroßen Schäden haben daher in der Regel außer Betracht zu bleiben.[225] Kleine Schäden werden nur dann relevant sein, wenn sie Folgeschäden auslösen, etwa wenn zu befürchten ist, dass zwar sehr kleine, aber tiefe Abplatzungen des Emails zu Rostschäden führen.

104 Der vertragsgemäße Gebrauch ist überschritten, wenn **Dübellöcher** übermäßig angebracht oder ohne Not nicht in die Fugen[226] gesetzt wurden. Wann dies der Fall ist, lässt sich nicht generell angeben (dazu ausführlich → Rn. 71). Aufgrund seiner Verpflichtung zum schonenden Umgang mit der Mietsache ist der Mieter grundsätzlich verpflichtet, Bohrlöcher in die Kachelfugen zu setzen; häufig ist ihm dies jedoch nicht möglich, da etliche Hersteller von Badezimmerzubehör bei der Auswahl der vorgesehenen Befestigungspunkte nicht einmal auf die Standardmaße der meist verwendeten Fliesen Rücksicht nehmen. Dem Mieter kann es daher oft nicht angelastet werden, wenn auch Fliesen angebohrt werden. Auf jeden Fall hat er die für eine sichere Anbringung erforderliche kleinste Dübelsorte zu verwenden.[227]

4. Sonstiges

105 Das **Lackieren** von **Wandfliesen**[228] oder von **Lichtschaltern und Steckdosen** führt zu Substanzschäden, weil sich der Lack, wenn überhaupt, so doch meist nicht ohne Schädigung des Untergrundes entfernen lässt. Das Entfernen von bauseitigen Einrichtungen wie Lichtschaltern und Steckdosen[229] ist ohnehin eine Vertragsverletzung. Zulässig soll das Anbringen von (Handtuch-) Halterungen am Heizkörper sein.[230]

III. Schadensersatzanspruch des Vermieters

106 Voranzustellen ist, dass hier der Schadensersatzanspruch des Vermieters behandelt wird, der aus **Schäden am Mietobjekt** selbst resultiert. Die behandelten Besonderheiten greifen mithin nicht bei sonstigen Vertragsverletzungen, etwa wenn der Mietvertrag über Gewerberaum die zusätzliche Verpflichtung des Vermieters enthielt, Werbung für den Betrieb des Mieters zu machen, und er dieser Pflicht nicht nachkam.

[224] LG Frankfurt a. M. IBRRS 2016, 2540; AG Homburg WuM 2018, 807; AG Osnabrück WuM 2007, 406.

[225] AG Neustadt a. Rbge WuM 2002, 233.

[226] AG Berlin-Köpenick GE 2012, 1639.

[227] *Gather* S. 95.

[228] LG Köln WuM 1997, 41.

[229] LG Berlin ZMR 1996, XIII.

[230] AG Lingen WuM 2019, 736.

1. Begründung des Schadensersatzanspruchs

a) Laufendes Mietverhältnis

Da nach der Rechtsprechung des BGH[231] die Regelung des § 281 BGB nur für vertragliche Leistungspflichten nach § 241 Abs. 1 BGB, nicht aber für Neben- einschließlich Obhutspflichten iSd § 241 Abs. 2 BGB Anwendung findet, ist der Vermieter nicht verpflichtet, dem Mieter zunächst die Möglichkeit zu geben, die Mietsache selbst wieder in ordnungsgemäßen Zustand zu versetzen, insbesondere zu reparieren. Er kann vielmehr **unmittelbar Schadensersatz nach §§ 535, 280 Abs. 1, 241 Abs. 2, 249 BGB** geltend machen (→ Rn. 88). Zum Abmahnerfordernis bei vertragswidrigen Umbauten nach § 541 BGB vgl. aber → Kap. 3 Rn. 62. Zur Ausübung der Ersetzungsbefugnis nach § 249 Abs. 2 BGB für die Wahrung der Aufrechenbarkeit nach § 215 BGB → Kap. 4 Rn. 53. **107**

(einstweilen frei) **108**

b) Beendetes Mietverhältnis

Nach **§ 546 Abs. 1 BGB** ist der Mieter verpflichtet, dem Vermieter *„die Mietsache nach Beendigung des Mietverhältnisses zurückzugeben"*. Dies bedeutet **zum einen,** dass der Mieter dem Vermieter die unmittelbare tatsächliche Sachherrschaft über das – geräumte – Mietobjekt zu verschaffen hat. **Zum anderen** hat die Rückgabepflicht nach herrschender Auffassung den weiteren Inhalt, dass der Mieter das Mietobjekt in vertragsgemäßem Zustand oder, wenn entsprechende vertragliche Regelungen fehlen, jedenfalls in ordnungsgemäßem Zustand zurückzugeben hat (dazu im Einzelnen → Rn. 110 ff.).[232] Lässt es der Mieter hieran fehlen, liegt ein Fall der Schlechterfüllung einer vertraglichen Leistungspflicht vor. Geht es um nicht erfüllte Leistungspflichten, kommt der Vermieter nur unter den Voraussetzungen des § 281 BGB zu einem Schadensersatzanspruch. **109**

aa) Vertrag ohne Regelung

Zur näheren Eingrenzung der Schäden, die von § 546 Abs. 1 BGB erfasst werden, ist zunächst zu konstatieren, dass Veränderungen und Ver- **110**

---

[231] BGH VIII ZR 157/17, GE 2018, 633 = NJW 2018, 1746 = NZM 2018, 320 (mAnm *Fervers*) = WuM 2018, 196 = ZMR 2018, 492; XII ZR 79/17, GE 2018, 994 = NZM 2018, 717 = ZMR 2018, 922.

[232] BGH XII ZR 158/09, GuT 2010, 244; XII ZR 65/95, WuM 1997, 217 (218) (mAnm *Eisenschmid* WuM 1998, 494); KG GE 2019, 123 = WuM 2019, 78 = BeckRS 2018, 34289; *Derleder* WuM 2006, 175 (177); *Kraemer* FS Blank, 2006, 281 (289); Palandt/*Weidenkaff* § 546 Rn. 5; Bub/Treier MietR-HdB/*Emmerich* V.A Rn. 43; Schmidt-Futterer/*Blank,* Wohnraumschutzgesetze, 6. Aufl. 1988, B 493; Staudinger/*Rolfs* § 546 Rn. 21; *Sternel* IV Rn. 564; Schmidt-Futterer/*Streyl* § 546 Rn. 36; Wolf/Eckert/Ball Gewerbl. Miet-/Pacht-/LeasingR-HdB Rn. 1103; aA *Eisenhardt* WuM 1998, 447 (448); *Kandelhard* NJW 2002, 3291 mwN, dass die Vorschrift nach ihrem Wortlaut nur festlegt, was und nicht wie der Mieter zu leisten hat.

schlechterungen durch **vertragsgemäßen Gebrauch** gem. § 538 BGB nicht zu Lasten des Mieters gehen. Auf der anderen Seite scheiden Schäden aus **vertragswidrigem Gebrauch** (vgl. → Rn. 90 ff.) aus, die sogleich zu einem Schadensersatzanspruch des Vermieters aus §§ 280, 249 BGB führen. Zur Abgrenzung des vertragsgemäßen vom vertragswidrigen Gebrauch → Kap. 1 Rn. 409 ff.

111 Es verbleiben damit alle Verschlechterungen der Mietsache, die zwar über die Folgen vertragsgemäßen Gebrauchs hinausgehen, aber noch *„im Rahmen des vertragsgemäßen Gebrauchs"* eingetreten sind. Es handelt sich damit um **Sachschäden,** die **durch übermäßige vertragsgemäße Nutzung** entstanden sind. Nach **früherer Ansicht des XII. Senats des BGH**[233] war deren Beseitigung nach Mietende primär **Teil der Rückgabepflicht** des Mieters, mithin des korrespondierenden Erfüllungsanspruchs des Vermieters, so dass er, wollte er insoweit Schadensersatz reklamieren, diesen Anspruch **nunmehr nach Maßgabe des § 281 BGB** erst begründen musste. Moniert der Vermieter im Bereich der Schönheitsreparaturen, dass die Dekoration übermäßig verbraucht ist, und führte er das Verfahren nach § 281 Abs. 1 BGB überhaupt nicht oder unzureichend durch, hilft ihm die Berufung auf einen Sachschaden daher nicht weiter, weil er das Verfahren in derartigen Fällen jedenfalls im Hinblick auf § 546 BGB einzuhalten hat (→ Kap. 1 Rn. 446 f.).

112 **Nach anderer Ansicht** ist die Pflicht zur **Beseitigung von Schäden,** also auch solchen aus vertragswidrigem Verhalten des Mieters, ein Teil der Rückgabepflicht, also **stets Teil einer vertraglichen Verpflichtung;** sie stellt den Anspruch des Vermieters auf Beseitigung der Folgen aus der Verletzung vertraglicher Pflichten des Mieters, dem Verstoß gegen seine Obhuts- und Sorgfaltspflichten, in den Vordergrund, der nach § 546 Abs. 1 BGB spätestens bei Mietende zu erfüllen ist.[234] Auf dieser Grundlage würde es daher nach Mietende nicht ausreichen, dem Mieter in allgemeiner Form Gelegenheit zur Mängelbeseitigung zu geben. Vielmehr käme der Vermieter stets nur unter den Voraussetzungen des § 281 BGB zu einem Schadensersatzanspruch, so dass er dem Mieter eine Leistungsaufforderung mit Fristsetzung zukommen lassen muss, wenn nicht der Mieter eindeutig die Reparatur ablehnte.

113 Diese Auffassungen sind nach den **Entscheidungen des BGH vom 28.2.2018**[235] **überholt.** Aufgrund der Tatsache, dass die Anwendung des § 281 Abs. 1 BGB auf Obhutspflichten, welche sowohl den vertragswidrigen wie auch den vertragsgemäßen, jedoch übermäßigen Gebrauch erfassen, verneint wird, kommt eine Unterscheidung nicht in Betracht. Zudem

---

[233] BGH XII ZR 65/95, NJW 1997, 394 (Ls.) = NJWE-MietR 1996, 266= WuM 1997, 217 (218).

[234] *Kraemer* FS Blank, 2006, 281 (289).

[235] BGH VIII ZR 157/17, GE 2018, 633 = NJW 2018, 1746 = NZM 2018, 320 (mAnm *Fervers*) = WuM 2018, 196 = ZMR 2018, 492; XII ZR 79/17, GE 2018, 994 = NZM 2018, 717 = ZMR 2018, 922.

hat der BGH dem Vermieter grundsätzlich die Möglichkeit der sofortigen Schadensliquidierung zuerkannt, so dass auch aus § 241 Abs. 2 BGB eine Pflicht des Vermieters, dem Mieter die Möglichkeit der Selbstreparatur zu geben, nicht besteht. Daraus folgt, wie der BGH jedenfalls im Ergebnis richtiger Weise feststellt, auch **keine vorrangige Anwendung des § 546 Abs. 1 BGB** in der Art, dass der vertragliche Anspruch auf Herstellung des vertragsgemäßen Zustandes als Leistungspflicht iSd § 241 Abs. 1 BGB nunmehr doch § 281 Abs. 1 BGB unterfallen würde.

Allerdings beruht die **Begründung des BGH** auf einer **unzutreffenden Prämisse.** § 546 Abs. 1 BGB bedinge nach der Beendigung des Mietverhältnisses hinsichtlich der Geltendmachung von Schadensersatz keine andere Wertung als bei Beschädigungen, die während der Mietzeit erfolgen, denn die Norm enthalte ***„keine Regelung darüber, in welchem Zustand die Wohnung zurückzugeben ist."*** Beide Senate wiederholen dabei frühere gleichlautende Aussagen.[236] Die hierfür in Bezug genommene Entscheidung des BGH v. 10.1.1983,[237] aus der diese Formulierung herrührt,[238] bezieht sich jedoch nicht auf die Rückgabepflichten aus § 546 Abs. 1 BGB, sondern besagt, ihrerseits unter Bezugnahme auf die Entscheidung des BGH vom 31.1.1972,[239] lediglich, dass die **Nutzungsentschädigung nach § 546a Abs. 1 BGB** nicht von dem ordnungsgemäßen Zustand der Mietsache abhängt, für die Frage der Vorenthaltung also nicht relevant ist. Der Vermieter kann im Hinblick auf diesen die Rücknahme nicht verweigern und weiter Nutzungsentschädigung fordern. Das steht **mit Inhalt und Umfang der Rückgabepflicht aus § 546 Abs. 1 BGB in keinem Zusammenhang.** Auch in der späteren Entscheidung v. 13.7.2010 verwendet der BGH[240] wiederum die vorstehend zitierte Formulierung, meint damit aber tatsächlich Vorenthaltung iSd § 546a Abs. 1 BGB. Nach wie vor ist daher anerkannt, dass den Mieter mit der Beendigung des Mietverhältnisses neue Pflichten treffen, die darauf abzielen, das Vertragsverhältnis ordnungsgemäß abzuwickeln einschließlich der Herstellung des vertragsgemäßen Zustandes der Mietsache (→ Rn. 109).[241] Der Schluss des BGH, Leistungspflichten in Bezug auf die **114**

[236] ZB BGH VIII ZR 416/12, DWW 2014, 59 = GE 2014, 49 = NZM 2014, 72 = WuM 2014, 23; BGH XII ZR 52/08, NJW 2010, 2652 = NZM 2010, 621; ebenso BGH IX ZR 97/18, GE 2019, 852 = NJW 2019, 1877 = ZMR 2019, 853; IV ZR 188/07, ZMR 2010, 431 = BeckRS 2010, 2736; Blank/Börstinghaus/*Blank/Börstinghaus* § 546 Rn. 45; Bub/Treier MietR-HdB/*Emmerich* V Rn. 43/44.

[237] BGH VIII ZR 304/81, NJW 1983, 1049 = ZMR 1983, 198.

[238] Unter II. 2. aa).

[239] BGH VIII ZR 219/72, NJW 1974, 556 = ZMR 74, 139; ebenso BGH IX ZR 62/19, ZIP 2020, 2025 = BeckRS 2020, 24932.

[240] BGH VIII ZR 326/09, GE 2010, 1265 = NZM 2010, 815 = WuM 2010, 632 = ZMR 2011, 22; ebenso BGH VIII ZR 96/87, NJW 1988, 2665 = ZMR 1988, 378.

[241] ZB BGH IX ZR 62/19, GE 2020, 1309 = NZM 2021, 38 = ZMR 2021, 33; KG GE 2019, 123 = WuM 2019, 78 = BeckRS 2018, 34289; NJOZ 2015, 1082; OLG Düsseldorf DWW 2009, 308 = GE 2009, 842 = BeckRS 2009, 22670; Blank/Börstinghaus/*Blank/Börstinghaus* § 546 Rn. 45 ff.; MüKoBGB/*Bieber* § 546 Rn. 10 ff.; Guhling/Günter/*Krüger* § 546 Rn. 12 f.; Schmidt-Futterer/*Streyl* § 546 Rn. 36 ff.

Mietsache bei Rückgabe aus § 546 Abs. 1 BGB könnten eine Anwendung des § 281 Abs. 1 BGB nicht begründen, weil es solche nicht gebe, ist daher nicht zutreffend. Dennoch ist **dem Ergebnis aus anderem Grund zuzustimmen.** Beschädigt der Mieter die Mietsache im laufenden Mietverhältnis vertragswidrig und schuldhaft, entsteht ihm nach der Rechtsprechung des BGH unmittelbar ein Schadensersatzanspruch aus §§ 535, 280 Abs. 1, 241 Abs. 2, 249 BGB. Würde dieser nunmehr mit Vertragsende über die sodann greifende Vorschrift des § 546 Abs. 1 BGB unter den Vorbehalt des § 281 Abs. 1 BGB gestellt, wäre die Regelung so zu verstehen, dass sie zuvor bestehende Ansprüche des Vermieters wegfallen lässt. Ein solcher Regelungsgehalt ist der Norm jedoch nicht zu entnehmen.[242] Sie erweitert vielmehr dessen Rechte, indem sie ihm über den nur eigentumsbasierten Herausgabeanspruch aus § 985 BGB hinaus Rechte hinsichtlich des Zustandes der Mietsache zuspricht, das über § 546 Abs. 2 BGB auch gegen den Besitzer, mit dem er keinen Vertrag hat. Zudem kann auch der Vermieter, der nicht Eigentümer ist, die Rückgabepflichten einfordern.[243] Eine Einschränkung bereits bestehender Ansprüche aus Pflichtverletzung, die zudem in aller Regel auch deliktischer Natur sind, ist in keiner Weise intendiert.

bb) Vertrag mit Regelung

115 Etliche Mietverträge, zumal über Gewerberaum, enthalten mit unterschiedlicher Formulierung die Bestimmung,

„Bei der Beendigung des Mietvertrags ist der Mieter verpflichtet, das Mietobjekt in ordnungsgemäßem Zustand/frei von Schäden zurückzugeben."

Hierbei handelt es sich letztlich nur um eine deklaratorische Wiedergabe der Pflichten aus §§ 241 Abs. 2, 546 Abs. 1 BGB. Denn der Mieter hat die Mietsache nach Mietende in ordnungsgemäßem Zustand, also so, wie erhalten, zurückzugeben. Ausgenommen hiervon sind alleine Veränderungen und Verschlechterungen durch vertragsgemäßen Gebrauch nach § 538 BGB (→ Rn. 110). Der Begriff der „Schäden" bezieht sich daher schon begrifflich auf vertragswidrige Beeinträchtigungen, welche der Mieter aufgrund seiner Obhutspflicht grundsätzlich zu unterlassen hat. Dass er die Mietsache ohne solche zurückgeben muss, ist daher eine Selbstverständlichkeit. Die Klausel kann hingegen gerade nicht so verstanden werden, dass über diese eine neue Leistungspflicht des Mieters zur schadensfreien Rückgabe begründet werden soll, welche insbesondere einen zuvor bereits entstandenen Schadensersatzanspruch des Vermieters untergehen lässt. Ebenso wenig ist sie so zu lesen, dass der Vermieter sein Recht auf unmittelbare Schadensliquidation aus § 280 Abs. 1 BGB, welches ihm nach der Rechtsprechung des BGH zukommt (→ Rn. 107 f.), nicht in Anspruch nehmen würde. In beiden Fällen wäre hierin ein –

[242] *Fervers* WuM 2017, 429 (431).
[243] Staudinger/*Rolfs* § 546 Rn. 3 mwN.

auch vorsorglich erklärter – Verzichts- bzw. Erlassvertrag iSd § 397 BGB zu sehen, an den hohe Anforderungen zu stellen sind. Insbesondere kann hiervon ohne nachvollziehbaren Grund nicht ausgegangen werden.[244]

2. Höhe des Ersatzanspruchs

a) Grundsätze

Wie bei der Vergabe von Aufträgen zur Erledigung der Schönheitsreparaturen geht der Anspruch des Vermieters nur auf Ersatz der **notwendigen Kosten,** wobei er sich jedoch nicht mit Flickwerk begnügen muss. Hätte die Reparatur von einzelnen Flächen oder Teilen zu einem ordnungsgemäßen Zustand geführt, hat er die Kosten einer weitergehenden Herrichtung des Mietobjekts selbst zu tragen. Ob sich die vom Vermieter angesetzten Kosten im gebotenen Umfang halten, kann mit einer Kontrollüberlegung überprüft werden. Es ist zu fragen, welche Kosten ein wirtschaftlich denkender Vermieter aufgewendet hätte, wenn er zur Schadensbeseitigung verpflichtet gewesen wäre. Hier ist immer wieder zu beobachten, dass manche Vermieter ausschließlich kostenorientiert vorgehen. Genügen die entsprechenden Arbeiten, um den Anspruch des Mieters aus § 535 Abs. 1 S. 2 BGB zu erfüllen, muss umgekehrt dieselbe Ausführungsart ausreichen, wenn die Arbeiten zu Lasten des Mieters gehen. **116**

Handelt es sich um Schlagstellen an **Waschbecken oder Badewannen,** ist vor der Erneuerung zu prüfen, ob auch eine Ausbesserung zu einem optisch und technisch ordentlichen Zustand führen würde. Bei Badewannen kann uU eine Beschichtung für einen gewissen Zeitraum ausreichen, was zumal dann relevant ist, wenn sie älteren Datums sind und sich auf diese Weise die restliche Lebensdauer (dazu → Rn. 127) unschwer erreichen lässt. Bei einer Überzahl von **Dübellöchern,** die nur eine Wand betreffen, dürfte es oft ausreichen, nur diese Wand neu zu verfliesen; sind die Fliesen nicht mehr zu beschaffen, ist zu klären, ob durch andere, dekorativ zu den Fliesen an den anderen Wänden passende ein ansprechender Zustand zu erreichen ist. Hingegen ist eine Neuverfliesung des gesamten Raums erforderlich, wenn sich die Schäden auf alle Wände erstrecken und Ersatzfliesen nicht mehr erhältlich sind. Ähnlich verhält es sich, wenn **Wandfliesen** mit Lackfarbe überstrichen wurden. **117**

Wurden **Türblätter** gekürzt, um Teppichauslegeware verlegen zu können, genügt das Anlängen, wenn mit anschließendem Spachteln und Lackieren ein optisch und technisch einwandfreier Zustand zu erreichen ist,[245] was bei Naturholztüren nicht der Fall ist. **118**

Weisen **Teppichböden** kleinere Flecken oder Brandlöcher auf, können sie von einem Fachbetrieb nicht selten durch Ausstanzen und Einfügen **119**

[244] BGH VII ZR 356/00, NJW 2001, 2325.

[245] *Gather* S. 96; *Sternel* IV Rn. 610.

entsprechender Stücke repariert werden, sofern noch vorhandene Reste praktisch keine Farbabweichung aufweisen.

b) Begrenzung im laufenden Mietverhältnis

120 Während der Vermieter über die Ersatzleistung des Mieters nach Mietende frei verfügen kann, ist sein Anspruch **im laufenden Mietverhältnis** auf die **Kosten beschränkt,** die **für die Beseitigung des Schadens** anfallen. Hier gilt im Ergebnis nichts Anderes als bei der Durchsetzung fälliger Schönheitsreparaturen im fortbestehenden Mietvertrag (→ Kap. 1 Rn. 469). Zwar lässt sich die dortige Begründung aus dem Ausgleichsprinzip nicht auf die hier behandelte Problematik vertragswidrig durch den Mieter verursachter Schäden übertragen, sie folgt jedoch ohne weiteres aus dem Aspekt, dass die Ersatzleistung des Mieters auf die Herstellung eines gem. § 535 Abs. 1 S. 2 BGB vertragsgemäßen, mithin mangelfreien Mietobjekts zu verwenden ist.[246] Der Vermieter kann daher nur den Schaden – bei entsprechender Duldung seitens des Mieters – beheben und Erstattung seines Aufwands verlangen oder den Mieter zunächst auf Zahlung eines Vorschusses in Anspruch nehmen, über den nach der Reparatur abzurechnen ist. Ist ihm der Vorschuss und damit die notwendige Kompensation zugeflossen, kann der Mieter, wenn der Vermieter den Schaden nicht unverzüglich beheben lässt, wegen des Mangels nach § 536 BGB die Miete mindern.

c) Vorteilsausgleichung

121 Von besonderer wirtschaftlicher Bedeutung für beide Parteien ist der Grundsatz der Vorteilsausgleichung, dh die Frage, inwieweit sich der Vermieter einen Abzug **„neu für alt"** gefallen lassen muss. Sind **ältere Teile** des Mietobjekts im Rahmen der Reparaturmaßnahmen **zu ersetzen,** ergibt sich eine Wertsteigerung zugunsten des Vermieters zumindest dadurch, dass die neuen Bestandteile eine längere Lebensdauer aufweisen, was ihn entsprechend entlastet; der Abzug ist auch von den Arbeiten und Zusatzleistungen vorzunehmen, die erforderlich sind, um die neue Sache verwendungsfähig zu machen.[247] Die erreichte Lebensdauer ist daher zu der üblicherweise erreichbaren ins Verhältnis zu setzen. Für die Bemessung der Lebensdauer lassen sich keine festen Regeln aufstellen, da es neben dem Alter auf die Beschaffenheit und Qualität des beschädigten Bestandteils der Mietsache ankommt. Nicht richtig wäre es, wie von Vermietern gelegentlich eingewandt wird, auf die wirtschaftliche Lebensdauer abzustellen; die technische Nutzungsdauer ist ohnehin

---

[246] *Kraemer* FS Blank, 2006, 281 (288).

[247] OLG Koblenz ZMR 2003, 927: Abzug nicht nur von den Sach- sowie Liefer- und Einbaukosten, sondern (hier) auch der Begleitarbeiten wie Baustellenabsicherung, Entfernung, Lagerung und Neumontage eines Dachs einschl. der Fundamente, Entsorgung der alten Sache, Zubehör für die neue sowie Wiederherstellung der Bodenfläche.

nicht relevant, weil sie sich allein nach dem Zeitraum bestimmt, nach dessen Ablauf für die Bestandserhaltung des Bauteils höhere Kosten aufzuwenden sind als für dessen Herstellung.[248] Ausstattungen und Einrichtungen halten von der Substanz im Zweifel Jahrzehnte. Maßgeblich ist vielmehr der Zeitraum, für den noch ein ansehnlicher Zustand zu veranschlagen ist. Zweifel über die Höhe des Abzugs gehen zulasten des Geschädigten.[249]

Keine Vorteilsausgleichung findet statt, wenn das Bauteil oder der Teil der Einrichtung nicht ersetzt, sondern **nur repariert** wurde. Hier beschränkt sich der Aufwand auf die Herstellung eines ordnungsgemäßen Zustands, er führt nicht zu einer Verlängerung der Lebensdauer. Dies ist zB der Fall, wenn eine beschädigte Tür nicht erneuert, sondern durch das Anbringen neuer Türverleistungen wieder hergerichtet wurde.[250] **122**

Für den **Umfang** der Vorteilsanrechnung ist maßgeblich, welche **Nutzungsdauer im Zeitpunkt der Schadensverursachung bereits erreicht** war. Dabei kommt es nicht nur auf die eigene Mietzeit des Mieters an, vielmehr sind auch die Gebrauchszeiten durch Vormieter einzurechnen.[251] War die durchschnittliche Lebensdauer der jeweiligen Einrichtungen oder Ausstattungsteile der Mietsache bei Eintritt des Schadens bereits überschritten, ist der Mieter nicht zum Schadensersatz verpflichtet. Da die Erneuerung der jeweiligen Teile der Mietsache ohnehin zulasten des Vermieters anstand, ist selbst ein unsachgemäßer Umgang des Mieters ist **nicht mehr kausal** für die Notwendigkeit der Ersetzung der Teile.[252] Fällt der Schaden noch in die Zeit der Lebensdauer der Einrichtungen oder Ausstattung, ist demgegenüber ein Rest-Schadensersatzanspruch des Vermieters gegeben. Er wird indes nicht relevant, wenn das Mietverhältnis nach dem Schadenseintritt noch eine längere Zeit andauert, weil der Vermieter mit seinen Ansprüchen im Regelfall erst nach Beendigung des Mietverhältnisses hervortritt. Ist die Lebensdauer zu diesem Zeitpunkt abgelaufen, weil der Mieter die beschädigten Teile weiter nutzte, ist der ursprüngliche restliche Schadensersatzanspruch des Vermieters überholt, so dass der Mieter auch in diesem Fall keinen Schadensersatz schuldet. **123**

Für **Teppichboden** soll von einer Lebensdauer von 10 Jahren auszugehen sein,[253] was bei Ware minderer Qualität deutlich zu lang ist;[254] diese **124**

[248] *Wetekamp* MK 2011, 64 (65).
[249] OLG Koblenz ZMR 2003, 927.
[250] KG WuM 2008, 724.
[251] ZB AG Berlin-Schöneberg GE 2011, 1237.
[252] Vgl. LG Köln NZM 1999, 456 = WuM 1998, 596; AG Berlin-Schöneberg GE 2011, 1237; AG Hamburg 1.12.2000 – 43a C 273/99, n. v.
[253] LG Dortmund NJWE-MietR 1997, 100; AG Böblingen WuM 1998, 33; *Otto* ZMR 1989, 81 (82); *Wetekamp* MK 2011, 64 (66).
[254] Vgl. LG Kiel WuM 1998, 216 unter Bezug auf die Wertermittlungsrichtlinie, Anl. 5: Technische Lebensdauer baulicher Anlagen: Lebensdauer von Textilbelägen durchschnittlich fünf bis zehn Jahre.

ist schon nach einer Nutzung von 5 bis 7 Jahren meist unansehnlich. Bei hochwertiger Ware ist eine Lebensdauer von 15 Jahren zugrunde gelegt worden.[255] Schleifen und Versiegeln des **Parketts** ist nach einer Ansicht alle 12 bis 15 Jahre erforderlich,[256] nach anderer alle 15 bis 20 Jahre.[257] Für **PVC**-Ware werden sehr unterschiedliche Zeiten angenommen, 8 bis 10 Jahre,[258] höchstens 15 Jahre,[259] aber auch 20 Jahre.[260]

125 Hat der **Mieter auf eigene Kosten** einen **Teppichboden** verlegt, können ihm **Schäden am bauseitigen Unterbelag,** die bei dessen Entfernung auftreten, oder Klebereste nicht angelastet werden, wenn die Lebensdauer der bauseitigen Beläge bei Mietende abgelaufen war und nicht zusätzliche Schäden entstanden sind. Häufig weisen die bauseitigen Beläge, insbesondere bei nur punktueller Verklebung, an den nicht beschädigten Stellen noch einen sehr guten Zustand auf. Von Vermieterseite wird sodann nicht selten auf die gut erhaltenen Stellen verwiesen, um deutlich zu machen, dass die Erneuerung des bauseitigen Belags nur wegen der Schäden erforderlich war, die durch den Ausbau der mietereigenen Beläge entstanden waren. Diese Begründung für einen Schadensersatzanspruch ist jedoch nicht stichhaltig, weil es sich um ein Ergebnis handelt, das allein auf der Investition des Mieters beruht. Maßgeblich ist vielmehr die hypothetische Betrachtung, ob der Belag, hätte ihn der Mieter nicht auf seine Kosten abgedeckt, infolge der Nutzungszeit verbraucht gewesen wäre.

126 Bei der Erneuerung von **Fliesen** soll im Hinblick auf eine „übliche Abnutzung" bereits nach einer Wohndauer von 3 Jahren und 4 Monaten ein Abzug von 10% gerechtfertigt sein.[261] Ob eine derart kurze Nutzungszeit angemessen ist, erscheint fraglich. Zu berücksichtigen ist, dass die Regelabschreibung nach § 25 II. BV 1% für jedes Jahr der Nutzung beträgt; eine Ausnahme ist in § 25 Abs. 3 II. BV für Fliesen nicht vorgesehen. Auch wenn eine starre Handhabung dieses Nutzungszeitraums nicht angebracht ist, bietet er doch einen Anhaltspunkt. Diesem Ansatz entspricht es eher, bei der Erneuerung von 30 Jahre alten Fliesen einen Abzug von 50% vorzunehmen; sie haben zwar eine erheblich höhere Lebensdauer, unterliegen aber auch dem jeweiligen Geschmack und der Mode.[262] Einem höheren Abzug wird nur für den Fall zuzustimmen sein, dass es sich um extrem modische Fliesen handelte. Aber auch wenn nur zeitgemäß modische, „unauffällige" Fliesen eingebaut waren, ist nicht zu verkennen, dass Mietinteressenten nach einer Nutzungsdauer von 60 Jahren neue bevorzugen. So wird in Streitigkeiten über eine Mieterhö-

[255] LG Köln WuM 1983, 126.
[256] AG Köln WuM 1984, 197.
[257] LG Wiesbaden WuM 1991, 540.
[258] LG Wiesbaden WuM 1991, 540.
[259] AG Staufen WuM 1992, 430.
[260] AG Kassel WuM 1996, 757.
[261] So LG Göttingen ZMR 1990, 145.
[262] LG Köln WuM 1997, 41.

hung bei Wohnraum aus den fünfziger Jahren von den Mietern immer wieder eingewendet, dass das Badezimmer einen verbrauchten Eindruck mache. Der Umstand, dass sich Fliesen im Altbau aus der Gründerzeit, die noch bis in die siebziger und achtziger Jahre in großem Umfang als nicht zeitgemäß abgeschlagen wurden, inzwischen zum Teil großer Wertschätzung erfreuen, wird als Ausnahmeerscheinung außer Betracht bleiben können.

Für **Mischbatterien, Hand- und Standbrausen** soll die Lebensdauer **127**
etwa 8 Jahre,[263] für **Badewannen** aus Stahlblech 23 Jahre, für **Waschbecken** aus Porzellan oder Steingut 20 Jahre, für **Spülbecken** aus Steingut oder Edelstahl 27 Jahre, für **WC-Becken** 18 Jahre betragen.[264] Hierbei handelt es sich um Durchschnittswerte, die bei pfleglicher Behandlung deutlich überschritten werden können. Gelegentlich in Mietverträgen anzutreffende Klauseln, die den Mieter verpflichten, nur bestimmte **Reinigungsmittel** zu verwenden oder nach genau beschriebenen **Pflegemethoden** zu verfahren, sind unwirksam, wenn sie ihn übermäßig belasten, sofern sie nicht aufgrund des verwendeten Materials geboten sind. Ob es schon nach 12-jährigem Gebrauch zu einer Abstumpfung der Emaillierung der Badewanne[265] oder nach 6 Mietjahren zu schwärzlichen Verfärbungen der Fugenabdichtung am Badewannenrand[266] kommen muss, erscheint eher fraglich; diese Folgen dürften eher auf eine mangelnde Pflege durch den Mieter zurückzuführen sein. Bei **Rollläden** wird ebenfalls nach dem Material differenziert: Kunststoff 25 Jahre, Holz 35 Jahre, Aluminium 35 Jahre.[267] Für **Markisen** wird eine Lebensdauer von 15 Jahren angesetzt, für **Drehkippbeschläge** und **Türschlösser** von 25 Jahren.[268]

Eine **Einbauküche** soll nach 25 Jahren verbraucht sein.[269] Dieser Zeit- **128**
raum wird bei einfacher Industrieware zutreffen, bei hochwertigen, zB teuren Designerküchen, jedoch zu kurz sein.

---

263 Vgl. AG Zweibrücken ZMR 2014, 218 für Kalkablagerungen auf dem Duschkopf.

264 Die Nutzungsdauer von Trinkwasserinstallationen, HmbGE 1979, 457, vgl. *Simon/Cors/Troll/Grotlüschen,* Handbuch der Grundstückswertermittlung, 3. A. 1992, B Anh. 3 Anlage 5.

265 AG Köln WuM 1984, 197.

266 AG Köln WuM 1995, 312.

267 *Wetekamp* MK 2011, 64 (66).

268 *Wetekamp* MK 2011, 64 (66).

269 LG Berlin GE 2001, 1404.

Kap. 3. Rückbau

A. Begriff

1 Unter Rückbau sind die Arbeiten zu verstehen, mit denen vom Mieter geschaffene **Einrichtungen, Ein-, Aus- und Umbauten entfernt** werden; auf ihren Zustand kommt es nicht an, so dass der Mieter zB auch eine Ladeneinrichtung, die nach einem Brand nur noch in verkohltem Zustand vorhanden ist, wegzunehmen hat.[1] Es geht dabei um die **Herstellung eines vertragsgemäßen** oder, wenn entsprechende Regelungen im Mietvertrag fehlen, **ordnungsgemäßen** Zustands iSd § 546 Abs. 1 BGB und der hierin enthaltenen Räumungspflicht, bei Letzterem also darum, wieder den früheren Zustand, in dem das Mietobjekt dem Mieter überlassen wurde, zu produzieren.[2] Die Rückbaupflicht ist ihrer Rechtsnatur nach keine gegenüber der Mietzahlung synallagmatische Leistungs-, sondern eine **originäre Pflicht,** die entweder aus dem Mietvertrag selbst (im laufenden Mietverhältnis) oder bei dessen Beendigung aus der Rückgabepflicht des § 546 Abs. 1 BGB folgt.[3] Denn anders als die Schönheitsreparaturen (→ Kap. 1 Rn. 48) ist sie kein Teil der vom Mieter für die Gebrauchsüberlassung zu erbringenden Gegenleistung, welche ursprünglich der Instandhaltungs- und Instandsetzungspflicht des Vermieters unterlag.[4]

2 **Gegenstand der Rückbaupflicht** sind **zum einen Einrichtungen.** Darunter werden bewegliche Sachen verstanden, die mit der Mietsache verbunden sind, um ihrem wirtschaftlichen Zweck zu dienen, zB Sanitär- und Kücheneinrichtungen, Öfen und Heizungen, Teppichböden, Raumteiler, Klimaanlagen.[5] In der Mietsache nach Mietende lediglich zurückgelassene Gegenstände (zB Möbel, Abfall) unterliegen hingegen der Leerungspflicht, da der Mieter von ihm eingebrachte Sachen aus dieser entfernen muss.[6] Einrichtungen werden zwar primär durch eine bloße Wegnahme beseitigt; im Interesse einer übersichtlichen Terminologie wird aber im Folgenden auch hierfür der Begriff Rückbau verwandt, zumal nach der Wegnahme der ursprüngliche Zustand mit ggf. beträchtlichem Aufwand herzustellen ist. **Zum anderen** geht es um **Verwendungen** auf die Mietsache, bei Einbauten zB um die grundlegende Sanierung des Badezimmers,

---

[1] OLG Düsseldorf DWW 2006, 65 = GE 2006, 189 = GuT 2006, 29.

[2] ZB BGH IX ZR 62/19, GE 2020, 1309 = NZM 2021, 38 = ZMR 2021, 33; VIII ZR 231/84, GE 1986, 387 = NJW 1986, 309 = WuM 1986, 57 = ZMR 1986, 46; OLG Düsseldorf DWW 2009, 333 = ZMR 2009, 754; OLG Celle ZMR 2007, 956; KG NJW-RR 2007, 1602 = ZMR 2007, 533; LG Berlin GE 2010, 1269.

[3] OLG Brandenburg BeckRS 2007, 1917.

[4] BGH VIII ZR 231/84, JZ 1986, 287 (mAnm *Sonnenschein*) = NJW 1986, 309 = WuM 1986, 57.

[5] BGH VIII ZR 136/86, NJW 1987, 2861 = ZMR 1987, 371; KG Beck RS 2006, 2231.

[6] BGH VIII ZR 96/87, NJW-RR 1988, 1292 = ZMR 1988, 378.

bei Ausbauten etwa um die Herrichtung von Nebenräumen zu Wohnraum, bei Umbauten um Grundrissveränderungen, Durchbruch einer Trennwand zwischen zwei Räumen uÄm. Die Verwendungen können bei der Miete eines Grundstücks auch in der Errichtung eines Gebäudes oder anderer „Baulichkeiten" bestehen, die daher zu entfernen sind.[7] Sowohl für Einrichtungen, als auch in Bezug auf Verwendungen ist es dabei unerheblich, ob von Gesetzes wegen ein Eigentumsübergang auf den Vermieter/Eigentümer gem. §§ 93, 94, 946 BGB eingetreten ist, weil diese wesentliche Bestandteile des Grundstücks geworden sind. Denn die Rückbaupflicht ist alleine vertragsbasiert und unabhängig davon, ob der Mieter seinerseits jemals Eigentümer der eingebrachten Sachen war und wer im Zeitpunkt der Entstehung der Rückbaupflicht Eigentümer ist.[8]

3 **Inhalt der Rückbaupflicht** ist die Wiederherstellung eines vertragsgemäßen bzw. ordnungsgemäßen Zustands. Hierzu hat der Mieter Einrichtungen wegzunehmen und bauliche Veränderungen rückgängig zu machen. Soweit durch die Veränderungen Schäden am Mietobjekt entstanden waren, sind sie zu beseitigen, wie es § 258 BGB ausdrücklich für den Fall vorsieht, dass zB ein Mieter von seinem Wegnahmerecht Gebrauch macht. Zu neuen Schäden, die bei der Durchführung des Rückbaus verursacht werden, etwa die Beschädigung des Fußbodens beim Ausbau eines fest verklebten Teppichbodens,[9] → Rn. 66.

4 Zur Rückbaupflicht des Mieters kann es **schon im laufenden Mietverhältnis** kommen. Dies ist insbesondere der Fall, wenn der Mieter das Mietobjekt veränderte und dabei sein Gebrauchsrecht überschritt; obwohl er sich dabei vertragswidrig verhielt, hängt es von den Umständen des Einzelfalls ab, ob der Vermieter sogleich den Rückbau verlangen kann oder damit bis zum Ende des Mietvertrags warten muss (dazu → Rn. 7). Hauptanwendungsgebiet (und Streitgrund) ist das **Ende des Mietvertrags,** mit dem der Mieter das Mietobjekt nach § 546 Abs. 1 BGB dem Vermieter zurückzugeben hat (dazu → Rn. 9 ff.).

5 Bei der **Mieterinsolvenz** sind die Rückgabepflicht bei Mietende und die Räumungspflicht zu trennen. Kosten, die aus der Verschaffung des unmittelbaren Besitzes des Vermieters am Grundstück (Aussonderung, gestützt auf § 546 BGB und/oder § 985 BGB) resultieren, sind eine Masseforderung.[10] Die Kosten für die Erfüllung der Rückbaupflicht werden nur nach den Regeln des § 55 InsO zur Masseverbindlichkeit, sind mithin im Regelfall lediglich eine Insolvenzforderung.[11]

---

[7] BGH IX ZR 62/19, GE 2020, 1309 = NZM 2021, 38 = ZMR 2021, 33; III ZR 266/12, NZM 2013, 315 = ZMR 2013, 526; Schmidt-Futterer/*Streyl* § 546 Rn. 45.

[8] BGH IX ZR 62/19, GE 2020, 1309 = NZM 2021, 38 = ZMR 2021, 33; XII ZR 140/95, GE 1997, 1160 = NJW-RR 1997, 1216 = ZMR 1997, 568; OLG Düsseldorf DWW 2012, 92 = ZMR 2012, 438; LG Berlin GE 2010, 1269; *Derleder* WuM 2006, 175; Bub/Treier MietR-HdB/*Emmerich* V.A Rn. 41.

[9] LG Mainz WuM 1996, 759.

[10] ZB BGH IX ZR 46/05, NZM 2006, 352.

[11] ZB OLG Celle ZMR 2007, 956.

B. Laufendes Mietverhältnis

6 Der Mieter ist gem. § 535 Abs. 1 S. 1 BGB berechtigt, die Mietsache während der Mietzeit zu nutzen. An ihr verbleiben dennoch die **Rechte des Eigentümers,** also insbesondere dessen Befugnis aus **§ 906 S. 1 BGB,** mit der Sache nach Belieben zu verfahren und andere von jeder Einwirkung auszuschließen. Diese bestehen während des Mietverhältnisses fort und werden durch die vertraglichen Nutzungsrechte des Mieters aus **§§ 535 ff. BGB lediglich überlagert.** Der Mieter ist daher nur insoweit berechtigt, Änderungen an der Mietsache vorzunehmen, wie ihm dies aufgrund des Mietvertrages erlaubt ist. Der Umfang seiner Berechtigung ergibt sich dabei insbesondere aus **§§ 535, 538 BGB** und somit dem **vertragsgemäßen Gebrauch,**[12] wobei die Grenzen entweder im Mietvertrag beschrieben sein können oder sich aus dem Vertragszweck ergeben.[13] Letztere Vorschrift behandelt zwar überwiegend die Verschlechterungen der Mietsache infolge ihrer Benutzung, besagt aber zugleich, dass der Mieter auch **Veränderungen** an ihr vornehmen darf. Die vertraglichen Grenzen sind daher überschritten, wenn die Art der Nutzung die Rechte des Vermieters verletzt (§ 280 Abs. 1 BGB). Der Mieter darf – mit Ausnahme der von § 538 BGB erlaubten Beeinträchtigungen – insbesondere in die Substanz der Mietsache selbst nicht eingreifen oder sonstige Veränderungen dieser vornehmen, etwa durch eigenmächtige Maßnahmen wie Einbau elektrischer Leitungen unter Putz, Verglasung des Balkons, Einbau einer neuen Heizung,[14] sowie einer Gasetagenheizung,[15] veränderter Badezimmerausstattung durch Neukachelung, Ersetzung der Badewanne durch eine Dusche oder Erneuerung der WC- und/oder Waschbeckenanlage.[16] Erlaubt sein sollen hingegen der Einbau eines neuen Toilettentopfes und das Anbringen neuer Bodenbeläge[17] einschließlich der Neuverfliesung des Bades (siehe auch → Kap. 2 Rn. 88 ff.).[18]

7 Unternimmt der Mieter während der Mietzeit Veränderungen an der Mietsache, die nicht von dem vertragsgemäßen Gebrauch erfasst sind, so hat er diese, weil er seine Rechte aus dem Mietverhältnis überschreitet und daher eine Pflichtverletzung begeht, **rückgängig zum machen** (§§ 280, 541, 1004 BGB – zum Verhältnis der Ansprüche zueinander → Rn. 62). Hat er die **Erlaubnis** hierzu von dem Mieter erhalten, so schuldet er den Rückbau nach der Vertragsbeendigung im Rahmen der Rückgabepflicht aus § 546 Abs. 1 BGB, es sein denn, der Vermieter hat

---

[12] BayObLG WuM 1981, 80.
[13] OLG Rostock GE 2014, 1058 = BeckRS 2014, 14473.
[14] BGH VIII ZR 252/61, NJW 1963, 672.
[15] LG Berlin GE 2011, 201 = BeckRS 2011, 3108.
[16] LG Hamburg HambGE 1992, 51.
[17] LG Köln WuM 1996, 93 = BeckRS 1996, 02088.
[18] AG Berlin-Schöneberg BeckRS 1995, 31046042.

zudem das Belassen der Veränderung ausdrücklich erlaubt.[19] Auch bei **unerlaubten baulichen Veränderungen** kann eine **Rückbauaufforderung ausnahmsweise** jedoch unter bestimmten Voraussetzungen **rechtsmissbräuchlich** sein (§ 242 BGB). Dies kommt in Betracht, wenn sich der Eingriff nicht auf tragende oder sonst allgemein funktionswichtige Teile von Mietobjekt oder Gebäude bezieht, er keine Außenwirkungen entfaltet, sonstige berechtigte Interessen des Vermieters nicht betroffen sind und die Maßnahme bei Vertragsende unschwer rückbaubar ist; diese Bedingungen sind zB erfüllt, wenn der Mieter die Kassettentüren einer Altbauwohnung durch glatte holzfurnierte Türen ersetzte.[20] Ist, wie meist, eine vorherige Zustimmung des Vermieters nach dem Mietvertrag erforderlich, hat der Mieter auch ohne diese einen Anspruch auf Duldung seiner Maßnahme, wenn der Vermieter die Zustimmung aufgrund der Umstände des Einzelfalls nach Treu und Glauben nicht hätte verweigern dürfen.[21] Der Mieter soll daher etwa ein unerlaubt eingebautes Duschbad während der Mietzeit nicht entfernen müssen, sofern es fachgerecht installiert wurde; dies muss der Mieter hinsichtlich Leitungsführung, Fußbodenisolierung uÄ ggf. nachweisen und dem Vermieter die Überprüfung ermöglichen.[22]

8 Stammen die **baulichen Veränderungen vom Vormieter,** ist zunächst danach zu **differenzieren,** ob der neue Mieter in den Mietvertrag des Vormieters eintrat oder ob ein neues Mietverhältnis zwischen Vermieter und Mieter begründet wurde. **Bei der Übernahme des Vertrags** durch den neuen Mieter muss sich dieser so behandeln lassen, als habe er selbst die Investitionen vorgenommen.[23] Für ihn gelten daher prinzipiell die oben beschriebenen Grundsätze. Allerdings ist dem Vermieter der Einwand widersprüchlichen Verhaltens entgegen zu halten, wenn er den Nachfolger nicht auf die Veränderungen und deren umgehende Beseitigung hinwies. Wurde zwischen den Parteien ein **neuer Vertrag** geschlossen, ist maßgeblich, ob der Vermieter das Mietobjekt in der vom Vormieter hergestellten Beschaffenheit weiter vermietete oder ob sie der Nachmieter vom Vormieter übernahm. Im ersten Fall besteht evident keine Rückbaupflicht, weil sie auf eine Veränderung des Vertragsgegenstandes hinauslaufen würde. Im anderen Fall hat sich der Mieter die bauliche Maßnahme ebenfalls wie eine eigene zurechnen zu lassen.[24] Ausführlich zu allem → Rn. 14 ff.

[19] BGH XII ZR 101/97, GE 1999, 711 = NZM 1999, 478 = WuM 1999, 334 = ZMR 1999, 467; KG ZMR 2010, 956 (mAnm *Seldeneck*); Bub/Treier MietR-HdB/*Emmerich* V.A Rn. 39; *Seldeneck/Wichert/Fallak* Fall 188 Rn. 3; *Sternel* XIII Rn. 39.

[20] LG Hamburg 10.10.1992 – 316 S 38/92, n. v.

[21] BayObLG WuM 1981, 80.

[22] LG Hamburg 20.10.1992 – 316 S 65/92, n. v.

[23] OLG Düsseldorf DWW 2009, 308 = GE 2009, 842 = ZMR 2009, 843; Schmidt-Futterer/*Streyl* § 546 Rn. 39.

[24] OLG Hamburg DWW 1990, 202 = WuM 1990, 390 = ZMR 1990, 341; OLG Köln NZM 1998, 767

Veränderungen der Mietsache, die dazu dienen, dass der vertragsgemäße **Zustand hergestellt** wird, müssen nicht entfernt werden. Denn der Mieter überschreitet hierdurch seine Gebrauchsrechte nicht. So teilweise vertreten wird, derartige bauliche Änderungen wären nach § 536a Abs. 2 BGB zulässig, würden aber den dortigen Voraussetzungen unterliegen, ist das fraglich.[25] Zwar mag der zunächst vertragswidrige Zustand einen Mangel iSd § 536 Abs. 1 BGB darstellen, aus dem sich die nachfolgenden Rechte des Mieters ergeben. Diesem steht jedoch zugleich das Recht zu, die Mietsache nach dem vereinbarten Vertragszweck zu nutzen. Die Herstellung eines Zustandes, der sich nicht nur innerhalb dessen bewegt, sondern diesen überhaupt erst verwirklicht, ist daher von den originären Gebrauchsrechten des Mieters aus § 535 Abs. 1 BGB gedeckt. Der Mieter bedarf somit nicht der Zustimmung des Vermieters und muss auch nicht das Verfahren nach § 536a Abs. 2 BGB einhalten.

---

[25] Bub/Treier MietR-HdB/*Emmerich* V.A Rn. 42.

C. Beendetes Mietverhältnis

I. Grundsätze

1. Vertrag ohne Rückbauregelung

9 Der Mieter ist bei Vertragsende verpflichtet, das Mietobjekt geräumt zurückzugeben (§ 546 Abs. 1 BGB), und zwar so, **wie es vertraglich geschuldet** ist.[26] Grundsätzlich ist die Mietsache in **ordnungsgemäßem Zustand** zurück zu geben. Das bedeutet: Soweit sie durch Einrichtungen oder deren Entfernung sowie Ein-, Aus- und Umbauten verändert wurde, hat er sie wieder **in den früheren Zustand zu versetzen,** in dem es sich bei Beginn des Mietvertrags befand, abgesehen von den Veränderungen und Verschlechterungen nach § 538 BGB. Die Räumung beinhaltet die Leerung von Gegenständen des Mieters, ebenso die Reinigung und insbesondere die Entfernung bzw. den **Rückbau** von **Einbauten, Anlagen** und von **Anpflanzungen.**[27] Letzteres ist jedoch dann ausgeschlossen, wenn sie nicht verpflanzbar sind, was gerade bei älteren Bäumen der Fall sein kann.[28] Werden Inventar oder eingebrachte Gegenstände zerstört (zB durch einen Brand), erstreckt sich die Räumungspflicht auf die Überreste.[29] Der entsprechende Anspruch des Vermieters ist ein gesetzlich fixierter vertraglicher Erfüllungsanspruch (s. auch → Kap. 2 Rn. 109, zu den Folgen für einen Schadensersatzanspruch des Vermieters → Rn. 64 ff.).

2. Vertrag mit Rückbauregelung

10 Die meisten Mietverträge enthalten eine **allgemeine Bestimmung,** dass der Mieter die für seine Zwecke geschaffenen Einrichtungen sowie Ein-, Aus- und Umbauten bei Mietende zu entfernen hat. Auch wenn derartige Regelungen lediglich eine **Wiederholung des § 546 Abs. 1 BGB** enthalten, machen sie dem Mieter seine Wegnahmepflicht im Vertrag deutlich. Bei **Wohnraummietverhältnissen** darf eine formularvertragliche Regelung gem. § 307 BGB nicht von dem wesentlichen Grundgedanken des Inhalts und Umfangs der Mieterpflichten bei Vertragsende abweichen. Dem Mieter dürfen daher **nicht mehr Pflichten auferlegt werden,** als er im Rahmen der **Räumung nach § 546 Abs. 1 BGB** erfüllen müsste, was sich gerade auf die Rückgängigmachung der nur von ihm verursachten

---

[26] BGH XII ZR 65/95, NJW 1997, 394 = WuM 1997, 217 und WuM 1997, 494; *Kandelhard* NJW 2002, 3291 (3292).

[27] BGH IX ZR 62/19, GE 2020, 1309 = NZM 2021, 38 = ZMR 2020, 33; III ZR 266/12, NZM 2013, 315 = ZMR 2013, 526; OLG Düsseldorf GE 2007, 222; KG NJW-RR 2007, 1602; Bub/Treier MietR-HdB/*Emmerich* V.A Rn. 35; *Streyl* NZM 2013, 373 (374).

[28] LG Görlitz BeckRS 2004, 17914.

[29] OLG Düsseldorf DWW 2006, 65 = GE 2006, 189.

(oder ihm zuzurechnenden) Veränderungen bezieht. Zudem darf sich aus der Regelung **keine Endrenovierungsverpflichtung** ergeben. Es sind jedoch, auch formularvertraglich etwa bei **Gewerberaum, genauere Festlegungen** möglich, welche Modalitäten für den Rückbau gelten sollen. Derartige Bedingungen sind nur zulässig, wenn sie offen formuliert sind. Sie müssen mithin deutlich machen, dass die Rückbaupflicht nicht zwingend gilt, sondern dass es auf die Umstände des Einzelfalls ankommt.

Die Klausel, **11**

„Auf Verlangen des Vermieters ist der Mieter verpflichtet, die Um- und Einbauten ganz oder teilweise im Falle seines Auszugs zu entfernen und den früheren Zustand wieder herzustellen, ohne dass es eines Vorbehalts des Vermieters bei Einwilligung bedarf",

ist daher **unwirksam.** Die Klausel berücksichtigt die vielen Varianten nicht, in denen in der Praxis die Rückbaupflicht entfallen kann. Sie ist **zu pauschal** und geeignet, den Mieter unangemessen zu belasten, so dass sie gegen § 307 BGB verstößt.[30] Zudem ist zu beanstanden, dass der Vermieter generell davon freigestellt ist, bei seiner Einwilligung zu einer Maßnahme einen Vorbehalt anzubringen; je nach deren Art und Umfang muss der Mieter ohne ausdrücklichen Vorbehalt nicht damit rechnen, gleichwohl zum Rückbau verpflichtet zu sein. Auch der häufig anzutreffende Zusatz, dass keine Rückbaupflicht besteht, wenn *„der Vermieter die Einrichtungen übernimmt bzw. den Zustand akzeptiert"*, ändert an der Unwirksamkeit nichts.

Ist die **Formularklausel** zB wegen Intransparenz oder unangemessener Benachteiligung des Mieters **unwirksam,** führt dies nicht dazu, dass die Wegnahmepflicht des Mieters entfällt. Vielmehr greift § 306 Abs. 2 BGB ein, so dass sich der Vertrag nach den **gesetzlichen Vorschriften** richtet, mithin wiederum nach § 546 Abs. 1 BGB. **12**

Demgegenüber ist die Klausel, **13**

*„Ein- und Ausbauten…sind zu entfernen, wenn durch die eine **weitere Vermietung erschwert** sein sollte.",*

grundsätzlich **wirksam** (zu Ausnahmen → Rn. 25 ff.). Sie wiederholt die Bestimmung des § 546 Abs. 1 BGB und stellt den Mieter insoweit besser, als die Rückbaupflicht primär nicht vom Willen des Vermieters abhängt, sondern den Wünschen des Nachmieters.[31]

Wirksam ist nach dem BGH[32] auch die Klausel,

*„Bei Beendigung des Mietverhältnisses ist das Mietobjekt in **bezugsfertigem Zustand** zurückzugeben.".*

---

30 OLG Frankfurt a. M. WuM 1992, 56 = NJW-RR 1992, 396.

31 OLG Düsseldorf DWW 2009, 333 = NJOZ 2009, 3742 = ZMR 2009, 754.

32 BGH XII ZR 108/13, DWW 2014, 127 = GE 2014, 666 = NZM 2014, 306 = WuM 2014, 326 = ZMR 2014, 622 (mkritAnm *Kappus* NJW 2014, 1446).

Es soll sich hierbei **nicht** um eine **Endrenovierungsklausel** handeln, da die Herstellung eines bezugsfertigen Zustandes nicht erfordere, dass der Mieter die Räume umfassend renoviert. Aus diesem Grunde trete aufgrund der Klausel auch **kein Summierungseffekt** (dazu → Kap. 1 Rn. 288ff.) ein, wenn der Mietvertrag zugleich eine Übertragung der laufenden Schönheitsreparaturen auf den Mieter enthält. Diese Auffassung ist **AGB-rechtlich kaum haltbar.** So man den völlig unbestimmten und an keiner Stelle durch Normen definierten Begriff der „Bezugsfertigkeit" nicht schon mangels ausreichender Bestimmtheit und Transparenz nach § 307 Abs. 1 S. 2 BGB als unwirksam erachtet, scheitert die Klausel jedenfalls, weil sie bei kundenfeindlichster Auslegung vom Mieter als Endrenovierungspflicht verstanden werden kann. Das ergibt sich schon aus dem Sprachverständnis. Die Begründung des BGH, für eine Bezugsfertigkeit sei es vielmehr ausreichend, *„wenn er die Mieträume in einem Erhaltungszustand zurückgibt, die es dem Vermieter ermöglichen, einem neuen Mieter die Räume in einem bezugsgeeigneten und vertragsgemäßen Zustand zu überlassen"*, mag eine – wenn auch hinsichtlich der Person, die gemeint ist, eher fernliegende und in der Sache ohnehin ebenso unkonkrete – Deutungsvariante darstellen. Sie ist jedoch keinesfalls zwingend gegenüber dem naheliegenderen Verständnis, dass die Mietsache ein einem Zustand zurückzugeben ist, der es dem Nachmieter ermöglicht, sie unmittelbar zu beziehen, ohne Renovierungsarbeiten durchführen zu müssen.[33] Das wird verstärkt durch die Begründung des VIII. Senats des BGH[34] für die Unzulässigkeit einer Endrenovierungsklausel (→ Kap. 1 Rn. 279). Diese diene *„allein den Interessen des Vermieters, der in die Lage versetzt wird, bei einer Neuvermietung jeweils auf Kosten des Vormieters eine frisch renovierte Wohnung zur Miete anzubieten"*. Der Begriff der „Bezugsfertigkeit" ist primär so zu verstehen.

3. Investitionen des Vormieters

14 Bei **Mietende** ist die **Rechtslage teilweise anders** als im laufenden Mietverhältnis, weil der Vermieter hier aus Vertrag oder § 546 Abs. 1 BGB grundsätzlich die Wegschaffung der mieterseitigen Einrichtungen sowie den Rückbau baulicher Veränderungen auch in den Fällen verlangen kann, in denen er sie im fortbestehenden Mietvertrag (noch) hinnehmen musste. Hier ist in mehrfacher Hinsicht zu differenzieren.

a) Eintritt in einen laufenden Mietvertrag

15 Trat der Nachmieter in den laufenden Mietvertrag ein, muss er sich, wie erwähnt (→ Rn. 8), die Investitionen des Vormieters wie eigene anrechnen lassen.[35] Hieraus folgt jedoch **noch keine unbedingte Rückbau-**

[33] Ebenso *Kappus* NZM 2014, 1445 (1447).

[34] BGH VIII ZR 316/06, NZM 2007, 921 = WuM 2007, 682 = ZMR 2008, 102 mAnm *Riecke*.

[35] *Sternel* NZM 2017, 169 (180).

pflicht. Sie fehlt ohne weiteres, wenn schon der Vormieter, hätte der Mietvertrag mit ihm sein Ende ohne den Eintritt gefunden, nicht zum Rückbau verpflichtet gewesen wäre (vgl. die Varianten → Rn. 25 ff.). Der Rückbauforderung des Vermieters können aber auch die Grundsätze von **Treu und Glauben** gem. § 242 BGB entgegenstehen.

Dies betrifft **zum einen** die Fälle, in denen dem Nachfolger die **Maßnahmen des Vorgängers unbekannt** waren und der Vermieter keinen Vorbehalt anbrachte, dass sie jedenfalls zum Ende des Mietvertrags zu beseitigen sind; der Mieter darf im Allgemeinen davon ausgehen, dass die Einrichtungen und die sonstige Beschaffenheit des Mietobjekts vermieterseits gestellt sind.[36] Scheut zB der andernorts ansässige Vermieter, wie häufig bei vermieteten Eigentumswohnungen, den Aufwand einer förmlichen Übergabe, so dass sie von Mieter zu Mieter erfolgt, geht das Risiko ihm deshalb unbekannt gebliebener Veränderungen zu seinen Lasten. Ebenso wird der Nachfolger unterstellen können, dass er nicht zum Rückbau ersichtlicher Änderungen durch den Vormieter bei Mietende verpflichtet ist, die der Vermieter bei der Übergabe des Mietobjekts kommentarlos hinnahm. **16**

Zum anderen geht es um die Fälle, in denen der Nachfolger **im Mietvertrag verpflichtet** wurde, bestimmte Veränderungen gegen ein Entgelt **vom Vormieter zu übernehmen.** Dies kann, wie die Praxis zeigt, sehr unterschiedliche Gründe haben. Es kann sich zB um den Eintritt in Abreden über den Ausgleich von temporären Mieterinvestitionen handeln, die dem Vermieter Zahlungen an den Vormieter ersparen, aber auch um eine Gefälligkeit des Vermieters gegenüber dem Mietvorgänger. In allen diesen Fällen muss der Mieter ohne einen Vorbehalt nicht damit rechnen, zum Rückbau bei Beendigung des Mietverhältnisses verpflichtet zu sein. **17**

b) Abschluss eines neuen Mietvertrags

Wurde ein Mietvertrag mit einem **neuen Mieter** abgeschlossen (zum Anschlussmietvertrag mit demselben Mieter → Rn. 48) und verblieben Einrichtungen oder Veränderungen im Mietobjekt, zeigen sich **unterschiedliche Konstellationen.** **18**

aa) Mietvertrag über das unveränderte Mietobjekt

Bezog sich der Mietvertrag auf das **Mietobjekt, so wie es der Vormieter zurückließ,** wurde es in dieser Beschaffenheit Vertragsgegenstand.[37] Rückbauprobleme stellen sich nicht, weil der Vermieter dessen Reduzierung nicht verlangen und der Mieter sie nicht vornehmen darf. **19**

---

[36] *Sternel* NZM 2017, 169 (180); *Sternel* PiG 35 (1991), 113 (114).
[37] Vgl. OLG Düsseldorf GE 2008, 1424 = NZM 2009, 242.

20 Die Klausel,

„Die Räumungspflicht des Mieters erstreckt sich auf alle Gegenstände im Mietbereich, soweit sie nicht dem Vermieter gehören.“,

ist **unwirksam.** Sie ist einerseits überraschend, andererseits nicht transparent, weil der Mieter ohne nähere Angaben nicht wissen kann, welche Einrichtungen ggf. noch dem Vormieter gehören. Sie erlegt dem Mieter zudem die Beweislast auf, dass er seiner Räumungspflicht vollständig nachgekommen ist, was nach § 309 Nr. 12 BGB unzulässig ist.[38]

21 Will der Vermieter erreichen, dass **jedenfalls der neue Mieter Veränderungen,** die seitens **des Vormieters** erfolgten, mit dem Ende seines Mietvertrags beseitigt, muss er diese im Mietvertrag genau bezeichnen.

Mit der bloßen Klausel,

„Etwaige vom Vormieter übernommene Betriebs- und sonstige Einrichtungen gelten als nicht zur Mietsache gehörig und als vom Mieter eingebaut bzw. eingebracht.“,

verschafft sich der Vermieter daher insoweit **keinen Anspruch auf Rückbau** schlicht **vorgefundener Einrichtung.**[39] Sie wiederholt nur die Bestimmung des § 546 Abs. 1 BGB und knüpft im Übrigen ausdrücklich nur an übernommene Einrichtungen an.

bb) Unterlassener Rückbau seitens des Vermieters

22 Wollte der Vermieter eigentlich den Rückbau vornehmen, stellte aber den Mieter vor die **Alternative,** ob ein Rückbau erfolgen soll oder ob er die Veränderungen des Vormieters weiter zu nutzen will, scheidet die Rückbaupflicht aus; hier geht es nur darum, dass der Vermieter seine ursprüngliche Absicht aufschob und sie nunmehr nach Mietende realisieren kann.

cc) Übernahme der Veränderungen vom Vormieter

23 Sah der **Vormieter** vom geplanten Rückbau **auf Wunsch des Mieters** ab, weil dieser etwa die Kücheneinrichtung oder den fest verklebten Teppichboden gern unentgeltlich behalten wollte, hat er den Rückbau nach dem Ende seines Mietverhältnisses vorzunehmen. Dasselbe gilt, wenn der Nachmieter die Investitionen seines Vorgängers übernahm, häufig im Wege eines **Kaufvertrags** unter Begleichung des Kaufpreises durch Ausführung fälliger Schönheitsreparaturen. In den vorgenannten Fällen kann der Mieter nicht anders stehen, als hätte er die Veränderungen selbst vorgenommen.[40] Darauf, ob der Nachmieter tatsächlich Eigen-

[38] *Sternel* NZM 2017, 169 (180); *Sternel* IV Rn. 601.

[39] AG Schöneberg GE 2000, 814.

[40] KG GE 2019, 123 = WuM 2019, 78 = BeckRS 2018, 34289; OLG Düsseldorf DWW 2009, 308 = GE 2009, 842 = BeckRS 2009, 22670; OLG Hamburg DWW 1990, 202 = NJW-RR 1991, 11 = WuM 1990, 390 = ZMR 1990, 241; OLG Köln NZM 1998, 767.

tum erlangt, kommt es jedoch nicht an.[41] Das hieße im – unzulässigen – Umkehrschluss, dass über die dingliche Einigung zwischen Vor- und Nachmieter vertragliche Ansprüche des Vermieter begründet oder, gegenüber dem Vormieter, ggf. entfallen würden. Erforderlich ist daher, dass die Übernahme im Einverständnis mit dem Vermieter erfolgt.[42] Andernfalls trifft den Vormieter die Rückbaupflicht, wobei aber die unten behandelten Varianten zu berücksichtigen sind.

4. Selbsthilfe des Vermieters

Eigenmächtiges Vorgehen des Vermieters – mithin ohne Vorliegen eines gerichtlichen Titels – stellt eine verbotene Eigenmacht iSd § 858 BGB dar. Kommt es bei der **Entfernung von Einrichtungen** zu einem Schaden, haftet der Vermieter dem Mieter unter den Voraussetzungen des § 231 BGB auch ohne Verschulden.[43] Ausgenommen sind die Fälle, in denen der Mieter den Besitz am Mietobjekt *und* sein Eigentum (§ 959 BGB) unzweifelhaft aufgab. Ist nur die Besitzaufgabe evident, nicht aber die Aufgabe des Eigentums, hat der Vermieter entfernte Einrichtungen in Obhut zu nehmen; unterlässt er dies oder geht er dabei nicht mit der gebotenen Sorgfalt vor, hat er für den durch die „Entsorgung" eingetretenen Schaden einzustehen.[44] Das Gericht hat den Schaden ggf. nach § 287 ZPO zu schätzen.[45] Soweit es um **Rückbau** im engeren Sinne geht, mithin die Beseitigung baulicher Veränderungen, verliert der Vermieter ggf. seinen Schadensersatzanspruch (→ Rn. 64). 24

II. Varianten

1. Vertragliche Investitionsverpflichtung

Keine Rückbaupflicht besteht, wenn der Mieter mit der Installation von Einrichtungen oder Ein- und Umbauten eine Verpflichtung aus dem Mietvertrag erfüllte. Derartige Investitionen des Mieters beruhen auf der Übernahme einer neben die Miete tretenden, zusätzlichen geldwerten Leistung, die im Zweifel **Teil des Überlassungsentgelts** ist.[46] Abreden dieser Art sind auch bei Wohnraum zulässig; da Grundmiete und zusätzliche Entgelte zusammenzurechnen sind, kann es allerdings zu einer 25

[41] So aber KG GE 2019, 123 = WuM 2019, 78 = BeckRS 2018, 34289.

[42] OLG Düsseldorf DWW 2009, 308 = GE 2009, 842 = BeckRS 2009, 22670; OLG Hamburg DWW 1990, 202 = NJW-RR 1991, 11 = WuM 1990, 390 = ZMR 1990, 241; OLG Köln NZM 1998, 767.

[43] BGH VIII ZR 45/09, GE 2010, 1189 = NZM 2010, 701; VIII ZR 326/02, GE 2004, 349.

[44] BGH VIII ZR 45/09, GE 2010, 1189 = NZM 2010, 701; VIII ZR 326/02, GE 2004, 349.

[45] BGH VIII ZR 45/09, GE 2010, 1189 = NZM 2010, 701; ausführlich zur Haftung für Beschädigung und Verlust von Räumungsgut *Grüßenmeyer* NZM 2007, 310.

[46] BGH XII ZR 202/94, ZMR 1996, 122; IVa ZR 306/80, NJW 1982, 1752.

Mietpreisüberhöhung nach § 5 WiStG kommen.[47] Würde der Mieter den ursprünglichen Zustand wieder herstellen, verstieße er gegen den Mietvertrag und wäre Ersatzansprüchen des Vermieters ausgesetzt.

2. Herstellung der Eignung zum Vertragszweck

26 Der Mieter ist ferner **nicht zum Rückbau** verpflichtet, wenn er das Mietobjekt durch seine Maßnahmen erst in den **Zustand** versetzte, in dem es **Gegenstand des Mietvertrags,** also zum vertragsgemäßen Gebrauch nutzbar sein sollte.[48] Wann diese Voraussetzung erfüllt ist, ist eine Frage des Einzelfalls.

27 Ist **Wohnraum** vermietet, kommen im Wesentlichen **zwei Sachverhalte** in Betracht.

28 Zum einen kann es darum gehen, dass der Mieter verbrauchte oder unansehnlich gewordene Einrichtungen ersetzte. Dies ist bei **Instandsetzungen** der Fall, wenn der Mieter zB Spanplatten verlegte, um Unebenheiten des jahrzehntelang vom Vermieter vernachlässigten Fußbodens auszugleichen.[49]

29 Zum anderen ist an den Einbau von Einrichtungen zu denken, ohne die den Räumlichkeiten ein **wesentliches Ausstattungsmerkmal fehlt,** wenn etwa keine Möglichkeit zum Heizen oder Kochen vorhanden war.[50] Der Ansicht, der Mieter, dem die Wohnung ohne Heizquelle vermietet wurde und der daher selbst für eine Beheizungsmöglichkeit zu sorgen hatte, sei verpflichtet, zwischenzeitlich angeschaffte Einrichtungen, etwa Öfen, bei Mietende wieder zu entfernen,[51] ist daher nicht zu folgen.

30 **Gewerberaum** muss je nach Betriebszweck sehr unterschiedlichen Anforderungen genügen. Maßgebliche Bedeutung kann insoweit der Beschreibung des Vertragszwecks in den einleitenden Passagen des Vertrags zukommen. Hier ist allerdings zu **differenzieren.**

31 Sind dem Mieter **leere Räume oder Flächen** vermietet, ist es im Allgemeinen seine Sache, sie nach seinen Bedürfnissen herzurichten. Die Angabe des Betriebszwecks dient dann nur Eingrenzung des vertragsgemäßen Gebrauchs;[52] der Vermieter muss ein generell hierzu geeignetes Objekt zur Verfügung stellen, der Mieter darf es grundsätzlich nicht zu

[47] Vgl. OLG Stuttgart NJW 1982, 1160 = WuM 1983, 129.

[48] ZB OLG Düsseldorf DWW 2012, 92 = ZMR 2012, 438 = BeckRS 2012, 5813; KG GE 2009, 448 = NZM 2009, 661; LG Duisburg BeckRS 2013, 19349; LG Berlin GE 2010, 1269 = BeckRS 2010, 24120; *Blank* PiG 52 (1997), 29 (31); Staudinger/*Rolfs* § 546 Rn. 25; *Sternel* PiG 35 (1991), 113 (115); Schmidt-Futterer/*Streyl* § 546 Rn. 39.

[49] LG Berlin GE 2010, 1269 = BeckRS 2010, 24120.

[50] Vgl. AG Dortmund WuM 1992, 125 = BeckRS 1991, 05957.

[51] So *Blank* PiG 52 (1997), 29 (31).

[52] OLG Hamburg DWW 1990, 202 = NJW-RR 1991, 11 = WuM 1990, 390 = ZMR 1990, 241; LG Berlin GE 2010, 1269 = BeckRS 2010, 24120; LG Düsseldorf NJW-RR 1987, 1043.

anderen Zwecken nutzen. Der Vermieter kann im Regelfall die Wiederherstellung des ursprünglichen Zustands verlangen, insbesondere wenn dies, wie mit den meisten Mietvertragsformularen, für die Beendigung des Vertrags vereinbart wurde.

Ergibt sich indes aus dem Vertragszweck und weiteren Absprachen, dass der Vermieter das Mietobjekt **für eine bestimmte Nutzung vorbereitet** zu übergeben hatte und erfüllte er diese Verpflichtung nur unvollständig, lösen ergänzende Maßnahmen des Mieters keine Rückbaupflicht aus. Dasselbe gilt, wenn der Vermieter ein auf einen bestimmten Nutzungszweck zugeschnittenes Mietobjekt anbot, die erforderliche Grundausstattung indes in Teilen nicht vorhanden war, etwa weil sie der Vormieter, der dort dieselbe Branche betrieb, entfernte. **32**

3. Zustimmung des Vermieters

a) Vertragliche/nachträgliche Zustimmung – Prinzip der doppelten Zustimmung

Grundsätzlich möglich ist der **vertragliche Verzicht** des Vermieters auf die Geltendmachung von Rückbauansprüchen, bzw. der Räumung nach § 546 Abs. 1 BGB insgesamt. Eine solche Regelung unterliegt der Vertragsfreiheit und kann daher – auch gegen die Zahlung eines entsprechenden Entgeltes durch den Mieter – vereinbart werden.[53] In der Wohnraummiete kann jedoch ein Konflikt mit §§ 546a Abs. 2, 571 Abs. 1, 3 BGB eintreten, wenn sich der Vermieter den Verzicht auf den Rückbau in einem Umfang abkaufen lässt, den er bei Nichterfüllung als Schadenersatz nicht geltend machen könnte. Ob die **nachträgliche Zustimmung** des Vermieters die Rückbaupflicht entfallen lässt, **richtet sich** ebenfalls **nach den jeweiligen Umständen.** Die Zustimmung des Vermieters hat in **sachlicher Hinsicht** zunächst nur die Bedeutung, den Maßnahmen des Mieters, zumal wenn sie in die Bausubstanz eingreifen, die notwendige Legitimation zu verschaffen; ohne die Zustimmung liefe der Mieter Gefahr, dass ihm nach Maßgabe des § 543 BGB fristlos gekündigt wird.[54] Zudem bedeutet sie in **zeitlicher Hinsicht** allein, dass der Vermieter dem Mieter während des Mietverhältnisses eine Nutzung nach seinen persönlichen Vorgaben ermöglichen will. Die Zustimmung als solche besagt daher im Grundsatz noch nichts darüber, wie bei Beendigung des Mietvertrags zu verfahren ist,[55] enthält also **nicht ohne weiteres** auch einen **Verzicht auf den Rückbau bei Mietende.**[56] Dies gilt auch, wenn im **33**

[53] OLG Düsseldorf GE 2012, 547 = ZMR 2012, 697 = BeckRS 2012, 7344.

[54] OLG NJOZ 2015, 445; LG Lüneburg WuM 2013, 223 = ZMR 2013, 804 = BeckRS 2013, 6465; LG Kassel DWW 2011, 336 = BeckRS 2011, 25341.

[55] ZB OLG Köln NZM 1998, 767; *Fritz* Rn. 213; Schmidt-Futterer/*Streyl* § 546 Rn. 39.

[56] BGH XII ZR 101/97, GE 1999, 711 = NZM 1999, 478 = WuM 1999, 334 = ZMR 1999, 467.

Rückgabeprotokoll nur der Zusatz „mieterseitig" vermerkt ist.[57] Der Mieter benötigt also, will er die Mietsache baulich verändern und diese Veränderungen nach Mietende belassen, **zwei Zustimmungen** des Vermieters, einmal für die Veränderung und einmal für den Verzicht auf den Rückbau.[58]

34 Zur **näheren Bestimmung der Folgen einer Zustimmung** sind die Maßnahmen, auf die sich jeweils bezieht, mit zu berücksichtigen. Jedenfalls wenn der Vermieter dem Mieter die Vornahme erheblicher Veränderungen gestattet, wird er einen Entfernungsvorbehalt erklären müssen, wenn der Mieter zur Beseitigung nach Mietende verpflichtet sein soll.[59] Ohne den Vorbehalt darf der Mieter von einem schlüssigen Verzicht auf den Rückbau ausgehen. Dies gilt insbesondere, wenn es sich um **auf Dauer angelegte,** über das Mietverhältnis hinausreichende **Wertverbesserungen** handelt,[60] die zum einen nur mit erheblichem Kostenaufwand zu beseitigen sind und deren Entfernung zum anderen das Mietobjekt wieder in einen schlechteren Zustand zurück versetzen würde.[61]

35 **Beispiele** aus der Praxis betreffen die Ersetzung eines Waschbeckens im Bad und einer mobilen Duschkabine im Schlafzimmer durch ein voll eingerichtetes Badezimmer[62] oder den Ausbau von Einzelöfen und die Installation von Nachtspeicherheizgeräten nebst entsprechender Elektroanlage.[63]

36 Es müssen allerdings auch in diesen Fällen **zwei weitere Bedingungen** erfüllt sein, um die Rückbaupflicht entfallen zu lassen.

37 Erste selbstverständliche Voraussetzung ist bei allen Arbeiten des Mieters, dass sie **fachgerecht** durchgeführt wurden. Bei größeren Ein-, Aus- und Umbauten muss der Vermieter eine bauordnungswidrige Ausführung nicht hinnehmen. [64] Ferner kann der Vermieter im Regelfall die Beseitigung verlangen, wenn die Maßnahmen des Mieters im Zeitpunkt der Beendigung des Mietverhältnisses bereits Mängel aufweisen oder durch sie der Eintritt von Schäden, sei es an ihnen selbst oder an der übrigen Mietsache, droht. So begegnen insbesondere bei vermietetem Altbau-Wohnraum immer wieder Bäder, die vom Mieter in Eigenarbeit fehler-

[57] LG Potsdam GE 2009, 519 = ZMR 2009, 761 = BeckRS 2009, 15728.

[58] BGH XII ZR 101/97, GE 1999, 711 = NZM 1999, 478 = WuM 1999, 334 = ZMR 1999, 467; KG BeckRS 2010, 18956; LG Kleve BeckRS 2015, 10787; AG Paderborn BeckRS 2019, 4989; Bub/Treier MietR-HdB/*Emmerich* V Rn. 39; *Seldeneck/Wichert/Fallak* Gewerbemiete Fall 188 Rn. 3; *Sternel* XIII Rn. 39.

[59] LG Münster WuM 1999, 515 = BeckRS 1999, 11385; *Sternel* WuM 1984, 317; aA LG Berlin GE 1999, 316 jedenfalls dann, wenn kein Interesse des Vermieters am Rückbau ersichtlich ist.

[60] Staudinger/*Rolfs* § 546 Rn. 26; Schmidt-Futterer/*Streyl* § 546 Rn. 44.

[61] OLG Frankfurt a. M. WuM 1992, 56 = NJW-RR 1992, 396; LG Berlin GE 2010, 1269 = BeckRS 2010, 24120; *Horst* S. 39.

[62] LG Hamburg WuM 2010, 448.

[63] LG Berlin GE 2010, 1269 = BeckRS 2010, 24120.

[64] AG Warendorf WuM 2001, 488 = BeckRS 2001, 30999674.

haft installiert wurden, so dass es durch Feuchte zu faulenden Balken oder Schwammbefall kam oder derartige Folgeschäden zu erwarten waren.

Die Zweite geht dahin, dass der Vermieter auch eine auf Dauer angelegte Maßnahme nicht akzeptieren muss, die auf einen **speziellen Gebrauch des Mieters** abgestimmt ist; sie hat auch für durchschnittliche spätere Mieter von Nutzen zu sein.[65] Anderenfalls ginge die Ausstattung nach sehr persönlichen Vorstellungen zulasten des Vermieters, weil das Mietobjekt so nur schwer zu vermieten ist. Dies betrifft zB bauliche Veränderungen oder sonstige Einrichtungen, die der Mieter auf der Grundlage des § 554a BGB in der Mietwohnung vornahm. Nach dieser Vorschrift kann der Mieter grundsätzlich die Zustimmung des Vermieters zu derartigen Maßnahmen verlangen, wenn sie für eine barrierefreie, behindertengerechte Nutzung erforderlich sind. Nach § 554a Abs. 2 BGB darf der Vermieter seine Zustimmung von der Leistung einer angemessenen Sicherheit für die Wiederherstellung des ursprünglichen Zustands abhängig machen. Das Gesetz geht mithin selbst davon aus, dass ein Rückbau der auf die persönlichen Bedürfnisse des Mieters zugeschnittenen Veränderungen zu erfolgen hat; eine Ausnahme wird allenfalls dann in Betracht kommen, wenn ein solventer und ebenfalls behinderter Nachmieter präsentiert wird, der die Wohnung unverändert übernehmen und nutzen will. **Dasselbe** gilt in dem Fall, dass es sich zwar um eine Ausstattung zu einem üblichen Nutzungszweck handelt, sie aber in sehr **eigenwilliger Art** geschaffen wurde, etwa mit auffälligem Design, das nur Liebhabern zusagt. 38

b) Schlüssige Zustimmung

Die Zustimmung kann auch schlüssig erteilt worden sein. Diese ist zumindest denkbar, wenn der Vermieter bemerkte, dass der Mieter das Mietobjekt nicht unerhebliche veränderte, und dies kommentarlos hinnahm (sog. beredtes Schweigen). Hieran sind jedoch **sehr hohe Anforderungen zu** stellen. Grundsätzlich ist erst einmal nicht davon auszugehen, dass der Vermieter zustimmt. Das basiert einerseits auf dem Prinzip, dass Schweigen im Rechtsverkehr keine Bedeutung hat. Das ist auch bei laufenden Vertragsverhältnissen nicht anders, es sei denn, die Partei, deren Zustimmung durch Untätigkeit angenommen werden soll, träfe eine Erklärungs- bzw. Widerspruchspflicht. Das ist nur in seltenen Ausnahmefällen gegeben, wenn die Parteien etwa entsprechendes vereinbart haben – und eine mögliche Formularklausel wirksam ist – oder der Schweigende auf eine als neues Angebot zu wertende verspätete Annahme nicht mehr reagiert.[66] Das ist bei Mietverträgen im Grundsatz also 39

[65] LG Hamburg WuM 1988, 305.

[66] BGH III ZR 234/84, NJW 1986, 1807; ebenso zu Schweigen auf den Antrag auf Abschluss eines Mietvertrages Bub/Treier MietR-HdB/*Bub* II Rn. 794 ff.

nicht der Fall.[67] Insbesondere bei solchen Veränderungen oder zustimmungserforderlichen Nutzungen, welche eine Gefährdung der Mietsache darstellen und ggf. auch versicherungsrechtliche Relevanz für den Vermieter haben, ist die Zustimmung nicht ohne ausdrückliche Erklärung anzunehmen. Es gelten allerdings die Grundsätze des kaufmännischen Bestätigungsschreibens.[68] Ein ***zusätzlicher*** **schlüssiger Verzicht** auf den **Rückbau** wird in derartigen Fällen noch weniger in Betracht kommen. Er wird jedenfalls voraussetzen, dass dem Vermieter das Vorhaben des Mieters bekannt war und dass es sich um langfristige, werterhöhende Maßnahme (→ Rn. 34) handelt,[69] die fachgerecht ausgeführt wurde. Da hierüber jedoch ein Verzicht auf den Rückbauanspruch nach § 546 Abs. 1 BGB eintritt, unterliegt die Annamhe einer Zustimmung den sehr hohen Voraussetzungen eines Erlassvertrages iSd § 397 Abs. 1 BGB und ist ohne erkennbaren Grund nicht anzunehmen oder auch nur zu vermuten.[70] Bat der Mieter um die Einwilligung des Vermieters zu baulichen oder sonstigen erheblichen Veränderungen und führte er sie sodann trotz verweigerter Zustimmung durch, weil er auf die geplanten Änderungen nicht verzichten mochte, ist eine konkludente Zustimmung des Vermieters auch dann nicht anzunehmen, wenn ihm die Arbeiten nicht verborgen bleiben konnten. Hier wie auch in dem Fall, dass der Vermieter überhaupt erst nach Abschluss der Arbeiten von den Veränderungen erfährt, scheidet ein schlüssiger Verzicht auf den Rückbau aus.[71]

4. Rechtsmissbrauch

40 Schließlich kann die Rückbaupflicht entfallen, wenn die Aufforderung des Vermieters zur Beseitigung gegen Treu und Glauben gem. § 242 BGB verstößt und damit rechtsmissbräuchlich ist.[72] Hier ist insbesondere an den Fall zu denken, dass ein nachvollziehbares Interesse des Vermieters an der Entfernung nicht ersichtlich ist[73] oder dass der Rückbauaufwand des Mieters in einem groben Missverhältnis zum Leistungsinteresse des Vermieters steht.[74] Dabei geht es dem Vermieter, in der Praxis zumal nach dem Ende eines zerrütteten Mietverhältnisses, in der Sache überhaupt nicht um den Rückbau, sondern allein um die Durchsetzung seines Rechtsstandpunktes.

[67] Eine anerkannte Ausnahme gilt lediglich für die Zustimmung zur Untervermietung nach § 540 BGB, aus der andernfalls das Kündigungsrecht aus § 540 Abs. 1 S. 2 BGB folgt, vgl. KG GE 2008, 1626 = NZM 2008, 287 = ZMR 2008, 128.

[68] OLG Düsseldorf ZMR 2005, 943 = BeckRS 2005, 9760.

[69] Vgl. *Eisenschmid* WuM 1987, 243 (247).

[70] BGH VII ZR 356/00, NJW 2001, 2325.

[71] *Sternel* PiG 35 (1991), 113 (116).

[72] Schmidt-Futterer/*Streyl* § 546 Rn. 38.

[73] Vgl. LG Berlin GE 1999, 316 für Fliesenarbeiten.

[74] Vgl. OLG Düsseldorf NZM 2007, 446 unter Bezug auf den allgemeinen Rechtsgedanken des § 275 Abs. 2 BGB.

5. Nachfolgender Umbau des Mietobjekts

Der Mieter ist nicht (mehr) zum Rückbau verpflichtet, wenn der Vermieter das **Mietobjekt** in einer Weise **umbauen** will, dass die Wiederherstellungsarbeiten des Mieters wieder beseitigt werden müssten.[75] Ist die Rückbaupflicht im Mietvertrag wiederholt, folgt dies ohne weiteres aus der Vertragsauslegung gem. §§ 133, 157 BGB,[76] ansonsten handelt es sich bei einem gleichwohl gestellten Rückbauverlangen um Rechtsmissbrauch. Dasselbe gilt, wenn der Nachmieter Umbaumaßnahmen plant, durch welche die Rückbau- und Wiederherstellungsarbeiten des Mieters zunichte gemacht würden.[77] **41**

Ebenso wie in den Umbaufällen im Zusammenhang mit unterlassener Instandhaltung und Instandsetzung (→ Kap. 2 Rn. 86, anders als bei den Schönheitsreparaturen, dazu → Kap. 1 Rn. 565) steht dem Vermieter aufgrund des Wegfalls der Rückbaupflicht **kein Ausgleichsanspruch in Geld** zu.[78] Der Grund liegt darin, dass der Rückbau nicht wie die Schönheitsreparaturen ein zusätzliches Mietentgelt darstellt, das der Mieter nach der Rechtsprechung des BGH durch einen Umbau nicht ersparen, sondern wenigstens in Form eines gewissen Ausgleichs entrichten soll. Würde dem Vermieter hier ein Ausgleich zuerkannt, erhielte er ihn nur als Zuschuss zu seinen Umbaukosten. Formularklauseln, die dem Vermieter hiervon abweichend einen Ausgleich verschaffen sollen, sind daher auf ein zusätzliches Entgelt zur Miete gerichtet; sie scheitern meist schon an mangelnder Transparenz der Folgen für den Mieter und ohnehin daran, dass sie ihn unangemessen iSd § 307 BGB belasten. **42**

6. Hinweisschilder bei Gewerberaum

Mieter von Gewerberaum bzw. Mieter von Wohnraum mit dem Recht zu teilgewerblicher Nutzung bringen meist Hinweisschilder auf ihren Betrieb **an der Außenfassade** des Hauses oder an anderer Stelle des Grundstücks an. Verlegen sie ihre Geschäftstätigkeit, sind sie nicht verpflichtet, diese bei Auszug sogleich zu entfernen. Vielmehr dürfen sie die Schilder mit einem Verweis auf ihren neuen Sitz noch eine angemessene Zeit dort belassen,[79] gleichviel ob es sich um Gewerbetreibende, Wohnungsmieter nach teilgewerblicher Nutzung oder Angehörige freier Be- **43**

---

[75] BGH VIII ZR 231/84, JZ 1986, 287 mAnm *Sonnenschein* = NJW 1986, 309 = WuM 1986, 57.

[76] BGH VIII ZR 231/84, JZ 1986, 287 mAnm *Sonnenschein* = NJW 1986, 309 = WuM 1986, 57.

[77] KG GE 1998, 354.

[78] BGH VIII ZR 231/84, JZ 1986, 287 mAnm *Sonnenschein* = NJW 1986, 309 = WuM 1986, 57.

[79] ZB Palandt/*Weidenkaff* § 546 Rn. 4.

rufe handelt.[80] Dies gilt zB auch bei der Auflösung einer Anwaltssozietät, wenn einzelne Anwälte ausscheiden und sich an anderer Stelle mit einer Praxis niederlassen; sowohl der Vermieter wie auch der oder die in den alten Räumen verbleibende/n Anwalt/Anwälte haben ein nach Art, Farbe und Größe angemessenes Hinweisschild auf die neue Praxis zu dulden. [81]

44 Welche **Zeit angemessen** ist, wird unterschiedlich beurteilt. Zum Teil wird der Zeitraum generell mit drei Monaten angegeben,[82] für Angehörige freier Berufe soll hingegen ein Zeitraum von sechs Monaten zugrunde zu legen sein,[83] eine Differenzierung, die nicht recht einleuchtet. Auch der sonstige Gewerbetreibende, etwa der Ladenmieter, hat ein nachvollziehbares Interesse daran, möglichst lange mit einem Hinweis auf seinen neuen Sitz aufmerksam zu machen.[84]

7. Kosten des Rückbaus

45 Der Mieter kann die Rückbaupflicht nicht dadurch abwenden, dass er auf sehr hohe **Kosten** verweist, die ihm **durch die Beseitigung** der Einrichtungen und Aus- bzw. Umbauten entstehen würden. Er ist dadurch geschützt, dass er in vielen Fällen, wie ausgeführt, nicht zum Rückbau verpflichtet ist. Soweit keine der zahlreichen Ausnahmen eingreift, ist das Interesse des Vermieters an der Wiederherstellung des ursprünglichen Zustands vorrangig. Der Mieter, der auf eigenes Risiko erheblich in das Mietobjekt investierte, kann die finanziellen Folgen nicht auf den Vermieter verlagern.[85]

8. Rügelose Rücknahme

46 Nimmt der Vermieter das Mietobjekt trotz der vom Mieter geschaffenen Einrichtungen oder Ein- bzw. Umbauten ohne Beanstandungen bei Mietende zurück, kann er damit deutlich machen, dass er sie **nunmehr als eigene** behandelt. Dies kann insbesondere durch ein Rückgabeprotokoll (dazu ausführlich → Kap. 1 Rn. 597 ff.) erfolgen, in dem der Zustand als vertragsgerecht attestiert ist. Andernfalls wird eine solche Annahme erst nach Ablauf der Prüf- und Kautionsabrechnungsfrist möglich sein. Damit entfällt zwar nicht das Recht des Mieters aus § 539 Abs. 2 BGB, Einrichtungen, mit denen er das Mietobjekt versah, wegzunehmen. Das

[80] MüKoBGB/*Bieber* § 546 Rn. 11; Lindner-Figura/Oprée/Stellmann Geschäftsraummiete/*Pietz/Oprèe* Kap. 16 Rn. 35; Staudinger/*Rolfs* § 546 Rn. 25; Schmidt-Futterer/*Streyl* § 546 Rn. 42; aA *Blank/Börstinghaus* § 546 Rn. 41: nur Angehörige freier Berufe.

[81] OLG Düsseldorf NJW 1988, 2545; *Horst* S. 47.

[82] Bub/Treier MietR-HdB/*Emmerich* V.A Rn. 15.

[83] OLG Düsseldorf NJW 1988, 2545; *Blank/Börstinghaus* § 546 Rn. 28; Lindner-Figura/Oprée/Stellmann Geschäftsraummiete/*Pietz/Leo* Kap. 16 Rn. 35.

[84] Vgl. Lindner-Figura/Oprée/Stellmann Geschäftsraummiete/*Pietz/Leo* Kap. 16 Rn. 35.

[85] Vgl. OLG Karlsruhe NJW-RR 1986, 1394; LG Düsseldorf NJW-RR 1987, 1043.

Verhalten des Vermieters ist jedoch als Verzicht auf seinen Rückbauanspruch insgesamt zu verstehen.

Fehlen eindeutige Erklärungen des Vermieters, kommt immer noch die konkludente Übernahme in Betracht, insbesondere durch die **Weitervermietung** des Objekts **im unveränderten Zustand.**[86] Für den Mieter stellt sich der Vorgang zugleich als Entlassung aus der Rückbaupflicht dar, zumal der Mietnachfolger aus seinem Mietvertrag einen Anspruch auf Beibehaltung des Zustands hat. **47**

III. Sonderfälle

1. Anschlussmietvertrag mit demselben Mieter

Eine besondere Rückbauproblematik begegnet bei der Vermietung von **Gewerberaum,** wenn der Mieter bei der ersten Übernahme des Mietobjekts Ein-, Aus- oder Umbauten vornehmen oder Einrichtungen installieren musste, um es für seinen Betriebszweck, so wie er vereinbart wurde, nutzen zu können. Mietverträge über Gewerberaum werden üblicherweise auf längere feste Zeit abgeschlossen, um dem Mieter die Amortisation seiner Investitionen zu sichern. Mit Ablauf der bestimmten Zeit endet das Mietverhältnis, sofern der Mieter nicht von einem ihm eingeräumten Optionsrecht Gebrauch machte oder die Verlängerung desselben Vertrags durch einen Nachtrag erfolgt (§ 542 Abs. 2 BGB). Läuft der ursprüngliche Vertrag auf diese Weise weiter, bestehen auch etwaige Rückbaupflichten fort. **48**

Oft wird das Nutzungsrecht des Mieters indes durch einen **eigenständigen neuen Vertrag** fortgesetzt. Dies kann den Grund haben, dass der Vermieter zB die Möglichkeit wahrnehmen will, das Klauselwerk zu modernisieren oder es veränderten Verhältnissen anzupassen;[87] häufiger ist der Fall, dass nach zwischenzeitlicher Veräußerung des Mietobjekts der neue Vermieter seine Konditionen zugrunde legen will. Ist im Anschlussmietvertrag zum Zustand festgelegt, dass es sich um den „*Zustand wie am* … (Datum des neuen Vertrags)" handelt, sind die Räume so, wie sie zu diesem Zeitpunkt beschaffen waren, das vom Vermieter zur Verfügung gestellte Mietobjekt, den Mieter trifft keine Rückbaupflicht. Nicht selten fehlen indes Regelungen zum Schicksal der baulichen und sonstigen Maßnahmen des Mieters zu Beginn des ersten Vertrags. Vielmehr finden sich Passagen, dass der Mieter die Mietsache in dem Zustand „*wie bekannt*" oÄ übernimmt. Ist der Anschlussmietvertrag ausgelaufen oder in sonstiger Weise beendet, stellt sich die wirtschaftlich oft bedeutsame Frage, in welchem Zustand der Mieter das Mietobjekt zurückgeben darf oder muss. Der Vermieter verweist insoweit auf den Zustand bei Ab- **49**

[86] LG Mosbach WuM 1996, 618.
[87] LG Hamburg 12.9.2000 – 316 S 89/00, n. v.

schluss des ersten Mietvertrags, der Mieter auf denjenigen bei Abschluss des zweiten.

50 Bei strenger Betrachtung war Gegenstand des Anschlussmietvertrags das Mietobjekt in dem schon vom Mieter für seine Zwecke hergerichteten Zustand. Auf dieser Grundlage müsste er nur nachträglich vorgenommene Veränderungen zurückbauen.[88] Auf der anderen Seite ist festzustellen, dass der **Vertrag** zur Rückbaupflicht eine **Lücke** enthält. Galt für den Ursprungsvertrag die gesetzliche oder zusätzlich bzw. modifiziert eine vertragliche Rückbaupflicht und kam sie nur deshalb nicht zum Tragen, weil das Objekt bei seinem Ende nicht zurückgegeben wurde, sondern dem Mieter in seinem Interesse durch einen neuen Vertrag erhalten blieb, ist sie durch **ergänzende Vertragsauslegung** nach §§ 133, 157, 242 BGB zu schließen. Ist ersichtlich, dass nach dem **erkennbaren Willen** der vertragsschließenden Parteien die Verträge in dieser Hinsicht als Einheit angesehen werden sollen, so dass der Vermieter am Ende den Zustand zurück erhalten soll, der bei der erstmaligen Übergabe an den Mieter bestanden hat, so kommt es auf diesen an.[89]

51 Kann ein solcher **Wille nicht festgestellt** werden, ist nach der **Art und** den **Folgen** der Investitionen des Mieters zu **differenzieren** sein. Führten sie dazu, dass infolge des **sehr speziellen Betriebszwecks** ein Objekt geschaffen wurde, das ohne Rückbau für den Vermieter praktisch nicht mehr verwertbar ist, wie etwa beim Ausbau eines Ladens zu einem Fischgeschäft mit zahlreichen Bassins aus Beton oder dem Einbau eines umfangreichen Tresors bei Vermietung leerer Flächen an eine Bank, wird der Mieter den ursprünglichen Zustand wieder herstellen müssen. Dies wird auch gelten, wenn die Investition des Mieters zwar generell als nützlich anzusehen ist, zB der Einbau einer Rolltreppe zur Verbindung von zwei angemieteten Stockwerken, für den Vermieter aber die separate Vermietung der Flächen verhindert. Geht es hingegen um Investitionen, die für **zahlreiche Nachmieter von Interesse** sind, wie etwa den Einbau einer Teeküche, wird jedenfalls dann kein Rückbau erforderlich sein, wenn sie den räumlichen Verhältnissen entsprechend gut angepasst und nutzbar ist. In derartigen Fällen hätte vom Vermieter redlicherweise erwartet werden können, dass er die Verpflichtung zum Rückbau in den neuen Vertrag aufnimmt.

2. Rückbaupflicht des Untermieters

a) Investitionen des Hauptmieters

aa) Grundsätze

52 Gem. **§ 546 Abs. 2 BGB** steht dem Vermieter nach der Beendigung des Mietverhältnisses ein eigenständiger gesetzlicher Rückgabe- und somit

[88] So Lindner-Figura/Oprée/Stellmann Geschäftsraummiete/*Pietz/Oprèe* Kap. 16 Rn. 26, aA Schmidt-Futterer/*Streyl* § 546 Rn. 47.

[89] OLG Düsseldorf DWW 2009, 308 = ZMR 2009, 843 = BeckRS 2009, 22670.

auch Rückbauanspruch gegen Dritte zu, denen der Mieter die Mietsache überlassen hat. Das ist erforderlich, weil der Räumungstitel gegen den Mieter **keine Vollstreckung gegen besitzende Dritte** ermöglicht[90] (ebenso wenig erfasst ein Feststellungsurteil über den Fortbestand des Mietverhältnisses zwischen den Hauptmietparteien den Untermieter[91]). Dritter ist jede Person, die nicht Mieter ist. Neben den in § 540 BGB genannten Personen[92] sind auch solche erfasst, die der Mieter im Zuge seines Anspruchs auf vertragsgemäßen Gebrauch aus § 535 Abs. 1 S. 2 BGB in die Mietsache mit aufnehmen darf. Klassischer Weise fallen unter § 546 Abs. 2 BGB auch **Untermieter,** ebenso die jeweils weitere Untervermietung durch den Untermieter. Dem Dritten muss der Besitz oder Mitbesitz an der Mietsache mit Wissen und Wollen des Mieters oder zumindest dessen Duldung **zum Gebrauch überlassen** worden sein.[93] Im Übrigen kann der Vermieter nur dingliche (§ 985 BGB), possessorische (§§ 861 ff., 1007 Abs. 1 BGB) oder deliktische Ansprüche (§ 823 Abs. 1 BGB) geltend machen. Nach dem **BGH**[94] bleibt der Dritte trotz zwischenzeitlichen Besitzverlusts nach wie vor Schuldner des Anspruchs aus § 546 Abs. 2 BGB.[95]

Streitig ist, ob der Untermieter auch von ihm **vorgefundene,** vom 53
Hauptmieter stammende **Veränderungen** des Mietobjekts zu beseitigen hat.[96] Es ist allgemeine Ansicht, dass Haupt- und Untermieter Gesamtschuldner[97] (*„auch"* in § 546 Abs. 2 BGB) und dass die Ansprüche des Vermieters auf Rückgabe des Mietobjekts gegen den Hauptmieter gem. § 546 Abs. 1 BGB bzw. den Untermieter gem. § 546 Abs. 2 BGB *„inhaltsgleich"*[98] oder *„weitgehend inhaltsgleich"*[99] sind. Hieraus wird abgeleitet, dass, wenn der Vermieter vom Hauptmieter Rückbau verlangen könne, auch der Dritte zur Beseitigung verpflichtet sei,[100] wobei sich dieser allerdings auf Einwendungen aus dem Hauptmietvertrag berufen könne,[101] etwa einen Verzicht des Vermieters auf Rückbau. Dieser apodiktische Rückschluss ist abzulehnen, weil er notwendige Differenzierungen außer Betracht lässt. Haupt- und Untermieter sind im Verhältnis zum Vermieter **nicht generell Gesamtschuldner.** Ihre jeweiligen Verpflichtungen

---

[90] BGH IXa ZB 116/03, GE 2003, 1207 = NZM 2003, 802 = WuM 2003, 577 = ZMR 2004, 324; LG Hamburg NJW-RR 1991, 1297; Bub/Treier MietR-HdB/*Emmerich* V.A Rn. 54.

[91] BGH XII ZR 178/03, GE 2006, 1095 = NZM 2006, 699 = ZMR 2006, 763.

[92] *Sternel* Mietrecht aktuell XIII Rn. 64.

[93] Lützenkirchen/*Lützenkirchen* § 546 Rn. 139; Staudinger/*Rolfs* § 546 Rn. 67.

[94] BGH VIII ARZ 4/95, DWW 1996, 250 = NJW 1996, 515 = ZMR 1996, 182; OLG München ZMR 2012, 620 = BeckRS 2012, 10025; Staudinger/*Rolfs* § 546 Rn. 67/75.

[95] Lützenkirchen/*Lützenkirchen* § 546 Rn. 141; aA LG Hamburg WuM 1980, 199.

[96] Siehe *Katzenstein* NZM 2008, 594 (599).

[97] ZB *Sternel* IV Rn. 582.

[98] BGH VIII ARZ 4/95, DWW 1996, 250 = GE 1996, 255 = NJW 1996, 515 = WuM 1996, 83 = ZMR 1996, 182.

[99] BGH XII ZB 194/99, NJW 2001, 1355 = NZM 2001, 286.

[100] Schmidt-Futterer/*Streyl* § 546 Rn. 99.

[101] Staudinger/*Rolfs* § 546 Rn. 62.

beruhen auf verschiedenen Verträgen, es bestehen keine vertraglichen Beziehungen zwischen Vermieter und Untermieter,[102] auch nicht über den unmittelbaren Herausgabeanspruch des Vermieters aus § 546 Abs. 2 BGB gegen den Dritten, dem der Mieter den Gebrauch überließ.[103] Aber auch wenn man hier eine gesetzlich angeordnete Gesamtschuldnerschaft iSd § 421 BGB annehmen wollte, gilt im Grundsatz **§ 425 BGB.** Demnach gelten andere als die in den §§ 422–424 BGB bezeichneten Tatsachen nur für denjenigen Gesamtschuldner, in dessen Person sie eintreten. Das würde bedeuten, dass der Untermieter nicht zu solchen Leistungen verpflichtet ist, deren Grund ausschließlich der Mieter gesetzt hat, was sich insbesondere auf Verschlechterungen der Mietsache bezieht. Hiergegen wird im Grundsatz zutreffend eingewendet, aus dem Schuldverhältnis könne sich etwas anderes ergeben.[104] Der Schluss, die Leistungen aus § 546 BGB seien unteilbar, greift jedoch nicht. Es ist zunächst fraglich, ob § 425 BGB tatsächlich Anwendung findet, da ein **Schuldverhältnis** iSd Norm zwischen den Schuldnern und dem Gläubiger bestehen muss. Ein solches existiert jedoch nicht hinsichtlich des Untermieters. So man § 546 Abs. 2 BGB als gesetzlich angeordnetes Abwicklungsschuldverhältnis ansieht, hierüber also insoweit eine Gesamtschuldnerschaft zwischen Mieter und Vermieter bestünde, bedürfte es jedoch weiterhin einer **notwendigen Gesamtwirkung.** Weil § 425 BGB die **Einzelwirkung als Regel** ansieht,[105] kommt abgesehen von einer vertraglich (wirksam) vereinbarten Gesamtwirkung eine solche nur dann in Betracht, wenn die für beiden zu geltende Tatsache, die auch eine Rechtspflicht sein kann, die Schuldverhältnisse aller Gesamtschuldner naturgemäß gleichermaßen betrifft. Das ist der Fall, wenn sie zwingend für und gegen alle Gesamtschuldner wirken muss. Betracht man vor diesem Hintergrund die Fallbeispiele des § 425 Abs. 2 BGB, wird deutlich, dass es **keinen Grund** gibt, für Veränderungen der Mietsache in Abweichung des Grundsatzes der Einzelwirkung von einer Gesamtwirkung auszugehen. Die Frage, wer Veränderungen rückgängig zu machen hat, betrifft nicht das Schuld- bzw. nunmehr Rückabwicklungsverhältnis als solches. Es soll der einzelne Gesamtschuldner gerade befugt sein, gegen seine Inanspruchnahme den Einwand zu führen, er selbst habe den Grund der Leistungsforderung nicht gesetzt. Dabei ist zudem weiter zu differenzieren.[106]

54 Die **erste Differenzierung** betrifft die **räumliche** Gesamtschuldnerstellung. Bezieht sich der Untermietvertrag nur auf einen Teil der Hauptmietfläche, kann vom Untermieter schwerlich herausverlangt werden, was ihm nicht vermietet wurde. Zwar schuldet der Hauptmieter die Herausgabe der Gesamtfläche, nicht aber der Untermieter; er hat nur die ihm

[102] ZB Bub/Treier MietR-HdB/*Emmerich* V.A Rn. 71.
[103] ZB BGH XII ZB 194/99, NJW 2001, 1355 = NZM 2001, 286.
[104] *Streyl* NZM 2011, 377 (384).
[105] BGH VIII ZR 263/09, GE 2010, 760 = NJW 2010, 1965 = NZM 2010, 577 = WuM 2010, 356 = ZMR 2010, 749 – Betriebskostenabrechnung.
[106] Staudinger/*Looschelders* § 425 Rn. 2.

vermietete Fläche zurückzugeben.[107] § 546 Abs. 2 BGB liefert keine Ermächtigung des Untermieters, in den bis zur Rückgabe der übrigen Flächen noch bestehenden Besitz des Hauptmieters einzugreifen. Haupt- und Untermieter sind mithin nur hinsichtlich der Untermietfläche Gesamtschuldner. Die **zweite Differenzierung** bezieht sich auf den **sachlichen** Gegenstand der Gesamtschuld. Da der Hauptmietvertrag die Grundlage bildet, wird die Erweiterung der Rechte des Vermieters als Ausfluss aus diesem Hauptmietvertrag angesehen, es handele sich um einen gesetzlichen Schuldbeitritt des Dritten zu der vertraglichen Rückgabepflicht des Hauptmieters.[108] Auf dieser Grundlage müsste der Untermieter die Rückgabepflicht, wie sie sich für den Hauptmieter aus dem Mietvertrag mit dem Vermieter ergibt, mit erfüllen, ein Ergebnis, das aus den nachfolgenden Gründen nicht überzeugt.

Die **Vorschrift** des § 546 Abs. 2 BGB bzw. § 556 Abs. 3 BGB aF wurde **mit dem Ziel geschaffen,** dem Vermieter, der nicht zugleich Eigentümer des Mietobjekts ist und daher keinen dinglichen Herausgabeanspruch hat, eine einfache Möglichkeit zu geben, sich wieder den Besitz der Mietsache zu bringen; anderenfalls wäre er auf die Abtretung des Herausgabeanspruchs des Hauptmieters angewiesen, die er ggf. umständlich gerichtlich durchsetzen müsste. Im Vordergrund steht daher der Rückgabeanspruch als solcher.[109] So erlischt der Anspruch des Vermieters gegen den Untermieter, sobald dieser das Mietobjekt an den Hauptmieter zurückgegeben hat.[110] Dabei scheint die Wiedereinräumung des Besitzes an den Hauptmieter auszureichen, was dann inkonsequent ist, wenn der Untermieter das Mietobjekt nicht geräumt hat. Dass der Vermieter einen Anspruch auf vollständige Rückgabe, mithin einschließlich Räumung, gegen den Hauptmieter hat, ist in diesem Zusammenhang irrelevant. Eigentlich müsste ihm hier trotz Besitzaufgabe immer noch der Rückgabeanspruch gegen den Untermieter zustehen, was keine nur theoretische Frage betrifft, wie sich an dem Fall der Insolvenz des Hauptmieters, aber finanzieller Leistungsfähigkeit des Untermieters zeigt. Schon dieser Aspekt stellt die überwiegend vertretene vertragsähnliche Haftung des Untermieters in Frage. **55**

Müsste der **Untermieter** die vertragliche **Rückgabepflicht des Hauptmieters in vollem Umfang** erfüllen, also auch die obligatorischen Rechte des Vermieters gegen den Mieter, wäre dies **von § 546 Abs. 2 BGB** aufgrund des vorbeschriebenen Zwecks der Vorschrift **nicht mehr gedeckt;**[111] eine derartige weit reichende Pflicht würde den Untermieter zudem in grob unbilligem Maße belasten. Er müsste für Kosten einste- **56**

[107] AG Hamburg NJW-RR 1992, 1487 = WuM 1992, 480 (484).

[108] Bub/Treier MietR-HdB/*Emmerich* V.A Rn. 56; Staudinger/*Rolfs* § 546 Rn. 61 mwN; Schmidt-Futterer/*Streyl* § 546 Rn. 87; Blank/Börstinghaus/*Blank/Börstinghaus* § 546 Rn. 59.

[109] *Katzenstein* NZM 2008, 594 (599).

[110] Blank/Börstinghaus/*Blank/Börstinghaus* § 546 Rn. 73; Staudinger/*Rolfs* § 546 Rn. 72; *Wolf/Eckert/Ball* Rn. 1330.

[111] *Katzenstein* NZM 2008, 594 (599); Schmidt-Futterer/*Streyl* § 546 Rn. 104.

hen, die er nicht veranlasst hat und deren Umfang bei Abschluss des Untermietvertrags völlig ungewiss war. Im Regelfall ist dem Untermieter weder bekannt, welcher Zustand genau vom Vermieter und welcher vom Hauptmieter stammt, noch, welche Kosten die Herstellung irgendeines, im Zweifel streitigen, früheren Zustands verursacht.

57 Auf der anderen Seite wäre der **Vermieter außerordentlich bevorzugt.** Er erhielte als zufälligen weiteren Schuldner denjenigen, der sich gerade bei Beendigung des Hauptmietverhältnisses im Besitz des Mietobjekts befindet.[112] Er wäre von dem allgemeinen – auch im Rahmen des § 425 BGB prinzipiell geltenden – Rechtsgrundsatz befreit, dass sich ein Gläubiger bei demjenigen erholen muss, der ihm einen Nachteil zugefügt hat oder dem ein Verschulden Dritter zuzurechnen ist.

58 Die vorbeschriebenen Gesichtspunkte führen dazu, den unmittelbaren Rückgabeanspruch des Vermieters gegen den Untermieter als **gesetzlichen Anspruch eigener Art** zu qualifizieren.[113] Diese Charakterisierung gestattet ohne weiteres sachgerechte Lösungen zum Umfang der Rückbaupflicht des Untermieters. Nicht zu verwechseln ist diese Thematik mit der Tatsache, dass die nur teilweise räumlich abgrenzbare Nichterfüllung der Rückgabepflicht dennoch den vollständigen Ersatz des Schadens, der aus der Unzumutbarkeit der Weitervermietung resultiert, bedingt.[114]

bb) Folgen

59 Auf der Grundlage der vorstehenden Ausführungen ist festzustellen, dass der Untermieter die Einbauten und **Veränderungen,** die er **bei Überlassung** des Mietobjekts durch den Hauptmieter **vorfand, nicht zurückbauen** muss.[115] Der Vermieter hat sich insoweit an den Hauptmieter zu halten. Handelt es sich um ein mehrfach gestuftes Untermietverhältnis, wie es bei Gewerberaum zumal über Gaststätten häufig zu beobachten ist, ist es zunächst Sache des jeweiligen Untervermieters, seinen Rückbauanspruch geltend zu machen und durchzusetzen. Unterlässt er dies ebenso wie die weiteren Untermieter und wird das Objekt schließlich an den Hauptvermieter zurückgereicht, muss er sich für den Rückbau an seinen Vertragspartner, den Hauptmieter, wenden.

b) Investitionen des Untermieters

60 Der Vermieter hat hier einen **Rückbauanspruch gegen den Untermieter,**[116] aber auch gegen den Hauptmieter, weil der Untermieter sein Erfül-

[112] OLG Hamburg WuM 2000, 356 = ZMR 2000, 669.

[113] Im Ergebnis ebenso: ausführlich *Hohmeister* JA 1994, 420 (423 ff.).

[114] BGH V ZR 26/20, GE 2021, 118 = MDR 2021, 156 = BeckRS 2020, 37169.

[115] OLG Hamburg WuM 2000, 356 = ZMR 2000, 669; *Lammel* § 546 Rn. 36; Wolf/Eckert/Ball Gewerbl. Miet-/Pacht-/LeasingR-HdB Rn. 1332; so auch Bub/Treier MietR-HdB/*Emmerich* V.A Rn. 71, es sei denn, er hat sie „als eigene übernommen"; aA Schmidt-Futterer/*Streyl* § 546 Rn. 105.

[116] ZB Wolf/Eckert/Ball Gewerbl. Miet-/Pacht-/LeasingR-HdB Rn. 1332; aA Blank/Börstinghaus/*Blank/Börstinghaus* § 546 Rn. 72.

lungsgehilfe ist (§ 540 Abs. 2 BGB), so dass er sich dessen Veränderungen zurechnen lassen muss. Der Untermieter kann sich dem Vermieter gegenüber nicht darauf berufen, der Hauptmieter habe den Maßnahmen zugestimmt. Keine Rückbaupflicht besteht hingegen in den Fällen (→ Rn. 25 ff.), in denen auch der Hauptmieter, hätte er die Investitionen vorgenommen, keinen Rückbau schuldet.

Ist der **Vermieter zugleich Eigentümer** des Mietobjekts, kann er vom **61** Untermieter Schadensersatz nach §§ 823, 249 BGB verlangen, wenn mit der Veränderung eine Sachbeschädigung einherging. Bei einem vertragswidrigen Gebrauch der Mietsache durch Ein-, Aus- oder Umbauten steht dem vermietenden Eigentümer, der davon in der Bauphase Kenntnis erhält, der Unterlassungsanspruch aus § 1004 BGB zu, Rückbau ist nach herrschender Ansicht allerdings wiederum nur über § 823 BGB durchzusetzen. Diese Ansprüche kann sich der Hauptmieter oder jeweilige Untervermieter abtreten lassen, den Unterlassungsanspruch allerdings nur zur Ausübung im eigenen Namen (Ermächtigung).

IV. Schadensersatz und Beseitigungsanspruch

1. Laufender Mietvertrag – Verhältnis zu § 541 BGB

Handelte der Mieter beim Einbau von Einrichtungen oder der Durch- **62** führung von Ein-, Aus- und Umbauten **vertragswidrig,** ist eine Pflichtverletzung gem. **§ 280 Abs. 1 BGB** zu konstatieren, die den Vermieter im Grundsatz (→ Rn. 6 f.) berechtigt, den Mieter auf Rückbau in Anspruch zu nehmen. Ihm steht daneben aus **§ 541 BGB** ein **vertraglicher Beseitigungsanspruch** zu. Dieser erfasst rechtswidrige Veränderungen der Mietsache und führt zu einem Anspruch des Vermieters auf dessen Beseitigung, mithin auch Rückbau.[117] Soweit ein rechtswidriger Eingriff in die Substanz der Mietsache vorliegt, handelt es sich um die **Verletzung der Obhutspflicht** des Mieters. In diesem Fall kann der Vermieter nach dem BGH[118] unmittelbar und **ohne vorherige Leistungsaufforderung nach § 281 Abs. 1 BGB** die Rechte aus § 249 BGB geltend machen, also auch – und ohnehin primär (→ Kap. 4 Rn. 53) – Rückbau im Wege der Naturalrestitution fordern. Demgegenüber ist für das Vorgehen nach **§ 541 BGB** zunächst eine **Abmahnung** erforderlich. Diese – materielle Voraussetzung[119] – ist nur dann entbehrlich, wenn eine Abmahnung aufgrund der tatsächlichen Umstände oder weil der Mieter diese offensichtlich nicht

[117] BGH VIII ZR 260/06, GE 2007, 1690 = NZM 2008, 37 = WuM 2007, 678 = ZMR 2008, 187; LG Berlin GE 2017, 175 – Entfernung einer eingebauten Trennwand.

[118] BGH VIII ZR 157/17, GE 2018, 633 = NJW 2018, 1746 = NZM 2018, 320 (mAnm *Fervers*) NZM 2018, 324 = WuM 2018, 196 = ZMR 2018, 492; XII ZR 79/17, GE 2018, 994 = NZM 2018, 717 = ZMR 2018, 922.

[119] Guhling/Günter/*Mersson* § 541 Rn. 8.

befolgen wird (zB weil er sich bereits geweigert hat) ausnahmsweise entbehrlich ist.[120] Hierbei handelt es sich um einen eigenständigen **vertraglichen Unterlassungsanspruch,**[121] der dem Abwehranspruch aus § 1004 BGB nachgebildet ist[122] und diesem als Spezialregelung für Mietverhältnisse abschließend vorgeht.[123] Das **Verhältnis des Unterlassungsanspruchs aus § 541 BGB zu der schadensersatzbedingten Naturalrestitution aus § 249 Abs. 1 BGB** ist nicht geklärt. Der Schadensersatzanspruch soll, unabhängig davon, ob er auf Wiederherstellung des ursprünglichen Zustandes oder auf Geldersatz gerichtet ist, nicht von einer vorherigen Abmahnung abhängig sein, wenn es sich um Schäden handelt.[124] Das kann jedoch nicht überzeugen. Da § 541 BGB Einwirkungen auf die Substanz der Mietsache, also deren Beschädigung, ebenso umfasst und auch insoweit gegenüber § 1004 BGB vorrangig ist, kann **für den Anspruch auf Schadensersatz nichts anderes gelten.** Beide Ansprüche können dieselbe Rechtsfolge herbeiführen und müssen daher von dem Gericht parallel geprüft und angewendet werden. Der Schutzzweck der Norm, dem Mieter aufgrund der Abmahnung die Möglichkeit zu geben, sich vertragstreu zu verhalten, greift hier ebenso. Etwas anderes folgt auch nicht aus der Entscheidung des BGH vom 11.2.1981.[125] Dieser hat lediglich die Abgrenzung des Schadensersatzanspruchs zu den Voraussetzungen des § 326 BGB aF vorgenommen. Er ist hierbei nicht auf die spezielle Norm des § 551 BGB aF eingegangen, zumal die Entscheidung durch die neuere Rechtsprechung zu § 541 BGB überholt sein dürfte. Das bezieht sich aber **nur auf das Abmahnungserfordernis.** Ein allgemeiner Vorrang des § 541 BGB ist schon deshalb nicht zu begründen, weil die §§ 280 ff. BGB auch zum Geldersatzanspruch führen und § 254 Abs. 1 BGB Anwendung findet.

63 Zu beachten ist, dass der Vermieter im laufenden Mietverhältnis Geldleistungen des Mieters **in das Mietobjekt zu investieren** hat, auch wenn mit dessen Maßnahme eine Substanzverletzung und damit eine unerlaubte Handlung iSd § 823 BGB verbunden war. Es erschiene widersprüchlich, wenn der Vermieter eine Geldleistung des Mieters vereinnahmt, es aber sodann beim missbilligten Zustand belässt. In der Sache wäre dieses Verhalten hier als Genehmigung der Maßnahme und Verzicht auf den Rückbau jedenfalls während des Bestehens des Mietvertrags zu bewerten; der Vermieter erhielte die Geldsumme überdies als Sicherheit für das Mietende, was unzulässig wäre, wenn der Mieter be-

[120] AG Hamburg ZMR 2007, 866; MüKoBGB/*Bieber* § 541 Rn. 14; Schmidt-Futterer/*Blank* § 541 Rn. 8.

[121] Lützenkirchen/*Lützenkirchen* § 541 Rn. 2; Staudinger/*Emmerich* § 541 Rn. 2.

[122] MüKoBGB/*Bieber* § 541 Rn. 1.

[123] BGH XII ZR 5/18, GE 2019, 245 = NJW 2019, 1062 mAnm *Bruns* = NZM 2019, 143 = WuM 2019, 141 = ZMR 2019, 330; VIII ZB 93/06, GE 2007, 902 = NJW 2007, 2180 = NZM 2007, 481 = WuM 2007, 387.

[124] MüKoBGB/*Bieber* § 541 Rn. 3 mit Verweis auf BGH VIII ZR 312/97, NJW 1981, 1264.

[125] BGH VIII ZR 312/97, NJW 1981, 1264.

reits eine Mietsicherheit in Höhe der Obergrenze nach § 551 Abs. 1 BGB leistete. Ist dem Vermieter einstweilen nur an dieser Absicherung gelegen, sollte er die Maßnahme des Mieters (schriftlich) genehmigen und den Zweck seiner Geldleistung festhalten; dass die Gesamtsicherheit des Mieters sodann ggf. die Grenze des § 551 Abs. 1 BGB übersteigt, erscheint im Hinblick auf § 554a Abs. 2 BGB unschädlich.

2. Beendeter Mietvertrag

Nach herrschender Ansicht ist der Mieter gehalten, das Mietobjekt in vertragsgemäßem, bei Fehlen entsprechender Vereinbarungen jedenfalls ordnungsgemäßem Zustand an den Vermieter zurückzugeben, so dass von ihm eingebrachte Einrichtungen wegzunehmen und vorgenommene bauliche Veränderungen zu beseitigen sind (auch → Kap. 2 Rn. 109). Veränderungen nach § 538 BGB brauchen nach Mietende nicht beseitigt zu werden (auch → Kap. 2 Rn. 70). Waren die von dem Mieter während der Mietzeit vorgenommenen Veränderungen nicht hiervon erfasst, erfolgten jedoch **mit Zustimmung des Vermieters** und somit rechtmäßig, dürfen aber nach Mietende nicht so belassen werden (hierzu → Rn. 33 ff.), steht dem Vermieter sodann gem. § 546 Abs. 1 BGB ein **Erfüllungsanspruch** zu. Kommt der Mieter seinen Rückbaupflichten nicht nach, stellt dies eine Pflichtverletzung gem. § 280 Abs. 1 BGB dar, so dass der Vermieter unter den Voraussetzungen des § 281 BGB – da die Leistungspflichten aus § 546 Abs. 1 BGB solche iSd § 241 Abs. 1 BGB sind[126] – einen Schadensersatzanspruch begründen kann, bei Erfüllungsverweigerung seitens des Mieters bereits ohne Erfordernis einer vorhergehende Leistungsaufforderung.[127] Vereitelt der Vermieter durch Selbsthilfe oder in anderer Weise die Erfüllung der Rückbaupflicht seitens des Mieters, kommt es nicht zur Entstehung eines Schadensersatzanspruchs (s. auch → Kap. 1 Rn. 465 ff.). Die früher notwendige Unterscheidung nach der Höhe der Kosten für den Rückbau[128] ist durch § 280 Abs. 1 BGB obsolet geworden. 64

Handelte der Mieter bei Vornahme der Veränderungen der Mietsache während des Mietverhältnisses **vertragswidrig,** steht dem Vermieter nach Abmahnung gem. § 541 BGB ein unmittelbarer Beseitigungsanspruch zu, sowie, weil die Vornahme von Ein- Aus- und Umbauten regelmäßig mit **Substanzverletzungen** des Mietobjekts einhergehen, ein Schadensersatzanspruch gem. § 249 BGB. Durch den nunmehr hinzutretenden Anspruch auf Rückbau bzw. Herstellung des vertragsgemäßen Zustandes **aus § 546 Abs. 1 BGB tritt** jedoch das hiermit an sich verbundene **Erfordernis der Leistungsaufforderung** vor Geltendmachung von 65

[126] Zur Abgrenzung BGH VIII ZR 157/17, GE 2018, 633 = NJW 2018, 1746 = NZM 2018, 320 (mAnm *Fervers*) = WuM 2018, 196 = ZMR 2018, 492; XII ZR 79/17, GE 2018, 994 = NZM 2018, 717 = ZMR 2018, 922.

[127] ZB KG ZMR 2007, 533.

[128] Vgl. BGH VIII ZR 51/75, WuM 1977, 65, danach in stRspr.

Schadensersatz statt der Leistung **nicht hinzu.** Der Vermieter kann seinen Schaden nach wie vor unmittelbar liquidieren (→ Kap. 1 Rn. 113f.). Auch das zuvor noch wegen § 541 BGB bestehende **Abmahnerfordernis fällt weg,** weil der Mieter die vertragswidrige Nutzung der Mietsache nicht mehr fortführen kann. Die Vorschrift ist nach Mietende nicht mehr anwendbar.

66 Entstehen **durch den Rückbau** selbst **Schäden** an der Bausubstanz oder Dekoration, bietet sich eine Differenzierung nach dem Grund der Beschädigung an. Soweit die Schäden im **unmittelbaren Zusammenhang mit dem Rückbau** eintraten und vom Mieter nicht sogleich mit behoben wurden, handelt es sich um die Schlechterfüllung der Rückbaupflicht. War der Mieter von sich aus tätig geworden, kann sich der Vermieter unter den Voraussetzungen des § 281 BGB einen Schadensersatzanspruch verschaffen. Handelte der Mieter nach Leistungsaufforderung mit Fristsetzung gem. § 281 BGB unzureichend, kann der Vermieter wegen der verbliebenen Schäden Schadensersatz geltend machen. Anders verhält es sich bei Schäden, die **bei Gelegenheit des Rückbaus** an anderen Teilen des Mietobjekts entstanden. Hier steht dem Vermieter ein unmittelbarer Schadensersatzanspruch aus §§ 280, 249 BGB zu.

3. Höhe

67 Zur Höhe des Schadensersatzanspruchs aus unterlassenem Rückbau gelten die **allgemeinen Grundsätze** (→ Kap. 1 Rn. 545 ff., → Kap. 2 Rn. 116 ff.). Der Vermieter kann daher nur den Ersatz der notwendigen Kosten verlangen. Entfernte der Mieter zB im Rahmen des Rückbaus Holzpaneele, die er in Souterrainräumen vor Fliesenschilden angeschraubt hatte, ist er nicht ohne weiteres verpflichtet, die Schilde zu entfernen und eine Neuverfliesung zu veranlassen, wenn fast alle Dübellöcher in die Fliesenfugen gesetzt waren; im Hinblick die Lage im Souterrain genügen auch andere Maßnahmen, wie eine Neuverfugung, ggf. ist eine zusätzliche Wertminderung zu schätzen.[129]

68 **Streitig** ist, in wessen Risiko **frühere Schäden** fallen, die beim Rückbau entdeckt werden und weder durch den Einbau noch durch den Rückbau verursacht worden waren. Übernahm ein Mieter zB die Holzverkleidungen an den Decken einzelner Wohnräume vom Vormieter, können Schäden an den zuvor verdeckten Flächen zu Tage treten. Da die Schäden aus der Zeit des Vormietverhältnisses stammen, sollen die Kosten aus ihrer Beseitigung nach einer Ansicht vom Vermieter zu tragen sein, weil ihn das Risiko von Verschlechterungen der Mietsache treffe.[130] Diese Meinung überzeugt jedoch nicht. Sie berücksichtigt nicht hinreichend, dass der Mieter, der Einrichtungen vom Vormieter übernimmt, im Verhältnis zum Vermieter rechtlich so zu stellen ist, als habe er selbst den Einbau

[129] AG Hamburg-Altona WuM 2008, 27.
[130] AG Köln WuM 2008, 216.

vorgenommen (→ Rn. 23). Er schuldet daher die Beseitigung auch der Altschäden,[131] soweit sie keine bauseitige Ursache haben.

Im **Insolvenzverfahren des Mieters** begründen die Kosten zur Herstellung eines ordnungsgemäßen Zustands der Mietsache keine Masseschuld, wenn das Mietverhältnis entweder schon vor der Insolvenzeröffnung beendet war oder wenn das Mietverhältnis zwar erst nach der Insolvenzeröffnung eröffnet wurde, die nachteilige Veränderung der Mietsache jedoch schon vorher erfolgt war.[132] **69**

[131] Ebenso Schmidt-Futterer/*Streyl* § 546 Rn. 39.
[132] BGH IX ZR 144/07, GE 2008, 865; Guhling/Günter/*Krüger* § 546 Rn. 33.

D. Rechtslage in den östlichen Bundesländern

70 Bei Mietverhältnissen in den östlichen Bundesländern, die schon vor dem 3.10.1990 bestanden, gelten **Besonderheiten.** Nach § 111 ZGB bedurften bauliche Änderungen des Mieters von **Wohnraum** der Zustimmung des Vermieters. Soweit der Mieter die Maßnahmen ohne diese Zustimmung durchführte, war er nach § 112 Abs. 1 ZGB im Grundsatz verpflichtet, auf Verlangen des Vermieters den ursprünglichen Zustand wieder herzustellen. Allerdings durfte der Vermieter seine Zustimmung nicht verweigern, wenn die Veränderungen *im gesellschaftlichen Interesse* lagen. Dementsprechend entfiel nach § 112 Abs. 2 S. 2 ZGB wiederum die Rückbaupflicht, wenn die baulichen Änderungen zu einer Verbesserung der Wohnung führten, die im gesellschaftlichen Interesse lag. Insbesondere bei Modernisierungen wurde dieses Interesse angenommen[133] und die fehlende Zustimmung des Vermieters nach § 111 S. 3 ZGB ggf. auf Antrag des Mieters durch eine gerichtliche Entscheidung ersetzt.

71 Sofern über eine **Erstattung der Kosten** für den Fall der Beendigung des Mietvertrags nichts vereinbart war, hatte der Mieter Anspruch auf eine angemessene Entschädigung, soweit der Vermieter infolge der baulichen Veränderungen wirtschaftliche Vorteile erlangte (§ 112 Abs. 3 ZGB). Bei Einrichtungen hatte der Mieter nach § 113 Abs. 1 ZGB primär ein Wegnahmerecht mit der Verpflichtung, dann auch den ursprünglichen Zustand wieder herzustellen; sollten Entfernung und Wiederherstellung wirtschaftlich für den Mieter nicht vertretbar sein, hatte er den Anspruch auf angemessene Entschädigung nach § 112 Abs. 3 ZGB.

72 Fraglich ist, ob die Bestimmungen des **ZGB für Altmietverträge** noch von Bedeutung sind. Nach einer Ansicht, die sich an Art. 232 § 2 Abs. 1 EGBGB orientiert, richtet sich die Behandlung von Mietverhältnissen aus der Zeit vor dem 3.10.1990 nach diesem Zeitpunkt ausschließlich nach den Vorschriften des BGB.[134] Demgegenüber ist nach der Rechtsprechung des **BGH**[135] danach zu unterscheiden, ob die Veränderungen noch unter Geltung des alten Rechts abgeschlossen waren oder in die Zeit neuen Rechts fielen; zur Begründung wird angeführt, dass Art. 232 nicht mit einer echten Rückwirkung ausgestattet worden ist. Es ist daher verfassungsrechtlich unzulässig, auf den **Zeitpunkt** der Abwicklung statt denjenigen **der Vornahme** einer Maßnahme abzustellen. Im vorliegenden Zusammenhang ergibt sich daraus, dass der Mieter aus einem Altmietvertrag nicht verpflichtet ist, bauliche Veränderungen bei Mietende zu entfernen und den früheren Zustand wieder herzu-

[133] Dazu ausführlich *Pahlke* S. 48 ff.
[134] OLG Brandenburg ZMR 1997, 584.
[135] BGH XII ZR 101/97, WuM 1999, 334; LwZR 8/95, ZMR 1997, 174.

stellen, wenn anzunehmen ist, dass sie in **gesellschaftlichem Interesse** lagen.[136]

Als **Beispiele** solcher Verbesserungen kommen zB in Betracht **73**
- die Einrichtung einer Garage und die Vergrößerung der Gartenterrasse,[137]
- die Verlegung von Linoleumboden in Küche und Bad,[138]
- die Anbringung eines Fliesenspiegels im Bad[139] oder dessen Erhöhung sowie Einfliesung der Badewanne,[140]
- der Einbau von Deckenplatten,[141]
- die Montage von Holzpaneelen als Deckenverkleidung,[142]
- der Einbau von Hängeböden und Einbauschränken, um Stauraum zu schaffen.[143]

Ebenso kann der Mieter **Einrichtungen,** mit denen er die Wohnung **74** versah, zurücklassen. Nur wenn er sie bei Auszug mitnimmt, hat er die Wohnung wieder in den ursprünglichen Zustand zu versetzen.

Für den Mieter von **Gewerberaum** gilt nichts anderes. Die vertrags- **75** rechtlichen Bestimmungen des ZGB zur Wohnungsmiete können entsprechend herangezogen werden.[144] So kann zB eine Baumaßnahme auf dem gemieteten Grundstück zur Erweiterung einer Kinderkrippe, die auf dem Nachbargrundstück betrieben wurde, im gesellschaftlichen Interesse gelegen haben.[145]

---

136 Ausführlich *Robbert* WuM 2003, 490.

137 LG Potsdam WuM 2000, 605.

138 LG Berlin ZMR 2000, 24.

139 AG Zwickau NZM 2000, 240.

140 LG Berlin GE 2005, 621.

141 Eingehend *Robbert* WuM 2003, 490 (491 f.); aA AG Zwickau NZM 2000, 239, wenn sie weder zu einer verbesserten Wärmedämmung führten noch zur Ausbesserung einer schadhaften Decke notwendig waren.

142 AG Brandenburg a. d. Havel WuM 2003, 321.

143 LG Berlin GE 2005, 621.

144 BGH LwZR 8/95, ZMR 1997, 174 (176) ; XII ZR 101/97, WuM 1999, 334.

145 BGH XII ZR 101/97, WuM 1999, 334.

E. Ausgleichsansprüche des Mieters bei Einbauten

I. Grundsätze

76 Führt der Mieter wertverbessernde Maßnahmen in Bezug auf die Mietsache durch und **steigert er somit die Qualität des Eigentums** des Vermieters, sowie die Miete, welche im Fall einer **Weitervermietung** erzielt werden kann, stellt sich die Frage, ob er hierfür einen Ausgleich beanspruchen kann. Die Situation ist vergleichbar mit der Durchführung nicht geschuldeter Schönheitsreparaturen oder einer Endrenovierung durch den Mieter, so dass zunächst auf die entsprechenden Ausführungen verwiesen werden kann (→ Kap. 1 Rn. 390 ff.). Zudem gilt Nachfolgendes:

77 Maßgeblich ist, was die Parteien **vertraglich** vereinbart haben. Besteht eine Einigung hinsichtlich der Arbeiten, die der Mieter durchführt, sowie das hierfür zu erhaltende Entgelt (Zahlung einer Geldsumme, Gewährung von Mietfreiheit), so gilt diese. Da die Regelungen der §§ 539 Abs. 1, 552 BGB auch in der Wohnraummiete abdingbar sind, sind jedenfalls Individualvereinbarungen, die einen Ersatzanspruch ausschließen, auch hier wirksam. So es sich um Formularvereinbarungen handelt, sind auch diese nicht zu beanstanden, wenn sie Ausgleichsansprüche des Mieters ausschließen, da der Vermieter ein legitimes Interesse hat, sich gegen eine Anspruchsaufdrängung zu schützen.[146] Außerhalb der Wohnraummiete ist die über § 578 Abs. 2 BGB anzuwendende Vorschrift des § 552 Abs. 1 BGB ebenfalls abdingbar, auch formularvertraglich, für Abs. 2 wird mangels Verweisung in diesem Fall ein angemessener Ausgleich nicht gefordert.[147] Für Mietverträge, die nicht über Räume geschlossen werden, sind die Vorschriften nicht anwendbar. Regeln die Parteien jedoch, auch als AGB, einen Ausschluss von Ausgleichszahlungen, so geht auch dieser vor und versagt dem Mieter die Berufung auf Ansprüche aus Bereicherungsrecht (§ 812 BGB).[148]

78 Haben die Parteien keine vertragliche Regelung getroffen, so gelten, soweit es sich bei den Maßnahmen um Mängelbeseitigungen oder Aufwendungen handelt, die Regelungen der **§§ 536a Abs. 2 und 539 Abs. 1 BGB.** Wie bei der Durchführung nicht geschuldeter Endrenovierungen oder Schönheitsreparaturen (→ Kap. 1 Rn. 400) scheitern diese aufgrund der Tatsache, dass es sich bei § 539 Abs. 1 BGB um eine Rechtsgrundver-

[146] BGH XII ZR 202/94, ZMR 1996, 122; VIII ZR 193/58, NJW 1959, 2163 für die Ansprüche aus §§ 946, 951 BGB; OLG Karlsruhe NJW-RR 1986, 1394; Lützenkirchen/*Dickersbach* § 539 Rn. 45.

[147] OLG Karlsruhe NJW-RR 1986, 1394.

[148] BGH V ZR 269/13, WM 2014, 2269.

weisung auf die §§ 677 ff. BGB handelt,[149] dann an dem erforderlichen **Fremdgeschäftsführungswillen,** wenn der Mieter die Einbauten für die eigene Nutzung tätigt. Das ist in aller Regel anzunehmen.

In Betracht kommen daher meist nur Ansprüche aus **ungerechtfertigter Bereicherung.** § 812 BGB ist hier neben den bestehenden Ersatzregelungen anwendbar und kann dem Mieter einen Ersatzanspruch geben. § 552 BGB greift nur, wenn es sich um Aufwendungen iSd § 539 Abs. 1 BGB handelt, und auch nur dann, wenn der Vermieter die Wegnahme abwenden möchte.[150] Daher sind für den bereicherungsrechtlichen Anspruch meist die Fälle der **vorzeitigen Beendigung des Mietverhältnisses** relevant. Obwohl dieses auf eine lange Zeit angelegt war, erhält der Vermieter eine verbesserte Mietsache früher zurück und kann diese in dem Zeitraum mit einem höheren Mietwert weitervermieten. Dem Mieter kann aber auch bei allgemeinen Verwendungen, die eine Wertsteigerung bewirken, ein Bereicherungsanspruch zustehen, der von demjenigen der vorzeitigen Vertragsbeendigung zu trennen ist.[151] **79**

II. Voraussetzung

Erforderlich ist zunächst, dass der Vermieter die Investitionen nach der Beendigung des Mietverhältnisses **übernimmt.** Denn der Mieter hat keinen allgemeinen Anspruch darauf, die Mietsache zu verändern und hierfür Ersatz zu verlangen (mit Ausnahme der gesetzlichen Ansprüche aus §§ 536a Abs. 2, 539 Abs. 1 und 552 Abs. 1 BGB). Der Vermieter kann nach § 546 Abs. 1 BGB die Herstellung des ursprünglichen Zustandes verlangen, so er nicht den Verbleib der Veränderungen nach Mietende – so erforderlich ggf. zusätzlich nehmen deren Vornahme – genehmigt hat. Den Mieter trifft hier also neben dem Wegnahmerecht aus § 539 Abs. 1 BGB eine Wegnahmepflicht im Rahmen der Räumung der Mietsache.[152] Nicht ausreichend ist, dass die Änderung im Anwendungsbereich des § 539 Abs. 1 BGB mit seinem tatsächlichen Willen übereinstimmt (§ 539 Abs. 1 iVm § 683 BGB), weil das nur für den gesetzlichen Ausgleichsanspruch relevant ist, der voraus setzt, dass der Vermieter seinen Anspruch aus § 546 Abs. 1 BGB nicht geltend macht. Aus der Genehmigung des Verbleibs der Veränderungen wird jedoch auf den Willen des Vermieters zu schließen sein, so dass zumindest ein „auch-fremdes Geschäfts"[153] vorliegen kann. **80**

[149] BGH VIII ZR 302/07, DWW 2009, 302 = GE 2009, 901 = NZM 2009, 541 = WuM 2009, 395 = ZMR 2009, 829.

[150] BGH XII ZR 136/96, NZM 1999, 19 = ZMR 1999, 93; *Horst* MDR 2009, 477 (480).

[151] So ausdrücklich im 2. Leitsatz BGH XII ZR 136/96, NZM 1999, 19 = ZMR 1999, 93.

[152] BGH VIII ZR 326/80, NJW 1981, 2564 = ZMR 1981, 367.

[153] Hierzu Palandt/*Sprau* § 677 Rn. 6.

III. Berechnung des Wertausgleichs

81 Können die Einbauten **ohne Substanzbeschädigung nicht entfernt** werden, oder wurde in der Gewerberaummiete das auf längere Dauer angelegte **Mietverhältnis vorzeitig beendet** und erhält der Vermieter die Mietsache daher einschließlich der wertsteigernden Investitionen früher zurück, so errechnet sich der hierauf bezogene Wertersatz – anders als im Fall der Erbringung nicht geschuldeter Schönheitsreparaturen (→ Kap. 1 Rn. 391 ff.) – nach dem Umfang des hierdurch herbeigeführten höheren **Ertragswerts** der Mietsache.[154] Maßgeblich ist dabei dasjenige, was der Vermieter aus deren erhöhten objektiven Wert tatsächlich erzielen kann oder hätte erzielen können. Als Anhaltspunkt hierfür kann die Zahlung einer höheren Miete durch einen Nachmieter genommen werden.[155]

IV. Schuldner des Wertausgleichs

82 Da sich der Umfang der Bereicherung im Falle der vorzeitigen Vertragsbeendigung nicht nach der Höhe der Aufwendung des Mieters richtet, sondern in der Erhöhung des Ertragswertes liegt, soweit der Vermieter diesen früher als vertraglich vorgesehen durch Neuvermietung realisieren kann, ist im Falle des Vermieterwechsels nur der jeweils **neue Vermieter** oder auch der **Ersteigerer** der Liegenschaft bereichert. Denn dieser hat die – für den Bereicherungsanspruch ausreichend – objektive Möglichkeit, sie zu einer höheren Miete weiterzuvermieten.[156] Im Falle der **Untervermietung** ist der Untervermieter Begünstigter und damit Schuldner des Ausgleichsanspruchs, nicht der Eigentümer (Hauptvermieter).[157]

---

[154] BGH XII ZR 43/02, GE 2006, 380 = NZM 2006, 15 = ZMR 2006, 185; XII ZR 136/96, NZM 1999, 19 = ZMR 1999, 93.

[155] BGH XII ZR 136/96, NZM 1999, 19 = ZMR 1999, 93.

[156] BGH XII ZR 71/07, NZM 2009, 783.

[157] BGH V ZR 269/13, WM 2014, 2269.

Kap. 4. Verjährung und Prozess

A. Verjährung

Der Erfüllungsanspruch wie auch die Schadensersatzansprüche des Vermieters werden als solche vom Eintritt der Verjährung nicht berührt. Er kann sie jedoch **nicht mehr durchsetzen,** wenn der Mieter deshalb seine Leistung verweigert (§ 214 Abs. 1 BGB). **Problematisch** ist regelmäßig, ob Ansprüche der Mietparteien nach der allgemeinen Verjährungsfrist des § 195 Abs. 1 BGB oder der kurzen nach § 548 Abs. 1 BGB (Vermieter) oder § 548 Abs. 2 BGB (Mieter) verjähren. Weiterhin stellt sich die Frage, ob bei einer kurzen Verjährung der vertraglichen Ansprüche hiervon auch konkurrierende **deliktische** oder solche aus **Bereicherungsrecht** erfasst sind. Schließlich ist im Mietprozess sehr häufig die Regelung des **§ 215 BGB** relevant, wenn der Vermieter nach Ablauf der Verjährungsfrist des § 548 Abs. 1 BGB gegen den Anspruch des Mieters auf Kautionsrückzahlung mit Schadensersatzansprüchen wegen Verschlechterungen der Mietsache die **Aufrechnung erklärt.** 1

Der **Grundsatz** ist, dass soweit die Regelung des § 548 BGB nicht greift, alle Ansprüche im laufenden und beendeten Mietverhältnis nach § 195 Abs. 1 BGB verjähren. Das gilt daher an sich erst einmal auch für alle Forderungen des Vermieters, die sich nach der Beendigung des Mietverhältnisses aus dem Anspruch auf Rückgabe nach § 546 Abs. 1 BGB ergeben.[1] Nachfolgend soll daher auf die Besonderheiten und Abgrenzungsfragen einzelner Fälle eingegangen werden. 2

I. Erfüllungsansprüche des Vermieters

1. Gegenstand der Verjährung

Die Verjährung betrifft ohne weiteres die Durchsetzbarkeit der **unmittelbaren mietvertraglichen** Erfüllungsansprüche, sei es auf Durchführung von Schönheitsreparaturen, Erledigung von Instandhaltungs- bzw. Instandsetzungsarbeiten oder Rückbau von Ein-, Aus- oder Umbauten. Ebenso unterfallen die auf die Herausgabe der Mietsache nach Vertragsende selbst bezogenen Ansprüche der Verjährung. Daneben steht der **dingliche Anspruch** des Eigentümers aus § 985 Abs. 1 BGB. 3

[1] BGH III ZR 157/74, NJW 1975, 2103 (zur damaligen „allgemeinen Verjährungsfrist“); *Derleder* WuM 2006, 175.

2. Abgrenzung zwischen § 195 Abs. 1 BGB und § 548 Abs. 1 BGB

4 Nach dem **Wortlaut des § 548 Abs. 1 BGB** unterfallen nur solche Ansprüche der 6-monatigen Verjährungsfrist, die als **„Ersatzansprüche"** bezeichnet werden und sich auf die Veränderungen und Verschlechterungen der Mietsache beziehen. Das suggeriert, dass es sich hierbei um sogenannte Sekundäransprüche (auf Schadensersatz) handeln könnte und die primären Erfüllungsansprüche der allgemeinen Verjährungsfrist des § 195 Abs. 1 BGB unterlägen. Verstärkt wird das durch die Verwendung des Begriffs der „Rückgabe" in § 548 Abs. 1 S. 3 BGB, welcher die Verjährung der Ersatzansprüche begrenzt und der wortgleich mit dem Anspruchsgegenstand des § 546 Abs. 1 BGB ist, so dass zu vermuten wäre, alle in der Rückgabe enthaltenen Leistungspflichten, also sowohl die Herausgabe, als auch die Räumung und somit die Herstellung des vertragsgemäßen Zustandes, würden innerhalb der 3-Jahres Frist des § 195 Abs. 1 BGB verjähren.

5 Dem ist jedoch nicht so. Der **tatsächlich weite Anwendungsbereich des § 548 Abs. 1 BGB** erfasst zunächst auch die **Erfüllungsansprüche** in Bezug auf Veränderungen und Verschlechterungen der Mietsache. Der Vermieter kann also auch seine Rechte auf Herstellung des vertragsgemäßen Zustandes nach Ablauf der kurzen Verjährungsfrist nicht mehr durchsetzen. Inhaltlich erfasst § 548 Abs. 1 BGB einerseits auch diejenigen Ansprüche, die sich aus der in § 546 Abs. 1 BGB enthaltenen **Räumungspflicht** ergeben, also unabhängig davon, ob der Mieter die Änderungen rechtmäßig (etwa mit Erlaubnis des Vermieters) oder rechtswidrig herbeigeführt hat.[2] Wie schon in § 546a Abs. 1 BGB[3] beschränkt sich der Begriff der Rückgabe auch in § 548 Abs. 1 S. 2 BGB trotz Wortlautübereinstimmung mit § 546 Abs. 1 BGB nur auf die Herausgabe der Mietsache an den Vermieter, also die Besitzverschaffung.[4] Andererseits sind auch die Leistungsansprüche des Vermieters gegen den Mieter auf **Durchführung der Instandhaltungspflicht** erfasst,[5] sowie Zahlungsverpflichtungen, die zwischen den Vertragsparteien als **Ablösebetrag** für mieterseits vertraglich geschuldete Renovierungsarbeiten vereinbart wurden.[6]

---

[2] BGH XII ZR 12/13, GE 2014, 313 = NZM 2014, 242 = WuM 2014, 140 = ZMR 2014, 526; III ZR 219/81, NJW 1983, 679; Bub/Treier MietR-HdB/*Gramlich* VI Rn. 22/23; Schmidt-Futterer/Streyl § 548 Rn. 13.

[3] BGH XII ZR 52/08, NZM 2010, 621 = ZMR 2010, 932; III ZR 326/09, GE 2010, 1265 = NZM 2010, 815 = WuM 2010, 632 = ZMR 2011, 22; III ZR 304/81, NJW 1983, 1049 = ZMR 1983, 198 („In welchem Zustand sich die Mietsache beider Rückgabe befindet, ist für die Rückgabe selbst grundsätzlich ohne Bedeutung"); Lindner-Figura/Oprée/Stellmann Geschäftsraummiete/*Pietz/Oprée* Kap. 16 Rn. 85.

[4] BGH VIII ZR 8/11, GE 2011, 1678 = NZM 2012, 21 = WuM 2012, 95 = ZMR 2012, 175.

[5] OLG Stuttgart BeckRS 2020, 14732.

[6] OLG Düsseldorf BeckRS 2015, 117964.

In der **kurzen Frist** verjähren somit die Ansprüche auf Durchführung von Schönheitsreparaturen,[7] Erledigung von Instandhaltungs- bzw. Instandsetzungsarbeiten oder Rückbau von Ein-, Aus- oder Umbauten.[8] Ferner fällt hierunter der Anspruch des Vermieters auf Geldausgleich, der bei beabsichtigtem Umbau der Mieträume und dadurch sinnloser Renovierung an die Stelle des Schadensersatzanspruchs wegen unterlassener Schönheitsreparaturen tritt,[9] ebenso der Erstattungsanspruch des Vermieters, der aus einer Abrede der Parteien resultiert, dass der Vermieter für den Mieter die geschuldeten Renovierungsarbeiten erledigt und den Mieter sodann mit den aufgewandten Kosten belastet.[10] Weiterhin sind auch solche Ansprüche wegen Verschlechterungen und Veränderungen der Mietsache erfasst, die im Wege eines **Prozessvergleichs** begründet wurden und sich auf Flächen beziehen, die ursprünglich nicht Teil des Mietvertrages waren.[11] § 548 Abs. 1 BGB gilt zudem für die durch den Mieter **vertraglich übernommene Instandsetzungs- und Instandhaltungspflicht,** sowie der hieraus ggf. resultierenden Schadensersatzansprüche des Vermieters bei Nichterfüllung.[12] **6**

Der **allgemeinen Verjährungsfrist** unterliegen hingegen der Anspruch auf Herausgabe gegen den Mieter nach § 546 Abs. 1 BGB und derjenige gegen den Dritten nach Abs. 2.[13] **7**

Der **Beseitigungsanspruch aus § 541 BGB** verjährt nicht nach § 548 BGB, sondern unterliegt der **regelmäßigen Verjährung** von 3 Jahren gem. **§ 195 BGB.**[14] Über Art. 229 § 6 Abs. 4 EGBGB findet die Frist auch für Mietverträge Anwendung, die vor dem 1.1.2002 geschlossen wurden.[15] Das erscheint nicht konsequent. Denn das Recht des Vermieters, von dem Mieter die Unterlassung des vertragswidrigen Gebrauchs der Mietsache zu fordern, beinhaltet auch die Beseitigung von Veränderungen der Mietsache selbst.[16] Daher lässt sich aus dem Wortlaut des § 548 Abs. 1 BGB, der zudem auch auf Erfüllungsansprüche Anwendung findet (→ Rn. 5), nicht schließen, dass diese Ansprüche nicht erfasst sein sollten; aus ihm ergibt sich vielmehr das Gegenteil. Eine Herausnahme der Beseitigungsansprüche aus der kurzen Verjährung ist auch mit dem **8**

---

[7] OLG Oldenburg BeckRS 2018, 3675.

[8] ZB BGH XII ZR 63/18, DWW 2019, 172 = GE 2019, 657 = NZM 2019, 408; LG Berlin GE 2020, 740 = WuM 2020, 337 = ZMR 2020, 580 = BeckRS 2020, 8764 – vom Mieter mangelhaft verlegte Fliesen.

[9] LG Duisburg ZMR 1997, 82.

[10] OLG Hamburg 10.7.1991 – 4 U 69/91, n. v.; AG Dortmund WuM 1994, 208.

[11] BGH XII ZR 52/08, NZM 2010, 621 = ZMR 2010, 932.

[12] BGH XII ZR 12/13, GE 2014, 313 = NZM 2014, 242 = WuM 2014, 140 = ZMR 2014, 526.

[13] BGH III ZR 157/74, NJW 1975, 2013 (zur damaligen „allgemeinen Verjährungsfrist"); *Derleder* WuM 2006, 175.

[14] BGH XII ZR 5/18, GE 2019, 245 = NJW 2019, 1062 = NZM 2019, 143 = WuM 2019, 141 = ZMR 2019, 330.

[15] BeckOK MietR/*Bruns* § 541 Rn. 18.

[16] BGH III ZR 43/73, NJW 1974, 1463 = ZMR 1975, 188.

Regelungszweck nicht zu erklären. Denn dieser besteht darin, das Mietverhältnis nach dessen Beendigung zügig abzuwickeln und somit schnell Klarheit über diejenigen Ansprüche zu erlangen, die sich aus dem Zustand der Mietsache ergeben.[17] Warum dann aber Beseitigungsansprüche in Bezug auf Veränderungen dieses Zustandes nicht erfasst sein sollen, zumal sie faktisch in § 546 Abs. 1 BGB enthalten und dort von § 548 Abs. 1 BGB erfasst sind, ist nicht ersichtlich. Es existiert auch kein Grund, die Entstehung des Anspruchs aus § 541 BGB kurz vor Ende des Mietverhältnisses und desjenigen mit der Beendigung unterschiedlich zu beurteilen, worauf letztlich auch der BGH[18] zuvor abstellte. Das umso mehr, als dass der (wenn in der Wohnraumiete auch verdrängte) Anspruch aus § 1004 BGB nach der kurzen Frist des § 548 Abs. 1 BGB verjährt;[19] ebenso die im Wege der Naturalrestitution zumindest teilweise kongruenten (aber weitergehenden) Ansprüche aus §§ 280, 241 Abs. 2 BGB[20] und aus Delikt.[21] Auf die Geltendmachung des Anspruchs im laufenden Mietverhältnis hat das ohnehin keinen Einfluss, weil die kurze Verjährungsfrist erst mit dem Rückerhalt der Mietsache durch den Vermieter zu laufen beginnt (§ 548 Abs. 1 S. 2 BGB), hierzu → Rn. 9 ff. und 12 ff.

3. Beginn der Verjährungsfrist

a) Laufendes Mietverhältnis

9 Auch im laufenden Mietverhältnis begegnet inzwischen infolge der Abkürzung der regelmäßigen Verjährungsfrist von 30 Jahren auf 3 Jahre (§ 195 BGB) gelegentlich die Frage, ob dem Anspruch des Vermieters die vom Mieter erhobene Einrede der Verjährung entgegensteht. Da § 548 BGB die Verjährung bei Rückgabe des Mietobjekts regelt, kommt diese Bestimmung in aller Regel erst bei Beendigung des Mietverhältnisses zur Anwendung; eine Ausnahme ist für den Fall angenommen worden, dass der Mieter dem Vermieter das Mietobjekt trotz fortbestehenden Mietvertrags für längere Zeit zurückgab, um dort Reparaturarbeiten auszuführen.[22] Auch eine frühere Teilrückgabe zum Zwecke der Untersuchung durch den Vermieter lässt insoweit die Verjährungsfrist beginnen.[23]

10 Im laufenden Mietverhältnis bestimmt **§ 199 Abs. 1 BGB** den regelmäßigen Beginn der Verjährung. Er setzt voraus, dass der Anspruch entstanden ist und dass der Gläubiger *„von den den Anspruch begründenden*

[17] BGH VIII ZR 402/12, GE 2013, 1647 = NZM 2014, 128 = WuM 2013, 729 = ZMR 2014, 270.
[18] BGH III ZR 52/88, NJW 1989, 1854 = WuM 1989, 376 = ZMR 1989, 293.
[19] BGH ZR 217/95, GE 1997, 799 = NJW 1997, 1983 = WuM 1997, 372 = ZMR 1997, 400.
[20] Schmidt-Futterer/*Streyl* § 548 Rn. 23.
[21] BGH IX ZR 206/92, NJW 1993, 2797 = WuM 1993, 535 = ZMR 1993, 458.
[22] BGH III ZR 99/85, WuM 1986, 276.
[23] OLG Düsseldorf DWW 1993, 139 = WuM 1993, 272.

Umständen und der Person des Schuldners Kenntnis erlangt" hat oder dass seine Unkenntnis auf grober Fahrlässigkeit beruht. Der Fall, dass der Gläubiger erst erhebliche Zeit nach der Entstehung des Anspruchs von der **Person des Schuldners** Kenntnis erlangt, dürfte für vertragliche Ansprüche des Vermieters nur geringe Bedeutung haben; zu denken wäre beim Vermieter insoweit zB an Wohngemeinschaften, wenn sie in ihrer jeweiligen Zusammensetzung als Mietpartei vereinbart sind, oder an den Wechsel der Vertragsparteien nach §§ 563 ff. BGB. Demgegenüber wird die Frage, wann der Gläubiger zumindest grob fahrlässig von den **Umständen, aus denen sein Anspruch folgt,** keine Kenntnis genommen hat, eher relevant sein; hier entscheiden die jeweiligen Besonderheiten des Einzelfalls. Die Verjährungsfrist beginnt mit dem **Schluss des Jahres,** in dem die beiden vorbeschriebenen Voraussetzungen erfüllt sind.

Im Wesentlichen geht es hier um **Eingriffe des Mieters in die Bausubstanz** durch Ein-, Aus- und Umbauten, deren Beseitigung der Vermieter verlangt. Schloss der Mieter etwa ungenehmigt den Durchgang zwischen zwei Räumen des Mietobjekts durch eine Mauer, ist der Vorgang mit der Fertigstellung der Arbeiten abgeschlossen. Die anschließende Nutzung der beiden Räume zum vereinbarten Vertragszweck ist nicht vertragswidrig, vielmehr handelt es sich auf der objektiven Seite um eine **einmalige Zuwiderhandlung.** Sobald der Vermieter diesen Zustand, oft zB bei einer Besichtigung im Zusammenhang mit einem Schadenfall, unbeanstandet zur Kenntnis nimmt, beginnt die regelmäßige Verjährungsfrist, so dass sich der Mieter nach weiteren drei Jahren Mietdauer dem Rückbauverlangen des Vermieters mit der Einrede der Verjährung widersetzen kann. Anders hingegen bei einer **dauerhaften vertragswidrigen Nutzung.** Der hieraus entstehende Anspruch auf Beseitigung gem. § 541 BGB kann nicht verjähren, solange die unzulässige Nutzung andauert. Das hat der BGH[24] jedenfalls für die Nutzung einer Gewerbeeinheit zu Wohnzwecken entschieden. Ob eine einmal herbeigeführte Veränderung der Mietsache, die andauert, auch eine fortdauernde Nutzung darstellt, weil sie weiterhin Bestand hat, ist hieraus nicht zwingend zu entnehmen, jedoch offensichtlich nicht gemeint. Es ist daher davon auszugehen, dass Eingriffe in die Substanz der Mietsache auch dann, wenn sie nicht beseitigt werden, nur einen einmaligen Vorgang darstellen und die Verjährung des Beseitigungsanspruchs aus § 541 BGB zu laufen beginnt. Jedenfalls aber entgeht der Mieter nicht dem mit der Beendigung des Mietverhältnisses nach § 546 Abs. 1 BGB neu begründeten Anspruch auf Wiederherstellung des ursprünglichen Zustandes (→ Rn. 8), der jedoch nach § 548 BGB verjährt. Anders verhält es sich, wenn der Mieter kurzerhand und nicht fachgerecht ein Duschbad installierte, durch das es zu Feuchtigkeitsschäden kommt. Die Benutzung einer derartigen Anlage ist ein vertragswidriges Dauerverhalten, bei dem für den Beginn der Ver- **11**

[24] BGH XII ZR 5/18, GE 2019, 245 = NJW 2019, 1062 = NZM 2019, 143 = WuM 2019, 141 = ZMR 2019, 330.

jährung nicht auf den Zeitpunkt der Baumaßnahme, sondern den letzten Zeitpunkt der Nutzung abzustellen ist.

b) Beendetes Mietverhältnis

aa) Begriff der Rückerhaltung (§ 548 Abs. 1 S. 2 BGB)

12 Die Verjährung der Ansprüche des Vermieters wegen Veränderungen oder Verschlechterungen der Mietsache **läuft** nach § 548 Abs. 1 BGB ab dem **Zeitpunkt, in dem er die Mietsache zurückerhält** und **Kenntnis** hierüber erhält.[25] Dies gilt auch dann, wenn der Mietvertrag erst später endet,[26] oder ein Dritter die Leistungspflicht wirksam übernommen hat.[27] Er hat sie zurückerhalten, wenn er einerseits **freien Zugang** zu der Mietsache hat, um sie untersuchen und sich ungestört ein umfassendes Bild von den Mängeln, Veränderungen und Verschlechterungen der Mietsache machen zu können.[28] Zudem darf der **Mieter keine weitere Einwirkungsmöglichkeit mehr auf diese haben,** um das Untersuchungsergebnis nicht im Nachhinein noch zu verändern.[29] Rückerhaltung liegt daher nicht vor, wenn der Mieter zwar seine Sachen aus den Räumen entfernt, aber die Schlüssel mitnimmt. Ebenso wenig, wenn er zwar die Rückgabe anbietet, tatsächlich aber, etwa im Hinblick auf noch klärungsbedürftige Modalitäten, nicht die **Sachherrschaft vollständig und endgültig aufgibt.**[30] Gestattet der Mieter dem Vermieter nur die Besichtigung der von ihm noch genutzten und mit seiner Einrichtung versehenen Räume, hat der Vermieter nicht die Möglichkeit, sich ein ungestörtes Bild vom Zustand zu machen.[31] Gibt der Vermieter nach Rückerhalt dem Mieter jedoch wieder einen Schlüssel heraus, um noch erforderliche Arbeiten zur Herstellung des vertragsgemäßen Zustandes durchzuführen, wird die Verjährung hiervon nicht berührt.[32]

13 Die Übergabe der Mietsache an **Dritte** oder den **Hausverwalter** führt erst dann dazu, dass die Verjährungsfrist des § 548 Abs. 1 BGB zu laufen beginnt, wenn der Vermieter hiervon auch tatsächlich Kenntnis erhält. Eine Zurechnung der Kenntnis der Empfangsperson entsprechend § 166 Abs. 1 BGB kommt nur dann in Betracht, wenn diese von dem

---

[25] BGH III ZR 402/12, DWW 2014, 238 = GE 2013, 1647 = NZM 2014, 128 = WuM 2013, 729 = ZMR 2014, 270.

[26] BGH III ZR 123/05, NZM 2006, 503 = WuM 2006, 319; OLG Düsseldorf GE 2006, 1229 = NZM 2006, 866 = ZMR 2006, 925; s. auch *Paschke* GE 2005, 969.

[27] *Wiek* WuM 2020, 535 (542).

[28] BGH III ZR 402/12, DWW 2014, 238 = GE 2013, 1647 = NZM 2014, 128 = WuM 2013, 729 = ZMR 2014, 270; III ZR 197/66, DWW 1986, 434 = NJW 1986, 2241 = ZMR 1987, 83.

[29] BGH III ZR 197/66, DWW 1968, 434 = NJW 1968, 2241 = ZMR 1969, 83; Staudinger/*Emmerich* § 548 Rn. 26; Schmidt-Futterer/*Streyl* § 548 Rn. 34.

[30] BGH XII ZR 63/18, DWW 2019, 172 = GE 2019, 657 = NZM 2019, 408.

[31] BGH XII ZR 149/98, NZM 2000, 1055 (1057).

[32] AG Münster WuM 2017, 711.

Vermieter für die Rücknahme auch bevollmächtigt wurde, was sich auch aus den Umständen des Einzelfalles ergeben kann (hierzu → Kap. 3 Rn. 161 f.).

bb) Abgrenzung zur Rückgabe iSd § 546 Abs. 1 BGB

Der **Begriff der Zurückerhaltung** gem. § 548 Abs. 1 S. 2 BGB ist mit der **Rückgabe nach § 546 Abs. 1 BGB nicht identisch.**[33] Denn die Rückgabepflicht nach Mietende beinhaltet neben der Besitzübertragung auch die Wiederherstellung des vertragsgemäßen Zustandes im Wege der **Räumungspflicht** (→ Kap. 3 Rn. 3), auf die es für den Verjährungsbeginn jedoch nicht ankommt. Das ergibt sich bereits zwingend daraus, dass die Verjährungsfrist des § 548 Abs. 1 BGB die Ansprüche des Vermieters auf Rückgabe in vertraglich geschuldetem Zustand beinhaltet, soweit sich diese auf Verschlechterungen und Veränderungen beziehen, deren Behebung Teil der Räumungspflicht ist (→ Rn. 5). Die Frist beginnt aus diesem Grunde gerade mit der Möglichkeit des Vermieters, sich ein umfassendes Bild von solchen Veränderungen und Verschlechterungen der Mietsache zu machen.[34] **14**

In der Rechtsprechung des **BGH**[35] findet sich häufig die Formulierung, dass der **tatsächliche Zustand** der Räume **für die Rückgabe als solche** grundsätzlich **ohne Bedeutung** ist. Das ist nur insoweit zutreffend, als dass sich das auf die Rückgabe iSd § 546a Abs. 1 BGB, also die Vorenthaltung bezieht. Hier kommt es primär auf die tatsächliche Verfügungsgewalt an. Für die Rückgabe nach § 546 Abs. 1 BGB ist jedoch der Zustand der Mietsache maßgeblich, da die Räumungspflicht gerade die Herstellung des vertraglich geschuldeten Zustandes beinhaltet (hierzu → Kap. 3 Rn. 21 ff.). Für den Tatbestand der Rückerhaltung und somit den Verjährungsbeginn iSd § 548 Abs. 1 S. 2 BGB trifft diese Feststellung wiederum zu, da der Begriff der Zurückerhaltung hier tatsächlich Besitzerlangung durch den Vermieter meint, unabhängig davon, in welchem Zustand sich die Mietsache befindet (→ Rn. 12). Sind Gewerberäume oder die Wohnung völlig heruntergewirtschaftet oder verwahrlost, steht dem Vermieter ggf. ein Erfüllungsanspruch zu. Für die Frage, ob die Mietsache zurückgegeben wurde und wann folglich die Verjährungsfrist begann, ist dieser Zustand indes irrelevant. In der Praxis kommt es gelegentlich zum Eintritt der Verjährung, weil der Vermieter, der die Schlüssel ohne Übergabe des Mietobjekts an Ort und Stelle, sondern zB in seinem Büro oder den Räumen seines Hausverwalters erhielt, die Rücknahme der Mietsa- **15**

[33] BGH III ZR 197/66, DWW 1986, 434 = NJW 1986, 2241 = ZMR 1969, 83; Schmidt-Futterer/*Streyl* § 548 Rn. 34.

[34] BGH III ZR 402/12, DWW 2014, 238 = GE 2013, 1647 = NZM 2014, 128 = WuM 2013, 729 = ZMR 2014, 270.

[35] BGH III ZR 96/87, NJW 1988, 2665 = WuM 1988, 270; ZB auch OLG Düsseldorf DWW 2005, 22 = GE 2004, 815 = GuT 2004, 123 = NZM 2004, 584 = ZMR 2004, 573.

che wegen ihres schlechten Zustands verweigert und dann zu spät das Verfahren nach § 281 Abs. 1 BGB einleitet.

16 Sofern Ansprüche des Vermieters wegen Verjährung **im laufenden Mietverhältnis nicht durchgesetzt** werden konnten (vgl. → Rn. 9 f.), kann er sie **jedenfalls bei Mietende** aufgrund des aus § 546 Abs. 1 BGB folgenden, separaten Anspruchs auf Rückgabe der Mietsache in vertragsgemäßem bzw. ordnungsgemäßem Zustand anbringen (→ Kap. 2 Rn. 109). Hier gilt nichts Anderes als in dem Fall, dass der Vermieter einen bestimmten nicht vertragsgemäßen Zustand über lange Zeit duldete und seinen Fortbestand vorerst hinnehmen musste; er ist dadurch nicht gehindert, bei Vertragsende seine Beseitigung zu fordern.

17 Mit dem **Herausgabeanspruch** aus § 546 Abs. 1 BGB (hierzu umfassend → Kap. 3 Rn. 154 ff.) ist der Rückerhalt meist faktisch, aber nicht zwingend identisch. Denn während der Mieter zwar einerseits keine Einwirkungsmöglichkeit mehr auf die Mietsache haben darf, um dem Vermieter eine abschließende Prüfung ihres Zustands zu ermöglichen (→ Rn. 12), reicht auf der Vermieterseite die tatsächliche Möglichkeit aus, sich ungestört ein Bild von dieser zu machen. Das wird meistens gegeben sein, wenn er seinerseits Besitz an dieser erlangt hat, kann aber auch aus anderen Zugriffsmöglichkeiten oder -rechten resultieren. Maßgeblich ist, ob er nach Sinn und Zweck der Vorschriften über die Verjährung ausreichend in der Lage ist, die Mietsache hinsichtlich der ihm zustehenden Rechte untersuchen zu können, so dass die Frist für die Möglichkeit, die hieraus resultierenden Ansprüche auch gerichtlich durchzusetzen, zu laufen beginnen soll. Da die Besitzaufgabe des Mieters jedoch in aller Regel mit der Schlüsselübergabe erfolgt, ist dieser Vorgang der entscheidende Zeitpunkt für den Beginn der Verjährung (zur Besitzübertragung durch Schlüsselübergabe umfassend → Kap. 3 Rn. 158 ff.).[36]

cc) Sonderfälle

18 Offen ist, ob der Eintritt des **Annahmeverzuges** des Vermieters mit der Rücknahme der Mietsache, etwa weil er die Rücknahme ohne triftigen Grund verweigert, zugleich dazu führt, dass die Verjährungsfrist des § 548 Abs. 1 BGB zu laufen beginnt.[37] Nach hiesiger Auffassung begründet der Verzug des Vermieters mit der Rücknahme der Mietsache nicht den Lauf der Verjährungsfrist.[38] Die Regelungen haben unterschiedliche Hintergründe, zumal der Annahmeverzug keine Pflichtverletzung iSd § 280 BGB darstellt und es sich bei § 293 BGB auch nicht um eine Sanktionsnorm handelt. Sie begründet lediglich einen Ausgleich auf der Haf-

[36] OLG Hamm ZMR 1996, 373.

[37] Dafür: OLG Brandenburg ZMR 2019, 18 = BeckRS 2018, 14979; KG ZMR 2005, 455; LG Wuppertal BeckRS 2011, 26918; ausdrücklich offen gelassen von BGH XII ZR 63/18, DWW 2019, 172 = GE 2019, 657 = NZM 2019, 408 und BGH III ZR 8/11, GE 2011, 1678 = NZM 2012, 21 = WuM 2012, 95 = ZMR 2012, 175.

[38] Ebenso Schmidt-Futterer/*Streyl* § 548 Rn. 42.

tungs- und Kostenaufwandsebene.[39] Demgegenüber setzt der Verjährungsbeginn des § 548 Abs. 1 BGB zwingend den ungestörten Zugang zu der Mietsache durch den Vermieter voraus, auch und gerade, weil die Verjährungsfrist nur sechs Monate beträgt, was auch über den Regelungszweck der §§ 293ff. BGB nicht anders zu bewerten ist. Die – an sich der unterlassenen Inbesitznahme trotz Besitzaufgabe zugeordnete – Argumentation, der Vermieter solle den Eintritt der kurzen Verjährung nicht zu Lasten des Mieters hinauszögern können,[40] überzeugt auch nicht. Der Grund für eine solche Vorgehensweise ist nicht plausibel, weil der Vermieter hierüber keinen Zeitgewinn bei der Untersuchung der Mietsache erlangt. Demgegenüber verliert er zugleich mangels Rücknahmewillens den Anspruch auf Nutzungsentschädigung gem. § 546a Abs. 1 BGB.

Obwohl es an sich nicht ausreicht, dass der Mieter erklärt, zugunsten **19**
des Vermieters den Besitz aufzugeben, eine Übergabe des unmittelbaren Besitzes daher nicht stattfindet, ist das im Fall eines **gestuften Mietverhältnisses,** bei dem der **Hauptmieter** zugunsten eines Dritten aus dem Vertrag ausscheidet, anders; hier muss sich der Hauptmieter so behandeln lassen, als habe er die Mietsache im Zeitpunkt seines Ausscheidens iSd § 548 BGB zurückerhalten.[41] Diese Ausnahme soll allerdings nicht gelten, wenn Vermieter und Mieter den bisherigen Vertrag durch einen neuen ersetzen; hier sei eine (zwischenzeitliche) Rückgabe nur zu fingieren, wenn vereinbart wurde, dass alle bisherigen vertraglichen Abreden mit dem neuen Vertrag erledigt sind.[42]

Wird die Mietsache nach Mietende erst gar nicht an den Vermieter zu- **20**
rück gegeben, sondern an einen Dritten **unmittelbar weitervermietet,** so beginnt die Verjährungsfrist mit dem Datum des Vertragswechsels, bzw. dem Vertragseintritt des neuen Mieters, da sich der Vermieter hier freiwillig der Möglichkeit begibt, die Mietsache ungestört prüfen zu können.[43]

Auch wenn das **Mietobjekt,** das **aus mehreren Teilen** besteht, einheit- **21**
lich vermietet wurde, soll die Verjährung für die einzelnen Teile jedenfalls bei einem Wohnraummietvertrag zu unterschiedlichen Zeiten beginnen können, wenn sie selbstständig nutzbar sind.[44] Dies kommt etwa in Betracht, wenn die Mietsache aus einer **Wohnung** und einem dazu

[39] MüKoBGB/*Ernst* § 293 Rn. 1.

[40] OLG Brandenburg ZMR 2019, 18 = BeckRS 2018, 14979; Blank/Börstinghaus/*Blank/Börstinghaus* § 548 Rn. 15a.

[41] BGH XII ZR 216/90, NJW 1992, 687 = WuM 1992, 71; zu einer weiteren Ausnahme im Rahmen eines Vergleichsverfahrens BGH IX ZR 236/93, NJW 1994, 1859 = WuM 1994, 328.

[42] KG NZM 2000, 383.

[43] OLG Karlsruhe DWW 1994, 81 = NJW-RR 1994, 594 = WuM 1994, 281 = ZMR 1994, 161, wobei unklar bleibt, ob tatsächlich auf den Neuabschluss oder auch den bloßen Vertragseintritt abgestellt wird.

[44] BGH I ZR 259/04, NZM 2006, 624 = WuM 2006, 437.

gehörenden **Kellerraum** besteht. Hier ist in der Praxis immer wieder zu beobachten, dass sich zumal Mieter, die ihren Keller bis an die Decke vollstellten, trotz Abmahnungen für Räumung und Rückgabe sehr lange Zeit lassen. Wartet der Vermieter wegen eines Schadens in der Wohnung in derartigen Fällen die Rückgabe des vollständigen Mietobjekts ab, kann der Mieter die Ansprüche des Vermieters ggf. mit der Einrede der Verjährung abwenden.

4. Dauer der Verjährungsfrist

a) Gesetzliche Fristen

22 Im **laufenden Mietverhältnis** gilt regelmäßig eine Verjährungsfrist von drei Jahren (§ 195 BGB). Ist das **Mietobjekt zurückgegeben,** verjähren die Ansprüche des Vermieters wegen Veränderungen oder Verschlechterungen der Mietsache nach § 548 Abs. 1 BGB in sechs Monaten. Davon sind ohne weiteres auch die hier besonders behandelten Erfüllungsansprüche auf Erledigung von Schönheitsreparaturen und Vornahme von Instandhaltung bzw. Instandsetzung oder Rückbau sowie schlicht Reparatur von Schäden betroffen. Anders als beim Mieter, dessen in § 548 Abs. 2 BGB genannte Ansprüche erst mit der Beendigung des Mietverhältnisses zu verjähren beginnen, kann die Verjährungsfrist für den Vermieter auch, was in der Praxis immer wieder übersehen wird, schon erhebliche Zeit **vor dem Ablauf des Vertrags einsetzen.**[45] Meint der Vermieter zB irrtümlich, der Mietvertrag bestehe noch, weil eine Kündigung des Mieters unwirksam sei, hat die Verjährung gleichwohl mit der Rückgabe des Mietobjekts begonnen, so dass er ggf. mit seinem Erfüllungsanspruch zu spät kommt.

23 Wurde das **Mietobjekt veräußert** und dadurch das Mietverhältnis zwischen den bisherigen Vertragsparteien beendet, beginnt die Verjährungsfrist des § 548 Abs. 2 BGB für die Ansprüche des Mieters auf Ersatz von Aufwendungen oder auf Gestattung der Wegnahme einer Einrichtung erst, wenn er von der Eintragung des Erwerbers im Grundbuch Kenntnis erlangt hat.[46]

b) Vertragliche Änderung der Frist / des Fristbeginns

24 Vereinbarungen über den Beginn der Verjährungsfrist sind **grundsätzlich zulässig** (§ 202 BGB); ausgenommen sind Erleichterungen der Haftung wegen Vorsatzes (§ 202 Abs. 1 BGB) sowie die Verlängerung über eine Frist von 30 Jahren ab dem gesetzlichen Verjährungsbeginn hinaus (§ 202 Abs. 2 BGB). Beide Ausnahmen sind im hier behandelten Zusammenhang nur von theoretischem Belang. Im Hinblick auf die kurze regelmäßige Verjährungsfrist des § 548 BGB ist abzusehen, dass die Mög-

[45] BGH III ZR 123/05, NZM 2006, 503 = WuM 2006, 319; OLG Düsseldorf GE 2006, 1229 = NZM 2006, 866 = ZMR 2006, 925.
[46] BGH III ZR 133/07, ZMR 2009, 263.

lichkeit ihrer Verlängerung eine zunehmende Bedeutung erhalten wird. Die **individualvertragliche** Vereinbarung (zu den sehr hohen Anforderungen an eine solche sowie dem Beweis des ersten Anscheins für das Vorliegen einer Formularklausel aber → Kap. 1 Rn. 69ff.) einer längeren Verjährungsfrist wird, ausgenommen den Fall des § 202 Abs. 2 BGB, generell nur nach § 138 BGB und im Einzelfall nach § 242 BGB unwirksam sein.

Soweit eine derartige Vereinbarung **formularmäßig** getroffen wird, **25** ist jedoch insbesondere die Vorschrift des § 307 BGB zu beachten. Im Hinblick auf den Leitbildcharakter des § 548 BGB sowie den Regelungszweck, zeitnah nach Rückgabe der Mietsache Klarheit über die Ansprüche der Parteien zu erhalten und einem drohenden Beweisverlust entgegenzutreten, ist eine **Verlängerung der Verjährungsfrist für Ansprüche des Vermieters unwirksam.** Das auch, wenn dem Mieter zugleich ebenfalls eine solche Verlängerung gewährt wird.[47] Die zur Wohnraummiete ergangene Entscheidung des BGH dürfte auch in der Gewerberaummiete Anwendung finden.[48]

Unwirksam ist ebenfalls eine **formularvertragliche Verschiebung** **26** **des Fristbeginns nach § 548 BGB** zu Lasten des Vertragspartners, etwa dessen Koppelung an die Beendigung des Mietverhältnisses.[49] Auch hier dürfte in der Gewerberaummiete keine andere Wertung zu treffen sein.[50]

(einstweilen frei) **27**

Ebenfalls **unwirksam** soll eine formularvertragliche Knüpfung des Be- **28** ginns der Verjährungsfrist an die **Fälligkeit der Ansprüche** sein, da dieses den Verjährungseintritt hinausschiebt und damit wesentlich von dem Grundgedanken und der Zielsetzung des § 548 BGB abweiche.[51]

c) Hemmung der Verjährungsfrist

aa) Hemmung durch Vereinbarung

Fehlen allgemeine Abreden über die Verlängerung der Verjährungs- **29** frist im Mietvertrag, besteht die Möglichkeit, deren Folgen **im Einzelfall** durch eine ein- oder zweiseitige Erklärung zu verhindern. Da der Eintritt der Verjährung den zugrunde liegenden materiellen Anspruch unberührt lässt, kommt es allein darauf an, ob der Schuldner von seinem Leistungsverweigerungsrecht Gebrauch macht (§ 214 Abs. 1 BGB). Der Mieter, um den es gerade im Rahmen von Schönheitsreparaturen, Instandsetzung und Rückbau primär als Schuldner geht, kann daher auf sein Recht, die

[47] BGH VIII ZR 13/17, GE 2017, 1545 = NJW 2017, 3707 = NZM 2017, 841 (mAnm *Kappus*) NZA 2017, 845 = WuM 2017, 702 = ZMR 2018, 201.
[48] Vgl. Guhling/Günter/*Guhling* § 548 Rn. 73f.
[49] BGH VIII ZR 13/17, GE 2017, 1545 = NJW 2017, 3707 = NZM 2017, 841 (mAnm *Kappus*) NZA 2017, 845 = WuM 2017, 702 = ZMR 2018, 201.
[50] Vgl. Guhling/Günter/*Guhling* § 548 Rn. 73f.
[51] Bub/Treier MietR-HdB/*Gramlich* VI Rn. 118.

Einrede der Verjährung zu erheben, durch **einseitige Erklärung verzichten,** und zwar sowohl vor als auch nach Eintritt der Verjährung.

30 Die Parteien können sich aber auch durch eine **zweiseitige Erklärung,** also eine Vereinbarung, auf ein vorübergehendes Leistungsverweigerungsrecht verständigen. Solange es besteht, ist die Verjährung gehemmt (§ 205 BGB). Die Vereinbarung der Parteien eines Gewerberaummietvertrags, dass zur streitigen Frage, ob Schönheitsreparaturen notwendig sind, ein verbindliches Schiedsgutachten eingeholt werden soll, hat zB die Wirkung eines derartigen Stillhalteabkommens.[52]

bb) Hemmung durch gesetzliche Regelung

(a) Verhandlungen

31 Nach § 203 BGB ist die Verjährung gehemmt, **solange** zwischen den Parteien *„Verhandlungen über den Anspruch oder die den Anspruch begründenden Umstände"* **schweben.** Der Begriff ist weit auszulegen, so dass jeder Meinungsaustausch genügt,[53] jedenfalls wenn er ernsthaft geführt wird. Hierunter fällt auch der Abschluss eines **Prozessvergleichs** (wenn die Klageerhebung noch nicht zu der Verjährungshemmung geführt hat).[54]

32 Während früher bei der entsprechenden Anwendung des § 852 Abs. 2 BGB die Wirkung der Hemmung sogleich entfiel, wenn die Verhandlungen abgebrochen wurden, enthält § 203 S. 2 BGB eine spezielle Regelung zu deren **Dauer.** Danach tritt die Verjährung **frühestens drei Monate** nach dem Ende der Hemmung ein. Bezogen auf die von § 548 BGB erfassten Fälle bedeutet dies, dass Verhandlungen gegen Ende der halbjährigen Verjährungsfrist, auch wenn sie nach nur wenigen Tagen ergebnislos enden, zu einer deutlichen Verlängerung der Verjährungsfrist führen, ggf. fast bis zu drei Monaten; diejenige Partei, die am anstehenden Ablauf der Verjährungsfrist interessiert ist, ist daher gehalten, ein Verhandlungsangebot der Gegenseite sogleich eindeutig zurückzuweisen. Wird demgegenüber bis zu drei Monate nach Rückgabe der Mietsache verhandelt, läuft die Regelung leer, weil das Ende des Ablaufs der Hemmung mit dem Ende der Verjährungsfrist zusammen fällt.

33 Die **Hemmung als solche endet** mit dem Abbruch der Verhandlungen, worunter auch der Widerruf eines Prozessvergleichs fällt.[55] Dieser kann ausdrücklich erfolgen, etwa durch deutliche Anspruchszurückweisung,[56] aber auch dadurch, dass der Vermieter den Mieter auffordert, nun *„definitiv"* die verlangten Schönheitsreparaturen auszuführen.[57] Schließlich liegt ein Abbruch der Verhandlungen darin, dass eine Seite diese „ein-

[52] OLG Hamm ZMR 1996, 660.
[53] BGH IX ZR 125/10, NJW 2012, 2435; Palandt/*Ellenberger* § 203 Rn. 2.
[54] BGH III ZR 93/04, GE 2005, 728 = NZM 2005, 535 = WuM 2005, 381.
[55] BGH III ZR 93/04, GE 2005, 728 = NZM 2005, 535 = WuM 2005, 381.
[56] LG Münster BeckRS 2019, 31102.
[57] Vgl. OLG Hamburg 10.7.1991 – 4 U 69/91.

schlafen" lässt, indem sie zu lange keine Antwort auf eine letzte Anfrage der Gegenseite gibt, dh über den Zeitpunkt hinaus, zu dem sie spätestens zu erwarten gewesen wäre.[58] Spätestens mit dem Ablauf einer hiernach erneut gesetzten Frist zur Mangelbeseitigung endet die Hemmung der Verjährung.[59]

(b) Rechtsverfolgung

In § 204 BGB sind die **Hemmungsgründe** zusammengefasst und gegenüber den früheren Fällen der Unterbrechung der Verjährung erweitert. Nach § 204 Abs. 2 BGB endet die Hemmung in den in Abs. 1 aufgeführten Fällen erst 6 Monate nach der Beendigung des eingeleiteten Verfahrens. **34**

Nach § 204 Abs. 1 Nr. 1 Alt. 1 BGB wird die Verjährung durch die Erhebung einer Leistungsklage gehemmt. Klagt der Vermieter den **Schadensersatz unmittelbar** nach §§ 280, 281 BGB ein, darf der Erfüllungsanspruch noch nicht verjährt sein, bevor die Voraussetzungen für seine Umwandlung in Schadensersatz eingetreten sind.[60] Sobald dem Schuldner aufgrund der Verjährung ein Leistungsverweigerungsrecht gegenüber diesem zusteht, braucht er auch den hieraus folgenden Schadensersatz nicht zu leisten.[61] **35**

Ausreichend ist es jedoch für die Verjährungshemmung, dass der Vermieter vor Ablauf der Verjährungsfrist Klage auf Zahlung eines Kostenvorschusses für die Durchführung der vom Mieter nicht vorgenommenen Instandhaltungs-, bzw. Instandsetzungsmaßnahmen erhebt und dabei die **Schadenssumme vorläufig schätzt,** selbst, wenn die Voraussetzungen des § 281 Abs. 1 BGB zu diesem Zeitpunkt noch nicht vollständig vorlagen.[62] Um die Verjährungshemmung durch die Zustellung des **Mahnbescheids** wirksam herbeizuführen, ist es erforderlich, dass die Ansprüche in diesem gem. § 690 Abs. 1 Nr. 3 ZPO ausreichend konkretisiert sind, da ein unspezifischer und pauschaler Antrag auf Erlass eines Mahnbescheides die Wirkung des § 204 Abs. 1 Nr. 3 Alt. 1 BGB nicht begründen kann.[63] Dafür genügt die **Bezeichnung des Anspruchs** unter bestimmter Angabe der verlangten Leistung, so dass er von anderen Ansprüchen unterschieden und abgegrenzt werden kann.[64] Dabei ist es un- **36**

---

[58] BGH IX ZR 158/07, GE 2009, 319; OLG Karlsruhe WuM 1994, 281.

[59] OLG Stuttgart BeckRS 2020, 14732.

[60] OLG Hamm BeckRS 2009, 24633.

[61] BGH XII ZR 12/13, GE 2014, 313 = NZM 2014, 242 = WuM 2014, 140 = ZMR 2014, 526; OLG Köln MDR 2016, 207 – allerdings noch unter Anwendung des § 281 Abs. 1 BGB auf Beschädigungen der Mietsache.

[62] BGH XII ZR 12/13, GE 2014, 313 = NZM 2014, 242 = WuM 2014, 140 = ZMR 2014, 526.

[63] KG GE 2002, 1490 = WuM 2002, 614, bestätigt durch VerfGH Berlin 22.11.2005 – 181/02, juris.

[64] BGH VIII ZR 46/07, GE 2008, 404 = NZM 2008, 202 = WuM 2008, 238; OLG Stuttgart BeckRS 2020, 14732.

schädlich, wenn der Vermieter, der Schadensersatz wegen Beschädigungen der Mietsache geltend macht, im Mahnverfahren statt der einschlägigen Bezeichnung „Schadensersatz aus …Vertrag“ die Bezeichnung **„Mietnebenkosten- auch Renovierungskosten“** verwendet.[65] Das soll zwar nur dann gelten, wenn sich aus einem vorprozessualen, dem Mahnbescheid nicht zwingend beizufügenden, Schreiben ergibt, dass es sich um Schadensersatz handelt. Nach hiesiger Auffassung ist der Begriff „Renovierungskosten“ jedoch auch ohne dieses ausreichend. Werden mit einem Mahnbescheid hingegen **mehrere prozessuale Einzelansprüche** unter Zusammenfassung in einer Summe geltend gemacht, müssen die Einzelforderungen individualisiert und betragsmäßig bestimmt sein.[66] Eine einheitliche, aus mehreren unselbständigen Rechnungsposten zusammensetzte Schadensersatzforderung bedarf, solange diese selbst hinreichend individualisiert ist, keiner Aufschlüsselung.[67] Bei der Geltendmachung verschiedener Schäden der Mietsache bzw. Mängel hinsichtlich der Herstellung des vertragsgemäßen Zustandes bei Rückgabe liegen in aller Regel mehrere im Mahnantrag zu bezeichnende Einzelansprüche vor, so dass, um dem Erfordernis der Individualisierung zu genügen, die einzelnen Mängel im Mahnantrag zu bezeichnen sind. Es handelt sich nicht um bloße Rechnungsposten.[68]

37 Zu dem in § 204 Nr. 7 BGB als Grund für die Hemmung der Verjährung genannten **selbstständigen Beweisverfahren** ist allerdings darauf hinzuweisen, dass es für die Parteien nur auf den ersten Blick von Vorteil ist. In der gerichtlichen Praxis werden derartige Verfahren weit überwiegend im Zusammenhang mit streitigen (unterlassenen) Schönheitsreparaturen eingeholt, also nach Beendigung des Mietvertrags. Anders als im Kauf- oder Werkvertragsrecht besteht hier die Besonderheit, dass sich insbesondere die Mietausfälle bis zur Weitervermietung vergrößern, zumal die Einholung von Gutachten häufig Monate in Anspruch nimmt. Der Mieter läuft Gefahr, sich ständig steigenden Ersatzforderungen gegenüber zu sehen, und der Vermieter, diese beim Mieter nicht oder nur teilweise realisieren zu können. Jeder Vermieter sollte daher hier aus Kostengründen genau prüfen, ob es im Hinblick auf dieses Risiko Sinn macht, ggf. um jeden Preis eine Hemmung der Verjährung zu erreichen, auch wenn er sich grundsätzlich nicht auf Fotos und Zeugen verweisen lassen muss (vgl. → Kap. 1 Rn. 616 ff. zur Einholung eines Sachverständigengutachtens).

cc) Umfang der Hemmung

38 Die Verjährungshemmung erfasst nur diejenigen Ansprüche, welche auch tatsächlich **streitgegenständlich** sind. Das setzt einerseits voraus,

[65] BGH VIII ZR 46/07, GE 2008, 404 = NZM 2008, 202 = WuM 2008, 238.
[66] BGH VIII ZR 46/07, GE 2008, 404 = NZM 2008, 202 = WuM 2008, 238; OLG Stuttgart BeckRS 2020, 14732.
[67] BGH VIII ZR 211/09, GE 2011, 130 = NJW 2011, 613 = NZM 2011, 198 = WuM 2011, 49; OLG Stuttgart BeckRS 2020, 14732.
[68] OLG Stuttgart BeckRS 2020, 14732.

dass der Kläger sie konkret in den Prozess einbringt, eine allgemeine Hemmung aller Ansprüche wegen Veränderungen oder Verschlechterung der Mietsache tritt alleine durch die Geltendmachung einzelner Forderungen nicht ein. Zudem muss auch diejenige Partei klagen, der die Ansprüche tatsächlich zustehen. Klagt der noch nicht in das Grundbuch eingetragene Erwerber der Liegenschaft zunächst fälschlicher Weise aus eigenem Recht und stellt den Anspruch erst im Prozess auf eine abgetretene Forderung des eigentlichen Vermieters um, tritt die Verjährungshemmung erst mit Wirksamkeit der Klageänderung ein. Allerdings kann dennoch der Abschluss eines **Prozessvergleichs** zwischen dem Mieter und dem Nichtvermieter zu einer Verjährungshemmung nach § 203 S. 1 BGB führen, wenn die Ansprüche von diesem erfasst sind.[69] Das erscheint bedenklich, da nicht erkennbar ist, warum eine Partei, die ein ihr nicht zustehendes Recht einklagt und daher auch nicht zugesprochen bekommen kann, dennoch für den tatsächlichen Rechtsinhaber eine Verjährungshemmung erwirken können soll.[70]

Nach § 213 BGB gilt die Hemmung auch *„für **Ansprüche,** die **aus demselben Rechtsgrund** wahlweise neben dem Anspruch oder an seiner Stelle gegeben sind"*. Die Hemmung zB des Anspruchs auf die Leistung (Erfüllungsanspruch) des Vermieters erfasst damit zugleich den Schadensersatzanspruch wegen nicht oder nicht wie geschuldet erbrachter Leistung (nicht aber denjenigen nach Ablauf der Frist des § 281 Abs. 1 BGB, → Rn. 35). Demgegenüber greift **§ 213 BGB nicht** ein, wenn es einerseits um einen Erfüllungsanspruch (etwa Vornahme von Schönheitsreparaturen) geht, andererseits um den Mietausfall wegen nicht ordnungsgemäßer Rückgabe des Mietobjekts, also den Anspruch auf Ersatz eines Verzögerungsschadens. **39**

d) Neubeginn der Verjährung durch Anerkenntnis

Nach § 212 BGB beginnt die Verjährungsfrist ua erneut, wenn der Mieter den Anspruch des Vermieters anerkennt. Dies kann **schon bedeutsam** werden, wenn der Mieter die Schlüssel zum Mietobjekt dem Vermieter am Mietende zurückgab und sodann erst mit zeitlicher Verzögerung ein gemeinsamer Rückgabetermin stattfand. Erkannte der Mieter hierbei, zB im Rückgabeprotokoll, den Erfüllungsanspruch des Vermieters an, rechnet die Verjährungsfrist ab diesem Zeitpunkt. Zu einem erheblich späteren Verjährungsbeginn kommt es, wenn das Anerkenntnis erst nach längeren Verhandlungen abgegeben wird. Das schlichte Angebot des Mieters, die Mietsache selbst zu reinigen, stellt nicht per se ein Anerkenntnis der Haftung auf Schadensersatz dar.[71] **40**

---

[69] BGH III ZR 93/04, GE 2005, 728 = NZM 2005, 535 = WuM 2005, 381.

[70] Die Besonderheit des vorstehenden Falles lag darin, dass der Kläger vor Klageänderung aber schon bei Vertragsschluss in das Grundbuch eingetragen worden war, was der BGH jedoch nur als Hilfserwägung für die Verjährungshemmung durch den Abschluss des Prozessvergleichs heranzieht.

[71] LG Stuttgart BeckRS 2015, 17593.

e) Absolute Verjährung

41 Die Verjährungshöchstfristen nach § 199 Abs. 2–4 BGB sollen auch im Anwendungsbereich des § 548 BGB Anwendung finden. Sowohl nach den seit 2002 geltenden Verjährungsvorschriften des neuen Schuldrechts als auch nach den bis zu diesem Zeitpunkt gültigen Normen verjährt in diesem Fall ein Schadensersatzanspruch spätestens 30 Jahre nach der (letzten) schädigenden Handlung; das auch dann, wenn der Schaden erst nach Ablauf der Frist entsteht oder entdeckt wird.[72]

II. Schadensersatzansprüche des Vermieters

1. Gegenstand der Verjährung

42 Die Verjährung erfasst nicht nur die Schadensersatzansprüche statt der Leistung, die nach Maßgabe des § 281 BGB begründet wurden, sondern auch **weitere Ansprüche** des Vermieters im Zusammenhang mit der Veränderung oder Verschlechterung des Mietobjekts. Sie betrifft auch solche Schadensersatzansprüche, die der Vermieter auf **unerlaubte Handlung** stützt, und zwar auch nach unerlaubten Handlungen von Dritten, die in den Schutzbereich des Mietvertrags einbezogen sind.[73]

43 Zur weiten Auslegung des § 548 BGB gehört, dass Schadensersatzansprüche des Vermieters aus **Verschulden bei Vertragsschluss** eingeschlossen sind, sofern sie auf einer Veränderung des Zustands der Mietsache beruhen, zB in dem Fall, dass der potentielle Vermieter im Vertrauen auf die Erklärungen der Gegenseite vor Abschluss des Mietvertrags Umbauten des Mietobjekts veranlasste, die nach dem Scheitern der Verhandlungen zurückgebaut werden mussten.[74] Ebenso ist die Vorschrift anzuwenden, wenn sich der Schaden an einem Gebäude nicht nur auf den vermieteten Teil, sondern **auch auf nicht vermietete** Grundstücks- und Gebäudeteile erstreckt.[75] **Nicht erfasst** ist die Geltendmachung von Kosten für ein **Privatgutachten im Kostenfestsetzungsverfahren** (zur Ersatzfähigkeit → Rn. 131).[76]

---

[72] LG Berlin GE 2020, 740 = WuM 2020, 337 = ZMR 2020, 580 = BeckRS 2020, 8764, Revision bei dem Bundesgerichtshof anhängig unter dem Az. VIII ZR 132/20.

[73] BGH in stRspr, ZB BGH I ZR 259/04, NZM 2006, 624 = WuM 2006, 437 mwN; OLG Koblenz BeckRS 2013, 200430.

[74] BGH XII ZR 48/03, NZM 2006, 509, dazu *Fischer* WuM 2006, 286.

[75] BGH I ZR 259/04, NZM 2006, 624 = WuM 2006, 437.

[76] LG Bamberg BeckRS 2016, 18592.

2. Beginn und Dauer der Verjährungsfrist

a) Laufendes Mietverhältnis

Für Schadensersatzansprüche des Vermieters im laufenden Mietvertrag gilt **nichts Anderes** als für seine Erfüllungsansprüche. Es kann daher auf → Rn. 9ff. verwiesen werden. 44

b) Beendetes Mietverhältnis

aa) Beginn

Auch die Verjährung des Schadensersatzanspruchs beginnt **mit dem Rückerhalt des Mietobjekts,**[77] obwohl der Anspruch, vom Fall der hierbei vom Mieter erklärten Erfüllungsverweigerung abgesehen, erst noch mit Leistungsaufforderung nebst Fristsetzung begründet werden muss. Der im Grunde vorzeitige Beginn der Verjährungsfrist folgt aus der Vorschrift des § 200 BGB mit der Überschrift *„Beginn anderer Verjährungsfristen"*; er stellt einen (neuen) Auffangtatbestand für den Beginn der Verjährung dar.[78] Die Norm regelt in Satz 1 die *„Verjährungsfrist von Ansprüchen, die nicht der regelmäßigen Verjährungsfrist unterliegen"*. § 548 BGB unterstellt bestimmte Ansprüche beider Parteien der besonderen kurzen Verjährungsfrist von 6 Monaten, nimmt sie mithin von der regelmäßigen Verjährungsfrist aus. Bei derartigen Ansprüchen beginnt die Verjährung *„mit der Entstehung des Anspruchs, soweit nicht ein anderer Verjährungsbeginn bestimmt ist"*. Damit ist zwar die Regel in § 199 Abs. 1 Nr. 1 BGB maßgeblich, dass der Beginn der Verjährung die Entstehung des Anspruchs voraussetzt, anderen Bestimmungen mit einem unterschiedlichen Verjährungsbeginn wird aber der Vorrang eingeräumt. Eben dies ist bei § 548 BGB der Fall: Bei Ersatzansprüchen des Vermieters wegen Veränderungen oder Verschlechterungen der Mietsache beginnt die Verjährungsfrist mit deren Rückerhalt *„Ersatzansprüche"* iSd § 548 BGB sind gleichermaßen der Erfüllungs- wie der Schadensersatzanspruch. 45

bb) Dauer

Zur Dauer der Verjährungsfrist des Schadensersatzanspruchs aus unterlassenen Schönheitsreparaturen und Instandsetzungen sowie Beschädigungen und fehlendem Rückbau kann auf die obige Darstellung zum Erfüllungsanspruch Bezug genommen werden. Zu beachten ist, dass der **Schadensersatzanspruch nicht mehr** zur Entstehung gebracht wird, wenn der **Erfüllungsanspruch bereits** vor dem Zeitpunkt **verjährt** ist, in dem die Nachfristsetzung abgelaufen oder entbehrlich wurde,[79] bzw. die Vor- 46

[77] BGH XII ZR 12/13, GE 2014, 313 = NZM 2014, 242 = WuM 2014, 140 = ZMR 2014, 526; III ZR 114/04, DWW 2005, 65 = GE 2005, 230 = GuT 2005, 59 = NZM 2005, 176 = WuM 2005, 126 = ZMR 2005, 291; OLG Saarbrücken NZM 2009, 485.

[78] BGH III ZR 114/04, DWW 2005, 65 = GE 2005, 230 = GuT 2005, 59 = NZM 2005, 176 = WuM 2005, 126 = ZMR 2005, 291.

[79] BGH III ZR 184/87, NJW 1988, 1778.

aussetzungen der Umwandlung nach § 281 Abs. 1 BGB vorliegen.[80] Verlängert sich zB eine knapp vor der Verjährung des Erfüllungsanspruchs dem Mieter mit der Leistungsaufforderung zugeleitete zu kurze Frist für die Renovierung auf eine angemessene Frist, die nach Eintritt der Verjährung endet, wird der Schadensersatzanspruch nicht mehr begründet.[81]

47 **Besonderheiten** betreffen hingegen den **Schadensersatzanspruch aus Mietausfall.** Es handelt sich um einen Verspätungsschaden, für den der Vermieter über die Voraussetzungen des § 280 Abs. 1 BGB hinaus nur unter den zusätzlichen Bedingungen des § 286 BGB Ersatz verlangen kann (§ 280 Abs. 2 BGB). Im Verhältnis zum Erfüllungsanspruch und dem Schadensersatzanspruch nach §§ 280 Abs. 1, 281 BGB stellt er nur einen zweitrangigen Anspruch dar, weil er von deren Bestehen abhängig ist. Soweit eine Renovierungspflicht nicht bestand oder der Mieter mit ihrer Erfüllung nicht in dem von § 286 BGB geforderten Verzug war, fehlt es an einer Grundlage, aus welcher der Vermieter Mietausfall ersetzt verlangen könnte. Der Anspruch auf Ersatz von Mietausfall geht daher auf eine abhängige **Nebenleistung iSd § 217 BGB.** Nach § 217 BGB verjähren Ansprüche auf Nebenleistungen, die von einem Hauptanspruch abhängen, indes mit diesem, und zwar selbst dann, wenn die für die Nebenleistung geltende besondere Verjährung noch nicht vollendet ist. Ist der Hauptanspruch des Vermieters verjährt, ist folglich zugleich der Anspruch auf Ersatz des Mietausfallschadens aus § 286 Abs. 1 BGB verjährt.[82] Zu den prozessualen Folgen → Rn. 128 f.

48 Die Klage des Vermieters auf Ersatz des Mietausfalls hemmt die Verjährung nach § 548 Abs. 1 BGB jedoch nur in dem **Umfang,** in dem sie erhoben wurde. Die zuvor noch vertretene Auffassung, dass die Geltendmachung eines Teils des Mietausfalls eine einheitliche Hemmung aller Ersatzansprüche wegen entgangener Miete einheitlich unterbreche,[83] hat der **BGH** nicht aufrechterhalten.[84]

3. Verjährung und Aufrechnung gegen Mietsicherheiten

a) Aufrechnung gegen Barkaution

49 Die Verjährungsfrist für den Schadensersatzanspruch endet nach sechs Monaten, sofern die Frist nicht, wie oben (→ Rn. 24 ff.) ausgeführt, verlängert ist. Greifen keine Besonderheiten wie vertragliche Verlängerung oder sonstige Hemmung und Neubeginn der Verjährung ein, erfolgt die Hemmung meist durch Rechtsverfolgung. Oft sehen Vermieter indes von der gerichtlichen Durchsetzung ihrer Schadensersatzforderung ab, wenn

---

80 BGH XII ZR 12/13, GE 2014, 313 = NZM 2014, 242 = WuM 2014, 140 = ZMR 2014, 526.

81 OLG Hamburg WuM 1998, 17; *Ricker* NZM 2000, 217.

82 BGH XII ZR 150/93, NJW 1995, 252 = WuM 1995, 149.

83 BGH XII ZR 150/93, NJW 1995, 252 = WuM 1995, 149 = ZMR 1995, 114.

84 BGH XII ZR 281/95, DWW 1998, 42 = NZM 1998, 147 = WuM 1998, 155 = ZMR 1998, 208.

der Mieter eine Mietsicherheit leistete, welche den Anspruch abdeckt. Manche Vermieter stellen die Abrechnung über die Kaution auch so lange zurück, bis ihnen alle Gegenforderungen bekannt sind, was zB bis zur Erstellung der letzten Betriebskostenabrechnung längere Zeit dauern kann. Diese Verfahrensweise ist zwar nicht richtig, weil über den erkennbar nicht benötigten Teil der Mietsicherheit alsbald,[85] je nach den Umständen des Einzelfalls allerdings auch später als nach sechs Monaten seit Beendigung des Mietverhältnisses[86] abzurechnen ist, sie ist aber immer wieder anzutreffen. Im Zeitpunkt der Abrechnung über die Barkaution, die in der Regel eine Aufrechnung der Forderungen des Vermieters gegen den Anspruch des Mieters auf Auszahlung der Kaution (§ 387 BGB) darstellt, ist der Schadensersatzanspruch des Vermieters wegen Veränderungen oder Verschlechterungen der vermieteten Sache nicht selten verjährt. Nach § 215 BGB **schließt die Verjährung indes die Aufrechnung nicht aus,** wenn sich die Forderungen **in unverjährter Zeit** gegenüberstanden. Der Vermieter verliert daher die Durchsetzbarkeit seines Schadensersatzanspruchs im Wege der Aufrechnung grundsätzlich nicht durch die zwischenzeitlich eingetretene Verjährung. Voraussetzung dafür ist aber, dass der Vermieter innerhalb der Verjährungsfrist von seiner **Ersetzungsbefugnis in § 249 BGB** Gebrauch macht und den Anspruch auf Naturalrestitution auf Geldzahlung umstellt, weil es sonst an der Gleichartigkeit der Forderungen fehlt (→ Rn. 53).

Gelegentlich scheitert die Aufrechnung allerdings trotz der Regelung in § 215 BGB, und zwar insbesondere dann, wenn **noch mehrere Forderungen des Vermieters offen** sind. Hat der Mieter während der letzten Monate des Mietverhältnisses die **Kaution „abgewohnt",** dh mit seiner Forderung auf Rückzahlung der Sicherheit gegen die fälligen Mieten aufgerechnet, bleibt seine Aufrechnung ohne Wirkung; die Aufrechnung setzt eine fällige Forderung voraus, der Anspruch auf Auskehrung der Kaution wird jedoch erst angemessene Zeit nach dem Ende des Mietvertrags fällig. Der Vermieter behält daher seinen Mietanspruch. Wartet er wegen der ausstehenden Betriebskostenabrechnung sehr lange mit der Gesamtabrechnung über das Mietverhältnis ab, wird der Anspruch des Mieters aus der Sicherungsabrede fällig, sobald eine angemessene Zeit für eine Teilabrechnung hinsichtlich der schon bekannten Kosten verstrichen ist; der Vermieter ist gehalten abzurechnen und ggf. auf der Grundlage der Vorjahresabrechnung nur einen Sicherheitseinbehalt zu machen. Hier kann der Mieter durch die Aufrechnung mit seinem nunmehr fälligen Rückzahlungsanspruch gegen die offenen Mieten die Sicherheit ganz oder zum Teil verbrauchen; eine danach vom Vermieter erklärte Aufrechnung zB mit einem Schadensersatzanspruch aus unterlassenen **50**

[85] OLG Köln WuM 1998, 154 = ZMR 1998, 345: Je nach Einzelfall schon nach 2 1/2 Monaten.

[86] BGH III ZR 71/05, DWW 2006, 376 = GE 2006, 510 = NZM 2006, 343 = WuM 2006, 197 = ZMR 2006, 431.

Schönheitsreparaturen kommt zu spät, wenn der Mieter nun die Einrede der Verjährung erhebt.

51 **Dasselbe Ergebnis** stellt sich ein, wenn der Vermieter zwar ordnungsgemäß und zeitnah über die Kaution abrechnet, sie aber zB gegen die offenen Mieten verrechnet, so dass für seinen Schadensersatzanspruch kein oder nur ein geringer Rest übrigbleibt. Auch in diesem Fall kann die vom Mieter erhobene Einrede der Verjährung Erfolg haben. In der Praxis fertigen zumal private Vermieter häufig eine Gesamtabrechnung, an deren Ende sie die Kaution gegenrechnen, ohne anzugeben, welche der Forderungen durch die Aufrechnung erloschen sein soll. Diese Aufrechnung ist nicht wirkungslos, sondern die Reihenfolge der von der Aufrechnung betroffenen Forderungen ergibt sich aus §§ 396, 366 Abs. 2 BGB. Danach erfasst die Aufrechnung im Zweifel diejenige, die dem Vermieter geringere Sicherheit bietet, im vorliegenden Zusammenhang daher die verjährte Schadensersatzforderung.[87]

b) Aufrechnung gegen Bürgschaft

52 Heutzutage wird häufig statt einer Barkaution, die Kapital des Mieters bindet, die Bürgschaft einer Bank oder Sparkasse als Mietsicherheit gestellt. Hier ist der Vermieter gehalten, die Bürgschaft **in unverjährter Zeit** in Höhe seiner Schadensersatzforderung **in Anspruch zu nehmen.** Tut er das nicht bzw. erst nach Eintritt der Verjährung des § 548 BGB, kann er eine Aufrechnung gegen den Kautionsrückzahlungsanspruch nicht mehr nach § 215 BGB vornehmen, weil sich in unverjährter Zeit **keine gleichartigen Ansprüche** aufrechenbar gegenübergestanden haben.[88] Da die **Klage gegen den Bürgen** die Verjährung des Anspruchs gegen den Mieter nicht hemmt,[89] kann der Bürge die Einrede erheben, wenn während des Rechtsstreits, den der Vermieter mit ihm führt, Verjährung eintritt,[90] er kann sie sogar noch im Wege der Vollstreckungsabwehrklage geltend machen, wenn er zur Leistung an den Vermieter verurteilt wurde und erst danach Verjährung gegeben ist.[91] Nach Eintritt der Verjährung sind mithin weder der Mieter noch der Bürge gehindert, sich auf die Verjährung der durch die Bürgschaft gesicherten Ansprüche zu berufen.[92] § 215 BGB findet keine Anwendung, auch nicht analog;[93] vielmehr ist der Gegenanspruch auf Herausgabe der Bürgschaftsurkunde, und zwar an den Bürgen,[94] fällig.

[87] BGH XII ZR 123/07, NJW 2009, 1071.

[88] OLG Oldenburg BeckRS 2018, 3675.

[89] Anders bei Untergang des Hauptschuldners: KG ZMR 2007, 961.

[90] BGH IX ZR 272/96, NJW 1998, 2972 (2973); KG GE 2005, 990.

[91] BGH IX ZR 48/98, NJW 1999, 278.

[92] Dazu ausführlich *Leo/Schmitz* NZM 2007, 387 (389).

[93] BGH XII ZR 63/96, NZM 1998, 224; ausführlich *Geldmacher* NZM 2003, 502; *aA* OLG Düsseldorf GE 2007, 1119.

[94] BGH XII ZR 352/00, GE 2004, 1453 = NZM 2004, 907 = ZMR 2005, 29; Blank/Börstinghaus/*Blank/Börstinghaus* § 551 Rn. 27.

c) Ausübung der Ersetzungsbefugnis nach § 249 Abs. 2 BGB vor Ablauf der Verjährung

Allerdings muss – ähnlich der Situation zur nicht bestehenden Aufrechnungslage vor Inanspruchnahme der Bürgschaft (→ Rn. 52) – der Vermieter auch in den Fällen, in denen er nach der Rechtsprechung des BGH[95] bei vertragswidriger Beschädigung der Mietsache den Schadensersatz aus § 280 Abs. 1 BGB ohne Leistungsaufforderung gem. § 281 Abs. 1 BGB geltend machen kann, die Ersetzungsbefugnis nach § 249 Abs. 2 BGB ausüben. Erst mit dieser Ausübung wandelt sich – da insoweit kein Wahlrecht nach § 262 BGB besteht – der **zunächst nur auf Naturalrestitution gerichtete Schadensersatzanspruch** in einen solchen auf Geldzahlung.[96] Das muss für die Anwendung des § 215 BGB **innerhalb der Verjährungsfrist** des § 548 BGB geschehen. Andernfalls standen sich der Schadensersatzanspruch in Geld und derjenige auf Rückzahlung der Barkaution zu keinem Zeitpunkt aufrechenbar gegenüber, so dass der Vermieter nicht aufrechnen kann.[97] Für die Ausübung der Ersetzungsbefugnis reicht es, wenn der Vermieter von dem Mieter für die Schäden einen Geldbetrag verlangt.[98] Es sollten auch keine Bedenken dagegen bestehen, dass der Vermieter schon bei der Rücknahme erklärt, für Beschädigungen Schadensersatz in Geld zu fordern, da er für die Umstellung ohnehin keinen Grund angeben muss. 53

III. Erfüllungsansprüche des Mieters

Ist das Mietobjekt nach längerer Nutzung unansehnlich geworden oder sind Schäden an der Substanz oder Einrichtungen durch vertragsgemäßen Gebrauch eingetreten, weist es **Mängel** auf, zu deren Beseitigung der Vermieter aus § 535 Abs. 1 S. 2 BGB verpflichtet ist. Wälzte er die entsprechenden Unterhaltungspflichten nicht wirksam auf den Mieter ab, bleibt es bei seiner Zuständigkeit (hierzu und zur Kostenbeteiligung des Mieters bei Anmietung einer unrenovierten Wohnung → Kap. 1 Rn. 88 f.). Verlangt der Mieter nach längerer Zeit im laufenden Mietverhältnis Abhilfe, kann der Vermieter seine Instandhaltungspflicht nicht mit der Einrede der Verjährung abwenden. Der Anspruch des Mieters auf Mangelbeseitigung ist als Teil der Gebrauchserhaltungspflicht des Vermieters während der Mietzeit unverjährbar.[99] 54

---

[95] BGH VIII ZR 157/17, GE 2018, 633 = NJW 2018, 1746 = NZM 2018, 320 (mAnm *Fervers*) NZM 2018, 324 = WuM 2018, 196 = ZMR 2018, 492; XII ZR 79/17, GE 2018, 994 = NZM 2018, 717 = ZMR 2018, 922.

[96] Grundlegend BGH V ZR 122/50, NJW 1952, 619.

[97] KG GE 2020, 540 = ZMR 2020, 394 = BeckRS 2019, 36788.

[98] MüKoBGB/*Oetker* § 249 Rn. 358.

[99] BGH III ZR 104/09, GE 2010, 479 = NZM 2010, 235 = WuM 2010, 238.

IV. Erstattungsansprüche des Mieters

55 Ansprüche des Mieters auf Ersatz seiner Aufwendungen verjähren gem. § 548 Abs. 2 BGB in sechs Monaten nach der Beendigung des Mietverhältnisses. Diese kurze Verjährungsfrist gilt damit unmittelbar für seinen **Aufwendungsersatzanspruch** aus §§ 539 Abs. 1, 683 Abs. 1, 670 BGB sowie für seinen **Bereicherungsanspruch** infolge der Aufwendungen (§ 812 BGB). Ebenso wie die Verjährungsvorschrift des § 548 Abs. 1 BGB zulasten des Vermieters wird auch § 548 Abs. 2 BGB zulasten des Mieters weit ausgelegt, soweit es um Aufwendungen für das Mietobjekt geht; Meinungsverschiedenheiten zwischen den Parteien sollen möglichst zügig nach Ende des Mietvertrags beseitigt werden.[100] § 548 Abs. 2 BGB erfasst daher auch **Schadensersatzansprüche** des Mieters aus entsprechenden Aufwendungen.[101] Zudem verjähren die Ansprüche des Mieters auf **Wegnahme bzw. Aneignung** in Bezug auf Einrichtungen, mit denen er die Mietsache versehen hat (§§ 539 Abs. 2, 258 BGB), nach § 548 Abs. 2 BGB.[102]

56 Der frühere Streit, ob der **Anspruch** des Mieters **auf Erstattung der Kosten für eine Renovierung,** zu der er wegen der **unwirksamen Abwälzung** der Schönheitsreparaturen oder einer **unwirksamen Endrenovierungsklausel** nicht verpflichtet war (ausführlich → Kap. 1 Rn. 390 ff.) nach der kurzen Verjährungsfrist des § 548 Abs. 2 BGB oder innerhalb der Regelverjährung nach § 195 Abs. 1 BGB verjährt (vgl. hierzu umfassend die Ausführungen in der 4. Auflage Kap. 4 Rn. 46 ff.) ist durch den **BGH**[103] beendet worden. Beide Ansprüche unterliegen der **kurzen Verjährung nach § 548 Abs. 2 BGB,** ebenso der hiermit möglicher Weise konkurrierende Schadensersatzanspruch aus §§ 241 Abs. 1, 311 Abs. 2 BGB.

57 Ebenfalls von § 548 Abs. 2 BGB erfasst ist der bereicherungsrechtliche Anspruch des Mieters gem. § 812 Abs. 1 BGB gegen den Vermieter auf Rückzahlung von **Abgeltungsbeträgen,** die er an diesen aufgrund einer unwirksamen Schönheitsreparaturklausel für nicht durchgeführte Schönheitsreparaturen geleistet hat.[104] Die Entscheidung bezieht sich zwar nur auf Zahlungen, die der Mieter anstelle einer Durchführung der

---

[100] ZB BGH XII ZR 52/08, NJW 2010, 2652 = NZM 2010, 621.

[101] ZB Bub/Treier MietR-HdB/*Gramlich* VI Rn. 63; Schmidt-Futterer/*Streyl* § 548 Rn. 49.

[102] BGH VIII ZR 326/80, NJW 1981, 2564; OLG Hamm ZMR 2018, 413 = NJOZ 2018, 896; OLG Frankfurt a. M. ZMR 2016, 441 = BeckRS 2016, 5002; LG Berlin GE 2019, 599 = BeckRS 2019, 8080; LG Krefeld NZM 2018, 787.

[103] BGH III ZR 195/10, GE 2011, 813 = NZM 2011, 452 = WuM 2011, 363 = ZMR 2011, 705; III ZR 265/10, WuM 2011, 418; AG Wiesbaden BeckRS 2020, 22778.

[104] BGH III ZR 12/12, DWW 2012, 262 = GE 2012, 1031 = NZM 2012, 557 = WuM 2912, 445 = ZMR 2012, 766.

tatsächlichen Arbeiten, die er vermeintlich schuldete, geleistet hat. Aus ihr ist zu schließen, dass auch Zahlungen aufgrund einer unwirksamen Quotenabgeltungsklausel nur innerhalb der kurzen Verjährungsfrist zurück gefordert werden können. **Nicht erfasst** sollen jedoch bereicherungsrechtliche Rückforderungen wegen Zahlungen sein, die der Mieter nach Mietende auf **nicht bestehen Schadenersatzforderungen** des Vermieters geleistet hat.[105] Auch Herausgabeansprüche des Mieters gegen den Vermieter hinsichtlich eingebrachter Gegenstände sind nicht von § 548 Abs. 2 BGB erfasst.[106]

V. Verwirkung

Sowohl gegenüber Ansprüchen des Vermieters auf Beseitigung von **58**
baulichen Veränderungen und Schäden als auch entsprechenden Schadensersatzforderungen wird standardmäßig eingewendet, diese seien verwirkt. Der Hintergrund liegt dabei in der Regel darin, dass der Vermieter sie nicht zeitnah geltend gemacht hätte, zumal er von Umbaumaßnahmen oder sonstigen Eingriffen in die Bausubstanz Kenntnis habe. Dieser Einwand ist **überwiegend unbegründet.** Denn es fehlt fast immer an dem zusätzlich zu dem Zeit- erforderlichen **Umstandsmoment.** Nach gefestigter Rechtsprechung des BGH müssen zum reinen Zeitablauf weitere, auf dem Verhalten des Gläubigers beruhende Umstände hinzutreten, aufgrund derer der Leistungsverpflichtete davon ausgehen und darauf vertrauen kann, dieser werde seinen Anspruch nicht mehr geltend machen. Allein in der unterlassenen Geltendmachung des Anspruchs ist das grundsätzlich nicht zu sehen.[107] Das gilt auch für den Beseitigungsanspruch aus § 541 BGB[108] und kann daher für sonstige Rechte des Vermieters wegen Beschädigung bzw. Veränderung der Mietsache nicht anders bewertet werden (§§ 546 Abs. 1, 280, 241 Abs. 2, 823 BGB). Insoweit besteht auch eine Parallele zur Zustimmung des Vermieters dahingehend, dass der Mieter in der Mietsache Umbauten vornehmen und diese basierend auf einer zweiten Zustimmung ggf. auch nach Mietende nicht zurückbauen muss (→ Kap. 3 Rn. 33). Kann hier, wie meist, mangels ausdrücklicher Erklärung allein aufgrund des (Nicht-) Verhaltens keine konkludente Zustimmung angenommen werden, ergibt sich daraus auch im Weiteren kein Umstandsmoment, dem der Mieter entnehmen könnte, der Vermieter würde Rückbau- oder Schadensersatzansprüche nicht mehr geltend machen.

---

[105] AG Koblenz NJW 2014, 1118.

[106] AG Saarbrücken 13.8.2015 – 121 C 80/15, n. v.

[107] ZB BGH XII ZR 59/12, GE 2014, 272 = NZM 2014, 78; XII ZR 266/99, NJW 2003, 128.

[108] BGH XII ZR 5/18, GE 2019, 245 = NJW 2019, 1062 = NZM 2019, 143 = WuM 2019, 141 = ZMR 2019, 330.

B. Prozess

59 Der Mietprozess weist einige Besonderheiten gegenüber dem allgemeinen Zivilverfahren auf, die nachfolgend dargestellt werden. Zunächst soll kurz auf allgemeine mietprozessuale Fragen eingegangen weren, nachfolgend dann – mit Blick auf den Schwerpunkt dieses Buches – die Bereiche der Schönheitsreparaturen, Instandhaltung und Instandsetzung, sowie der Rückgabe (jeweils einschließlich Fragen des Schadensersatzes).

I. Allgemeine Fragen des Mietprozesses

1. Zuständigkeit

a) Örtliche/sachliche Zuständigkeit

60 Für mietrechtliche Klagen in Bezug auf unbewegliche Sachen ist gem. **§ 29a ZPO** dasjenige Gericht **örtlich** zuständig, in dessen Bezirk sich die **Mietsache befindet.** Der Gerichtsstand ist ausschließlich und gem. § 40 Abs. 2 Nr. 2 ZPO einer Parteivereinbarung nicht zugängig. Aus diesem Grund ist auch nach § 40 Abs. 2 ZPO eine Zuständigkeitsbegründung durch rügelose Einlassung nicht möglich. Eine Ausnahme besteht hier nach § 29 Abs. 2 ZPO für Wohnraum iSd § 549 Abs. 2 Nr. 1–3 BGB. Ob das Gericht **sachlich** zuständig ist, hängt davon ab, ob es sich um Wohnraummiete oder sonstige Mietverhältnisse handelt. Klagen einschließlich Räumungsklagen aus einem **Wohnraummietverhältnis** unterfallen gem. § 23 Nr. 2 lit. a GVG unabhängig von dem Streitwert der Zuständigkeit der Amtsgerichte. In allen **anderen Mietsachen** gelten die allgemeinen Regelungen, sodass bei einem Streitwert bis 5.000,00 EUR die Zuständigkeit des Amtsgerichts (§ 23 Nr. 1 GVG) gegeben ist, darüber diejenige des Landgerichts (§ 71 Abs. 1 GVG).

b) Gemischte Nutzung – Prinzip der doppelrelevanten Tatsache

61 Bei gemischter Nutzung richtet sich die Art des Mietverhältnisses zunächst nach dem **Vertragszweck** und nicht danach, welche Nutzung tatsächlich gegeben ist.[109] Liegt ein **Mischmietverhältnis** vor, kommt es auf den Schwerpunkt der Nutzung an. Dabei führt allein das Vorhandensein einer gewerblichen Nutzung innerhalb der Mietsache noch nicht zwingend dazu, dass von einer Gewerberaummiete auszugehen ist, wenn zugleich eine Wohnraumnutzung vorliegt und die gewerbliche Nutzung nicht eindeutig vorrangig ist.[110] Auszugehen für die Zuständigkeitsbe-

---

[109] BGH III ZR 376/13, DWW 2014, 254 = NZM 2014, 626 = WuM 2014, 539 = ZMR 2014, 871; OLG Düsseldorf ZMR 2008, 121.

[110] BGH III ZR 376/13, DWW 2014, 254 = NZM 2014, 626 = WuM 2014, 539 = ZMR 2014, 871.

stimmung ist zunächst davon, was der Vermieter vorträgt.[111] Ist zwischen den Parteien streitig, wie das Mietverhältnis zu klassifizieren ist, liegt die Beweislast für den Tatsachenvortrag des Klägers hierzu zwar bei diesem. Handelt es sich bei dem streitigen Vortrag jedoch um eine **„doppelrelevante Tatsache"**, die neben der Zuständigkeit auch den Anspruch selbst begründen soll, unterstellt das nach dem Vortrag des Vermieters zuständige Gericht zunächst seine Zuständigkeit und entscheidet über diese und den Anspruch in der Sache aufgrund der Beweisaufnahme.[112]

2. Streitwert

Der Streitwert richtet sich nach den allgemeinen Regelungen der ZPO. 62
Eine Besonderheit besteht allein für die **Räumungsklage.** Hier ist gem. § 41 Abs. 1 S. 1 GKG die **Jahresnettomiete** maßgeblich, es sei denn, die bis zu dem wirksam vereinbarten Ende der Vertragslaufzeit anfallende Miete ist geringer. Gemäß § 41 Abs. 1 S. 2 GKG werden Betriebskosten dann hinzugerechnet, wenn diese als Pauschale vereinbart wurden.[113] Das bezieht sich sowohl auf die gerichtliche Feststellung (als Vorprüfung der auf Räumung gerichteten Leistungsklage), dass das Mietverhältnis beendet ist und der Anspruch aus § 546 Abs. 1 BGB besteht, als auch einen neben der Räumung separat gestellten Antrag auf **Beseitigung** von auf dem Grundstück befindlichen Bauten oder Räumlichkeiten. Ein solcher erhöht den Streitwert nach § 8 ZPO ebenso wenig um die für die Beseitigung erforderlichen Kosten, wie den Gebührenstreitwert nach § 41 Abs. 1 GKG.[114]

II. Gang der gerichtlichen Klauselkontrolle

1. Relevanz im Mietprozess

Sowohl die Vertragsgestaltung im Mietrecht als auch die gerichtliche 63
Durchsetzung von Ansprüchen sind geprägt durch den Grundsatz: *„Wohnraummietrecht ist Formularrecht"*.[115] Ein erheblicher Teil der rechtlichen Fragen rund um die Miete stellt sich weniger als spezifischer Regelungsgehalt der §§ 535 ff. BGB dar, sondern ist eingebettet in und bestimmt durch das Recht der Allgemeinen Geschäftsbedingungen (§§ 305 ff. BGB). Das bezieht sich in besonderem Maß auf das Recht der Schönheitsreparaturen einschließlich Fragen der Abwälzung von Instandhaltungspflichten und deren Kosten auf den Mieter. Individualver-

---

[111] BGH ZB 6/96, NJW 1996, 3012.

[112] BGH III ZB 42/08, NJW 2010, 873.

[113] BGH VIII ZR 163/07, NZM 2007, 935.

[114] BGH XII ZR 240/94, GE 1995, 556 = NJW-RR 1995, 781 = WuM 1995, 320 = ZMR 1995, 245; LwZB 6/93, NJW-RR 1994, 256 = WuM 1994, 80 = ZMR 1994, 65; aA OLG Rostock GE 2014, 1062; OLG Hamburg NZM 2000, 1228.

[115] So die ersten Worte im Vorwort zu *Artz/Börstinghaus* AGB in der Wohnraummiete (nicht ausgewiesene S.).

tragliche Abreden sind hierbei zwar ist fast unbegrenztem Maß (etwa mit Ausnahme des § 138 BGB) möglich, faktisch jedoch aufgrund der sehr hohen Anforderungen an eine solche selten (hierzu → Kap. 1 Rn. 69f.). Die somit in aller Regel vorliegenden Formularklauseln unterliegen jedoch über § 307 BGB erheblichen Einschränkungen. Das nicht nur in Bezug auf die konkreten Vereinbarungen, weil auch andere vertragliche Regelungen, selbst wenn sie nicht formularvertraglicher Natur sind, diese zu Fall bringen können (zum Summierungseffekt → Kap. Rn. 288ff.). Praktisch die gesamte Rechtsprechung des Bundesgerichtshofs zu Instandhaltung und Schönheitsreparaturen besteht aus einer AGB-Kontrolle der einschlägigen vertraglichen Regelungen. In der **mietgerichtlichen Praxis** wird daher gerade mit Blick auf die hohe Entscheidungsdichte des BGH zu dieser Thematik und den allgemeinen Grundsätzen der §§ 305ff. BGB nur sehr selten die Frage erörtert, ob eine Klausel des Mietvertrages AGB-konform ist. Streitig und letztlich auch **streitentscheidend** ist vielmehr, ob hinsichtlich der relevanten Regelung überhaupt eine **Allgemeine Geschäftsbedingung vorliegt** oder diese individuell zwischen den Parteien ausgehandelt wurde. Von der Einordnung als solche hängt also in hohem Umfang der Ausgang des Rechtsstreits ab.

2. Darlegungs- und Beweislast unter der ZPO

64 Beweispflichtig für das Vorliegen von AGB ist derjenige, der sich auf den Schutz der §§ 307ff. beruft. Das ist allerdings schon nach dem deutschen Zivilverfahrensrecht dahingehend relativiert, dass das Gericht basierend auf dem von Amts wegen zu prüfenden **Beweis des ersten Anscheins** meist davon ausgeht, dass es sich bei der streitrelevanten Regelung um eine Formularklausel handelt. Als Folge muss nunmehr der Verwender, im Mietrecht meist also der Vermieter, darlegen und beweisen, dass diese tatsächlich ausgehandelt wurde (hierzu → Kap. 1 Rn. 70ff.). Dennoch gelten hierbei die **Prinzipien des Beibringungsgrundsatzes.** Das Gericht ist allein befugt bzw. gehalten, im Rahmen des § 139 ZPO darauf hinzuwirken, dass die Parteien sich vollständig über das erklären, was sie vortragen bzw. einwenden wollen, und ggf. ordnungsgemäße Beweisanträge stellen. Damit liegt das Verfahren hinsichtlich der Feststellung, ob es sich bei vertraglichen Regelungen um Allgemeine Geschäftsbedingungen handelt, nach wie vor ganz überwiegend in der Hand der Parteien, und somit auch die Frage, ob eine möglicher Weise nach §§ 307ff. BGB unwirksame Klausel doch Rechtswirkung entfaltet. Das gilt auch für den Fall, dass sich der Mieter darauf beruft, die Abwälzung der Schönheitsreparaturen sei unwirksam, da ihm die **Wohnung unrenoviert übergeben** wurde. Nach dem BGH hat der Mieter in diesem Fall den Zustand bei Mietbeginn zu beweisen (zur Bewertung im Anwendungsbereich der Klausel-Richtlinie aber → Rn. 67).[116] Hierfür reicht ein pauschales Behaupten nicht aus. Vielmehr muss er zu dem Zustand der jeweiligen Bereiche der Mietsache vortragen, hierfür kann er zusätzlich Rechnungen für durchgeführte Renovierungsarbeiten anführen, so sich aus diesen ergibt, welche Arbeiten durchgeführt wurden. Diese müssen jedoch zeitnah nach dem Erhalt der Wohnung erfolgt sein.[117]

3. Gerichtliche Ermittlung im Anwendungsbereich der RL 93/13/EWG

a) Grundlagen

Nach Art. 6 Abs. 1 S. 1 RL 93/13/EWG[118] *„sehen die Mitgliedstaaten vor"*, dass missbräuchliche Klauseln eines Gewerbetreibenden gegenüber einem Verbraucher *„unverbindlich sind"*. Art. 7 Abs. 1 RL 93/13/EWG verpflichtet die Mitgliedstaaten zudem, dafür zu sorgen, dass *„angemessene Mittel vorhanden"* sind, damit der *„Verwendung von missbräuchlichen Klauseln ein Ende gesetzt wird."* Das richtet sich auch an die **staatlichen Gerichte.** Diese nehmen eine **aktive Rolle** dabei ein, missbräuchlichen Klauseln entgegenzutreten, und sind daher auch dann zur Amtsermittlung verpflichtet, wenn an sich der Beibringungsgrundsatz gilt.[119] So hat das nationale Gericht nach dem **EuGH**[120] 65

*„...**von Amts wegen** Untersuchungsmaßnahmen durchzuführen, um festzustellen, ob eine Klausel über einen ausschließlichen Gerichtsstand in einem Vertrag zwischen einem Gewerbetreibenden und einem Verbraucher in den Anwendungsbereich der Richtlinie fällt, und, wenn ja, **von Amts wegen** zu beurteilen, ob eine solche Klausel möglicherweise missbräuchlich ist."*

Dass es ausreichend sei, wenn die Gerichte durch Hinweiserteilung die Parteien zur Aufklärung führen,[121] dürfte aufgrund der Aussagen des EuGH[122] zur Klausel-Richtlinie selbst, das nationale Gericht habe *„von Amts wegen Untersuchungsmaßnahmen durchzuführen"*, ob der Anwendungsbereich tatsächlich eröffnet ist, sowie, ob die Klausel sodann *„möglicherweise missbräuchlich ist"*, nicht zutreffen.

b) Personeller und sachlicher Anwendungsbereich

Die Richtlinie findet Anwendung, wenn es sich um einen **Klauseln** (Art. 3 RL 93/13/EWG) enthaltenden Vertrag zwischen einem Gewerbe- 66

---

[116] BGH VIII ZR 185/14, GE 2015, 649 = NZM 2015, 374 = NJW 2015, 1594 (mAnm *Lehmann-Richter*) = NJW 2015, 1598 = WuM 2015, 338 = ZMR 2015, 685; *Börstinghaus* WuM 2015, 540 (541); kritisch hierzu *Graf v. Westphalen* NZM 2016, 10 (16).

[117] LG Berlin GE 2016, 592 = NZM 2016, 639.

[118] Richtlinie 93/13/EWG des Rates vom 5.4.1993 über mißbräuchliche Klauseln in Verbraucherverträgen (ABl. L 95, S. 29) Celex-Nr. 3 1993 L 0013. Zuletzt geändert durch Art. 1 RL (EU) 2019/2161 vom 27.11.2019 (ABl. L 328, S. 7).

[119] EuGH EuZW 2003, 27 – Cofidis SA/Jean-Louis Fredout.

[120] EuGH EuZW 2015, 464 – Mohamed Aziz/Caixa d'Estalvis de Catalunya, Tarragona i Manresa [Catalunyacaixa].

[121] MüKoBGB/*Basedow* Vorb. vor § 305 Rn. 51 mwN.

[122] EuGH EuZW 2011, 27 – VB Pénzügyi Lízing Zrt./Ferenc Schneider.

treibenden und einem Verbraucher (Art. 6 RL 93/13/EWG) handelt (im deutschen Recht: **Verbrauchervertrag**). Entgegen dem BGH[123] hat das **Gericht** nach dem EuGH[124] bereits im (möglichen) Anwendungsbereich der Verbraucher-Richtlinien unter Heranziehung der Grundsätze der Klausel-Richtlinie die Unternehmer- und Verbrauchereigenschaft durch eigene Nachfragen und Nachforschungen **selbst festzustellen.**

c) Vorliegen einer „missbräuchlichen Klausel" iSd Art. 6 RL 93/13/EWG

67 Das nationale Gericht ist auch in die Feststellung eingebunden, ob die Klausel missbräuchlich iSd Art. 6 Abs. 1 RL 93/13/EWG bzw. § 307 BGB ist. Nach dem EuGH[125] hat das Gericht ***„eigenständige Untersuchungsmaßnahmen"*** durchzuführen, ***„um die Akte zu ergänzen"***, indem es die Parteien unter Wahrung des kontradiktorischen Verfahrens um die hierfür erforderlichen Klarstellungen und Unterlagen ersucht; und zwar ***„anstelle des Verbrauchers"***.[126] Das überwindet nationale Beibringungsgrundsätze,[127] einschließlich einer hier an sich angeordneten Beweislast des Verbrauchers.[128] Die Auffassung, es bestehe lediglich eine Kongruenz der EuGH-Rechtsprechung mit der richterlichen Hinweispflicht nach der Zivilprozessordnung,[129] überzeugt auch hier nicht, weil die unionsrechtlich vorgegebenen Maßnahmen deutlich über die Möglichkeiten des § 139 ZPO hinausgehen, es sich tatsächlich um **Amtsermittlung** handelt.[130] Das Gericht darf die Prüfung einer Klausel oder die Anwendung der Rechtsfolge ihrer Unwirksamkeit nicht von dem prozessualen Vorgehen der Parteien abhängig machen. Der Vertragspartner des Verwenders **muss sich nicht auf die Unwirksamkeit einer Klausel berufen.** Die Klauselkontrolle selbst erfolgt wie im Recht der Allgemeinen Geschäftsbedingungen üblich zunächst abstrakt-generell. Insofern besteht noch kein Unterschied, ob der Anwendungsbereich der EU-Klausel-Richtlinie eröffnet ist oder nicht. Anders jedoch in dem Fall, dass die **Wirksamkeit der Klausel von tatsächlichen Umständen abhängig** ist. Hierbei handelt es sich zwar prinzipiell um eine Ausnahme im AGB-Recht. Im Bereich der Schönheitsreparaturen hat dieser Aspekt jedoch erhebliche Relevanz

---

[123] BGH X ZR 126/06, NJW 2008, 2250.

[124] EuGH EuZW 2015, 556 – Faber/Autobedrijf Hazet Ochten (mAnm *Rott*).

[125] EuGH EuZW 2020, 673 – L./UniCredit-Bank Hungary Zrt (mAnm *Kühne*).

[126] EuGH NJW 2019, 207 (2013) – OTP Bank Nyrt. ua/Teréz Ilyés ua.

[127] *Stempel* ZEuP 2017, 102 (117); restriktiver aber Schlussantrag GA *Trstenjak* 6.7.2010 – C-137/08, Celex-Nr. 62010CC0618 Rn. 110 – Banco Español; weitergehend Schlussantrag GA *Trstenjak* 14.2.2012 – C-618/10, Celex-Nr. 62010CC0618 Rn. 33 – Banco Español, allerdings nur im Erkenntnis-, nicht im Mahnverfahren (Rn. 36).

[128] *Graf v. Westphalen* EuZW 2019, 121 (125).

[129] *Kühne* EuZW 2020, 676 (677).

[130] ZB BeckOGK/*Augenhofer* § 474 Rn. 69; *Graf v. Westphalen* EuZW 2019, 121 (125); *Heinemeyer* GPR 2015, 179 (180); *Kohler/Seyr/Maderbacher* ZEuP 2017, 431 (445); BeckOGK/*Merkle* § 650i Rn. 31; *Pfeiffer* LMK 2010, 311868; *Zehelein* NZM 2020, 857 (870).

erlangt. Denn die Abwälzungsklausel ist, so kein angemessener Ausgleich gewährt wird, unwirksam, wenn die **Wohnung unrenoviert oder renovierungsbedürftig übergeben** worden ist (hierzu → Kap. 1 Rn. 84). Hier ist also die Beantwortung der Frage, ob die Klausel missbräuchlich iSd Art. 6 Abs. 1 RL 93/13/EWG ist, von einer Tatsachenfeststellung abhängig. Nach dem BGH[131] ist bereits nach nationalem Recht fraglich,[132] der Mieter also beweisbelastet, dass er die Wohnung unrenoviert erhalten hat. Im Anwendungsbereich der EU-Klausel-Richtlinie hat das Gericht wie vorstehend erörtert jedoch als Teil der Mitgliedsstaaen, die dafür Sorge zu tragen haben, dass missbräuchliche Klauseln keine Wirkung entfalten, selbst zu erforschen, ob die Voraussetzungen der Klauselunwirksamkeit vorliegen. Das bezieht sich auch auf die Feststellung des Zustandes der Wohnung bei Übergabe, wenn die Abwälzung der Schönheitsreparaturenklausel streitig und streitrelevant ist.[133]

III. Schönheitsreparaturen

1. Grundsätze

Nach § 538 BGB gehen die Folgen vertragsgemäßen Gebrauchs der **68** Mietsache zu Lasten des Vermieters. Die Behebung dekorativer Schäden aus derartiger Nutzung gehört daher zu seinen Pflichten aus § 535 Abs. 1 S. 2 BGB. Macht der **Vermieter** geltend, dass die Arbeiten abweichend von der gesetzlichen Regelung in die Zuständigkeit des Mieters fallen, muss er daher zunächst **den Anspruchsgrund darlegen und ggf. beweisen,** dh dass er die Durchführung der Schönheitsreparaturen überhaupt wirksam auf den Mieter übertragen hat. Wendet der Mieter jedoch gegen die Wirksamkeit der Übertragungsabrede ein, ihm sei die Wohnung unrenoviert überlassen worden, trägt er für diese Behauptung die Beweislast (anders im Anwendungsbereich der EU-Klausel-Richtlinie, → Rn. 67).[134] In einem zweiten Schritt trägt der Vermieter zusätzlich die Darlegungs- und Beweislast dafür, dass er dem Mieter ggf. einen angemessenen Ausgleich gewährt (bei unrenovierten Wohnraum → Kap. 1 Rn. 84), im Übrigen, dass er die Arbeiten auch in dem von ihm reklamierten Umfang auf den Mieter abgewälzt hat. Sind dem Mieter *„die Schönheitsreparaturen"* überbürdet, trägt er damit im Wege der Auslegung alle Arbeiten gem. § 28 Abs. 4 S. 3 II. BV (→ Kap. 1 Rn. 3). Enthält die Abwälzungsregelung des Mietvertrags **Renovierungsfristen,** wirkt sich dies unmittelbar auf die Darlegungs- und Beweislast auch dann aus, wenn sie

[131] BGH VIII ZR 185/14, GE 2015, 649 = NZM 2015, 374 = NJW 2015, 1594 (mAnm *Lehmann-Richter*) = NJW 2015, 1598 = WuM 2015, 338 = ZMR 2015, 685; *Börstinghaus* WuM 2015, 540 (541).

[132] *Graf v. Westphalen* NZM 2016, 10 (16).

[133] *Graf von Westphalen* NZM 2016 (17), 10; *H. Schmidt* NJW 2016, 1201 (1203); BeckOGK/*H. Schmidt* § 307 Rn. 402.3.

[134] BGH VIII ZR 185/14, GE 2015, 649 = NZM 2015, 374 = NJW 2015, 1594 (mAnm *Lehmann-Richter*) = NJW 2015, 1598 = WuM 2015, 338 = ZMR 2015, 685.

weich gefasst wurden. Zur Vermeidung von Wiederholungen ist auf die Ausführungen in → Kap. 1 Rn. 184 zu verweisen.

69 Die Behandlung von Mietverträgen über **Wohnraum,** die **keine Angaben zum Renovierungsturnus** enthalten, scheint auf den ersten Blick unproblematisch, weil sich der Renovierungsbedarf allein nach dem dekorativen Zustand richtet. Danach ist es stets am Vermieter als Anspruchsteller, den Bedarf vorzutragen und ggf. zu beweisen. Diese Folge ist für den Mieter jedoch nur auf den ersten Blick günstig. Es wurde bereit im Zusammenhang mit zu kurzen Regelfristen eingehend dargelegt (→ Kap. 1 Rn. 207ff.), dass die Wohnung nach dem Auszug des Mieters wegen der unvermeidlichen Gebrauchsspuren dekorativ häufig keinen sonderlich ansprechenden Eindruck macht, zumal wenn das Mietverhältnis längere Zeit bestand. Hier wird der Vermieter nicht selten unschwer darlegen und beweisen können, dass eine Renovierung angezeigt ist. Um für beide Seiten zu einem sachgerechten Ausgleich zu kommen, bietet es sich an, entweder im Wege der ergänzenden Vertragsauslegung oder jedenfalls über die Kontrolle, ob das Renovierungsverlangen des Vermieters nach Treu und Glauben gem. § 242 BGB angemessen ist, sachgerechte Fristen heranzuziehen.

70 Für **Gewerberaum** gibt es keine generellen üblichen Fristen, weil die Renovierungsbedürftigkeit von der sehr unterschiedlichen Nutzung abhängt. Enthält ein Mietvertrag über Gewerberaum **keine Renovierungsfristen,** ist es ebenfalls Sache des Vermieters, im Einzelnen darzulegen und zu beweisen, inwieweit die Räumlichkeiten keinen ordnungsgemäßen Erhaltungszustand mehr aufweisen.[135] Sofern im Einzelfall übliche Fristen existieren oder Parallelen zum Wohnraum hergestellt werden können, sollten sie auch hier in die Bewertung einfließen, ob der Vermieter zu Recht eine Renovierung fordert.

71 *(einstweilen frei)*

2. Erfüllung der laufenden Dekorationspflicht

72 Verlangt der **Vermieter** im laufenden Mietverhältnis die Ausführung von Schönheitsreparaturen, muss er substantiiert **darlegen und ggf. beweisen,** dass die Arbeiten fällig sind.[136] Auch wenn sich nach längerer Nutzung unterschiedliche Gebrauchs- und Abnutzungsspuren zeigen, wie zB helle Stellen hinter Bildern oder Schränken, Staubfahnen über den Heizkörpern, Verschmutzungen an Lichtschaltern und kleine Schadstellen an Lackteilen, ist nicht zwangsläufig eine Renovierung angezeigt. Es sind vielmehr angemessene Renovierungsfristen, gleichviel ob vereinbart oder nicht (→ Rn. 69), einzubeziehen. Sie liefern einen Regelmaßstab, an

[135] KG GE 2009, 448 = NZM 2009, 661 = WuM 2008, 724 = ZMR 2009, 277.

[136] BGH XII ZR 84/06, GE 2008, 1556 = NZM 2008, 890 = ZMR 2009, 110; OLG Düsseldorf GE 2009, 1432 = ZMR 2010, 356; LG München BeckRS 2004, 18042; LG Berlin GE 1989, 725 = WuM 1989, 232.

dem sich die Berechtigung der Renovierungsforderung überprüfen lässt. Der Erfüllungsanspruch kommt daher hier nur in Betracht, wenn dekorative Mängel vorliegen, die **deutlich über die Schäden hinausgehen,** wie sie im Hinblick auf die verstrichene Nutzungszeit bei vertragsgemäßem Gebrauch der Mietsache ohnehin auftreten. Sie können aus sehr intensiver Nutzung stammen, etwa durch übermäßiges Rauchen oder infolge der Haltung von Haustieren, oder auch aus vertragswidrigem Umgang mit dem Mietobjekt. Zu den Fällen, dass sich die Parteien über das Vorliegen erheblicher dekorativer Mängel einig sind, aber über deren **Ursache** streiten, ob sie nämlich vom Mieter verursacht oder bauseitig bedingt sind, ist auf die Ausführungen in → Rn. 93 ff. zu verweisen.

Ist der **Mieter** zur Durchführung der Schönheitsreparaturen **verpflichtet** und liegen die Voraussetzungen vor, obliegt ihm nach den allgemeinen Regelungen des Schuldrechts (§§ 362, 363 BGB) der Beweis dafür, dass er sie ordnungsgemäß durchgeführt hat. Hier muss er im Streitfall auch substantiiert vortragen, welche Arbeiten vorgenommen wurden.[137] **73**

3. Schadensersatz wegen unterlassener Schönheitsreparaturen

a) Notwendigkeit einer Renovierung

Sind **angemessene Renovierungsfristen abgelaufen,** spricht der äußere Anschein für die Notwendigkeit von Schönheitsreparaturen, zumal wenn die Fristen deutlich überschritten sind.[138] Hier ist es Sache des **Mieters, darzulegen und zu beweisen,** warum die dekorative Herrichtung des Mietobjekts gleichwohl noch nicht erforderlich sein soll.[139] Während dies dem Mieter, der eine Wohnung mit mehrköpfiger Familie nutzte, kaum möglich sein wird, kommt es zB bei einem Einzelmieter eher in Betracht, wenn er sich etwa berufsbedingt nur am Wochenende in der Wohnung aufhielt oder längere Zeit im Ausland. **74**

Sind bei Beendigung eines längeren Mietverhältnisses **angemessene Renovierungsfristen noch nicht abgelaufen,** hat der **Vermieter** wie bei einer Aufforderung zur Renovierung im laufenden Mietverhältnis **darzulegen und ggf. zu beweisen,** dass der dekorative Zustand schlechter ist, als er aufgrund der verstrichenen Gebrauchszeit bei vertragsgemäßer Nutzung zu erwarten gewesen wäre.[140] **75**

Auch wenn es darauf ankommt, ob das Mietobjekt tatsächlich unansehnlich ist, **streiten die Parteien** in den **Grenzfällen** nicht selten dar- **76**

[137] Bub/Treier MietR-HdB/*Emmerich* V.A Rn. 299.

[138] Vgl. OLG Düsseldorf GE 2009, 1432 = ZMR 2010, 356; LG Berlin NZM 2010, 157 und NZM 2000, 862, das allerdings in beiden Fällen auf die kurzen Fristen nach dem MMV 1976 abstellte.

[139] BGH XII ZR 84/06, GE 2008, 1556 = NZM 2008, 890 = ZMR 2009; III ZR 143/06, DWW 2008, 14 = GE 2007, 1622 = NZM 2007, 879 = WuM 2007, 684 = ZMR 2008, 30; LG Berlin GE 1998, 1149, keine Verkürzung der Regelfristen aufgrund der damit verbundenen Beweislastumkehr zu Lasten des Mieters.

[140] Bub/Treier MietR-HdB/*Emmerich* V.A Rn. 301.

über, **ob** der durch die letzte Renovierung ausgelöste **Turnus abgelaufen** war oder nicht. Auf der einen Seite versuchen manche Mieter, mit dem Verweis auf den noch laufenden Renovierungsturnus die Erneuerung der Dekoration trotz ausgeprägter Gebrauchsspuren zu vermeiden. Auf der anderen Seite ist es für manche Vermieter vor dem Hintergrund der anstehenden Neuvermietung schwierig zu akzeptieren, dass die Gebrauchsspuren immer noch im Rahmen des üblichen Verschleißes liegen und der Mieter daher nicht zur Renovierung verpflichtet ist (dazu ausführlich → Kap. 1 Rn. 208 ff.). Hier hat der **Mieter nachzuweisen,** dass er die Renovierung in angemessenen Fristen erledigte.[141] Auch wenn die Darlegungs- und Beweislast nicht mehr am Ablauf starrer Fristen festzumachen ist, ist es nach wie vor nach § 362 BGB Sache des Schuldners, die Erfüllung der ihm obliegenden Leistung zu beweisen, also des Mieters, dass er die nach längerer Mietzeit jeweils geschuldete Renovierung ausführte; hierfür spricht zudem der Umstand, dass allein dem Mieter entsprechende Angaben möglich sind.[142]

77 **Formularklauseln,** die dem **Mieter die Beweislast** für die Ausführung der letzten Renovierung auferlegen, sind daher nicht zu beanstanden.[143] Ein Verstoß gegen § 309 Nr. 12 BGB liegt darin nicht. Unter die Vorschrift fallen Beweislaständerungen zum Nachteil des Vertragspartners, nicht jedoch Beweislastregeln, die, wie es hier nach herrschender Auffassung[144] anzunehmen ist, aus gesetzlichen Bestimmungen abzuleiten sind.

78 Die bloße Behauptung regelmäßiger Renovierung reicht daher nicht aus. Der **Mieter** muss vielmehr **substantiiert darlegen und ggf. beweisen,** wann dies genau der Fall war. Weil sich die Renovierung wegen der damit verbundenen Unzuträglichkeiten oft nicht auf die gesamte Mietsache bezieht, sondern in zeitlich länger auseinander liegenden Abschnitten erfolgt, gehört dazu die Angabe, wann welche Räume dekoriert wurden. Er hat ferner vorzutragen, welche Arbeiten durchgeführt wurden, da nicht selten nur die Wände und Decken tapeziert oder angestrichen werden, während die Renovierung der Lackteile bis zur nächsten Dekoration von Wänden und Decken zurückgestellt wird. Ist dem Mieter der Nachweis gelungen, steht damit zugleich fest, dass der Vermieter Erfüllung bzw. Schadensersatz vor Ablauf des Turnus reklamiert, deren Voraussetzungen er nunmehr darlegen und beweisen muss.

b) Begründung des Schadensersatzanspruchs

79 Ist der Erfüllungsanspruch des **Vermieters** erwiesen, muss er, um zu einem Schadensersatzanspruch zu kommen, **darlegen und ggf. bewei-**

---

[141] BGH III ZR 317/97, NZM 1998, 710 = WuM 1998, 592.

[142] LG Hamburg NZM 2005, 537 = WuM 2005, 453 = ZMR 2005, 791; in Bub/Treier MietR-HdB/*Kraemer/Paschke* III. A Rn. 2609.

[143] OLG Frankfurt a. M. NZM 1998, 150.

[144] ZB Palandt/*Grüneberg* § 363 Rn. 1 mwN.

sen, dass die **Voraussetzungen des § 281 BGB** eingehalten wurden.[145] Hierzu gehören der Zugang von Leistungsaufforderung und Fristsetzung beim Einzelmieter oder bei Mitmietern an alle, die in Anspruch genommen werden, ferner dass die gesetzte Frist angemessen war, zumal wenn der Vermieter sogleich nach Fristablauf die Renovierung in eigener Regie in Angriff nahm, und schließlich die ursprüngliche Bereitschaft, eine Leistung des Mieters innerhalb der Frist anzunehmen, wenn dieser verfrühte Arbeiten von Handwerkern des Vermieters oder durch den Nachmieter substantiiert behauptet. Die Leistungsaufforderung nach § 281 Abs. 1 BGB muss zudem die nach der Auffassung des Vermieters erforderlichen, aber nicht oder nur unzureichend durchgeführten Renovierungsmaßnahmen konkret bezeichnen, damit der Mieter ersehen kann, was von ihm gefordert wird.146 Es muss also sowohl der bemängelte Ist-Zustand, als auch – jedenfalls in nachvollziehbarem Rahmen – der erwartete Sollzustand mitgeteilt werden, wobei sich letzteres häufig auch aus der Natur der Sache selbsterklärend ergeben kann (zB Streichen der Wände).[147] Reklamiert der Vermieter einen Schadensersatzanspruch **ohne** Einhaltung des **Verfahrens** nach § 281 Abs. 1 BGB, trägt er die Darlegungs- und Beweislast für dessen Entbehrlichkeit, etwa wegen Erfüllungsverweigerung seitens des Mieters.

c) Höhe des Schadensersatzanspruchs

Ist der Anspruchsgrund unstreitig oder vom **Vermieter** nachgewiesen, 80
verbleibt es immer noch bei ihm, die Höhe des eingeklagten Schadensersatzes **darzulegen und ggf. zu beweisen.** Streitigkeiten über die Höhe machen einen beträchtlichen Anteil des im Prozess zu behandelnden Konfliktstoffs aus. Reicht der Vermieter als Beleg für seinen Kostenansatz den Kostenvoranschlag eines Fachbetriebs ein, der Maße und Einzelpreise ausweisen muss,[148] hat er im Allgemeinen seiner Darlegungslast genügt. Das Gericht ist hier idR auch ohne Einholung eines Sachverständigengutachtens zur Schätzung nach § 287 ZPO befugt (→ Kap. 1 Rn. 609).[149] Es ist sodann am Mieter, hiergegen anzugehen. An einer nachvollziehbaren Kostenaufstellung fehlt es, wenn sie keinen Bezug zur Leistungsaufforderung hat, sondern pauschal nach m^2 der Wohn- bzw. Fensterfläche aufgemacht ist.[150]

---

[145] BGH VIII ZR 157/17, GE 2018, 633 = NJW 2018, 1746 = NZM 2018, 320 (mAnm *Fervers*) NZM 2018, 324 = WuM 2018, 196 = ZMR 2018, 492; KG NZM 2007, 356; Lindner-Figura/Oprée/Stellmann Geschäftsraummiete/*Pietz/Oprée* Kap. 16 Rn. 170.

[146] KG NZM 2007, 356; NJW-RR 2007, 1601 = ZMR 2007, 450; Lindner-Figura/Oprée/Stellmann Geschäftsraummiete/*Pietz/Oprée* Kap. 16 Rn. 173.

[147] Hierzu umfassend KG GE 2003, 952 = ZMR 2003, 676.

[148] KG GE 2001, 1402; LG Berlin GE 2001, 1198.

[149] BGH VI ZR 475/14, VersR 2015, 1522; VI ZR 316/11, NJW 2013, 1539 = VersR 2013, 330; VI ZR 104/19, NJW 2020, 1148; VI ZR 185/16, MDR 2018, 1374 = BeckRS 2018, 22820; I ZR 528/12, MDR 2013, 1454.

[150] AG Berlin-Schöneberg MM 2003, 299.

81 Üblicherweise bestreitet der Mieter zumindest die **Angemessenheit** der angesetzten **Preise.** Ob bloßes Bestreiten ausreicht, ist fraglich.[151] Für eine Lösung, bei der das prompte Bestreiten ins Blaue hinein unbeachtlich bleibt, ohne den Mieter unangemessen zu belasten, bietet sich eine Differenzierung an. Geht es um den Anstrich von Standardflächen, also glatten Wänden und Türen, wird dem Mieter zuzumuten sein, sich kurz bei einer oder mehreren Malerfirmen nach deren Preisen zu erkundigen, um ggf. mit dieser Information die Ansätze des Vermieters in erheblicher Weise in Frage zu stellen. Handelt es sich um aufwendigere Arbeiten, etwa in Räumen mit Stuck oder an Türen mit Verzierungen oder Kassetten, werden Malerfirmen nicht selten einigermaßen verlässliche Kostenschätzungen ohne Besichtigung ablehnen, für die sie uU eine Entschädigung verlangen, wenn keine Auftragsvergabe erfolgt. Zu einem derartigen Aufwand ist der Mieter nicht verpflichtet. Er ist ebenso nicht gehalten, sich zunächst eine sachverständige Äußerung zum Kostenvoranschlag zu besorgen, um sodann im Detail Rügen anbringen zu können. Dasselbe gilt bei beschädigten Einrichtungen und Ausstattungen, solange es um die Frage geht, ob zB eine Tür irreparabel beschädigt wurde oder ausgebessert werden konnte. Erweist sich die Erneuerung einer handelsüblichen Tür als notwendig, dürfte bei der anschließenden Frage, ob die verlangten Kosten ansetzbar sind, vom Mieter erwartet werden können, dass er sich zB in einem Baumarkt nach den üblichen Preisen erkundigt. Anders verhält es sich wiederum bei Objekten, die Besonderheiten aufweisen, so dass bei ihnen schlichtes Bestreiten genügt.

82 Bezieht sich der Vermieter zum **Beweis** der Angemessenheit auf den **Kostenvoranschlag** des von ihm eingeschalteten Fachbetriebs, genügt sein Beweisantritt nicht. Die als selbstverständlich zu erwartende Bekundung des Handwerkers, seine Preise seien für seine Arbeit angemessen, besagt nichts dazu, ob sich die Preise tatsächlich im üblichen Rahmen bewegen. Aus diesem Grund wird auch die Vorlage des Angebots eines anderen Fachbetriebs als Nachweis nicht ausreichen. Der Vermieter hat vielmehr Beweis durch Einholung eines Sachverständigengutachtens anbieten. Seine Überprüfung betrifft nicht nur die Marktüblichkeit der Preise, sondern auch, ob die angebotene bzw. berechnete Ausführungsart überhaupt notwendig ist/war oder ob kostengünstigere Alternativen zur Verfügung stehen bzw. standen.

83 Dem steht auch nicht die **schadensrechtliche Rechtsprechung des BGH**[152] entgegen, dass ein Kostenvoranschlag einer Fachfirma derart ausreichend substantiierter Parteivortrag sei, dass ein **einfaches Bestreiten** des Schädigers nicht mehr ausreiche, dem entgegen zu treten. Obwohl der (amtliche) 3. Leitzsatz der Entscheidung vom 15.10.2013 dieses als allgemein suggeriert, ergibt sich aus der Entscheidungsbegründung, dass eine derartige Vermutung für die Angemessenheit der Kosten und

---

151 Nein: Bub/Treier MietR-HdB/*Emmerich* V.A Rn. 302.
152 BGH I ZR 528/12, MDR 2013, 1454.

ihre Übereinstimmung mit den Marktpreisen nicht per se anzunehmen ist. Voraussetzung hierfür ist vielmehr, dass die Parteien ausdrücklich (oder mangels jeglicher Einigung) die übliche Vergütung (§ 632 Abs. 2 BGB) vereinbart haben. Zudem muss der Auftraggeber, hier also der Vermieter, über derart umfangreiche Sachkunde verfügen, dass er keinem Preisdiktat des Auftragnehmers unterliegt und auch kein sog. Werkstattrisiko trägt, sich also die Kosten nicht nach Übergabe an den Werkunternehmer unkontrollierbar erhöhen. Das hat der BGH in der genannten Entscheidung für die Straßenbaubehörde im Rahmen der Vergabe von Arbeiten zur Reinigung und Wiederherstellung der gefahrlosen Benutzbarkeit einer Straße wegen ausgelaufener Betriebsstoffe bejaht. Auf den durchschnittlichen Vermieter kann das in Bezug auf die Beauftragung von Renovierungsarbeiten nicht übertragen werden.

Auch bei der Geltendmachung von Ersatzansprüchen wegen unterlas- **84**
sener Schönheitsreparaturen kann der Vermieter jedenfalls dann, wenn das Mietverhältnis beendet ist (nicht aber während des laufenden Vertrages, hierzu → Kap. 1 Rn. 469) **fiktiv** abrechnen. Er muss also die Arbeiten nicht durchführen, sondern darf die ihm hierfür im Fall der eigenen Leistung anfallenden Kosten schlicht vereinnahmen. In diesem Fall kann er jedoch die auf die tatsächliche Leistungserbringung anfallende **Mehrwertsteuer nicht geltend machen.**[153] Durch die **neuere Rspr. des VII. Senats des BGH**[154] zum Verbot der Schadensbemessung nach fiktiven Mängelbeseitigungskosten bei mangelhafter Werkleistung ist hierbei **keine Änderung** eingetreten.[155] Maßgeblich für die Rechtsprechungsänderung im Werkvertragsrecht ist die Annahme, der Besteller, der den Mangel des Werks nicht behebt und somit keine Aufwendungen erbringt, erleide keinen Vermögensschaden. Auch der Mangel selbst begründe keinen solchen, sondern lediglich ein Defizit der (vormalig) vertraglich geschuldeten Leistung. Eine wertende Betrachtungsweise berge die Gefahr der Überkompensation. Das ist auf andere schadensrechtliche Ansprüche nicht übertragbar.[156] Sie fußen in der Besonderheit des Werkvertrags (häufige Beschaffenheitsvereinbarungen, Auswirkungen des Mangels auf bestellereigene Sachen, erhöhte Kosten der Mängelbeseitigung im Verhältnis zur vereinbarten Vergütung), dem somit die Gefahr

---

153 KG NJOZ 2004, 2224; *Langenberg* NZM 2002, 972; Lindner-Figura/Oprée/Stellmann Geschäftsraummiete/*Pietz/Oprée* Kap. 16 Rn. 2017; allgemein zur fehlenden Möglichkeit der Geltendmachung tatsächlich nicht angefallener Mehrwertsteuer über den Wortlaut des § 249 Abs. 1 S. 2 BGB hinaus: BGH II ZR 176/09, DWW 2011, 60 = GE 2010, 1199 = NJW 2010, 3085.

154 BGH VII ZR 46/17, NJW 2018, 1463 = NZM 2018, 345 = ZMR 2019, 463; Bestätigung auf Anfrage des V. Senats des BGH durch BGH VII ARZ 1/20, NJW 2021, 53.

155 AA *Lehmann-Richter* NZM 2018, 315 für nicht vorgenommene Schönheitsreparaturen.

156 BGH VZR 33/19, NZBau 2021, 40; OLG Frankfurt a. M. BeckRS 2019, 16069; bejahend aber für das Kaufrecht OLG Frankfurt a. M. BauR 2019, 866 = BeckRS 2019, 370; *Heinemeyer* NJW 2018, 2441; für Schönheitsreparaturen *Lehmann-Richter* NZM 2018, 315.

der Überkompensation erheblich innewohne. Für die Nichterfüllung von Schönheitsreparaturen fehlen die für das Werkvertragsrecht angeführten Besonderheiten, die eine fiktive Schadensbestimmung über die Mangelbeseitigungskosten ausschließen. Weder liegt ihnen eine besondere Beschaffenheitsvereinbarung zugrunde, weil die Ursache in der vertragsgemäßen Abnutzung nach § 538 BGB liegt, noch ist ein Missverhältnis zwischen den Kosten und den Wertvorstellungen der Parteien ersichtlich. Durch den Mieter zu leistende Schönheitsreparaturen steht zwar nach dem Ausgleichsprinzip eine Gegenleistung des Vermieters im Wege des Mietnachlasses gegenüber (→ Kap. 1 Rn. 48). Hierbei handelt es sich aber um ein rein AGB-rechtliches Verdikt bzw. eine Fiktion, die in keiner Weise konkret zu beziffern ist. Die Gefahr einer Überkompensation bei fiktiver Berechnung der Mangelbeseitigungskosten besteht auch deshalb nicht, weil der **Umfang der Schönheitsreparaturen in § 28 Abs. 4 S. 3 II. BV vorgegeben** ist. Es geht allein um allgemeine Malerarbeiten.[157] Die Liquidierung der Nichterfüllung orientiert sich somit an der gesetzlichen Regelung, der wiederum die Angemessenheit des Mietnachlasses entnommen wird, um die Umlage der Schönheitsreparaturen AGB-rechtlich zu ermöglichen. Daher handelt es sich bei den Renovierungsarbeiten gerade um **Miete iSd § 535 Abs. 2 BGB,**[158] die dem Vermieter grundsätzlich zusteht, weshalb er geschuldete Schönheitsreparaturen auch als Geldzahlung fordern kann, wenn er an der Durchführung der Arbeiten, etwa wegen Umbaus der Mietsache, kein Interesse hat (→ Kap. 1 Rn. 631).[159] Dieses Prinzip liegt auch der Quotenabgeltungsklausel zugrunde (→ Kap. 1 Rn. 313f.), die zwar in der Wohnraummiete unzulässig ist, das jedoch nicht, weil der Vermieter das Entgelt per se nicht fordern könne, sondern weil die Berechnung formularvertraglichen Anforderungen nicht genügt. Eine Überkompensationsgefahr ergibt sich auch nicht aus einer möglichen Weitervermietung ohne Mietabschlag,[160] weil sich deren Unzulässigkeit unmittelbar aus dem nach § 249 Abs. 2 BGB zu leistenden Schadensersatz ergeben muss. Spätere verhandlungsbasierte Geschäftserfolge sind ohne Relevanz.

d) Besonderheiten bei der unmittelbaren Klage auf Schadensersatz

85 Erhebt der Vermieter noch vor Ablauf der sechsmonatigen (§ 548 BGB) Verjährungsfrist für den Erfüllungsanspruch bei **noch nicht entstandenem Schadensersatzanspruch** mangels Fristsetzung gem. § 281 Abs. 1 BGB bzw. Ablauf der Frist Klage auf Zahlung von Schadensersatz, wird die Verjährung des Erfüllungsanspruchs **dennoch gehemmt.** Die Klage ist zwar zu diesem Zeitpunkt materiell unbegründet, was jedoch auf die

157 *Langenberg* NZM 2000, 1125 (1126).

158 BGH VIII ARZ 1/84, NJW 1985, 480 (482) = WuM 1985, 46.

159 BGH XII ZR 76/13, DWW 2014, 179 = GE 2014, 453 = NZM 2014, 270 = WuM 2014, 201 = ZMR 2014, 532; VIII ZR 378/03, GE 2005, 51 = NZM 2005, 58 = WuM 2005, 50 = ZMR 2005, 109.

160 Darauf abstellend *Lehmann-Richter* NZM 2018, 315 (316).

verjährungshemmende Wirkung keinen Einfluss hat. Es genügt, dass hierdurch der Rechtsverfolgungswille deutlich wird.[161] Die Rechtsprechung des BGH wird häufig dahingehend verstanden, dass hiermit die Klage auf Vornahme der geschuldeten Renovierungsarbeiten gemeint ist, mit der zusammen die Schadensersatzklage hilfsweise erhoben werden muss. Diese Konstellation lag zwar dem Urteil zugrunde. Der BGH hat aber erkennbar nicht hierauf, sondern schlicht auf die Tatsache abgestellt, dass die Schadensersatzklage überhaupt vor Ablauf der Verjährung erhoben wurde.[162] Konsequenter Weise muss der Mieter, da die Zahlungsklage zunächst unbegründet war, mit dem Eintritt der Voraussetzungen des § 281 Abs. 1 BGB für den Schadensersatzanspruch statt der Leistung die Klage gem. **§ 93 ZPO** sofort anerkennen können.[163] Das auch, wenn der Vermieter zugleich die Leistungsklage auf Vornahme der Arbeiten erhoben hat. Denn mit der Umstellung auf Schadensersatz ist er erstmals mit einer begründeten Klage konfrontiert worden. Der Vermieter kann hingegen selbst entscheiden, ob er die Leistungsklage weiterverfolgt oder auf die Zahlungsklage wechselt.

Auch, wenn der Vermieter zunächst deshalb auf Erfüllung klagt, weil **86**
er den Mieter doch noch zur Erledigung der Schönheitsreparaturen in der Befürchtung veranlassen will, einen Schadensersatzanspruch wegen dessen finanzieller Situation nicht durchsetzen zu können, hemmt die Klage die Verjährung des Schadensersatzanspruchs;[164] führt die Vornahmeklage schließlich doch nicht zum gewünschten Erfolg, der Herrichtung der Wohnung, kann er auch nach längerer Verfahrensdauer immer noch die Erklärung nach § 281 Abs. 4 BGB auf Leistung von Schadensersatz abgeben. Da mit dieser Erklärung der Anspruch auf Erfüllung ausgeschlossen ist, endet zugleich der Regelungsbereich des § 213 BGB.

Soweit der Vermieter seine Ansprüche auf einen bestimmten Schaden- **87**
fall stützt, hindert der Eintritt der Verjährung das **Auswechseln** eines bisher geltend gemachten nicht begründeten Schadenfalls durch einen bislang nicht geltend gemachten und verjährten Schadenfall;[165] dies ist kein Fall des § 213 BGB. Schließlich unterbricht die Klage auf Feststellung, dass der Mieter verpflichtet ist, jeden Schaden zu ersetzen, der dem Vermieter aus der Unterlassung von Schönheitsreparaturen und Rückbaumaßnahmen anlässlich der Beendigung des Mietverhältnisses entsteht oder entstanden ist, nicht die Verjährung solcher Ansprüche, die in der Klagebegründung nicht ausgeführt worden sind; dafür reicht die Bezugnahme auf eine der Klage beigefügte Anlage nicht aus.[166] Verbin-

---

[161] BGH XII ZR 12/13, GE 2014, 313 = NZM 2014, 242 = WuM 2014, 140 = ZMR 2014, 526; aA Blank/Börstinghaus/*Blank/Börstinghaus* § 548 Rn. 77.

[162] Vgl. auch Guhling/Günter/*Guhling* § 548 Rn. 59.

[163] Vgl. BGH V ZB 93/18, NJW 2020, 1442 (mAnm *Vossler*); OLG Frankfurt a.M. NJW-RR 1996, 62; OLG Koblenz JurBüro 2005, 490.

[164] MüKoBGB/*Ernst* § 218 Rn. 179 iVm § 213 Rn. 177 mwN.

[165] OLG Düsseldorf NJW-RR 1988, 202.

[166] OLG Hamburg ZMR 1995, 18.

det der Vermieter eine derartige Feststellungsklage oder eine Klage auf Feststellung, dass der Mieter zur Renovierung verpflichtet ist, mit einem Hilfsantrag auf Ersatz der Kosten für die Instandsetzung, wird durch diesen die Verjährung des Schadensersatzanspruchs indes gehemmt.[167]

4. Ansprüche aus Abgeltungsklauseln

88 Für die **Wohnraummiete** hat der VIII. Senat des BGH entschieden, dass Abgeltungsklauseln wegen Verstoßes gegen § 307 Abs. 1 S. 2 BGB unwirksam sind (→ Kap. 1 Rn. 313 ff.). Unklar und vom XII. Senat bislang nicht entschieden ist, ob ein Verstoß gegen das Transparentgebot auch in der **Gewerberaummiete** anzunehmen ist. Hiergegen könnte sprechen, das sich das notwendige Maß der Transparenz, welches auf einen durchschnittlichen Vertreter der potentiellen Vertragspartner abstellt, in der Gewerberaummiete an einer höheren kaufmännischen und beruflichen Erfahrung orientieren kann. Soweit Abgeltungsklauseln hier wirksam sind, gilt Nachfolgendes.

89 Häufig ergeben sich bereits **aus dem Mietvertrag Anhaltspunkte** für den dekorativen Zustand der Mietsache bei Überlassung an den Mieter, wobei es in der Praxis gelegentlich überrascht, wenn diese trotz deutlicher vorvertraglicher Abnutzungsspuren als renoviert vermietet wurden. Fehlt es hieran und hat der Mieter dargetan, dass die Mietsache unrenoviert zur Verfügung gestellt wurde, ist es **Sache des Vermieters** vorzutragen und zu beweisen, dass die von ihm geltend gemachte Quote (gleichwohl) sachgerecht ist, weil er dem Mieter einen Ausgleich zur Verfügung stellte. Macht er hierzu trotz gerichtlichen Hinweises keine Angaben, ist die Klage des Vermieters abzuweisen. Umgekehrt obliegt dem **Mieter** die Beweislast dahingehend, dass bei wirksamer Abgeltungsklausel aufgrund des Zustandes der Mietsache im Falle der Fortführung des Mietvertrages ein Renovierungsbedarf nicht oder jedenfalls nicht in dem Umfang bestehen würde, wie der Vermieter ihn basierend auf der vereinbarten Quote zugrunde legt.[168]

90 *(einstweilen frei)*

IV. Instandhaltung und Instandsetzung

1. Nichterfüllung

91 **Soweit** der **Mieter im Mietvertrag** besondere Instandhaltungs- und/oder Instandsetzungsverpflichtungen **übernahm,** ist er für deren Erfüllung darlegungs- und beweispflichtig. Da bei der Vermietung von Wohnraum selbst die individualvertragliche Auferlegung von Instandhaltungs- und Instandsetzungsarbeiten nur sehr selten wirksam ist

[167] BGH XII ZR 202/97, NZM 2000, 547; OLG Brandenburg NJOZ 2015, 490.
[168] OLG Celle WuM 2001, 393 = NZM 2001, 850 = ZMR 2001, 612.

(→ Kap. 2 Rn. 59ff.), ist die Problematik praktisch nur bei vermietetem Gewerberaum relevant.

2. Beschädigungen

Geht es um Beschädigungen der Mietsache, ist es **im Grundsatz Sache des Vermieters** darzulegen und ggf. zu beweisen, dass sie in den Verantwortungsbereich des Mieters fallen, also etwa aus der Verletzung von Obhuts- oder Sorgfaltspflichten resultieren. Der Vermieter hat zunächst den von ihm monierten **Zustand** des Mietobjekts **im Einzelnen** zu beschreiben. Wertende und pauschale Angaben sind ungenügend.[169] Wies das Mietobjekt bereits bei Übergabe Schäden auf, so muss der Vermieter diese vortragen und zugleich darlegen, welche weiteren Verschlechterungen durch den Mieter eingetreten sein sollen.[170] Hier gilt nichts Anderes als bei Ansprüchen aus unterlassenen Schönheitsreparaturen, bzw. der Darlegung von Schäden und deren Umfang im Prozess als solches. Da der Mieter nur für Veränderungen und Verschlechterungen **während der Mietzeit** einzustehen hat, gehört zu einem ordnungsgemäßem Vortrag des Vermieters jedenfalls die Behauptung, das Mietobjekt habe die angeführten Schäden im Zeitpunkt der Überlassung noch nicht aufgewiesen, aber bei dessen Rückgabe. Das wird man zwar in aller Regel bereits aus der Geltendmachung von Schäden an der Mietsache entnehmen können. Da sich der Mieter aber auch mit der Behauptung verteidigen kann, der Schaden sei bei Mietbeginn bereits vorhanden gewesen, muss der Vermieter spätestens dann seinen Vortrag entsprechend konkretisieren. Der Mieter kann ebenfalls einwenden, der Schaden habe bei Rückgabe noch nicht bestanden (dazu → Rn. 93ff.) oder er beruhe nicht auf dem Mietgebrauch (dazu → Rn. 102ff.). 92

a) Schäden aus der Mietzeit

Behauptet der Mieter, es handele sich um einen **Schaden,** der **schon bei Übergabe** des Mietobjekts vorgelegen habe, trägt der **Vermieter die Beweislast** für die Überlassung in unbeschädigtem Zustand.[171] Denn zu einem schlüssigen Vortrag, das Eigentum des Vermieters oder zumindest die von ihm zur Verfügung gestellte Mietsache sei von dem Mieter beschädigt worden, bedarf es auch der Ursächlichkeit von dessen Handeln hierzu. Das kann denklogisch nur vorliegen, wenn der Mieter zuvor eine unbeschädigte Sache erhalten hat. Ein Schadensersatzanspruch kann ihm nur zustehen, wenn das für den Mieter negative Ergebnis einer Differenzbetrachtung von Anfangs- zu Endzustand feststeht. 93

---

[169] Blank/Börstinghaus/*Blank/Börstinghaus* § 538 Rn. 5.

[170] AG Dortmund GE 2014, 1455 = NZM 2014, 826 (mAnm *Lehmann-Richter*).

[171] ZB OLG Düsseldorf DWW 2004, 67 (Ls.) = GE 2003, 1080 = NJW-RR 2004, 300; LG Freiburg WuM 2008, 334; AG Berlin-Köpenick GE 2012, 1639; Blank/Börstinghaus/*Blank/Börstinghaus* § 538 Rn. 5.

aa) Inhalt und Beweiswert des Übergabeprotokolls

94 Hier ist das **Übergabeprotokoll** für beide Parteien von großer Bedeutung, auch für den Mieter, der sich immer eine Kopie aushändigen lassen sollte, um insbesondere bei einem Vermieterwechsel eine Nachweismöglichkeit für ursprüngliche Schäden zur Hand zu haben. Ergibt sich aus dem Übergabeprotokoll, dass bestimmte **Schäden schon bei Einzug** vorhanden waren, kann der Vermieter deren Beseitigung vom Mieter nicht verlangen. Der Umstand, dass der Mieter das Mietobjekt in Kenntnis der Mängel übernahm und den Zustand damit billigte, wirkte sich dahin aus, dass er insoweit keine Gewährleistungsrechte geltend machen konnte; eine Verpflichtung, sie nun seinerseits zu beseitigen, folgt daraus nicht.

95 Sind im Übergabeprotokoll **keine Beschädigungen** vermerkt, ist streitig, ob der Vermieter damit nur ein Beweisanzeichen für den mangelfreien Zustand in Händen hat oder ob der Mieter mit nachträglichen Einwänden zum Zustand des Mietobjekts ausgeschlossen ist, was bereits zur Rechtslage für den Mieter beim Rückgabeprotokoll ausführlich behandelt wurde (→ Kap. 1 Rn. 663 ff.). Der Meinungsstreit ist hier mit umgekehrten Vorzeichen ebenso zu entscheiden. Maßgeblich ist danach die Zielrichtung eines Protokolls. Die Vertragspartei, die eine bestimmte Leistung schuldet, darf, zumal unter Vertrauensgesichtspunkten, ein Protokoll ohne Beanstandungen so verstehen, das mit ihm die Erfüllung ihrer Verpflichtungen attestiert ist. Beim Rückgabeprotokoll geht es um die Bestätigung, dass der Mieter seine Pflichten erfüllte, bei Übergabeprotokoll darum, dass der Vermieter seiner Verpflichtung entsprach, ein mangelfreies Objekt zur Verfügung zu stellen. Auf dieser Grundlage ist dem Mieter die nachträgliche Behauptung von Schäden am Mietobjekt schon bei dessen Übergabe verwehrt. Diese Folge gilt allerdings nur für ein Protokoll, das ähnlich spezifiziert und strukturiert ist wie ein ordnungsgemäßes Rückgabeprotokoll (dazu → Kap. 1 Rn. 572 ff.). Übergabeprotokolle, wie sie in der Praxis immer wieder begegnen, die neben der Überschrift *„Übergabeprotokoll"* und der Bezeichnung des Mietobjekts nur Vermerke wie *„keine Mängel"* oder insbesondere *„wird so übernommen"* tragen, haben keinen den Vermieter entlastenden Beweiswert.

96 Häufig werden Übergabeprotokolle zwischen **Vor- und Nachmieter** erstellt, ohne dass noch Dritte, insbesondere der Vermieter (oder dessen Verwalter) an ihnen beteiligt sind. Das ist der späteren Protokollwirkung und den Folgen in Bezug auf den (Nach-)Mieter, der dann bei Mietende das Nichtvorhandensein aufgeführter Schäden gegen sich geltend machen muss, nicht abträglich. Obwohl die Erklärung ursprünglich nicht gegenüber dem Vermieter abgegeben wurde (was aber ebenfalls möglich ist, wenn das Protokoll letztlich auch ihm übergeben werden soll), kann dieser sich im Prozess gegen den Mieter hierauf berufen, da aus der Natur des Protokolls deutlich wird, dass damit der Zustand der Mietsache zum Zeitpunkt der Übergabe insgesamt festgehalten worden ist.

Übergabeprotokolle können **Formularklauseln** darstellen, wenn ihr Inhalt bereits vor der Besichtigung feststand und der Mieter sie praktisch nur noch „abnicken" soll. Liegen die weiteren Voraussetzungen vor, insbesondere eine potentielle Mehrfachverwendung, kann von einer gemeinsamen und bindenden Zustandsfeststellung in aller Regel nicht mehr ausgegangen werden. **97**

Umso weniger entfalten sie Wirkung, wenn in ihnen **Renovierungspflichten des Mieters** niedergeschrieben sind, weil dann eine unwirksame Anfangs- oder Endrenovierungsklausel vorliegt. Selbst wenn es sich nicht um eine Formularvereinbarung handelt, sind strenge Anforderungen an den Rechtsbindungswillen des Mieters dahingehend zu stellen, sich neben den in dem vereinbarten Mietvertrag festgehaltenen gegenseitigen Leistungen zu der Durchführung von Arbeiten in der Mietsache zu verpflichten.[172] **98**

Wichtig und von den Parteien immer zu beachten ist, dass die Beweiswirkung des Protokolls gem. § 416 ZPO nur dann eintreten kann, wenn dieses wirksam in den Prozess eingebracht wird. Das Einreichen einer Kopie ist immer nur Parteivortrag. Gem. **§ 420 ZPO** wird der **Urkundenbeweis** überhaupt erst **angetreten,** wenn dem Gericht die **Originalurkunde vorgelegt** wird. **99**

bb) Zustandsbestimmung durch Vertragsklauseln

Der Vermieter kann seine Darlegungs- und Beweislast nicht dadurch abwenden, dass er in den Vertrag **Formularklauseln zum Anfangszustand** des Mietobjekts aufnimmt. Klauseln, wie zB **100**

„Der Mieter übernimmt die Mieträume in dem vorhandenen und ihm bekannten Zustand nach eingehender Besichtigung … als vertragsgemäß, insbesondere als in jeder Hinsicht bezugsfertig und unbeschädigt mit folgenden Ausnahmen …"

sind gem. § 309 Nr. 12b BGB **unwirksam.**[173] **Dasselbe** gilt für Klauseln, die dem Mieter eine **verbindliche Rügefrist** für offene oder verborgene Mängel setzen, anderenfalls sei das Mietobjekt als ordnungsgemäß akzeptiert.[174] Die Unwirksamkeit betrifft gleichermaßen Wohn- wie Gewerberaum, auch den kaufmännischen Verkehr.[175]

(einstweilen frei) **101**

b) Schäden aus dem Mietgebrauch

War das Mietobjekt dem Mieter **schadenfrei überlassen,** steht fest, dass die Beschädigung während seiner Mietzeit eintrat. Auch wenn da- **102**

[172] AG Dortmund GE 2014, 1455 = NZM 2014, 826.

[173] OLG Düsseldorf GE 2003, 1608 = WuM 2003, 621 = ZMR 2003, 921; LG Freiburg WuM 2008, 334; LG Osnabrück WuM 1986, 93, vgl. auch OLG Stuttgart WuM 1987, 250.

[174] BGH III ZR 141/90, NJW 1992, 575 (576); OLG Stuttgart WuM 1987, 250.

[175] *Schlemminger/Latinovic* NZM 1999, 163 (164) mwN, im Einzelnen auch zur Gestaltung von Klauseln über die umweltrechtliche Verantwortlichkeit.

mit ein gewisser **Anschein** dafür spricht, dass sie **aus dem Mietgebrauch** stammen, für dessen Folgen der Mieter allein einzustehen hat, kommen im Einzelfall auch andere Ursachen in Betracht. Zur Abgrenzung bietet es sich an, auf das **Schadensbild** abzustellen.[176]

103 Ist die konkrete **Schadensursache** zwar unbekannt, kommt jedoch nach den Umständen **nur** eine aus dem **Gefahrenbereich des Mieters** in Betracht, liegt die Beweislast sogleich beim Mieter, er muss sich in vollem Umfang entlasten.[177] Dies ist zB nicht nur in den spektakulären Fällen gegeben, in denen ein Brand die Folge des Mietgebrauchs war,[178] wenn etwa der Ausgangspunkt eines Feuers im Gastraum einer Gaststätte lag und das Feuer im nahen zeitlichen Zusammenhang mit dem Verlassen des Lokals durch Gäste und Angestellte ausbrach,[179] wenn bei einem Wohnungsbrand mit unklarer Ursache die Qualmwolken zuerst aus dem Wohnzimmer kamen, in dem das viereinhalbjährige Kind der Mieter unbeaufsichtigt spielte[180] oder wenn der Brandherd im Kinderzimmer im Bereich eines Tischventilators lag, der in der Nähe des Bettes auf dem Fußboden stand und eingeschaltet war.[181] Soweit **Fremdverursachung erkennbar in Betracht kommt,** scheidet eine Vermutung zu Lasten des Mieters hingegen aus.[182] Geht es um Schimmel und Spak, spricht etwa der Umstand nachdrücklich gegen ordnungsgemäßes Verhalten des Mieters, wenn sich hinter einem Heizkörper zB „Schimmelpickel" oder an den Innenseiten der Fensterscheiben deutliche Spuren abgelaufenen Wassers zeigen, was oft mit einer Schwärzung der Scheibenabdichtung einhergeht. Ebenso spricht es gegen ein ordnungsgemäßes Nutzerverhalten des Mieters, wenn der Heizkörper im befallenen Schlafzimmer ausweislich der Ableseprotokolle nicht oder kaum betrieben wurde oder die Daten der elektronischen Schließanlage belegen, dass ein ausreichendes Lüften nicht erfolgen konnte. Die Verwendung dieser Daten stellt zwar eine dem Erhebungszweck nicht entsprechende Verarbeitung dar, ist aber in der Regel zur Geltendmachung zivilrechtlicher Ansprüche zulässig (Art. 6 Abs. 4, 23 Abs. 1 DS-GVO iVm § 24 BDSG).[183] Allerdings ist auch in diesen Fällen die Einholung eines Sachverständigengutachtens

---

[176] Blank/Börstinghaus/*Blank/Börstinghaus* § 538 Rn. 14; Bieber/Ingendoh/*Paschke* § 11 Rn. 79.

[177] BGH XII ZR 28/96, NZM 1998, 117 = WuM 1998, 96; III ZR 336/89, NJW-RR 1991, 575; III ZR 288/74, BGHZ 66, 349 (353) = NJW 1976, 1315; OLG Karlsruhe NJW 1985, 142 = WuM 1984, 267; OLG Hamm ZMR 1988, 300; vgl. BGH XII ZR 148/06, NZM 2009, 29 zum umgekehrten Fall, dass als Schadensursache nur eine solche aus dem Obhuts- und Gefahrenbereich des Vermieters in Betracht kommt.

[178] BGH XII ZR 28/96, NZM 1998, 117 = WuM 1998: Undichter Hydraulikölschlauch in der Anlage des Mieters.

[179] OLG Hamm ZMR 1988, 300.

[180] LG Mannheim DWW 1995, 286.

[181] OLG Hamm ZMR 1997, 21.

[182] OLG Koblenz NZM 2010, 880; AG Dortmund GE 2014, 1455 = NZM 2014, 826 (mAnm *Lehmann-Richter*).

[183] Näher *Zehelein* NJW 2020, 1572 (1574).

dahingehend, ob der bauliche Zustand der Mietsache nicht zumindest mitursächlich ist (→ Rn. 104), notwendig. Denn eine Alleinursächlichkeit aus der Sphäre des Mieters kann hierüber nicht festgestellt werden.

Handelt es sich um Schäden, die **sowohl** durch den **Mietgebrauch als** 104
auch durch andere, **vom Mieter unabhängige Gründe** veranlasst sein können, muss der **Vermieter beweisen,** dass die Schadensursache aus dem Obhutsbereich des Mieters stammt.[184] Diese Nachweispflicht erfüllt der Vermieter dadurch, dass er eine Schadensursache aus seinem Pflichtenkreis ausschließt; ebenso muss er eine Verursachung durch andere Mieter oder Dritte ausschließen.[185] Letzteres jedenfalls dann, wenn außer dem Mieter noch andere Personen in Betracht kommen. Bei Schimmelbildungen ist das hingegen nicht der Fall. Die Beweisregel des § 538 BGB ist nicht anzuwenden, wenn sich nach dem Sachverhalt kein im Mietgebrauch liegendes Risiko verwirklicht hat.[186] Während es im Allgemeinen für den Vermieter ohne sonderliche Schwierigkeiten möglich ist nachzuweisen, dass der Schaden nicht auf der Einwirkung anderer Mieter oder sonstiger Dritter beruht, erfordert der Beweis, dass bauseitige Ursachen ausscheiden, nicht selten einigen Aufwand bis hin zu einem Sachverständigengutachten.

Insbesondere wenn es um die **Instandsetzung nach** Befall des Mietob- 105
jekts mit **Schimmel und Spak** geht, bedarf es einer besonders hohen Qualifikation des Sachverständigen. Oberflächliche Gutachten sind nicht nur teuer, sondern ärgerlich. Es genügt nicht, dass der Sachverständige die Räumlichkeiten in Augenschein nimmt und keine bauseitigen Besonderheiten vermerkt. Ohne Feststellung des Wärmedurchlasswiderstands der Wände, von geometrischen Wärmebrücken und des Zustands der Fassade, zB von Rissen oder der Wasseraufnahmefähigkeit der Fugen, sind verlässliche Aussagen kaum möglich. Selbst öffentlich bestellte und vereidigte Sachverständige beschränken sich gelegentlich auf die Angabe, es seien keine Anhaltspunkte für von außen eindringende Feuchtigkeit gegeben. Dieses Ergebnis ihrer Untersuchung ist zwar in aller Regel richtig, besagt indes nichts Abschließendes über die Schadensursache. Auch wenn Feuchtigkeit nicht nach innen durchschlägt, reduziert sie den Wärmedurchlasswiderstand der Außenwand und begünstigt dadurch die Bildung von Schimmel und Spak.

Häufig reichen Vermieter in den Verfahren **Privatgutachten** ein. Diese 106
sind zwar nur Parteivortrag, können jedoch derart qualifizierten Parteivortrag darstellen, dass der Mieter diesen nur durch konkretes Eingehen auf die Feststellungen der Gutachten selbst oder die Vorlage eines eigenen Gutachtens entgegnen kann. Erfolgt das nicht, ist die Beweisaufnahme nicht mehr erforderlich. In der Praxis beschränken sich die Ver-

[184] BGH XII ZR 188/92, WuM 1994, 466, dazu kritisch *Pauly* WuM 1997, 475.

[185] ZB BGH III ZR 28/04, NZM 2005, 100; XII ZR 71/01, NZM 2005, 17; XII ZR 188/92, WuM 1994, 466.

[186] BGH XII ZR 188/92, WuM 1994, 466; III ZR 31/91, NJW 1992, 683 (686).

mieter jedoch in aller Regel bereits aus Kostengründen darauf, günstige, aber sehr oberflächliche Gutachten einzureichen, die insbesondere für eine Entlastung mangels Untersuchung der Bausubstanz nicht ausreichen. Das mag den Parteien für eine Einschätzung ihrer prozessualen Chancen dienen, kann aber die Einholung eines gerichtlichen Sachverständigengutachtens nicht ersetzen.[187] Das auch aus dem Grunde, weil häufig wechselseitige Ursachen vorliegen, die eine **Langezeitmessung** erforderlich machen.

107 Erst wenn dem **Vermieter** der **Beweis gelungen** ist, dass eine bauseitige Schadensursache ausscheidet, greift die Beweisregelung des § 538 BGB ein mit der Folge, dass nunmehr der Mieter den vollen Beweis dafür erbringen muss, dass die Ursache nicht in seinem Gefahrenbereich gesetzt wurde oder er sie nicht zu vertreten hat.[188] Diese Beweislastverteilung gilt unabhängig davon, welche Art von Anspruch der Vermieter geltend macht und welche Rolle die Vertragsparteien im Prozess einnehmen.[189]

108 **Gelingt dem Vermieter der Ausschluss** einer außerhalb des Mietgebrauchs liegenden Schadensursache **nicht** oder ist die **Ursache nicht aufklärbar,** so haftet der Mieter nicht.[190] In der Praxis ist diese Beweislastverteilung daher sehr oft von streitentscheidender Bedeutung.[191] Es geht zulasten des Vermieters, wenn offen bleibt, ob

- Feuchtigkeitsschäden bauseitig oder durch die Art der Nutzung bedingt waren,[192]
- Dekorationsschäden infolge mangelhafter Beheizung auf technischem Verschleiß einer Gasetagenheizung oder unsachgemäßem Gebrauch der Anlage durch den Mieter beruhten,[193]
- ein Brand durch das Verhalten des Mieters oder einen Kurzschluss in der zum Heizkessel führenden Elektroleitung verursacht wurde,[194]
- ein Frostschaden auf das Unterlassen erforderlicher und zumutbarer Vorkehrungen des Mieters oder den Ausfall einer außerhalb des Mietobjekts installierten Heizungsanlage zurückzuführen war,[195]
- ein Riss in der Glasscheibe des Wohnzimmerfensters auf einem thermischen Glasbruch (Spannungsriss) oder Einwirkung des Mieters beruhte[196] oder

---

[187] LG Dessau-Roßlau ZMR 2009, 38.
[188] BGH XII ZR 28/96, NZM 1998, 117; KG GE 2010, 1267 = ZMR 2011, 33.
[189] BGH III ZR 288/74, BGHZ 66, 349 (353) = NJW 1976, 1315.
[190] Vgl. zB BGH XII ZR 71/01, NZM 2005, 17.
[191] Vgl. *Lammel* ZMR 1990, 41.
[192] ZB LG Berlin GE 2014, 1008; LG Dortmund ZMR 2013, 718; LG Düsseldorf WuM 1992, 187; LG Bochum DWW 1991, 188; AG Osnabrück WuM 2014, 137; AG Brandenburg NJOZ 2011, 1932.
[193] Vgl. LG Berlin ZMR 1992, 302.
[194] LG Frankfurt a. M. WuM 1996, 535.
[195] OLG Hamm WuM 1996, 470.
[196] AG Münster WuM 2010, 415.

– wie es zu einem von der Herdplatte ausgehenden Brand kam, wenn der Vermieter deren Sicherung zunächst entfernt hatte.[197]

Die **Abwälzung der Erhaltungslast** auf den Mieter führt nicht zu einer generellen Veränderung der Beweislast. Da die Überbürdung formularvertraglich nur insoweit zulässig ist, als die Schäden dem Mietgebrauch bzw. der Risikosphäre des Mieters zuzuordnen sind (→ Kap. 2 Rn. 40), bleibt es für außerhalb dieses Rahmens liegende Schadensursachen bei der Zuständigkeit des Vermieters; diese würde ausgehebelt, wenn die Beweislast insgesamt den Mieter treffen würde. **109**

Häufig ergeben die Ermittlungen der Sachverständigen das **Zusammenwirken bauseitiger und nutzerbedingter Gründe** in der Weise, dass jeder für sich genommen den Schaden nicht ausgelöst hätte, ihr Zusammentreffen jedoch ursächlich war. In derartigen Fällen ist – so, bzw. soweit eine Langzeitmessung keine genaueren Erkenntnisse herbeiführt – der jeweilige Anteil an der Entstehung des Schadens gem. § 287 ZPO zu schätzen.[198] Vermieter und Mieter haben sich die notwendigen Instandsetzungskosten folglich in dem entsprechenden Umfang zu teilen. **110**

Steht fest, dass der Schaden bei Übergabe an den Mieter noch nicht vorlag und auch nicht während der Mietzeit durch den Vermieter verursachet wurde, behauptet der Mieter nicht selten, die Schäden seien erst **nachträglich** eingetreten. Steht das Mietobjekt **nach der Rückgabe** bis zur Neuvermietung **einige Zeit leer,** kommt es entscheidend darauf an, ob der Mieter selbst noch Zutritt zum Objekt hatte oder Dritte, deren Verhalten er sich zurechnen lassen muss. Fehlt es hieran, trifft den Vermieter die Darlegungs- und Beweislast, wie es gleichwohl zur Schadensverursachung durch den Mieter gekommen sein soll. Wurde dem Mieter jedoch zB ein Schlüssel belassen, um noch einige Gegenstände auszuräumen, und existiert ein Rückgabeprotokoll, das keine oder jedenfalls nicht die streitigen Schäden ausweist, hat sich der Mieter zu entlasten. Liegt kein Rückgabeprotokoll vor, wird es Sache des Mieters sein, darzulegen und ggf. zu beweisen, dass die Schäden bei Mietende noch nicht vorlagen und auch in der Zwischenzeit nicht von ihm verursacht wurden; die Problematik begegnet in der Praxis gelegentlich, wenn zB ein leeres Mietobjekt Handwerkern als Lager- und Aufenthaltsraum zur Verfügung gestellt wurde. **111**

3. Schadensersatz

Soweit dem Mieter bei Mietende die **Verletzung eines Erfüllungsanspruchs** vorzuwerfen ist (vgl. → Kap. 2 Rn. 109 ff.), muss der Vermieter erst einen Schadensersatzanspruch gesondert **nach Maßgabe des § 281** **112**

---

[197] OLG Düsseldorf WuM 2002, 489.

[198] OLG Düsseldorf ZMR 1987, 460; Bub/Treier MietR-HdB/*Kraemer/von der Osten/Schüller* III. A Rn. 2371 f.; *Lammel* ZMR 1990, 41 (44); *Pauly* WuM 1997, 474 (476).

BGB begründen. Die entsprechenden Voraussetzungen hat der Vermieter daher, ebenso wie die Angemessenheit der Höhe des reklamierten Schadens, darzulegen und ggf. zu beweisen.

113 Ein erhebliches Problem besteht für **Vermieter,** die nach Rückgabe der Mietsache **Beschädigungen** durch den Mieter geltend machen, dann, wenn die **Schönheitsreparaturenklausel unwirksam** ist oder die Erhaltungslast von vorneherein nicht auf den Mieter abgewälzt wurde. Könnte der Vermieter in diesem Fall sämtliche Kosten für die Instandsetzung (Renovierung) geltend machen, wäre er überkompensiert. Da er die Instandhaltungslast nach § 535 Abs. 1 S. 2 BGB trägt, gehen sämtliche **Veränderungen und Verschlechterungen der Mietsache iSd § 538 BGB zu seinen Lasten.** Diese Kosten, die er an sich hätte aufbringen müssen, hätte er dann **erspart.** Die Situation ist ähnlich der Vorschadensproblematik bei Verkehrsunfällen.[199] Sie müssen daher aus dem Schadensersatz herausgerechnet werden, wozu der Vermieter vorzutragen hat. Zwar obliegt es an sich dem Schädiger, darzulegen, dass Vorschäden vorhanden waren. Das ist jedoch einerseits dann anders, wenn der Sachverhalt nach allgemeiner Lebenserfahrung dieses annehmen lässt. Hiervon ist bei einer Mietdauer von mindestens zwei Jahren in aller Regel auszugehen, insbesondere bei der Nutzung durch mehrere Personen oder Familien. Andererseits ist der Vermieter im Fall einer unwirksamen Schönheitsreparaturenklausel an in dieser vorhandene **Renovierungsfristen gebunden.** Das auch unabhängig davon, ob sie (unzulässig) starr oder weich gefasst sind, weil hinsichtlich der Schadenshöhe in beiden Fällen nach Fristablauf der Gegenbeweis geführt werden muss. Im Rahmen der §§ 306 ff. BGB folgt das daraus, dass sich der Verwender einer Formularklausel gem. **§ 242 BGB nicht auf deren Unwirksamkeit berufen kann.**[200] Jedenfalls die Fristen bleiben also insoweit, nunmehr zu Lasten des Vermieters, wirksam. Im Anwendungsbereich der **EU-Klausel-Richtlinie** (→ Rn. 65) statuiert Art. 6 Abs. 1 RL 93/13/EWG hingegen alleine die Unverbindlichkeit für den Verbraucher. Die Wirkung erfasst also nur die Rechte des Gewerbetreibenden sowie Pflichten des Verbrauchers, nicht aber umgekehrt die Rechte des Verbrauchers und die Pflichten des Gewerbetreibenden.[201] Daher ist zwar derjenige Teil der Klausel, nach dem die Schönheitsreparaturen auf den Mieter abgewälzt werden, unwirksam mit der Folge, dass der Vermieter für diese zuständig ist.[202] Die Fristenregelung bleibt jedoch in dem Vertrag weiterhin gültig und bindet somit diesen, was auch mit der Zielsetzung des Art. 7 RL 93/13/EWG, dass der Verwendung missbräuchlicher Klauseln durch

[199] ZB OLG Celle SVR 2017, 424; KG r+s 2015, 571; OLG Köln NZV 2013, 445.

[200] BGH VII ZR 49/15, NJW 2016, 1572 = NZM 2016, 364 = ZMR 2016, 660.

[201] Grabitz/Hilf/*Pfeiffer,* Das Recht der Europäischen Union, 40. Aufl. 2009, Art. 6 Rn. 5.

[202] BGH VIII ZR 163/18, GE 2020, 1037 = NZM 2020, 704 (mAnm *Zehelein*) = WuM 2020, 554; VIII ZR 270/18, DWW 2020, 251 = GE 2020, 1041 = NZM 2020, 710 = WuM 2020, 559 (mAnm *Wiek*) = ZMR 2020, 928.

einen Gewerbetreibenden, die er mit einem Verbraucher schließt, *„ein Ende gesetzt wird"*, korrespondiert. Soweit diese Fristen daher bei Rückgabe der Mietsache verstrichen sind, muss der Vermieter hinsichtlich des Schadensersatzanspruchs wegen Beschädigungen der Mietsache schon aus diesem Grunde darlegen und beweisen, welche Instandhaltungskosten er ohnehin getragen hätte.

V. Rückbau

Veränderte der **Mieter** das Mietobjekt durch Ein-, Aus- und Umbauten oder die Anbringung von Einrichtungen, ist er grundsätzlich spätestens bei Mietende aufgrund der Räumungspflicht zum Rückbau verpflichtet. Macht er hiervon abweichend geltend, er sei zur Rückgabe der Mietsache in dem zuletzt vorhandenen Zustand berechtigt gewesen, trägt er **im Regelfall** die **Darlegungs- und Beweislast.**[203] Dies gilt im Grundsatz auch dann, wenn der Vermieter seine Zustimmung zu der Veränderung erteilte, da der Verbleib dieser nach der Beendigung des Mietverhältnisses einer separaten Genehmigung bedarf. Handelte es sich jedoch um erhebliche Veränderungen, insbesondere solche, die zu einer auf Dauer angelegten Wertverbesserung des Mietobjekts führten und denen der Vermieter ohne Vorbehalt zustimmte, darf der Mieter einen schlüssigen Verzicht auf den Rückbau annehmen (hierzu ausführlich → Kap. 3 Rn. 75 ff.). **Behauptet der Vermieter** in derartigen Fällen zur Durchsetzung seines Rückbauverlangens, er habe einen **Rückbauvorbehalt** angebracht, trägt er insoweit die Darlegungs- und Beweislast.[204] **114**

Dem Vermieter steht primär der Rückbauanspruch aus Vertrag oder jedenfalls aus § 546 Abs. 1 BGB zu. Will er neben diesem Erfüllungsanspruch zu einem **Schadensersatzanspruch** kommen, muss er daher wiederum nach **§ 281 BGB** verfahren, was er substantiiert vorzutragen und bei Bestreiten des Mieters zu beweisen hat. **115**

VI. Ersatz von Mietausfall

1. Begründung des Anspruchs

Kommt der Mieter nach der Beendigung des Mietverhältnisses seinen Pflichten nicht oder jedenfalls nicht rechtzeitig nach, indem er die **Mietsache verspätet herausgibt** oder seine **Räumung-, Renovierungs- oder Rückbaupflicht nicht ordnungsgemäß erfüllt,** kann das zur Folge haben, dass der Vermieter erst später eine Weitervermietung vornehmen kann. Hierbei entsteht ihm in der Zwischenzeit ein Mietausfallschaden. Diesen kann er unter bestimmten Voraussetzungen ganz oder jedenfalls **116**

203 OLG Düsseldorf DWW 2012, 92 = ZMR 2012, 438; KG GE 2007, 217 = ZMR 2007, 194.

204 LG Münster WuM 1999, 515.

teilweise von dem Mieter ersetzt verlangen. Der ersatzfähige Schaden erfasst jedoch, so an sich vertraglich vereinbart, **keine Umsatzsteuer,** weil der Schadensersatzanspruch keine Entgeltleistung iSd § 1 Abs. 1 Nr. 1 UstG ist.[205]

a) Grundsätze

117 Der Schadensersatzanspruch basiert nicht auf § 546a Abs. 1 BGB. Es handelt sich hierbei nicht um eine Anspruchsgrundlage auf Schadensersatz, sondern alleine eine Regelung zur Leistung von Wertersatz. Auch § 546a Abs. 2 BGB ist keine Anspruchsgrundlage, sondern besagt lediglich, dass es sich bei § 546a BGB nicht um eine abschließende Vorschrift für die Ansprüche des Vermieters gegen den Mieter, der die Mietsache nicht rechtzeitig zurückgibt, handelt. Vielmehr sind Schadensersatzansprüche hiervon unberührt.[206] In aller Regel basiert der Mietausfallschaden daher auf der verspäteten Leistung durch den Mieter und stellt daher einen **Verzugsschaden** nach §§ 280 Abs. 3, 286, 249 BGB dar.[207] Da dieser bereits in dem Moment eintreten kann, in dem der Mieter entgegen seiner Pflicht nicht leistet, kann er geltend gemacht werden, während der Vermieter die Leistungen (zB Rückbau, Durchführung geschuldeter Schönheitsreparaturen) noch von ihm einfordert, bzw. diese durchgeführt werden. Der Verzugsschaden steht hier neben dem der Leistungspflicht selbst. Er kann daher schon entstehen, obwohl die Voraussetzungen des § 281 Abs. 1 BGB (hinsichtlich eines Schadensersatzes durch die Nichterbringung der Arbeiten selbst, also die hierfür durch den Vermieter aufzuwendenden Kosten) noch nicht vorliegen.[208]

118 Der Mietausfallschaden kann sich auch als **Kündigungsfolgeschaden** darstellen.[209] Das kommt dann in Betracht, wenn der Vermieter wegen Pflichtverletzungen des Mieters die fristlose Kündigung des Mietverhältnisses ausgesprochen hat. Hier entgehen ihm zunächst die Mieteinnahmen durch den gekündigten Mieter selbst ab der Beendigung des Mietverhältnisses (so diese nicht durch die Nutzungsentschädigung des § 546a Abs. 1 BGB bis zur Rückgabe kompensiert werden). Meist braucht es gerade in diesen Fällen, da die Beendigung des Mietverhältnisses nicht planbar war und der Vermieter sich also nicht frühzeitig um einen Nachmieter bemühen konnte, eine gewisse Zeit bis zur Weitervermietung. Der Mietausfall folgt hier direkt aus **§ 280 Abs. 1 BGB,** ohne dass die Voraussetzungen des § 281 Abs. 1 BGB oder des Verzuges vorliegen

[205] BGH XII ZR 120/16, GE 2018, 450 = NZM 2018, 333 = NJW-RR 2018, 714 = ZMR 2018, 663.

[206] LG Bochum NJOZ 2019, 1246; Schmidt-Futterer/*Streyl* § 546a Rn. 75.

[207] BGH III ZR 326/09, GE 2010, 1265 = NZM 2010, 815 = WuM 2010, 632 = ZMR 2011, 22.

[208] BGH III ZR 169/12, NJW 2013, 2959 (Schadensersatz neben der Leistung dort mangels Anwendbarkeit des § 286 Abs. 1 BGB im Ergebnis verneint).

[209] BGH XII ZR 120/16, GE 2018, 450 = NZM 2018, 333 = NJW-RR 2018, 714 = ZMR 2018, 663.

müssen. **Nachfolgend** wird jedoch ausschließlich der Mietausfallschaden bei Verzug mit der Rückgabe, insbesondere wegen Unterlassung oder **Verzug** mit der Rückbaupflicht des Mieters oder sonstiger Instandsetzungsmaßnahmen behandelt. Dabei kann jedoch in wesentlichen Aspekten auch auf die Rechtsprechung zum Kündigungsfolgeschaden zurückgegriffen werden, soweit schadensrechtlich keine Unterschiede bestehen.

b) Anspruchsvoraussetzungen: Pflichtverletzung/Verzug

Während sich bei dem Kündigungsfolgeschaden der Ausfall der Miet- **119**
einnahmen als unmittelbare Folge der Pflichtverletzung des Mieters darstellt und daher direkt ersatzfähig ist, muss sich der Mieter, der Mieter lediglich seinen Pflichten aus § 546 Abs. 1 BGB nicht nachkommt, im Verzug befinden, damit der Schadenersatzanspruch nach §§ 286, 249 BGB greift (vgl. hierzu → Kap. 1 Rn. 645).[210]

c) Darlegungsumfang und Beweislast

Zur Begründung eines Mietausfallschadens wegen Verzugs mit der **120**
Rückgabe ist in schlüssiger Weise vorzutragen, dass die frühere Vermietung **infolge des Zustands** des Mietobjekts nicht möglich war. Der Vermieter muss daher einen **konkreten Mietausfall** darlegen. Hierzu gehört grundsätzlich die Angabe, welcher Interessent deshalb von der Anmietung absah.[211] Der Vermieter hat darzutun, wann, an wen und zu welchem Mietzins er das gesamte Mietobjekt oder zumindest Teile davon bei Rückgabe in ordnungsgemäßem Zustand hätte vermieten können.[212] Diese Darlegungslast trifft den Vermieter, der Mietausfall infolge verspäteter Rückgabe des Mietobjekts reklamiert,[213] ebenso wie denjenigen, der Mietausfall wegen unterlassener Schönheitsreparaturen oder Beschädigungen[214] geltend macht. Der vorgenannte Grundsatz bedarf jedoch einer **differenzierten Handhabung,** indem sowohl der Zeitraum, für den der Mietausfall beansprucht wird, wie auch die Marktlage in die Beurteilung einbezogen werden. Es sind mehrere Varianten zu unterscheiden.

d) Mietausfall im ersten Monat nach geschuldeter Räumung

Geht es beim Mietausfall um den ersten Monat nach dem Datum der **121**
geschuldeten Räumung und Herausgabe des Mietobjekts durch den Mie-

[210] BGH XII ZR 120/16, GE 2018, 450 = NZM 2018, 333 = NJW-RR 2018, 714 = ZMR 2018, 663.

[211] OLG Brandenburg GE 2014, 252 = ZMR 2014, 28; KG BeckRS 2002, 30248926; OLG Hamburg WuM 1990, 77; LG Duisburg BeckRS 2013, 19349; LG Hamburg ZMR 2004, 37; LG Berlin GE 2001, 210; *Horst* DWW 2008, 332; Bub/Treier MietR-HdB/*Emmerich* V.A Rn. 221; *Sternel* II Rn. 451.

[212] BGH III ZR 326/09, GE 2010, 1265 = NZM 2010, 815 = WuM 2010, 632 = ZMR 2011, 22; OLG Brandenburg ZMR 2020, 642 = BeckRS 2020, 4929; GE 2014, 460 = ZMR 2014, 719.

[213] BGH XII ZR 154/97, NZM 2000, 183.

[214] AG Berlin-Lichtenberg BeckRS 2010, 17909.

ter, sind die vorstehenden Darlegungsgrundsätze **nur im Regelfall** anzuwenden. Denn zugleich trägt der Vermieter immer das Anschlussvermietungsrisiko.[215] Es ist nicht selten festzustellen, dass der Vermieter noch keinen Anschlussmietvertrag sogleich für die Zeit nach Mietende und Auszug des Vormieters abschloss oder jedenfalls keinen festen Interessenten an der Hand hatte, der sogleich das Mietobjekt übernommen hätte; Letzteres wird zwar immer wieder behauptet, bleibt aber unsubstantiiert, solange nicht im Einzelnen vorgetragen wird, dass die wesentlichen Vertragskonditionen, vor allem Mietbeginn und Miethöhe, schon mit ihm abgestimmt waren. Hintergrund für das Verhalten des Vermieters ist häufig die Sorge, dass er das Mietobjekt wegen seines Zustands nicht nahtlos weiter überlassen kann, so dass es ihm darum geht, Auseinandersetzungen mit dem Nachfolger und etwaige Ersatzansprüche zu vermeiden. Steht aber bei fristgemäßer Räumung durch den Mieter kein Nachfolger bereit, kann sich der Zustand des Mietobjekts (noch) nicht auf den Mietausfall auswirken. Ob für den Regelfall von der Möglichkeit der sofortigen Weitervermietbarkeit auszugehen ist, ist demgegenüber irrelevant.[216] Dies gilt auch, wenn ein erheblicher Nachfrageüberhang besteht, wie zum Teil in Ballungsgebieten jedenfalls bei Wohnraum, der für breite Bevölkerungskreise erschwinglich ist; bei dieser Marktlage scheitert die Neuvermietung in aller Regel nicht am Zustand der Wohnung, da die Mietinteressenten mehr daran interessiert sind, überhaupt eine Wohnung zu erhalten, als an deren Zustand bestimmte Anforderungen zu stellen. Gleichwohl fehlt es an der Kausalität zwischen dem Mietausfall und der Pflichtverletzung des Mieters.

122 Eine **Ausnahme** wird für den Fall anzunehmen sein, dass der Vermieter in engem zeitlichem Zusammenhang mit dem Ende des Mietverhältnisses eine **Vorbesichtigung** durchführte und dabei eine erhebliche Renovierungsbedürftigkeit feststellte. Liegt es nahe, dass der Mieter kaum in der Lage ist, das Mietobjekt rechtzeitig in einen fachgerecht dekorierten Zustand zu versetzen, dürften dem Vermieter von vornherein aussichtslos erscheinende Vermietungsbemühungen nicht zuzumuten sein; dies gilt zumal dann, wenn das Zahlungsverhalten des Mieters während des Mietverhältnisses gelegentliche wirtschaftliche Schwierigkeiten vermuten ließ, so dass die Einschaltung mehrerer Fachhandwerker zur zügigen Erledigung der Renovierung nicht zu erwarten ist. Kommt noch das Bestehen einer gewissen Angebotsknappheit hinzu, wird die Angabe abgesprungener Interessenten nicht nötig sein, um Mietausfall sogleich beanspruchen zu können. Zumindest spricht hier, wie bei dem Kündigungsfolgeschaden, die **Beweiserleichterung aus § 252 S. 2 BGB** für den

[215] BGH III ZR 307/08, GE 2009, 1309 = NZM 2009, 779 = WuM 2009, 587 = ZMR 2010, 94.

[216] AA LG Frankfurt a. M. NZM 2000, 1177 = ZMR 2000, 763 unter Bezugnahme auf OLG Frankfurt a. M. NJWE-MietR 1997, 273 = ZMR 1997, 552.

Vermieter,[217] die zu seinen Gunsten im Rahmen des § 287 ZPO berücksichtigt werden kann.[218] Um sie eingreifen zu lassen, hat der Vermieter allerdings greifbare Ausgangs- oder Anknüpfungstatsachen vorzutragen und ggf. zu beweisen, anhand derer beurteilt werden kann, mit welcher Wahrscheinlichkeit der geltend gemachte entgangene Gewinn erzielt worden wäre.[219]

Es ist daher auch erforderlich darzulegen, dass er überhaupt **gewillt** 123
war, das Mietobjekt sogleich weiter zu vermieten, wenn es sich denn bei Rückgabe in ordnungsgemäßem Zustand befunden hätte.[220] Leerstand aufgrund einer zB willkommenen Sanierungsmöglichkeit darf nicht zulasten des Mieters gehen. Ebenfalls zu berücksichtigen ist, ob der Vermieter aufgrund von Verschlechterungen der Mietsache, die der Mieter nicht zu vertreten hat, weil sie auf vertragsgemäßem Gerbrauch beruhen – und nicht von den Schönheitsreparaturen erfasst sind – oder durch äußere Umstände bedingt sind, zugleich auch **eigene Renovierungsarbeiten** durchführen musste. Dann wäre eine unmittelbare Weitervermietung bereits aus diesem Grunde nicht möglich gewesen und die Pflichtverletzung des Mieters ist, jedenfalls insoweit, nicht kausal für den Mietausfall.

e) Mietausfall in Folgemonaten

Abweichend von dem oben beschriebenen Grundsatz wird es sich ver- 124
halten, wenn es um den **Mietausfall ab dem Beginn des zweiten Monats nach Räumung** geht. Sah der Vermieter von einer unmittelbaren Anschlussvermietung ab, weil er eine Rückgabe der Mietsache in nicht ordnungsgemäßem Zustand befürchtete, und war seine Befürchtung, wie sich bei der Herausgabe des Mietobjekts zeigte, begründet, muss er auch ohne Nachweis abgesprungener Interessenten für eine gewisse Zeit Ersatz des Mietausfalls verlangen können. Dieser Zeitraum wird vom tatsächlichen Zustand des Mietobjekts und den Marktverhältnissen bestimmt. Sind Mietobjekte der jeweiligen Art sehr nachgefragt, wofür das Bestehen einer Rechtsverordnung nach § 556d Abs. 2 S. 2 BGB ein Indiz darstellen kann, ist davon auszugehen, dass es dem Vermieter bei ordnungsgemäßem Zustand des Mietobjekts unschwer möglich gewesen wäre, jedenfalls ab dem folgenden Monatsersten weiter zu vermieten. Der Mieter schuldet daher Ersatz des Mietausfalls bis zum zügigen Abschluss der Renovierung. Sind die Räume nach der Renovierung zügig weiter vermietet worden, spricht zudem ein Anschein dafür, dass dies

---

[217] ZB BGH IX ZR 149/15, GE 2016, 1501 = NJW 2017, 1600 (mAnm *Söns*) = NZM 2017, 68 = WuM 2016, 752; III ZR 326/09, NZM 2010, 815; KG BeckRS 2002, 30248926; LG Berlin WuM 2016, 279 = BeckRS 2016, 7972; Bub/Treier MietR-HdB/*Emmerich* V.A Rn. 158; Lindner-Figura/Oprée/Stellmann Geschäftsraummiete/*Pietz/Oprée* Kap. 16 Rn. 131.

[218] *Kraemer* NZM 2003, 417 (423).

[219] BGH III ZR 326/09, NZM 2010, 815; OLG Brandenburg GE 2014, 460 = ZMR 2014, 719.

[220] Vgl. LG Siegen WuM 2000, 18.

auch zu einem früheren Zeitpunkt möglich gewesen wäre.[221] Aber auch, wenn kein Nachfrageüberhang besteht, sondern sogar eher ein Überangebot, ist es dem Vermieter dann nicht zuzumuten, mit dem noch nicht renovierten Objekt auf den Markt zu gehen, wenn er es renoviert weiter vermieten will. Das Korrektiv zu überzogenen Vorstellungen des Vermieters oder seiner Zögerlichkeit bildet stets seine Schadensminderungspflicht. Schließlich spielt auch die Höhe der für die Neuvermietung in Aussicht genommenen Miete eine Rolle. Übersteigt sie die bisherige deutlich, wird er eher darzulegen haben, welcher bestimmte Interessent zu den neuen Konditionen angemietet hätte, oder sich eine Kürzung seines Anspruchs für die Zeit gefallen lassen müssen, in der die Neuvermietung an seinen hohen Mietvorstellungen scheiterte, zumal wenn er sie später reduzierte.

125 *(einstweilen frei)*

2. Schadensminderungspflicht des Vermieters

126 Zu den sachlichen Auswirkungen der Schadensminderungspflicht des Vermieters ist auf die Darstellung unter → Kap. 1 Rn. 651 ff. zu verweisen. Erscheint dem **Mieter** der Zeitraum, für den der Vermieter Mietausfall reklamiert, insgesamt oder teilweise zu lang, muss er die **Tatsachen beibringen und ggf. beweisen,** aus denen sich der Verstoß des Vermieters gegen seine Schadensminderungspflicht ergibt.[222] Es genügt nicht, mit Nichtwissen zu bestreiten, dass es dem Vermieter nicht möglich gewesen sei, zu einer früheren oder günstigeren Neuvermietung zu kommen. Trägt der Vermieter vor, er habe sich um möglichst schnelle Anschlussvermietung zu jedenfalls demselben Mietzins wie zuvor bemüht, lässt der Mieter durch sein schlichtes Bestreiten den entsprechenden Sachvortrag des Vermieters sogar unstreitig werden.[223]

127 Der Mieter muss mithin vortragen und ggf. beweisen, weshalb die Bemühungen des Vermieters zur Anschlussvermietung als solcher und – bei der Neuvermietung zu geringerer Miete – zu einer Vermietung zum bisherigen Mietzins nicht ausreichend waren. Die **Problematik für den Mieter** besteht darin, dass ihm die **Umstände in der Sphäre des Vermieters** gemeinhin **unbekannt** sind. Die **Lösung** erfolgt **in drei Schritten.** Zunächst ist es Sache des Mieters, die Voraussetzungen seines Einwandes aus § 254 Abs. 2 BGB darzulegen. Er hat mithin substantiiert zB vorzutragen, dass für vergleichbare Mietobjekte zum ursprünglichen Mietzins eine ausreichende Nachfrage bestand. Anschließend hat der

[221] OLG Frankfurt a. M. DWW 1992, 336.

[222] ZB BGH I ZR 330/04, WuM 2006, 25; XII ZR 162/01, DWW 2005, 151 = GE 2005, 607 = NZM 2005, 340 = ZMR 2005, 433; OLG Düsseldorf BeckRS 2013, 16681; LG Berlin GE 2006, 1409; Schmidt-Futterer/Streyl § 546a Rn. 100; aA AG Bühl BeckRS 2012, 14525.

[223] BGH XII ZR 162/01, DWW 2005, 151 = GE 2005, 607 = NZM 2005, 340 = ZMR 2005, 433; OLG Saarbrücken BeckRS 2006, 4585 mAnm *Flatow*.

Vermieter im Rahmen seiner sekundären Darlegungslast darzulegen, was er unternommen hat, um seiner Schadensminderungspflicht zu genügen. Auf der Grundlage dieses Vortrags hat sodann der Mieter zu behaupten und zu beweisen, dass der Vermieter entgegen seiner Darstellung seine Schadensminderungspflicht hätte erfüllen können.[224]

3. Klage auf Ersatz von Mietausfall

Kam der Mieter mit der Rückgabe der Mietsache oder Erledigung der **128** von ihm geschuldeten Renovierung in Verzug (§§ 280 Abs. 2, 286 BGB), bzw. verursachte er wegen anderer Pflichtverletzungen, die eine Vertragsbeendigung zur Folge hatten (§ 280 Abs. 1 BGB), einen Mietausfall, kann der Vermieter diesen Schadensersatzanspruch selbstständig einklagen. Der Umstand, dass der Anspruch auf eine abhängige Nebenleistung iSd § 217 BGB gerichtet ist (dazu → Rn. 47), besagt nicht, dass er nur gemeinsam mit dem Hauptanspruch geltend gemacht werden könnte. **Klagt der Vermieter den Mietausfall vor der Verjährung des Hauptanspruchs** ein, findet § 217 BGB auf ihn auch dann keine Anwendung, wenn der Hauptanspruch später verjährt.[225] Der Ersatzanspruch bleibt dem Vermieter in diesem Fall also erhalten.

Diese Folge betrifft **bei einer Leistungsklage** allerdings **nur den geltend gemachten** Mietausfall. Auch wenn der gesamte Mietausfall bis zur **129** Neuvermietung im Grunde einen einheitlichen Verzugsschaden bildet, ist die Hemmung der Verjährung durch Klagerhebung allein auf den rechtshängig gemachten Teil des Schadens beschränkt.[226] Nach Ablauf der kurzen Verjährungsfrist gem. § 548 BGB erfolgende **Klagerweiterungen** auf Zahlung von Mietausfall für Folgemonate bleiben daher wirkungslos, sofern der Mieter die Einrede der Verjährung erhebt (Beispiel: Räumung und Herausgabe des Mietobjekts am 31.1., Eingang der Klage auf Ersatz des Schadens aus unterlassenen Schönheitsreparaturen und bisher angefallenen Mietausfalls bis einschließlich Juni am 25.6., Erhöhung der Klage um weiteren Mietausfall am 3.12. für die Monate Juli bis Dezember: Dieser weitere Anspruch scheitert ggf. an der Verjährungseinrede des Mieters). Um sich den Ersatzanspruch zu sichern, muss der Vermieter eine Feststellungsklage anhängig machen, dass der Mieter auch die künftigen, zeitlich noch nicht überschaubaren Mietausfälle zu ersetzen hat.

§ 213 BGB greift hier **nicht** zugunsten des Vermieters ein. Erfüllungs- **130** oder Schadensersatzanspruch stehen mit dem Anspruch auf Ersatz von Mietausfall wegen nicht ordnungsgemäßer Rückgabe des Mietobjekts (Verzögerungsschaden) weder in elektiver noch in alternativer Konkurrenz.

---

[224] BGH I ZR 330/04, WuM 2006, 25.
[225] BGH XII ZR 150/93, NJW 1995, 252 = WuM 1995, 149.
[226] BGH XII ZR 281/95, NZM 1998, 147 = WuM 1998, 155 = ZMR 1998, 208 „klarstellend" zu BGH XII ZR 150/93, NJW 1995, 252 = WuM 1995, 149.

VII. Ersatz von Gutachterkosten

131 Erweist sich im Prozess, dass sich die Feststellungen des vom Vermieter beauftragten Sachverständigen nur zum Teil auf Mängel bezogen, die dem Mieter anzulasten sind, oder nahm er hinsichtlich Umfang und/oder Qualität der vom Mieter geschuldeten Arbeiten unzutreffende Voraussetzungen an, sind die **Gutachterkosten** um den insoweit angefallenen Aufwand **zu kürzen.**[227] Dieser Abzug darf in der Regel geschätzt werden. Die Kürzung kann prozentual am Umfang der unberechtigten Ansätze ausgerichtet werden, solange nicht einzelne, leicht festzustellende Positionen mit hohen Kosten herausfallen, die mit einem prozentualen Abzug nicht ausreichend erfasst werden. Behandelt das Gutachten etwa ganz überwiegend Mängel der Bausubstanz und enthält es zu notwendigen Schönheitsreparaturen nur beiläufig pauschale Angaben, besteht kein Ersatzanspruch des Vermieters.[228]

132 Ob die private Gutachterkosten im Rechtsstreit **als Hauptforderung eingeklagt** oder im **Kostenfestsetzungsverfahren** geltend machen können, hängt davon ab, ob sie zur zweckentsprechenden **Rechtsverfolgung oder Rechtsverteidigung notwendig** waren. Die Beurteilung dieser Frage richtet sich danach, ob eine verständige und wirtschaftlich vernünftig denkende Partei die Kosten auslösende Maßnahme als sachdienlich ansehen durfte. Hiervon ist etwa dann auszugehen, wenn die Partei infolge fehlender Sachkenntnisse ohne die Einholung des Privatgutachtens nicht zu einem sachgerechten Vortrag in der Lage wäre und somit eine unsubstantiierte Klage erheben und nicht einmal in die Beweisaufnahme gelangen würde.[229] Da für die Beurteilung der Notwendigkeit auf den Zeitpunkt der Veranlassung der die Kosten auslösenden Maßnahme abgestellt wird, ist es nicht zwingend erforderlich, dass das Gutachten dann tatsächlich auch in den Prozess eingebracht wird.[230]

133 Geht es um die **Kosten eines selbstständigen Beweisverfahrens,** gehören dessen Kosten zu denjenigen des Hauptsacheverfahrens. Dies gilt auch dann, wenn der Streitgegenstand des Beweisverfahrens und der Hauptsacheklage nur **teilweise identisch** sind. Nicht selten kommt es dabei vor, dass das Gutachten des selbständigen Beweisverfahrens deutlich umfangreichere Feststellungen hat, als diejenigen, welche die Partei später in das Hauptsachverfahren einbringt. Das kann daran liegen, dass es teilweise nicht das gewünschte Ergebnis des Antragstellers hergibt und die Hauptsache daher auf die übrigen Teile beschränkt wird, oder auch daran, dass schlicht eine umfassendere Begutachtung gewollt war. Dennoch fließen die gesamten Kosten des Sachverständigengutachtens in

[227] BGH VI ZR 249/11, DS 2012, 165 = Schaden-Praxis 2012, 180.
[228] OLG Köln DWW 1994, 119 = NJW-RR 1994, 524 = WuM 1994, 274.
[229] BGH VII ZB 18/14, NJW 2017, 1397; I ZB 17/11, NJW 2012, 1370.
[230] BGH VII ZB 18/14, NJW 2017, 1397; I ZB 59/12, NJW 2013, 1823.

die spätere Kostenentscheidung in der Hauptsache ein. Die hier unterliegende Partei kann von Kosten, die auf den nicht in den Rechtsstreit eingebrachten Teil der Feststellungen des Gutachtens basieren, nur nach **§ 96 ZPO analog** befreit werden.[231]

Die Kosten des selbständigen Beweisverfahrens fallen auch dann umfassend im Hauptsacheverfahren an, wenn dort die Klage zurückgenommen wird, selbst wenn – mangels Antrags, § 269 Abs. 4 ZPO – keine Kostengrundentscheidung im Hauptsacheverfahren ergeht (wurde dem Beklagten Prozesskostenhilfe gewährt, hat sie jedoch gem. § 269 Abs. 4 S. 2 von Amts wegen zu erfolgen); § 494a Abs. 2 ZPO ist eine eng auszulegende Ausnahmevorschrift.[232] **134**

(einstweilen frei) **135**

VIII. Kursorisches Prüfungsschema für Ansprüche wegen Schönheitsreparaturen, Instandhaltung und Rückbau

Das nachfolgende Prüfungsschema soll lediglich einen **Überblick** zu den **maßgeblichen Hauptpunkten** bieten, die bei der Vorbereitung oder Durchführung eines Prozesses zu beachten sind. Es beansprucht daher keine Vollständigkeit; vielmehr ist hinsichtlich der zahlreichen Verästelungen auf die Darstellung des jeweiligen Problembereichs zu verweisen. **136**

1. Schönheitsreparaturen

a) Schadensersatzansprüche aus unterlassenen Schönheitsreparaturen nach Auszug des Mieters

aa) Übertragung der Schönheitsreparaturen auf den Mieter durch Formularklausel

(a) Enthält die Klausel überhaupt eine Abwälzung der Schönheitsreparaturen? **137**

(b) Wohnraum: ist die Wohnung renoviert übergeben worden (sonst unwirksam ohne angemessenen Ausgleich)?

(c) Ist die Abwälzung nach ihrem Gegenstand wirksam, dh geht es um unterlassene
- Anfangsrenovierung (in der Regel unwirksam),
- laufende Renovierung,
- unbedingte Endrenovierung (unwirksam) oder
- Schönheitsreparaturen aus einer Klauselkombination (in der Regel unwirksam)?

---

231 BGH II ZB 59/05, NJW 2006, 2557 (Ls.) = NJW-RR 2006, 810; OLG Düsseldorf MDR 2009, 894 = BeckRS 2009, 4787.

232 BGH XII ZB 231/05, GE 2007, 440 = NJW 2007, 1282 = ZMR 2007, 266.

(d) Sind die zeitlichen Vorgaben wirksam, dh geht es um
- laufende Renovierung mit starren (unwirksam) oder weichen Fristen und
- sind die weichen Fristen angemessen lang (bei zu kurzen unwirksam)?

(e) Kann der Vermieter in besonderen Fällen trotz unwirksamer Abwälzung Schönheitsreparaturen als Schadensersatz verlangen?

Praxistipp: Der erste Blick geht in die „27"

Viele Mietverträge beinhalten schon deshalb keine wirksame Abwälzung der Schönheitsreparaturen, weil zusätzlich (idR unwirksame) Endrenovierungsklauseln aufgenommen wurden (**Summierungseffekt** → Kap. 1 Rn. 288 f.). Diese stehen meist am Vertragsende (zB Rückgabe in „renoviertem Zustand" oder „wie übergeben"; „Tapeten sind zu entfernen", → Kap. 1 Rn. 273). In den Standartverträgen ist das § 27. Finden sich dort entsprechende Vorgaben, bedarf es keiner weiteren Prüfung der in jedem Fall unwirksamen Schönheitsreparaturenklausel, sondern allenfalls dahingehend, ob es sich bei der Endrenovierungsklausel um eine Individualvereinbarung handelt. Das ist praktisch nie der Fall, weil sie nicht ausgehandelt worden ist (→ Kap. 1 Rn. 69 ff.).

bb) Fälligkeit der Schönheitsreparaturen

138 Sind die Mieträume unansehnlich, dh wäre auch bei fortbestehendem Mietvertrag und demgemäß weiterhin vorhandener Möblierung des Mieters die Renovierung notwendig?

cc) Begründung des Schadensersatzanspruchs

139 (a) Besteht nur ein Anspruch auf Ersatz des tatsächlichen Renovierungsaufwands des Vermieters (Ersatzvornahme)?

(b) Sind die Voraussetzungen nach § 281 BGB erfüllt, dh
- ausreichende Fristsetzung,
- klare Leistungsaufforderung: Form und Adressat, Zeitpunkt, Inhalt (Zustandsbeschreibung und auszuführende Arbeiten) oder waren
- Fristsetzung und Leistungsaufforderung entbehrlich?

(c) Ist der Anspruch der Höhe nach begründet, dh geht es um
- notwendige Kosten für die Ausführung der Schönheitsreparaturen,
- angemessene Gutachterkosten,
- Ersatz von Mietausfall: Ausfall eines bereitstehenden Nachfolgemieters, Höhe (notwendige Mietausfallzeit/Schadensminderungspflicht des Vermieters)?

(d) Sind Sonderfälle betroffen, nämlich
- Dekoration durch den Nachmieter,
- Umbau des Mietobjekts,
- Verkauf des Mietobjekts?

(e) War die Begründung des Schadensersatzanspruchs in unverjährter Zeit abgeschlossen?

b) Ansprüche aus noch nicht fälligen Schönheitsreparaturen bei Mietende (Gewerberaum)

aa) Sieht die Abgeltungsklausel starre (unwirksam) oder weiche Quoten vor? **140**

bb) Sind die Renovierungsfristen, nach denen sich die Quote im Regelfall berechnen soll, angemessen lang?

cc) Ist die Methode zur Berechnung der Quote klar und eindeutig beschrieben oder lässt sie unterschiedliche Ergebnisse zu?

dd) Ist ein Kostenvoranschlag des Vermieters verbindlich (unwirksam) oder steht dem Mieter die Möglichkeit zu, niedrigere Kosten nachzuweisen?

ee) Ist das Mietobjekt dem Mieter renoviert überlassen worden? Ist dem Mieter bei Übergabe in unrenoviertem Zustand jedenfalls vorvertraglicher Abnutzungszeitraum gutgebracht?

c) Anspruch auf Renovierung im laufenden Mietverhältnis

aa) Soll die Renovierung erfolgen, weil der Mieter eigentümlich dekoriert hat (Verstoß gegen die Gestaltungsfreiheit des Mieters) oder weil die Mieträume unansehnlich geworden sind? **141**

bb) Hat der Vermieter vergeblich zur Renovierung aufgefordert?

cc) Begehrt der Vermieter einen Vorschuss, um die Renovierungsarbeiten selbst durchzuführen (möglich) oder möchte er lediglich die Kosten, die anfallen würde, als Schadensersatz erhalten und anders verwenden (im laufenden Mietverhältnis nicht möglich)?

dd) Ist über einen vom Mieter eingezogenen Vorschuss nach Ausführung der (notwendigen) Schönheitsreparaturen ordnungsgemäß abgerechnet?

ee) Bei Mietende: Hat der Vermieter ein Interesse an der Durchführung der Renovierungsarbeiten oder beabsichtigt er, das Mietobjekt ohnehin umzubauen (dann besteht ein Ersatzanspruch in Geld anstelle des Leistungsanspruchs).

2. Instandhaltung/Instandsetzung

a) Übertragung auf den Mieter

aa) Ist dem Mieter von *Wohnraum* Instandhaltung und/oder Instandsetzung als formularvertragliche Vornahmepflicht (unwirksam, auch in Form der Kleinreparaturen) auferlegt? **142** bb) Ist bei der Übertragung der Kosten aus Kleinreparaturen die doppelte Begrenzung (je Fall und je Jahr) beachtet?

cc) Enthält die Übertragung durch Formularklausel auf den Mieter von Gewerberaum die notwendige Beschränkung auf das Innere des Mietobjekts und Schäden aus dem Mietgebrauch bzw. Risikobereich des Mieters?

dd) Ist die anteilige Belastung des Mieters von Gewerberaum mit Kosten der Instandhaltung und Instandsetzung von Gemeinschaftsflächen auf eine angemessene Höhe begrenzt?

b) Schadensersatz

143 aa) Ist die Erfüllung im laufenden Mietverhältnis erfolglos angemahnt?

bb) Werden bei fortbestehendem Mietverhältnis nur Kosten, die auch auf das Mietobjekt verwendet wurden, geltend gemacht?

cc) Ist für das Mietende vertraglich ein bestimmter Zustand des Mietobjekts (zB schadenfrei) vereinbart und ist aufgrund dieses Erfüllungsanspruchs ein Schadensersatzanspruch nach Maßgabe des § 281 BGB begründet worden?

dd) Fehlt eine vertragliche Bestimmung des Zustands bei Rückgabe und geht es um einen Schaden aus übermäßiger Abnutzung im Rahmen des vertragsgemäßen Gebrauchs (Begründung des Schadensersatzanspruchs gem. § 281 BGB) oder um einen Schaden, der zuvor bereits endgültig eingetreten war?

ee) Ist der Schadensersatzanspruch der Höhe nach berechtigt, insbesondere eine ggf. gebotene Vorteilsausgleichung berücksichtigt?

3. Rückbau

a) Verpflichtung des Mieters

144 aa) Sind dem Mieter im Mietvertrag besondere Rückbaupflichten auferlegt worden oder wird die allgemeine Rückbaupflicht aus § 546 Abs. 1 BGB geltend gemacht?

bb) Hat der Mieter neben der Erlaubnis für die vorgenommenen Umbauten auch eine zweite Erlaubnis, diese nach der Beendigung des Mietverhältnisses so zu belassen (Prinzip der doppelten Genehmigung)?

cc) Haftet der Mieter für Veränderungen, die der Vormieter oder er selbst (bei Beendigung des Anschlussmietvertrages) während eines früheren Mietverhältnisses vorgenommen hat?

dd) Haftet der Dritte (zB Untermieter) gem. § 546 Abs. 2 BGB für die gegen ihn geltend gemachten Ansprüche, obwohl er die Umbauten nicht selbst vorgenommen hat?

ee) Wurde durch die Veränderungen der vertragsgemäße Zustand der Mietsache überhaupt erst hergestellt (dann kein Anspruch).

b) Schadensersatz

aa) Hat der Vermieter einen Schadensersatzanspruch nach Maßgabe des § 281 BGB begründet? 145
bb) Ist der Schadensersatzanspruch, der die Beseitigung von Schäden aus dem Rückbau einschließt, der Höhe nach berechtigt?

4. Beweisantritte

a) Wer trägt die Beweislast für 146
  - die Vornahme der Veränderungen während der Mietzeit
  - das Vorliegen einer Genehmigung zur Veränderung
  - das Vorliegen einer weiteren Genehmigung für die Rückgabe in dem veränderten Zustand
  - die Erfüllung der Rückbaupflicht?

b) Gibt es ein Einzugs- und/oder ein Auszugsprotokoll?
c) Liegen Beweisantritte der jeweils beweisbelasteten Partei vor?

Anhang 1: Muster

A. Formularvereinbarungen

I. Schönheitsreparaturen Wohnraum

1. Ausführung durch den Mieter

(1) Der Mieter ist verpflichtet, die Schönheitsreparaturen innerhalb der Wohnung durchzuführen, die während der Mietzeit durch seinen Mietgebrauch erforderlich werden. Die Schönheitsreparaturen umfassen das Tapezieren oder Anstreichen der Wände und Decken, das Streichen der Heizkörper einschließlich Heizrohre, offen liegender Versorgungsleitungen für Wasser und Gas, der Innentüren und der Außentüren von innen sowie das Streichen der Fenster von innen, bei Doppelfenstern das innere Fenster von innen und außen und des Zwischenraums sowie das äußere Fenster von innen, der die Wand abschließenden Einbauschränke aus Holz und sonstiger Holzverkleidungen an den Wänden und das Reinigen der Fußböden. 1

(2) Die Schönheitsreparaturen sind fachgerecht auszuführen. Der Mieter ist berechtigt, die Schönheitsreparaturen in entsprechender Qualität selbst auszuführen.

(3) Die Schönheitsreparaturen sind fällig, wenn und soweit eine Renovierung nach dem Zustand der jeweiligen Teile der Wohnung notwendig ist. Üblicherweise werden Schönheitsreparaturen in folgenden Abständen erforderlich sein:
- *in Küche und Bad alle fünf Jahre,*
- *in den Wohn- und Schlafräumen sowie den Fluren alle acht Jahre,*
- *in anderen Räumen alle zehn Jahre.*

Die Fristen gelten ab der Überlassung der renovierten Mieträume an den Mieter sowie im weiteren Verlauf des Mietverhältnisses jeweils ab der letzten Ausführung durch den Mieter.

Der Übergabe renovierter Mieträume steht es gleich, wenn dem Mieter ein angemessener Ausgleich für die vorvertragliche Abnutzung durch den Vormieter vom Vermieter geleistet wurde (s. hierzu die Ausgleichsregelung in § … des Mietvertrags „Sonstige Vereinbarungen").

Vermieter und Mieter bleibt der Nachweis offen, dass die Schönheitsreparaturen wegen des Grades der Abnutzung der Wohnung schon vor oder erst nach dem Ablauf der Fristen notwendig sind.

(4) Fällige Schönheitsreparaturen hat der Mieter vor dem Ende des Mietverhältnisses so rechtzeitig nachzuholen, dass die Räume fachgerecht renoviert zurückgegeben werden können. Der Mieter hat bei Beendigung des Mietverhältnisses keine Schönheitsreparaturen auszuführen, die im Falle der Fortsetzung des Mietverhältnisses noch nicht erforderlich wären.

2 **Abs. 1** enthält die notwendige ausdrückliche Beschränkung der Zuständigkeit des Mieters auf dekorative Schäden, die nach Überlassung der Wohnung und allein durch den Mietgebrauch entstanden sind. Die allgemein verwandte Definition der Schönheitsreparaturen wurde klarstellend um offen liegende Versorgungsleitungen für Gas und Wasser, den Anstrich bei Doppelfenstern und von die Wand abschließenden Holzflächen ergänzt, weil sie bei einer Renovierung ohnehin mit gestrichen werden müssen.

3 In **Abs. 2** ist das Recht des Mieters zur Eigenarbeit im Interesse der Transparenz ausdrücklich angeführt.

4 **Abs. 3** macht deutlich, dass die Schönheitsreparaturen nur bei sachlicher Notwendigkeit auszuführen sind, gibt aber den Parteien einen praktischen Anhalt, wann unter normalen Umständen damit zu rechnen ist, dass die Mieträume unansehnlich geworden sind. Was den Lauf der Fristen betrifft, ist klargestellt, dass sie erst ab Mietbeginn anfangen und in der Folge jeweils nach Durchführung der Schönheitsreparaturen. Da der Vermieter den Mieter nicht mit der Beseitigung vorvertraglicher Abnutzung belasten darf, gelten die Fristen nur bei Überlassung einer renovierten Wohnung oder einem zu demselben Effekt führenden angemessenen Renovierungskostenzuschuss des Vermieters.

5 **Abs. 4** verpflichtet den Mieter zur Vermeidung von Mietausfall, fällige Schönheitsreparaturen rechtzeitig zum Mietende nachzuholen; zur Klarstellung ist eingefügt, dass sich der Renovierungsbedarf nicht danach richtet, ob die Wohnung im vom Vermieter vorgefundenen Zustand problemlos weiter vermieten lässt, sondern dass maßgeblich ist, ob auch ohne Beendigung des Mietvertrags eine Renovierung angezeigt war.

6 *(einstweilen frei)*

2. Ausführung durch den Vermieter auf Kosten des Mieters

a) Kostenklausel

7 *(1) Der Mieter hat die Kosten der Schönheitsreparaturen innerhalb der Wohnung zu tragen, die während der Mietzeit durch seinen Mietgebrauch erforderlich werden. Die Schönheitsreparaturen umfassen das Tapezieren oder Anstreichen der Wände und Decken, das Streichen der Heizkörper einschließlich Heizrohre, offen liegender Versorgungsleitungen für Wasser und Gas, der Innentüren und der Außentüren von innen sowie das Streichen der Fenster von innen, bei Doppelfenstern das innere Fenster von innen und außen und des Zwischenraums sowie das äußere Fenster von innen, der die Wand abschließenden Einbauschränke aus Holz und sonstiger Holzverkleidungen an den Wänden und das Reinigen der Fußböden.*

(2) Die Schönheitsreparaturen sind vom Vermieter fachgerecht auszuführen, wenn und soweit die jeweiligen Mieträume unansehnlich geworden sind. Er hat

Gestaltungswünsche des Mieters bei der Ausführung der Schönheitsreparaturen zu berücksichtigen. Der Mieter kann eine fachgerechte, gegenüber dem Anfangszustand schlichtere Renovierung verlangen oder eine höherwertige; in letzterem Fall kann der Vermieter vor der Ausführung der Renovierung einen Vorschuss in Höhe der zusätzlichen Kosten vom Mieter verlangen. Ohne Zustimmung des Mieters ist der Vermieter nicht berechtigt, die Wohnung in besserer Ausführung zu renovieren, als sie bei Beginn des Mietverhältnisses vorhanden war.

(3) Die Kostentragungspflicht des Mieters betrifft bei Beendigung des Mietverhältnisses nicht solche Schönheitsreparaturen, die bei Fortsetzung des Mietverhältnisses noch nicht erforderlich gewesen wären.

(4) Die Kostentragungspflicht entfällt, wenn der Mieter die Schönheitsreparaturen selbst fachgerecht durchführt.

Da nach der hier vertretenen Ansicht Vornahmeklauseln bei Schön- **8**
heitsreparaturen ebenso wie bei der Abwälzung von Kleinreparaturen unzulässig sind, ist als eine Alternative eine Kostenklausel formuliert. **Abs. 1** enthält die im Hinblick auf § 535 Abs. 1 S. 2 BGB notwendige vertragliche Belastung des Mieters mit den Renovierungskosten und die gängige Beschreibung der Schönheitsreparaturen.

Abs. 2 bestimmt die Pflichten des Vermieters. Da die Renovierung vom **9**
Mieter bezahlt wird und ihm zugutekommen soll, hat er den Ausstattungswünschen des Mieters Rechnung zu tragen, was sich im Übrigen aus § 241 Abs. 2 BGB ergibt. Regelfristen für die Renovierung sind entbehrlich, weil der Mieter, wünscht er deutlich kürzere Renovierungsintervalle, die höheren Kosten ohnehin zu tragen hat. Ansonsten kann der Vermieter bei Renovierungsbedarf im laufenden Mietverhältnis, wie bei der üblichen Vornahmepflicht, den Mieter auf Duldung der Arbeiten in Anspruch nehmen.

Abs. 3 ist gleichlautend mit der Regelung unter → Rn. 1, Abs. 3. **Abs. 4** **10**
wiederholt die generelle Abwendungsbefugnis.

b) Ansparklausel

*§ … **Miete*** **11**

1. *Die monatlich vom Mieter an den Vermieter zu zahlende Nettomiete beträgt* € …..
2. *Daneben zahlt der Mieter*
   - *auf die Betriebskosten gem. § 556 Abs. 1 BGB eine monatliche Vorauszahlung von* € …..
   - *auf die Heizkosten gem. § 556 Abs. 1 BGB eine monatliche Vorauszahlung von* € …..
   - *auf die Schönheitsreparaturen einen monatlichen Ansparbetrag von* € …..

*§ … **Schönheitsreparaturen***

(1) Der Vermieter lässt die Schönheitsreparaturen auf Kosten des Mieters innerhalb der dem Mieter renoviert übergebenen Wohnung sach- und fachgerecht

durch einen Malerfachbetrieb auszuführen. Zur Kostendeckung dient der in § … ausgewiesene, sich mit der Laufzeit des Mietverhältnisses summierende Teil der Miete (Ansparbetrag). Reicht der Ansparbetrag wegen des bei einem sehr langen Mietverhältnis eingetretenen Anstiegs der Handwerkerkosten zur Kostendeckung nicht mehr aus, trägt der Vermieter die Mehrkosten gegenüber dem anfänglichen Kostenansatz.

(2) Aufträge für Schönheitsreparaturen unter Inanspruchnahme des Ansparbetrags können nur vom Vermieter erteilt werden.

(3) Die Schönheitsreparaturen umfassen das Tapezieren oder Anstreichen der Wände und Decken, das Streichen der Heizkörper einschließlich der Heizrohre, offen liegender Versorgungsleitungen für Wasser und Gas, der Innentüren und der Außentüren von innen sowie das Streichen der Fenster von innen, bei Doppelfenstern das innere Fenster von innen und außen und des Zwischenraums sowie das äußere Fenster von innen, der die Wand abschließenden Einbauschränke aus Holz und sonstiger Holzverkleidungen an den Wänden. Die regelmäßige und sachgerechte Pflege der Fußböden ist Sache des Mieters.

(4) Bei der Art und Weise der Schönheitsreparaturen richtet sich der Vermieter nach der fachgerechten Ausführung mit neutralen, hellen, deckenden Farben und Tapeten zu Beginn des Mietverhältnisses.

(5) Der Vermieter lässt die Schönheitsreparaturen jeweils im folgenden Turnus ausführen:
- *in Küche und Bad alle fünf Jahre, dabei die Innenanstriche der Fenster sowie die Anstriche der Türen, Heizkörper und Heizrohre alle acht Jahre,*
- *in den Wohn- und Schlafräumen sowie den Fluren alle acht Jahre,*
- *in anderen Räumen alle zehn Jahre.*

(6) Wünscht der Mieter auf seine Kosten eine höherwertige Renovierung oder eine Renovierung mit anderen als neutralen, hellen, deckenden Farben und Tapeten, kann der Vermieter vor deren Ausführung einen Vorschuss in Höhe der zusätzlichen Kosten vom Mieter verlangen. Grundlage für die Berechnung der Zusatzkosten ist der Vergleich der Kosten nach der Standardrenovierung durch einen Malerfachbetrieb und der von diesem veranschlagten Kosten für die höherwertige Renovierung oder die besondere farbliche Gestaltung. Endet das Mietverhältnis vor erneuter Fälligkeit der Schönheitsreparaturen, findet ein Ausgleich der auf Wunsch des Mieters angefallenen Zusatzkosten aus einer höherwertigen Renovierung durch eine Kostenbeteiligung des Vermieters nicht statt. Zu den Folgen einer vom Mieter gewünschten abweichenden Farbauswahl beim Ende des Mietvertrags s. § …

(7) Hat der Mieter die Wohnung nach einer Besichtigung in einem renovierungsbedürftigen Zustand übernommen, ist es seine Sache, die Anfangsrenovierung auszuführen oder ausführen zu lassen. War die Wohnung unrenoviert, aber noch einige Zeit in ansehnlichem Zustand, führt der Mieter die erste Renovierung aus; der Vermieter zahlt dem Mieter den seit Mietbeginn bis zur Ausführung der Schönheitsreparaturen angesammelten Ansparbetrag aus.

Abs. 1 bestimmt, dass der Vermieter die Schönheitsreparaturen auf Kosten des Mieters ausführen lässt und dass der Mieter ihm hierfür im Wege der Ansparung den erforderlichen Betrag zur Verfügung stellt. Kommt es bei einem langen Mietverhältnis nicht zu einer Einigung über die Erhöhung des Ansparbetrags (dazu → Kap. 1 Rn. 115), wird er mit der Zeit zur Kostendeckung nicht mehr ausreichen. Da der Vermieter eine fachgerechte Renovierung schuldet, darf er es nicht dabei belassen, die Wohnung nur teilweise oder in minderer Qualität renovieren zu lassen. Ebenso wenig kann er vom Mieter einen Renovierungszuschuss verlangen; er würde damit eine einseitige Mieterhöhung außerhalb des § 558 BGB geltend machen. Der Vermieter trägt das Risiko einer von Anfang an falschen oder einer unzureichend gewordenen Kalkulation. Er hat daher die Mehrkosten zu übernehmen. **12**

Der Ansparbetrag ist Teil der Miete (→ Kap. 1 Rn. 110). **Abs. 2** stellt klar, dass der Mieter daher keinen Zugriff auf den angesparten Betrag hat. **13**

In **Abs. 3** sind die vom Vermieter geschuldeten Renovierungsarbeiten aufgeführt. Von der Definition in § 28 Abs. 4 S. 4 II. BV ist die Pflege der Fußböden (→ Kap. 1 Rn. 4) ausgenommen und dem Mieter übertragen. Anders als bei dem in der Definition vorgesehenen und seit langem unüblichen *„Streichen der Fußböden"* handelt es sich bei den Pflegemaßnahmen im Grunde ohnehin um Arbeiten im Rahmen der Fürsorgepflicht des Mieters, zu der zB auch das gelegentliche Aufbringen einer Schutzemulsion auf Holzfußböden gehört. Es wäre zudem unverhältnismäßig, dem Vermieter sogar die je nach Bodenbelag ggf. mehrfach monatlich notwendigen Pflegemaßnahmen aufzuerlegen. **14**

Abs. 4 stellt die notwendige Ergänzung zu Abs. 3 dar. Er bestimmt zum Schutz des Mieters, dass die bei Beginn des Mietverhältnisses vorgefundene Dekoration den Maßstab für die künftigen Renovierungen liefert. **15**

Abs. 5 beschreibt, wann der Vermieter zu den Schönheitsreparaturen verpflichtet ist. Feste Fristen sind für die Kalkulation des Ansparbetrags unerlässlich. Die Gründe, aus denen bei der Abwälzung der Schönheitsreparaturen auf den Mieter als Vornahmepflicht nur weiche Fristen zulässig sind, greifen hier nicht (→ Kap. 1 Rn. 113). Es sind angemessene Fristen zugrunde zu legen (→ Kap. 1 Rn. 239 ff.), die in der Klausel angegebenen Fristen sind inzwischen in Neuverträgen weit verbreitet. Längere Fristen, die auf eine bessere Kostendeckung abzielen, sind unwirksam (→ Kap. 1 Rn. 117). **16**

Die Wohnung stellt den räumlich-gegenständlichen Lebensmittelpunkt des Mieters dar. Es ist daher in **Abs. 6** geregelt, dass der Mieter eine seinen Geschmacksvorstellungen entsprechende Renovierung auf seine Kosten auch bei deren Durchführung durch den Vermieter verlangen kann. Da es sich ausschließlich um einen vom Mieter gewünschten Auf- **17** wand handelt, ist klargestellt, dass der Vermieter bei einer höherwertigen Renovierung nicht zum Ausgleich einer aufgedrängten Bereicherung verpflichtet ist, wenn das Mietverhältnis vor erneutem Renovierungsbedarf endet.

18 **Zu Abs. 7:** Eine Ansparklausel kann auch bei der Vermietung einer unrenovierten Wohnung vereinbart werden (→ Kap. 1 Rn. 120ff.). Die Beseitigung der bei einer Besichtigung vorgefundenen dekorativen Mängel ist Sache des Mieters, gleichviel ob sogleich eine Anfangsrenovierung erforderlich oder eine spätere Erstrenovierung. Im letztgenannten Fall beruht der Renovierungsbedarf auch auf dem Gebrauch des derzeitigen Mieters, der seit Mietbeginn den Ansparbetrag entrichtet hat. Er ist ihm daher gutzubringen.

19 ***§ … Rückgabe der Mietsache***

(1) Hat der Mieter bei Ausführung der Anfangsrenovierung oder einer vorgezogenen Renovierung (s. § … (7) oder bei renoviert überlassener Wohnung abweichend von den in § … zu den Schönheitsreparaturen getroffenen Vereinbarungen während der Mietzeit Schönheitsreparaturen nicht sachgemäß oder in ungewöhnlicher Gestaltung nach Farbe und/oder Material selbst ausgeführt oder ausführen lassen oder beruht die ungewöhnliche Farb- oder Materialwahl bei den vom Vermieter veranlassten Schönheitsreparaturen auf einem Wunsch des Mieters (s. § … (6) oder ist die Dekoration der Wohnung übermäßig abgenutzt, ist der Vermieter bei Beendigung des Mietverhältnisses berechtigt, die Wohnung auf Kosten des Mieters mit neutralen, hellen, deckenden Farben und Tapeten fachgerecht dekorativ herrichten zu lassen. Die vom Mieter zu tragenden Kosten reduzieren sich um den zu diesem Zeitpunkt vorhandenen Ansparbetrag.

20 Nach der Rechtsprechung des BGH begründen die Rückgabe des Mietobjekts mit übermäßiger Abnutzung, unsachgemäßer Dekoration oder ungewöhnlicher Farb- und/oder Materialwahl einen Schadensersatzanspruch des Vermieters (→ Kap. 1 Rn. 407). Der Vermieter ist daher berechtigt, vom Mieter Ersatz der Kosten für die Wiederherstellung eines fachgerechten und dezenten dekorativen Zustands der Wohnung zu fordern, wobei er den Ansparbetrag abzuziehen hat.

3. Freizeichnung des Vermieters

21 ***§ … Schönheitsreparaturen***

(1) Die Ausführung von Schönheitsreparaturen bleibt dem Mieter überlassen. Ausgenommen sind dekorative Schäden, die nicht auf den Mietgebrauch zurückzuführen sind; sie sind vom Vermieter zu beseitigen.

(2) Die Schönheitsreparaturen umfassen das Tapezieren oder Anstreichen der Wände und Decken, das Streichen der Heizkörper einschließlich Heizrohre, offen liegender Versorgungsleitungen für Wasser und Gas, der Innentüren und der Außentüren von innen sowie das Streichen der Fenster von innen, bei Doppelfenstern das innere Fenster von innen und außen und des Zwischenraums sowie

das äußere Fenster von innen, der die Wand abschließenden Einbauschränke aus Holz und sonstiger Holzverkleidungen an den Wänden und das Reinigen der Fußböden.

Auch bei einer Freizeichnung bleibt der Vermieter für die Behebung von Schäden zuständig, die nicht aus der Nutzung der Wohnung durch den Mieter entstehen. **Abs. 1** enthält daher einen entsprechenden Passus. Eine Differenzierung zwischen renoviert oder unrenoviert überlassener Wohnung ist nicht erforderlich, wenn der Mieter die Wohnung wie im Regelfall vor der Anmietung besichtigt hat (→ Kap. 1 Rn. 131). **22**

Abs. 2 macht durch die Aufnahme der Definition der Schönheitsreparaturen deutlich, worauf sich die Freizeichnung des Vermieters bezieht. Damit ist sichergestellt, dass eine weitere Abbedingung der Instandhaltungspflicht des Vermieters aus § 535 Abs. 1 S. 2 BGB nicht erfolgt. **23**

*§ … **Rückgabe der Mietsache*** **24**

Dem Vermieter steht ein Schadensersatzanspruch zu, wenn der Mieter die Wohnung zurückgibt
- *in einem durch übermäßigen Gebrauch verschlechterten Zustand,*
- *mit unsachgemäß ausgeführten Schönheitsreparaturen oder*
- *in ungewöhnlicher Dekoration.*

Die Klausel dient der Klarstellung für den Mieter. Er hat zwar die Möglichkeit im laufenden Mietverhältnis, Schönheitsreparaturen zu unterlassen oder sie nach seinen persönlichen Vorlieben auszuführen. Wenn es um den Zeitpunkt der Rückgabe des Mietobjekts geht, sind seiner Gestaltung indes Grenzen gesetzt, deren Überschreitung einen Schadensersatzanspruch des Vermieters zur Folge hat (→ Kap. 1 Rn. 407). **25**

Ist dem Mieter allerdings **schon** eine durch übermäßigen Gebrauch, unsachgemäß ausgeführte Schönheitsreparaturen oder eine ungewöhnliche Dekoration **dekorativ schlechte** Wohnung **übergeben** worden, ist die vorstehende **Klausel zur Rückgabe wegzulassen.** Anderenfalls liegt eine unangemessene Benachteiligung des Mieters gem. § 307 BGB vor: Diese Schäden sind vom Vormieter übernommen, gleichwohl soll der Mieter sie durch eine Endrenovierung beseitigen. Hier ist die Folge der Freizeichnung, dass der Vermieter die Wohnung so zu akzeptieren hat, wie sie sich im Zeitpunkt der Rückgabe gerade befindet; ausgenommen sind vom Mieter verschuldete Schäden an der Substanz wie Löcher in den Wänden oder Türen etc, insoweit schuldet er Schadensersatz.

II. Schönheitsreparaturen Gewerberaum

1. Übertragung der laufenden Schönheitsreparaturen

(1) Der Mieter ist verpflichtet, die Schönheitsreparaturen innerhalb der Mieträume durchzuführen, die während der Mietzeit durch seinen Mietge- **26**

brauch erforderlich werden. Die Schönheitsreparaturen sind fachgerecht auszuführen.

(2) Die Schönheitsreparaturen umfassen das Tapezieren oder Anstreichen der Wände und Decken, das Streichen der Heizkörper einschließlich Heizrohre, offen liegender Versorgungsleitungen und Holz- oder Stahlkonstruktionen, der Innentüren sowie der Fenster und Außentüren von innen, das Reinigen der Fußböden sowie Abschleifen und Versiegeln von Holzfußböden.

(3) Die Schönheitsreparaturen sind fällig, wenn und soweit eine Renovierung nach dem Zustand der jeweiligen Teile des Mietobjekts notwendig ist. Branchenüblich werden Schönheitsreparaturen in folgenden Abständen erforderlich sein …

Die Fristen gelten ab der Überlassung der Mieträume an den Mieter sowie im weiteren Verlauf des Mietverhältnisses jeweils ab der letzten Ausführung durch den Mieter. Vermieter und Mieter bleibt der Nachweis offen, dass die Schönheitsreparaturen wegen des Grades der Abnutzung schon vor oder erst nach dem Ablauf der Fristen notwendig sind.

(4) Fällige Schönheitsreparaturen hat der Mieter vor dem Ende des Mietverhältnisses so rechtzeitig nachzuholen, dass die Räume fachgerecht renoviert zurückgegeben werden können. Der Mieter hat bei Beendigung des Mietverhältnisses keine Schönheitsreparaturen auszuführen, die im Falle der Fortsetzung des Mietverhältnisses noch nicht erforderlich wären.

27 Die Formulierung in **Abs. 1** entspricht derjenigen gem. → Rn. 1.

28 In **Abs. 2** ist der Umfang der Arbeiten, die zu den Schönheitsreparaturen zählen, etwas erweitert, jedoch nicht über das Innere des Mietobjekts und dessen Gebrauch hinaus.

29 Die Regelung zur Fälligkeit in **Abs. 3** ist wie bei Wohnraum weich gestaltet, weil das gesetzliche Leitbild in § 535 Abs. 1 S. 2 BGB, an dem Formularklauseln zu messen sind, gleichermaßen für Wohn- wie Gewerberaum gilt. Sofern branchenübliche Regelfristen für die Renovierung existieren, sollten sie in die Klausel aufgenommen werden; wegen der bei der Vermietung von Gewerberaum größeren Vertragsfreiheit erscheint es zulässig, die Fristen unabhängig vom Zustand des Mietobjekts bei Übergabe an den Mieter, also generell mit dem Beginn des Mietverhältnisses anfangen zu lassen.

30 **Abs. 4** übernimmt wiederum den Text der → Rn. 1.

2. Abgeltungsklausel zum Mietende

31 *(1) Endet das Mietverhältnis vor erstmaliger oder erneuter Fälligkeit der Schönheitsreparaturen, hat der Mieter einen prozentualen Anteil der Renovierungskosten zu zahlen. Als Anhaltspunkt für diese Kosten kann der unverbindliche Kostenvoranschlag eines Malerfachbetriebs zugrunde gelegt werden.*

(2) Der Anteil des Mieters errechnet sich nach dem Verhältnis seiner Nutzungszeit zu den branchenüblichen Regelfristen; die branchenüblichen Regelfristen betragen ....

(3) Vermieter und Mieter bleibt der Nachweis offen, dass die Schönheitsreparaturen wegen des Grades der Abnutzung der Mieträume schon vor oder erst nach dem Ablauf der Fristen notwendig geworden wären, so dass sich die Regelfristen entsprechend verkürzen oder verlängern. Sind jedoch die Mieträume insgesamt oder sind einzelne Räumlichkeiten im Zeitpunkt des Auszugs des Mieters so unansehnlich, dass sogleich eine Renovierung erforderlich ist, besteht keine Pflicht zur Zahlung einer Abgeltungsquote.

(4) Die Pflicht zur Zahlung des Kostenanteils entfällt, wenn der Mieter die Mieträume fachgerecht renoviert zurückgibt.

Nach der Entscheidung des BGH vom 18.3.2015 (VIII ZR 242/13, **32** DWW 2015, 213 = GE 2015, 721 = NJW 2015, 1871 = NZM 2015, 424 = WuM 2015, 343 = ZMR 2015, 690) ist die Vereinbarung von **Abgeltungsklauseln** bei der Vermietung von **Wohnraum unwirksam.** Ob sich der für **Gewerberaum** zuständige XII. Senat des BGH dieser Rechtsprechung anschließen wird, ist **offen.** Einstweilen ist daher eine Abgeltungsklausel in die Muster aufgenommen. Zu **Abs. 2:** Ist schon bei der Abwälzung der laufenden Schönheitsreparaturen die Angabe von Regelfristen dringend zu empfehlen, gilt dies erst recht bei Vereinbarung einer Abgeltungsklausel, weil anderenfalls Streit zwischen den Parteien praktisch vorprogrammiert ist. Allerdings wird es wie bisher bei Wohnraum auch bei der Vermietung von Gewerberaum notwendig sein, die Quote nicht allein am Verhältnis von Nutzungszeit und branchenüblichen Regelfristen festzumachen. **Abs. 3** enthält hierzu die erforderliche Flexibilisierung.

III. Instandhaltung und Instandsetzung

1. Wohnraum (Kleinreparaturen)

(1) Der Mieter trägt die Kosten für kleine Instandsetzungen (Kleinreparaturen), die während des Mietverhältnisses anfallen. **33**

(2) Die kleinen Instandsetzungen umfassen nur das Beheben kleiner Schäden an den Installationsgegenständen für Elektrizität, Wasser und Gas, den Heiz- und Kocheinrichtungen, den Fenster- und Türverschlüssen, den Verschlussvorrichtungen von Fensterläden sowie an sonstigen Anlagen und Einrichtungen, die seinem direkten und häufigen Zugriff ausgesetzt sind und deren Lebensdauer von seiner schonenden Behandlung abhängt, wie Gegensprechanlagen.

(3) Die Pflicht zur Kostentragung gilt nur, wenn die einzelne Kleinreparatur den Betrag von Euro 100,00 einschließlich Material, Wegegeld u. Ä. und Mehrwertsteuer [alternativ: den Aufwand für 1 Fachhandwerkerstunde zuzügl. Material, Wegegeld u. Ä. und Mehrwertsteuer] nicht übersteigt.

(4) *Die den Mieter in den letzten 12 Monaten treffenden Kosten für Kleinreparaturen dürfen einen Betrag von Euro 200,00, höchstens jedoch eine Monatsnettomiete nicht übersteigen.*

34 **Abs. 1** enthält die notwendige Beschränkung auf die Pflicht des Mieters, die Kosten von Kleinreparaturen, die der Vermieter hat erledigen lassen, zu tragen. Die Überbürdung als Vornahmepflicht des Mieters ist unwirksam (→ Kap. 1 Rn. 74ff.).

35 **Abs. 2** beschreibt, was unter den kleinen Instandsetzungen zu verstehen ist. Zu beachten ist, dass für preisgebundenen Wohnraum alter Art nur der erste Teil wirksam vereinbart werden kann; der zweite mit „sowie an sonstigen Anlagen" eingeleitete Teil betrifft daher allein preisfreien Wohnraum (→ Kap. 1 Rn. 78).

36 In **Abs. 3** ist der zulässige Höchstbetrag je Einzelreparatur festgelegt, primär als Festbetrag, alternativ als Anbindung an die Handwerkerkosten, um bei einem langjährigen Mietverhältnis eine Flexibilisierung des Höchstbetrags zu erreichen.

37 **Abs. 4** bestimmt den jährlichen Höchstbetrag, mit dem der Mieter aus Kleinreparaturen belastet werden darf. Um eine unverhältnismäßige Belastung des Mieters zu vermeiden, wurde die Obergrenze bei einer Monatsnettomiete gesetzt, sie aber zugleich auf einen moderaten Festbetrag begrenzt (→ Kap. 1 Rn. 79).

2. Gewerberaum

a) Schäden aus dem Mietgebrauch

38 *(1) Der Mieter verpflichtet sich, Zubehör, Anlagen und Einrichtungen, mit denen das Mietobjekt vermieterseitig ausgestattet ist und die seinem direkten Zugriff ausgesetzt sind, in gebrauchsfähigem Zustand zu erhalten. Sofern insoweit üblicherweise Wartungsverträge abgeschlossen werden und entsprechende Wartungsverträge nicht schon mit dem Vermieter bestehen, hat der Mieter für die regelmäßige Wartung durch einen Fachbetrieb zu sorgen.*

(2) Zu den vom Mieter übernommenen Instandhaltungsmaßnahmen gehört die Ausführung der Schönheitsreparaturen …

(3) Der Mieter verpflichtet sich ferner, alle während der Dauer der Mietzeit anfallenden Reparaturen an Zubehör, Anlagen und Einrichtungen des Mietobjekts auf seine Kosten durchzuführen und für Teile, deren Reparatur nicht mehr möglich ist, Ersatz zu beschaffen … Ausgenommen von der Instandsetzungspflicht sind Schäden, die entweder auf anfänglichen Mängeln des Mietobjekts beruhen oder auf Ursachen außerhalb des Mietgebrauchs, soweit diese Ursachen nicht aus dem Risikobereich des Mieters stammen.

(4) Soweit Instandhaltungs- und Instandsetzungsmaßnahmen während des Laufes des Mietverhältnisses fällig geworden sind, hat sie der Mieter vor dem Mietende so rechtzeitig nachzuholen, dass das Mietobjekt in vertragsgemäßem Zustand am Ende des Mietvertrags zurückgegeben wird.

Abs. 1 legt dem Mieter die laufende Instandhaltung auf. Die Pflicht ist beschränkt auf die Teile, die seinem direkten Zugriff ausgesetzt sind, erfasst mithin zB nicht Leitungen in den Wänden oder die Bausubstanz als solche, was unwirksam wäre. Die Verpflichtung zur regelmäßigen Wartung von Zubehör, Anlagen und Einrichtungen durch einen Fachbetrieb ist ohne weiteres in dem Umfang zulässig, wie der Vermieter entsprechende Verträge abschließen und deren Kosten als Betriebskosten auf den Mieter umlegen könnte. **39**

Für den Fall, dass der Mietvertrag keinen gesonderten Passus zu den Schönheitsreparaturen enthält, macht **Abs. 2** deutlich, dass zur laufenden Instandhaltung auch die Erledigung der dekorativen Arbeiten zählt. Um insoweit die notwendige Transparenz zu schaffen, empfiehlt es sich, den Text der → Rn. 26 hier einzufügen. **40**

Abs. 3 betrifft die Instandsetzung, die in diesem Umfang dem Mieter nur unter Ausschluss der im zweiten Satz aufgeführten Schadensursachen auferlegt werden darf. **Abs. 4** wiederholt klarstellend, dass unterlassene Maßnahmen jedenfalls bis zum Ende des Mietvertrags nachzuholen sind. **41**

b) Verschuldensunabhängige Haftung

aa) Kleinreparaturen

Der Mieter ist verpflichtet, Reparaturen und Ersatzbeschaffung des Zubehörs, der Anlagen und Einrichtungen, die seinem direkten und häufigen Zugriff ausgesetzt sind, wie den Installationsgegenständen für Elektrizität, Wasser und Gas, den Heiz- und Kocheinrichtungen, den Fenster- und Türverschlüssen sowie den Verschlussvorrichtungen von Fensterläden ausführen, sofern die Kosten 10% der Jahresnettomiete nicht übersteigen. **42**

Um im Einzelfall einem Streit der Parteien vorzubeugen, ob Schäden aus dem Mietgebrauch stammen oder eine andere Ursache haben, erscheint es sinnvoll, dem Mieter zusätzlich die Pflicht zur Erledigung der Kleinreparaturen aufzuerlegen. Da diese Pflicht auch ohne Verschulden, mithin sogar bei Zufall, eingreift, ist sie summenmäßig zu begrenzen, wobei die Grenze bislang bei acht bis zehn Prozent der Jahresnettomiete gezogen wird. **43**

bb) Schäden an Gemeinschaftsflächen

Der Mieter ist verpflichtet, die Kosten der Instandhaltung und Instandsetzung von Zubehör, Anlagen und Einrichtungen gemeinschaftlich genutzter Flächen anteilig zu tragen. Sein Anteil bestimmt sich nach dem Verhältnis der Mietfläche seines Mietobjekts zur Fläche der gesamten vermietbaren Fläche. Der Anteil ist der Höhe nach auf 10% der Jahresnettomiete für sein Mietobjekt begrenzt. **44**

45 Die Beteiligung des Mieters von Gewerberaum an den Instandhaltungs- und Instandsetzungskosten von Gemeinschaftsflächen ist nach herrschender Ansicht zulässig. Aus den in → Rn. 43 angegebenen Gründen muss der auf ihn entfallende Kostenanteil der Höhe nach beschränkt sein.

IV. Rückbau

46 *(1) Der Mieter ist verpflichtet, dem Vermieter das Mietobjekt in ordnungsgemäßem Zustand sowie vollständig geräumt und gereinigt zurückzugeben. Fußbodenflächen sind besenrein zurückzugeben, sofern sie nicht vermieterseitig mit Teppichauslegeware belegt sind; diese ist gereinigt zurückzugeben ebenso wie vom Vermieter überlassene Zubehör- und Einrichtungsgegenstände.*

(2) Der Mieter ist verpflichtet, Einrichtungen sowie Ein-, Aus- und Umbauten, mit denen er das Mietobjekt versehen hat, zu entfernen und den ursprünglichen Zustand wiederherzustellen (Rückbau); bei der Entfernung entstehende Schäden am Mietobjekt hat er zu beseitigen. Von der Rückbaupflicht ausgenommen sind Maßnahmen, zu deren Durchführung sich der Mieter im Mietvertrag verpflichtet hat, Maßnahmen, die notwendig gewesen sind, um einen zum Vertragszweck geeigneten Zustand des Mietobjekts herzustellen sowie Maßnahmen, denen der Vermieter zugestimmt oder die er genehmigt hat, ohne einen Vorbehalt hinsichtlich des Rückbaus zum Ende des Mietverhältnisses zu erklären. Die Verpflichtung zum Rückbau entfällt ferner, soweit anschließende Umbauarbeiten zu einer Veränderung des ursprünglichen Zustands führen.

47 **Abs. 1** wiederholt die Bestimmung des § 546 Abs. 1 BGB und ergänzt sie hinsichtlich des Reinigungszustandes des Mietobjekts.

48 **Abs. 2** stellt in Satz 1 ebenfalls nur eine Wiederholung der Gesetzeslage dar, weil § 546 Abs. 1 BGB nach herrschender Ansicht nicht nur die Rückgabepflicht des Mieters nach Beendigung des Mietverhältnisses regelt, sondern zugleich die Verpflichtung, die Mietsache in vertragsgemäßem oder, wenn insoweit Vereinbarungen fehlen, in ordnungsgemäßem Zustand zurückzugeben. Um dem Transparenzgebot aus § 307 Abs. 1 S. 2 BGB zu genügen, sind die Fälle, in denen regelmäßig keine Rückbaupflicht besteht, ausdrücklich in Satz 2 und 3 aufgeführt.

B. Rückgabeprotokoll

(Beispiel Wohnung, entsprechend bei Gewerberaum) **49**

Protokoll über die Rückgabe der Wohnung …
(genaue Beschreibung) von … (Mieter …)

Anwesend …

1. Wohnzimmer

1.1	Wände	Raufasertapezierung an allen Wänden mit breitem Streifen überlappend geklebt
1.2	Decke	nicht deckend gestrichen, der Anstrich ist zum Teil wolkig, zum Teil streifig
1.3	Türen, Zargen	i. O.
1.4	Fenster	i. O.
1.5	Beschläge	i. O.
1.6	Fußboden	i. O.
1.7	Fußleisten	zahlreiche Stoßstellen, die nicht gespachtelt, sondern nur übergestrichen wurden
1.8	Heizkörper	zahlreiche Stoßstellen, die nicht gespachtelt, sondern nur übergestrichen wurden
1.9	Lichtschalter, Steckdosen	mit Binderfarbe beschmiert; Funktion i. O.

2. Schlafzimmer

2.1	Wände	drei Wände mit übergestrichener Mustertapete, eine Wand mit der ursprünglichen, verbrauchten Mustertapete
2.2	Decke	i. O.
2.3	Tür, Zarge	streifig gestrichen, zahlreiche Pinselhaare
2.4	Fenster	streifig gestrichen, zahlreiche Pinselhaare
2.5	Beschläge	Tür und Fenster i. O.
2.6	Fußboden	i. O.
2.7	Fußleisten	fehlen an der Wand mit der alten Mustertapete
2.8	Heizkörper	i. O.
2.9	Lichtschalter, Steckdosen	Lichtschalter i. O., Funktion i. O.; Steckdose fehlt

3. Kinderzimmer

3.1	Wände	Anstrich an drei Wänden i. O., an der vierten Wand wurde die beschädigte Tapete nur übergestrichen
3.2	Decke	Löcher (Befestigung der Kinderschaukel) wurden nicht ordnungsgemäß geschlossen, die Füllmasse ist geschrumpft, es zeichnen sich deutlich sichtbare Dellen ab
3.3	Tür, Zarge	Aufkleber wurden entfernt, über die verbliebenen Klebereste wurde nur übergestrichen; Zarge i. O.
3.4	Fenster	Löcher im Rahmen (Befestigung eines Rollos) wurden nur übergestrichen und sind deutlich störend sichtbar

3.5	Beschläge	Tür: mit Lackfarbe beschmiert; Fenster: i. O.
3.6	Fußboden	wo das Klebeband zur Fixierung des Teppichbodens entfernt wurde, sind in erheblichem Umfang Klebereste verblieben
3.7	Fußleisten	zahlreiche Stoßstellen, die nicht gespachtelt, sondern nur übergestrichen wurden
3.8	Heizkörper	zahlreiche Stoßstellen, die nicht gespachtelt, sondern nur übergestrichen wurden
3.9	Lichtschalter, Steckdosen	i. O., Funktion i. O.

4. Flur

4.1	Wände	Anstrich nicht deckend und streifig
4.2	Decke	Anstrich nicht deckend und streifig
4.3	Türen, Zargen	Anstrich bei alle Türen und Zargen nicht deckend und mit vielen Lackläufern, auch die Wohnungseingangstür von innen
4.4	Beschläge	an allen Türen mit Lackfarbe verschmiert
4.5	Fußboden	Teppichboden verschmutzt, insbesondere im Eingangsbereich
4.6	Fußleisten	Stoßstellen nicht gespachtelt, Anstrich nicht deckend und streifig
4.7	Lichtschalter, Steckdosen	i. O., Funktion i. O.
4.8	Klingel, Gegensprechanlage	Klingel i. O., der Hörer der Gegensprechanlage weist mehrere Risse auf, Funktion i. O.
4.9	Einbauschrank	Türen mit zahlreichen Kratzern und Stoßstellen

5. Küche

5.1	Wände	Anstrich alt und vergraut, an der Arbeitswand etliche Fett- und andere Spritzer
5.2	Decke	Anstrich alt und vergraut
5.3	Tür, Zarge	Anstrich alt und vergilbt, zahlreiche Stoßstellen
5.4	Fenster	Anstrich alt und vergilbt, Fensterbank verkratzt
5.5	Beschläge	an Tür und Fenster verschmutzt
5.6	Fußboden	schmutzig, im Arbeitsbereich etliche Fett- und andere Spritzer
5.7	Fußleisten	Anstrich alt und vergilbt, zahlreiche Stoßstellen
5.8	Heizkörper	Anstrich alt und vergilbt, zahlreiche Stoßstellen mit Lackabplatzungen
5.9	Lichtschalter, Steckdosen	schmutzig und fleckig, Funktion i. O.
5.10	Fliesen	schmutzig und fleckig
5.11	Herd	um alle Kochplatten eingebrannte Speisereste; Backofen mit dicker Schicht eingebrannter Fett- und Speisereste
5.12	Spüle	völlig zerkratzt und einige Beulen
5.13	Warmwassergerät	Funktion i. O., Gehäuse verschmutzt
5.14	Armaturen	verkalkt
5.15	Arbeitsplatte	mehrere tiefe Schnittstellen, an einer Stelle kreisrunder Brandfleck
5.16	Schränke	das obere Scharnier des Unterschrankes unter der Spüle ist herausgebrochen, alle Türen mit Stoß- und Scheuerstellen

6. Bad

6.1	Wände	Anstrich alt und vergraut, im Badewannen- und Waschbeckenbereich zahlreiche Ränder und Verfärbungen von Wasserspritzern

6.2	Decke	Anstrich alt und vergraut
6.3	Tür, Zarge	Anstrich alt und vergraut, zahlreiche Stoßstellen mit Lackabplatzungen
6.4	Fenster	Anstrich alt und vergraut, Fensterbank mit Verfärbungen
6.5	Beschläge	verschmutzt
6.6	Fußboden	verschmutzt, im Badewannen- und Waschbeckenbereich fleckig von Seifen- und Wasserspritzern
6.7	Heizkörper	Anstrich alt und vergraut, Stoßstellen mit Lackabplatzungen
6.8	Lichtschalter, Steckdosen	schmutzig und fleckig, Funktion i. O.
6.9	Fliesen	die Fliesen an der Wand des Waschbeckens enthalten 30 Bohrlöcher
6.10	Badewanne	verkalkt, einige große Emailabplatzungen (Rost)
6.11	Waschbecken	verschmutzt
6.12	Armaturen	verkalkt
6.13	WC	verschmutzt
6.14	Warmwassergerät	Gehäuse verschmutzt, Funktion i. O.
6.15	Lüftung	Lüftungsgitter mit Schmutz und Staub fast zugesetzt

Ort, Datum ....

Unterschrift des Vermieters und ggf. Unterschrift des Mieters

C. Leistungsaufforderung gem. § 281 Abs. 1 BGB

50 (Beispiel Wohnung, entsprechend bei Gewerberaum; hier zugleich mit Erklärung nach § 281 Abs. 4 BGB)

Hamburg, den 5.9.2021

An
(alle Mieter nach dem Mietvertrag)

Sehr verehrte Frau ..., sehr geehrter Herr,

bei unserer gemeinsamen Begehung der Wohnung am 30.8. habe ich, wie Sie wissen, ein Protokoll über deren Zustand angefertigt, die Sie als Erstbezieher seit dem 1.6.2012 bewohnten. Ich füge eine Abschrift des Protokolls [s. B.] bei und fordere Sie hiermit auf, die hieraus ersichtlichen Mängel innerhalb von drei Wochen ab Zugang dieses Schreibens, also bis zum 26.9.2021, fachgerecht zu beseitigen. Die Schlüssel für die Haus- und Wohnungstür können Sie werktags zwischen 8.00 Uhr und 17.00 Uhr bei ... abholen. Für alle Mängel, die bis zum Ablauf dieser Frist nicht behoben sein sollten, lehne ich die Beseitigung durch Sie ab. Ich werde die notwendigen Arbeiten sodann selbst erledigen lassen und Sie auf Schadensersatz in Anspruch nehmen.

Im Einzelnen erwarte ich folgende Arbeiten von Ihnen [entspr. der Nummerierung in B.]:

1. Wohnzimmer

1.1 Die Tapete ist zu entfernen, neue Raufasertapete zu kleben und deckend zu streichen.

1.2 Der Anstrich ist deckend auszuführen.

1.7 Die Fußleisten sind vorzuarbeiten, insbesondere an den Stoßstellen zu spachteln, vor- und endzulackieren

1.9 Die Binderfarbe ist schonend zu entfernen.

2. Schlafzimmer

2.1 Die Tapete ist zu entfernen, neue Raufasertapete zu kleben und deckend zu streichen.

2.3, 2.4 Die Flächen sind gründlich vorzuarbeiten und zu lackieren.

2.7 Die fehlende Fußleiste ist anzubringen und in passendem Farbton zu lackieren.

2.9 Die fehlende Steckdose ist zu ersetzen, und zwar in der Ausführung, wie sie die zweite Steckdose im Zimmer aufweist. Können Sie einen entsprechenden Ersatz nicht beschaffen, ist auch die zweite Steckdose zu ersetzen, damit kein Flickwerk entsteht.

3. Kinderzimmer

3.1 An der vierten Wand ist die Raufasertapete zu erneuern und deckend zu streichen.

3.2 Die Löcher in der Decke sind bündig zu verschließen, sie ist anschließend neu zu streichen.

3.3, 3.4 Die Lackflächen sind gründlich vorzubehandeln, die Löcher bündig zu schließen, und insgesamt vor- und endzulackieren

3.5 Die Lackfarbe auf dem Türbeschlag ist schonend zu entfernen. Sollte dies nicht möglich sein, ist der Beschlag passend zu den anderen Beschlägen zu erneuern.

3.6 Die Klebereste sind schonend zu entfernen, damit nicht helle störende Stellen auftreten.

3.7, 3.8 wie 3.3, 3.4

4. Flur

4.1, 4.2 Herstellung eines deckenden Anstrichs
4.3, 4.6, 4.9 Die Lackflächen sind gründlich vorzuarbeiten, damit auch die Lacknasen und Stoßstellen beseitigt werden, anschließend ist vor- und endzulackieren
4.4 Die Lackfarbe auf den Türbeschlägen ist schonend zu entfernen. Sollte dies nicht möglich sein, sind die Beschläge passend zu den anderen Beschlägen zu erneuern.
4.5 Der Teppichboden ist gründlich zu reinigen.
4.8 Der Hörer der Gegensprechanlage ist zu erneuern. Er kann von der Firma…bezogen werden.

5. Küche

5.1, 5.2, 5.3, 5.4, 5.7, 5.8 Es handelt sich offensichtlich noch um den alten Anstrich aus der Zeit ihres Einzugs, als Ihnen die Wohnung als Erstbezieher frisch renoviert übergeben wurde. In der Küche sind alle Schönheitsreparaturen fachgerecht auszuführen.
5.5, 5.6, 5.9, 5.10, 5.13 Alle Teile sind gründlich zu reinigen.
5.11 Herd und Backofen sind gründlich zu reinigen. Sollte die Reinigung, zumal des Backofens, keinen ordnungsgemäßen Zustand bringen, ist der Herd durch einen gleichartigen neuen ersetzen.
5.12 Die Spüle ist durch unsachgemäße Behandlung völlig verbraucht und nicht mehr zu reparieren, sie ist durch eine gleichartige neue zu ersetzen.
5.14 Die Verkalkung ist schonend zu entfernen.
5.15 Die Arbeitsplatte ist grob beschädigt und nicht mehr reparabel, sie ist durch eine gleichartige neue zu ersetzen.
5.16 Alle Türen sind grob beschädigt und können nicht mehr repariert werden, sie sind durch gleichartige neue zu ersetzen.

6. Bad

6.1, 6.2, 6.3, 6.4, 6.7 Hier gelten dieselben Ausführungen sie zu 5.1 ff. zur Küche
6.5, 6.6, 6.8, 6.11, 6.13, 6.14, 6.15 Die Flächen und Teile sind gründlich zu reinigen.
6.9 30 Bohrlöcher an der Wand des Waschbeckens sind übermäßig, zumal sie alle in die Fliesen gesetzt wurden. Die Löcher im Bereich der Konsole und unmittelbar neben dem Waschbecken können bleiben. Die übrigen Fliesen sind fachgerecht zu ersetzen; der Hausmeister verfügt noch über einen gewissen Vorrat an Ersatzfliesen.
6.10 Die Badewanne ist grob beschädigt. Da durch Ausbesserungen des Email kein ordnungsgemäßer dauerhafter Zustand zu erreichen ist, ist die Wanne neu zu beschichten.
6.12 Die Verkalkung ist zu entfernen.

Sollten Sie die angegeben Beschädigungen nicht ordnungsgemäß beseitigen, werde ich, soweit eine Reparatur der Teile nicht möglich ist, diese durch neue ersetzen lassen und Sie mit den Kosten unter Berücksichtigung eines angemessenen Abzugs neu für alt belasten.

Abschließend weise ich Sie darauf hin, dass Familie…die Wohnung gern schon zum 1.9. übernommen hätte. Sofern sie die angegebenen Mängel ganz oder zum Teil nicht fristgerecht und fachgerecht beseitigen, werde ich versuchen, etwaige restliche Arbeiten sofort anschließend erledigen zu lassen, damit die Anschlussvermietung zum 1.10. erfolgen kann; eine Zusage kann ich insoweit nicht geben, da ich von den Handwerkern abhängig bin. Für die mir entstehenden Mietausfälle mache ich Sie haftbar. Wenn Sie absehen können, dass Sie die Arbeiten ohnehin nicht fristgerecht durchführen können, oder sie nicht durchführen wollen, sollten Sie mir dies umgehend schriftlich mitteilen, damit ich eine möglichst schnelle Renovierung und Schadensbeseitigung veranlassen kann. Auf diese Weise würde der Mietausfall für Oktober wahrscheinlich vermieden.

Mit freundlichen Grüßen

D. Verfahren mit Vorbesichtigung

I. Protokoll

51 Zum Protokoll einer Vorbesichtigung kann auf das Übergabeprotokoll gem. B verwiesen werden, soweit Mängel nicht durch die noch vorhandene Möblierung verdeckt sind.

II. Schreiben

52 Sehr verehrte Frau …, sehr geehrter Herr …,

Sie haben die Wohnung zum 31.8.2021 gekündigt. Aus diesem Grund erfolgte am 28.6.2021 eine Vorbesichtigung durch unseren Hausmeister/Verwalter. Dabei haben sich die nachfolgend aufgeführten Mängel ergeben … (nach Zimmern und Einrichtungen differenziert wie unter B).
Wir fordern Sie auf, die Mängel bis zum 31.8.2021 fachgerecht zu beseitigen.

III. Rückgabeprotokoll (wie B)

IV. Schreiben gem. § 281 Abs. 1 u. 4 BGB

53 Sehr verehrte Frau …, sehr geehrter Herr …,

bei der Wohnungsabnahme am 30.8.2021 wurde festgestellt, dass von den Mängeln, die im Vorbesichtigungsprotokoll angegeben sind, verschiedene nicht beseitigt sind. Wir fügen eine Kopie dieses Protokolls bei; in ihm sind die noch nicht erledigten Arbeiten gekennzeichnet. Wir fordern Sie auf, diese wie folgt zu beheben … (wie C).

Ferner hat die Besichtigung ergeben, dass weitere Mängel vorhanden sind. Es handelt sich dabei um die folgenden Beanstandungen … Wir fordern Sie auf, auch diese noch wie folgt zu beseitigen …

Sie erhalten hiermit Gelegenheit, alle Mängel innerhalb von drei Wochen ab Zugang dieses Schreibens, also bis zum 26.9.2021, fachgerecht zu beseitigen. Die Schlüssel für die Haus- und Wohnungstür können Sie werktags zwischen 8.00 Uhr und 17.00 Uhr beim Verwalter … abholen. Für alle Mängel, die bis zum Ablauf dieser Frist nicht behoben sein sollten, lehnen wir die Beseitigung durch Sie ab. Wir werden die notwendigen Arbeiten sodann selbst erledigen lassen und Sie auf Schadensersatz in Anspruch nehmen.

Mit freundlichen Grüßen

Anhang 2: Gesetzes- und Verordnungstexte

A. Zivilgesetzbuch der Deutschen Demokratischen Republik

Vom 19. Juni 1975 (GBl. I S. 465),
zuletzt geändert durch Gesetz vom 22.7.1990 (GBl. I S. 903)

(Auszug)

§ 104 [Malermäßige Instandhaltung] (1) [1]Der Vermieter ist zur Übergabe der Wohnung in einem zum vertragsgemäßen Gebrauch geeigneten malermäßigen Zustand verpflichtet. [2]Die während des Mietverhältnisses in der Wohnung durch vertragsgemäße Nutzung notwendigen Malerarbeiten obliegen dem Mieter. [3]Bei Beendigung des Mietverhältnisses ist § 107 Abs. 2 entsprechend anzuwenden.

(2) Im Mietvertrag können Vermieter und Mieter etwas anderes vereinbaren.

§ 107 [Anzeige und Beseitigung von Mängeln]. (1) [1]Mängel, die während der Mietzeit auftreten und vom Vermieter zu beseitigen sind, hat der Mieter dem Vermieter unverzüglich anzuzeigen und die Mietergemeinschaft darüber zu informieren. [2]Der Mieter hat alles Zumutbare zu tun, um ihre Ausweitung zu verhindern.

(2) Mängel, die infolge der Verletzung der Pflicht des Mieters zur malermäßigen Instandhaltung oder zur pfleglichen Behandlung der Wohnung entstanden sind, hat der Mieter unverzüglich auf seine Kosten zu beseitigen.

(3) Kommt der Mieter seiner Anzeigepflicht oder seiner Pflicht zur Beseitigung eines Mangels nicht oder nicht genügend nach, hat er dem Vermieter den dadurch entstandenen Schaden zu ersetzen.

§ 111 [Zustimmung des Vermieters] [1]Bauliche Veränderungen, die der Mieter in seiner Wohnung durchführen will, bedürfen der Zustimmung des Vermieters, die schriftlich erteilt werden soll. [2]Der Vermieter ist verpflichtet zuzustimmen, wenn die baulichen Veränderungen zu einer im gesellschaftlichen Interesse liegenden Verbesserung der Wohnung führen. [3]Verweigert der Vermieter seine Zustimmung unbegründet, kann sie auf Antrag des Mieters durch Entscheidung des Gerichts ersetzt werden.

§ 112 [Einigung; Veränderung ohne Zustimmung, Kosten] (1) [1]Mieter und Vermieter sollen sich über die gegenseitigen Rechte und Pflichten einigen, die sich aus baulichen Veränderungen ergeben, insbesondere darüber, ob und in welcher Höhe Kosten erstattet werden. [2]Die Vereinbarung soll schriftlich getroffen werden.

(2) [1]Sind bauliche Veränderungen vom Mieter ohne Zustimmung des Vermieters vorgenommen worden, ist der Mieter auf Verlangen des Vermieters verpflichtet, den ursprünglichen Zustand wiederherzustellen. [2]Diese Pflicht entfällt, wenn die baulichen Veränderungen zu einer Verbesserung der Wohnung geführt haben, die im gesellschaftlichen Interesse liegt.

(3) [1]Ist über die Erstattung der Kosten nichts vereinbart worden, hat der Mieter bei Beendigung des Mietverhältnisses Anspruch auf angemessene Entschädigung durch den Vermieter, soweit dieser infolge der baulichen Veränderung wirtschaftliche Vorteile erlangt. [2]Der Anspruch besteht nicht, wenn der Mieter verpflichtet ist, den ursprünglichen Zustand wiederherzustellen.

§ 113 [Entfernen von Einrichtungsgegenständen] (1) [1]Der Mieter ist berechtigt, Einrichtungsgegenstände wieder zu entfernen, die er in der Wohnung ohne bauliche Veränderungen angeschlossen oder angebracht hat. [2]Soweit er von diesem Recht Gebrauch macht, hat er den ursprünglichen Zustand wiederherzustellen. [3]Macht der Mieter von diesem Recht keinen Gebrauch, weil es wirtschaftlich nicht vertretbar wäre, den Einrichtungsgegenstand zu entfernen und den ursprünglichen Zustand wiederherzustellen, hat er Anspruch auf angemessene Entschädigung nach § 112.

(2) [1]Der Mieter kann mit dem nachfolgenden Mieter vereinbaren, daß dieser die angeschlossenen oder angebrachten Einrichtungsgegenstände übernimmt. [2]Eine entsprechende Vereinbarung kann auch über die vom Mieter in der Wohnung vorgenommenen baulichen Veränderungen getroffen werden. [3]Über die Vereinbarungen ist der Vermieter zu informieren.

B. Verordnung über wohnungswirtschaftliche Berechnungen (Zweite Berechnungsverordnung – II. BV)

in der Fassung der Bekanntmachung vom 12.10.1990 (BGBl. I S. 2178), zuletzt geändert durch Art. 78 Abs. 2 Gesetz vom 23.11.2007 (BGBl. I S. 2614)

FNA 2330-2-2

(Auszug)

§ 28 Instandhaltungskosten. (1) [1] Instandhaltungskosten sind die Kosten, die während der Nutzungsdauer zur Erhaltung des bestimmungsmäßigen Gebrauchs aufgewendet werden müssen, um die durch Abnutzung, Alterung und Witterungseinwirkung entstehenden baulichen oder sonstigen Mängel ordnungsgemäß zu beseitigen. [2] Der Ansatz der Instandhaltungskosten dient auch zur Deckung der Kosten von Instandsetzungen, nicht jedoch der Kosten von Baumaßnahmen, soweit durch sie eine Modernisierung vorgenommen wird oder Wohnraum oder anderer auf die Dauer benutzbarer Raum neu geschaffen wird. [3] Der Ansatz dient nicht zur Deckung der Kosten einer Erneuerung von Anlagen und Einrichtungen, für die eine besondere Abschreibung nach § 25 Abs. 3 zulässig ist.

(2) [1] Als Instandhaltungskosten dürfen je Quadratmeter Wohnfläche im Jahr angesetzt werden:

1. für Wohnungen, deren Bezugsfertigkeit am Ende des Kalenderjahres weniger als 22 Jahre zurückliegt, höchstens 7,10 Euro,
2. für Wohnungen, deren Bezugsfertigkeit am Ende des Kalenderjahres mindestens 22 Jahre zurückliegt, höchstens 9 Euro,
3. für Wohnungen, deren Bezugsfertigkeit am Ende des Kalenderjahres mindestens 32 Jahre zurückliegt, höchstens 11,50 Euro.

[2] Diese Sätze verringern sich bei eigenständig gewerblicher Leistung von Wärme im Sinne des § 1 Abs. 2 Nr. 2 der Verordnung über Heizkostenabrechnung in der Fassung der Bekanntmachung vom 20. Januar 1989 (BGBl. I S. 115) um 0,20 Euro. [3] Diese Sätze erhöhen sich für Wohnungen, für die ein maschinell betriebener Aufzug vorhanden ist, um 1 Euro.

(3) [1] Trägt der Mieter die Kosten für kleine Instandhaltungen in der Wohnung, so verringern sich die Sätze nach Absatz 2 um 1,05 Euro. [2] Die kleinen Instandhaltungen umfassen nur das Beheben kleiner Schäden an den Installationsgegenständen für Elektrizität, Wasser und Gas, den Heiz- und Kocheinrichtungen, den Fenster- und Türverschlüssen sowie den Verschlussvorrichtungen von Fensterläden.

(4) [1] Die Kosten der Schönheitsreparaturen in Wohnungen sind in den Sätzen nach Absatz 2 nicht enthalten. [2] Trägt der Vermieter die Kosten

dieser Schönheitsreparaturen, so dürfen sie höchstens mit 8,50 Euro je Quadratmeter Wohnfläche im Jahr angesetzt werden. [3]Schönheitsreparaturen umfassen nur das Tapezieren, Anstreichen oder Kalken der Wände und Decken, das Streichen der Fußböden, Heizkörper einschließlich Heizrohre, der Innentüren sowie der Fenster und Außentüren von innen.

(5) Für Garagen oder ähnliche Einstellplätze dürfen als Instandhaltungskosten einschließlich Kosten für Schönheitsreparaturen höchstens 68 Euro jährlich je Garagen- oder Einstellplatz angesetzt werden.

(5a) Die in den Absätzen 2 bis 5 genannten Beträge verändern sich entsprechend § 26 Abs. 4.

(6) Für Kosten der Unterhaltung von Privatstraßen und Privatwegen, die dem öffentlichen Verkehr dienen, darf ein Erfahrungswert als Pauschbetrag neben den vorstehenden Sätzen angesetzt werden.

(7) Kosten eigener Instandhaltungswerkstätten sind mit den vorstehenden Sätzen abgegolten.

Anmerkung: Die Sätze änderten sich gem. §§ 26 Abs. 4, 28 Abs. 5a II. BV mit Wirkung zum 1.1.2020 wie folgt:

- Instandhaltungskosten gem. § 28 Abs. 2 S. 1 II. BV: 9,21 Euro, 11,68 Euro, 14,92 Euro; Verringerung gem. § 28 Abs. 2 S. 2 II. BV: 0,25 Euro; Erhöhung gem. § 28 Abs. 2 S. 3 II. BV: 1,30 Euro.
- Kleinreparaturen gem. § 28 Abs. 3 II. BV: Verringerung 1,36 Euro
- Schönheitsreparaturen gem. § 28 Abs. 4 II. BV: 11,02 Euro
- Garagen- oder Einstellplatz gem. § 28 Abs. 5 II. BV: 88,23 Euro.

Sachregister

Fette Zahlen verweisen auf die Hauptteile, magere Zahlen auf die Randnummern